일제강점기 도자사 연구

- 도자정책과 제작구조를 중심으로 -

일제강점기 도자사 연구

- 도자정책과 제작구조를 중심으로 -

엄승희

景仁文化社

　나에게 미술이라는 영역이 가까이 다가오기 시작했던 때는 유년기부터였다. 그 필연은 결국 미술대학에 진학하게 했다. 어머니의 권유로 도자예술을 전공하면서 도자기와 처음으로 마주했다. 떨리는 마음으로 흙을 만지기 시작했던 학부 2학년 때의 기억은 지금도 생생하다. 미술을 전공하고자 했지만 흙이 지닌 물리적 성향을 잘 몰랐던 탓에 육체적으로나 정신적으로 매우 힘든 시기를 거쳤다. 그럴 무렵, 처음으로 『미술사입문』이라는 책을 읽을 기회가 있었다. 이후 한국미술사 강의를 들으면서 전공분야에 대한 새로운 생각을 잠시 해 보았다. 깊은 감흥을 받고 미술사학에 매료되었지만 선뜻 대학원 진학을 생각할 수 없었다. 도자실기로 대학원을 수료할 무렵에서야 무언가를 만드는 작업에 잠시 회의가 일었고, 그간 잠재웠던 미술사 공부가 다시 고개를 들고 나를 부추겼다. 결심 끝에 실기를 다루어 본 경험을 토대로 미술사학 공부를 시작하게 되었다.

　석사논문을 쓸 당시부터 연구테마는 근대 도자였다. 필자가 이 시기를 선택하게 된 것은 이미 선학들의 연구가 진척된 청자와 백자를 다루기가 다소 벅찼으며, 한편으로는 현대도예를 실제 가까이 접해 본 경험이 자연스럽게 근, 현대 도자사로 눈을 돌리게 했다. 또한 미술사에 입문하고 몇 달도 되지 않아 이미 근대공예에 새로운 지평을 열어 놓으신 최공호교수님과의 조우로 더욱 확고한 결정을 하게 된 것 같다.

　그때부터 근대 관련 문헌과 자료를 수집하고 나름대로 정리하기 시작했지만 생각한 것처럼 성과를 거두지 못했다. 연구의 방향과 접근이 워낙에 미숙했고 그나마 발굴 자료들을 쉽게 접할 수 없음은 이 시기 연구를 막막하게 하였다. 그럼에도 이 암울한 시기를 연구하기 위해서는 그동안 세상밖에 소개된 적이 거의 없던 근대유물들을 육안으로 확인하는 일이 우선이라 판단하여, 일말의 자료라도 찾아 보기위해 나름대로 모든 환경에 다가갔다. 문헌자료는 물론 유물자료는 국립, 사립, 대학박물관을 비롯하여 개인 소장가, 인사동 골동상까지 꼼꼼히 조사해 보았지만 결과적으로 그다지 많은 유물을 접하지 못했으며, 설령 소장품이 있다고 하더라도 이 시기 유물이 대부분 그러하듯 보잘 것 없었다. 그래서인지 그때만 하더라도 근대 도자기하면 떠오르는 것은 다색다종한 왜사기들과 질이 많이 떨어지는 백자사발이나 항아리 정도였다. 이때부터 근대의 도자를 어떤 시각으로 바라볼지에 대해 고민하기 시작했던 것 같다. 지금도 더러 이 부분에 대한 확고한 답을 얻지 못하는 경우가 있는데, 그것은 아마 다른 시대와는 전혀 다른 사회, 정치적 상황에서 도자산업 및 장르를 분석해야 하는데 따르는 필수적 어려움일 것이다. 하지만 지금까지도 이 시기 도자사와 관련하여 미처 다루지 못한 내용들이 많고 그 중요성을 느껴, 연구와 조사활동을 지속할 수 있는 듯하다.

　그런데 근간에 와서 근대 도자사 연구는 예전과는 사뭇 다른 모습이다. 특히 최근 들어 상당량의 근대 유물들이 발굴되면서 이 시기 연구에 활기를 띠고 있다. 비록 발굴된 대다수 유물들이 일본에서 수입된 왜사기가 차지하고 있지만 이 유물들이 결국 이 시기의 최대 공유품이자 소비품으로 간주되기 때문에 이에 관한 연구는 매우 중요한 범주에 속한다.

근대 도자 연구는 다른 시대와는 매우 다른 특성을 지니고 있다. 가령 국권의 교체를 넘나드는 과도기적 성향을 지닌다든가 근세에서 근대로 이향되면서 국민의 가치관과 인식이 근본적으로 전환되는 시기였기 때문이다. 따라서 다른 시대에 비해 보다 다각적인 연구조사를 위한 접근이 필수다. 특히 필자가 주목한 일제강점기는 일제 치하에서 형성된 다양한 변수들로 인해 단순히 몇몇 미술품으로만 이 시기의 미술사적 견해를 피력할 수 없다. 가령 근대기에 수입된 왜사기는 일본이 대(對)조선의 식민무역정책은 물론 근대 일본의 경제상황과 밀접한 관련이 있어 당시 상공업계와 정치적 요인들을 함께 고찰해야 할 것이다. 또한 조선인들의 인식 전환은 자의적이기보다 타의적이거나 복합적인 요소에 의거하는 경향이 컸기 때문에, 일부 에피소드를 부각시키기보다 근대라고 하는 큰 맥락에서 총체적인 역사적 평가가 필요하다.

이 책은 필자의 박사논문인 「일제강점기 도자정책과 제작구조 연구」를 수정하고 보완하여 발간한 것이다. 전반적인 내용은 일제강점기에 시행된 조선총독부의 도자관련 대표 정책들을 분석하고, 이를 토대로 형성된 제작양상을 분야별로 검토했다. 첨부한 부록은 동 시기를 연구하면서 기초자료 조사가 절실하다고 판단하여 근대기에 간행된 대표 신문의 도자관련 기사만을 발췌하여 정리했다. 근대신문은 발간취지와 언론의 중요도 면에서 현대신문과 매우 차별된다. 다양한 문헌자료가 간행되지 못했던 19세기 말엽, 국내 최초로 신문이 발간됨으로써 시시각각으로 다변하던 국가정세와 국가관을 파악할 수 있게 된 것이다.

특히 초대통감이었던 이토 히로부미(伊藤博文)는 신문이라는 언론매체의 위력을 활용하여 내선일체(內鮮一體)의 궁극적인 틀을 형성하고자 했기 때문에 20세기 초, 일제에 의해 발간된 신문들은 비단 요업뿐만 아니라 조선 상공업의 성장상태, 식민사관에 결부된 문화예술계의 동태(動

態) 등을 가장 쉽고 자세히 살펴볼 수 있다.

　대한제국시기에 창간된 ≪황성신문≫과 ≪대한매일신문≫ 등에는 공예산업의 촉구가 부국(富國)의 척도로 간주한 사설 및 논설이 다수 게재되어 있는데, 이는 자국민이 주창한 개화정책과 도자공예산업과의 상관관계를 이해할 수 있는 주요 단서임으로 주목할 필요가 있다. 일제강점기의 경우 좀 더 다양한 신문들이 발행되어 참고할만한 내용이 풍부하다. 특히 강점 36년간 미발행되는 일이 없었던 조선총독부 기관지 ≪매일신보≫와 ≪경성일보≫는 양국의 국내, 외 정세에 따른 도자관련 보도자료가 그 어떤 문서나 저술서보다 많아 이 시기 도자사 연구에 필수적으로 참고할 만하다. 또한 ≪동아일보≫와 ≪조선일보≫는 조선인에 의해 간행된 대표 신문인 점을 고려하여 기관지와는 또 따른 관점에서 해석될 수 있는 주요 자료이다. 한편 근대신문에 대한 명확한 분석을 위해서는 신문 이외의 다양한 자료들이 수집되어 총체적인 접근이 필요할 것이다.

　이 책을 출간할 수 있도록 도와주신 감사한 분들이 있다. 우선 처음 미술사학에 입문하여 지금까지 공부의 기본 틀과 자세를 유지할 수 있도록 이끌어 주신 김현화교수님과 필자가 도자사학에 처음으로 눈뜨게 해주신 전 국립문화재연구소 김영원소장님에 대한 고마움을 잊을 수 없다. 또한 근대공예의 학문적 접근과 연구의 필요성을 일깨워 주시고 필자의 박사논문을 지도해 주신 최공호교수님과의 인연이 없었다면 아마 근대 도자사 연구는 많은 난관에 부딪쳤을 것이라 믿는다. 논문심사를 맡아 주신 박아림교수님과 이종민교수님 그리고 전승창관장님의 섬세한 지도에도 깊이 감사드린다. 또한 도예(陶藝) 영역에서 이론공부의 중요성을 이해하시고 조언을 아끼지 않으시는 학부 은사 강석영교수님과 김미경교수님, 도자사 연구에 매진할 수 있도록 조언해 주시는 방병선교수님,

장남원교수님께도 이 자리를 빌어 감사의 마음을 전한다. 그 외에도 까다로운 일본어 번역을 자문해 주신 서울대학교의 박종근교수님과 항상 격려와 자극을 주는 30년 지기 국민대학교의 민세원교수, 출판을 흔쾌히 허락해주신 경인문화사 임원진에게도 감사함을 표한다. 특히 근대유물이 희귀하여 연구에 상당한 어려움이 있음을 감안하시고 소장유물을 학술을 위해 제공해 주신 국립, 사립박물관과 연구기관 그리고 개인 소장자들에게 감사드린다.

무엇보다 물심양면으로 후원해 주신 양가의 부모님께 더없는 감사함을 느낀다. 격려와 배려를 아끼지 않았던 부모님 덕분에 지금까지 학업과 연구에 임할 수 있었다. 남편과 두 아이에게는 고마움과 미안함이 앞선다. 특히 본인의 연구 분야와 전혀 별개인 미술사학에 조언을 아끼지 않고 항상 자랑스럽게 생각해 준 남편의 사랑이 진심으로 고맙다. 끝으로 지금까지도 사랑하는 가족들로 인해 무언의 용기와 집념을 주는 원동력이 되고 있다고 믿으면서 이 작은 책의 출간을 통해 조금이라도 보답하고자 한다.

2014년 10월 필자

_ 그림 목차 _

_ 표 목차 _

Ⅰ. 서론

　일제강점기의 도자는 역사적 격변을 거스르면서도 근대화라는 명제 속에서 신문명의 수용과 전통에 대한 단절 그리고 새로운 도자문화의 창출 등 양극화 현상을 빚어왔다. 이는 조선의 관영 사기제조장이었던 분원의 민영화 이후 요업 상황과는 달리 개발을 통한 문화와 물질의 착취가 일제로부터 감행되면서 이전과는 완연하게 다른 구조 및 인식이 생겨났음을 의미한다. 새로운 체제의 등장은 제도(製陶) 기술과 양식, 제작자 등에 많은 변화를 가져 왔으며 수요층에 따라 선호하는 기종과 품질 또한 다양한 양상을 보였다.

　따라서 본서(書)에서는 일제강점기의 도자가 직면한 상황이 근대화된 기술의 수용과 일본자본의 진출로 인해 새롭게 개편되는 가운데 어떻게 근대성을 확립해 가는지를 밝히는데 초점을 맞추었다. 그것은 일제로부터 시행된 여러 정책들로 인해 형성된 생산체계가 결국 이 시기 도자 흐름의 핵심적인 역할을 담당했다고 보는 관점에 따른 것이다. 또한 이러한 의도는 근대적 요업품인 산업자기의 생산과 수요가 증대되고 왜사기 수입이 늘어나면서 지방가마에서의 요업활동에 많은 영향을 미쳤을 뿐 아니라 본질적으로 조선백자의 맥이 상실된 문제제기에 기반을 두고 있다.

　일제강점기 도자정책의 주체는 식민통치기구인 조선총독부와 이왕직으로 대표된다. 특히 총독부에 의해 시행된 정책들은 실제 도자제작 양상에 새로운 전환점을 상당 부분 제시해 주고 있어 주목된다. 총독부는 1912년 중앙시험소를 설립하고 이와 관련한 주요 업무를 요업부에 일임하면서 식민지 공업화로서 도자산업을 관장하였다. 시험소 운영은 식민 통치기와 같이 특수한 상황이나 산업 구조가 정비되지 않은 이 시기에, 총독부의 공예·공업정책을 빠른 시간 안에 가장 효과적으로 수행할 수 있는 방책이었다. 즉 시험소 요업부가 도자와 관련한 연구조사, 지원책, 원료유출문제 등에 이르는 다양한 정책들을 시기별로 주도면밀하게 시행한 점만으로도 이 시기 도자정책에 주도적인 역할과 소임을 다했음이 파악된다. 그러므로 일제강점기의 도자사 및 도자정책 연구에 있어서 중앙시험소의 고찰은 단지 근대화된 연구기관의 실태를 파악하는 것 이상의 의미를 갖는다.

필자는 본서를 통해 일제강점기에 일제가 시행한 도자정책의 실체를 파악하고 그 정책이 진행되는 과정에서 형성된 여러 제작구조들을 살피는 한편 이러한 구조들이 당시의 도자산업과 도자공예에 미친 영향을 중점적으로 파악할 것이다. 한편으로는 이 정책들이 시행되는 가운데 표출된 여러 문화들이, 이후시기에 어떤 영향을 미쳤는지를 살펴보는데 주요한 연구의 목적을 두고 있다.

현재까지 한국 근대 도자사의 맥락은 구체적으로 잡혀있지 않다고 해도 과언이 아니다.[1] 특히 근대의 중추적 시기인 일제강점기의 도자를 검토한 학술논문은 불과 몇 편 발표되지 못했으며,[2] 이외 도자와 관련한 정책적 요소들을 제작상의 문제와 연관시켜 이해하려고 접근한 사례는

---

1) 강경숙. 「韓國 陶磁史 硏究의 問題와 方向」, 『考古美術史論』 1(忠北大學校 考古美術史學科, 1990) ; 강경숙, 「韓國 陶磁史 硏究 50年」, 『韓國學報』 38(一志社, 1996)을 통해 일제강점기 도자정책 및 연구조사에 관한 문제점을 최초 지적하였다.
2) 엄승희, 「일제시기 在韓日本人의 청자 제작」, 『한국근대미술사학』 13(한국근대미술사학회, 2004) ; 엄승희, 「每日申報에 나타난 한국 근대 도자의 일고찰」, 『미술사학보』 21(미술사학연구회, 2004) ; 엄승희, 「1910년대 ≪매일신보≫에 나타난 중앙시험소의 요업정책」, 『일제의 식민지 지배정책과 ≪매일신보≫-1910년대』 (두리미디어, 2005).

없었다. 일제강점기는 시기적 특수성 때문에 정부 주도 하에 전개된 도
자정책들을 심도 있게 고찰하여 도자의 흐름을 파악할 필요가 있음에도
불구하고 이러한 연구가 부재하다는 것은 이 시기 도자사를 단순히 국권
상실로 인한 조선백자의 쇠락기로 받아들이게 한다.

근대 도자에 대한 연구가 미흡한 가운데 일부 선학자들은 분원 운영
과 관련하여 근대 기점을 제시하고 있지만, 분원 민영화 이후의 요업 체
제나 개항기의 상황 등을 구체적으로 다루지 못한 가운데 논의된 편이
다. 따라서 한국 도자사에서 근대 도자의 기점은 대체로 분원의 민영전환
시기(1884), 대한제국 개국을 전후한 시기(1897) 혹은 일제강점기(1910)
등으로 불분명하게 나뉘어져 있다. 다시 말해 조선 후, 말기로부터 1910
년 까지를 근대기로 보는 견해와,3) 분원 민영화 시점으로부터 해방 년까
지를 조선 말기로 책정하여 이 시기를 근대의 태동과 이행 과정시기로
보는 견해4) 또는 1910년까지를 조선 말기로 구분하여 분원 민영 이후부
터 일제강점 직전까지를 근대기로 암시하거나5) 대한제국 개국 무렵에
발생한 수요층의 변화와 후원계층의 상실 및 백자 품질 저하 등의 요인

---

3) 정양모는 조선 후기인 영조 28년~순종 말년(1752~1910) 가운데서도 고종 21년
   (1884)~20세기 초를 분원 민영화시대이자 근대 이행기로 보며, 윤용이는 조선
   후기 가운데서도 4기인 1851~1910년간을 전통적인 백자와 근대 도자의 제작 혼
   란기로 구분하여, 19세기 중반인 1850년부터 사실상 근대 도자가 태동하였다고
   보고 있다[鄭良謨·香本不苦治, 「李朝陶磁の窯蹟と出土品」, 『世界陶磁全集』19(東
   京: 小學館, 1980), 136~139쪽 ; 윤용이, 『韓國陶瓷史硏究』(文藝出版社, 1993),
   68~81쪽].

4) 강경숙은 조선 말기인 1884년~1945년을 분원 민영화로부터 근대적 공장생산 및
   일본 기술 유입, 근대 도자로의 이행단계로 구분하였다(강경숙, 『韓國陶磁史』, 일
   지사, 1989), 364쪽.

5) 김영원은 고종 21년~순종 4년(1884년~1910년)까지를 조선 말기로 보면서, 이
   시기부터는 일제로 인해 조선 도자기의 명맥이 끊어졌다고 보며 특별히 근대의
   기점을 제시하고 있지 않다(김영원, 『조선시대 도자기』, 서울대학교출판부, 2006),
   47쪽.

으로 이때를 실제 근대기로 접어드는 기점으로 구분하는 견해 등 다양하다.[6]

그러나 전반적으로는 개항 이후로부터 분원 민영화를 거치면서 백자의 질은 현저히 떨어졌고 수입자기의 유입이 심화되는 과정을 겪으면서 새로운 전환이 시작된 점을 부각하여, 이 무렵을 근대로의 이행기로 보는 경향이 팽배하다. 그럼에도 근대의 개념을 산업화, 대중화, 서구문물의 수용 및 교류 등으로 규정지어 본다면, 실질적인 도자생산과 문화, 제도 등에 있어 근대성을 고려하지 않고 단지 조선백자의 쇠락과 조선왕조의 몰락을 기점으로 시기를 구분하는 데는 무리가 따른다. 가령 대한제국 연간(年間)이 10여 년 정도였고 이 시기에 이렇다할만한 도자 생산 체제와 제도, 양식상의 근대화가 추진된 부분은 극히 희소하다. 곧이어 일제 강점을 맞이하면서는 도자산업의 근대화가 본격적으로 추진되지만 식민 치하라는 특수한 시기에 직면하여 이때는 또 다른 전환기로 해석될 필요가 있다.

근대 도자의 기점(상한 및 하한) 논의에 명쾌한 답을 얻지 못한 가운데 일부 논문이 발표되고 관련 단행본이 출간되었다. 근대 공예 연구에 새로운 지평을 열기 시작한 최공호는 1980년대 후반부터 한국 근대 공예를 주도했던 핵심 기관인 이왕직미술품제작소와 공업전습소를 연구한 이래, 서구로의 공예문화 유입 및 근대 공예의 이원구조(二元構造) 등에 관해서도 꾸준히 연구 발표해 왔다.[7] 또한 최건은 1997년 국립고궁박물

---

6) 방병선은 조선후기(인조~고종, 대한제국 이전까지) 가운데서도 3기인 순종~고종(1800~1863)년간 이후시기(대략 大韓帝國時期)부터 이전과는 전혀 다른 도자 양식 창출 및 체제가 도입되어 실제 근대화라는 의미를 부여할 수 있다고 추론했다(방병선, 『조선후기 백자 연구』, 일지사, 2000), 384~386쪽.

7) 최공호는 「李王織美術品製作所와 韓國近代工藝 硏究」, 『古文化』34(박물관협회, 1986) 를 비롯하여「韓國近代工藝의 二元構造, 그 形成과 全開」, 『美術史學』8(한국미술교육연구회, 1994), 「西歐 産業文明의 流入과 工藝觀의 變貌」, 『美術史學』11 (한국미술사교육연구회, 1997), 「공업전습소 연구」, 『한국근대미술사학』(한국

관에서 개최한 <오얏꽃 황실생활유물>전 도록 및 일부 단행본 등에 근
대 도자에 대한 간단한 글을 실어 관심을 보였다.[8] 이후 1999년과 2000
년 사이에 선학의 연구논문들이 바탕이 되고 새로운 자료들이 수집된 가
운데 근대기 도자 흐름의 기본 맥락을 고찰하거나,[9] 일제강점기 도자사
만을 다룬 논문이[10] 각 1편씩 배출되고 뒤이어 한국 근대기의 공예 전
반을 제도와 이념을 중심으로 연구한 논문이 연속 발표되었다.[11] 단행
본은 근대 도자 흐름의 계통을 잡은 전문 연구서가 아직까지 출간되지
못했으며, 다만 한국 근대 공예의 전반적인 맥락을 심도 깊게 다룬 책이
두 편 출간되었다.[12] 발굴보고서도 불과 몇 년 전까지만 해도 빈약하기
는 마찬가지였다.[13] 대부분은 조선조 백자요지 발굴을 통해 얻어지는

근대미술사학회, 2000) 등 다수의 근대공예 연구논문들을 꾸준히 집필해 오고 있
다.

8) 최건은「大韓帝國時代의 陶磁器」,『오얏꽃 황실생활유물』(궁중유물전시관, 1997)
와, 「근대이후 한국도자의 명암」,『89서울 현대도예 비엔나레』(미진사, 1989) ,
「전통도자의 명암과 이상」,『한국전통도자전』(조선관요박물관, 2001) 등을 통해
단편적인 근대 도자에 관한 글을 실었다.

9) 송기쁨, 「韓國 近代 陶磁 研究」(홍익대 대학원 미술사학과 석사학위논문, 1999).

10) 嚴升晞, 「日帝侵略期(1910-1945)의 韓國 近代 陶磁 研究」(숙명여대 대학원 미술
사학과 석사학위논문, 2000).

11) 崔公鎬, 「韓國 近代工藝史 研究 : 制度와 理念」(홍익대 대학원 미술사학과 박사학
위논문, 2000).

12) 대표 단행본으로는 최공호, 『한국 현대 공예의 이해』(재원, 1996) ; 최공호, 『한국
근대 공예사론-산업과 예술의 기로에서』(미술문화, 2008) 등이 있다.

13) 공식적으로 조사된 가마터는 1995년 충북대학교에서 실시한 충주 미륵리 백자가
마를 시작으로(『충주미륵리백자가마터』, 충북대학교 박물관, 1995) 이후 국립문
화재연구소와 국립중앙박물관, 문화재보호재단, 각 대학박물관 등에서 일련의 지
표조사와 발굴조사가 시행되었다[『昌德宮仁政殿外行閣址發掘調査報告書』(文化財
研究所,1995) ;『景福宮發掘圖錄-寢殿地域發掘調査報告書』(文化財研究所, 1995) ;
『景福宮訓局軍營直所址』(國立中央博物館. 1996) ; 『景福宮泰元殿址』(文化財研究
所·韓國文化財保護財團, 1998) ;『西五陵發胎室』(文化財研究所, 1999) ;『楊口 方
山의 陶窯址-地表調査報告書』(이화여대 박물관·양구군, 2001) ;『務安 皮西里 朝
鮮白磁 窯址』(목포대학교박물관·서울지방항공청, 2003) 등]. 이 중 충주미륵리백

조사보고에 의존하는 실정이었다. 물론 조선조로부터 일제강점기에 이르기까지 요업활동이 유지되어 온 가마터를 조사, 연구하는 것만으로도 이 시기 도자 흐름을 파악하는데 일부분 도움을 주었다.

그러나 최근 들어 발굴 가마터에서 다량의 근대 도자와 유구들이 출토, 조사되어 일제강점기에 새롭게 운영된 가마터 및 제작장에 대한 연구에 일부분 진척을 보이고 있으며, 향후 지역별 생산품을 비교, 분석하여 시기적 특징을 밝히는데 상당한 연구 성과를 가져다 줄 것으로 기대된다.

본서에서는 일정강점기 도자 연구를 위해 우선적으로 조선을 지배했던 일본의 식민통치기구들이 도자공예산업을 위해 시행한 정책들을 분석한 다음, 이 정책들이 식민지배정치와 어떻게 결부되어 있었는지를 파악함으로써, 이전과 다른 제작구조들이 등장할 수밖에 없었던 사실을 규명해 보고자 한다. 또한 다양한 변화를 거듭했던 산업체제가 한국 근대 요업의 형성과정에 지배적인 역할을 하고 있었음에 역점을 두는 한편 여러 제반현상들을 조망함으로써 도자문화에 표출된 근대적 요소를 고찰할 것이다.

특히 이 과정에서 일제로부터 시행된 도자정책의 궁극적인 목적과 취지가 무엇이었는지를 밝히는 부분에 많은 비중을 둘 것이다. 이 맥락에서 실제 도자정책을 주도한 정부 기구와 관련 대표 기관의 운영 및 시행정책의 상황들을 검토하고, 이를 토대로 생산된 제조물과 제작장, 도자양식 등이 이 전대와 어떤 차이를 나타내며 변화했는지를 밝히고자 한다.

일제강점 당시 도자정책에 연루한 제작상의 구조 변화를 살펴보기 위

자가마터의 경우, 1호와 4호 가마에서 일제강점기 제작임을 입증할 만한 상호(「山林」)가 굽내저에 표기된 백자편들과 전사지를 사용한 백자편이 함께 출토되어 주목된다. 그러나 이외 대부분은 왜사기편이나 기타 수입자기 완품 및 지방백자 일부가 출토된 것에 그친다.

해서는 우선 19세기 말엽 백자 생산의 근간이 되는 분원체제를 고찰할
필요가 있다 그것은 적어도 조선말기까지의 대표 기명은 백자기였고 국
가 주도 차원에서 백자를 번조했던 분원의 역할이 실로 컸기 때문이다.
이의 흐름을 파악하기 위해서는 분원 민영 및 해체에 관한 기록이 비교
적 자세히 남아있는『분원변수복설절목(分院邊首復設節目)』과『분원자
기공소절목(分院磁器貢所節目)』을[14] 참고하는 것이 필수적이며,[15] 이
외 규장각 소장자료인『하재일기(荷齋日記)』의 관련기록을 참고할 것이
다.[16] 그런데 이외 일제강점기의 상황을 밝혀줄 만한 유물자료와 조사
된 가마터, 관련 사료 및 문헌 등 기초 자료는 상대적으로 매우 부족하
다. 무엇보다 저술서 및 보고서의 경우, 남아있다 하더라도 발행처가 대
부분 조선총독부이거나 부속 관서가 대부분이어서, 내용의 진위를 밝히
는 문제도 적지 않은 과제로 남아있다.[17] 또한 도자 관련 정책을 입증할

---

14) 『分院磁器貢所節目』(奎章閣 古4256-11)은 許給秩·永減秩·應下條計價秩·受價秩·
各樣應行定式秩·器皿定價式秩의 6개 항목으로 구분되어 있다.

15) 「光諸二十年甲午四月日分院磁器貢所節目」, 『甲午節目改飜謄』, 1894. '(중략) 已自
減省廳 特輊公燔 之狼狽具別單啓下內 以爲分院之挽近爲弊 公私受損 亦不可不及
今變通矣燔造奉 事物爲劃送 許民燔 造而供上需用 作貢進排 內外司及廚院堂上郞
廳重徒例納等 名目及進 上時情費 一幷勿施 昆陽土移定 于原州 廣州土移定于呂州
定式貢價外 年例應下與補米木 槽廣板排板等費 從今永減 俾便公私 授價條年終會
計 以附近邑公納中劃給 幷依戶曹別貿 例成給事 傳旦允 啓下辭意 奉承傳施行 以燔
所貢役 中勤實堪任者十二人 作爲新貢矣 器皿 進排與年例應下受價磨鍊 各樣應行
節目 逐條定式 例于左 自政府反帖成給三件爲去乎 一 置本院一置戶曹 一置貢所 上
考遵行毋敢違越 永勿替事'.

16) 『荷齋日記』는 분원백자의 왕실납품을 도맡던 공인 지규식(池圭植)의 일기로, 고종
28년(1891)부터 1911년까지 20여 년에 걸쳐 쓴 것이다. 현재 이 자료의 원본은
서울대학교 규장각에 보관되어 있으며(전 9책으로 편철), 서울特別市史編纂委員
會에서는 2005년부터 원문 및 해제를 동시에 실은 단행본을 편찬하여 현재 1911
년(卷 八)까지의 내용이 모두 출간된 상태이다(서울特別市史編纂委員會, 『荷齋日
記』(一)(二)(三)(四)(五)(六)(七)(八), 2005, 2007, 2008, 2009).

17) 본서에서는 일제강점 당시 요업에 종사하신 분들이 현대에 남긴 집고서 및 구두
증언을 참조하기도 했는데, 대표적으로 내화물 제조업체를 운영하신 송재선옹의

만한 국가문서(외교문서를 포함) 그리고 관련 법령 등 정부기록물 및 관제기록들은 더욱 희소하거나 남긴 사례가 적다. 특히 이왕직의 도자정책을 밝혀줄 수 있는 문헌 전거는 조선총독부와 비교할 때 매우 부족하다.[18] 그 결과 강점 초기 전통공예사업의 산실과도 같았던 이왕직미술품제작소의 운영 실태를 파악하는 문제는 전통자기 재현 및 복원과 관련하여 매우 중요하게 다루어져야 함에도 불구하고, 이에 관한 기록은『순종실록』에 남아있는 단편적인 내용과[19] 신문내용이 전부여서[20] 여전히 많은 한계로 남아있다. 자료가 부족한 현실로 인해 본격적인 연구에는 많은 어려움이 따르며, 이는 비단 도자사 뿐 아니라 근대 관련 미술사 연구의 대부분이 신문자료와 관련 잡지 등에 상당부분 의존하면서 역사적 사실을 입증할 수밖에 없는 이유이다.[21]

저서들과 청자공장을 운영한 유근형의 자서전, 황인춘 일가의 구두증언을 들 수 있다. 이 분들의 자료는 이 시기 문헌을 통해 밝혀진 내용에 참고가 되어 일부 인용되었다[송재선,『우리나라 도자기와 가마터』(동문선, 2003) ; 송재선,『우리나라 옹기』(동문선, 2004) ; 柳根瀅,『高麗靑磁-靑磁陶工海剛柳根瀅自敍傳(홍익제, 1982)].

18) 小田省吾,『德壽宮史』(李王職, 1938) ;『德壽宮李王實記』(李王職, 1943) ;『昌德宮李王實記』(李王職, 1944) 등이 이왕직 관제와 이왕 일가에 관한 내용을 담고 있는 대표적인 사료들이지만 이 사료들에는 도자 관련 내용이 지극히 희소하다.

19)『純宗皇帝實錄附錄卷之二』三月十日, 1908. '漢城美術品製作工場保護金 自明治四十四年 至明治五十年 七箇年間 每年一萬圓寄附之意 調製令下付'.

20) 본서의 참고문헌 신문기사(이왕직관련) 참조.

21) 일제강점기 도자연구는 관련 문헌이 미비할 뿐 아니라 정확한 실태를 파악할 수 있는 구체적인 자료가 상대적으로 부족하여 연구에 어려움이 따른다. 가령 조선총독부 간행물들은 표면적으로 드러난 구조체계에 대해서는 비교적 자세히 밝히고 있지만 조선에 대한 행정조치와 시행방안 등에 대해서는 약소하게 記述했다. 또한 일본의 미술사학자나 공학자들의 문헌들은 조선의 도자기업 실태를 지나치게 격하, 미화시키거나 기행문 혹은 수필 형태로 작성해 놓은 경우가 많다. 물론 이러한 자료들이 도움이 되지 않는 것은 아니지만, 조선에 시행한 도자정책 및 구조를 정확하게 파악할 수 있는 단서로서는 다소 부족한 면이 많다. 이에 따라 필자는 편파적인 견해 없이 이 시기 도자 흐름을 파악할 수 있는 주요 1차자료로

여기에 이 시기 도자사는 비단 요업뿐만 아니라 산업, 정치, 경제, 무역, 문화, 예술의 각 방면 출판물들을 섭렵하지 않고서는 총체적 상황을 파악하기에 무리가 있는데, 이 분야의 해당 문헌들 역시 그다지 풍부하지 못한 실정이다.

그나마 필자가 이 연구에 희망을 갖고 몰입하도록 이끈 원동력은 도자정책의 핵심 주도층이었던 조선총독부 부속 관립중앙시험소의 기록물들이 전권 남아있었기 때문이다. 중앙시험소는 존속기간 동안 조사연구 내용과 관제기록들을 보고서(報告書)와 연보(年報)로 남겼기 때문에,[22] 이 기록물들의 분석은 이 시기 도자정책의 주된 흐름을 이해할 뿐 아니라 시험소가 도자정책의 주도권을 행사했음을 입증하는데 큰 도움을 준다.

이외 20세기 전반 유물들은 국립고궁박물관, 국립중앙박물관, 서울역사박물관, 이화여대박물관, 호림박물관 등이 일부 소장하고 있어 이를 근간으로 양식상의 대표적인 특징을 파악할 수 있다. 특히 일본 민예관

당대에 발행된 여러 신문들에 주목했다. 일제강점기는 식민지배 하에서 다양한 언론매체가 존재할 수 없었다. 그러나 신문 발간은 이와 달랐다. 이 시기의 신문들은 현재의 신문들과는 본질적으로 차별된다. 즉 신문이 단지 정보를 전달하는 수단 이상의 역할을 하고 있었는데, 이를테면 조선인들을 교화하거나 동화하면서 일본인들에게는 식민정보를 전달하는 매우 유익한 수단으로 활용되었던 것이다. 특히 정부기관지였던 ≪매일신보≫는 관련 문헌들에서 미처 자세히 언급하지 못한 내용들을 시기상황에 부합되게 자세히 밝히고 있다. 대표적으로 식민산업으로서 도자산업의 관장과 원료유출 문제, 도자제작 및 실태파악, 시국정책에 따른 수출 증대 등에 대한 내용들이 사실적으로 여과 없이 보도되었다. 더욱이 ≪매일신보≫는 일제 36년간 폐간된 경우가 단 하루도 없었기 때문에, 이 시기 도자실태 및 흐름을 유추하는데 분명 도움이 된다. 이 외 민간지였던 ≪동아일보≫와 ≪조선일보≫, ≪황성신문≫, ≪대한매일신보≫ 등도 조선의 입장에서 바라 본 도자관련 상황들을 이해하는데 주요 정보를 제공하고 있다(嚴升晞,「日帝侵略期 (1910 -1945년)의 韓國 近代 陶磁 硏究」(숙명여대 대학원 미술사학과 석사학위논문, 2000), 신문자료색인, 159～180쪽 참조.

22) <표 25> 참조.

이 소장하던 근대 유물들이 2006년 11월 일민미술관에서 개최한 <문화적 기억- 야나기 무네요시가 발견한 조선과 일본>전을 통해 소개되어 도록으로 발간됨으로써 그 동안 국내에서 접할 수 없었던 해외 소장품에 대해 접근할 수 있었다. 더불어 같은 해, 서울역사박물관에서 발간한 『운현궁 생활유물 Ⅲ』은 근대 왕실 유물을 살펴볼 수 있는 좋은 기회를 제공해 주었으며, 고려대학교 박물관에서 개최한 <서울의 추억>전을 통해서는 1900년에 개최된 파리만국박람회에 출품된 근대 도자를 살펴봄으로써 근대전환기의 제작 양상을 유추할 수 있었다. 또한 2009년 인천시립박물관에서 개최된 <그릇, 근대를 담다>전은 국내 최초로 근대 도자를 전문적으로 조명하여 전반적인 흐름을 이해할 수 있도록 협력했다.

이상의 자료와 문헌을 바탕으로 전개되는 본서의 구성은 다음과 같다. 먼저 Ⅱ장에서는 이 시기의 도자공예 전반이 일제의 정책에 의해 변화할 수밖에 없었다는 상황을 전제로, 그 배경을 총괄적으로 살펴보고자 한다. 일제가 구현하고자 했던 핵심 정책이 이 시기 요업에 미친 영향을 분석하는 것은 결과적으로 일제강점기 도자사를 가장 명확하게 고찰할 수 있는 초석이 될 것이다.

Ⅲ장에서는 식민정치의 핵심세력이었던 조선총독부와 이왕직의 도자정책에 대한 분석을 시도하였다. 우선 조선총독부는 일제강점기 요업을 가장 체계적으로 전환시킬 수 있는 제도 및 교육을 중앙시험소와 공업전습소 등의 운영을 통해 실현한 바가 크다. 또한 박람회정책을 활성화하고 고적조사사업차원에서 도요지발굴사업을 시행하는 한편 도자공예교육의 저변화를 위한 다양한 정책들을 시도하여 이와 관련한 내용을 간략하게 다루고자 한다.

그러나 본 장에서 무엇보다 주목하려는 부분은 중앙시험소를 중심으로 전개된 도자정책에 관한 내용이다. 시험소는 도자 관련 정책에 따라 조사연구는 물론 요업체제 전반에 변화를 초래하였음으로 이 부분에 대해서는 구체적인 분석이 필요하다. 이를 위해 일차적으로 시험소의 설립에 모델이 되었던 남만주철도회사의 운영방침에 대해 살펴보기로 한다. 연후에 시험소의 정책은 일제의 전반적인 식민통치 상황과 공업발달 정도에 기준하여, 1기(1910년대), 2기(1920년대), 3기(1930년대), 4기(1940~1945년)로 구분하고 시기별 핵심 정책방안들을 중점 분석할 것이다. 시험소 요업부는 착취와 개발을 동시에 실현시키는 일관된 도자정책을 시행했지만, 시기에 따라 다양한 정책을 펼쳤음으로 이 같은 시기구분이 필요하다.

더불어 또 다른 정치기구인 조선총독부 산하 이왕직에 대해서는 전통도자공예와 유물들을 수집하고 복원하려던 의지를 내세우면서 운영한 이왕직미술품제작소와 이왕가박물관 사업과 관련한 도자정책을 중점 고찰할 것이다. 그리고 이 사업이 전개되는 과정에서 형성된 전승도자문화가 당시에 성행했던 청자재현사업과 어떤 유기적인 관계를 내포했는지 살펴보고자 한다.

Ⅳ장에서는 일제의 도자정책에 따라 형성된 대표적인 제작구조에 대해 다루게 될 것이다. 구조적 양상은 백자, 산업자기, 상사기, 옹기 및 도기, 재현청자, 창작도예 등으로 세분하여 살펴 볼 것이며, 이때 대표제작장과 양식에 대한 고찰을 함께 시도한다. 그러나 앞서 언급하였듯이, 지금까지 알려진 근대 유물과 문헌자료가 희소하여, 세부적인 분석보다는 전체적인 특징을 간략하게 검토할 것이다.

따라서 본 장에서는 백자의 쇠락에 따라 산업자기 생산이 활성화되고 수입자기량이 확대됨으로써 생겨난 실 수요품 및 제작환경의 전환을 파악하는데 초점 맞추며, 또한 이러한 상황이 옹기 및 상사기 등과 같은 조질 민수품 제작을 촉진시키게 된 근원이 되고 있음을 밝히고자 한다. 이외 이 시기에 새롭게 등장한 재현청자와 창작도예가 지니는 본질과 양식 등을 고찰한 다음, 이들 장르의 파급효과 및 문제점을 지적하기로 한다. 마지막으로 이상에서 살펴 본 제작구조들이 이후시기에도 지속적으로 미치고 있는 영향을 살피고 이에 대한 해결방안을 제시해 보고자 한다. 이와 같은 필요성은 일제강점기 도자공예정책으로 산출된 여러 병폐들이 현대도예계에 만연한 문제들을 비판하고 해결할 수 있는 기초 토대로 작용될 것이다.

Ⅱ. 도자정책의 시행배경

일제강점기 도자정책의 시행배경은 서구 근대국가에서 개혁과 전환을 거듭했던 공예산업의 새로운 생산력과 자본력 그리고 제작력을 식민지배국에 적절하게 적용시키는데 기초하면서 전개되었다. 따라서 이 정책들은 일제의 주도로 시행되어 그들의 요구와 필요성에 따른 도자제작 전반의 구조와 체제가 형성될 수 있었다. 본 장에서는 강점 이전 근대화를 위해 시도된 국가의 도자정책 전개과정을 살펴보고, 이후 일제로부터 구현된 도자정책의 핵심 사안들에 대해 다루어 보고자 한다.

1. 강점 이전의 도자정책

강점 이전의 도자정책은 한국 근대 도자의 기틀을 마련하려는 일련의 회생책들이 대부분이었다. 이러한 문제의식의 시발점은 조선 후기 박제가를 중심으로 한 북학파로부터 비롯된 조선도자의 개선책, 이른바 사상적으로나 기술적으로 문화선진국을 통해 도자제작에 전환이 필요하다는 인식이 표출된 이래, 동시대 이희경과 서유구 등의 논의 방안이 본격적으로 제기된 때로 거슬러 올라간다.[1] 조선 후기 북학파들이 내세운 도자정책은 서양문물의 수용을 통해 근대화로의 이상을 실현시키고자 했던 개화기의 이념과 맞물려 주목된다.[2] 영·정조대의 대표 북학파인 이들은

---

1) 방병선, 『조선후기 백자 연구』(일지사, 2000), 202~205쪽.

분원자기의 문제점을 지적하며 제도 개선과 기술 습득을 전면 요구했다.
특히 조선도자의 개선을 위한 정책이 시행되기를 염원했던 박제가는 백
자의 질적 저하가 제작자가 지닌 의식에 따른 문제와 이를 개선하기 위
한 대책이 보장되지 못하는 국가의 미비한 제도적 장치에 따른 것으로
내다봤다.

뿐만 아니라 이들은 기예가 향상된 공예품들이 백자의 기술문제와 유
통, 수요자들의 선호 경향까지도 바꾸어 놓고, 나아가 사기장들의 안위
는 물론 부국을 도모할 수 있는 국가의 정책사안으로 규정했다. 그리고
북학파들은 위기상황에 처해 있던 조선백자의 회생길을 중국을 통해 서
양의 선진 기술을 도입하는 글로벌 정책으로 전환될 수 있다고 기대했
다. 물론 이들은 정교한 중국도자에 지나치게 의존하여 경도되는 한계를
드러냈지만, 도자제작에 따른 개량에 선구자적 입장에 서있었던 것은 분
명했다.[3] 그러나 이들의 견해는 정책적으로 전혀 채택되지 못했으며 이
후 보수세력이었던 위정척사파에 의해 거의 힘을 잃고 말았다.

그럼에도 이러한 문제 제기는 향후 개화정국에서 동도서기파에 의해
수용되어진 서기수용론의 모체격이 되었으며,[4] 나아가 1880년대 급진개
화파들의 공예산업관을 통해 일부 결실을 이루었다.[5] 물론 개화를 맞은
조선은 지배층 내부의 인식전환에 많은 어려움을 겪어 과도기적 상황을
맞이했다.[6] 하지만 서구의 선진 문물은 1880년대의 동도서기파가 주축
이 되어 전파되었고, 이후 1890년경에는 급진개화파의 동향에 따라 사

---

2) 노대환, 『동도서기론 형성 과정 연구』(일지사, 2005), 57~83쪽.
3) 방병선, 앞의 책, 164~205쪽.
4) Kim Dong-no etc, Reform and Modernity in the Taehan Empire(Jimoondang, Seoul, 2006), 74쪽.
5) 崔公鎬, 「서구 산업문명의 유입과 工藝觀의 변모」, 『미술사학』11(한국미술사교육 연구회, 1997), 67~83쪽.
6) 길진숙, 「문명의 재구성 그리고 동양 전통 담론의 재해석」, 『근대계몽기 지식의 발견과 사유 지평의 확대』(소명출판, 2006), 14쪽.

회 전반에 점진적으로 흡수되고 있었다.[7] 개화기의 도자 관련 정책은 주로 서구의 제도(製陶)를 수용하거나 이와 관련한 인재를 육성할 수 있는 전문교육기관 및 공장 설립 등에 주안점을 두었다.

그런데 이 무렵 도자공예에 관한 개화의지가 표면적으로 드러나는 경우는 상대적으로 희소했다. 가령 해외 기술자가 드물게 내한(來韓)하기도 했지만 사례가 많지 않았다. 대표적으로 유럽자기의 본산인 프랑스에서 고빙된 장인 트레몬레(Tremonlet)를 들 수 있으며, 그는 조선백자를 1900년 파리만국박람회에 최초로 출품하여 한국 도자를 유럽사회에 알리는데 기여한 바 있다.[8] 이후 박람회 출품을 계기로 한국의 도자문화를 대외적으로 보다 폭넓게 인식시키기 위해 다방면으로 시도한 그였지만, 1902년부터 약 3년간 자기제조국(磁器製造局)의 기술 장인으로 근무하면서 서양식기 제조기술을 일부 견습생들에게 전수하는 정도에 그쳤다. 또한 동년(同年)에 어요(御窯)인 비기창(砒器廠)에 프랑스 국립 세브르 도자기제작소의 기술자인 레오포드 레미옹(Leopold Rémion)이 고빙되었으나 비기창의 운영 부실로 몇 년도 채 되지 않아 폐요(廢窯)해 실제 성과는 미약했다.[9] 한편으로는 한불교류(韓佛交流)에 힘입어 공예미술학교[工作學校]가 설립될 수 있는 계기가 마련되었지만 일제의 개입과 예산부족 등으로 무산되었다.[10] 따라서 당시 서양 제도(製陶)의 수용이란 전문 기술자를 양성시키기 위한 서적 및 기기(機器) 등을 수입하고 몇몇 해외 선진기술자들을 고빙하는 정도에 그쳤을 뿐 아니라 전문양성기관

7) 유영렬, 『한국근대사의 탐구』(경인문화사, 2006), 39∼40쪽.

8) ≪獨立新聞≫1899. 6. 3일자 참조.

9) 경기도박물관, 『먼 나라 꼬레(Lorée)』(경인문화사, 2003), 110∼111쪽 : 엄승희, 「근대기 한불(韓佛)의 도자교류」, 『근현대미술사학』25(한국근현대미술사학회, 2013), 22∼24쪽.

10) Andre Schmid. Korea Between Empires, 1895-1919(Columbia University Press, NewYork, 2002), 82쪽 ; ≪황성신문≫ 1900.4.25.

이나 제작소는 설립되지 못했거나 운영기간이 짧아, 근대도자의 쇄신정
책이 구체적으로 확산되었다고 볼 수 없다.

반면 근대 국민국가의 형성기를 맞은 일본은 유럽을 중심으로 시도된
미술공예운동(Art & Crafts Movement)을 적극적으로 수용하였다.[11] 이
는 메이지 정부의 후원 하에 본격적인 근대화가 시작되고 뒤이어 전개된
문명개화운동(1870년)의 여파에 따른 것이다.[12] 그 영향으로 일본 공예
계는 유럽과 구미 각국에 파견되었던 인재들과 실무를 견습했던 사절단
들을 통해 근대 국가에서 요구되는 공예정책이 어떤 역할과 영향을 미치
는지에 대해 파악해 나갔고, 실제 이로 인해 일본의 공예는 새롭게 재탄
생할 수 있는 제도적 장치를 마련했다.

그러나 이러한 단계를 거친 일본 근대 공예계의 흐름에도 불구하고,
여전히 공예는 메이지 초기까지 제작 영역과 제작자의 신분 등에서 미술
이나 디자인과의 뚜렷한 경계가 없었다. 이후 1862년 런던박람회에 처
음으로 일본 수공예품이 소개되고, 뒤이어 1873년 빈만국박람회에 공예
품들이 재출품되면서 세계적으로 자포니즘(Japonism)을 불러일으키게
되는데, 이를 계기로 일본은 공예에 대한 기존개념을 전향시키는 초석을
다졌다.[13] 특히 메이지 정부는 공예를 위주로 한 미술공예품 수출이 부
국(富國)에 도움이 된다는 사실을 인정하고 선진강국을 향한 수출정책을

---

11) 南邦男, 『近代日本の陶磁』, 東京: 平凡社, 1990, 93~97쪽 ; 三井弘三, 『近代陶業
    史』(名古屋: 日本陶業連盟, 1979), 1쪽.
12) 주진오, 「19세기 후반 문명개화론의 형성과 전개」, 『서구 문명의 수용과 근대개
    혁』(태학사, 2004), 20쪽.
13) 일본은 1862년 런던박람회에 수공예품을 최초로 출품한 이래, 1910년까지 세계
    88개국에서 개최한 박람회 가운데 36번이나 참여하는 진기록을 세웠다. 이 과정
    을 통해 일본은 서양 문물에 대한 각종 정보를 수집했고 동시에 일본공예미술품
    의 우수성을 전세계에 알려나갔다. 특히 일본은 이 같은 대외적인 활동이 국제사
    회에서 서양과 동등한 지위를 얻고 더불어 자국의 이미지 확립에도 기여할 수 있
    는 발판이 될 수 있다는 확신을 얻어냈다(南邦男, 위의 책, 89~93쪽).

수립하기 시작했다. 이 과정은 이 시기의 공예를 산업적 혹은 공업적 시각으로 부각시켰기에 가능했으며, 비로소 근대 일본의 정체성 확립과 국위선양을 실현시킬 수 있는 산물로서 공예품을 주목하게 만들었다.

또한 공예정책의 실주체자는 정부기관만이 아니라 1878년에는 쇠퇴한 일본미술 전반의 쇄신을 촉구했던 민간미술단체인 용지회(龍池會)가 미술공예 제작 확산 및 이의 대중화에 앞장서는 등 다양화되었다.14) 이러한 관민 합동의 실천 체계를 통해 일본은 제국의 부국과 창조적 미술공예에 공헌한다는 목표를 구체적으로 실현할 수 있었다. 그리고 이러한 제도적 장치와 공예정책은 미개인을 문명시킨다는 미명아래 제국주의 침략에 문화정치로의 명분을 제공해 주었고 곧이어 식민지 조선에 적용되었다.15)

결과적으로 근대 초기 공예문화의 인식전환을 경험했던 일본이 조선에 대한 새로운 통치기술의 필요성으로 국가정책에 공예와 관련한 여러 방안을 개입시킨 것은 필연적인 것이었다. 이 과정에서 조선의 공예산업이 근대적 기반을 구축시키지 못하고 동시에 공예제작에 있어 창의적 표출이 근본적으로 차단된 실질적인 원인이 존재한다.

이상을 종합해 보면 조선 후기 북학파로부터 시작된 백자 생산의 근대화 의지는 19세기 말엽 대한제국기를 거치면서 제대로 결실을 보지 못한 채 강점을 맞이하였고, 강점 이후에는 일본이 메이지기 서구 문명국으로부터 수용했던 공예제도와 인식들을 식민국 통치에 효율적인 정책으로 적용시키며 활용되었음을 알 수 있었다.16) 특히 일제는 조선 요

---

14) 용지회(龍池會)는 순수미술에서 공예의 위치와 영역 분화를 주도한 일본 최초의 미술단체였다. 이 단체가 추구했던 공예란 기존의 수공 중심 제작과 개념 등에서 탈피하여 '미술공예'라고 하는 새로운 영역을 구축하는 것이었으며, 실제 용지회는 훗날 일본미술사에 새로운 공예 개념이 생겨나게 하는데 일등공신이 되었다.
15) 니시카와 나가오 지음·윤대석 옮김, 『국민이라는 괴물』(소명출판, 2002), 102쪽.
16) 함동주, 「근대일본의 문명론과 그 이중성」, 『근대계몽기 지식개념의 수용과 그 변

업의 권업화를 추진하는 과정을 통해 효과적인 착취와 정착을 추구했고, 창작미술의 영역에서도 이에 못지않은 문화정책들을 체계적으로 시행하게 된다.[17]

2. 일제강점기의 도자정책

1) 식민공업정책의 기조

일제강점기에는 식민 지배를 효과적으로 이루어 낼 수 있는 일제의 정책들이 다각적이고 입체적으로 시행되었다. 특히 식민지 조선에 대한 공업화를 주도하기 위해 펼친 각종 정책들은 철저히 조선에 의존하면서 일본의 경제와 연결되어 있는 종속적인 형태를 띠는데,[18] 가장 전형적인 예를 요업에서 찾을 수 있다.[19] 일본 경제산업의 핵심적 위치에 있으면서 식민지국의 원료 및 노동력 확보를 활용할 수 있다는 이점이 있었던 요업은 다른 어떤 산업에 비해 일제의 전략이 적극적으로 반영되었다. 물론 이 시기 일제의 조선에 대한 공업정책은 대륙침략의 병참기지화라는 큰 틀에서 군수공업에 집중되어 있었던 것이 사실이다.[20] 따라서 민간 시장경제와 직결된 다양한 공업의 발전은 미약할 수밖에 없었

용』(소명출판, 2004), 363~365쪽.

17) 엄승희, 「1910년대 ≪매일신보≫에 나타난 중앙시험소의 요업정책」, 『일제의 식민지 지배정책과 ≪매일신보≫-1910년대』(두리미디어, 2005), 262쪽.

18) 韓昌浩, 「日帝下의 韓國鑛工業에 關한 硏究」, 『日帝下經濟侵略史』(民衆書館, 高大 亞細亞問題硏究所, 1976), 182쪽 ; 金聖壽, 『日帝下韓國經濟史論』(經進社, 1985), 79쪽.

19) 金聖壽(앞의 책), 105~107쪽.

20) 김용조·이강복, 『위기이후 한국경제의 이해』(새미, 2006), 26쪽.

다. 그럼에도 요업을 위시한 방직업, 수산업, 광업 등 몇몇 분야는 강점 초기부터 개발을 통해 안정적 착취를 실현할 수 있다는 취지로 주목되었다.[21]

한편 전 세계적인 추세로 볼 때, 요업은 근대기를 맞이하면서 기술력과 제조분야 및 사용범위 등에서 놀라운 속도로 발전을 거듭하였다. 특히 이 변화는 서구의 근대 요업이 공예품 가운데 가장 보편적인 위치를 점하던 도자기 이외에 각종 내화물과 초자, 법랑철기, 이화학용도자기(理化學用陶磁器) 등을 섭렵하면서 첨단산업 대열에 합류하여 더욱 확대되었다.[22]

일본은 메이지유신 이래 근대화를 추진하면서 최초로 산업공정에 기계제를 도입하여 근대식 공장들을 설립시켰고 도자산업 역시 혁명적 변화를 시도했다.[23] 그러나 일본은 결코 요업의 근대화를 쉽게 달성시키지 못했다. 그것은 일본이 보유한 도자원료의 한계와 해외 판로의 미개척에 따른 제약 때문이었다.[24] 이에 일본은 조선을 식민지화하면서 그들의 난점을 해결하려 했다.[25] 그 중 하나가 조선을 원료공급지 혹은 상품시장으로 활용하면서 이외 요업에 필요한 물자와 인력을 조달받는 방안이었다.

이러한 식민통치국의 요구에 따라, 강점과 동시에 각종 도자정책들이 모색되었고 동시에 제작 전반에 영향을 미치기 시작했다. 또한 이 정책들은 대부분 조선 요업에 새로운 가능성을 제시해 주는 회유적인 입장을

---

21) 朴慶植, 『日本帝國主義の朝鮮支配』(東京: 青木書店, 1973), 105~106쪽.

22) 三井弘三(앞의 책), 82~118쪽.

23) 三井弘三(위의 책), 7~9쪽.

24) 三井弘三(위의 책), 14~16쪽.

25) 森勇三郎,「朝鮮陶磁器業調査-朝鮮ニ於ケル陶磁器ノ分類」,『朝鮮總督府中央試驗所報告』1-11(朝鮮總督府, 1915), 312~315쪽 ; 北村彌一郎, 『北村彌一郎窯業全集-第3卷』(大日本窯業協會, 1914), 303쪽.

취하면서 동시에 강압적인 통치책으로서 기능하는 특성을 보였다.

식민공업화를 구축하기 위해 시행된 도자정책을 대략적으로 구분하자면, 식민지 수탈을 위한 기초 준비작업을 단행했던 1910년대와 이를 토대로 본격적인 연구개발 및 신장세를 보여주었던 20년대와 30년대 초반, 그리고 일본이 처한 시국에 부합하는 군수물자정책에 전격 착수한 30년대 중반 이후부터 해방년까지로 나뉠 수 있다.[26]

먼저 강점 초창기인 1910년대는 제1차 세계대전을 계기로 조선과 일본의 경제가 일시적인 활황기에 접어든다. 비록 「조선회사령」이 공포되어 요업회사나 공장 설립이 원활하지 못했지만 일제의 식민지 공업화를 위한 기초정책들은 이미 시행단계에 있었기에, 이전과는 다른 변화가 시작되었다.

이 변화는 정권을 주도하던 조선총독부가 원료 공급지로서의 조선을 개발하려던 의지로부터 출발하였다. 총독부는 이의 실현을 돈독히 하기 위해 우선 법제적으로 「조선광업령」(1915년)과 제철업장려법(1917년)을 지정했으며,[27] 관련 연구소로는 중앙험소(1912년)와 지질조사소(1918

---

26) 일반적으로 일제강점기 공업사 및 경제사의 발달 시기는 제1기를 1910~1919년·제2기를 1920년~1930년·제3기를 1931~1945년으로 구분한다. 제1기와 제2기를 구분하는 가장 중요한 근거는 1910년에 제정되어 1920년에 폐지된 「조선회사령」을 들고 있으며, 이로 인해 이 시기는 조선의 일본자본 유입 제한 및 회사설립 억제 등으로 공업발달이 제약되었다고 본다. 제2기는 일제가 제1차 세계대전을 통해 수출에 의한 호경기를 누렸지만 대전 종료 후 불경기에 또 다시 직면한 때로 보고있어 국가경제가 확연하게 발전하지 못했다. 한편 제2기와 제3기를 구별하는 근거로는 1931년에 발발한 만주전쟁을 들 수 있다. 따라서 제3기는 일본 독점자본이 조선에 적극적으로 진출하여 군수공업지대로서 발판을 구축하면서 동시에 조선공업의 식민지적 파행성이 고조되는 한편 민족계 자본이 형성된 때로 본다. 필자는 일제강점기의 도자산업 변천기를 제1기(모색기) 1910~1918년경·제2기(안정기 및 전환기) 1918~1935년경·제3기(쇠퇴기) 1935~1945년으로 구분한 바 있다[金聖壽(앞의 책), 39~47쪽 ; 金玉根,『한국경제사』(新知書院, 1998), 475~491쪽 ; 嚴升晞, 「日帝侵略期(1910-1945년)의 韓國 近代 陶磁 硏究」(숙명여대 대학원 미술사학과 석사학위논문, 2000), 24~31쪽].

년) 등을 신설하였다.[28] 또한 과학기술 전문 인력의 수요 증가로 인해
조선에서의 공업교육이 요구되자, 공업전습소를 통해 관련 교육을 강화
했다. 이 모두는 향후 일본의 중화학공업을 비롯하여 요업, 섬유업 등으
로 대표되는 제조업이 비약적으로 발전함에 따라 원료, 노동력, 중간 무
역지로서 조선의 역할이 커질 것을 염두에 두어 매우 적극적이고 계획적
으로 시행되었다.[29]

당시 총독부는 정부기관지인 ≪매일신보≫를 통해 도자공예 전반에
혁신적인 회생을 구현시킨다는 대의명분을 확보하고자 관련 취지를 수
시 공포했다.[30] 물론 일제가 표방한 시책들은 총독부가 집권하기에 앞
서 통감부 시절부터 시작된 것이다. 강점 이전의 산업정책은 주로 농촌
재래수공업 지원사업에 집중되었지만 이내 낮은 공업수준을 보급, 장려
하고자 원료 개발에 중점을 둔 공산물로 확산되었다. 요업도 그 영향권
에 있었다. 통감부는 분원 민영화로 인해 쇠락해진 도자산업을 복원한다
는 목적으로 일부 원료산지를 조사하고 굴취했다.[31] 더불어 이때부터
일본 본토로 유출시킬 원료에 대한 가공과 개량이 일부 병행되었고 실제
일본으로의 유출도 시작되었다.

이후 1910년대의 요업 현황은 여전히 원시적 수공방식이 보편화된
가운데,[32] 조악한 민수품이 지방산지에서 생산되고 있었다.[33] 이처럼

---

27) 「조선광업령」은 1906년에 공포된 「鑛業令」을 1915년 12월 총독부가 조선총독부
   광업관계법령으로서 새롭게 발포한 것이며, 제철업장려법은 1922년 연료선광연
   구소를 후원하기 위해 총독부가 지정한 새로운 법령이었다(국사편찬위원회 편, 『근
   현대과학기술과 삶의 변화』, 두산동아, 2005), 61쪽.
28) 지질조사소는 조선의 지질과학 연구와 지하자원 수급을 위해 1918년 4월 조선총
   독부 산하기관으로 설립되었다.
29) 安秉直·中村 哲, 『近代朝鮮 工業化의 硏究』(일조각, 1993), 7쪽.
30) ≪매일신보≫ 1914. 2.8·1916. 9.5, 12.17·1918. 12.20일자 참조.
31) 엄승희(앞의 논문), 249~250쪽.
32) 日本經濟調査機關聯合會 朝鮮支部 編, 『朝鮮經濟年報』(1936), 6쪽 ; 李海珠, 『한

도자생산의 원시산업 구조체제가 1910년대에도 어느 정도 지속된 데는 일제의 관심과 투자가 본격화되지 못했던 시기적 여건과 한계에 따른다.

그러나 앞서도 언급했듯이, 식민지국에 대한 원활한 공업화를 실현시키기 위해서는 원료 및 도자기산업 분포 등과 같은 기초 조사연구들이 우선시되어야 했다. 일제는 본격적인 식민사업을 추진하기 위해 조선에 매장되어 있는 각종 원료들의 과학적 조사와 분석을 뒷받침해 줄 수 있는 연구소 설립 및 연구원의 육성이 필수적이라는 것을 만주 점령 후 이미 간파했다.[34] 이는 식민지 지배가 군사력만으로는 불가능한 시대가 도래 했다는 사실을 인정한 것이다.[35] 실제 전 세계적으로 제1차 세계대전시기의 식민지 지배에는 두뇌집단이 반드시 필요해졌으며 이러한 요구는 시기가 흐를수록 더욱 분명해졌다.[36] 따라서 1910년대의 이와 같은 방침은 식민 경영 전략차원에서 시행되었다고 보아야 할 것이다. 나아가 일제가 강조했던 요업 전반의 조사활동이나 이를 통한 합리적인 발상이 해가 갈수록 그 필요성이 늘어간 것도 동일한 전략의 표출로서 해석된다.

이상과 같은 전개의 표면적인 성과는 1920년대에 일본 자본가들이 조선으로 진출할 수 있는 발판을 마련했고,[37] 특히 수출을 겨냥한 중, 대형 공장들이 주요 대도시와 도토산지 인근을 중심으로 설립되는데 일조했다.[38] 그러나 요업 발전상이 가시화될수록 조선 요업의 성장을 의

국근대경제사론』(부산대학교출판부, 1991), 112쪽.

33) 1910년대 지방가마에 관한 기록은 매우 일부분만이 전해져 정확한 실태를 파악하기 힘들다(善生永助.『朝鮮の 窯業-資料調査 第18輯』, 朝鮮總督府, 1926), 85쪽.

34) 原 覺天,『滿鐵調査部とアジア』(世界書院, 1986), 19~25쪽.

35) 고바야시 히데오 지음·임성모 옮김,『滿鐵』(산처럼, 2002), 234쪽.

36) 고바야시 히데오 지음·임성모 옮김(위의 책), 233~235쪽.

37) 金玉根(앞의 책), 480쪽.

38) 山川正.『發明界の推移と朝鮮』(帝國發明協會朝鮮支部, 1939), 93쪽 ; ≪매일신보≫ 1935.4.20, 6.8일자 참조.

도적으로 저해하는 요인들 역시 끊임없이 발생했다. 무엇보다 조선산 원료의 일본 유출은 이전보다 월등하게 확대되었다. 당시는 원료유출정책의 여파로 신설공장과 지방가마 간의 생산상의 격차가 엄청나게 벌어졌을 것으로 보인다.

　이러한 현상은 총독부가 대공업화의 실현을 위해 국익이 되는 분야에만 집중 투자했던 정책상의 이유에서 비롯된 바가 컸다.[39] 이를테면 전도유망한 지방특산품 산지나 산업자기 및 수출품을 생산하는 중형 이상의 공장에 대해서만 물심양면 지원했을 뿐 이외 열악한 지방가마에 대한 지원책은 강점 초기와 크게 달라지지 않았다.[40] 그러므로 일제강점기 지방가마 운영에 가장 큰 문제는 원료 수급에 따른 한계와 기술력이었을 것으로 추측된다.[41] 특히 지방가마의 기술력은 원시적 수공방식을 유지하면서 큰 변화를 보이지 못했다.[42] 또한 판매에서도 행상과 노상이 대부분이었다.

　그런데 일제가 시행한 도자정책은 단순히 지방가마의 쇠락에 국한되지 않고, 대다수 사용 기명을 교체시킴으로써 조선백자의 설자리를 완연히 상실시켰다.[43] 주된 정책은 조선백자의 질적 저하가 가속되는 가운데 값싸고 질이 우수한 왜사기의 구매력을 높여주고, 더불어 생산주체자의 대부분이 일본인인 산업자기에 대한 사용률 또한 상승시켜 주는 방안이 적용되었다. 이러한 전개에는 조선을 상품 소비시장으로 활용하고자 의도했던 경제·무역정책이 밀접히 결부되어 있다.[44]

---

39) 金聖壽(앞의 책), 129~132쪽.
40) 대표적으로 1926년 중앙시험소 요업부가 우수 산지를 대상으로 지원하거나 20년대 중반 이후 설립된 도자기조합 및 도자기공동작업장을 보조 협력한 것을 제외하면 이렇다 할 지원책이 없었던 것으로 보인다.(善生永助., 앞의 책, 85쪽)
41) 善生永助(위의 책), 71쪽.
42) 李海珠(앞의 책), 112쪽.
43) 이 부분에 대해서는 『朝鮮總攬』(朝鮮總督府 編, 1933)에 수록되어 있는 요업품 생산량(1920~1930년대)을 참조.

한편 일제는 1910년대 후반부터 일본인이 운영하는 주요 요업공장에 대해 매우 체계적인 지원과 편의를 제공하기 시작했다.[45] 그것은 일본 기업인들의 이익증진이라는 1차적 목적과 함께 새로운 정책을 개발하려는 의도가 함께 부합되었기 때문에 가능했다. 이 무렵 총독부는 일본 전문 기술진과 연구진을 시기적절하게 파견한 것을 비롯하여 요업원료지에 대한 철저한 선행 조사와 이를 전제로 한 요업공장 설립, 값싼 노동력의 활용과 식민지 지배에 필요한 전문 인력의 양성 등에 다각적으로 접근했다. 특히 1910년대 중반 이후 일제는 근대 공업기술전문가를 양성하기 위한 공업기술학교를 설립하고 식민공업화를 위한 교육정책을 관장해나갔다.[46] 이로써 1920년대는 일제가 추구하는 도자정책이 그동안의 성과를 토대로 어느 정도 안착되어 가는 분위기였다.

그런데 조선인을 대상으로 한 도자공예교육은 매우 편파적이고 파행적으로 이루어졌다. 이 부분은 공업전습소와 더불어 당대 최고의 공업기술 교육기관으로 설립된 경성공업전문학교 등의 교육체제를 통해 일면을 파악할 수 있다. 이들 교육기관들은 일제가 장려하던 가내공업은 물론 총독부가 관장했던 대규모 관영사업 및 조선에 풍부한 지하자원의 개발과 관련된 학과만을 개설했고[47] 외형적인 것과는 달리 내선인공학(內鮮人共學)의 명분 아래 학과, 학생 모집 등이 모두 일본인 위주로 운영되어 조선인들의 수학(修學)이 쉽지 않았다.[48] 또한 미비한 학교시설과 부족한 교수진은 정상적인 공업 및 공예에 관한 교육을 이수하기에 상당

---

44) 김용조·이강복(앞의 책), 24쪽.

45) 한 예로 일본경질도기주식회사에 대한 총독부의 지원은 三山喜三郎(앞의 글), 314~315쪽 ; '도기회사인가' 《매일신보》 1917. 9. 12 ; 金聖壽(앞의 책), 85~86쪽 등을 참조.

46) 김근배. 『한국 근대 과학기술인력의 출현』(문학과 지성사, 2005), 53쪽.

47) 정인경, 「일제하 경성공업전문학교의 설립과 운영」(서울대학교 대학원 석사학위 논문, 1993), 32쪽 ; 국사편찬위원회 편(앞의 책), 56쪽.

48) 국사편찬위원회 편(위의 책), 63쪽.

부분 한계였다. 따라서 일제강점기는 주요 도시를 중심으로 고등공업기술학교들이 일부 설립되었지만, 이는 일제가 식민지 조선의 지배를 공고히 하기 위한 여러 조치들 가운데 일부에 지나지 않았다.[49)]

또한 일제는 조선인의 반감과 저항을 무마시키는 회유방안으로 각 지방에 요업전습소, 요업강습소를 설치한 뒤, 전근대적 교육을 답습시켰다.[50)] 뿐만 아니라 지방가마의 회생을 도모하는 목적으로 관영 도자기공동작업장과 중앙시험소 분소 등을 설치하기도 했다. 그러나 조선인의 참여와 주체성을 고취시키지 못한 가운데 시행된 이 같은 조치는 조선 사기장들의 자립 및 기술력 보급에 직접적인 영향을 주지 못했다.

그럼에도 1930년대 초반에 이르면 식민공업화의 결실이 가시적으로 표출되었다. 이 시기는 요업을 비롯한 전 공업의 약진이 두드러지면서 생산 수익고는 최절정에 달했다. 그 중 일본 실업가에 의해 생산된 경질도기의 해외 수출은 전체 수익의 상당 부분을 차지할 만큼 중대한 위치에 놓여 있었다.[51)] 또한 전국 주요산지에 설립된 도자기공동작업장의 운영이 이전 보다 활성화되면서 특산자기 개발도 어느 정도 윤곽을 드러냈다.[52)]

그런데 1930년대 요업상의 약진은 오래 유지되지 못했다. 근본 원인

---

49) 특히 이러한 학교들은 1930년대에 접어들면 대도시를 중심으로 설립되기 시작하는데, 대표적으로 경성공립공업학교(1938), 평양공립공업학교(1939), 이리공업학교, 흥남공업학교, 부산공업학교(이하 1940) 등이 있다. (박성래·신동원·오동훈, 『우리과학 100년』, 현암사, 2001), 95～102쪽.

50) ≪매일신보≫ 1933.4.14·1936.6.16일자 참조.

51) 金聖壽(앞의 책), 87쪽.

52) 특산자기는 1938년에 발족된 朝鮮土産品協同組合에 의해 생산이 촉진되었다. 이 조합은 특산품 개발을 위해 우선 土産品陳列場을 설치하고 <土産品展示會>를 매년 개최하였다. 이외에도 商工獎勵館과 商工會議所, 府民館 및 백화점 등에 지방특산품판매점을 개설하였으며 관련 강연회와 강습회 등도 매우 활발하게 개최되었다(京城府, 「朝鮮特産品協同組合ノ創設」, 『家內工業ニ關スル調査』第9號, 1937.10), 42～44쪽.

은 전시준비와 참전으로 인해 긴박한 상황에 놓이게 된 일본이 군수물자
는 물론이고 각종 공업 원자재의 자국 유출을 촉진시키면서 산업 전반을
위기국면에 처하게 한 것에 있다. 이 영향으로 30년대 중반 이후는 양국
에서 수급할 수 있는 요업원료가 거의 고갈되다시피 했다. 여기에 조선
인 강제 징병은 도자 생산에 필요한 노동력 조달에도 큰 차질을 발생시
켰다. 원자재와 인력난 등의 중대 문제에 직면한 요업계는 회생책을 마
련할 겨를도 없이 생산 및 수요공급에서 최악의 상황을 맞이했다. 그 결
과 대부분의 공장들은 줄도산하기 시작했고, 지방가마들도 옹기소만 일
부 남겨 놓은 채 거의 폐업상태에 들어갔다.[53]

따라서 이후 시기는 종전의 식민공업화 주도책이 새로운 방향으로 전
환될 수밖에 없는 상황에 직면했다. 다시 말해 일본의 국가 위기로 인해
공업화를 위한 정책보다 전시체제에 부합할 수 있는 군수정책에 초점이
맞춰졌다. 요업에 있어서는 1930년대 중반 이후로부터 해방 년 까지 원
료 고갈을 이유로 들어 양국 간의 민수자기 생산을 법적으로 일부 통제
하는 정책이 우선적으로 실시되었다.[54] 반면 수출품 제조공장에 한해서
는 지속적으로 지원하여 자본 확보에 나섰고,[55] 더불어 전국의 주요 산
지에는 수출품 제작을 촉구하는 방안을 제시해 주었다. 또한 사용 품종
도 전환되어 사기그릇 보다는 값싼 도기 사용이 적극 권장되었다. 이는
군수물자 제작을 위해 범국가적으로 시행했던 유기공출로 사용기(使用
器) 대부분이 도기로 대체되었기 때문이다.[56]

---

53) 1940년경은 충청남도와 경상북도의 일부 사기점을 제외하고는 대부분 옹기점만
  이 잔존했다[朝鮮工業協會, 『朝鮮工場名簿』(朝鮮總督府, 1940, 1942) ; 본서의
  <표 24-2> 참조].

54) '七.七令 强化와 半島商工界, 도자기는 문제없으나 칠기에는 打擊豫想' ≪매일신
  보≫ 1939. 4. 29 ; 김인호, 『태평양전쟁기 조선공업연구』(신서원, 1998), 109~
  113쪽.

55) 李健赫, 「朝鮮工藝品의 將來- 第3國 輸出振興策으로」, 『朝光』(1939.7), 41쪽 ; ≪매
  일신보≫1936.6. 26,11.30,12.24일자 등 참조

그러나 여러 각도에서 모색된 대책방안들은 결국 일제가 요구하던 자본 창출과 군수정책에 큰 영향력을 미치지 못했다. 그것은 연전연패를 기록하던 일본이 더 이상 식민정책을 수행할 수 있는 능력을 상실하거나 한계에 도달했음을 의미한다.

이상과 같이 일제는 식민지공업화·산업화를 달성하기 위해 조선의 요업에 끊임없는 개발과 지원, 그리고 침탈을 이어갔다. 특히 조선산 원료와 노동력에 대한 착취는 일본 근대 도자산업에 상당 부분 기여할 만큼 비중있는 요인으로 작용했다. 이처럼 일제의 관심이 조선의 요업에 집약될 수 있었던 것은 근대 서구 국가들의 공예산업에 자극을 받은 일본이, 관련 개발을 통해 부국(富國)을 보장받고 나아가 문명국으로 거듭날 수 있다고 판단했기 때문이다. 이 과정에서 조선의 유망 제조업이었던 요업도 일정 부분 영향을 받아 이전에 찾아볼 수 없는 성장세를 보였다.[57]

그러나 식민공업화를 정책기조로 삼아 시행된 이러한 성장은 일본의 경제구조 개편에 의거한 바가 커서 기형적인 모습을 띨 수밖에 없었다.[58] 이를테면 생산성에 있어서는 단편적이나마 통계적 수치를 향상시켰다. 하지만 통계수치만으로는 근대화의 척도를 가늠할 수 없고, 무엇보다 이 정책에 따른 성과들은 침략의 대가와 조선인의 희생을 바탕으로 성립되어 실제 조선의 요업발전에 많은 영향을 미치지 못했다. 이 사실은 식민지기에 축적된 요업관련 지식과 기술을 해방 이후 공간에서 전혀 교류하지 못해, 한동안 원료수급과 기술전수 및 파급 등에 고충을 겪어야만 했던 점만으로도 입증된다.[59]

---

56) ≪매일신보≫ 1938.6.25,8.26,10.22 ; ≪동아일보≫ 1938.8.25·1939.7.4,9.6일자 참조.

57) Carter J Eckert, Offspring of Empire : Koch'ang Kims and the Colonial Origins of Korean Capitalism, 1876~1945 (Univ of Washington Press, 1996), 36쪽.

58) 河合和男, 尹明憲.『植民地期の朝鮮工業』(未來社, 1991), 84~85쪽.

59) 이대근,『해방후 1950년대의 경제』(삼성경제연구소, 2002), 443~448쪽.

2) 문화정치 실현을 위한 방책

20세기 식민지 지배론에서 식민통치국이 식민지에 대해 '교화(敎化)로 백성을 다스린다'는 의미를 담고 있는 문화정치는 근대 식민사회에서 가장 보편적으로 수용했던 정치 수단이었다.[60] 일제 역시 조선의 통치를 위해 문화정치를 활용하였다.[61] 그러나 일제의 문화정치는 무력적 수단으로 조선을 통치하던 무단정치가 1919년 3·1 민족운동의 여파로 조선인들의 항거의지가 속출되자, 이를 무마시키려는 의도 하에 전개되어 당대 지배국과는 차별되었다.[62] 사이토 마코토(齊藤寬) 총독 지휘로 전환된 문화정치는 표면적으로 회유와 유화정책으로 부각되었으나, 이 정치의 실질적 의도는 일선동화(日鮮同化)·일시동인(一視同仁)·내지연장주의(內地延長主義)를 정책기조로 내세움으로써 조선에 대한 물질적, 정식적 착취를 더욱 강화하는데 있었다.[63]

따라서 문화정치는 경제적인 수탈체제를 더욱 확립하여 조선의 산업경제를 일본에 종속시키려는 움직임을 확고히 하면서 한편으론 문화·예술·교육 등에 있어서는 자유를 허용하지만 검열은 한층 강화하여 무단정치보다 더욱 치밀하고 효과적이었다. 그 가운데 예술문화계는 조선의 전통문화와 관습의 존중을 표방했지만 궁극적으로는 정신성의 말살정책으로 귀결되었다.[64]

---

60) 高木博志,「アイヌ民族への同化政策の成立」,『國民國家を問う』(東京 : 歴史研究會, 1995), 168~173쪽.

61) 朝鮮研究會,『朝鮮統治論』(1924), 81~90쪽 ; 김낙년,『일제하한국경제』(해남, 2003), 38쪽.

62) 藪景三,『朝鮮總督府の歴史』(明石書店, 1994), 158쪽.

63) 조성운,「1920년대 식민지 지배정책과 일본사찰단」,『식민지 동화정책과 협력 그리고 인식』(두리미디어, 2007), 144~149쪽 ; 青柳南冥,『總督政治史論』(京城新聞社, 1928), 122쪽.

64) 신용하,『일제 식민지 근대화론 비판』(문학과 지성사, 1998), 49쪽.

한편 도자공예산업에 있어 문화적 탄압은 이 시책을 본격적으로 표방했던 1920년 보다 앞선 시점부터 이미 점진적으로 시행되었다. 강점을 전후한 시기에는 이미 조선백자의 쇠퇴를 가속시키는 문화말살정책이 진행되었고, 생산품들의 양식에서도 이미 왜색화가 만연하여 조선공예의 정체성이 상실되고 있었기 때문이다. 특히 강점 직전 재한일본인들에 의해 출범된 청자재현사업은 일본적 취향을 우선적으로 반영한 사업이었기 때문에, 양식은 물론 수요층과 판로 등에서도 병폐를 속출시켰다.

이처럼 강점 초기부터 조선의 도자문화가 문화정치에 자연스럽게 흡수될 수 있었던 것은 20세기 극초기부터 개성과 강화도 일대에서 발굴된 고려고분의 도자유물들에 대한 대대적인 도굴 및 유출이 있었기 때문이다. 대략 5~6년간 집중적으로 시행된 이 일련의 상황은 일제로 하여금 조선도자에 대한 침탈을 순조롭게 이끌었고 나아가 국책으로서 구체화시킬 수 있는 방안을 모색하도록 하였다. 그리고 강점 직후에는 이미 진행되고 있던 일련의 양상이 보다 구체화되어 다각적인 현상들을 파생시켰다.

우선 일제강점기의 교육계는 비록 일제에 의해서였지만 미술공예로 거듭나기 위한 새로운 제도와 체제들이 도입되기 시작했다. 대표적으로 공예교습소를 통한 전통자기 복원을 비롯해 중앙시험소 요업부와 공업전습소 도기과(陶器科) 등을 중심으로 한 관립기관에서는 표현중심과 신개발품 제작에 대한 일부 교육 및 연구가 최초로 이루어졌다. 또한 이왕직미술품제작소 도자부의 활약과 이왕가박물관의 도자유물 전시 및 수집 등이 이루어졌다.

그러나 이러한 교육연구 및 개발 등이 한국 근대 도자에 있어 예술적 개념과 창의적 토대를 구축시켰다고 판단하기는 힘들다. 예컨대 전통자기는 역사적 예술품을 재현하는 대상에 불과했으며, 산업자기는 비록 세련되고 다량 생산의 특·장점을 지녔지만 정황상 지속적인 발전에는 한계가 따랐다. 이러한 양상은 앞서 언급했듯이, 문화예술계에 드리우진 문화정치의 영향이 반영된 결과였다.

이후 1920년대에 접어들면서 도자문화에 있어 새로운 일면이 보이기 시작했다. 문화정치가 진척되면서 보다 풍성해진 도자공에 강습과 도자 전문 전람회 개최가 이어졌고 이로 인해 도자를 바라보는 일반적인 시각도 점차 변화되었다. 특히 일본인들에 의해 제작이 활성화된 전통자기 제작은 1910년대 후반 경 어느 정도 궤도에 접어들면서 비록 애매한 양식이긴 했지만 미술공예품으로의 입지를 다졌다. 전통도자에 대한 새로운 시각은 재계에 압도적 영향력을 지녔던 도마타 기사쿠(富田儀作)의 청자공장을 거점으로 본격적으로 발전하였다[65]. 그는 평남 공업지대의 핵심 도시를 중심으로 청자재현사업을 시작했다.[66] 또한 1920년대에는 운영이 부실하던 이왕직미술품제작소를 공동 인수한 뒤, 상업형 대형 공예미술품전시장 및 제작소를 운영하여 전통자기의 저변확대와 고급화를 위해 많은 노력을 기우렸다. 산업자기도 20년대 후반 이후 이와 비슷한 상황이 전개되었다. 한 예로 수출전문회사인 일본경질도기주식회사에서

---

65) 도미타 기사쿠(富田儀作)는 1899년 일본에서 조선으로 이주한 사업가였다. 그는 1900년 진남포에서 광산 철광사업을 성공시킨 이래, 조선의 미술공예품을 제작하는 도미타상회(1908년경)를 비롯하여 평양은행, 진남포기선합자회사, 진남포창고 주식회사 등을 연이어 설립하면서 사업을 확장했다. 도미타의 다양한 사업 전개는 19세기 말엽 이후의 진남포를 근대화된 도시로의 면모를 갖추게 할 정도였다. 특히 그는 치밀한 사업수완으로 총독부와도 돈독한 신뢰관계를 유지할 정도였으며, 그 결과 1920년대에는 관영이던 이왕직미술품제작소를 인수하는 등 조선 공예계의 주역으로서 자리매김할 수 있었다.[前田力 編, 『鎭南浦府史』(1926), 73~74쪽 ; 菊池謙讓, 『朝鮮諸國記』(大陸通信社, 1925), 185쪽].

66) 1897년에 개항한 진남포는 서해 광량만으로 통하는 대동강 하구 북쪽 기슭에 근대식 가로망과 항만시설을 이미 조성하고 있었다. 이후 강점이 되고나서는 일제가 중국 상권은 물론이고 중국 무역로를 확대한다는 방침으로 진남포항을 더욱 개발시켰고, 이로 인해 진남포는 1930년대 청진과 나진, 흥남 등 함경도 공업 도시들이 부상하기 전까지 조선 공업화의 주축 도시로 성장할 수 있었다.

는 새로운 도안과 기술력을 바탕으로 독창적인 신제품을 출시하여 국외 시장에서 각광받았다.[67]

이외에도 총독부박물관을 비롯한 관립, 사립미술관 등에서는 <도자 유물전람회>를 개최하여 일반인들의 안목을 넓혀 주었고, 민수업자들이 참여할 수 있는 중소 규모의 <가정공예품전람회>와 <부업품전람회> 등이 활발하게 개최되어 공예 제작 전반에 새로운 의욕을 유발했다.

그러나 출품된 도자기의 상당수가 일본인에 의해 제작되거나 일본에서 수입된 도자기들이었기 때문에, 생산주체의 과반 이상이 일본인이 자치했다. 따라서 양식은 다분히 일본적인 이미지와 취향이 반영되거나 상징하는 경향이 많았다. 설령 조선인들의 참여도가 활성화되더라도 이는 곧 문화정치의 수단으로 전락되어 기량을 제대로 펼치지 못했다.

무엇보다 이 시기에 개최된 각종 전시회는 정신문명의 착취로 활용하는 이른바 이데올로기적인 전시기법이 적극 활용되고 있었다.[68] 도자의 경우, 다양한 전시회를 개최하여 조선과 일본 도자기를 동시에 진열한 뒤 이들을 대조·비교하여 우열을 가르는 경우가 보편적이었다. 일본의 우월성을 보여주기 위한 이 일련의 전시문화는 일본적 취향이 강하고 일본화 되려는 의도가 내재된 각종 상품들에 대해 포상하는 것을 원칙으로 하여, 전시회 취지에 정치적 의도를 배가시켰다. 결국 이 시기에 조악한 일본풍 자기들이 만연했던 것도 이러한 정치풍조에 의해 조성된 바가 적지 않다.

여기에 도자문화의 왜곡되고 편향된 성장은 일제의 공예교육정책으로 심화된 부분을 배제할 수 없다. 대표적으로 일제는 1920년대부터 공

---

67) 金聖壽(앞의 책), 87쪽.
68) 박성진, 「일제 초기 '朝鮮物産共進會' 연구」, 『식민지조선과 매일신보-1910년대』 (신서원, 2003), 81쪽.

업전습소와 공예지도소 등에서 실시한 도자공예교육에 일본에서 수입한
교재를 적극 활용했고, 지도자 역시 대부분 일본인을 초빙했다.[69] 일본
인에 의해 주도된 교육은 웬만한 공장에서도 동일하게 적용되어, 이 시
기 도자맥락에 일본적 성향은 만연했다. 조선공예의 일본화 풍조는 시기
가 흐를수록 더욱 두드러졌으며, 창의적 개발과는 인연이 없었던 조선인
들은 이러한 제작 실태를 무비판적으로 추종했다.

1930년대에 이르면 1922년 문화정치의 일환으로 창설된 <조선미술
전람회(이하 조선미전으로 약칭)>에 공예부가 신설되어 도자공예에 새
로운 방향을 제시할 수 있는 절호의 기회를 맞았다. 그러나 조선미전의
원 취지는 식민통치에 순응하는 미술로의 재편을 위한 제도적 장치로서
기능하는데 목적이 있었다. 따라서 일제는 조선의 향토미술을 장려한다
는 취지를 강력하게 주창하면서 출품 및 운영에 따른 많은 문제를 야기
했다.

그 결과 조선미전의 도자공예는 공예부 신설부터 꾸준히 입상작을 배
출시켰지만, 양식의 다양성과 출품자의 창의성 및 독창성을 높이 평가할
만한 작품은 거의 찾아보기 힘들다. 무엇보다 전문심사단이 구성되어 있
지 못했던 공예부는 엄정한 작품 평가를 기대할 수 없어, 새롭게 도전할
수 있는 창작세계는 다방면에서 애초부터 차단되어 있었다.

뿐만 아니라 일제는 조선미전을 동화(同和)의 개념에서 해석했다.[70]
일제는 많은 병폐를 떠안고 있던 전람회의 관람 및 참여를 양국인에게
부추겼고, 이러한 의도는 상당 부분 효과를 발휘했다. 즉 일제가 언론을
통해 조선인들의 참여의지를 우회적으로 표방한 것과 달리, 실제로는 조

---

69) 崔公鎬, 「韓國 近代工藝史 硏究 : 制度와 理念」(홍익대학교 대학원 미술사학과 박
　　사학위논문, 2000), 94쪽 ; 『植民地朝鮮敎育政策史資料集成』19～30(龍溪書舍,
　　1994) 참조.

70) 정호진, 「日帝의 植民地 美術政策」, 『한국근대미술사학』7(한국근대미술사학회,
　　1999), 170쪽.

선인 출품자의 출전과 심사 조건을 매우 까다롭게 적용시켜 실참여률을 원천적으로 봉쇄하는 이중적 성향을 표출했고 그 결과, 조선인들의 참여 의지는 오히려 나약하게 만들었다. 결국 민족의식과 현실성을 제대로 겸 비하지 못한 이 시기의 수많은 사기장들은 창작성은 물론 능동적인 제작 참여에 따른 결실을 거두지 못했으며, 양식적으로는 일본도예와의 친연 성을 필연적으로 유지시켜 나갈 수밖에 없었다.

이상에서 살펴본 바와 같이, 일제강점기는 문화정책은 없는 가운데 동화를 목적으로 한 문화정치만이 존재했으며, 이 정치의 실현을 위해 동원된 각종 유화적인 방책들이 식민통치 수단으로서 치밀하게 활용되 었다. 도자공예의 맥락에서는 제작상의 다양한 전개를 근본적으로 차단 하고 한국 전통도자문화를 왜곡, 단절시키는 일련의 과정을 거치면서 조 선백자의 쇠락을 가속시켰다. 여기에 일제는 문명의 전파에 있어서 지배 자측 입장에 놓여있다는 사실을 주지시키면서 열등한 식민지국에 대한 정식적 착취를 여러 가지 방법론을 통해 단행했다. 특히 일제는 전시문 화와 교육계를 통해 근대화된 과학기술의 체득자로서 열등한 민족에게 문명과 이성을 가르치는 입장임을 강조했다.[71]

반면 이와 같은 한계와 병폐가 지속적으로 반복됨에도 불구하고, 조 선인들의 현실적 대응력은 부재했다. 오히려 일제에 순응할 수밖에 없는 상황으로 치닫게 된 시대상은 근대를 넘어 현대의 도자공예에까지 많은 여운을 남기고 있다. 무엇보다 조선미전을 통해 형성된 전반적인 맥락은 해방 이후 대한민국미술전람회로 이행되어 일제 식민지의 잔재를 청산 하기보다 온존시키는 폐단을 남긴 바 있다.

---

71) 矢內原忠雄, 『植民及植民政策』(有斐閣, 1926), 306쪽.

III. 식민통치 기구를 통해 본 도자정책

국가에서 시행하는 공예정책들은 왕권강화와 국력신장의 상징과 항상 결부되어있다. 그러므로 어떤 시대를 막론하고 그 시대의 사회구조에 부합되어 영향력을 행사한 이와 같은 정책이 시행되지 않은 때는 없었다. 특히 공예는 생산과정의 특성상 단순히 미술 감상적인 차원의 범위를 넘어 경제·산업과 밀접하게 연관되어 더욱 그러하다.

일제강점기는 도자정책의 흐름이 조선조 관요인 분원이 운영되던 때와는 전혀 다른 요업체제 및 구조적 성격을 띠면서 전개되었다.[1] 따라서 1910년 일본의 조선 강점 이후, 생산 주체가 조선에서 일본으로 교체되고 정부 기구의 지휘 하에 시행된 각종 공업·공예정책들이 도자산업 전반에 깊숙이 침투되어 표출된 다각적인 현상들은 이 시기 도자사를 결정짓는 주된 요인으로 분석된다. 이와 같은 행정적 조치들로 인해 이 시기 요업체제는 일부분 근대적인 성향을 보이기도 했지만 대체로 침체국면에서 벗어나지 못했다. 본 장에서는 이러한 관점에 주목하여 시기상황에 상호보완적으로 시행된 통치기구의 도자정책에 대해 집중 논할 것이다.[2] 이에 대한 검토는 제 IV장에서 다루게 될 제작상의 구조적 변화와

---

1) 田勝昌, 「15~16世紀 朝鮮時代 京畿道 廣州 官窯研究 」(홍익대 대학원 미술사학과 박사학위논문, 2007), 84~103쪽.

2) 그러나 서론에서도 언급하였듯이, 이 시기의 정책들은 새로운 자료가 보강되지 않는 한, 조선총독부에서 공식 발표한 보고서와 몇 안 되는 단행본을 참고하여 연구, 분석해야 하는 어려움이 있다. 우선 보고서 형식으로는 1915년부터 대략 25년간 간행되었던 『朝鮮總督府中央試驗所報告書』(朝鮮總督府, 1915~1939)와 부가자료인 『朝鮮總督府中央試驗所年報』(朝鮮總督府, 1931~1939)가 가장 대표적이다. 또한 단행본으로는 정부 기술원이었던 요시나마 나가스케(善生永助)가 집

그 영향으로 미치게 되는 다양한 양상들을 이해하기 위해 반드시 필요하다.

1. 조선총독부

일제 전 시기에 걸쳐 다양한 방식과 체제로 시행된 주요 도자공예관
련 정책들은 조선총독부의 주도하에 대부분 수행되었다. 총독부는 도자
공예를 촉진하면서 동시에 성공적인 식민사업으로 이끌기 위한 제도적
장치와 교육, 관련 연구소 설립 등에 직·간접적으로 관여했다. 특히 도자
산업을 부흥시키기 위한 명목으로 시행된 개발연구 및 조사사업은 관립
연구기관과 여러 관련 단체들의 협조로 매우 체계적으로 전개되어 성공
적인 결실을 거두었다.

도자공예정책의 전개는 총독부 산하의 식산국 상공과를 통해 구체적
으로 실현되었다.3) 식산국 상공과는 일제의 공업화 정책과 맞물린 개편

필한 조선총독부 조사자료집『朝鮮の窯業』(朝鮮總督府, 1926)과 동경대학교 교수
였던 기타무라 야이치로(北村彌一郎)의 저서『北村彌一郎全集-第3卷』(大日本窯業
協會, 1914) 등이 있으며, 이 문헌들은 이 시기 도자사 연구에 반드시 참고해야
할 指針書로 평가된다. 한편 강점 이전 상황은 이 보다 더 미약하여 농상공부가
발간한『工業傳習所報告書-1回』(農商工部, 1909)와 서울特別市史編纂委員會,『荷
齋日記』(一～八), 2005～2009) 및『分院邊首復設節目』과『分院磁器貢所節目』등
을 살펴보는 것에 그친다.

3) 1910년 8월 일제가 조선을 강점하고 곧바로 설치한 조선총독부는 總督官房과 5
부(총독부, 내무부, 탁지부, 농상공부, 사법부)로 편성되었다. 이 가운데 농상공부
는 산하에 서무과, 상공국, 식산국을 두고 상공국은 다시 광무과, 상공과를 두었
다. 당시 이곳의 업무는 상공업에 관한 제반사항을 비롯하여 공업전습소 운영 등
이 포함되어 있었다. 그러나 1912년 4월 이 체제는 다시 개편되어 내무부, 도지
부, 농상공부, 사법부의 4부로 축소되었다. 이후 1915년 4월의 재개편으로 인해
농상공부 산하에는 농무과, 산림과, 수산과, 상공과, 광무과를 두었고 3·1운동 이
후인 1919년 8월에는 농상공부가 식산국으로 격하되면서 농무과, 산림과, 수산과,
상공과, 광무과, 지질조사소를 두게 되었다. 한편 1920년대에는 조선의 공업화에

을 수차례 거듭하는 난항을 겪으면서, 상공업에 관한 총체적인 업무를
수행한 부서였다. 즉 이 부서는 1910년 조선총독부가 농상공부 산하에
둔 상공국 상공과를[4] 1915년 4월 각 부 산하의 국(局)을 폐지하고 과
(科)로 통·폐합함으로써 비로소 생겨났다.[5] 당시 조선총독부 관제개편에
따라 농상공부는 식산국으로 격하되었지만, 이전에 없던 광산과, 지질조
사소 등을 추가 신설하여 요업 및 광산업, 중공업 개발 문제에 주력할
수 있었다.[6] 식산국 체제가 안정을 찾게 된 1915년 이후 상공과의 주요
업무는 상공업과 연관된 일체의 사무를 비롯하여 박람회·공진회 등의
전시사무와 중앙시험소와 공업전습소의 운영 등을 포괄할 만큼 확대되
었다.[7]

상공과의 영향력이 확대되자 동반적으로 이무렵 도자산업 및 공예는
다방면에서 변화를 보였다. 먼저 공업전습소를 중심으로 도자공예교육
이 이전 보다 활성화되었다. 또한 1912년에 설립된 중앙시험소는 요업
부가 주축이 되어 체계적인 도자정책을 시행하기 시작했다. 한편으로는
총독부가 문화정치의 일환으로 실시한 고적조사사업을 통해 조선의 문
화재 보존과 수집은 물론이고 발굴조사 및 연구 활동도 함께 병행하였
다.[8]

부흥할 수 있는 관제부서가 확충되었으나 공업 자원에 대한 수탈정책과 맞물린
부서의 개편이 우선시되었고, 1930년대는 일본의 전시체제로 인해 이러한 성향은
더욱 강경해졌다. 1940년대도 군수물자를 비축하기 위한 다양한 체제 개편이 꾸
준히 단행되었지만 1942년을 기점으로 별다른 움직임은 보이지 못했다[勅令 第
354號,『朝鮮總督府官報』(1910, 9, 30) ; 朝鮮總督府訓令 第2號,『朝鮮總督府官報』
號外(1910, 10, 1) 참조].

4) 朝鮮總督府訓令 第2號,『朝鮮總督府官報』號外(1910, 10, 1) 참조.
5) 상공과의 沿革은 1912년 4월 이전에는 농상공부에 속해 있었으며 이후부터 1942
년 6월까지는 식산국 소속으로 존속했다. 그러나 1942년 6월 이후에는 식산국 상
공2과 그리고 1942년 11월 이후는 다시 식산국 상공과로 편입되었다.
6) 朝鮮總督府訓令 第34號,『朝鮮總督府官報』(1932, 6, 1) 참조.
7) 朝鮮總督府訓令 第26號,『朝鮮總督府官報』(號外), 1915. 5. 1.

이처럼 총독부가 주력한 도자정책은 도자공예산업의 발전 및 개발, 도자유물의 수집 및 발굴에 이르기까지 다방면에 걸쳐 있었다. 특히 1930년대 중반 이후에는 중일전쟁으로 인해 전시경제체제에 돌입하면서 수탈과 착취를 한층 강화한 통치정책을 구현하여, 이 시기 도자 흐름 대부분을 자국 중심으로 전환시켰다. 당시 이 정책을 순조롭게 추진하기 위해 식산국을 개편하여 상공장려과, 연료선광연구소 등을 추가 구성하고,9) 도자공예 진흥을 촉구하면서 한편으론 수출공예 추진을 위한 정책을 단행한 것은 총독부의 도자정책이 해방 직전까지도 얼마나 치밀하게 전개되었는지를 여실히 보여주는 부분이다<표 27>.10)

1) 관립기관의 도자정책

(1) 중앙시험소의 도자정책

총독부 산하 식산국의 부속기구였던 관립중앙시험소(도 1)는 식민 통치 하에서 공예 및 공업 관련분야 정책을 가장 체계적이고도 집중적으로 시행했던 대표 연구기관이었다.11) 총독부가 조선 상공계의 주도권 쟁취

---

8) 일제강점기의 고적조사사업은 조선총독부 정무총감을 위원장으로 하고 고등관과 관련 식자 등이 위원으로 위촉된 가운데 1916년 최초로 전개되었다. 이후 총독부 산하 조사위원을 중심으로 지역별 조사단이 결성되었고, 이 조사단들은 박물관 직원이 참여한 가운데 유물 수습을 도맡아 처리했다. 유물은 수습이 된 후 등록이 완료되면 박물관에 진열하거나 소장 및 유출 등 다양한 용도로 분리되었다. 고적 조사사업에 따른 연구실적은 1915년부터 총 15편으로 발행된 『古蹟圖報』(1915~1940)에 자세히 기록되었다(『朝鮮古蹟圖譜』, 朝鮮總督府, 1915~1940 참조).

9) 1932년 7월, 총독부의 구조 개편으로 식산국은 상공과, 상공장려과, 광산과, 수산과, 지질조사소, 연료선광연구소를 관할하게 되었다. 각 분과들은 조선의 상공업, 수산업, 광산자원 및 공업자원 수탈 및 개발을 위해 개편되었다.

10) 朝鮮總督府訓令 第30號, 「朝鮮總督府事務分業規程(改正)」, 『朝鮮總督府官報』號外 (1919, 8, 20) 참조.

(도 1) 중앙시험소 전경, 경성 소재

를 주목적으로 운영한 시험소는 조선의 유망 공업에 대해 다각적인 조사는 물론 이를 토대로 연구 개발 및 기술 전수 등에 역점을 두었으며, 이후 자국 산업에 활용하여 식민지 경제의 착취를 극대화시키는데 주력했다.

시험소의 업무를 시기별 특징으로 나누어 본다면, 「조선회사령」과 제1차 세계대전의 여운이 남아있던 1910년대는 총독부의 식민정책 맥락에 따라, 기초 연구와 조사를 주요 업무로 삼으면서 이 과정에서 부가(附加) 사업을 일부 병행하는데 머물렀다. 그러나 당시의 조사연구 성과들은 향후 일본의 도자산업은 물론 조선 이주 일본 사업가들에게도 유용한 정보를 제공하는 토대가 되었다. 1920년대는 전 세계적으로 불황기가 회복되던 후반 대에 접어들면서 시험소의 근대 요업정책이 생산 및 구조 등에서 구체적인 결실을 거두었다. 즉 20년대 중반 이후부터는 그간의 연구 실적을 실제 도자 제조에 적용하는 방안으로 신규 요업공장 설립을 적극 지원했으며 이외 실지지도(實地指導), 강습회 등을 개최하여 민수

---

11) 廣瀬大藏事務官稿, 『朝鮮産業開發問題』朝鮮出張報告 第1卷(1927), 237쪽 ; 資源研究社, 『朝鮮事業論』(1928), 32쪽.

계로도 이목을 돌렸다. 특히 20년대 말에는 수출품 개발에도 전격 착수하여 요업혁신에 박차를 가했으며, 이는 대공업화의 결실이 이루어진 1930년대로 이어졌다. 그러나 전시(戰時)로 인한 통제경제가 단행된 1930년대 중반 이후부터 1940년대 초반까지는 이전과 같은 활발한 움직임이 점진적으로 약화되었다. 다만 시험소는 대용품 도자제 개발과 원료 유출에 따른 대비책 마련 그리고 수출 공예품 개발 등에 관한 다양한 업무를 꾸준히 수행하여 폐소 직전까지 소임을 다한 것으로 보인다.

이상 소략 살펴 본 시험소의 대표 정책들은 총독부의 지침에 따른 시기적절한 식민정책들과 밀접하게 결부되어 있음을 알 수 있다. 그렇다면 이 시점에서 시험소의 역할과 조선의 도자산업과는 어떤 관계를 유지했고 또한 기여했는지 지적하지 않을 수 없다. 우선 일반적인 민수공장들은 기술 개량에 따른 보급과 운영체계 등에 근대적 전환을 유도하는 크고 작은 정보를 제공받는 편이었고, 특히 요업부의 지원이 미친 제작장들은 운영상 긍정적 혜택을 받았다고 볼 수 있다. 하지만 실제 이러한 지원들이 어떤 분야에 무엇을 파급했는지를 분석해 본다면 또 다른 결론을 얻게 된다.

결론적으로 말하자면, 일제의 식민통치는 식민국의 개발을 통한 착취를 가장 효율적으로 이행하는 것에 주목적이 있었기 때문에 발전적 혜택보다는 손실적인 면이 훨씬 컸다. 그것은 시험소의 관련 정책들이 산업경제 차원에서 뿐만 아니라 문화예술계와 교육시행과정 등 다방면에 걸치고 있어, 실리적인 효과가 포괄적이었기 때문이다. 따라서 일제강점기의 시험소는 일본의 입장에서 본다면 우호협력기관으로서 크게 기여했지만 조선에게는 필요악과 같은 존재였다.

한편 한국 근대 공예전반에 있어 중요한 위치를 점했던 중앙시험소의 성격과 운영방침 등을 완전하게 파악하는 것은 한계가 있다. 서론에서도 언급했듯이, 당시의 상황을 이해시켜줄만한 문헌자료와 법령이 상당히 부족하기 때문이다. 그나마 남아있는 간행물들은 대부분 조선총독부출판사에 의해 출간되어,[12] 자칫 편파적 해석을 야기할 수 있다. 따라서 이 문제를 극복하기 위해서는 문헌이나 전거에 의존하기보다 일제의 정책에 따라 변화했던 조선인 제작장과 제작자의 추이에 주목하면서 시험소 정책과의 상관성을 고찰하려는 노력이 필연적이다.

현재까지 중앙시험소는 미 연구 대상이다.[13] 그러나 근대기 조선의 공예산업과 관련하여 시험소의 위치와 역할이 지닌 중대성을 고려한다면, 관련 연구는 반드시 선행되어야 할 것이다. 필자는 일제강점기 중앙시험소에서 시행한 다양한 도자정책들을 파악하기 위해 이 기관의 총체적인 위치와 역할을 정리함으로써 연구의 기초로 삼고자 한다.

① 시험소의 운영

가. 설립 배경과 목적

중앙시험소(이하 시험소로 약칭)는 1912년 3월 조선총독부 칙령 제36호에 의해 설립된 연구기관이었다.[14] 시험소의 관제칙령에서도 알 수 있듯이, 이 기관은 조선의 각종 공예, 공업에 관한 분석과 감정, 시험 등을 주도하기 위해 설립되었다.

시험소의 설립계획은 1911년 10월 26일자 ≪매일신보≫를 통해 공식 발표되었다.[15] 관련 기사에 따르면, '공업전습소는 간역(簡易)한 전

---

12) 대표적으로 『朝鮮總督府中央試驗所報告書』, 『朝鮮總督府中央試驗所年報』와 ≪每日申報≫, ≪京城日報≫, 『朝鮮彙報』, 『朝鮮經濟雜誌』 등의 정부 언론지에 의해서만 실태가 파악된다.

13) 엄승희, 「1910년대 ≪매일신보≫에 나타난 중앙시험소의 요업정책」, 『일제의 식민지 지배정책과 ≪매일신보≫-1910년대』(두리미디어, 2005) ; 이태희, 「1930년대 조선총독부 중앙시험소의 위상변화」, 『한국과학사학회지』31-1 (한국과학사학회, 2009).

14) 朝鮮總督府中央試驗所, 『朝鮮總督府中央試驗所一覽』(1915), 1~3쪽.

15) '中央試驗所 設置計劃' ≪매일신보≫, 1911. 10. 26.

습생의 양성에 불과해, 이후 일반 공업에 관하여 각종 가공적 시험을 요함으로 현재 관동주(關東州)에서는 관립시험장을 설립, 각종 시험 제조를 위하는데 공부(工部)에서도 명년도 예산에 중앙시험장 신설의 의(議)를 제출한다.'고 밝혔다. 이 내용을 통해 총독부는 이전부터 운영된 공업전습소를 대신하여 보다 과학적이고 체계적인 조사·연구센터를 설립할 의지를 내세웠다. 특히 기존 전습소의 양성과정을 '간단하면서도 쉽고 단순한 교육(簡易)'에 국한된 점을 단적으로 비판하면서 이와 상반되는 개념의 연구기관 설립을 촉구한 점이 주목된다.

더불어 일제는 근대 조선의 낙후한 제조기술을 극단적으로 비판하며 시험소 설립의 정당성을 합리화시켰다. 가령 '(중략) 조선은 옛 부터 과학을 알지 못하고 자연의 습관에 의해 제조하였는데, 예로 한 가정에서 피물(彼物)마저 제조하여 일용사물(日用事物)을 필히 스스로 충당하고자 하였으니 이를 연구하며 개량할 여지가 있으리오 (중략)'라고 지적한 일면에서와 같이,16) 일제는 조선인이 역사적으로 과학지식이 부재하여 전근대적이거나 가내수공으로서 일상생활용품들을 제작하는 방식에 대한 개선을 촉구했다. 또한 도자공예와 관련해서는 '조선의 유명한 고려자기가 오늘에 이르러 한 사람이라도 계승하는 이가 없으니 어찌 한심하지 않으리오 (중략)'17) 라고 덧붙여 한국 전통도자의 우수성을 인정하면서도 현 시점에서 도태됨을 비판했다.

강점 초기부터 시작된 일제의 비판의식은 식민지국에 대한 공예 및 공업 전반의 자각과 성찰을 강조하기 위해서였다.18) 그러나 이러한 제기들은 표면적으로 드러난 취지에 불과했으며, 실제 주된 목적은 조선 사회 전반의 무력함을 통해 열등한 분위기를 조성하는데 있었다. 궁극적

---

16) '中央試驗所의 設備(社說)' ≪매일신보≫ 1912. 9. 8.

17) 주 16과 같음.

18) '中央試驗所 目的' ≪매일신보≫, 1913. 2. 14.

으로 총독부가 추구하고자 했던 시험소 설립 동기에는 조선 산업을 주잔(周殘)에 이르게 한 주체자로서 조선인을 조망하게 하고 우등한 민족으로서 일본을 바라보는 황국신민화정책이 결부되어 있었던 것이다.[19] 따라서 일제는 여러 언론을 통해 시험소의 설립 및 운영의 주체가 일본 당국이라는 점을 강조함으로써 조선인들의 의식에 자주성과 자율성을 박탈하며 정신적 착취를 이끌어 내도록 조장한 면이 컸다.

시험소 설립 배경에서 주목해야 할 부분은 이 뿐만이 아니다. 시험소는 설립 이전 부터 이미 운영되던 남만주철도회사(南滿洲鐵道會社, 이하 만철로 약칭)와 매우 밀접하게 연관되어있다. 통치 초기의 조선총독부는 식민공업화를 실현할 수 있는 가장 효율적인 최상의 모델로서 만철을 지목하여,[20] 만철의 운영과 조직체제를 시험소 설립의 모본(母本)으로 삼았다.[21] 이러한 사실은 시험소가 설립 초기 일시적이기는 하나 만철에서 파견된 관계자에 의해 운영된 점을 통해서도 파악된다.

시험소 운영에 절대적 영향력을 행사했던 만철은(도 2) 1906년 11월 만주에 설립된 근대 일본 최고의 철도철강회사였다. 초창기의 만철은 1905년에 체결된 포츠머스 조약에 따라 러시아로부터 양도받은 동청철도(東淸鐵道)의 일부와 부속 이권을 바탕으로 운영을 시작했다.[22] 메이지시기의 최대 유산으로 간주되는 만철은 운영상의 기본 방침을 식민지 지배방법의 차별화에 두고 있었다.[23] 즉 만철의 초대 총재인 고토 심페

---

19) 엄승희, 「1910년대 ≪매일신보≫에 나타난 중앙시험소의 요업정책」, 『일제의 식민지 지배정책과 ≪매일신보≫-1910년대』(두리미디어, 2005), 235쪽.

20) 일각에서는 1900년에 설립된 東京國立工業試驗所를 모델로 하였다고 밝히고 있지만, 당시 여러 문헌상의 기록에 의거하면 만철과 부속 중앙시험소 및 조사부가 관립중앙시험소의 설립, 운영 등에 직·간접적인 영향을 미쳤음이 거의 확실시 된다(안동혁, 「繼像」, 안동혁선생팔순기념문집간행위원회, 1986, 참조).

21) 三山喜三郎, 「中央試驗所の施設及研究」, 『朝鮮-産業開發號』(朝鮮總督府, 1922.10), 312~315쪽 ; 『朝鮮總督府中央試驗所一覽』(朝鮮總督府中央試驗所, 1912), 1~3쪽.

22) 한국정신문화연구원 편. 『한국관련 '滿鐵' 자료목록집』(선인, 2004), 5쪽.

(도 2) 남만주철도회사 전경, 1890

이(後藤新平)는 식민지 지배는 단순 무력에 의존할 것이 아니라 교육, 위생, 학술이라는 넓은 의미의 문사적(文事的) 시설을 구비할 필요가 있음을 강조했다.[24] 문사적 시설이란 무단적(武斷的)인 행동을 돕는 방편으로 간주된다.[25] 만철의 문사적 시설은 과학적인 조사활동이 핵심이었으며, 이는 식민지 통치가 반드시 과학적이어야 한다는 초대 총재의 식

---

23) Carter J Eckert, Offspring of Empire : Koch'ang Kims and the Colonial Origins of Korean Capitalism, 1876~1945 (Univ of Washington Press, 1996), 43쪽.
24) 文事的 시설이란 학문과 예술 등을 식민 통치 수단으로 활용하기 위해 마련된 각종 설비를 의미한다. 문사적 시설은 만주경영의 지배자인 고토 삼페이(만철초대총재)가 과학적 식민화를 주창하면서 최초 대두되었다. 고토는 소위 文狀的 武備의 실현을 위해 이 같은 시설이 반드시 요구된다고 믿었던 식민통치이념에 바탕을 두고 있었다. 다시 말해 식민국은 식민지의 민심을 잠복시키는 수단으로 반드시 문화에 주목해야 한다고 믿었다. 이로 인해 20세기 초반부터 일제 패망까지 일본 식민세력은 문장적 무비를 내걸면서 식민문화사회를 건설해 갔다. 조선의 경우, 일제강점기 동화정책이 본격 시행되면서 민족문화의 식민지배는 시작되었다. 일반적으로 조선에서의 문사적 무비의 실현상황은 3기로 구분시킨다. 제1기는 메이지유신 이후 조선에 대한 보호장치가 이루어진 시기이며, 제2기는 1906년부터 1919년 3·1운동이 발발한 1910년대 말까지이고, 제3기는 이른바 문화정치시기인 1920년대부터 광복 직전까지이다.
25) 고바야시 히데오 지음·임성모 옮김, 『滿鐵』, 산처럼, 2002, 47~50쪽.

민지 경영철학이 깊게 반영된 결과다.[26]

물론 만철은 일개 철도회사가 아니라 정치 행정상의 여러 권리를 가짐으로써 실제 정부역할을 하였다는 점에서 총독부가 설립한 시험소와 규모를 비교할 수 없다. 그러나 조선의 시험소 역시 조선총독부의 초대 총독이었던 데라우치 마사타케(寺內正毅)가 1910년부터 무단정치를 광적으로 이끄는 가운데 설립되어져, 무(武)와 문(文)을 결합시킨 통치정책이 강점 초기부터 시행된 곳이다. 따라서 만철과 중앙시험소는 식민지국에 대한 과학적 연구를 통한 착취라는 운영방침에서 큰 차이가 없었다.[27]

한편 만철의 문사적 시설은 1907년 4월에 창설된 조사부로부터 구비되지만,[28] 동년(同年) 11월에 설립된 중앙시험소(도 3)를 통해 보다 완벽한 구도를 완성하게 된다.[29] 만철 부속 시험소는 설립 이후 만주국 기술개발의 최고 요새로 성장했으며 중국혁명 이후에도 이곳의 기술력은 어느 정도 영향을 미칠 정도로 파장이 컸다.[30] 이처럼 만철 시험소가 당대 여러 연구소에 비해 연구 성과가 우수할 수 있었던 원동력은 '공업화의 시험에 성공하면 다음 단계로서는 기업화한다'는 방침을 애당초 정해 두었던 것에 있다.[31] 실제로 이곳은 여러 신제품·신자재의 개발을 통해 기

---

26) 만철의 조사부에 대해서는 原 覺天의 『現代アジア硏究成立史論』(勁草書房, 1984) 와 『滿鐵調査部とアジア』(世界書院, 1986) 등 참조.

27) 엄승희(앞의 논문), 234쪽.

28) 原 覺天, 『現代アジア硏究成立史論』(勁草書房, 1984), 329∼331쪽.

29) 池邊重熾, 『滿鐵中央試驗所を顧みる』(中日文化協會, 1931) ; 杉田望, 『滿鐵中央試驗所 : 大陸に夢を賭け南たち』(講談社, 1990) ; 杉田望, 『滿鐵中央試驗所』(德間書店, 1995) 등 참조.

30) 만철 중앙시험소는 대략 40년간의 운영을 통해 대두유, 내화벽돌, 도자기, 유리 관련 분야와 기타 원자재 개발에 엄청난 성과를 거두어냈다. 그 중 벤진을 사용해 대두에서 대두유를 추출하는 기술이나 대두유에서 고형지방을 추출하는 신기술은 시험소가 이룩해 낸 대표 업적으로 평가된다. 특히 당시 이 연구 업적은 20세기 초 관련회사인 豐年製油와 大連油脂 설립에 기여하여 근대 油類産業의 한 축을 형성했을 정도였다.

업을 창설시키고 성공시킨 사례가 적지 않았다. 조선에서는 강점 초기 동일 현상을 찾아보기 힘드나, 1930년대 이후 경제공업화 정책이 안정을 찾아갈 무렵부터는 민간 도자기제조업체의 수출품 개발 등에서 이와 유사한 성과를 보이기도 했다.

총독부 산하 시험소는 설립에서 폐소되던 1945년까지 만철 중앙시험소의 조직 및 체제를 염두에 둔 것으로 추측된다. 이 부분은 두 시험소의 유사한 운영 방식과 취지를 통해서 가늠할 수 있다. 첫째, 설립 당시 몇 년간은 만철 시험소(1907년~1915년경)와 총독부 시험소(1915년~1920년경)가 지역자원에 관한 조사연구와 시험을 주요 업무로 삼았고, 이후 시기부터는 점차 신제품 개발을 추진했다. 만철의 경우, 석탄이나 유모혈암(油母頁岩), 천연소다 및 대두유(大豆油) 그리고 마그네사이트 등에 관한 연구와 만주산 원료를 이용한 내화벽돌, 도자기, 유리 등의 생산에 치중했고,[32] 총독부 시험소는 요업, 염직, 양조(釀造), 양잠 등을 비롯하여 초자(硝子), 대두(大豆), 소래 등 조선 재래 공예품 및 농산물 연구에 중점을 두었다.[33]

따라서 초창기 두 연구소는 연구 분야가 지역에서 산출되는 원자재 개발 및 가공에 국한된 편이었고, 해를 거듭할수록 신설 분야를 추가하고 새로운 기구들도 확충하여 연구 범위를 확대해갔다는 점에서 공통된다. 둘째, 시기적 차이는 있지만 만철의 경우 제1차 세계대전을 전후하여, 총독부 시험소는 1930년대 중반 이후부터 본격적인 제품 개발에 매진한 점을 들 수 있다. 셋째, 이 시험소들이 조사, 연구하고 개발한 원자재와 제품들은 일본 본국으로 유출되거나 자국 기업의 성장발전을 위해 전폭적으로 쓰여 졌다. 이밖에도 시험소의 식민국자(植民國者) 고용은

31) 고바야시 히데오 지음·임성모 옮김(앞의 책), 85쪽.
32) 고바야시 히데오 지음·임성모 옮김(위의 책), 85쪽.
33) 『朝鮮總督府中央試驗所年報』(朝鮮總督府, 1927~1940) 참조.

(도 3) 남만주철도회사 부속 중앙시험소, 만주 소재

단순 노동직에 국한시키면서 처우가 매우 열악한 점도 매우 유사했다.[34]

그럼에도 시험소 운영의 총체적인 양상은 주력 연구 분야와 연구에 따른 활용도면에서 서로 상이한 점이 많았다. 대표적으로 만철 시험소가 광산물 분야를 주 연구 대상으로 삼은 것에 반해 조선의 시험소는 전통 공예품이나 토산품 조사 및 개발에 보다 많은 비중을 두고 있었다. 특히 조선의 시험소는 부속 요업시험실과 분석실 등을 따로 설치하고 있었을 정도로 요업에 관한 연구와 관심이 특별했다.

이러한 배경에는 시험소 설립 이전부터 도자문화와 도자산업에 적극적인 입장을 표명했고 참여의지를 내비쳤던 총독부의 입장이 반영되어 있었다. 또한 조선의 전통문화 왜곡과 단절이라는 정책적 성향도 크게 작용했다. 이로 인해 일제강점기에는 사상 최초로 전통도자 제조와 이에 관련된 기술 및 실험, 연구가 실주체자가 아닌 타자로부터 실행되었다.

---

34) 조선총독부 산하 중앙시험소는 1920년대 후반경까지만 하더라도 대부분의 기술진이 일본인으로 구성되었으며 이후 매년 1~2명의 조선인을 고용하였다. 만철 부속 중앙시험소 역시 기술진이 거의 일본인으로 구성되었고 하부 노동직에만 중국인을 고용했다[『朝鮮總督府中央試驗所年報』(朝鮮總督府, 1927~1940) ; 杉田望, 『滿鐵中央試驗所』, (德間書店, 1995) 등 참조].

그런데 전술한 바와 같이, 시험소는 어떠한 연구조사가 이루어져도, 운영방침의 목적이 조선의 도자공예 발전에 따른 미감 창출과 무관했고, 설령 본차이나(bone china)와 같은 산업자기가 개발되더라도 이는 국내 도자기 시장의 활성화를 위한 것이기 보다는 수출품으로서 활용되어 식민국의 자본창출에 도움이 되기 위해서였다. 당시 일본 내수용 도자기는 자국 생산으로도 충분했다는 점을 고려할 때 이 사실은 더욱 설득력을 얻게 된다. 그밖에 시험소에서 시행된 전통자기 개발의 경우에도 복원의지가 바탕이 되어 새로운 제품개발에 치중한 것이 아니라 일본적인 취향을 반영하거나 단순한 복제 수준에 머물러 있어 조선 도자의 재현문화 창출과는 무관했다.

시험소의 또 다른 설립목적은 요업원료의 일본 유출과 관련된다. 유출정책의 배경에는 일본의 요업 발전 기여는 물론 일본인의 조선 진출과도 밀접하게 연관되어 있었다. 실제 원료정책이 강화되자 제1차 세계대전의 승전(勝戰) 이후 조선으로 자본을 투자하기 시작한 일본 기업인들이 속출하였고, 이러한 전개는 적어도 중일전쟁 직전까지 이어졌다.[35] 따라서 초기 식민공업화 정책이 시행된 1910년대로 부터 전시체제단계에 직면한 1940년대 이후까지도 시험소는 총독부의 방침에 따라 적극적이면서 구체적인 물자통제정책 및 유출정책을 단행할 수 있었다.[36]

이밖에도 시험소 설립에는 전습소를 비롯한 여러 교육양성기관 등과의 교류를 통해 보다 전문적이고 광범위한 기술을 보급한다는 목적을 두었다. 다시 말해 지방가마를 중심으로 기술 개량을 실시하여 지방 산업에 일정 부분 지원하는 방안을 내세웠다. 지방 요업에 대한 보조지원책은 총독부가 근대화된 도자기 생산체제와 이에 대한 제반지식의 보급이

---

35) 金聖壽(앞의 책), 241~242쪽.

36) 김인호, 『태평양전쟁기 조선공업연구』(신서원, 1998), 110쪽 ; 井坂圭一良, 「經濟統制の朝鮮における特徵」, 『朝鮮經濟統制問答』(東洋經濟新報社 京城支局, 1941.9), 28~29쪽.

도자정책의 구현 과정에서 필수적 과제로 여겼기 때문이다.

이상에서 살펴 본 바와 같이 시험소의 설립은 만철의 운영지침에서 찾아볼 수 있는 식민지공업의 과학화 실현으로 부터 출발하였다. 그리고 실제 운영상에서는 조선 공예의 일본화와 자원의 일본 유출, 나아가 재한일본인들의 원료 공급 및 지원 등을 염두에 두었다. 이러한 일면들은 양국인의 도자제작에 다소간의 영향을 미쳤다. 그러나 시험소 설립목적의 근본 기저에는 일제의 동화주의를 정책기조로 내세우면서 식민지공업화의 실현이라는 대명제가 존재했기 때문에, 조선 요업에 혜택이 미친 부분은 그 정도가 매우 미미했다.

나. 주요 업무

1912년 서울 동숭동에 개소(開所)한 시험소는 조선총독부권업모범장 기사(朝鮮總督府勸業模範場 技師)와 공업전습소 소장(工業傳習所 所長)을 겸하던 도요나가 마리(豊永眞里)가 초대 소장을 맡았다.[37] 또한 설립 초창기는 전문연구원(技師) 3명, 서기(書記)와 전문기술원(技手) 6명만을 두었는데, 전문연구원은 조사와 연구를 담당하는 학술자로, 전문기술원은 연구된 내용을 실제 제작 전반에 활용하고 개발했던 기술자로 간주된다. 그러나 이후 매 해 임직원을 늘여 1937년에는 총 기술진이 103명으로 증가했고 1938년에는 112명에 이르렀다. 한편 조선인 기술진은 일제 중반 이후 각 부서에 1~2명 정도 충원되는 것에 그쳤다<표 1>.[38] 따라서 시험소 연구진의 인적구성은 설립부터 폐소까지 98%가 일본인으로 구성되었음을 알 수 있다.[39]

---

37) '中央試驗所設備' ≪매일신보≫ 1912, 9, 7.

38) 朝鮮總督府, 「朝鮮總督府中央試驗所年報」(朝鮮總督府中央試驗所, 1931~1939) 참조.

39) 朝鮮總督府, 「朝鮮總督府中央試驗所年報」(1930), 1쪽.

〈표 1〉 중앙시험소 기술진 조직

1. 1912년 4월 추정인원

임직원	임원수	비고
소장	豊永眞里	조선총독부권업모범장 기사·공업전습소 소장 겸직
기사	3人	일본인 학자 초빙
서기·기수	6人	일본인 기술자 초빙
기구		
부(部)	분석부, 응용화학부, 염직부, 요업부, 양조부	
부설연구기관	본관, 분석실, 요업시험실, 기타부속건물 준공	
주력연구분야	도토분석 및 산지조사, 도자기업 실태조사, 염직, 대두 등 조선산 천연자원 조사 및 연구개발	

2. 1937년 4월 추정인원

임직원	임원수	비고
소장	山村鋭吉	기사를 겸직
기사	6명	부장기사 안동혁 외 모두 일본인
속(屬)	2명	하급 관리직원으로 추정
기수(技手)	15명	최준식 외 모두 일본인
촉탁(囑託)	2명	임시직원
고원(雇員)	29명	하부인력으로 추정
용인(傭人)	58명	하부인력으로 추정
기구		
부(部)	서무과, 화학공업부, 염직부, 요업부, 공예부	
주력연구분야	수출공예품 개발, 요업료 개발, 토산품제조 및 판매에 관한 연구, 화학생활품 연구 등	

시험소는 신설년인 1912년부터 이듬해 봄까지 확장공사로 인해 정상적인 업무가 이루어지지 못하다가, 공사가 마무리되던 1913년에서야 원활한 업무가 시작되었다. 또한 총독부의 관제발포 이듬해가 되어서야 부서들이 신설되었고 직원도 채용할 수 있었다. 설립과 함께 신설된 부서는 분석부, 응용화학부, 염직부, 요업부(도 4), 양조부였으며, 1915년 위생부가 추가 신설되었다.[40) 여기에 19세기 말엽부터 운영된 전환국(典

園局, 1883년에 설립) 소속 분
석시험소 등의 기구들도 시험
소가 총괄 운영하게 된다.[41]

(도 4) 중앙시험소 요업부, 일제강점기

요업부는 설립과 함께 신설
되어 이후 1945년까지 존속하
면서 가장 활발한 연구가 이
루어진 부서였다. 이 부분은
1915년부터 축적된 연구실적
을 비롯하여 부대시설인 요업시험실과 요장(窯場), 초자(硝子) 및 법랑시
험실 등이 매년 증축되었고, 1920년대 이후에도 초자요(硝子窯), 법랑요
(琺瑯窯), 원요(圓窯) 등 각종 실험요가 설치되고 전문 도자실험실 등이
확충되는 외적 규모를 통해서도 증명된다.[42]

한편 요업부의 주요 업무는 도자기산업의 제조실태와 원료의 조사연
구, 신개발품 출시 및 실지지도 시행 등 여러 분야를 섭렵하였다. 특히
요업부는 다양한 원료의 연구·조사를 가장 우선적으로 실시하여, 조선
요업의 기득권 확보에 앞장섰다. 구체적으로 살펴보면, 설립 초창기부터
주요산지 선정에 총력을 기우려 우수산지를 결정했고 산지가 지정되면
현지에 연구진들을 파견하여 도토를 굴취하고 분석, 시험, 감정 등의 단
계별 검증을 실시했다. 설립 초창기에는 주요 산지만을 집약 조사했지
만, 이후 조사범위를 확대해갔고, 원료 품종도 기본적인 도토(陶土), 도
석(陶石)에 국한하지 않고 점차 세분했다.[43]

40) 朝鮮總督府(앞의 책), 1~3쪽 ;「朝鮮總督府勅令」第36號, 第65號(1912, 4, 1) 참조.
41) 엄승희,「中央試驗所」,『식민통치기구사전』(민족문제연구소, 2008) 참조.
42) 朝鮮總督府中央試驗所,「朝鮮總督府中央試驗所年報」(朝鮮總督府, 1931~1939)
    참조.
43) 海福紀一,「朝鮮に於ける陶磁器原料」,『朝鮮總督府中央試驗所報告』第1回(朝鮮總
    督府, 1915,3) 참조.

그럼에도 요업부에서 책정한 원료 분포 조사지와 연구 대상지는 선정부터 조사에 이르기까지 차별적이었다. 요업부는 전국의 산지를 일괄적으로 조사해 나갔지만, 이른바 품질이 우수하고 양산(量産)이 가능한 산지와 특정 생산지의 인접지만을 연구대상지로 삼았던 것이다.[44] 또한 시험소는 주요 일본인 공장에서 필요로 하는 원료를 대상으로 집중 조사하여 사용이 용이하도록 지원했다. 이처럼 특수 한정지역에 대한 원료 조사는 일반적으로 일본인들이 경영하는 대형공장에 보탬이 되었지만, 이외 지방가마와 조선인 공장의 수요는 극히 일부였을 것으로 짐작되어 오히려 불리한 여건을 조성했을 것이다. 다시 말해 요업부에서 조사된 원료들 가운데 1급원료로 분류된 고급품들은 가격대가 고가였을 것으로 보여 조선인에 대한 공급은 원활하지 못했을 가능성이 크다.

요업부의 원료 조사연구는 대체로 요업부 단독으로 이루어졌지만, 경우에 따라서는 분석부, 응용화학부 그리고 부속 지질조사소 등과 연계 연구하여 면밀한 시험 결과를 얻을 수 있었다.[45] 요업원료는 도자기 제조에 필수적이긴 했지만 이외 건축이나 내화물, 광산업, 기타 중공업 등에서도 포괄적으로 사용되기 때문에 여러 부서의 협력으로 연구가 진행될 수 있었다.

시험소 관제에 따르면, 원료 조사는 요업부 전문기술진들이(기사와 기수, 때에 따라 특별 기수를 기용) 선정되어 각 지방에 파견되고 조사지역에는 반드시 임시 출장소가 설치되었다.[46] 1910년대는 전문 연구원인 고야마 이토쿠(小山一德)와 후미후쿠 키이치(海福紀一)가 총책임을 맡은 가운데 대부분의 연구조사가 이루어졌다.[47] 1920년대 이후는 동경제

---

44) 주 43과 같음.

45) 三山喜三郎(앞의 글), 315쪽.

46) 朝鮮總督府, 『朝鮮總督府中央試驗所年報』(朝鮮總督府, 1930), 1~5쪽.

47) 엄승희(앞의 논문), 246쪽.

국대학 출신의 공학자가 파견되거나 경성공업학교(京城工業學校) 및 경성고등공업학교(京城高等工業學校) 교수진들이 참여하여 보다 체계적이고 구체적인 연구가 이루어졌다.[48]

시험소는 원료 조사 못지않게 조선의 도자기업 실태에 관한 조사를 대략 10년 단위로 시행한다는 기본 방침을 갖고 있었다. 이 조사는 1913년 요업부에서 가장 먼저 실시된 이래,[49] 이후 조선총독부 연구원이었던 요시나마 나가스케(善生永助)가 1920년대에 일괄 조사하여 그 내용이 『조선의 요업(朝鮮の窯業)』(朝鮮總督府, 1926년)에 전해지며, 1930년대부터는 총독부 식산국이 매 년 조사하여 『조선공장명부(朝鮮工場名簿)』(朝鮮總督府, 1930~1940년)에 기록을 남겼다. 일제가 도자기 산업 실태조사에 적지 않은 비중을 두었던 것은 요업 전반의 성장속도와 분포를 파악하는 것이 식민공업화정책 실현에 있어 필수적이라고 판단했기 때문이다.

이러한 사실을 뒷받침 해 줄 내용은 역시 요시나마 나가스케(善生永助)의 저서를 통해 알 수 있다. 이 책에는 '조선에 있어서 요업공장의 연혁(沿革)은 매우 오래되었다. 그러나 일찍이 고려소(高麗燒), 이조소(李朝燒)와 같이 명성이 높아 우아한 제품들을 만들어 냈던 곳들도 이조 말기 무렵에 이르러서는 도자기가 쇠퇴하여 (중략) 각 지방의 소도자기 공장이 점점 뿔뿔이 흩어져 겨우 부근 주민의 수요에 충당하는 것에 그치지 않았다. 공장 설비가 불완전하여 제품은 조잡하고 유치할 정도이다 (중략) 이것에 대해서 총독부 설치 이후 중앙시험소에 요업부를 세워 요업 관련 실태와 관련 시험을 개시하는 등 여러 가지 시설을 장려한 결과, 시세의 진보, 수요의 증대와 함께 가장 높은 산액의 증가를 가져왔다'라

---

48) 『朝鮮總督府中央試驗所年報』(朝鮮總督府, 1927~1940)의 「인적 구성」참조.

49) 森勇三郎, 「朝鮮陶磁器業調査」, 『朝鮮總督府中央試驗所報告』第1回(朝鮮總督府, 1915,3) ; 海福紀一, 「朝鮮に於ける新設陶磁器工場」, 『朝鮮總督府中央試驗所報告』第3回(朝鮮總督府, 1919,3) 참조.

(도 5) 중앙시험소 개량실지지도, 1930년대 초, 평북

고 기록하여, 식민 초기의 요업 현황은 물론 도자산업 실태 파악에 대한 시험소의 역할비중이 중대함을 파악할 수 있다.[50)

이밖에도 주목되는 요업부 업무로는 개량실지지도를 들 수 있다(도 5)·<표 26>.[51)] 개량실지지도란 제조방식이나 운영상의 개선이 필요하다고 판단되는 우수산지를 대상으로 기술진들을 직파시켜 지원하는 방침이었다. 이 업무는 1920년대 후반 무렵 최초 실시되어, 지방가마에 가장 직접적이면서 긍정적인 영향을 미친 것으로 평가된다. 특히 실지지도가 본격적으로 시행되던 1930년대는 요업부 업무의 상당 부분을 실지지도에 할당할 정도였기 때문에, 이에 따른 파급효과도 높았다.[52)] 따라서 실지지도는 비록 특정 산지에 국한되기는 했지만, 이를 계기로 시험소와

50) 善生永助, 『朝鮮の窯業』(朝鮮總督府, 1926), 10쪽.
51) 朝鮮總督府, 『朝鮮總督府中央試驗所年報』(1931), 13～16쪽.
52) 1920년대의 요업부는 도자기 염료(陶器染付法試驗), 원료분쇄 및 조합(粉碎機用球石試驗), 도자기와 법랑칠기의 제조시험(陶磁器及琺瑯鐵器製造試驗), 공동작업장과 조합 등의 기술력 전수 및 제품 의뢰·생산(依賴試驗) 등의 업무를 담당했다. 이후 30년대는 시험소에 공예부(1938년)가 추가 설치되어 요업부는 공예부와 함께 수출품 개발에 주력하는 등 보다 다양한 업무를 담당하게 된다(廣瀨大藏事務官稿, 앞의 책), 238쪽.

민수업자간의 상호협력이 비로소 이루어졌고, 이러한 지원으로 운영되던 조선인 공장들은 생산고와 품질면에서 이전과 달리 향상되는 경향을 보였다.

생활자기, 옹기, 도기, 전통자기, 내화물 등 전 기종에 대해 실시된 개량실지지도의 유형은 크게 세 부류로 나뉜다. 첫 번째로, 기술진이 유망산지를 자체 선정하여 제조능력 일체를 보조하고 후원하는 방식이다. 둘째로는 요업부가 지역 유지나 관할 도청과 협력하여 일정 산지에 도자기공동작업장를 설립한 뒤, 이 작업장의 실지지도는 물론 운영을 총괄하는 유형이었다. 그 외 드물게는 사업주가 직접 건의하여 지원받는 경우가 있었다.

그 가운데 도자기공동작업장의 실지지도는 지방가마의 일괄적인 회생을 도모하는 차원에서 실시되었다. 실제 총독부와 시험소는 이 시기에 새롭게 등장한 자급자족형식의 공동작업장에 대해 실지지도의 혜택을 가장 많이 부여했다.[53] 일례로 30년대에 설립된 여주(驪州)의 도자기공동작업장을(도 6) 비롯하여 평양, 양구 등의 도자기공동작업장을 들 수 있다.[54] 이와 더불어 안정적인 운영이 검증된 공동작업장에 대해서는 인근에 도자기시험장을 동반 설립하였다. 공동작업장에 대한 기술 지원과 혜택을 제공받은 시험장은 평양자기시험장(平壤磁器試驗場)과 여주자기시험장(驪州磁器試驗場)이 대표적이다.

이외 시험소는 전람회정책을 활용한 업무 수행도 중시했다.[55] 주지하는 바와 같이, 이 시기의 전람회는 일제가 조선의 문명전파를 표명한다는 취지를 가지고 개최되었지만, 궁극적으로는 조선총독부의 식민전략

---

53) 善生永助(앞의 책), 85쪽.

54) 朝鮮總督府中央試驗所, 『朝鮮總督府中央試驗所年報』(1927), 25쪽 ; 朝鮮總督府中央試驗所, 『朝鮮總督府中央試驗所年報』(1928), 30～31쪽.

55) 박성진(앞의 논문), 81쪽 ; 최석영, 『한국박물관 100년 역사』(민속원, 2008), 29쪽.

(도 6) 여주도자기공동작업장, 1930년대 초, 경기도 여주 소재

으로 활용하기 위한 수단으로 기능했다. 따라서 일제가 표명한 문명의 전파란 자본주의 경제의 확립과 산업·문화계의 진보 및 발전을 위한 것이 아니라 식민국의 통치를 위해 활용된 이데올로기적 정책수단이었다.[56]

전람회정책의 전개양상에 따라 요업부는 다양한 시제품들을 각종 전시공간에 소개하여 탁월한 전시효과를 거두었다. 기록물(주로 도록)로 확인되는 요업부의 전시품은 전통자기 및 산업자기를 비롯하여 초자, 법랑철기에 이르기까지 매우 다양했다. 대표되는 사례는 1915년의 <시정5주년조선물산공진회(施政五週年朝鮮物産共進會)>를 들 수 있다.[57] 당시 요업부는 자체 연구개발품은 물론 전습소와의 연계 제작품들을 출품하였다(도 7). 공진회의 참여가 시험소 설립 후 약 2년만이었던 점을 고려한다면, 전시품들은 놀라운 성과로 볼 수 있다. 특히 전습소에서 제작한 전통자기들은 요업부가 우수산지로 선정한 경상남도 하동산(河東産) 고령토를 사용하였다고 밝혀, 양 기관의 협력상이 짐작된다.[58]

---

56) 최석영(앞의 책), 25~29쪽.
57) 허영섭.『조선총독부, 그 청사 건립의 이야기』(한울, 1996), 57~64쪽.
58) 徐丙協 編,『朝鮮總督府施政五年紀念朝鮮物産共進會』(博文社, 1916) 참조.

(도 7) 중앙시험소·공업전습소 출품물, 1915
시정5주년조선물산공진회, 경성

반면 공진회에 전시된 조선산 도자기들은 매우 조질하거나 평이하여 일본인 공장의 청자재현품이나 시험소와 전습소의 제품과는 비교 대상이 되지 못했다59). 따라서 우등품으로 평가되는 일본 상품과 조선의 열등품 간의 격차는 가시적인 효과를 거두며 벌어졌다. 이외에도 품평회와 공예전람회 석상에 유사 관례는 일반화되어, 결과적으로 일제의 전람회 정책은 첨단 과학기술을 보유하던 시험소를 통해 한층 성과를 거둘 수 있었다.

교육계와의 교류도 시험소가 추진한 주요 업무였다. 교육 관련 업무는 식민 초기 공업전습소를 통해 최초 이루어졌고, 이후 지방의 강습소나 전습소 등 직업교육기관으로 확산되었다.

무엇보다 시험소와의 교류가 가장 활발했던 기관은 전습소였다. 두 기관의 협력 구도는 연구와 실습을 동시에 병행하면서 근대적 제작기술의 질적 향상을 도모할 수 있는 발판이 되었다.60) 이러한 관계유지는 일제 강점 이후 전습소가 시험소의 부설기관으로 편입되었기 때문에 가능

---

59) 徐丙協 編(앞의 책, 序文) 참조.
60) 崔公鎬, 「韓國 近代工藝史 硏究 : 制度와 理念」(홍익대 대학원 미술사학과 박사학위논문, 2000), 109쪽.

했지만, 근본적으로는 총독부의 요구에 따른다. 그런데 공예(공업)에 관한 기술 전습이라는 슬로건을 내걸었던 전습소는 운영기간이 그리 길지 않았고, 이후 경성공업전문학교로 개편되었기 때문에 두 기관의 연계기간은 오래가지 못했다.[61] 여기에 20년대 중반 이후 정부의 교육 지원금은 날로 줄어드는 형편이어서 관립기관을 통한 전문화된 교육의 투자와 개혁은 한계가 있었다.[62]

이밖에도 시험소는 수출품 증진을 위한 신상품 개발에 관한 업무를 1930년대 후반 이후 본격화했다. 당시 요업부는 수출과 관련한 도자기 원료가공법 개발에 주력함과 동시에 수출품 전문기술자 육성에 매진했다. 또한 육성된 전문기술자들을 총독부 보조금으로 전국의 유명 공장에 파견하여 실지지도를 감행하도록 하였다. 이에 따라 시험소의 수출업무는 일제의 보조지원책으로 꾸준한 상승세를 보였고, 특히 30년대 중반 이후 전시자금 확보를 달성하려는 총독부의 의지가 강화되자 관련 개발은 더욱 활기를 띠었다.

한편 요업부의 수출장려정책 추진은 1938년 시험소의 공예부 창설과도 무관하기 않다. 즉 시험소에 공예부가 추가 신설되면서 수출용 도자기 개발은 절정에 달했기 때문이다. 또한 이 무렵 조선수출공예협회(朝鮮輸出工藝協會)와의 협력도 도자기 수출 및 개발을 증진시키는데 일조했다.[63] 그런데 시험소가 추진한 수출품과 관련한 연구 성과는 여러 제작장을 통해 확산되었다고 보기 어렵다. 추정하건데 일본경질도기주

---

61)「農商工部令」第50號(1910. 4. 7) 참조.

62) 바츨라프 세로셰프스키 지음·김진영 외 옮김, 『코레야 1903년 가을』(개마고원, 2006), 159쪽.

63) 朝鮮輸出工藝協會,「朝鮮陶磁工藝振興保存ニ關スル件」(1939. 7. 4) ; 朝鮮輸出工藝協會,「朝鮮ニ於ケん 陶磁工藝振興保存ニ關スル協議會開催ノ件」(1942. 6. 27) ; 朝鮮輸出工藝協會,「朝鮮陶磁工藝振興保存ニ關スル件」(1942. 7. 6) ; 朝鮮輸出工藝協會,「朝鮮陶磁工藝振興保存ニ關スル件」(1942. 7. 8) 참조.

식회사와 같은 대규모 공장이나 명성 있는 특산품 제작장에 한해 전략적
으로 혜택이 주어졌을 것이다.

　마지막으로 시험소는 존속기관 동안 조사 연구된 성과를 반드시『조
사보고서(調査報告書)』<표 25>와『연보(年報)』로 발간한다는 운영방
침을 세웠다. 연구 업적과 운영보고에 관한 내용을 담고 있는 간행물의
출간은 비단 시험소의 행적을 기리는 것에 국한되지 않고 국내외 관계자
들에게 유용한 정보를 제공하면서 동시에 식민정치의 합리화를 위해 반
드시 필요한 업무였다. 일반적으로『조사보고서』에는 도자산업실태 및
원료조사와 생산공정 등에 관한 연구를 중점적으로 실었고,『연보(年報)』
는 연혁, 규모, 사무현황, 직원실태, 건의사항 등을 비롯하여 실지지도
내역, 도자기공동작업장과 도자기시험장의 운영 등에 대해 자세히 기술
하였다. 출간은 보고서의 경우 1915년부터 각 부서별로 1호～10호 혹은
1호～20호를 묶어서 매년 혹은 격년으로 출간하였고, 연보는 1930년대
부터 매년 출간되었다. 그러나 국가상황이 위기에 처한 1939년을 기점
으로 간행물 출간이 축소되거나 정지된 것으로 보인다.

　현재 1939년 이전까지의 보고서 및 연보는 국내에 전 권이 남아있다.
이 기록물들은 시험소의 활동내역을 파악할 수 있을 뿐 아니라 시험소
운영이 얼마나 치밀하고 체계적이었는지를 한 눈에 살펴볼 수 있는 주요
자료이다. 특히 요업과 관련해서는 도자기 생산에 가장 큰 영향을 미치
는 원료와 요의 개발은 물론 제품별 소성온도, 유약의 활용도와 개선점
등을 구체적으로 연구하여 주목하지 않을 수 없다.

　그런데 정부의 주요 기록물로 간주되던 이 간행물들이, 조선인들에게
얼마나 공개되고 영향을 미쳤을 지에 대해서는 미지수다. 다만 총독부는
특별한 경우를 제외하면 시험소 운영에 조선인을 개입시키지 않아 관련
정보가 조선인들에게 유포되는 일은 극히 드물었을 것으로 짐작되며, 설
령 정보를 입수하였다 하더라도 실제 제작에 적용시킬 수 있는 조선인이

그다지 많지 않았을 것으로 추정된다.

이상에서 살펴본 시험소 요업부의 주요 업무들은 모두 총독부의 도자정책에 기반을 두고 있었다. 따라서 조선의 요업은 시험소의 활약상에 힘입어 근대화에 접근할 수 있는 기회를 부여받기도 했지만, 불평등한 기술 전수와 왜곡된 가시적 성장에 치중되어 있던 시험소의 역할 등이 실제 조선 요업에 변화를 가져다 줄 수 있는 부분은 그다지 많지 않았다.

② 시기별로 본 시험소의 정책

가. 1기-1910년대

1910년대 공업정책의 기조는 「조선회사령」(1911~1920년)을 발포함으로써 조선에서 근대적 대공업이 발흥하는 것을 억제하고, 해외 유학과 고등기술교육을 규제함으로써 조선인의 기술발전 및 교육을 억압하는데 있었다.[64]

따라서 요업계도 이 같은 사회정치적 영향에 의해 가시적인 성장을 이루지 못했고, 재흥을 위한 준비·모색단계에 머물러 있었다. 시험소 요업부 역시 이러한 여건을 감안해 기초조사 위주의 업무를 유지했다. 즉 요업부는 운영이 본격화되던 1913년부터 조선에 매장된 도자기 원료를 조사함과 동시에 전국의 도자기업 실태조사에 주력했다. 이외도 전통도자공예에 대한 연구에 참여하여 재현자기 제작과 관련 교육을 공업전습소와 더불어 시행하고, 10년대 말경에는 산업자기 개발에 일부 착수했다.

이처럼 1910년대 시험소의 도자정책은 식민지공업화를 위한 준비단계에서 시행되었다고 볼 수 있지만, 이 당시에 연구 조사된 기반들이 회사령 폐지이후 도자기공장 설립 및 운영에 적지 않은 영향을 미치게 된다.

---

64) 허수열, 『개발없는 개발』(은행나무, 2005), 129쪽.

ㄱ. 도자기산업 실태 조사

일제는 강점 이전부터 조선에 산재한 도자기제작장을 약식 조사하기 시작했다.[65] 식민 통치 이후에도 유사 조사는 계속되었으며 조사의 주체는 시험소였다. 시험소 요업부는 기존 제작장을 주도면밀하게 분석하고 이후 신설되거나 증설되는 도자기업체들을 조사하는 업무를 담당했다.[66] 조사된 공장은 1차적으로 대도시의 공장과 명산지가 중심이 되었으며, 점차 통치 이전 전습소에서 조사된 산지를 재조사하거나,[67] 지방가마를 약조사하고 이 과정에서 개발산지를 선정하는 등 영역을 확대했다.

도자산업의 실태 파악은 일제가 식산흥업을 보장해 줄 수 있는 산업으로서 요업을 주목했기 때문이다. 그런데 주지하는 바와 같이, 1910년대는 일본이 비록 조선을 강점하였지만 대의적 명분으로 인해 식민지국에 대한 권력을 제대로 발휘할 수 없었다. 강점 이후 일본은 제1차 세계대전 참전에 따른 영향으로 자본시장이 극심한 불균형을 이루고 있었다.[68] 자본력의 한계는 자국은 물론이고 식민지 조선에 대해서도 적극

---

65) 우선 보고서 형태로는 「朝鮮陶磁器業調査」(森勇三郎, 『朝鮮總督府中央試驗所報告』 1-11, 1915.3)가 중앙시험소 요업부에서 최초 발간된 이래, 이후 10년에 한 번씩 이와 유사한 조사·연구보고서가 발간되었다. 단행본으로는 善生永助의 『調査資料 第18輯-朝鮮의 窯業』(朝鮮總督府, 1926)가 가장 대표적이다. 이 책은 1910년대와 20년대 중반까지의 조선 요업에 관한 총체적 상황과 실태를 비교적 자세히 기술하여 이 시기 요업사의 대표문헌으로 활용된다. 한편 일제강점기에 발간된 보고서 및 단행본들은 중앙시험소 요업부 소속 연구진들과 일본의 공학자들에 의해 대부분 편찬되었으며, 森勇三郎, 小山一德, 海福紀一, 三山喜三郎, 山崎亭, 山田義雄(이상 중앙시험소 요업부)와 北村彌一郎(동경대학교 교수)가 대표적이다. 반면 조선인 연구자에 의해 보고서 및 단행본이 출간된 사례는 전무하다.

66) 주 49와 같음.

67) 공업전습소의 연구보고서는 1909년 단 1회 발간되었다. 농상공부에 의해 발간된 『官立工業傳習所報告』(農商工部, 1909년)에 따르면, 평양자기주식회사를 비롯한 대한제국시기에 설립된 몇 안 되는 도자기공장과 생산 유망지를 대표적으로 조사하였다(본서의 <표 8>과 <표18> 참조).

68) 호리 가즈오 지음·주익종 옮김, 『한국 근대의 공업화』(전통과 현대, 2002), 25쪽.

적인 진출을 저해시켰으며, 종전(終戰)하던 1918년까지 이러한 분위기
는 대체로 지속되었다.

특히 일본의 자본시장 위축은 1910년에 제정된 「조선회사령」과 맞물
려 경제 전반의 침체를 유발했다. 「조선회사령」은 초대 총독인 데라우
치 마사타케(寺內正毅)가 식민지 개발이론에 의거해 선포한 것으로,
1910년 12월 29일에 발효되어 1920년 3월 31일에 폐지되었다. 당시 총
독부는 법률 및 경제적 지식이 부족한 조선 경제인과 투자자들을 보호하
고 한국 산업의 건전한 발달을 도모하기 위해 회사령을 발포한다는 취지
를 밝혔다. 그러나 회사령의 본질은 총독부의 표명과는 거리가 멀었다.
회사령은 조선에서의 회사설립에 총독부의 엄정한 허가와 요구에 응하
도록 규정하여 근본적으로 상공업 발전을 저해하는 대신, 일본상품의 무
제한적 수입을 통해 실리적 이윤을 착취하겠다는 방침에 따라 시행된 경
제정책이었다. 결과적으로 총독부는 민족자본의 형성과 성장을 억제하
고 조선을 원료공급지와 공업제품의 판매시장으로 육성하여 식민경제구
조에 새로운 제도적 장치를 마련하고자 이와 같은 방침을 강구했다.

따라서 식민지 조선에 대한 불합리한 상황전개로 1910년대는 상공업
계의 발전을 촉진할 수 있는 공장이나 제조장 설립이 매우 까다로웠다.
더불어 산업 전반은 재래수공방식의 가공제조업에서 크게 벗어날 수 없
었다.[69] 요업도 마찬가지였다. 도자기공장을 비롯하여 각종 내화물 공장
의 설립은 일본인에 한해 일부 허용되었을 뿐 조선인들에게 허가된 예가
흔치않다.

이러한 가운데 총독부의 설립허가를 받거나 기존 공장에 대한 지원이
이루어진 곳들이 있어 주목을 요한다. 대표적으로 조선인 실업가가 주축
이 되어 설립된 평양자기주식회사와 일본 재계 실업가가 설립한 일본경
질도기주식회사를 들 수 있다. 이 회사들은 설립취지와 운영방식에서 큰

---

69) 엄승희(앞의 논문), 245쪽.

차이를 보였지만 일제의 재정적, 기술적 지원과 혜택이 주어진 제작처라는 점에서 공통된다.[70] 특히 평양자기회사는 강점 시점부터 운영상에 여러 문제가 드러났으나, 일제는 회사경영 전반에 상당한 관심을 보이면서 회생을 도왔다. 일제 당국의 지원책을 정확하게 파악하기는 어렵지만, 총독부와 시험소의 주도하에 여러 일본 기술자들이 초빙되어 요 설치와 연료 실험에 참여했고, 생산품들은 판촉을 위해 각종 전람회와 물산진열장에 전시할 수 있는 기회를 제공받았다는 점으로 미루어 볼 때, 다각적인 배려와 투자를 아끼지 않았던 것으로 판단된다.[71]

반면 전국에 산재한 지방가마와 영세한 소형공장들에 대한 실태파악은 문헌기록을 비롯한 유물자료가 거의 남아있지 않아 구체적으로 드러나지 못하고 있다. 그러나 국가시책과 법령 발효 등을 고려한다면 특정 산지 이외 나머지 대다수 가마에 대한 기술 및 재정지원은 이루어지지 못한 것으로 보인다. 따라서 이 시기는 도자기 제조공장들의 실태를 광범위하게 조사하여 요업 전반이 직면한 문제들이 제기되기도 했지만, 개량과 복구로 이어진 때는 아니었다. 요업부의 업무 역시 지역별 도자산업 실태에 따른 기초 조사에서 크게 벗어나지 못했다고 볼 수 있다.

1910년대의 도자산업 실태는 요업부에서 제출한 보고서를 통해 비교적 자세하게 파악된다. 1913년부터 약 2년간 기존 도자기 공장들을 조사한 보고서와,[72] 4년 후 신설된 도자기 공장을 일체 조사한 보고서가 대표적이다.[73] 이 보고서에 따르면, 기존 제작장의 현황과 문제점 그리고 개선방안 등을 일부 제시하였다. 초기 조사는 교토시립도자기시험장

---

70) 제Ⅳ장의 주 111·144·145를 참조.

71) ≪매일신보≫1913. 6.15, 8.3 ; 1914. 2.13, 2.14, 2.15, 2.17일자 참조.

72) 관련 보고서는 森勇三郞,「朝鮮陶磁器業調査」,『朝鮮總督府中央試驗所報告』第1回(朝鮮總督府, 1915,3)이다.

73) 관련 보고서는 海福紀一,「朝鮮に於ける新設陶磁器工場」,『朝鮮總督府中央試驗所報告』第3回(朝鮮總督府, 1919,3)이다.

에서 전임(轉任)하여 공업전습소에 근무하다 요업부에 파견된 주임 연구
자 모리 유자부로(森勇三郞) 단독으로 이루어졌고, 이후 오야마 이치도
쿠(小山一德)와 우미후쿠 기이치(海福紀一) 등이 합류했다.

ㄴ. 원료 조사의 착수

1910년대는 일제에 의해 원시가공업이 관장되면서 이에 소용(所用)되
어질 원료와 가공에 따른 문제가 대두되었다. 특히 요업원료는 광범위한
산업자원으로 활용될 수 있어 관심의 대상이었다.[74] 이 시기에 초점이
된 여론은 풍부한 원료와 저렴한 공임에도 불구하고 부진을 면치 못하는
도자산업의 열악한 현실에 대한 비판이었다. 또한 각종 원료의 과학적
조사가 미진한 조선 요업계를 새롭게 조망해야 한다는 자성의 목소리가
높아,[75] 원료연구에 대한 재인식이 특별히 요구되었다. 이러한 요구는
일제 당국뿐 아니라 각계각층에서 도자기원료 개발이 곧 요업의 쇄신과
직결된다고 판단한 것에 따른다.

무엇보다 원료조사사업을 촉발시킬 수 있었던 근본 원인은 비단 조선
요업계가 직면한 문제뿐만 아니라 일본 자국의 도자산업을 염두해 둔 일
제의 식민전략에 있었다. 다시 말해 1910년대부터 개발되어진 원료들은
근대 일본이 추진하던 요업 성장을 위해 반드시 동원되어야만 했다. 메
이지시기 부터 일본은 요업 관련 기술자들과 학자들을 유럽으로 파견시
켜 서구의 여러 제도(製陶)기술을 수용할 수 있었지만, 원료의 수급에
있어서는 근본적인 해결을 보지 못했다. 그것은 토양여건상 목절점토(木
節粘土) 이외에 우수한 양질 도토가 충분히 매장되어 있지 못한 일본의
실정때문이었다.[76]

74) 加茂正雄, 「朝鮮の資源を開發せよ」, 『朝鮮統治の 回顧と批判』(朝鮮新聞社, 1926),
265쪽.
75) 海福紀一(앞의 보고서), 10쪽 ; ≪매일신보≫ 1918. 12. 20일자 참조.

그리고 일본은 조선을 강점한 후 관련 대안책을 조선에서 찾기로 결정했다. 일제는 조선 각 처에 우량한 도토가 골고루 분포되어 있다는 점에 착안했고, 식민지 조선을 일본이 직면한 문제를 해결할 수 있는 원료 공급지로서 적극 활용한다는 방침을 내세웠다.

실상 일본은 조선산 원료에 대한 관심을 1907년경 통감부가 미개척된 광산을 개발하면서부터 드러냈다. 물론 이때만 하더라도 전국의 광구(鑛區) 수는 총 734개(금속광구 553개, 비금속광구 181개)로 일제강점기 광구수의 대략 7% 수준에 불과했고, 더불어 굴취량도 많지 않았기 때문에[77] 일정량만이 일본으로 유출되었다.

그러나 1910년대에 들어서면 이전과 달리 범위가 확대되었다.[78] 요업부는 우선 이미 알려진 광구들을 중심으로 재조사를 단행했고, 1913년부터는 주요 산지를 약선정한 뒤 기본 도토와 초자(硝子) 원료들을 집중 조사하는데 착수했다.[79] 이 무렵에 제출된 보고서에 따르면 원료조사는 남한(南鮮地方)과 북한(北鮮地方)으로 나뉘어 실시되는데, 남한의 경우 경상남북도와 전라남북도를, 북한의 경우 평안남북도와 함경남북도를 중점 조사한다고 명시했다.[80] 원료는 가장 우선적으로 고령토와

---

76) 함경도 일부지방의 지층 가운데 모래섞인 점토 및 점토층에서는 다량의 목절점토(木節粘土, 가소성 점토로 카올린을 주성분으로 하는 점토 중 탄화물, 목편이 섞여서 산출)와 와목점토(蛙目粘土, 반투명의 석영입자가 비에 젖으면 개구리의 눈알처럼 반짝여 보인다고 하여 붙여진 점토이며, 종류로는 靑ロ蛙目, 白蛙目, 黑蛙目 등이 있음)가 산출되었다. 특히 생기령을 중심으로 다량 매장되어있던 이 점토들은 내화도는 높은데 비해 수축률이 적은 장점을 지녀, 시험소로부터 품질면에서 일본산 목절 및 와목점토를 능가하는 제품으로 평가받았다[北村彌一郎(앞의 책), 303쪽 ; 三山喜三郎(앞의 글), 312~315쪽에서 재인용].

77) 朝鮮總督府,『朝鮮總督府統計年報』(1909) 참조.

78) 海福紀一(앞의 보고서) 참조.

79) 이러한 사실은 요업부에서 제출한 1913년의 보고서 내용(1914년까지의 원료조사 결과 내역건)을 통해 추정할 수 있다.

80) 기록에 따르면, 요업부는 경기도, 경상남도, 황해도, 평안남도 지역의 원료조사에

납석(蠟石) 등이 포함된 점토류를 조사했고, 그 외 감점제(減粘劑)와 용융제(熔融劑)를 분류하여 연구 분석했다.[81] 따라서 이 시기의 원료조사는 비록 전 지역을 섭렵하지는 못했지만 점차 확대된 편이었고, 선정된 지역의 상당수가 이미 우량한 원료를 보유한 산지로 알려진 곳이었다.

조사된 도자기원료와 연료의 산출량과 산출액에 관한 정보는『경제연보(經濟年報)』,『통계연보(統計年報)』등에 수록되었고<표 2> <표 3>, 이외 ≪매일신보≫와 같은 정부기관지를 비롯하여 각종 경제·공업잡지 등에도 관련 기록들을 실어 일반 대중과 관련업계 종사자들에게 공지했다. 대략 1913년경부터 시작된 원료 산지에 관한 조사는 이후 1926년 조선총독부의 조사자료집인『조선의 요업(朝鮮の窯業)』(朝鮮總督府, 1926)을 통해 일단락되었다.[82]

한편 조사가 본격화되면서 요업부는 굴취된 각종 원료들의 수요 공급문제에 직면했다. 요업부는 가공을 마친 원자재들의 납품기준을 결정하게 되는데, 특히 조선인 종사자들에게 부여할 이권과 사용처 등의 제반사항들을 책정해야만 했다. 이 부분에 대해서는 정확히 밝혀 낼 수 없지만 대략적인 추정은 가능하다. 1910년대의 언론매체들은 양질의 조선산 요업원료들이 일본의 도자산업 발전에 매우 유리할 수 있다고 수시로 보도했다. 가령 일제는 전람회정책을 동원하여 조선산 원료들을 소개하고 애용할 것을 권장하였다. 대표적인 예로 1917년 7월 동경 우에노(上野)에서 개최된 <화학공업박람회>에서는 조선의 전도유망한 공업으로 요업을 선정하고 조선산 원료들을 분야별로 공개하였다.[83]

이러한 동향에 비해 당시만 하더라도 규모 있는 조선인 공장은 설립

비중을 많이 두었으며 더불어 이 지역 일대의 도자산업에도 특별한 관심을 두며 보조 지원했다(小山一德,「朝鮮の窯業」,『朝鮮』, 1931.2), 35~36쪽.

81) 北村彌一郎(앞의 책), 303쪽.

82)『調査資料第18輯-朝鮮の窯業』(朝鮮總督府, 1926) 참조.

83) '화학공업박람회에 조선출품'≪매일신보≫ 1917. 7. 28.

〈표 2〉 요업원료 생산액 -1910년대-

연도 \ 종류	石炭		高嶺土		硅砂	
	數量	價額	數量	價額	數量(斤)	價額(円)
1910	78,452	388,781	—	—	—	—
1911	121,304	529,497	—	—	—	—
1912	127,870	577,802	—	—	—	—
1913	127,989	570,158	—	—	—	—
1914	183,262	810,752	—	—	—	—
1915	229,121	997,746	—	—	—	—
1916	190,760	819,221	—	—	—	—
1917	195,140	1,149,532	779	3,829	32,523,305	19,539
1918	188,623	1,315,839	1,860	13,089	29,738,504	18,063
1919	219,554	2,124,831	994	10,017	50,089,216	44,886
1920	289,036	3,917,153	1,662	38,708	48,032,317	42,886

(단위 : 円·斤)

〈표 3〉 요(窯)전용 석탄 수급상황 -1911~1929-

연도	석탄 생산액	석탄 이수입액	석탄 수요총액	연도	석탄 생산액	석탄 이출입액	석탄 수요총액
1911	—	7,143	—	1921	377,534	66,878	451,297
1912	—	34,391	—	1922	350,617	82,258	454,055
1913	—	28,502	—	1923	304,212	71,347	463,397
1914	—	26,060	—	1924	245,988	70,947	325,414
1915	—	26,705	—	1925	275,178	71,317	410,575
1916	60,457	22,856	—	1926	215,462	79,477	304,100
1917	76,345	23,929	—	1927	198,745	75,432	305,183
1918	145,687	30,790	—	1928	269,516	89,220	358,726
1919	366,218	40,495	—	1929	247,949	88,919	336,868
1920	459,009	69,602	—				

(단위 : 圓)

된 사례를 찾아볼 수 없어 조선의 수요공급처는 한정적이었다. 따라서 이 시기의 여러 제반사항들을 감안한다면, 요업부는 최상의 고급원료로

분류되는 1급 원료의 수급 대상처를 일본인 공장에 국한시키거나 일본
유출로 이어갔을 가능성이 매우 높으며, 이외 지방가마에 대해서는 저급
원료를 공급하거나 관련 대책을 마련하지 못했을 것으로 보인다.

보고 자료에 따르면, 1912년 국내에서 이출(移出)되거나 일본에서 수
입된 원료금액은 566,881원에 달했다.[84] 같은 해의 도자기 총 생산액이
389,239원에 불과했기 때문에 이 금액은 총 생산액보다 많은 액수이다.
이러한 현상은 매년 증가하여 1920년대 중반 경에 이르면 대략 3배에
달하는 1,677,989원에 이른다. 따라서 이 시기는 조선에서의 원료수급을
감당하지 못해 일본으로부터 역수입하는 실정이며, 이 상황이 전개될 수
있었던 배경에는 1910년대부터 시작된 시험소의 일본유출정책이 크게
기여한 것으로 보고 있다.

ㄷ. 기술 및 교육

시험소는 요업부 설치와 함께 도자공예에 관한 연구를 전통과 산업
영역으로 세분하여 시행한 것으로 보인다. 그러나 1910년대의 운영방침
이 신기술을 도입한 새로운 제품 개발에 주력하기 보다는 원자재 개발과
기존 기술의 보급에 치중되어, 산업도자에 대한 연구와 기술교육은 그다
지 활성화되지 못했다. 반면 전통을 바탕으로 한 도자공예 분야는 새로
운 기술도입이나 제도장치를 특별히 요구하지 않아 당초부터 시험소 방
침에 부합되면서 관장되었다.

이 시기의 전통공예기술에 대한 연구는 재현자기 제작에 초점 맞춰졌
을 것으로 보는 견해가 일반적이다. 1910년대의 여러 정황에 따라 이러
한 추정이 가능한데, 우선 식민 통치 이전의 고려고분 발굴은 고려청자
를 세상에 알려주는 계기가 되었다. 이때 고려청자는 일본인을 중심으로

---

84) 小山一德, 「朝鮮に於ける陶磁器業の産業的地位と斯業の振興策」, 『朝鮮經濟雜誌』
　　122(京城城業會議所, 1926.2), 3~4쪽.

새로운 가치와 인식을 자아내었고 한편으론 일본에서 이주해 온 사업가들로 하여금 청자제작업을 발족시켰다. 비슷한 시기에 이왕가박물관의 설립을(1908.9) 통해 방대한 양의 도자유물들이 수집되었으며,[85] 이왕직미술품제작소의 경우 1910년대 중반부터 재현청자를 제작하기 시작하여, 1918년경부터는 비원자기(秘苑磁器)로 명명된 청자를 시판하여 호평 받았다.[86] 또한 공업전습소는 강점 전부터 이미 전통자기 실기수업을 도기과에서 실시하고 있었다.[87]

따라서 고려청자의 발굴사업에 힘입어 전통자기의 재현의지가 그 어느 때 보다 고조되어 있었던 1910년대 초의 요업부 역시 이러한 흐름에 자연스럽게 동참할 수 있었다. ≪매일신보≫ 사설에 따르면, '(중략) 조선의 유명한 고려자기가 오늘에 이르러 한사람도 계승하는 이가 없으니 한심하지 않을 수 없다 (중략) 현재 당국에서는 이 사업을 장려 지도해 신면목을 정했으나 산업의 연구와 개량의 사상이 관철되어 유지자(有志者)의 관점으로 이제 중앙시험소를 설립해 인민(人民)이 사업을 과학적으로 연구하게 하고 산업발달성에 좋은 시기가 될 것이다 (중략)'[88] 라고 밝혀, 요업부의 고려청자 재현연구 의지를 표명했다.[89]

요업부는 전통자기 제작 연구에 사용될 원료산출지를 우선적으로 파악했고 이후 제조 기술에 관한 실험을 진행했다.[90] 추정컨대 시험소측에서는 청자나 백자를 제작하기 위한 태토나 유약 선정 등 다방면에서 많은 어려움을 겪었던 것으로 보이지만, 재현을 통한 전통자기의 계승이라는 궁극적인 목적을 달성하기 위해 지속적인 연구를 이어간 것으로 보

---

85) 中吉功, 「朝鮮の二つの美術館」, 『朝鮮美術への道』(國書刊行會, 1979), 141쪽.
86) '매매가 잘 되는 미술제작소' ≪매일신보≫ 1919. 4. 3.
87) 이 내용은 『工業傳習所報告-제1회』(農商工部, 1909)에 일부 보고되었다.
88) '中央試驗所의 設置' ≪매일신보≫ 1912. 9. 8.
89) 善生永助(앞의 책), 10쪽.
90) 北村彌一郎(앞의 책), 302～312쪽.

인다.

한편 요업부는 전통자기 중에서도 유약과 태토의 선별로 인해 발색 및 품격에 차이를 드러낼 뿐 아니라 성형술에 있어서도 숙련미가 요구되어 제작자체에 상당한 어려움이 따르는 고려청자 재현에 몰두했다. 초창기에는 청자재현 연구를 위해 교토시립도자기시험장(京都陶磁器試驗場)의 청자전문가들이 초빙되기도 했지만 조선인 관계자의 참여는 없었다.[91] 이 같은 양상은 조선 사기장들을 개입시키지 않고 일본인들 간 비밀리에 청자 제조기술을 전수했던 일본 청자공장의 관행과 매우 유사했다.[92] 원료선정에 이어 제조공정 단계에서는 요업부 단독으로 진행되는 경우도 있었지만,[93] 대부분은 시험소 요업부와 전습소 도기과의 협력으로 이루어졌다.[94]

관련 내용은 1910년대에 보도된 ≪매일신보≫의 기사들을 통해서도 알 수 있다. 먼저 1913년 5월13일자 기사에는 '동년(同年) 공업전습소진열회(工業傳習所陳列會)에 요업부가 협력하고 도기과가 제작한 청자 모방품이 도기매점(陶器賣店)에 염가(廉價)에 판매되었다'라고 하여 전습소와 시험소의 공동 제작 실태가 파악된다.[95] 또한 ≪매일신보≫ 1917년 11월8일자와 11월11일자 기사를 통해서는 요업부 단독 개발품에 대해 알 수 있다. 이 기사들에는 화학공업전습소를 방문한 영친왕(英親王)을 위해 시험소가 직접 제작한 상감청자와 백자를 진상하였다고 언급했다.[96] 특히 진상품들이 백자의 경우, 경북 청송과 경남 하동산 백토 그

91) 엄승희(앞의 논문), 253쪽.
92) 柳根瀅, 『高麗靑磁』(弘益齋, 1982), 196~217쪽.
93) 資源硏究社(앞의 책), 303~307쪽 ; 小山一德(앞의 글), 35~36쪽.
94) 대표적인 공업·공예교육기관으로는 지방공업전습소, 공립실업보습학교, 공립상공학교, 관립실업학교, 관립전문학교 등을 들 수 있다(廣瀨大藏事務官稿, 앞의 책), 236쪽.
95) '總督 同夫人, 중앙시험소관람-공업전습소진열회' ≪매일신보≫ 1913. 5. 13.
96) 1917년 11월8일에 보도된 기사 내용에는 '聖上陛下'라고만 지칭하였을 뿐 정확한

리고 경기도 시흥군 관악산 백토를
혼합하여 사용하였고, 청자는 경성
동부리 화동과 함북 경성군, 관악
산의 도토(桃土)라 칭하는 점토 등
을 혼합하여 제작했음을 매우 구체
적으로 밝혀 주목된다.

이외에도 ≪매일신보≫ 1918년
1월23일자 기사에는 '요업부에서
고려자기를 구워서 일목요연하게
진열하여 전하의 어람(御覽)에 바
치고 (중략)'라고 기록하면서, 전년
도에 시험소를 방문한 영친왕이 재
차 요업부를 방문했고, 청자연구에
매우 감흥하였기에, 당시 시험소장

(도 8) 영친왕의 중앙시험소 요업부 방문
1919

이었던 도요나가 마리(豊永眞里)박사의 권유로 고려자기에 직접 기념휘
호를 시문했음을 밝히기도 했다(도 8).[97]

그러나 당시 요업부가 개발하고 연구한 재현품들의 질적 수준이 어느
정도였는지를 정확하게 파악하지 못해 언론상의 표명은 진위여부를 가
리기 힘들다. 그럼에도 이곳의 연구개발품들은 전통식의 진부한 답습과
일본화된 양식으로 변질되었을 것이라고 추론할 수 있다. 유사 양식을
추정할 수 있는 한 근거로 동화정책의 기조로 개최된 1915년의 <시정5
주년기념조선물산공진회>의 전시품을 들 수 있다. 공진회의 주요 전시

인물을 밝히지 않았다. 그러나 1918년 1월 23일자의 동일기사에는 영친왕의 방문
내용이 실려 있어 이전 신문에 실린 사진이 영친왕이었을 가능성을 시사한다(≪매
일신보≫1917. 11.8·11.11 ; 1918. 1.23) 참조.
97) '기념의 "光風" 二子- 비상하신 감흥으로 중앙시험소에' ≪매일신보≫ 1918. 1.
23.

품인 전통자기의 전반적인 양식을 살펴보면, 진보된 근대양식을 도입시
킨 새로운 전승식은 찾아보기 힘들다.[98]

전승식의 진부한 답습 및 왜색화 경향은 이후시기 변모했을 가능성도
없지 않지만 전통도자공예의 근대적 혁신을 이끌어내기 위한 연구 및 개
발은 결국 뒷받침되지 못했을 것으로 여겨진다.[99]

이밖에 요업부는 1910년대 중반 이후, 전통자기에 대한 연구와는 별
개로 산업자기 개발에도 한발 다가갔다.[100] 그것은 근대화된 도자기술
이 식민 공업화정책 실현에 일조할 수 있다는 총독부의 방침 때문이었
다. 요업부에서 수용한 산업도자 제조술은 일본에서 파견된 교수나 기술
자들에 의해 전수되었다.[101] 그러나 1910년대의 시험소는 규모와 연구
원 수가 매우 적어 비록 연구가 이루어졌다고 할지라도 구체적인 성과를
거두지는 못했을 가능성이 높다. 더욱이 조선인 재직자는 부재했기 때문
에 조선인 공장으로의 신기술 저변확대는 결코 이루어질 수 없었다.

이와 같이 1910년대의 요업부는 기초 조사연구에 관한 업무수행이
우선시되어 기술에 대한 혁신과 제반교육의 저변화는 실현되지 못했다.
실습교육기관이었던 전습소와의 연계교류와 자체 개발이 일부 이루어졌
지만 파급효과는 미약했다. 오히려 10년대 중반경의 전습소는 조선인 졸
업생으로 결성된 공업자영단(工業自營團, 이하 자영단으로 약칭)이[102]
지방가마의 신기술 전수와 교육에 일조하는 등 졸업생도들의 자립이 활

---

98) 중앙시험소 요업부와 공업전습소 도기과는 경상남도 하동에서 굴취한 고령토 등
   을 사용하여 제작한 각종 청자 및 백자를 출품하였고 그밖에도 산업자기(접시류
   와 커피잔 set 등)를 출품하였다(朝鮮總督府, 『施政五年朝鮮物產共進會報告書-第
   2卷』, 1916년).

99) 崔公鎬(앞의 논문), 102쪽.

100) 森勇三郞, 「朝鮮陶磁器業調査-朝鮮ニ於ケル陶磁器ノ分類」, 『朝鮮總督府中央試驗
   所報告』1-11(朝鮮總督府, 1915), 312쪽.

101) 森勇三郞(위의 보고서), 312~315쪽.

102) 《매일신보》 1914. 5.7·1915.4 .25, 4 .27(工業自營團-社說)일자 참조.

발하여,[103] 시험소에 비해 기술교육 부문에서 앞섰다.

이후 10년대 후반부터는 전습소를 통해 주기적인 기술 전파와 교육체제를 구축시키는 시스템을 도입하려는 동향이 보인다. 그러나 요업부 기술원들은 전습소 전임 교원을 겸직하고 인원도 단 2명에 불과하여, 제대로 된 교육이 실시되기에는 역부족이었다.[104]

그럼에도 요업부는 다른 기관에서 보유하지 못했던 특수 요와 첨단 기계물레(轆轤)를 보유하고, 각종 성형술 및 원료가공법 등에 착수하기 위한 요업시험실(1912년) 및 조사분석실을 완비하여 기술개발에 따른 열정이 남달랐다. 또한 설립 이래 꾸준하게 시제품(試製品)을 제작하여 철저한 검증 단계을 거친 후, 시험소 내부에 설치된 시제품진열소에 진열하고 일반인들에게도 관람을 허락했다. 이러한 관행은 전습소에서 매년 실시한 성적품진열회와 유사했다.[105] 시제품들이 일반인들에게 공개되자 시제품의 제작술을 전수받고자 희망하는 조선인들이 생겨났고, 요업부는 정규차원은 아니지만 일정 기술을 습득할 수 있는 기초 강습회를 실시했다. 강습회 개최는 요업부가 이 시기에 시도한 유일한 민간인 기술교육이었다는 점에서 주목할 만하다.

나. 2기-1920년대

전 세계적으로 1920년대는 1923년의 관동대지진 발생과 1927년의 금융공황 및 1929년부터 약 4년간 지속된 세계대공황 등의 여파로 만성 불황기로 접어들었다. 이러한 세계정세는 총독부의 식민정치에도 영향

---

103) '工傳自營團과 新羅織' ≪매일신보≫ 1915. 4. 25.

104) 森勇三郞과 小山一德는 중앙시험소 설립 초창기부터 요업부를 이끌던 대표 연구자였다. 이들은 조선의 도자산업 실태와 도자기원료의 구체적인 조사 및 연구를 시작으로 향후 실지지도와 수출품 개발 및 교육 등에 관한 방안을 모색하는데도 일조했다.

105) 朝鮮總督府, 『官立工業傳習所一覽』(1915), 132~133쪽.

〈표 4〉 1925년도 요업공장·자본금·직공수 분포도

공장종별	공장수	자본금	직공수
도자기공장	146	4,275,121	1,918
옹기 및 토관공장	76	140,125	653
기와공장	173	1,033,244	1,442
연와(煉瓦)공장	43	3,358,932	3,265
초자(硝子)공장	13	144,500	275
기타 관련 공장	14	8,550,300	763
합계	464	17,502,222	8,316

(단위 : 円, 名)

을 주었다. 따라서 이 시기 총독부는 조선의 공업발달을 저지하거나 중시하는 공업화·산업화정책을 부각시키지 않았고, 이로 인해 농상공계 전반에도 괄목할만한 성장세를 보이지 못했다.[106] 그러나 경제난이 계속되는 가운데서도 20년대 후반으로 접어들면 새로운 변화가 조짐을 보이기 시작했다. 이를테면 일제가 주도한 식민사업이 보다 구체화되고 신진 일본 기업들의 조선 진출이 시작되면서 서서히 안정적인 발전양상을 보인 것이다. 이무렵 요업실정은 다른 공업계와 비교했을 때 생산력과 투자 자본, 인력 등에서 뒤처지지 않았다<표 4>. 무엇보다 전국에 규모 있는 공장은 전대와는 달리 수적으로 팽창했다. 또한 신설 공장이 늘어나자 생산량도 동반 상승하여 산액이 점차 증가했다.[107]

이에 총독부는 요업관련 공장들의 보다 나은 운영을 위해 원료의 수급과 제조 기술 등에 대한 지원책을 공포했다.[108] 그리고 중추적 역할은 전 시기에 이어 시험소 요업부가 주로 전담했다. 여기에 1920년대에 신설된 요업 관련 협회 및 조합, 해당 지역 유지가들까지 협력하여 도자산

---

106) 허수열(앞의 책), 129쪽.
107) 金聖壽(앞의 책), 140쪽.
108) 善生永助(앞의 책), 10~11쪽.

업 전반은 그야말로 활기가
넘쳤다.

이 시기 요업부의 두드러
진 성과로는 원료 조사의 범
위를 이 전에 비해 대폭 확대
시킨 점을 들 수 있다. 1910
년대만 하더라도 도자기와 초
자 원료에 국한되어 있던 연

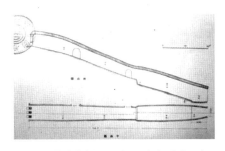

(도 9) 중앙시험소 요업부, 가마 설계도면

구·조사는 20년대에 접어들어 법랑철기와 연와, 내화물 등 요업 전제품
을 섭렵했다. 또한 요업부는 시문 장식법과 요 개발, 주 연료로 사용되는
석탄 등 도자제작 전반에 필요한 각종 기술을 세분하여 연구에 심혈을
기우렸다(도 9).[109] 특히 1910년대와 마찬가지로 1920년대에도 시험소
와 전습소의 협력개발품들은 각종 박람회와 전람회에 더욱 빈번하게
출품되었다. 이러한 전개양상으로 시험소의 위상은 한층 높아갔고 동
시에 많은 일본 기업인들로 하여금 조선 요업계에 관심을 불러일으키
는 원동력이 되었다.

또 다른 한편으론 주요 원료산지로 책정된 지역에 시험소 직영 회사
를 설립하여 원료수급부터 판매에 직접 관여하는 생산라인이 구축되었
다.[110] 그밖에도 요업부는 강점 이래 최초로 수출품 개발에 착수하였다.
요업부는 도자기 수출의 촉진을 위해 자체 개발은 물론이고 민간 종사자
들에게도 시험소를 개방하여 기술력을 일부 전수했다. 수출을 겨냥한 시
제품들은 총독부고등진열관에 진열되어 일반인에게까지 홍보하였다.[111]

109)　高原知義·秋月透,「朝鮮原料二依ル抔土ノ調合限界二就テ·鹽類溶液二來ル磁陶器
　　　染付法」,『朝鮮總督府中央試驗所報告書』4-4(朝鮮總督府, 1917) ; 高原知義·秋月
　　　透,「京城二適切ナル磁器原料及組合費」,『朝鮮總督府中央試驗所報告書』9-4(朝鮮
　　　總督府, 1920) 참조.
110)　'함남공원에서 도자기원료 발견-不遠間 회사가 된다고' ≪매일신보≫ 1928. 12. 25.

이처럼 1920년대의 요업부는 대공업화 실현에 한 발 다가가려는 의지가 충만하여 매우 다양한 업무를 전개시켰다. 그러나 요업부의 고급기술력은 전국의 지방가마로 여전히 저변확대 되지 못하는 경향을 보였으며, 그나마 지방가마의 복원을 위해 지원한 정책은 도자기공동작업장의 설립과 실지지도 추진 정도였다. 가령 도자기공동작업장은 자본과 기술력이 크게 부족했던 민수업자들에게 가장 기초적인 제도술을 지도하여 일괄 회생시키는 차원에서 도입되었다. 또한 실지지도는 요업부 기술자가 우수 지역 제작장에 직접 파견되어 기술을 전수하는 제도였다.

한편 1920년대 말경 총독부는 운영상의 이유를 들어 시험소의 체제개혁을 공포하였다.[112] 주요 개혁안은 30년대 초기에 본격화된 시험소폐지에 관한 내용이었다.[113] 조선의 상공업계가 약진하는 상황에서 불거진 이 같은 안건은 양국인 모두에게 논란의 대상이 되었다. 지금까지 시험소의 부실운영에 따른 내부갈등이 어떤 사유로 발생되었는지 그 근거를 밝혀내지 못하며, 단지 조선의 공예·공업 성장을 저해하기 위한 정책이 반영되었을 것으로 추정하고 있다.[114]

ㄱ. 도자산업의 촉진

1920년대는 다양한 규모의 산업공장 설립이 촉진되어 공산품 생산이 전대와는 비교할 수 없을 만큼 급증하였다.[115] 생산 물량 증대는 개발의

---

111) '상품진열관과 중앙시험소개방-민간기업가의 일대복음, 방법은 고려중' ≪매일신보≫ 1925. 1. 17.

112) '중앙시험소 제도개혁문제-불원간 실현' ≪매일신보≫ 1929. 12. 4.

113) '연료연구소와 중앙시험소폐지-30일 閣議에서 결정' ≪동아일보≫ 1930. 1. 23.

114) '중앙시험소 폐지에 반대' ≪동아일보≫ 1931. 11. 7.

115) 이 시기 공업 신장세는 공장 수의 증가 추세를 통해서도 알 수 있다. 이를테면 조선인 공장 수 비율은 1910년대 초 전체 분포의 30%를 조금 밑도는 수준이었지만, 1920년대가 되면 50% 수준으로 상승했다(『統計年報』, 朝鮮總督府, 1916~1920) 참조.

주체인 일본의 대자본 진출과 기술력이 기여한 바가 컸고,[116] 특히 요업은 이와 같은 전개양상이 뚜렷하게 반영되어 신장세를 보인 대표적인 산업이었다.[117] 다시 말해 이 시기에 이루어진 일본 자본의 요업에 대한 투자는 풍부한 원료 매장량과 조선인 노동자의 활용에 따라 초과이윤을 착취할 수 있다는 명목아래 타 업계에 비해 두드러졌다.[118]

이와 더불어 조선인 중소 공장에서도 생산량이 동반적으로 증가하는 추세였다. 그런데 이들 제작장의 늘어난 생산량은 상응하는 판매고를 달성하지 못했다.[119] 그것은 1920년대에 접어들어 조선인들에 의해 신설 공장들이 우후죽순으로 생겨났지만, 생산성을 향상시킬 수 있는 기술력과 자본력이 여전히 회복되지 않아 왜사기와의 경쟁에서 뒤져 있었기 때문이다.

지방가마에서도 1910년대 요업부가 선정한 우수 산지인 전북지방과 경남지방 등에서조차 이렇다 할 제작상의 변혁이 없어 생산량에 비해 실판매수익은 여전히 부진을 면치 못했다.[120] 특히 조선에서 최대 원료 매장량을 자랑하는 산지일 뿐 아니라 동양에서도 비할 데 없는 양질 토양을 지닌 산청 일대마저 요업상의 진전을 기대할 수 없어 이 시기 지방가마의 총체적인 실정이 짐작된다.[121]

---

116) 高木陸郎, 「內地資本を活用せよ」, 『朝鮮統治の 回顧と批判』(朝鮮新聞社, 1926), 154~157쪽.

117) 1911년의 공업생산 총액은 30,000,000원 정도에 지나지 않았다. 그러나 1924년의 총액은 290,000,000원에 이르러 10배 이상 증가했다. 특히 이 가운데서 요업은 1911년의 총 생산액이 117,600원에서 1925년에는 10,304,790원으로 증가하여 총 공업생산액 증가에 크게 기여했다[資源研究社(앞의 책), 308쪽 ; 廣瀨大藏事務官稿(앞의 책), 224쪽].

118) 나카쓰카 아키라 지음·김승일 옮김, 『한국 근대와 일본』(범우사, 1995), 180쪽.

119) 廣瀨大藏事務官稿,(앞의 책), 226~227쪽.

120) 善生永助(앞의 책), 176~179쪽.

121) 善生永助(위의 책), 174쪽.

앞서 언급하였듯이, 요업부에서 개발을 추진한 지역이 전근대적 생산
체제를 크게 탈피하지 못했다는 사실은 제작 전반에 걸친 문제를 거의
해결하지 못하고 있었음을 의미한다. 특히 자본력의 한계를 극복하지 못
해 원료와 연료 수급에 가장 많은 차질을 발생시켰을 것으로 추측된다.

사실 이 문제는 1920년대 초, 조선 사기장들이 지방 요주(窯主)로부
터 요를 임차하고 생산고를 차입하는 방식이 도입되면서 완화될 것으로
내다보았다. 요주와 사기장과의 공동제작체계는 생산에 따른 이익을 요
주와 채권자에게 넘기고 사기장은 이들로부터 임금을 지급받는 형식이
었다. 그러나 새로운 체계 도입 이후에도 지방가마의 생산실적은 저조하
기 마찬가지였고, 오히려 부채를 떠안고 제작장을 떠나는 사기장만 속출
시켰다.

관련하여, ≪동아일보≫ 1927년 7월 30일자 기사에는 지방가마나 소
규모 제작장들이 자체 시설을 완비하는 것이 현실적으로 불가능하여, 요
원소유자(窯元所有者, 요를 소유하여 임차해 주는 자)와 사용자(사기장),
화입청빈자(火入淸貧者, 요의 연료를 구입하는 자), 제조판매자가 서로
분리될 수밖에 없고, 이로 인해 매우 비합리적인 경영이 이루어지고 있
음을 자세히 지적하였다.[122]

지방가마의 실제 판매고에 뚜렷한 변화가 없고 점차 하향세를 보이
자, 요업부는 근본적인 해결을 위해 1926년 7월부터 요업 번성지에 대
한 경제 및 제조여건 등에 대해 재조사를 전격 실시하기로 결정했다.[123]
충남 당진군 면천리와 강원도 영구군 북면, 경기도 여주군 오금리 등 17
개 군을 우선 선정하여[124] 실시된 시행안은 지방가마 회생에 따른 구체
적인 대안이 모색된 최초의 사례라는 점에서 주목된다.[125] 복구정책의

122) '총독부의 요업장려책-신년도부터 실시' ≪동아일보≫ 1927. 7. 30.
123) 善生永助(앞의 책), 85～86쪽.
124) 善生永助(위의 책), 123～144쪽.

수행과정에서 가장 중시된 부분은 해당 요업지의 경제적 지원과 개량을 위한 기술력 보급이었다.

더불어 요업부는 도자기를 비롯한 재래 공예품 생산을 장려하기 위해 지방공예산업 개발도 추진했다.[126) 원래 이 방침은 1910년대 후반 경, 농가의 부업장려와 잉여인력의 활용을 확대한다는 목적으로 시행되어왔다.[127) 그러나 20년대는 이전에 비해 더욱 활성화되었고, 주로 요업부가 설치한 도자기공동작업장과 개량 실지지도 및 개량시험이 시행된 유명 산지를 중심으로 이루어졌다.

a. 도자기공동작업장의 설립계획

도자기공동작업장은 총독부의 요업장려책에 따라 시험소 요업부가 1926년 최초로 설립시킨 자급자족 운영체였다. 시험소는 1930년까지 16만1천6백만원의 총독부 보조금으로 전국에 규모 있는 공동작업장을 2개소 설립했으며, 실적은 우수한 편이었다.[128) 주지하는 바와 같이, 공동작

---

125) 지방별 요업조사는 1. 지방가마로서의 지위와 지역수요에 미치는 영향 2. 조선인과 일본인의 가구 수와 이들의 직업별 상황조사 3. 요업에 관한 연혁 4. 요업종사 가구 수 5. 窯의 수와 구조에 대한 실태파악 6. 요업품의 종류와 수량 및 가격(최근 5년 내 기준) 7. 제품가격 8. 원료의 생산지와 구입방법 9. 제품의 판로와 운송방법 등에 대해 이루어졌다.

126) '생산능률의 증진-가정공업의 장려' ≪매일신보≫ 1921. 7. 27.

127) 1920년대 3대 농촌 부업은 製紙業, 紡織業, 窯業이었다('原始形式을 未免한 조선의 요업계-고려자기의 華美를 찾아, 신년부터 보존책 수립' ≪매일신보≫ 1927. 7. 30).

128) 도자기공동작업장의 설립시점과 운영실태 등에 관한 내용은 문헌에 따라 다소 차이를 보인다. 가령 『朝鮮工業の現勢』(朝鮮總督府殖産局, 1936)에 따르면, 공동작업장은 1929년부터 주요 생산지에 최초 설립되었으며, 이후 1936년까지 전국에 9개의 작업장이 추가 설립되었다고 기록되었다. 그러나 ≪매일신보≫나 ≪동아일보≫ 등 일간지에서는 1929년보다 이른 1926년부터 총독부의 주도에 따라 작업장이 설립되기 시작했다고 전한다. 무엇보다 이 부분에 대해서는 『中央試驗所年報』를 참조하는 것이 타당하지만 이 부분에 대한 구체적인 내용을

업장의 설립은 피폐한 가내수공의 제조방식과 부실한 경영 등에 문제를
제기한 총독부 상공과의 제안을 총독부측이 수용한데서 비롯되었다.[129]
상공과는 공동작업장 설치에 따른 정부보조금을 교부하여 요업에 관련
된 시설 전반의 개량을 위해 지원하였다. 작업장 설치 도입 이후, 경쟁력
을 상실한 조선인들은 생산상의 회생을 경험함과 동시에[130] 실제 이 조
직을 운영하던 시험소로부터 각종 이권을 부여받을 수 있었다.[131]

한편 요업부는 도자기공동작업장이 설치되면 관련 전문기술자들을
의례 파견했다.[132] 파견된 기술진들은 작업장 주변 원료산지를 수차례
검증하는 업무를 비롯하여 제작 기술의 전수와 운영에 따른 해결책을 제
시하였다. 따라서 작업장 관리와 제작 일체는 조선인들이 전담했지만,
총괄 운영은 요업부가 맡는 것을 원칙으로 하였다.

b. 개량실지지도 및 개량시험

요업부는 1920년대부터 실지지도 및 의뢰시험 등을 주요 업무로 삼
았던 시험소의 운영방침에 따라, 지방산지를 돌며 개량실지지도를 시행
했다.[133] 그러나 실지지도 관련 업무는 20년대 중반 경까지 매우 간헐적

기록하지 않아 정확한 연혁은 파악되지 않는다.

129) '製陶業 진흥책- 공동작업장에 보조, 상공과의 계획' ≪매일신보≫ 1927. 7. 7.
130) 宋在璇, 『우리나라 도자기와 가마터』(東文選, 2003), 250쪽.
131) 善生永助(앞의 책), 180~193쪽.
132) 현재 1920년대의 도자기공동작업장의 규모와 위치 등을 파악할 수 있는 전거는
거의 남아있지 않다. 반면 1930년대는 신문이나 전문잡지, 보고서 등을 통해 공
동작업장의 실체가 일부 드러난다. 예로 1933년 함경북도 갑상군 운흥면 대상리
부근에 설립된 咸北磁器組合은 국내 수요품 뿐만 아니라 수출품 생산이 추진됐
던 중요한 작업장이었다. 매년 2만원 이상의 수익을 예상할 만큼 생산성이 활성
화된 이곳은 설립 초기부터 기술력 및 운영에 따른 여러 방안을 중앙시험소 요
업부 기술원들과 긴밀히 협력하였다('甲上郡 雲興面에서 良質의 陶土採掘-國庫
와 地方費의 補助로 共同作業場新設' ≪매일신보≫ 1933. 3. 1).
133) 『朝鮮總督府中央試驗所年報』(朝鮮總督府, 1927) 참조.

으로 실시되었고, 이후 후반 경에 접어들어 본격화되었기 때문에, 이 시기는 실지지도의 도입단계로 규정할 수 있다.

실지지도는 생산성은 유망하지만 개선이 요구되는 현지에 요업부 소속 기술원들이 직접 출장을 나가 협력하는 업무였다. 또한 실지지도는 시험소가 자발적으로 실시하는 경우가 대부분이었지만, 그 외 각 도청의 당국자들과 관련 사업자들이 시험소에 건의하거나 의뢰하여 실시되기도 했으며 이 경우 대표적으로 평양제도업조합을 들 수 있다.134)

그러나 전술하였듯이, 이 시기는 요업복구책이 활성화된 때가 아니어서 실지지도는 옹기(도기류)와 전통자기 분야에 국한된 편이었으며,135) 해당 지역도 매우 한정적이었다. 이 시기 실지지도 성과는 옹기가 가장 앞선 것으로 추정되며, 이는 요업부가 주력 개발상품으로 옹기를 주목했기 때문이다.136) 요업부는 옹기 제조에 사용되는 태토, 유약, 산지에 관한 조사를 애초 시작하여 20년대는 본격적인 응용시험과 시제품 개발에 착수하면서 실지지도를 겸했다.137) 옹기에 대한 실지지도가 가장 체계적으로 이루어진 지역은 경기도 일원이었다. 대표적으로 1920년대에 창설된 경기도 시흥군 소재 영등포토기조합의 생산량과 판매량이 급증하자, 요업부는 실지지도를 실시하여 생산성을 보다 촉진하려 했다.138)

이상과 같이, 1920년대의 실지지도는 대부분 총독부와 시험소가 협의하여 특정지역과 품목을 선출한 후 시행되었다. 이후 1930년대에 접어들면 실지지도가 크게 확산되어 특산자기 개발을 주동하게 된다.

---

134) 朝鮮總督府,「陶磁器の改良實地指導」,『朝鮮總督府中央試驗所年報』(1930), 27쪽.
135) 三山喜三郞(앞의 글), 314~315쪽.
136) '중앙시험소의 제품실비판매' ≪매일신보≫ 1923. 10. 22.
137) 특히 시험소 요업부는 경기도 시흥군 영등포읍 일대의 옹기제작소를 집중 조사하여 개량을 위한 실지지도를 다년간 실시했다(善生永助, 앞의 책), 163~164쪽.
138) ≪동아일보≫ 1926. 5.14, 10.3 ; 1928. 11.30일자 참조.

ㄴ. 원료 조사

요업부의 원료조사는 1920년대에도 꾸준히 이루어졌다. 특히 이 시기
는 요업에 대한 양국인의 관심이 증폭되어 많은 자본가와 사업가들이 적
극적으로 투자한 시기였기 때문에, 원료 수요도 날로 증가할 수밖에 없
었다.[139] 따라서 기존산지의 산출량과 품종은 이전에 비해 증가되었을
것으로 보이며, 전국적으로 새로운 지역과 광구(鑛區)가 광범위하게 생
겨났을 것으로 짐작된다. 또한 도자원료의 산출량이 증가하여 수요에 따
른 공급이 이전보다 원활했을 것으로 보인다.

그러나 채굴지와 산출량이 증가하는 만큼 일본으로의 유출량도 동반
증가했을 것으로 보여, 조선 요업에 사용될 수 있는 원료량은 여전히 한
계가 있었을 가능성이 높다.[140] 다시 말해 조선에서 굴취된 원료들은 일
본 요업과 재한일본인 공급자에게 일차적으로 조달되었기 때문에 조선
인의 원료난과 2급원료 사용은 이전과 크게 다르지 않았을 것이다.

이러한 실정은 1920년대 일본으로 유출된 연 평균 원료량을 금액으
로 환산했을 때 1910년대보다 3배 이상 증가한 사실로도 알 수 있다.[141]
품목별로 보면 고령토, 규사, 석탄이 가장 많이 유출되었다.[142] 특히 고
령토와 규사의 경우, 이 시기 중반까지 전국의 광구 면적이 두드러지게
증가했음이 당시 통계자료에 의해 확인된다<표 5>.[143]

그런데 시험소 분석부의 보고서에 따르면, 요업원료 산출지에 대한
조업은 모두 활성화되지 못했던 것으로 드러난다. 즉 원료 산출지는 지

---

139) 1920년대의 도자기공장 수는 전년대에 비해 3배 이상 증가했고, 1930년대는 이
   보다 대략 5%가 더 증가하였다(朝鮮總督府殖産局 編, 『朝鮮工場名簿』, 1933),
   45~63쪽.
140) '최근 조선의 상공업-요업원료토석' ≪매일신보≫ 1922. 1. 16 ; 善生永助(앞의
   책), 84쪽.
141) 『統計年報』(朝鮮總督府, 1916~1920·1921~1928) 참조.
142) 『鑛區一覽』(朝鮮總督府, 1920~1929) 참조.
143) 『鑛區一覽』(朝鮮總督府, 1925) 참조.

<표 5> 1910년대와 1920년대의 高嶺土·硅砂 鑛區比較表
-1917~1918·1920·1923-

品名	1917년	1918년	1920년	1923년
高嶺土	鑛區(6), 143,788坪	鑛區(7), 283,036坪	鑛區(12), 1,403,492坪	鑛區(16), 2,407,769坪
硅砂	鑛區(17), 198,429坪	鑛區(4), 1,101,108坪	鑛區(10), 1,074,060坪	鑛區(9), 1,174,533坪

(단위 : 坪)

속적으로 굴취가 진행된 곳과 굴취를 시도했으나 중단된 곳이 기록되었는데, 굴취지의 분포는 어느 시점에서 굴취가 중단된 산출지의 면적이 조업 중인 곳과 비슷하거나 오히려 중단된 지역이 더 많아진다.[144] 원인으로는 원료 선정지가 급증한데 반해 이에 투입될 연구진들과 조사원들이 부족했던 요업부가 조사 작업에 차질을 빚어 나타난 현상으로 볼 수 있다. 1920년대 요업부의 전문 인력은 전년 시기에 대비하여 확충되었지만 광범위한 조사를 섭렵할 정도는 아니었다.

한편 1920년대에 가장 주목받은 천혜의 원료산지는 경남 하동, 산청, 고성의 각 군과 경북 청송, 경산 그리고 황해도 해주, 평안도 수안과 강원도 양구 및 함경의 회령, 경성, 명천, 성진 등이었으며, 이곳의 원료들은 앞서 언급한 바와 같이 재한일본인들의 공장으로 우선 납품되거나 상당량이 일본으로 유출된 것으로 보고 있다.

그 중 일본경질도기회사는 1910년대에 이어 여전히 우수한 경질도기 원료들을 사용하며 수출용품을 생산했다. 특히 20년대부터는 수출품 생산량을 확충하기 위해 전년도에 비해 보다 많은 양의 원료들을 필요로 했다.[145] 일제 당국은 무역상품 중에서 매우 중요한 지위를 점하고 있던 경질도기의 생산을 적극 지원하고 있었기 때문에, 이 회사의 원료 수급

---

144) 주 141과 같음.
145) 資源研究社(앞의 책), 308쪽.

에 대해 매우 관대한 입장을 취했고 시험소도 이와 동일한 입장이었
다.[146]

구체적으로 살펴보면 경질도기 전문회사의 설립과 동시에 요업부는
곧바로 경질도기의 원료조사에 착수했으며,[147] 관련 조사내용도 1916년
약식 보고되기 이전부터 회사측과 공유했다.[148] 요업부의 지원에 따라
일본경질도기회사는 1920년대에 연간 800만 개의 도기 및 내화물 등을
생산하여 국내 시장을 섭렵함은 물론이고 세계시장을 겨냥할 수 있었
다.[149] 심지어 이 회사 제품의 조선 시장 점유율이 높아지자 일시적이나
마 왜사기의 국내 진출에도 일부분 지장을 준 것으로 드러난다.

이렇듯 1920년대는 요업부에서 실시한 각종 원료조사 성과 및 공급
이 일본과 재한일본인들에게 적극적으로 이루어졌던 때였다.[150] 그러나
기술인력 충원 미비에 따른 한계로 요업부가 지정한 원료산지들이 일괄
조사되지는 못했고, 조선인들의 원료 수급은 일반 민수제작장 보다 도자
기공동작업장과 실지지도가 시행된 일부 제작장에 대해서만 원활했을
뿐 여전히 어려움을 겪었던 것으로 보인다.

ㄷ. 기술 및 교육

1910년대에 이어 요업부는 공업전습소, 경성고등공업학교, 경성공업
학교 등과 도자 전반에 관한 기술협력 및 학술교류를 이어갔고, 한편으

---

146) 朝鮮總督府殖産局(앞의 책), 35쪽.
147) 요업부의 원료조사는 1. 자기, 2. 도기, 3. 석기, 4. 옹기로 구분하여 실시했다.
    그 가운데 자기 원료는 軟質磁器와 硬質磁器로 구분하여 조사했는데, 특히 경질
    자기는 酸性磁器, 中性磁器, 鹽基性 磁器로 세분하여 분석 연구한 점이 주목된
    다(海福紀一,「朝鮮産陶磁器原料」,『朝鮮彙報』, 1916), 143~145쪽.
148) 제IV장의 주 111을 참조.
149) 海福紀一(앞의 글), 143쪽.
150) 小山一德.「朝鮮に於ける陶磁器業の産業的地位と斯業の振興策」,『朝鮮經濟雜誌』
    122(京城商工會議所, 1926), 124~130쪽.

로는 시험소 개방을 통해 일반인들의 기술환경에도 발전적인 영향을 미쳤다.[151]

특히 민간 제조업자들을 대상으로 한 요업 기술력 전수는 각종 신제품 개발에 보탬이 되었을 뿐 아니라 개발품들이 이 시기에 개최된 크고 작은 전람회를 통해 홍보되도록 협조했다. 또한 시험소에 설치된 시제품 진열소에는 요업부에서 개발한 각종 제품들을 공개하여 대중들의 엄격한 품평을 받게 하면서 연중 일반인들에게 시판했다. 더불어 공업전습소에서도 매년 <공전성적품진열회(工專成績品陳列會)>를 개최하고 2만여 종의 방대한 성적품을 전시하거나 실습장 일체를 개방하여 일반인들의 안목을 넓혀주었다.[152] 이외 시험소와 총독부 내부에 특별히 상품진열관을 설치하고 관계자들로 하여금 시험소의 기술 연구현황을 수시 확인하도록 하였다.[153]

한편 요업부는 도자기술 저변확대를 위해 일반인들을 대상으로 한 도자기강습회와 전수회 등을 이전보다 활성화시켰다. 강습회는 지방가마 운영이 막막했던 조선인들을 위해 소규모로 시작되다, 중반 이후부터는 각 도청의 보조를 받아 개최범위와 규모가 일부 확대되었다.[154] 요업부 강습회에서 연수를 마친 수강생들은 지방 유지나 기존 공장주가 공조하여 설립한 도자기조합이나 도자기공동작업장에서 주요 제조 업무를 담당했던 것으로 추정된다. 따라서 강습회는 개량된 기술을 바탕으로 지역 상품 및 수출품 개발 등을 실제작에 어느 정도 접목할 수 있는 기회를 부여받는 장이었다.

이상과 같이 1920년대의 시험소는 요업에 관한 제조기술을 공교육계

151) ≪동아일보≫ 1922. 10.22· 1929. 10.11 ; ≪매일신보≫ 1929. 10.11일자 참조.
152) 京城高等工業學校, 『京城高等工業學校一覽』(1943), 2쪽.
153) 朝鮮總督府, 『朝鮮總督府工業傳習所一覽』(1915), 132~133쪽.
154) '高敞燒器組合' ≪동아일보≫ 1925. 7. 31.

는 물론이고 영세한 지방가마로 확대하려는 정부의 방침을 어느 정도 이행했다. 비록 실리적인 혜택이 주어진 지역은 한정되었지만 이전에 비해 점차 확대되는 추세였다. 이 변화는 1930년대 이후 각 도별 공업학교에 요업부가 신설되고 공예지도소, 공예전습소, 요업강습소, 도자공예전습소 등이 전국적으로 확산될 수 있는 초석이 되었다.

다. 3기-1930년대

1930년대는 강점 초기부터 점진적으로 다져진 공업기반이 가시적인 결실을 거둔 때였다. 실제 30년대 조선공업의 실질 성장률은 일본에 비해 12.4% 앞선 것으로 추계된다.[155] 비록 증폭된 공업 생산액의 추이가 산업상에 직접적인 영향을 크게 미치지는 못했지만, 이 시기의 공업 발전이 산업구조를 근본적으로 변화시키고 있었다.

특히 30년대 후반에 발발한 중일전쟁으로 통제경제체제가 시행될 때조차 조선인 고유 자본 유치가 확대되어, 영세하지만 일제의 상품시장화 정책에 저항하는 조선인 기반이 꾸준하게 발전하는 경향을 보였다.[156]

그러나 전반적인 산업경제사정은 중반 이후부터 위축되었다. 산업상의 타격은 일본이 공황 타개책으로 일으킨 만주사변(1932년) 이후부터 조선을 대륙침략의 병참기지로 삼으면서 본격화되었다. 그리고 이러한 분위기속에서 일제의 경제 수탈정책이 집중 감행되었으니, 조선 산업계의 기반은 급속도로 흔들리기 시작했다. 또한 대공황 이후 전 세계적으로 자본주의 국가에서는 국가가 경제활동을 통제, 간섭하는 통치책을 전개시켰고, 일본 역시 중일전쟁을 전후하여 이와 동일한 조취를 취해, 조선의 식민지 경제체제는 이전보다 더욱 철저히 일제에 예속되었다.

시험소는 일본의 정경계(政經界) 상황에 부합되는 시기적절한 조치를

---

155) 호리 가즈오 지음·주익종 옮김(앞의 책), 114쪽.
156) 김인호, 『식민지 조선경제의 종말』(신서원, 2000), 63쪽.

취했다. 이를테면 각 도에 시험소 분소인 도립공업시험소를 설립시켜 식민공업정책을 더욱 강화하였다.[157] 그리고 시국이 다급해진 1938년에는 공예부를 추가 신설하여 수출공예품 개발에 주력했고, 더불어 무기제조로 쓰일 철기류 공수를 위해 대용품으로 쓰일 도제품(陶製品) 연구개발에 착수했다.[158]

그런데 이 시기 시험소는 잠시 운영상의 혼란을 빚은 바 있다. 시험소 운영의 문제제기는 대공업화시대에 부합되지 않게 폐소 논란으로 이어졌다. 논란의 시발은 1929년 식산국의 재개편을 논의하는 과정에서부터였다. 이후 식산국은 1930년부터 불거진 시험소 운영에 따른 차질을 최대 문제점으로 거론하면서 총독부측에 폐소를 건의했다. 이무렵 총독부 역시 식산국 산하기관들을 개편하여 광산자원과 공업 수탈을 위한 구조체제를 더욱 확고히 하려는 입장을 표명하고 있었기에 이 안건에 대해 주목했다.[159]

그리고 이 과정에서 시험소는 식산국이 요구했던 서울 용산의 상공과 분실(分室)과 상공장려관 등의 부실 운영에 대한 책임을 회피할 수 없었다.[160] 당시 언론에서도 '용산 상공과 분실은 항상 문제가 되는 일이 많아 세평(世評)도 매우 좋지 못해 당국에서는 금일 후 개혁할 필요를 느끼고 (중략)'라고 언급하며 총독부 식산국의 입장을 자세히 거론했다. 결국 상공과 분실의 행정정리로 인해 식산국 소속 일부 기관들은 폐소 및 축소절차가 진행되었고, 시험소도 제도개혁의 대상으로 지목되었다.

1932년 총독부는 시험소 폐소가 재원(財源)에 따른 문제라고 공식 발표하였다[161]. 그런데 공식 발표 이후에도 시험소는 곧바로 폐소 수순을

---

157) ≪동아일보≫ 1932. 10.25· 1939. 11.21 : ≪매일신보≫ 1933. 7.25, 8.16, 11.23, 12.7· 1937.1.11일자 등 참조.

158) ≪매일신보≫ 1938. 8.4, 10.22, 11.5일자 참조.

159) 朝鮮總督府訓令 第34號.『朝鮮總督府官報』(1932). 6. 1.

160) '중앙시험소 제도개혁문제-불원간 실현' ≪매일신보≫ 1929. 12. 4.

밝지 못했다. 아마도 일제 당국은 시험소 폐소를 이행하는데 매우 고심했던 것으로 보인다. 이 부분은 폐소 논란이 일고 있는 상황에서도 평양의 중앙시험소 서선지부(西鮮支所) 설립 의지를 직접 밝힌 총독부의 입장을 통해서도 알 수 있다.[162] 그리고 실제 얼마 지나지 않아 총독부는 애초의 방침과는 달리 시험소 폐소안을 철회했다. 결과적으로 이 논란은 시험소의 규모를 축소시키고 지소 설립을 통한 분산 운영을 시도하면서 종결되었다.

한편 조선인 실업가들은 시험소 폐소가 최초 공식 발표되자 크게 반대하는 입장이었다. 특히 경성상공조합연합회(京城商工組合聯合會)는 시험소와 매우 긴밀히 교류하고 있어 그 어느 단체보다 적극적으로 반대 입장을 표명했다.[163] 이외 일본의 기업가들조차 동일한 입장을 보임으로써, 당대 시험소의 활약이 조선 산업계에 미친 영향이 어느 정도였는지를 실감할 수 있다. 다시 말해 조선에 존립한 유력 산업체들과 실업가들은 유일한 공업·공예연구기관인 시험소가 근대산업 발전과 공예문화 기여와 직결된다고 조망했다. 실지로 건국 이래 최초로 과학적이고도 체계적인 연구·조사 전문기관으로서의 역할을 제대로 수행했던 시험소의 존재는 근대화에 기여한 바가 적지 않다.

따라서 폐소안이 철회된 이후에도 조선인 실업가와 조선공업협회, 경성상공회의소 등 각계각층에서는 한동안 이 문제의 발생이 조선 공업의 성장을 저해하려는 일제의 정책적 전략으로 간주하며 의구심을 불러일으켰다.[164] 총독부는 유력단체들이 내세운 원인규명에 따른 항의가 계

---

161) 종전의 시험소 총예산이 1,213만원 정도였다면, 1932년에는 7만원으로 대폭 줄어들었다.

162) '中央試驗所西鮮支所, 實現運動繼續猛烈, 新規事業不承認을 憂慮해야' ≪매일신보≫ 1931. 9. 20.

163) '中央試驗所廢止와 工業團體 一齊 反對-運動이 猛烈化한다' ≪매일신보≫ 1931. 11. 3.

속되자, 1932년경부터 시험소의 재정비를 단행하면서 이를 잠재우고자
했다. 재정비와 관련하여 주목되는 방침 중에는 민간기업인과 실업가들
의 시험소 이용 확대를 들 수 있다. 시험소는 이전까지만 하더라도 상공
인들의 참여를 통해 얻어지는 고가의 수수료를 주요 수익원으로 여겼지
만, 폐소논란 이후에는 민간인들의 이용 수수료를 인하하고 시험소와 민
간인들의 밀접한 유대관계를 유도할 뿐 아니라 전폭적으로 시험소 이용
을 개방한다는 우호적 입장을 취했다.[165]

이외에도 시험소는 대도시를 중심으로 공업시험소의 설립을 추진하
고 지원하는 방안을 검토했다.[166] 도립공업시험소인 평남도공업시험소
(평양 기림리 소재)는 최초로 설립된 지방 공업시험소로, 설립 당시 시험
소의 협력으로 요업부와 부설요업시험소를 설치할 수 있었다. 특히 요업
부가 설치된 이후, 평남 인근 지역에는 수시로 요업강습회가 개최되었고
공업시험소 주변에는 '요업촌락'이 형성되는 등 지방 요업발전에 일정부
분 영향을 미쳤다.[167]

그러나 시험소는 도립공업시험소 설립 이후 평남 일대의 원료조사를
보다 강화하였다. 당시 이 일대의 요업원료 조사방침은 1930년대 이후
일본 유출과 밀접하게 연루되어 있었기 때문에 시험소 설립이 요업개발
에 못지않은 원료착취를 염두에 두었다. 한편 30년대 후반 무렵에는 부산

---

164) 《동아일보》 1931. 11.7·1932. 1.31, 2.3 ; 《매일신보》 1931. 10.31, 11.3일
　　　자 등 참조.
165) '중앙시험소의 이용이-層增加, 商議중심의 운동이 結局泰效, 원료는 重油로 變
　　　更' 《매일신보》 1932. 5. 10.
166) 《매일신보》 1932. 2.27 ·1933. 7.25일자 등 참조.
167) 일제강점기의 요업강습회와 강연회는 사이토(齊藤寬) 총독이 3·1운동으로 문란
　　　해진 조선의 민심을 수습하기 위해 도입한 문화정치의 일환으로서 개최되었다.
　　　따라서 이러한 문화행사들을 통해 일제는 일본 문물의 근대성과 선진성, 조선
　　　문물의 낙후성과 미개성을 식민지국인 조선인들에게 각인시켜나가, 결국 동화정
　　　책으로 활용했다(조성운, 「1920~30년대 총독부의 언론정책과『매일신보』」, 『식
　　　민지 동화정책과 협력 그리고 인식』(두리미디어, 2007), 17쪽.

상업회의소(釜山商業會議所)와 부산공업구락부(釜山工業俱樂部)의 제안
에 따라 평양에 이어 부산에도 공업시험소의 설립이 추진되었다.[168]

이상의 여러 정황을 토대로 본다면, 시험소 폐소는 운영상의 문제로
부터 시작되었다기보다 체제전환을 유도하려 했던 총독부의 입장이 반
영되어 나타난 결과로 볼 수 있겠다.[169] 그럼에도 이 문제에 대한 의문
은 여전히 남아있다. 왜냐하면 1930년대 초는 총독부의 공업정책이 안
정권에 들어 실질적인 성과를 보였던 시점이었고, 1920년대부터 발족된
공업협회나 요업협회 등은 조선인 실업가들과도 협력하여 자체적인 대
공업화를 실현하고자 했던 때였기 때문이다. 더불어 시험소의 연구도 이
러한 상황에 부흥할 만큼 성과와 활약이 왕성했다. 요업부만 보더라도
요업 원료에 대한 조사는 물론이고 도자기 개량생산에 따른 실지지도를
본격적으로 시행하고 있는 중이었다. 또한 시험소에서 직영하는 도자기
공동작업장들이(평양, 여주, 양구 등지) 연이어 설립되었으며, 전문기술
자 양성을 위한 요업강습회 개최도 신중히 고려된 것으로 보인다.[170]

폐소 논란 이후 시험소 운영이 다시 원상 복귀되고 안정을 찾게 되자,
시험소는 1938년 공예부를 추가 신설하였다.[171] 공예부는 기존 부서에
서 주도한 공예품 연구·조사와는 다소 구별되는 업무를 담당했다. 즉 공
예부의 주 업무는 미술품으로서의 가치가 인정되는 제품 개발에 주력하
여 수출로 이어질 수 있도록 협력하는데 있었다. 이 과정에서 공예부는
주력 생산품에 관한 시험, 개발연구 및 지도에 관한 총괄 업무를 요업부,
염직부 등과 교류하여 추진했음은 물론이고, 수출품 제작에 관련한 의장
도안 배포와 의뢰제작도 실시했다.[172]

168) '釜山工業試驗所, 新設機運漸濃厚' ≪매일신보≫ 1937. 1. 11.
169) '中央試驗所廢址反對, 總督面接코 陳情-유력한 단체의 대표들이 공정회지부의
       활동' ≪매일신보≫ 1931. 10. 31.
170) 朝鮮總督府, 『朝鮮總督府中央試驗所年報』(1931), 21쪽.
171) 朝鮮總督府, 『朝鮮總督府中央試驗所年報』(1934), 5쪽.

그런데 공예부는 조선 공예산업의 부흥을 주도하기 위해 신설되었다기 보다 일본 정세에 부합한 정책 사안에 따라 신설된 의도가 컸다. 공예부 신설 무렵은 일본이 만주사변(1931)의 승전(勝戰)에 힘입어 중일전쟁(1937~1945)을 준비하던 시점과 근접하다. 당시 일본은 이미 참전한 전쟁과 새로운 전시를 준비하기 위해 많은 자본이 요구되었으나, 전쟁이 장기화되어감에 따라 점차 고갈상태에 직면했다.[173] 따라서 총독부는 전쟁자본 창출을 위한 방책으로서 공예품 수출정책을 강화하기로 결정했으며, 공예부는 이러한 시국상황이 고려되어 신설될 수 있었다.

공예부의 수출품 개발사업은 각 지방 공예학교와 공예 관련 협회 등이 협조한 가운데 박차를 가했으며, 특히 1938년 시국대책위원회가 설치되고 미술학교들이 공예연구기관으로 교체되자 더욱 활기를 띠었다.[174] 이 사실은 1939년 조선미술전람회 공예부를 심사했던 다카무라 노슈(高村農周)가 '(중략) 조선인들의 공예는 놀랄만한 것이 많아서, 세계시장에 이를 내놓아도 실로 훌륭할 것이며 (중략) 더욱이 전시(戰時)하에 외국으로 국내산품의 수출을 진흥시키는 것이 절대적으로 필요한 만큼 조선 공예품의 수출이 국책적으로도 뜻있는 일 (중략)'이라고 언급한 <공예품 해외수출 권고문>을 통해서도 알 수 있다.[175] 1930년대 말에 이르면 이 같은 동향은 조선무역협회와 공예품수출협회 등의 후원으로 한층 고취되었다.[176]

---

172) 공예부의 주 업무는 수출공예품 개발 및 기술전수에 관한 것이었다.

173) 1930년대 중반 이후는 중일전쟁이 장기화되고 나아가 태평양전쟁으로 확대됨에 따라 원료 및 식량공출 그리고 군수산업의 노무공출 등이 강도 높게 진행되었다. 특히 통제경제 하에 유기공출과 산업경제 제한은 범국가적으로 시행된 전시정책으로 그 폐해가 심각했다(강재언, 『일제하 40년사』, 풀빛, 1982), 106쪽.

174) '시국대책위원회설치 遲延될지도 未知, 미술교는 工藝研究機關으로-大野摠監時事談'≪매일신보≫ 1938. 6. 21.

175) '적극적 방침필요-미술공예품의 輸出獎勵極好(鮮展審査員 高村氏談)'≪매일신보≫ 1939. 6. 2.

(도 10) 도자기 유담프 1930년대 말

한편 1930년대 후반, 수출품 개발과 함께 시험소의 또 다른 주력 분
야는 유기(鍮器)나 동기(銅器)와 같은 철기류를 대신하여 사용할 수 있
는 신도자제품(新陶磁製品) 개발사업이었다(도 10). 신제품 연구개발은
총독부가 전시에 사용될 무기 제조를 위해 조선에서 사용되는 철기류들
을 공출하면서 시작되었다.[177] 총독부는 공출정책을 범애국운동으로 규
정짓고 전 국민이 동참하도록 유도했다. 총독부는 철기 공출을 성공적으
로 이끌기 위해 우선적으로 각 가정의 유기그릇 사용 금지령과 국가 회

---

176) ≪매일신보≫ 1938. 12.14, 12.15, 12.20 ·1939. 1.29 ; 朝鮮總督府, 『朝鮮總督府
中央試驗所年報』(1938) 참조.
177) 당시 언론에서는 "조선인들은 더욱 더 애국적이어야만 한다"고 강조하면서 유기
공출과 강제 징용을 합리화했다. 이는 조선 순방여행을 다녀간 여러 외국인들이
"(중략) 나는 대부분의 조선 주민들이 순진하고 단순하다는 사실을 확신했다"라
고 회고하듯이 조선인들이 이미 일제에 정신적으로 경도될 수 있는 상황이었고,
또한 "(중략) 그렇기 때문에 조선 주민들에게 신속하고 확실히 천황의 충성스런
신민이 될 수 있는 모든 성격들을 접목시킬 수 있고 조선의 윤리적인 생활 속에
그러한 가치를 실현시킬 수 있을 것이다" 라고 밝힌 정부언론을 통해 이 같은
사실은 다시 한번 확인된다. 따라서 강점 말기에 이르면, 일제는 조선인들의 윤
리적 가치를 악용하면서 일본의 전시경제조치에 적극 동참하는 식민통치를 적
극 감행할 수 있었다[파냐 이사악꼬브나 샤브쉬나 지음·김명호 옮김, 『식민지조
선에서』, (한울, 1996), 189~190쪽 ; ≪경성일보≫ 1943. 5.20일자 참조].

수를 공포했다. 그런데 철기제의 국가헌납은 일상생활용기는 물론이고 공공품(公共品), 산업부품 등의 수요공급에도 영향을 미쳐 심각한 차질을 발생시켰다. 따라서 생필품 공급에 따른 문제를 해결하기 위해서는 대용품 생산이 시급했으며, 당시 여러 연구기관에서는 요업원료를 가공한 제품 개발의 가능성을 제시했다.

대용품 생산은 이무렵 일본의 공업연구기관에서 가장 먼저 시작되었으며 이후 조선에서도 시험소 요업부가 중심이 되어 이루어졌다.[178] 한편 양국의 연구기관이 모두 참여한 대체용품 개발산업은 1939년을 전후한 무렵 일시 증산되기도 했지만 오래 지속되지는 못했다.[179]

그럼에도 요업부는 대용품 생산을 촉진하기 위해 기술자들을 증원시키고 개발품들을 일반대중에게 보급하기 위해 노력했다.[180] 또한 제조개발력을 확장하기 위해 기존의 요업공장들을 재조사하고, 각 공장에서 사용되고 있는 원료들의 토질들에 대해서도 새롭게 연구, 분석했다. 특히 요업부 이외에도 염직부와 화학공업부 소속 기술자들은 물론 일반 생산자와 과학자들까지 총동원되어 관련 개발에 참여한 것으로 드러난다.[181]

1938년 8월4일자 ≪매일신보≫에 따르면, '(중략) 총독부 중앙시험소에서 유기그릇 대용 사기그릇에 대해 종래의 것과 다른 것을 만들어 보기 위해 여러 가지 시험을 하는 중이며, 전조선 160여 처의 사기그릇 만드는 요업공장에 대해 사용되는 흙의 토질 등을 연구, 분석하도록 하였다'라고 밝히면서, 더불어 '사기그릇은 비상시 조선인의 생활필수품으

---

178) '질그릇 郵遞筒-砲丸型의 代用品到着' ≪매일신보≫ 1940. 1. 20.

179) 김인호(앞의 책), 52~53쪽.

180) '伸展되는 공업조선, 新販路는 개척된다, 화학공업, 요업, 염직의 각 부분 등-중앙시험소 대확충' ≪매일신보≫ 1938. 1. 9.

181) '農産物의 草莖에서 製紙用原料를 採取-중앙시험소 대용품 연구 절원 광대' ≪매일신보≫ 1938. 11. 5.

로서 제공되어야 하며, 유기그릇은 사기그릇으로 전환 제조되기를 기대
한다'고 언급했다.[182]

  이른바 '고력도기(高力陶器)'로 불린 제품은 일본의 송풍공업도기회
사(松風工業陶器會社)에서 개발된 초창기 금속 대용품 도자제로 추정된
다.[183] 고력도기란 유약을 입히지 않고 저온 소성한 도기에 화학유연제
를 입힌 후, 최고도의 열과 압력을 가해 만든 경질 오지그릇의 일종이었
다. 이와 유사한 제품은 1938년 이후 조선에서도 개발되어 일부 시판되
었고,[184] 이외 다양한 개발품들이 계속해서 출시되었다. 예로, 도기난로
를 발명한 요업부 기술원 오하시 다케오(大橋武夫)는 사용상의 안전성
과 미려한 외관 그리고 무엇보다 철제난로의 3분의 1에 해당되는 염가
임을 강조하며 사용을 권장했다.[185] 그밖에도 철기류 대용품 시리즈
(seris)들은 ≪매일신보≫를 통해 공식 소개되었는데,[186] 사기석쇠, 도제
스토브, 사기제 흡입기, 사기제 수통과 밥통, 도제가스곤로, 질그릇 우체
통 등이 이에 속한다.[187]

  그러나 앞서 언급했듯이, 1930년대 후반경의 국가정세와 경제상황은
신제품 개발을 통한 저변확대를 주도할 만큼 안정적이지 못했다. 이른바
전시체제 하에서는 모든 원자재의 활용과 가공이 통제 혹은 제한되어 생
산성을 증가시킬 수 있는 형편이 아니었다.

  따라서 혼란한 시국에 각종 대체품들이 개발되었지만, 수요공급은 절
대적으로 불안정했다. 결국 대용품이 원활하게 충당되지 못하고 사용기

182) '방짜유기를 사기로, 1년간 30여만斤의 銅이 절약된다. 시절만난 160處 요업공
     장' ≪매일신보≫ 1938. 8. 4.
183) 三井弘三(앞의 책), 195∼200쪽.
184) ≪매일신보≫1938. 6.25 ; ≪동아일보≫ 1938. 12.10.
185) '鐵材飢饉도 不足畏, 陶器暖爐를 발명, 비용은 철재의 3분의1밖에 안 들고 더욱
     안전' ≪매일신보≫1938. 10. 22.
186) 植銀調査部, 『植銀調査月報』(1939.1), 116∼118쪽.
187) ≪매일신보≫ 1938. 8.26, 10.22, 11.5·1939. 3.15, 3.23일자 참조.

〈표 6〉 1938년도 도자제 수입 실태

품명	數量			價額		
	1936년	1937년	1938년	1936년	1937년	1938년
도자기·原土	—	—	—	72,699	30,022	13,850
관동	—	—	—	13	15,916	18
만주	—	—	—	8,353	12,863	12,321
중국	—	—	—	153	191	857
독일	—	—	—	61,532	29	12
미국	—	—	—	2,648	1,023	642

품명	數量			價額		
	1936년	1937년	1938년	1936년	1937년	1938년
도자기전사지	—	—	22	—	—	54
독일	—	—	22	—	—	54

품명	數量			價額		
	1936년	1937년	1938년	1936년	1937년	1938년
기타(硝子포함)	—	—	—	9.046	1,989	7,046
관동	—	—	—	574	76	274
만주	—	—	—	366	1,316	5,655
중국	—	—	—	184	172	355
영국	—	—	—	7,441	47	89
프랑스	—	—	—	350	5	42
독일	—	—	—	121	187	84
미국	—	—	—	10	186	566

(단위 : 斤 · 円)

가 부족해지자, 사기 값이 폭등하면서 불량품 제조가 증가했고, 일부 품목에 한해서는 수입에 완전히 의존해야 했다<표 6>.

민수품 공급에 큰 차질이 발생하자 요업부는 원료와 제작이 한층 수월한 옹기 제작을 권장했는데, 이때 유행했던 것이 이른바 납유(일명 광명단유)로 시유된 일련의 옹기제품들이다.[188] 납유옹기는 소성연료비를 회유옹기에 비해 대략 30%나 절감할 수 있고 원자재 구입이 까다롭지 않다는 이유 등으로 일제 말기까지 꾸준히 제작될 수 있었다.

이상과 같이, 1930년대의 요업부는 시험소가 폐소 논란 이후 재정비를 거쳐 규모를 일부 확충한 이후, 도자기공동작업장 설립을 증가시킴과 동시에 실지지도제도를 확대해 나갔다. 또한 공예부와 협력하여 수출품 개발에 관한 다양한 대안을 제시했고 전시체제에 부합되는 각종 대용품 개발과 홍보에도 앞장섰다. 비록 시험소가 개발한 각종 철기 대용품들은 대중화에 크게 기여하지 못했지만, 전시상황에 대비한 도자제품 연구와 실제작을 주도한 점에서 이 시기의 가장 주목되는 업무로 평가된다.

그러나 1930년대 후반의 도자산업은 중일전쟁의 패전으로 야기된 심각한 자본난과 원자재의 고갈현상에 따른 피해를 견디지 못한 일본 기업가 및 기술인력들의 본국 귀환이 발단이 되면서 총체적인 침체국면을 맞았다. 특히 30년대 말경의 통제경제체제 전환은 이와 같은 상황을 심화시켜, 도자기제작장 규모와 물량을 극감시켰다. 이 여파로 시험소 운영에도 많은 지장이 초래된 것으로 보이며,[189] 특히 기존의 연구조사가 이루어졌다 하더라도 많은 한계에 부딪쳤을 것으로 짐작된다.

ㄱ. 도자산업의 새로운 방향

1920년대 후반부터 서서히 상승세를 보이던 도자산업은 1930년대에 접어들어 생산고, 운영방침, 제조능력 등 다방면에서 안정적인 성장을 이어갔다. 그리고 이러한 추이는 당시의 공장 분포와 종사자, 산액 등을

---

188) 송재선(앞의 책), 286쪽.
189) 시험소의 운영이 원활하지 못한 요인으로 중앙시험소 부산지소 설립이 특별한 이유를 제시하지 않은 채 계속해서 지연된 점을 들 수 있다. 부산지소는 이미 1930년대 초부터 설립이 추진되었지만, 자금난을 극복하지 못해 설립이 무기한 연기된 상태였다.

고려해 볼 때, 적어도 1930년대 중반까지 유지되었다고 볼 수 있다.[190]

그러나 성장의 주체는 일본인들이 운영하던 중·대형급 공장들이 대부분을 차지했으며 이를 제외한 민수공장과 지방가마는 매우 약소하게 보탬이 될 뿐이었다. 물론 조선인들의 도자산업에 새로운 동향이 전혀 없었던 것은 아니었다. 가령 요업부에서 지정한 도자기공동작업장은 30년대에 접어들어 시험소와의 협력이 강화되면서 이전과는 많은 차이를 보였다.[191] 우선 공동작업장에 대한 요업부의 지속적인 실지지도 시행과 운영상의 지원이 병행되어 생산고가 일부 향상되었다. 또한 실적이 우수한 작업장의 경우 더러 특산자기와 수출자기 개발에도 합류할 수 있었다. 이에 따라 도자기공동작업장이야말로 생산성이 부실하거나 피폐한 공장들을 회생하면서 동시에 생산성을 제고(提高)시킬 수 있는 가장 효율적인 제작처로 부상했고, 한편으론 일본 산업자기에 맞설 수 있는 대안이었다.

한편 이 시기는 도자기공동작업장과 유사한 성격을 지닌 도자기조합들이 상당수 생겨났다. 도자기조합이란 기존의 중소공장들의 운영이 어려워지자 조합제로 통합 혹은 개편하기 위해 민간 종사자들이 중심이 되어 설립한 운영체였다.[192] 따라서 설립취지면에서는 도자기공동작업장과 크게 차이가 없었다. 그러나 도자기조합은 설립자의 대부분이 지방가마 운영자들로 구성되어 도자기작업장에 비해 일제의 제약이 적었고, 비록 요업부의 지원은 미약했지만 조선인들의 자급자족이 순탄하게 이루어질 수 있는 이점이 있었다. 현재까지 지역 제작자들의 생산성을 활성화하기위해 도입된 도자기조합에 대한 보고서 및 연혁은 거의 남아 있지 않아 정확한 실태를 파악하기 힘들다. 대략 도자기조합은 1920년대에

190) 金聖壽(앞의 책), 140쪽.
191) 송재선(앞의 책), 250쪽.
192) ≪동아일보≫ 1925. 7.31·1926. 10.3일자 등 참조.

고창, 영등포 등 주요 산지를 중심으로 결성된 이래,[193] 1930년대에는 웬만한 산지에 대부분 설립된 것으로 추정한다.

그밖에도 시험소는 지방가마의 회생을 도모하는 일환으로서 지방 공립보통학교에 도자공예실습을 실업교육으로서 권장하고 졸업생들이 자립할 수 있도록 일부 지원했다. 특히 시험소는 졸업생들이 공장을 설립할 경우 일정 부분 기술을 전수했다.[194]

a. 도자기공동작업장의 확대

도자기공동작업장은 1926년부터 총독부의 도자정책에 따라 시범적으로 운영되다가 대략 5년 후인 1931년부터 정식 운영되었다. 시험소 직영 작업장은 지방자치단체나 민수업자에 의해 설립된 제작장에 비해 체계적으로 운영된 편이어서 규모와 제조기술, 시판 등에서 앞섰다.

1930년대의 도자기공동작업장은 여주, 평양, 시흥 순으로 설립되었다. 이후 영등포, 양구, 혜산, 봉산 등지에 지역별 특산자기 개발에 주력한 작업장이 설립되어, 평균적으로 1년에 1개소가 신설된 것으로 보인다 <표 7>.

원래 요업부는 작업장 설립지 선정에 매우 까다로운 심사규정을 정해놓고 있었다. 요업부는 작업장을 설립하기 위한 사전조사 차원에서 현지시찰을 우선적으로 실시하고 이후 설립후보지를 선정했으며, 후보산지에 대해서도 주종 상품과 일대의 원료분포, 요업 종사인력 실태를 조사하는 것은 물론이고, 산지 인접도시와의 교류여부와 교통수단, 생산고 등을 일체 고려했다.[195]

---

193) 주 192와 같음.
194) '內地品보다는 優良한 瑞山地方의 陶土' ≪매일신보≫ 1933. 9. 12.
195) '가내공업조장책, 공동작업장을 설치해서-특산품의 장려와 증산계획' ≪매일신보≫ 1938. 5. 13.

〈표 7〉 도자기조합·도자기공동작업장 분포 -1920년대 말~1930년대 초-

설립년	공장명	소재지	생산품
1928	고창소기조합	전라남도 고창	전승백자 왜사기풍 사발류
1930	회령도자조합	함경북도 회령 오동	전승백자 왜사기풍 사발류
1930	평양제도업조합	평양시	왜사기류
1930	한북요업조합	함경남도 갑산군 운흥리	전승백자, 왜사기풍 사발류, 중국자기
1930	문경도자기조합	경상북도 문경	전승백자 왜사기풍 사발류
1932	양구도자기공동작업장	강원도 양구군 장평리	왜사기류
1932	여주도자기공동작업장	경기도 여주군	전승백자 왜사기풍 사발류

　　대표 사례로는 시험소가 1930년대 초반 옹기와 내화물 생산의 개량을 위해 설립시킨 경기도 시흥군 영등포도자기공동작업장을 들 수 있다.[196] 요업부는 영등포 일대가 종전의 원료조사를 통해 우수한 옹기 원료산지임을 밝혔다. 또한 이 지역의 대다수 요업 종사자들이 강점 이전부터 옹기제조업에 매진하고 있다는 점과 높은 생산고를 보유한 점 등을 감안하여 공동작업장 설립을 추진했다.

　　유사 사례는 경기도 여주군 북내면의 여주도자기공동작업장을 통해서도 파악된다. 그러나 여주작업장의 경우 앞서 살핀 영등포작업장과는 설립 취지에서 다소 차이가 있다.[197] 요업부는 여주가 강점 이후 경기도 광주군 분원리에서 이주하여 요업을 승계(承繼)하려는 분원 출신 사기장들의 거주지인 점에 특별히 주목하면서,[198] 여기에 여주 주변지가 매우

---

196) 朝鮮總督府, 『朝鮮總督府中央試驗所年報』(1930), 26쪽.
197) 朝鮮總督府, 「驪州燒ノ改良實地指導」, 『朝鮮總督府中央試驗所年報』(1931), 28~29쪽.

우수한 원료산지인 점도 고려했다.[199]

시험소는 이러한 제반 조건을 토대로 여주를 설립지로 확정하고, 제조설비 개선을 위한 방침을 도·군 당국자에게 보고한 뒤 협조를 구했으며, 요업부의 실지지도가 병행되도록 조처했다.[200] 한편 1931년부터 시험 운영에 들어간 작업장은 여러 차례의 제조시험을 거쳐 1932년 처음으로 상품을 출시했으며, 결과는 매우 양호했다.[201] 여주에 이어 1932년에는 양구와 평양에도 도자기공동작업장이 신설되었다.[202] 특히 양구는 일대에 매장된 우수한 원료들이 사장(死藏)될 것을 우려하여 작업장이 설립되었고,[203] 평양은 최대 공업도시이면서 주변지가 최고의 원료산지라는 이유로 설립되었다.

b. 도자기조합의 활성화

도자기조합은 1920년대 말엽부터 일부 지역 지방가마주들이 주축이 되어 조직된 이래, 1930년대에는 전국 산지에 확산되었을 것으로 보인다. 특히 1930년대는 도자기조합이 주요 산지는 물론 이로부터 멀리 떨어진 종속가마에까지 영향을 미쳐 작은 규모이나마 유사 조합체들이 등장했을 것으로 여겨진다.

일제강점기의 도자기조합은 지방가마의 운영자들이 공동 출자(出資)하여 경영한 지역자치 운영체였다. 조합은 1930년대 이후 생산력이 부

198) 善生永助(앞의 책), 124쪽.
199) 海福紀一(앞의 보고서) 참조.
200) 淺川伯敎,「朝鮮現在の窯業」,『世界陶磁全集』16(河出書房, 1956), 132쪽.
201) 大橋武夫, 吉田寬一郎.,「驪州磁器試驗」,『朝鮮總督府中央試驗所報告』13-1(朝鮮總督府, 1932) 참조.
202) 엄승희,「근대기 양구지역의 도자산업」,『楊口 方山 陶窯址』(이화여대 박물관·양구군, 2001), 255쪽 ; 大橋武夫·千葉正章.「平壤磁器試驗」,『朝鮮總督府中央試驗所報告書』13-1(1932), 21~23쪽.
203) 엄승희(위의 논문), 257쪽.

진하거나 이미 폐업한 지방가마들을 통합 회생시킬 수 있는 정부 차원의
대책방안이 부재하자, 지방가마주들과 사기장들이 자발적으로 결집하여
설립시킨 것으로 추정된다. 따라서 이 시기에 설립된 조합은 권익 상승
이나 위상을 더 높이기 위한 방편으로 운영된 것이 아니라 지방가마의
회생과 활성화라는 목적에 의해 운영되었다. 또한 조합운영을 대부분 조
선인이 총괄했기 때문에, 생산품도 전통자기로부터 옹기 및 도기에 이르
기까지 매우 다양했을 것으로 보인다.

　그러나 도자기조합은 운영성격상 요업부의 개입이 도자기공동작업장
에 미치지 못했고, 드물게 운영실태가 양호했던 조합만이 도자기작업장
못지않은 지원을 받아 요업부와 교류했다. 예로는 갑산군 운흥면 대상리
소재의 함북자기조합(咸北磁器組合)을 들 수 있다.[204] 함북조합은 기록
으로 확인되는 몇 안 되는 조합 중 하나이다.[205] 연혁(沿革)은 초대 경영
자였던 강영준이 1920년대에 부락민과 공동경영의 조합조직을 결성하
고 본격적으로 자기를 생산하던 때로 거슬러 올라간다. 당시 강영준은
경영악화로 채무위기에 놓여있던 부락민들을 직공으로 고용하여 급료와
이외 사업이익을 배분하는 소위 채무반제체제를 도입하면서, 조합 본래
의 합리적인 경영을 이끌어냈다. 그 결과 1930년대에 접어들면서는 조
합체로는 드물게 높은 수익을 창출시킬 수 있었다.[206] 요업부 또한 함북

---

204) 도자기조합이 생겨나기 이전까지의 이 일대 생산현황은 장진, 길주 등에서 이주
　한 외지인들이 사기공장을 운영하는 정도였다. 그러나 대부분 원부락민들을 직
　공으로 고용하여 운영하던 이들 공장들은 모두 경영상의 문제로 쉽게 도산하였
　고, 이후 이 지역 주민들이 설립한 공방들마저도 지속적인 경영악화를 견디지
　못하고 일제히 문을 닫아야만 했다. 따라서 함북자기조합의 설립은 1920년대에
　부채로 인해 제조에 임할 수 없게 된 공장주와 직공들을 일괄 회생시키는 차원
　에서 설립되었다고 보아도 과언이 아닐 것이다.
205) 문헌기록에 의하면, 조합명은 咸北磁器組合 혹은 漢北窯業組合이라고 표기되어
　있다[≪매일신보≫ 1933. 3.1, 3.17, 11.18 ; 善生永助(앞의 책), 193쪽 ; 山下生,
　「漢北窯業組合を紹介す」, 『北鮮開拓』7(開拓會, 1934), 50~52쪽].
206) 조합결성 초창기인 1920년대의 연간 생산액은 평균 10,000원을 유지하여, 지방

조합의 특산품이던 김치항아리와 물항아리(水甕)의 실지지도를 시행하는 한편 이를 향토품으로 인정받을 수 있도록 지원했다. 이와 유사 사례는 인근 혜산에서도 찾아볼 수 있다.[207] 특히 혜산에서 결성된 조합은 요업부의 실지지도가 다년간 꾸준히 이루어져 매우 특별한 혜택을 받았다.

그러나 앞서 살핀 조합들은 매우 모범적인 사례이며, 이외 대다수 조합들은 조선인들 간의 협력으로만 운영되어 규모나 생산량이 소략했다. 또한 대부분은 도자기공동작업장에 비해 기술보조와 정부지원자금마저 미약했기 때문에 생산성이 비약적으로 발전하기는 힘들었을 것이다.

ㄴ. 원료 유출의 확대

1930년대는 이전과 마찬가지로 원료조사가 이루어졌지만, 이 보다 조사된 원료의 유출에 대한 관심이 고조된 시기였다. 원료 유출에 따른 문제는 일제가 군수 물자 공급을 위한 병참기지화정책을 실시하면서 본격화되었다. 따라서 전시준비에 돌입하면서 시행된 일본의 물자통제는 조선에서의 자원 및 인적 수탈을 더욱 심화시키는 결과를 가져왔다.

요업원료는 병참기지화정책에 직접 연루되지 않았지만, 일본의 요업 생산성 유지를 위한 조처로 유출이 가중될 수밖에 없었다.[208] 일제가 ≪매일신보≫를 통해 '조선도토(朝鮮陶土)는 일본도토(日本陶土)의 생명선(生命線)'이라고 공식 발표한 입장에서도 알 수 있듯이, 당시 조선산

생산고로서는 매우 높은 수익을 창출했다. 이후 1932년경의 생산액은 8,792원 정도로 일부 감소했지만 1930년대가 통제경제시기였던 점을 감안한다면, 이 역시도 매우 놀라운 실적이다. 한편 1930년대 전반에 걸쳐 평균 생산고는 연간 8,000원 정도를 꾸준히 유지한 것으로 드러난다[(山下生(앞의 책), 51쪽].

207) 朝鮮總督府, 「惠山燒ノ改良」, 『朝鮮總督府中央試驗所年報』(1932), 32~33쪽.

208) 1930년대는 병참기지화정책에 따른 군수물자 공급을 위해 발전소, 군수공장 건립 및 광산 개발에 주력하면서 금속·기계·중화학공업에 총력을 기우렸다.

요업원료는 분명 일본 요업계에 중대한 영향을 미치고 있었다.[209] 따라서 이무렵 중앙시험소와 원료연구소, 도립공업시험소, 지질조사소 등의 연구기관에서는 일본으로의 유출을 촉구하기 위해 본국 기술원들을 조선에 파견하여 공조하는 등 다양한 대책을 마련했다.[210]

특히 시험소 요업부는 총독부 상공과, 광산과 등과 함께 요업자원협의회를 개최하고 새로운 요업자원 개발에 착수했다.[211] 또한 전문연구기관의 기술진이 부족하여 차질이 예상되자, 양국의 관련업계 종사자들을 원료조사사업에 직접 참여시키는 방안이 추진되었다.

대두된 여러 안건들은 시험소가 관련업계 종사자의 참여를 위해 마련한 여러 대책회의를 통해 우선 논의되었고, 이와 유사한 협의회가 식산국과 조선공업협회 등에서 개최한 요업간담회와 강연회를 통해서도 이루어졌다.[212] 그리고 이 같은 조치는 일본에서도 동일하게 취해졌다. 대표적으로 일본관립연구소가 각 시에서 개최한 요업자원좌담회를 통해 관련 종사자들로 구성된 요업자원 조사원들을 조직하고, 이들을 조선에 직접 파견하여 해결책을 강구한 점을 들 수 있다.[213]

일제의 원료 유출이 구체화되자, 각 도청에서는 일본으로의 유출을 조절하거나 유출 자체를 근절하기 위해 원료보유도토지대(原料保有陶土地帶)를 지정하자는 건의안을 총독부에 제출하였다.[214] 또한 1935년경에는 조선물산협회(朝鮮物産協會)가 이와 유사한 안건을 제시하면서 유출과 관련한 해결책을 요구했다. 그러나 이러한 건의안들은 전혀 수용

209) ‘經賣2만원으로 窯業原料를 조사-장래의 朝鮮陶土는 日本陶土의 生命線’《매일신보》 1933. 10. 28.

210) 尹明憲·河合和男, 『植民地期の朝鮮工業』(未來社, 1991), 71~73쪽.

211) 《매일신보》 1936.1.21, 1.25일자 등 참조.

212) 《동아일보》 1936. 3.31, 6.14, 7.3일자 등 참조.

213) ‘개발 기대되는 조선요업자원, 내지업자 대거 來韓’《매일신보》 1936. 5.15 ; ‘요업원료-開發機運濃厚’《동아일보》 1936. 5.12.

214) 《매일신보》 1933. 11.28·1935. 6.16일자 참조.

되지 못했고 오히려 일본 유출은 날로 심화된 것으로 보인다. 더욱이 이 과정에서 요업부는 일본의 도자산업체를 협조하는 분위기를 띠었는데, 이는 30년대 말경 일본이 산업자기 수출에 박차를 가하고 있었기 때문이다.215)

그러나 30년대 중반 이후 조선의 고급원료 산출량은 예전처럼 풍족하지 못해 요업부와 일제가 의도하는 원료유출은 성사되지 못한 것으로 관측된다. 가령 요업부가 유출시킬 도자기 주제재(主製材)를 평남, 함북 등지에서 채굴되는 2급 원료로 대체시킨 것도 이러한 이유에 따른 것으로 보인다. 그럼에도 시험소는 원료수급에 어려움을 겪고 있던 일본 요업계를 수렴하여 평안남도 강서군과 대동강 인근에서 산출되는 도토들을 재분석한 뒤 일본 현지에 보고하는 등 적극적으로 협조하였다. 또한 원료조사 진행과정에 교토요업시험소(京都窯業試驗所)의 기술진들을 투입하여 긴밀하게 협력한 점도 주목된다.216)

다각적인 노력에도 불구하고 시험소 관계자들은 조선산 원료 이용 및 유출 범위를 확대할 수 있는 해결방안을 찾지 못했다.217) 이후 일본요업협회가 직접 나서 이 문제의 해결책을 총독부에 직접 촉구하기도 했으니, 이 시기에 이루어진 원료유출 실태와 고갈상태의 심각성이 충분히 짐작된다.218)

1930년대의 대표적인 원료산출지이면서 유출지로는 경상남도와 평안남도 일원을 들 수 있다. 시험소 보고서에 따르면, 이 지역들은 30년대

---

215) '高級陶磁器의 原料土調査, 海外輸出에 拍車를 가하고자-明年度에 着手計劃' ≪매일신보≫ 1935. 6. 26.
216) '도자기기술원회의-瀬戸市에서 개최' ≪동아일보≫ 1936. 5. 14.
217) '窯業原料를 朝鮮에 着眼, 內地業者가 進出企圖' ≪매일신보≫ 1935. 11. 30 ; '경남 하동 카오린 요업원료로 重視-각 陶業會社 일체착안' ≪동아일보≫ 1935. 11. 29.
218) '陶器原料粘土調査費 計上-중앙시험소 계획' ≪동아일보≫ 1935. 6. 26.

에 접어들면서 막대한 양이 유출되다, 중반이후에는 산출이 한계에 이른 것으로 기록되어 있다.[219] 이러한 현상은 앞서 살핀 일본 요업계의 현상 유지와 전시자본 창출을 위해 빚어졌고, 또한 원료유출에 따른 고갈사태 는 특정 지역에 국한된 것이 아니라 전국의 산출지에서 동일하게 나타난 것으로 판단된다.

따라서 1930년대는 도자산업의 가시적인 성장을 확인할 수 있는 시 기였지만, 중반 이후 도자기 원료의 수급을 제대로 해결하지 못해 점차 쇠락의 길로 접어든 때했다. 따라서 시국산업으로 간주될 만큼 중대한 위치에 있었던 공예산업 전반은 40년대를 바라보는 시점에서 전반적으 로 사양길로 접어들게 되었다.

ㄷ. 기술 및 교육

1930년대는 공립보통학교에 실과교육으로서 도자공예교육이 관장되 어 교내에 요업과(窯業科)가 설치되기 시작했으며, 한편에서는 도자공예 품 전문 전람회가 빈번하게 개최되어 창작과 실용이 공존하는 도자문화 가 형성된 시기이다. 여기에 총독부는 중등교육의 내실 확충을 위해 공 업학교와 직업학교를 신설하려는 계획안을 발표하였는데, 특히 이 계획 안에는 직업학교에 최초로 도공과(陶工科)를 설치하여 전문 도자기술자 를 양성한다는 내용이 포함되어 있었다.[220] 더불어 30년대 후반에 조직 된 시국대책위원회는 일반 미술학교의 설립을 저지하고 공예 관련 연구 기관 및 공예학교 설립을 적극 추진하여 공예기능공 배출을 확대한다는 방침을 내세웠다. 따라서 이 시기는 도자공예교육에 대한 관심이 그 어 느 때보다 높았고 또한 요구되던 때였다.[221]

---

219) 山崎亨, 「朝鮮産窯業原料調査槪要」, 『朝鮮總督府中央試驗所報告書』15(朝鮮總督 府, 1934) ; 佐野千一·山崎亨, 「窯業原料調査報告第八報」, 『朝鮮總督府中央試驗 所報告書』17-6(朝鮮總督府, 1937) 참조.

220) ‘明年度 平壤府內에 工業,職業兩校 新設’ ≪매일신보≫ 1938. 10. 2.

시험소는 일제가 요구하는 공예교육 저변확대에 부합되는 여러 가지 업무를 수행했다. 먼저 다양한 전람회를 꾸준히 개최하여 일반 대중들에게 보다 나은 기술력을 전달했다. 가장 큰 규모는 1932년에 개최된 경성공업학교(창립25주년)와 경성고등공업학교(창립15주년)의 공동 전람회였으며, 개최취지는 민간업자들에게 공업 전반에 관한 전반적인 지식을 함량 하는데 있었다. 시험소는 공업학교와 연계교육을 실시하고 있어, 이 전람회에 동반 전시가 가능했다. 당시 시험소 요업부는 그간 조사·연구된 사업소개와 강습회의 운영실태(강습생들의 학습상태와 졸업생의 진출 등)를 공개하는 것과 함께 제품들을 직판(直販)하고 제작과정을 구체적으로 홍보하였다. 특히 요업부는 시제품을 비롯하여 각종 연구개발품을 선보여 호평 받았다.

이와 더불어 창립부터 이어오던 시험소 내부 전람회도 매년 개최하여 일반 기업인들에게 공업 및 공예지식을 전달했다. 이러한 전시들은 공동 작업장의 설치와 실지지도가 전국적으로 활성화되어 도자제작에 따른 새로운 가능성과 인식이 고조된 상황에서 개최되어, 가시적인 효과가 컸을 것으로 추정된다.

이외에도 시험소는 중소도자기공장과 부업지도자 그리고 기타 공공단체들을 대상으로 기술 향상과 지도자 양성을 도모하기 위한 전문 강습회를 주관했다. 기술력 향상을 위한 강습회 프로그램들은 시험소가 설립된 이래 가장 적극적으로 실시한 민간인 대상 전문교육이었다고 볼 수 있다. 주요 강습은 기업(機業), 제지(製紙), 염직(染織) 분야를 중심으로 이루어졌다.[222] 요업관련 강습은 공식적으로 밝힌 바 없지만 여러 정황

---

221) '시국대책위원회설치 遲延될지도 未知, 美術校는 工藝硏究機關으로' ≪매일신보≫ 1938. 6. 21.

222) 朝鮮總督府.『朝鮮總督府中央試驗所年報』(1932), 33～34쪽 ; 朝鮮總督府.『朝鮮總督府中央試驗所年報』(1936), 40쪽 ; 朝鮮總督府.『朝鮮總督府中央試驗所年報』(1937), 47쪽 ; 朝鮮總督府.『朝鮮總督府中央試驗所年報』(1938), 55～56쪽 등

들로 미루어 보아 어떠한 형태로던 이루어졌을 가능성이 매우 높다.

한편 1938년에는 조선공예의 진흥과 수출공예품, 토산품 개발 및 관련 지도자의 육성을 위해 공예부가 신설되자,[223] 요업부는 공예부와 함께 업무를 공유해 나갔다. 요업부는 이미 지방 특산품 실지지도를 통해 수출품 제작을 강화하고 있었고, 30년대 후반 이후는 지방의 공업전습학교와 기술학교에서조차 시험소의 기술력을 토대로 각종 수출품 제작에 동참하도록 배려하는 입장이었다.[224] 유사 동향은 총독부가 1930년대 말경 설립한 직업학교의 도공과(陶工科)를 통해 가장 잘 파악된다.[225]

또한 공예부가 수출공예품 개발정책을 확산하기 위한 방침으로 공예 관련 참고자료들을 출판하게 되자, 요업부는 이를 전국의 제조종사자들에게 적극적으로 무료 배포했으며 희망자를 접수하여 직접 전달하기도 했다.[226] 이 무렵에 발행된 공예 관련 서적들은 일본을 비롯하여 동남아, 프랑스, 독일 등 다양한 국가에서 수집된 자료들이 포함되었으며, 분야는 도자공예, 목공예, 금속공예, 장신구 및 가방, 가죽 등이었다.[227] 이러한 노력에 힘입어 이 시기 도자기 수출은 종전에 비해 월등히 향상되었고, 그 양상은 적어도 중·후반기까지 이어졌다<표 8>.

참조.

223) 공예부에서 가장 우선적으로 개발했던 수출공예품은 목제품(漆器)들이었다(朝鮮總督府.『朝鮮總督府中央試驗所年報』, 1938), 22～23쪽.

224) 朝鮮總督府中央試驗所,「所員ノ出張」,『朝鮮總督府中央試驗所年報』(1939), 60～64쪽.

225) '明年度 平壤府內에 工業, 職業兩校 新設-본부에서 準備中'≪매일신보≫1938. 10. 2.

226) 朝鮮總督府.『朝鮮總督府中央試驗所年報』(1939), 15～16쪽.

227) '수출공예품제작, 참고자료를 配布, 총독부 중앙시험소에서'≪동아일보≫1940. 2. 15.

〈표 8〉 도자기 輸出·輸入 대조표 -1932~1935-

연도	生產高	輸移入高			輸移出高			推定需要高
		輸入	移入	計	輸出	移出	計	
1932	1.825,294	3,392	2,339,697	2,343,089	58,472	201,457	259,929	3,908,454
1933	2,153,620	5,097	2,907,727	2,912,824	149,545	377,069	526,614	4,539,830
1934	2,703,450	2,960	3,933,420	3,936,380	42,1410	570,986	992,396	5,647,434
1935	2,322,510	3,124	5,278,831	5,281,955	646,083	398,704	1,044,787	6,559,678

(단위 : 圓)

라. 4기-1940년대(1940~1945년)

완연한 전시경제체제기(1938~1945)에 직면한 일본의 영향으로 1940
년대의 조선은 병참기지화정책에 따른 통제경제활동이 본격화되었다.[228]
특히 이 시점은 1930년대 후반부터 집중된 물자수탈에 인적자원 수탈마
저 더해져,[229] 경제상황은 악화일로로 치달았다. 따라서 산업구조의 전
환은 불가피했다.[230] 즉 30년대 중반 이후부터 침체되기 시작한 상공업
계는 더욱 피폐해져, 생산성은 해체된 것이나 진배없었다. 이 현상은 악
화된 경제상황을 견디지 못한 일본인 기업가들의 본국 귀환이 속출되면
서 더욱 심화되었다. 그런데 일제 말기의 경제악화사태는 일본인 중심의
생산체제를 조선인으로 점차 이동시키는 계기를 마련하였고, 이로써 중

---

228) 김인호, 『태평양전쟁기 조선공업연구』(신서원, 1998), 33쪽.
229) 일제의 인적 자원 수탈은 지원병제(1938년)와 학도병 및 징병제(1943~1944년)
　　등으로 이어졌다.
230) 중일전쟁을 계기로 시작된 통제경제는 우선적으로 전쟁물자를 조달하기 위해 장
　　기간 생산자금을 억류했고 나아가 각종 생산물과 판매처에 대한 제약도 불사했
　　다. 당시 일본은 전쟁에 필요한 물자들을 끊임없이 조달해야 하는 입장이었지만,
　　전시체제에 돌입한 일본으로서는 외국으로부터 자금을 일체 획득할 수 없었고
　　모든 생산물품들을 자력으로 충당해야했다. 따라서 일본 정부는 조속한 전쟁필
　　수 물자의 수요공급과 원활한 국가 생산력 확충을 위해 조선과 일본을 통제경제
　　체제로 전환시킬 수밖에 없었다.

소공업자의 경제력이 처음으로 일본인 보다 조선인이 우위를 점유했
다.[231]

　도자산업도 예외는 아니었다. 기존의 대형 공장주인 재한일본인들이
운영시설과 규모를 축소하거나 심지어 폐업조치하게 되자, 이에 반증 작
용으로써 조선인 실업가들의 공장 설립이 추진되기 시작한 것이다. 당시
의 상황 변화는 전술했듯이, 통제경제의 압박으로 인해 일본 기업들이
극감했기 때문이지만, 그 보다 조선인 간에 민족주의적 분위기가 양성되
어 일본인의 상권을 점차 잠식했던 요인이 컸다.[232] 또한 총독부는 유기
공출 강화에 따른 부작용을 조선인의 요업활동 활성화로 교체함으로써
완화시키려 하였다. 그것은 조선인들의 자급자족적 생산을 통한 수요공
급을 권장하여 결과적으로 생산력 증강으로 유도하는 방침에 따른
다.[233]

　이 부분은 '(중략) 유기를 공출하면 그 대용품으로 써야 할 도자기의
대부분을 내지(內地)로부터 가지고 왔으나, 최근 도자기의 자급자족 계
획을 세워서 조선 내에서도 대량 생산하는 중임으로 유기 대신 쓸 물건
이 없어 일상생활에 지장이 생김은 절대 없을 것이다'라고 밝힌 총독부
기획부장의 발언을 통해서도 알 수 있다.[234]

　또한 조선인들의 도자기 자급자족에 대한 강구책은 조선수출공예협
회(이하 공예협회로 약칭)를 통해서도 이루어졌다.[235] 공예협회는 조선
상공협의회를 개최한 가운데, 조선인 도자기공장에 대한 보조·지원을 권
유하였다. 또한 150여 명의 직공이 근무할 수 있는 공장 설립을 실제
계획하였고 이 공장이 설립될 수 있는 지역을 선별하기 위해 전국의 주

---

231) 김인호(앞의 책), 109∼140쪽.

232) 朝鮮總督府 法務局, 『經濟情報』第7輯(1941), 241∼250쪽.

233) '도자기를 적극 증산' ≪매일신보≫ 1944. 3. 26.

234) '유기는 供出하고 도자기를 사용하라' ≪매일신보≫ 1942. 7. 9.

235) 李健赫.「朝鮮工藝品의 將來- 第3國 輸出振興策으로」, 『朝光』(1939.7), 41쪽.

요 산지를 순회했다.[236) 이때 거론된 지역은 경기도 여주를 비롯한 회령, 평양 등이었다. 당시 협회는 후보지역에서 사용하는 원료(점토, 유약 등)와 요연료(窯燃料) 등에 대한 조사와 자급자족 운영에 따른 지원 등을 총독부에 직접 건의했다.[237) 실상 이러한 업무들은 얼마 전까지만 하더라도 시험소가 거의 담당했다. 그러나 이 시기는 공예협회가 시험소 못지않게 주축이 되어 동일 업무들을 수행하고 있었다는 점에서 주목된다.

따라서 전시경제로 인해 산업전반이 회생 불가능할 정도로 힘을 잃었지만, 오히려 이러한 상황에서 조선인들의 자급자족적 생산구조가 강화되고 조선경제가 일본제국주의 경제권으로부터 이탈, 해체될 수 있는 틈새현상이 형성될 수 있었다.[238)

1940년대의 시험소는 시국경제의 압박에서 제외될 수 없어 운영규모는 더 이상 확대되지 못했고 축소되는 실정이었다. 요업부에서도 수출품 개발에 따른 지원과 일부 실지지도를 시행하는데 그쳤다. 그럼에도 1930년대에 이어 시국산업으로서의 공예산업을 쇄신하기 위한 여러 대책은 모색하는 입장이었다. 즉 시험소는 전국의 도자기공장들과 교섭하면서 지방특산품 개발을 협력하고자 했다.[239) 이 방침은 총독부가 1940년을 공예품비약시대로 규정했기 때문에 해방 직전까지 지속될 수 있었다.[240) 수출공예품 개발은 시험소 공예부와 요업부, 염직부 등이 공예협

---

236) 丹波恒夫, 「朝鮮工藝の育成に對する所見」, 『朝鮮工藝の育成と其の輸出方策』(朝鮮輸出工藝協會, 1939), 9~10쪽.

237) ≪매일신보≫ 1942. 8.20, 9.11일자 참조.

238) 윤해동, 『식민지의 회색시대』(역사비평사, 2003), 32쪽.

239) 한 예로, 시험소는 1942년 부여의 특산품인 '백제도기'를 전문 생산하는 대전공장의 설립을 지원하기 위해 이 일대 원료조사를 실시했고 그 결과를 공장측에 제공했으며 이외 건축 승인과정에서도 매우 협력적이었다('이름도 백제도기-부여에 특산품 또 하나' ≪매일신보≫ 1942. 1. 30).

240) 이무렵 조선총독부는 도자공예산업 진흥을 위해 전국의 도자기제작장을 재조사

회와 함께 추진하여, 일시적이기는 했지만 활성화되는 분위기였다. 특히 공예협회는 시국위기에도 불구하고 <수출공예전>을 개최하여 우수제품을 선정, 평가하는 장을 마련했다.[241] 또한 이때는 유기 공출이 강제회수령으로 이어져,[242] 유기 대용품은 사기그릇에 국한되지 않고 목기(木器) 등으로 확대되었다.[243] 따라서 시험소는 대용품 개발과 홍보를 계속해서 추진해 나갔다.

그러나 1940년대는 일본의 전시체제에 따른 부담이 매우 커 조선 뿐 아니라 일본의 산업전반이 최고조로 위축된 관계로, 도자기를 포함한 공예품들은 수출을 공략할 만큼 생산이 원활하지 못했을 뿐만 아니라 내수품 수요량도 매우 부족한 상태였다. 따라서 총독부는 수출품 생산은 일부 추진하되 요업 전반에 대해서는 물자부족을 근거로 생산 대부분을 통제한다는 취지를 표명했다. 물자의 수요공급이 파국일로에 직면하자, 조선인으로 구성된 전조선도자기조합(全朝鮮陶磁器組合)과 도기상조합(陶器商組合)이 일제히 창립되었다.[244] 창립된 조합들은 총독부가 표명한 시국상황에 동조하면서 한편으론 보안대책을 모의했다. 조합에서는 도자기의 협정가(協定價)를 책정하여 제작에 따른 어려움과 유통상의 문제점들을 효율적으로 대처하는 방안을 우선적으로 검토했다.[245] 이밖

하였다. 조사한 내용은 1. 工場名과 所在地 2. 製品의 종류(食器류, 甁 등의 種別) 3. 제품의 종류별 年生産額 4. 設備의 개요 5. 종업원(專門技術者가 있을 경우 그 인원 氏名을 기입) 6. 資本形態 7. 原材料(原料, 燃料) 8. 운수 교통의 현황 9. 생산품의 販路 10. 현재의 생산현황 11. 硏革 12. 기타 참고사항(件名.「朝鮮ニ於ケん 陶磁工藝振興促進ニ關スル協議會開催ノ件」, 1942. 6.27).

241) ≪매일신보≫1941. 10.2 ; ≪동아일보≫ 1940. 4.21일자 참조.

242) '놋그릇 대신 도자기, 적극적으로 사용장려-유기는 자진공출하기를 기대' ≪매일신보≫ 1942. 7. 22.

243) '금속식기 모두 회수-목제, 사기들을 적극 증산' ≪매일신보≫ 1944. 5. 6.

244) ≪동아일보≫ 1940.7.31, 8.8일자 참조.

245) 기록에 따르면, 도자기 협정 소매가는 1940년경 경기도와 경성을 중심으로 가장 먼저 실시되었다. 이후 전국적으로 도자기의 가격 시세가 책정되었는지를 밝힐

에도 왜사기 수입에 대한 통제는 물론 국내 도자기 생산 및 수요 제한에
대한 안건들이 대두되었다.[246]

한편 침체된 공예업계는 1941년에 발령된 「7.7령」으로 다시 한번 타
격을 받았다. 일본 상공성은 공예업의 부진이 계속되자 이에 대한 개정
및 강화를 위해 「7.7령」을 발령했다.[247] 「7.7령」의 근본취지는 도자기
와 칠기 품목에 대해 일정가격 이상의 판매를 금지하고 가격인하를 추진
하면서, 해외수출품이나 특산품으로 지정되어 있는 공예품들을 일본 내
에서 염가로 시판하여 실용화하는데 있었다. 또한 공예품 자재(資材) 부
족이 극심해짐에 따라 공예산업을 제한시키려는 목적도 포함되었다.

무엇보다 「7.7령」의 현안은 조선뿐 아니라 일본 공예업계의 생산력이
상실되어 소득원을 기대할 수 없게 되자, 이전부터 수출품으로서 인정된
고급 공예품들의 가격을 인하하여 내수량과 수출량을 동시에 증가시키
되 업자간의 생산량 분배 즉, 제작량의 일정한 한계를 두는 것이었다.

그러나 이 정책으로 인해 민수업자들의 회생은 근본적으로 차단되고
일부 대형공장들은 수출지향성 공예품만을 제작할 수 있도록 유도되었
다. 「7.7령」의 폐단이 계속되자 일본은 공예업계의 반발을 우려하여 이
에 대한 완화책을 일시 논의하였다. 그리고 곧이어 미술공예가로서 인정
할만한 유자격자를 선정하고 이들에게 일정 기간 동안 제작한 상품들을
엄격하게 검증하여 등급을 책정한 후, 이에 준하는 범위 내에서 자재를

기록은 찾을 수 없지만, 각 지방에서 도기제조조합이 계속해서 결성된 점을 미
루어 보아, 도별 혹은 지방별로 공시가가 책정되었을 수도 있다. 그런데 1941년
은 '「7.7령」'을 통해 도자기를 비롯한 각종 공예품의 가격이 일제히 인하되었다.
따라서 1940년대는 공예품의 협정가가 반드시 설정되지 않았더라도 판매가의
대부분은 하향 평준화되었을 것으로 추정된다(≪매일신보≫ 1940. 9.1, 9.14,
9.15·1941. 4.29, 7.15, 8.14일자 참조).

246) '도자기업을 통제, 상업조합을 結成' ≪동아일보≫ 1940. 7. 31.

247) '七·七令 强化와 半島商工界, 도자기는 문제없으나 칠기에는 打擊豫想' ≪매일
신보≫ 1941. 4.29.

〈표 9〉 1930년대~1940년대 요업 총 생산액

연도	1930		1936		1939		1943	
요업	생산액	비율	생산액	비율	생산액	비율	생산액	비율
	10,460	3.7	21,876	3.0	43,337	2.9	90,000	4.4
전체공업 생산액	208,963	100.0	730,807	100.0	1,498,277	100.0	2,050,000	100.0
공업생산 지수	100.0	—	260.1	—	533.3	—	729.6	—

(단위 : 圓)

비롯한 제작 일부에 대해 특별 지원한다는 방안이 결정되었다.[248]

　총독부는 일본 공예업계의 동태(動態)가 조선에 미칠 영향을 고려하여 사전 조치하려 했으나, 제작상의 통제만 시행했을 뿐 이렇다 할 대책은 마련하지 못했다.[249] 그런데 일제 말기 공예산업의 혼란에도 불구하고 요업생산 신장률은 매년 증가하여 1943년의 경우 총생산액이 9억원에 이르렀다<표 9>.[250] 이 통계에 따른다면, 시험소 및 민간업자들이 주축이 되어 해방 직전까지 특산자기 개발과 제작에 여념이 없었고, 산업자기 생산도 꾸준히 이어졌음을 추론할 수 있다.

　특히 이 시기 시험소는 요업부를 비롯한 각 부서의 실지지도와 강습

---

248) 미술공예가로서 적격자를 선정하는 심사위원들은 <제국미술전람회>나 <문부성전람회>에서 심사위원을 역임한 최고의 권위자들로 구성되었다. 또한 지원자의 자격조건은 1. 문전이나 제전에 2회 이상 입상경력　2. 탁월한 실력이 대외적으로 인정되는 자 등으로 한정했다. 한편 조선에서는 이와 유사한 방안이 시행되지 않았던 것으로 보인다('藝術品엔 除外例- 7.7금령품의 일부 제조허가' ≪매일신보≫ 1941. 8. 14).

249) 도자기제작통제는 조선도자기상거래조합이 제시한 안건에 따라 결정되었다. 그 중 대표 안건은 1. 일본으로부터 도자기 수입의 통제　2. 조선내 생산의 일부 통제　3. 공정가격의 제정 등에 관한 것이었다('도자기업을 통제, 상업조합을 結成' ≪동아일보≫ 1940. 7. 31).

250) 朝鮮總督府, 『朝鮮總督府統計年表』(朝鮮總督府, 1942) ; 朝鮮銀行 編, 『朝鮮經濟年報』(朝鮮銀行, 1939·1948) 참조.

회 규모를 대폭 축소시켰지만, 특정지역에 한해서는 꾸준하게 이어갔다. 이와 같이 시험소의 도자정책이 충실하게 이행될 수 있었던 첫 번째 요인은 철 통제로 인한 도자기의 수요가 확충되어 도자제 개발을 유지할 수밖에 없었기 때문이며, 또한 총독부가 수출로 인한 자금 확보를 가장 효과적으로 기대할 수 있는 산업으로서 공예산업을 주목했기 때문이다. 한편 시험소와는 별개로 조선수출공예협회와 요업협회 지부, 공업협회 등의 보조협력단체들은 급박한 시국경제상황 속에서도 도자산업에 박차를 가할 수 있도록 협조를 아끼지 않아 일부 영향을 미쳤다.

이외에도 시험소는 분소(分所) 설립에 대한 의지를 굽히지 않았다. 일제 말기는 조선 상공계의 불안정한 구조와 자본고갈로 인해 예산이 상당히 부족했지만, 분소 설립을 통해 조선의 자원을 개발·연구한다는 시험소의 취지만큼은 해방직전까지 유지되었다. 시험소 분소격인 지방공업시험장은 천혜의 지하자원이 풍부하면서 병참기지로서도 용이했던 함경남도에 설립이 계획되었다.[251] 함경도시험장의 운영실태는 자세히 파악할 수 없지만, 시험장 요업부를 통해 함남의 주종원료인 장석, 규석 등이 중점 시험·연구된 것으로 나타난다.

ㄱ. 시국정책에 따른 도자산업

해방을 불과 5년 앞둔 1940년대의 도자산업은 수출용 도자기 증산을 위해 다각적으로 접근하였고, 민간자본에 의해 산업자기공장들이 새롭게 설립되는 등 이전에 없던 생산상의 변화가 있었지만, 전반적으로는 쇠퇴일로에 있었다. 특히 미국의 제2차 세계대전 참전으로 인해 일본의 국가상황은 갈수록 긴박해졌고 이로 인한 경제침체는 심각했다.[252]

따라서 요업부는 이전과는 다른 방향에서 도자정책을 주도해 나갈 수

---

251) '함남에 공업연구소 신설' ≪매일신보≫ 1941.2.8.
252) 김인호(앞의 책), 247～256쪽.

밖에 없었다. 이를테면 이전의 조사연구는 물론 강습회와 실지지도의 개
최빈도를 극감시키는 반면,[253] 철기류 대용품과 수출품 개발에 보다 많은
업무를 할당했다.[254] 특히 전국의 특산자기 생산업체들과 교섭하고 지원
하는 특산품 장려책은 이 시기 요업부가 가장 많은 비중을 두었던 업무로
여겨진다. 이와 함께 요업부는 전국적으로 유기공출운동(鍮器供出運動)
이 지속되자 대용품 도자기 개발을 계속해서 추진했다.

그런데 ≪매일신보≫에 따르면, 이무렵 대용품으로 사용될 도자기들
의 상당량이 일본으로부터 수입된다고 밝혀 주목된다.[255] 대용 도자기
의 수입은 조선에서의 도자기 생산량에 한계가 있을 뿐 아니라 시험소를
비롯한 여러 기구들의 운영조차 위기에 처했음을 의미한다. 따라서 당시
로서는 수요공급될 도자기가 조선에서의 생산만으로 충당될 수 없어 각
종 생활자기들이 수입되어 부민(府民)들에게 분배된 것으로 보인다.

이와 더불어 시험소의 지원이 미친 몇 안 되는 대형공장들과 특산자
기 전문업체를 제외한 대다수의 지방가마들은 운영상의 큰 어려움을 겪
거나 휴·폐업이 불가피했다. 물론 주요산지에는 중소형공장들이 간헐적
이나마 신설되었고 지역산지에는 소규모 도기조합들이 일부 설립되기도
했다.[256] 그런데 해방을 불과 1년 앞둔 시점에서 총독부는 도자기수급통
제를 실시하고 기존의 도자기행상(陶磁器卸商)을 감축시키는 방안을 추
진시켜 도자업계는 또다시 추락했다.[257] 도자기 수요공급과 관련한 이
러한 조치는 1944년 6월에 실시된 도자기사매업(陶磁器卸賣業) 실시로

---

253) 설령 실지지도에 따른 계획안이 기획되었다 하더라도 실제 실행되었는지를 확인
    할 수 없으며, 그 가능성 또한 매우 낮다. 그것은 1940년대에 접어들면 전반적
    으로 시험소 운영이 원활하지 못해 연구조사는 물론이고 『試驗所報告書』와 『試
    驗所年報』출판 조차 잠정 중지되었기 때문이다.
254) 朝鮮總督府, 『朝鮮總督府中央試驗所年報』(1939), 31~50쪽.
255) '유기는 供出하고 도자기를 사용하라' ≪매일신보≫ 1942. 7. 9.
256) ≪매일신보≫ 1943. 7.18, 8.21일자 참조.
257) '陶磁器 需要統制實施, 旣存卸商을 整備減縮' ≪매일신보≫ 1944. 4. 21.

더욱 가중되어 250여 개의 도자기업체를 41개로 감소시켰고, 이후 조선 공예통제협회의 발족으로 인해 더욱 강화된 듯 했다.[258] 이로써 해방 년에 이르면 도자산업은 생산력은 물론 회생력이 완전히 상실된 것으로 보인다.[259]

ㄴ. 원료 고갈에 따른 시국책

이 시기는 30년대 중반 이후부터 심화된 원료 유출로 인해 전국이 원료 고갈상태에 빠졌을 것으로 추정된다. 따라서 이때는 유기그릇들을 당국에 헌납하고 사기그릇 사용을 권고한 시기였지만, 수용될 수 있는 물량은 원료 고갈로 인해 충당될 수 없었다고 볼 수 있다.

원료의 고갈은 1940년대 초 정점을 이루었는지 도자원료의 일본유출 관련 신문 기사 및 보도 내용마저 일체 사라졌다. 요업부는 심각한 원료난에 고심하는 상황에서도 조선의 도자기 원료의 우수성을 외면하지 않아 지방별 산지를 순회하고 유망 도자기공장에 지원하는 방책을 강구했다.[260] 그럼에도 요업부의 지원책은 오래가지 못했다. 즉 40년대 이후, 요업부는 대용품 개발을 제외한 대부분의 업무를 전면 축소한데다,[261] 시험소는 원료사태를 수습할 수 있는 대안을 특별히 제시하지 못해 결국 일제의 통제정책에 합류할 수밖에 없었다.

---

258) ≪매일신보≫ 1944. 5.10, 7.16, 8.16일자 참조.
259) 1940년대의 도자산업 실태를 밝혀줄 문헌은 거의 전무하여, 이 시기의 요업상황은 정확하게 파악하기 힘들다. 다만 당시의 도자기공장 분포는 이전에 비해 확연하게 줄어든 상태였기 때문에 전반적으로 침체국면에 처했을 것으로 추정된다(『朝鮮工場名簿』, 朝鮮工業協會, 1942~1945 참조).
260) 대상지는 여주를 비롯하여 회령, 평양, 전라북도와 함경북도 일부 지역에 국한되었다.
261) 1939년을 기점으로, 시험소 규모는 대폭 축소된 것으로 보이며, 이에 따라 연구 실적도 이전에 비해 현저히 줄어들었다.

ㄷ. 수출지향성 도자공예교육 확대

조선미전의 공예부 신설 이후로부터 시작되어 시국대책위원회의 공예교육 저변확대로 형성된 공예의 새로운 인식은 1940년대로 이어졌다. 일제의 여러 식민정책으로 말미암은 이러한 인식전환은 미술공예의 확대와 도자산업의 쇄신이라는 목적으로 형성되지 않았지만, 전근대적 기술 인력들을 전문 기능인 혹은 예술가로 양성시킨다는 총독부의 의지를 기반으로 하였다.

이를 반영하듯이 총독부 학무국은 미술공예학교 설치 방안을 구체적으로 표명했다.[262] 당시 학무국장은 조선미전 공예부의 출품경향에 주목해 있었다. 왜냐하면 제19회(1940년) 조선미전은 전시로 인한 물가통제가 원인이 되어 입상작이 예년에 비해 줄었지만, 출품 수는 오히려 늘어났기 때문이다.[263] 특히 그 해 공예품 입상작은 모두 30여 점이었으며 입상자 가운데는 처음 입문한 신인작가들도 상당수 포함되어있어, 공예인들의 미술전람회 참여도는 고조되었다.[264] 이처럼 과도기에 형성된 공예제작 열풍은 예산 부족으로 미루어왔던 미술공예학교 설립을 재추진하게 하였고, 더불어 직업학교와 전문학교에도 도공과(陶工科)를 신설하게 하였다.

한편 시험소는 공예부를 통해 수출공예품 개발을 확대할 수 있는 다양한 시책을 마련했다. 무엇보다 공예부는 30년대에 이어 수출공예품 제작에 도움이 될 수 있는 전문서적 및 관련 자료들을 업계 종사자들에게 무료 배포하는데 주력했다.[265] 이를테면 1940년 2월15일 ≪동아일보≫

---

262) '미술공예학교, 設置機運농후' ≪매일신보≫ 1940. 5. 31.

263) '자라나는 미술조선-총출품 1171점, 작년보다 증가' ≪매일신보≫1940. 5. 24.

264) '선전입선작 금일발표, 주옥 388점-괄목할 신인의 비약과 공예열' ≪매일신보≫ 1940. 5. 28.

265) '수출공예품제작, 참고자료를 配布, 총독부 중앙시험소에서' ≪동아일보≫ 1940. 2. 15.

에 따르면, '공예제작업자에게 풍부한 공예자료를 제공하는 것이 수출공
예진흥상 매우 중요하다'는 것을 거듭 강조하고 있어, 참고자료 배포가
이전보다 확대된 것으로 보인다.[266]

수출용 도자제작은 비단 시험소뿐만 아니라 사회 각계의 여러 단체들
의 협력으로 활성화되었다. 협력단체로는 조선수출공예협회, 조선식산
조성재단, 조선공예진흥회 등이 있었다. 그 가운데 조선수출공예협회와
조선공예진흥회는 1939년부터 조선과 일본 그리고 해외 공예품들을 일
반인들에게 관람하도록 유도한 <조선수출공예품전람회>와 <수출품공
예전>을 매년 개최하여 관련 업계 종사자들의 안목을 넓혀 주었다.[267]
특히 이 협회들은 1942년부터 조선에서 생산되는 도자공예품 전반의 진
흥을 촉구하는 협의안을 매년 조선총독부 식산국에 제출하고 동조를 구
했다.[268] 당시 총독부가 이러한 안건들을 어느 정도 수용했는지에 대해
서는 파악되지 못하지만, 해방을 불과 3년 정도 앞든 시점이라는 점을
감안해 볼 때 체계적인 교육과 이를 수반할 수 있는 시설 확충은 거의
이루어지지 못했을 것이다.

반면 시험소는 분소(分所) 설립을 통해 수출공예품 생산을 증산시킬
수 있다고 내다보아 1941년 함남에 공업시험장을 신설하였다. 이곳은
시험소가 마지막으로 설립시킨 지방 분소로,[269]. 요업부를 비롯한 화학,
제지, 방직과를 두었다. 특히 요업부는 수출을 겨냥한 특산품 생산을 권
장하기 위해 도립공예전습소(道立工藝傳習所)를 추가 설립하였다. 요업
부의 부속격으로 운영된 전습소는 생도를 모집한 후 제작 시현과 강습회
등을 개최하여 다양한 제도(製陶)기술을 전수한 것으로 보인다.

---

266) 주 265와 같음.
267) ≪동아일보≫ 1940. 4.21 ; ≪매일신보≫ 1941. 10.2일자 참조.
268) 朝鮮輸出工藝協會가 발표한「朝鮮ニ於ケん 陶磁工藝振興促進ニ關スル協議會開催
    ノ件」(1942.6.27)을 비롯하여 이후 시기에 발표된 조선수출공예협의회 안건 참조.
269) ≪매일신보≫ 1941. 1.13, 2.8일자 참조.

이와 같이 1940년의 시험소는 요업부와 공예부를 중심으로 수출공예품 개발과 관련 기술교육 저변확대에 주력했다. 그러나 30년대부터 이어져 온 도자산업의 불황은 전혀 회복되지 못했고, 오히려 일본의 「7.7령」으로 인한 도자기제조통제와 원자재 및 노동력 고갈사태가 악화되어, 시험소가 추구하던 현안들이 실현되기에 많은 고충이 따랐다.

③ 중앙시험소와 공업전습소의 유대

총독부는 1912년 「총독부칙령」 제36호를 발포하면서 시험소의 운영에 전습소와의 유대를 활성화하여 공업화 및 공예정책을 보다 효과적으로 이행할 수 있도록 조치했다. 주지하다시피 강점 초기의 전습소는 전통 공예에 관한 단순 기능과 이론을 교육시키는 것에 초점 맞추어져, 과학적인 연구 및 실험 등을 겸비한 종합교육은 거의 이루어지지 못했다. 그러나 얼마 지나지 않아 조사연구기관인 중앙시험소가 설립되고 전습소가 산하 부속기관으로 전환되면서 이들 두 기관은 총체적인 업무를 상호 보완하거나 교류할 수 있는 제도적 장치와 체제를 마련할 수 있었다.[270] 강점 이후, 시험소와 전습소의 유대가 돈독해지면서 철저한 역할 분담이 이루어진 것은 여러 문헌들을 통해 알려진다. 보편적으로 시험소는 조사와 연구개발에 주력했고, 전습소는 시험소의 연구 성과를 토대로 한 교육과 실습에 매진했다.

한편 강점 초기부터 시험소의 운영방침은 매우 효과적으로 시행된 면이 없지 않다. 우선 시험소와 전습소의 인적 구성원이 동일한 경우가 많았고 초빙 연구진조차 겸직하는 사례가 많아 교육과정의 연관도가 매우 높았다.[271] 특히 시험소에서 신설시킨 공예 관련 부서들은 전습소의 설

---

270) 國立工業技術院, 『國立工業技術院百年史』(1993), 127~136쪽.

271) 崔公鎬, 「韓國 近代工藝史 硏究 : 制度와 理念」, 홍익대학교 대학원 미술사학과 박사논문, 2000, 88쪽.

치 과(科)와도 일치하여 주요한 매개(媒介)가 될 수 있었다.[272]

적어도 시험소와 전습소가 교류하는 동안만큼은 조선의 전통 공예품을 유지, 발전시키는데 역점을 두고 이를 근대 산업화와 전문적인 생산구도로 이끌기 위해 협력했을 가능성이 높다. 그러나 식민통치기구로 운영되던 두 기관의 협력이 실제 조선 공예 발전에 미친 영향과 기여도는 극히 일부분에 지나지 않았다. 또한 이들 기관의 유대는 전습소가 공업전문학교로 개편을 거듭함에 따라 규모와 성격도 변화했으며, 1930년대 중반 이후에는 국내외 정세로 인해 이마저도 점차 와해된 것으로 보고 있다.

　가. 교류 연구

일제 초기부터 시험소와 전습소는 총독부의 공업화 정책이 요구하는 교류협력과 통합교육이 이루어졌으며, 이러한 동향은 적어도 강점 중기까지 이어졌다.[273] 통합적 교류연구는 총독부가 두 기간의 협력을 조직화하여 식민지 공업발전에 기여할 수 있는 방편으로 간주하고 있었음을 의미한다.[274] 또한 총독부는 이 기관들을 통해 연구영역과 교육영역을 철저히 양분하여 구체적이고도 체계적인 공예정책을 구현하려는 의도를 가지고 있었다. 이 같은 총독부의 정책 방향은 '(중략) 중앙시험소에서

---

272) 國立工業技術院(앞의 책), 153∼155쪽.

273) 특히 전습소는 설립시기가 통감부의 설치시기와 근접해 있어 일제의 식민지 근대교육이 설립년부터 반영되었다. 즉 통감정치의 직접적인 영향을 받고있던 조선은 일본 관료들에 의해 교육행정도 일부분 장악되었다. 당시 교육계의 장악으로 학교 관계법의 대개편은 물론 교육을 담당했던 학부 관리들 대부분이 일본인으로 교체되어 愚民化와 친일교육체제로 전환되었다. 그리고 일제는 식민지국에 대한 실업교육 대중화를 위해 관립·공립학교를 중심으로 실과수업을 강화하였는데, 전습소는 이러한 기관 중 하나였다. 본서에서는 132∼139쪽에 관련 내용을 자세히 다루고 있다.

274) '中央試驗所 目的' 《매일신보》 1912. 2. 14.

〈표 10〉 공업전습소보고서 도자관련내용[278] -제1회(농상공부 편, 1909)-

도자기업	내용
1	1909년 도자기산지와 산액
2	개성·평양의 도자기업
3	양근군(楊根郡) 도자기업
4	청국(淸國) 무순도자기업(撫順陶磁器業) 조사
부록	남포(南浦)부근의 도자기원료

염직, 응용화학, 요업, 분석의 4부를 설치한 뒤 실지시험을 하여 이를 공업전습소를 신축하고 조직을 완성한 다음 전수하고, 일반 공업가의 참고에 공(供)하고자 하니'라고 지적한 일면을 통해서도 파악된다.[275]

이처럼 동질(同質)의 취지를 내포한 두 기관의 공동연구는 출간된 보고서를 통해서도 알 수 있다. 전습소는 농상공부 소관이던 1909년에 단 1회의 보고서를[276] 출간한 것이 전부였다<표 10>.[277] 그러나 강점 이후는 시험소에서 연간 공식 보고서가 출간되었으며, 경우에 따라 전습소의 연구 성과를 기술하거나 전습소와 시험소의 공동 연구내역 등을 밝혀 상호교류연구의 일면을 엿볼 수 있다.

공식적인 교류체제로 인해 시험소의 연구개발력은 전습소의 교육과 제도에 어느 정도 영향을 미쳤다. 그런데 전습소는 한일공학제(韓日共學

---

275) 朝鮮總督府中央試驗所, 『朝鮮總督府中央試驗所一覽』(1915), 1～3쪽 ; 「朝鮮總督府勅令」第36號(1912.3) 참조.
276) 『官立工業傳習所報告書』(農商工部 編, 1909) 참조.
277) 비록 전습소는 시험소보다 설립 연도가 앞서지만, 과학적이면서 근대화된 교육이 선행되지는 못했다. 이러한 사실은 농상공부에서 발행한 보고서인 『官立工業傳習所報告書』(農商工部 編, 1909)를 통해 알 수 있는데, 이 보고서는 窯業과 紡織工業(織造工藝를 포함)에 관한 조사가 주를 이루지만, 그 내용이 과학적 연구에 있다기보다 현존하는 제작처의 제조방식과 주변 원료산지 및 생산지의 현황을 조사하는 차원에 머물러 있다(『官立工業傳習所報告書』, 農商工部 編, 1909, 참조).
278) 『工業傳習所報告書』第1回(農商工部 編, 1909)에서 발췌.

制)가 실시되던 1915년을 기점으로 조선인보다 일본인 학생이 수적으로 월등히 많아져,[279] 조선인들의 공예교육 기회는 매우 부족했다. 특히 1920년대에 접어들면 일본인 학생 수와의 격차가 더욱 크게 벌어졌기 때문에 조선인에 대한 교육효과는 극히 미약했다. 가령 도기과의 경우 90% 이상이 일본인 학생들이 차지했다. 따라서 기술진 대부분이 일본인으로 구성되어 있던 시험소와 인적 분포에서 크게 다르지 않았다.

결과적으로 시험소와 전습소는 강점 초기부터 돈독하게 교류했지만, 조선인들이 합류할 수 있는 기회와 여건이 절대적으로 부족했기 때문에 상대적으로 한국 근대 공예문화 및 산업화에 미친 영향은 적을 수밖에 없었다.

나. 공동 전람회

시험소와 전습소의 공동 연구개발품들은 1910년대 부터 개최되기 시작한 여러 전람회를 통해 반드시 소개되었다. 정부 산하 연구기관에서 출품된 제품들은 식민지국의 산업화정책 취지와 맞물려, 일반인과 관련 업계종사자들은 물론이고 정관계인사들에게도 관심의 대상이었다.[280]

개최 형식은 연계전람회가 주관되기 이전까지 각각 독립적이었다. 대표적인 전람회로는 전습소가 주최한 <성적품진열회(成績品陳列會)>와 시험소가 주최한 <시제품전람회(試製品展覽會)>를 들 수 있다.[281] 이 중 1909년부터 개최되기 시작한 <성적품진열회>의 경우, 전람회 형식을 띤 한국 최초의 공예(공업)관련 전시였다는 점에서 매우 주목받았다. 특히 이 전시는 강점기에 들어서도 지속되었으며, 전습소의 성과물들을

---

279) 『工業傳習所學籍簿』(朝鮮總督府, 1918~1922) 참조.
280) '總督 同夫人, 중앙시험소관람-공업전습소진열회' ≪매일신보≫ 1913. 5. 13.
281) 『朝鮮總督府工業傳習所一覽』(朝鮮總督府, 1915) ; 『朝鮮總督府中央試驗所一覽』(朝總督府, 1915) ; 「總督府令」第94號(1920.10) 참조

총괄 전시하여 교육과정과 정도를 파악할 수 있는 장으로 성장했다.

그러나 강점 이후 전습소가 시험소의 부속기관으로 개편되면서부터 두 기관이 연계한 전람회는 독립 전시보다 한층 더 주목받았다. 최초의 연계 전람회는 1915년에 개최된 <시정5주년조선물산공진회>였다.[282] 당시 전시품은 기관별 개발품들도 없지 않았지만, 대부분 시험소가 엄선한 도자원료를 전습소가 이용하여 제작한 것들이었다. 이후에도 공동개발품들은 다양한 전시공간을 통해 일반인들에게 소개되고 최고의 평가를 얻었다

한편 1910년대 말 총독부는 식민사업의 안정을 촉구할 수 있는 실업교육 확대를 위해 경성에 이어 평양에도 공업전문학교를 증설하면서,[283] 전람회 또한 더욱 성대하게 개최하였다. 대표적으로는 시험소와 공업전문학교가 공동 개최한 일련의 <공업전람회>들을 들 수 있다.

이후 1920년대의 <공업전람회>들은 이 시기 조선에서 개발되거나 생산된 우수 공산품의 제작현황 및 실적이 본격적으로 소개되는 장으로 매우 의미 있게 활용되었다.[284] 예로 1921년에 개최된 <공업전습소성적품진열회>의 기록을 살펴보면, 이 진열회에는 약 2만여 종의 성적품이 소개되고 관람인원만도 1만명이 넘었다. 특히 요업제품은 전 기종을 섭렵했음은 물론 주문에 따른 부가행사도 겸해 최고의 주목받는 상품이었다.[285]

---

282) 시험소와 전습소는 1915년에 개최된 <施政5週年朝鮮物産共進會>를 통해 처음으로 공조품과 기타 공동 연구실적물들을 전시했다. 당시 공진회 측에서는 이들 기관에서 출품한 각종 제품들을 卽賣할 수 있도록 배려했는데, 이때 판매된 제품은 전통자기와 일부 산업자기들이었다(≪매일신보≫ 1915. 9.12, 9.30·10.10, 10.12일자 참조).

283) '공업전문학교, 평양에 설치문제' ≪매일신보≫ 1919. 12. 2.

284) 1916년에 설립된 경성공업전문학교는 자체적으로 제작품진열회를 교내에서 개최했다.

285) ≪매일신보≫ 1921. 10.17, 10.24일자 참조.

이상과 같이, 시험소와 전습소가 주최한 <공업전람회>는 당대 각계
각층들로부터 큰 호응을 받으며 성황리에 개최되었다. 그러나 연계 전람
회는 1920년대 중반 이후부터 점차 줄어들고 기관별 독립 전람회가 주
를 이룬다. 우선 시험소는 1923년부터 <부업공진회>에 단독 제작한 도
자기를 전시, 시판하였고 1925년부터는 총독부고등진열관에 자체 개발
품을 전시했으며,[286] 이후에는 내부에서 기능과 효율성을 고려한 다양
한 전람회를 수시 개최한 편이다.[287] 그러나 전습소의 경우 공업전문학
교로 개편되면서 기존의 진열회만 개최하여 전람회 빈도가 축소되었다.

일제강점기에 개최된 시험소와 전습소의 공동 전람회는 개최 형식과
규모에 따라 차이는 있겠지만, 공업화 실현을 위한 지식 전달을 장려했
다는 점에서 효과적인 메커니즘(mechanism)으로 작용했다. 비록 개최된
전람회들이 일본의 내재적 우월의식을 표출한 식민지정책의 표방이었다
고 하더라도, 제반지식이 부족했던 조선인들에게는 가시적 자극이 되었
음은 부정할 수 없다.

다. 지원책

시험소와 전습소는 늦어도 1913년경부터는 본격적인 교류가 이루어
졌다. 주지하다시피, 두 기관의 교류가 갖는 가장 큰 의미는 조선의 대공
업화 실현에 기반이 될 수 있는 연구과제를 공동 개발하고 전문인을 배
출함과 동시에 관련 종사자들에게 기술력을 전수하는데 있었다. 따라서
다방면에 역점을 두고 있던 두 기관에 대한 총독부의 지원과 관심은 일

---

286) 總督府高等陳列館은 총독부가 중앙시험소뿐만 아니라 연구 관련 기구들의 개발
품을 전시하여 조선 산업의 현황을 대내외적으로 소개하고자 설치하였다.
287) 『中央試驗所年報』에 따르면, 시험소는 전습소와의 합동 전람회 이외에 시험소만
의 단독 전람회를 1920년대부터 매년 개최하였다[「總督府令」第94號(1920.10) ;
朝鮮總督府. 『朝鮮總督府中央試驗所年報』(1930), 30쪽 ; 京城高等工業學校 編,
『京城高等工業學校一覽』(1943), 2쪽 ; 崔公鎬 (앞의 논문), 107쪽].

정기간 지속되었다.

총독부의 지원책을 대략 요약하면 다음과 같다. 먼저 전습소는 운영 상의 지원이 구체적으로 드러난 부분이 희소하지만 총독부 소관이었다 는 점만으로도 다른 교육기관에 비해 많은 혜택이 주어졌을 것이다. 공 식적으로 지원이 확인되는 부분은 전습소에서 운영했던 공업자영단(工業自營團)을 들 수 있다.[288] 공업자영단은 전습소 졸업생들의 자립을 촉구기 위해 1914년경 결성된 단체였다. 공업자영단 소속생들은 전국의 유명 산지와 공장에 초빙되어 기술 전수를 담당하였는데 이때 총독부는 정부 차원에서 운영 보조금을 일부 제공했다.

한편 시험소는 명실상부한 조선 최대의 연구조사기관인 점이 고려되 어 타 기관과 비교할 수 없을 만큼 막대한 지원이 이루어졌으며, 이러한 사실은 여러 문헌을 통해 구체적으로 입증된다.[289] 특히 요업부는 조선 산 원료의 중요도와 요업이 주요 공업으로 인정되어 설립 시부터 총독부 와 관련 업체들의 지원이 충만했다. 총독부는 보다 자세한 연구 성과를 거두기 위해 자국의 우수 기술진들을 초빙하거나 신원료(新原料)들을 해외 각처에서 수입하는 등 인적, 재제(製材)에 관한 투자를 아끼지 않 았다. 동시에 중앙시험소를 자국 관립시험장 수준으로 이끌어 올리기 위 해 첨단 장비 도입에도 큰 관심을 보여, 요업부의 시설은 나날이 확충되 고 규모도 커졌다. 이 부분은 시험소 요업부의 연구조사를 비롯한 시험 과 분석 그리고 보고서 출간 등에서 간취된다. 뿐만 아니라 1920년대부

---

288) 朝鮮總督府, 「朝鮮總督府工業傳習所卒業者就業調查」, 『朝鮮總督府月報』(1912.1), 30쪽 ; 朝鮮總督府. 『朝鮮總督府工業傳習所一覽』(1911), 83～131쪽 ; ≪매일신 보≫ 1914. 5.7·1915. 4.25, 4.27일자 등 참조.

289) 善生永助(앞의 책), 10쪽 ; 小山一德, 「朝鮮の窯業」, 『朝鮮』(朝鮮總督府, 1931.2), 35～36쪽 ; 北村彌一郎, 『北村彌一郎全集-第3卷』(大日本窯業協會, 1914), 30 2～312쪽 ; 資源硏究社(앞의 책), 308쪽 ; ‘中央試驗所의 設置’ ≪매일신보≫ 1912. 9. 8일자 등 참조.

터 시행된 실지지도는 규모와 시행범주 등으로 미루어 볼 때, 요업부 기
술원들에게 특별한 지원책이 주어진 것으로 추정된다.

이밖에 두 기관이 동시에 지원이 이루어진 사례는 전람회, 강습회와
같은 전시 및 교육행사를 대표적으로 들 수 있다. 특히 총독부는 국내
대규모 박람회나 국외 전람회에 참가할 경우 최우수작을 제작 혹은 개발
할 수 있도록 적극 지원했다. 즉 시험소와 전습소에서는 공예기술의 개
발과 교육증진이라는 명목으로 총독부의 지원을 받았고, 그 기술력은 다
시 총독부의 지원에 의해 관련 업계 종사자들에게 보급될 수 있는 토대
를 마련했다. 그러나 이 일련의 과정들은 낙후한 도자업계를 회생시키는
데 직접적인 영향을 미치지 못하면서, 제작양식이나 판로 개척 등 총체
적인 생산라인에서 이에 못지않은 많은 병폐를 발생시켜 궁극적으로 양
극화 현상을 빚었다.

(2) 공업전습소의 도자공예교육

일제는 통감부 시절부터 조선인의 우민화(愚民化)와 동화(同化)에 근
본목적을 둔 교육정책을 시행했다.290) 대한제국이 1895년에 공포한 6년
제의 「소학교령」을 폐지하고 1906년 4년제의 「보통학교령」으로 축소
발령한 것이 일제가 최초로 공포한 교육법령이었다.291) 일제는 이 법령

---

290) 1905년 을사늑약이 체결됨과 동시에 통감부가 설치되면서 교육정책에서도 일제
  의 영향력이 강하게 반영되었다. 이를테면 이 시기에 일본인 학부참여관제도가
  도입되었고 일본인 교원 초빙도 적극 이루어졌다. 특히 일본인 교원들은 주요
  학교에서 교장(교감)의 직책을 맡아 학교 운영에 직접적인 권력을 행사하기 시
  작했다[정재철,『일제의 대한제국식민지교육정책사』(일지사, 1985), 23~24쪽 ;
  한기언·이계학·이길상 共編,『한국교육사료집성-개화기편-IV』(한국정신문화연
  구원, 1993), 316~674쪽 ; 호사카 유우지 지음·윤석용 옮김,『日本同化主義의
  民族同化政策 分析』(제인앤씨, 2002), 96~98쪽].
291) 통감부는 신학제의 제정에 따라 小學校를 普通學校로 개편하였다(1906年 8月27

의 개편을 시발점으로 조선인들을 동화시키고 식민통치에 필요한 인력을 양성하기 위한 구체적인 방안을 계획했다. 강점 이후에는 식민지 통치를 강화할 수 있는 일환으로서 더욱 체계적인 교육정책들이 시행된다. 예컨대 공업전습소는 이와 같은 일제의 정책이 매우 적절히 반영된 대표 교육기관이었다.

공업전습소는 1899년 대한제국 정부가 실업교육을 관장하기 위해 설립한 관립상공학교의 전신이었다.[292] 상공학교는 1904년 농상공학교로 개편된 이래 농과, 상과, 공과를 두고 전문적인 교육을 실시하려 했지만[293] 궁내부 직제를 축소해야 한다는 일본측의 요구에 따라 1906년 기능인 양성소인 전습소로 격하되었다.[294]

공업전습소란 메이지유신(1868년)을 통해 '위로부터의 근대화정책'을 본격적으로 추진한 일본 정부가 서양의 과학기술을 도입하면서 설립하기 시작한 기능양성기관이었다.[295] 당시 일본은 근대산업의 육성을 위해 전략사업을 책정한 다음 이 분야의 신기술들을 빠른 시간 내에 확산시키기 위한 방침으로서 수많은 전습생들을 양성하고 근대국가 대열에

日 「勅令」 44號「大韓帝國普通學校令」; 1909年 7月 10日 「學部令」 6號「普通學校令 施行規則」).

292) 농상공부 소속의 공업전습소는 1899년 관립상공학교로 출범한 이래, 이후 관립 농상공학교(1904년)로 학제가 개편되었고, 1906년에는 통감부에 의해 공업전습소로 거듭났다.

293) 농상공학교는 1906년 농과는 수원농림학교, 상과는 선린상업학교, 공과는 공업 전습소로 분리됐다.

294) 최초의 실업교육기관이었던 농상공학교는 농업과와 상업과, 공업과를 두었고 재학 年限은 예과1년과 본과 3년으로 하였다. 도자실기교육은 농상공학교 시절에는 실시되지 못했으며 공업전습소로 개편되고 난 후 도기과의 신설로 시작되었다. 한편 도기과 설치는 일본인 공학자 平賀義美의 건의로 이루어졌다(勅令 第 28號 「商工業校管制」 1899年 6月 24日 ; 勅令 第16號「商工業校管制」 1904年 6月 8日).

295) 이안 부루마 지음·최은봉 옮김, 『근대일본』(을유문화사, 2004), 44~46쪽.

합류하고자 열망하였다.

그런데 근대 일본의 전습소 설립과정은 조선과는 크게 차이를 보였다. 우선 일제는 전습소의 교육방침을 식민지식 실업교육에 국한시켰다. 그리고 당국의 판단 하에 권장되어지거나 권장될 가능성이 보인다고 인정되는 공산품들을 선별하고 이를 권업정책으로 이끌 수 있는데 협력적인 과(科)만을 신설했다. 강점 초기 일제가 주목한 공산품은 한국 전통 공예와 밀접한 관련이 있는 도자기, 염직물, 금속, 목공품 등이어서, 도기과, 염직과, 목공과, 금공과가 설치될 수 있었으며 부가적으로 응용화학과, 토목과가 함께 개설되었다.296)

특히 학교 운영 취지와 관련해서는 제2대 교장을 역임한 이토 요사부로(伊藤鏢三郎)가 '공업에 대한 실습을 행하는 것은 물론이고 (중략) 조선 재래기교(在來技巧)를 부흥시키는데 중점을 둔다'고 피력한 바 있어,297) 전통공예에 대한 기술교육에 적지 않은 비중을 두었음을 알 수 있다.

그러나 이 같은 교육방침은 앞서 언급한 바와 같이, 식민 당국의 입장을 합리화시키기 위한 일종의 우회책이었을 뿐 실질적인 목적은 통치를 위한 정책적인 전략과 밀접하게 결부되어 있었다. 즉 전습소의 운영방안은 식민사업으로 직결되는 과를 개설하고, 개설 과에서 생산될 수 있는 제품들의 기본 제조법 및 응용법, 기초 학술 등을 전수한 단순 기능인을 배출시키는데 있었다. 따라서 식산흥업의 기치를 내세우면서 과학기술 및 상공진흥정책을 구현하는데 일조하고자 설립된 상공학교는 공업전습소로 학제가 개편된 이후 설립 취지가 심각하게 변질되었다.

무엇보다 강점 이후 총독부 소관으로 이관된 전습소는 일제의 요구에 부응하는 직공 양성 교육체제를 보다 구체화하게 된다. 총독부는 가장

---

296) 朝鮮總督府工業傳習所, 『朝鮮總督府工業傳習所一覽』(1915), 54쪽.
297) 伊藤鏢三郎, 「總督府工業傳習所に就て」, 『朝鮮』(1910.11), 56쪽.

우선적으로 전습소에서 배
출된 졸업생도들을 일본 기
관이나 기업체의 하급 기능
공으로 채용할 목적으로 조
선인 생도를 모집하였다.

그러나 조선인의 등용
은 공업에 종사하는 집안
의 자제(子弟)로 압축하거

(도 11) 공업전습소 도기과, 1910년대 중반

나 친일분자들에게 우선적으로 입학 선택권이 주어지는 등 불합리한 조
건을 내세웠으며, 심지어 졸업 후의 진로도 조선인과 일본인을 차별화하
였다.298)

한편 전습소의 운영체제는 1912년 중앙시험소의 부설기관으로 전환
되면서 이전과는 다른 양상을 보이게 되었다. 비록 전습소가 시험소 산
하로 존속한 기관은 5년 정도에 불과했지만, 시험소와의 교류를 통해 새
로운 교육혜택이 주어졌다.299) 도기과의(도 11) 교육과정을 보더라도 시
험소의 부설 이전은 실습 중심 교육이 주를 이루지만,300) 이후는 성형을
위한 기초 단계, 즉 물레, 소성, 도화(陶畵), 점토세공, 시유 등의 실습교
육과 이외 원료시험, 점토분석, 광물질 연구 등의 이론수업이 포함되어
훨씬 전문화되고 세분되었다.301)

따라서 전습소 도기과는 시험소 요업부가 연구, 조사하고 시험한 내

---

298) 조근태, 『우리 과학 100년』(현암사, 2001), 84쪽.

299) 崔公鎬(앞의 논문), 109쪽.

300) 1912년경 전습소 도기과의 실습물은 주로 전통자기(종지, 湯器, 盒, 사발, 다완,
　　壺, 주자, 향로, 酒甁 등)였고 이외에도 일본식 菓子器, 筆立, 置物 등이 시범 제
　　작되었다. 따라서 강점 초기의 도기과는 신개발품 실습이나 창작품 개발과는 거
　　리가 있었으며 오히려 이미 일본화된 교육과정이 일부 도입되었다(‘工業傳習所
　　實習製品’ ≪매일신보≫ 1912. 12. 27).

301) 朝鮮總督府工業傳習所(앞의 책), 57～61쪽.

용을 토대로 학습이 가능했으며 양질의 제품도 개발, 생산할 수 있었
다.[302] 특히 재학생과 졸업생들에 의해 우수한 시제품(試製品)이 개발되
면 이를 <시제품진열회>와 <제작품진열회> 등을 통해 검증한 후 일본
기업에 공개되어 생산여부를 확인 받았으며, 제품 개발에 참여한 졸업생
들의 일부는 지방가마에 직파되어 기술교사 및 관리직을 담당하기도 했다.

1915년에 이르러 전습소는 예과 1년과 본과 3년으로 편제되어 있는
학제를 3년 과정의 특별과로 교체하였다. 그러나 동년에 공포된 「전문학
교규칙」(부령 제26호)에 따라 경성공업전문학교(이하 경성공전으로 약
칭)가 신설되면서 전습소는 경성공전의 부속기관으로 분리되었다.[303] 한
국 최초로 초급 대학에 해당하는 교육을 실시하기 위해 설립된 경성공전
은 전습소와는 비견될 수 없을 만한 전문적인 공업교육을 실시하는 학교
였기에 당시로서는 매우 획기적이었다.[304] 따라서 이때부터 전습소가
공업에 종사할 수 있는 인재 양성에 전력했다면 경성공전은 고등의 학술
적 기예를 함량하는 전문교육에 매진하여, 두 기관의 교육이념과 목적이
이분화되었다.

그런데 설립목적과 실제 운영상에는 많은 차이가 있었다. 경성공전은
애초 조선인을 대상으로 전문화된 공업교육에 주력할 것을 약속했지만,
전습소와 마찬가지로 조선인 선발 기준은 고등보통학교 졸업생으로 한
정 하는 등 매우 엄격했고, 선발 이후에도 중도 탈락자가 속출하여 점차
일본인 전용학교로 변질되었다.

또한 경성공전은 전습소 특별과에 설치한 도기과에서 도예교육이 실
시되었지만,[305] 수업내용은 기본적이면서 실용위주의 실습에 여전히 치

---

302) 김근배(앞의 책), 53쪽.
303) 朝鮮總督府工業傳習所(앞의 책), 57쪽.
304) 손인수, 『한국근대교육사』(연세대학교출판부, 1971) ; 『서울대학교20년사』(서울
    대학교출판부, 1966) 참조.
305) 전습소 陶器科는 경성공업전문학교 시절까지 유지되다가, 경성공업학교 때부터

중되어 있어 이전에 비해 특별한 진보하지 못했다.306) 결과적으로 이 학교는 명분만 있는 일본인 중심의 학교로 자리 잡았으며 그나마 전통 일본인계 학교에 비해 시설과 교육 수준은 매우 부족한 실정이었다.307) 더욱이 실습과 실험 등을 익혀 현장 실무를 담당할 수 있는 전문기술자를 배출시키겠다는 교육의지 마저 배제되어 졸업생들의 성공적인 사회진출도 역부족이었다.

동반적으로 전습소 역시 더욱 일본인 대상의 교육기관으로 변모하였으며 교육수준은 중등 이하로 떨어졌다. 이후 전습소에서 이루어진 실습교육은 소규모 개인 업체가 담당하게 되는, 이른바 직인도제제(職人徒弟制)로 또 다시 교체되면서 대폭 축소되었다. 그리고 1922년 경성공전이 조선에서는 유일한 고등공업기관인 경성고등공업학교로 개편될 당시 경성공업학교(현재의 서울공업고등학교)로 완전히 독립했다. 실무를 숙련하는 교육시설인 전습소의 거듭된 체제전환은 실업교육의 축소 및 위축을 염두해 둔 일제의 교육정책과 깊이 연루된 것으로 보인다.308)

수차례의 재개편을 거듭한 전습소는 수업연한을 2년에서 3년으로 늘이고 새로운 학제 도입을 통해 교육환경을 전면 교체했다. 그러나 교육수준은 여전히 전문성이 강화되거나 보강되지 못했다. 따라서 일제강점기 전습소는 고급 교육의 기회를 허용하지 않았던 식민 당국의 조처로 인해 제조실습을 통한 다양한 기술 습득은 결코 이루어지지 못했으며 단지 재래수공기술의 육성이라는 취지에 초점 맞춰졌다.309) 때문에 전습

는 製陶科로 전환되었고 이후 경성공립공업학교 부터는 다시 窯業科로 개칭되었다.

306) 전인경(앞의 글), 182쪽.

307) 문만용·김영식, 『한국 근대과학 형성과정 자료』(서울대학교출판부, 2004), 6쪽.

308) '공업전습소 축소안에 대하여' 《조선일보》 1923. 2. 11.

309) 정인경, 「경성고등공업학교의 설립과 운영」, 『근현대 한국사회의 과학』(창작과 비평사, 1998), 174쪽.

소 도기과에서 허용되어진 교육이란 일부 반기계반수공 제작을 제외하면 대부분 전통도자 제작과 관련되어, 근대기를 대표하는 산업자기 실습교육이나 창작도예를 육성하기 위한 교과과정(curriculum)은 찾아보기 힘들다. 예컨대 조선미술전람회 도자공예 입상자 중에 전습소 졸업생도가 단 한 명도 없었다는 점이 이러한 사실을 뒷받침해 주고 있을 뿐 아니라 요업계에서도 과학 대중화 실현에 다가간 김용관과 도화(陶畵)를 습득한 변관식 이외 뚜렷이 두각을 드러낸 인물이 없다는 점도 동일선상에서 해석된다.

심지어 총독부가 1907년 「유학생 규정」을 공포하면서 관비유학생을 선발하여 일본으로 유학할 수 있는 기회를 제공했지만, 유학 이후 고등교육기관이 아닌 전문학교 진학자에 한해서만 선발하는 등 자격조건을 매우 엄격히 했다. 마찬가지로 1910년대 중반부터 전습소 도기과에 진학한 조선인 학생들도 일본의 도자기기술전문학교로 유학하는 사례가 있었지만, 유학 이후 특별한 요업활동을 전개시키지 못했다.[310]

이처럼 일제강점기 도자공예교육은 1899년에 설립된 한국 최초의 실업학교인 상공학교가 공업전습소로 개편되면서 시작되어 이후 경성공립공업학교로 재개편 될 때까지 이어졌다. 그러나 전습소의 전반적인 교육과정은 가장 기초적인 기술을 단순 반복하는 수준에 한정되어 초급 기술자나 가내수공업에 종사할 인력 양성에 그쳤다. 이러한 교육방식은 1920년대부터 설립된 견습소와 실업학교로 이어지면서 전국에 확산되는 경향을 보였다.

여기에 학교 운영방침이 점차 일본인 중심으로 전환되면서 조선인의 등용 기회는 희박해졌다.[311] 특히 경성공업학교로 개편된 이후부터는

---

310) 도기과의 대표 조선인 유학생으로는 1914년 愛知縣立陶器學校 模型科에 진학한 黃伯題를 비롯하여 1917년 東京工業高等學校에 진학한 尹台變과 愛知縣立陶器學校 陶器科에 진학한 韓泰益 등이 있다('유학생의 성적-총독부에서 수상' ≪매일신보≫ 1915. 7. 21).

조선 인력에 대한 성장억제책이 강화되어 조선인들이 고등교육을 접할 기회는 더욱 요원했다. 실제 이 시기 도자교육을 실시했던 공업학교들은 1930년대 조선인들의 자생적 노력으로 많은 과학자들을 배출한 기계, 전기공학 및 순수 과학 분야와는 비교할 수 없을 만큼 열악한 교육수준과 부진한 사회진출을 보였다. 따라서 식민지 지배 하에서 기술적, 경제적 한계를 경험한 졸업생 대부분은 소규모 요업공장에서 기술 관리직을 맡거나 학력이 제대로 인정되지 않는 공업보습학교 혹은 지방에 소재한 공업전습소와 하급인력 양성을 위해 설립된 지방견습소 등 2·3급 교육기관의 강사직 그리고 전습소 졸업생들의 공동운영체인 공업자영단에서 활동하는데 그쳤다.

이상에서와 같이, 일제강점기 전습소로부터 시작된 도자공예교육은 근대기 도자기 제조기술력을 넓혀 기초지식을 배양하고 관련 분야의 기능인 배출에 어느 정도 접근했다. 그러나 전습소의 교육방침은 고등교육 불필요론을 통해 전문기술 인력 양성을 근본적으로 규제하는 총독부의 정책을 반영하고 있었기 때문에 조선인의 입문기회는 상당부분 차단되었다.[312] 따라서 조선인의 교육환경에 미친 영향은 극히 일부분에 불과했고 나아가 한국 근대 도자산업에 파급된 효과도 그다지 많지 않았다. 오히려 전습소에서 시행한 하급 기술력 보급과 기능인 배출이 양산되어 갈수록 근대화로의 이행에 정체현상은 심화되었다.

(3) 관립기관의 도자정책과 근대도자

일제강점기는 비록 식민통치 수단으로 기능한 공예·공업관련 전문 연구교육기관이기는 했지만, 이들의 등장으로 인해 결국 근대화를 향한 새

---

311) 허수열(앞의 책), 257쪽.
312) 김근배·박진희, 「일제강점기의 과학기술교육」, 『근현대 과학 기술과 삶의 변화』 (국사편찬위원회 편, 2005), 51쪽.

로운 지평을 열어갈 수 있었다. 따라서 관립기관의 설립에 따른 의의와 영향은 비단 요업분야에 그치지 않고 한국 근대기의 상공업 전 분야에 걸쳐진다.

대표적인 임무를 수행했던 기관으로는 조선총독부 산하에 있었던 공업전습소와 중앙시험소 그리고 경성고등공업학교 등을 들 수 있으며, 이 기관들을 통해 식민지 조선에 대한 과학기술정책 나아가 공업 및 공예교육정책이 전개되어졌다 해도 과언이 아니다.[313] 공업 및 공예정책은 메이지시기 과학기술의 수용에 대한 중요성을 인식했던 일본이, 효과적인 식민지 지배정책의 완성을 위해 활용과 이식이 반드시 필요하다고 판단하여 전개되었다. 따라서 이 시기에 이루어진 일제의 과학기술 보급은 식민지 지배 체제에 따른 조선인의 육성과 본국 산업 구조에 조선이 담당해야 할 역할이 공존하는 가운데 이루어졌다.[314]

또한 해당 기관들의 주요 업무는 연구되거나 교육되어진 각 분야별 성과를 정책적으로 활용하는데 주목적을 두었다. 특히 관립 교육기관 간에는 업무를 원활하게 수행하기 위해 경우에 따라 매우 긴밀하게 협력하고 교류했다.

한편 총독부의 도자정책을 총괄하고 있던 시험소 요업부는 도자산업 전반의 총체적 연구개발에 매진하여 근대 요업으로의 발전 가능성을 제시해 주었다. 따라서 이 시기의 도자산업은 요업부의 활약에 의해 향방이 결정되는 경우가 많았다. 가령 1912년경부터 중앙시험소에 의해 이루어진 연구조사와 기술력들은 공업시험소 이외 여러 교육기관과 양성소 등에 보급되었다. 뿐만 아니라 시기별로 일제가 처한 여건에 부합되는 다양한 관련 연계사업을 주도하는데 결정적인 역할을 하였다. 특히

---

313) 정인경, 「일제하 경성고등공업학교의 설립과 운영」, 『한국과학사학지』16(한국과학사학회, 1994), 33~36쪽.
314) 김근배·박진희, 『근현대 과학 기술과 삶의 변화』(두산동아, 2005), 58쪽.

시험소의 주요 연구 성과는 1910년대와 1920년대의 주력산업이었던 원시가공업계와 공예업계에 영향을 미쳤을 뿐 아니라 20년대 후반부터는 도자기 제작의 분업화와 효율화를 구축시키기 위해 설립한 도자기공동 작업장이나 도자기조합 등에까지 파급되었다. 이외 일반인들을 대상으로 한 도자기 제조공정 보급은 각종 요업 관련 강좌와 요업강연회 및 시연회 등을 통해 이루어졌다.

이에 못지않게 전습소는 강점 이전에 설치된 도기과를 통해 도기 및 자기 실습교육이 이루어졌고, 강점 이후의 교육은 시험소의 기술 개발에 따른 영향으로 이전에 비해 일보 향상되었다. 다시 말해 시험소와의 교류 이전의 전습소는 원시가공업과 재래 수공업의 육성을 식민공업화정책으로 간주한 일제의 영향으로 교육 제반에 많은 한계를 드러냈다.[315] 따라서 전습소에 개설된 과들은 대체로 총독부가 권장한 재래공예산업에 연루되었다.[316] 이 가운데 요업은 농촌 3대 부업으로 지정된 주요 민수산업으로 간주되었기 때문에, 도기과의 교육은 새로운 기술교육의 파급보다는 전통기술에 바탕을 둔 각종 도자실습에 치중된 편이었다.[317]

그러나 시험소의 등장과 함께 이들 기관의 협력이 점차 확대되자 전습소의 활약상은 잠시나마 진보했고, 전습소 생도들의 역할비중도 일부분 진전되었다. 이를테면 전습소 졸업생들로 결성된 공업자영단은 비록 짧은 기간이긴 했지만 전국의 유망 도자기 산지에 파견되어 기술 보급에 일조했으며,[318] 순회교사제를 통해서도 신기술 보급 및 계몽에 앞장서 강점 초기 공업교육기관으로서 역할을 수행했다.[319] 따라서 전습소는

---

315) 朝鮮總督府, 『朝鮮總督府施政年報』(1910년), 351쪽.
316) 총독부가 권장한 재래산업에는 機業, 요업, 제지업, 금속공업, 왕골제작업 등이 속했다.
317) 엄승희(앞의 논문), 243쪽.
318) '공업자영단(社說)' ≪매일신보≫ 1915. 4. 27.
319) 「朝鮮總督府工業傳習所卒業者就業調査」, 『朝鮮總督府月報』(1912.1), 30쪽.

시험소가 설립됨과 동시에 산하에서 보다 과학적이고 체계적인 교육환
경을 구축할 수 있었고, 시험소 역시 전습소를 통해 실제 제작과정과 개
발 등에 큰 도움을 받았다. 또한 두 기관들의 교류협력은 식민 초기인
1910년대에 가장 두각을 드러내면서 향후 공예 전반에 많은 영향을 미
쳤다.

그러나 지금까지 살펴본 대표 연구·교육기관들은 궁극적으로 식민지
조선에 대한 일제의 공업정책의 일환으로서 설립·운영되었다. 때문에 이
기관들은 식민지 공업화에 대한 효과적인 착취와 안정적인 정착을 추구
하려는 일제의 의지가 가장 잘 반영된 기관들이었다는 점에서 문제시된
다.[320]

총독부는 요업부의 연구 성과에 예의주시하면서 자국 요업 발전과 국
익에 보탬이 될 수 있는 분야를 탐색했다. 주요 방안은 요업원료의 활용
을 확대시키고 조선 요업의 침체현상을 야기함으로써 왜사기 수요를 증
대시키는 문제와 관련되어 있었다. 특히 천혜의 요업원료를 보유한 조선
을 최대 활용함으로써 자국 요업의 쇄신을 도모하고자 했다.[321] 도자원
료에 관한 시험소의 연구의지와 성과는 실로 대단했으며, 특히 시험소
요업과는 조선 전체를 대상으로 시행한 원료 연구의 분석결과에 따라 일
본이나 제3국으로 유출시킨다는 1차 목적과 조선에서 도자산업에 종사
하던 재한일본인들에게 특별한 혜택을 제공한다는 부수적인 목적을 가
지고 있었다. 또한 원료조사 및 공급에 따른 총독부의 방침은 요업부의
기술진 대부분을 일본에서 직파한 전문기술자와 학자들로 구성시키고
전문장비를 설치하여 규모를 점차 확대하면서 체계화하는데 있었다. 그
러나 일본으로의 유출량이 증가할수록 조선인들이 사용할 수 있는 요업
원료의 양과 질은 점차 악화될 수밖에 없었고, 결국 요업활동 전반에 많

---

320) 엄승희(앞의 논문), 262쪽.
321) 김영식·김근배, 『근현대 한국사회의 과학』(창비, 1998), 175쪽.

은 차질을 빚었다.

원료공급 이외의 문제로는 기술력 보급의 편파성을 들 수 있다. 시험소는 서구의 기술력을 도입하여 각종 신제품 제조개발에 힘썼다. 그러나 당시에 연구된 기술 개발력이란 원료공급에 따른 문제와 마찬가지로 일본 요업 및 재한일본인의 도자생산을 위해 활용되는 것이 무엇보다 우선적이었다. 따라서 조선인들이 시험소를 통해 전수받은 기술력이란 주로 실생활용품으로 사용된 전통자기와 옹기의 개량 제조법 정도에 그쳤다. 결국 일제는 조선 요업 발전을 저해 혹은 정체시키는 차원에서 고급 기술력의 보급을 차단하고 단순 기능만을 전수했다. 이러한 방안은 조선 고유 기명의 생산을 피폐하게 만드는 주요 원인이 되어 왜사기 사용량을 증가시키는 병폐를 심화시켰다.

이 같은 추이는 1930년대 이후 총독부의 강도 높은 도자정책 실현으로 최대 위기상황에 직면했다. 그것은 일본의 전시체제에 따른 수탈과 착취가 요업계 전반에도 치명적인 악영향을 미쳤기 때문이다. 특히 이무렵 요업원료의 고갈과 노동인력의 강제징용 등은 생산 전반에 심각한 불균형을 초래했다.

이처럼 관립기관의 도자정책들은 일제강점기 요업의 의도적인 성장 침체를 유도하고 되풀이하면서 이전 시기와는 다른 체제와 제도적 장치를 마련해갔다. 또한 이 과정에서 형성된 전문 인력 배출의 억제와 제작여건의 불합리한 처우는 한국 요업의 근대화 이행에 최대 걸림돌이면서, 이 시기 도자흐름을 사상 최대 암흑기로 규정시킨 근원이다.

그러나 열악한 제조여건속에서도 조선인 제작진은 점진적으로 배출되고 성장하였다. 또한 근대 제작기술력의 보급 역시 항상 일본의 직·간접적인 영향을 받으며 일정부분 향상되었다. 비록 조선 요업 전반에 미친 영향 보다는 지방 요업 발전에 기여한 면이 컸지만, 식민 지배라는 현실에서 이전에 없던 과학적이고 체계적인 기술력 보급을 활용하여 일보 전진한 부분은 인정된다.

2) 박람회정책 및 문화교육정책

(1) 전시문화정책

일제강점기는 규모 있는 전람회와 박람회를 비롯하여 이와 유사한 다양한 전시회가 빈번하게 개최되었다. 이 시기 전시행사들은 근세 유럽에서 본격적으로 개최된 공업박람회가 근대기로 접어들면서 국제박람회로 대형화되는 추세에 영향을 받은 일본이, 자국에서의 유사 전시문화를 구축시키는 것은 물론 문화정치의 미명하에 추진한 동화정책을 위해 식민지 조선에 도입했다.[322]

일제 식민정책의 중핵이 되는 동화정책은 근대 일본의 사상가인 니토베 이나조(新渡戶稻造)의 발언에서와 같이, 식민지를 완전히 본국화하는 것에 있었기에[323] 이 정책은 식민지민과 식민지사회에 대한 독자성을 전혀 존중하지 않는 통치책으로 규정된다.

이러한 내재적 의미를 갖고 있던 전시문화는 강점 직후부터 시작되어 일제 말기까지 전개되었다. 특히 무력적인 통치수단이었던 무단정치를 유화적이고 온건적 입장의 표본이 되는 문화정치로 전환시킨 1920년대에는 조선의 문화 및 관습을 존중하며 한편으론 '사회개조', '사회진화'라는 명분의 시정 방침을 내세우며[324] 개최된 각종 전람회들이 눈에 띠게 빈번해진다.

이때 도자기는 전람회 공간에 반드시 출품되는 주요 품목이었다. 즉

322) 吉見俊哉, 『博覽會の政治學-まのさし近代』(中央公論, 1999), 21쪽.
323) 다나카 신이치(田中愼一), 「식민지 체제에서 벗어나지 못한 한국관-니토베 이나조(新渡戶稻造)」, 『그때 그 일본인들』(한길사, 2006), 116~118쪽.
324) 박찬승, 『한국근대정치사상사 연구』(역사비평사, 1992), 176~185쪽 ; 山川均, 「改造十年の回顧」, 『改造』(1929.5), 108쪽.

일제강점기에 생산된 각종 요업품들은 국내외 박람회와 전람회, 품평회 등 매우 다양한 전시행사장의 필수 전시물로 자리 잡았다. 품목별로는 생활용품들이 가장 많았고 이외에도 관상자기, 미술공예자기, 도자유물 등이 동반 혹은 단독 전시되었으며 요업원료나 내화물, 법랑철기, 유리제품과 같은 고부가제품들이 함께 전시되는 경우도 있었다.

다양한 요업제품들이 출품된 전시는 조선인과 일본인 모두가 참여했으나, 기종별로는 크게 구별되었다. 고급자기와 특수품들이 주로 일본인에 의해 출품되거나 관립기관이 주관하였다면 조선인들은 생활용품에 국한된 편이었다. 출품경향의 차별화는 일본의 우월의식을 조선에 이식할 수 있었으며, 결과적으로 이러한 이데올로기를 표방한 전시효과는 매우 성공적이었다. 따라서 일제강점기의 도자문화는 박람회 및 전람회정책을 통해 보다 효율적인 식민 통치의 근간이 되고 정당화될 수 있는 사상과 의식체계를 심어주는 효과를 거두었다.

본 절에서는 이 시기에 개최된 대표적인 박람회, 전람회, 품평회의 도자기 출품경향을 살펴보고, 출품에 따른 성과 및 문제점 등에 대해서도 고찰하고자 한다.

① 박람회 및 공진회

박람회와 공진회는 일제의 권업정책 및 문화정책이 가장 효율적으로 반영된 대규모 국가 행사로서 개최되었다. 또한 앞서 언급한 바와 같이 전시회 개최의 본질은 식민 이데올로기를 파급하는데 필요한 기능과 실효를 거두는데 있었기 때문에, 박람회와 공진회의 전시 품목은 물론 출품자와 개최지 등도 일제의 요구가 반영되었다.[325]

한편 박람회를 통해 조선의 도자기가 최초로 출품된 것은 강점 이전에 개최된 1893년의 <시카고세계박람회>와 1900년의 <파리만국박람

---

325) 國雄行, 『博覽會の時代 : 明治政府の博覽會政策』(岩田書院 2005), 85~90쪽.

회> 등 해외 전시였다. 다음으로 1907년의 <경성박람회>를 통해서였으며,[326] 이때 전시품은 유물자기와 일본에서 수입된 각종 생활자기들이었다. 당시 박람회장에는 조선산 도자기가 제외되었는데, 그 이유는 근대 한국 박람회의 효시격이라 할 수 있는 경성박람회가 통감부의 일방적인 취지로 개최되어, 출품에 따른 자율성이 이미 상당 부분 제한되었기 때문이다.[327]

그러나 이러한 관행은 강점 이후 전환되었다. 조선총독부는 강점 직후부터 조선의 산업·예술품의 판매, 전시, 선전 등을 통하여 품질개량과 생산의욕을 고취한다는 개최취지를 표명하여 출품에 따른 자율성을 박탈하거나 특별이 엄격한 제한을 두지 않은 편이었다. 그런데 일제는 박람회정책을 통해 일본의 우위성을 홍보하고 동시에 조선인의 정체성과 창작성은 나약하게 만들었으며 더불어 근대 일본문화를 추종할 수 있는 장으로서 점차 활용하기 시작했다.[328] 따라서 각종 명목하에 연례행사로 개최된 박람회는 조선과 일본이 동시에 참여하여 우열의식을 자각하도록 유도한 또 다른 정치공간으로 활용되어, 각종 전시물들은 주최 측에 의해 선별되었을 가능성이 없지 않다.

특히 요업제품은 용도가 매우 다양한 만큼 종사자들의 분포도 포괄적이어서 박람회를 통해 평가받기에 더없이 좋은 공산물이었다. 대체로 강점 초기의 전시품목은 관립기관의 연구개발품 이외에 우수제품이 진열되는 경우는 드물었다. 그러나 1920년대 이후부터는 이전보다 향상된 제품들이 선보이기 시작하여 시기별 요업 발전상과 무관하지 않다.

구체적인 실례로는, 우선 경성박물협회가 창립 40주년을 기념하기 위

---

326) 統監府, 『韓國施政年報』(1908), 262~264쪽.
327) 당시 총 관람인수는 20만명에 달했으나, 이는 통감부가 정책적으로 수용한 인원이었다.
328) 신주백, 「박람회-과시, 선전, 계몽, 소비의 체험공간」, 『역사비평』67호(역사와비평사, 2005), 359~363쪽.

해 1911년 4월에 개최한 <전국제산품박람회(全國製産品博覽會)>에 여러 품목의 도자기가 공식 출품된 것을 들 수 있다.[329] 근대기 일제 치하에서 일본인이 주최한 이 박람회는 이왕직미술품제작소와 공업전습소, 이왕가 등이 참여한 권위있는 행사였다.

특히 이왕가는 이왕가박물관의 소장품 가운데 30여 점에 달하는 고려청자와 이조백자를 출품하여 이목을 집중시켰다. ≪매일신보≫의 관련 기사에는 '이왕가가 출품한 특이한 진품으로 다수의 관람자가 무불찬도 (無不贊道)했다'고 평하여, 도자유물에 매료된 관람객들의 반응을 전한 바 있다.[330] <전국제산품박람회>는 박람회 성향이 본격적으로 변질되던 1920년대와 비교해 볼 때 그나마 여가문화의 장으로서 순수성을 지닌 것으로 보인다.[331]

반면 전시성향이 정책적으로 본격 이용된 최초의 박람회로는 1912년 동경 이케노하타(池端)에서 개최된 <동경척식박람회(東京拓植博覽會)> 를 들 수 있다(도 12).[332] 회칭(會稱)에서도 짐작되듯이, 일본은 식민지 조선을 개척하여 자국민의 이주 및 정착을 정책적으로 촉진하고자 이 박람회를 본국에서 개최했다. 규모는 조선의 각종 산물들을 집중 출품시키는 전략을 내세워 유래 없이 방대했으며, 박람회의 성공적인 개최를 위해 조선의 각계각층과 공조하는 대신 전시품에 대해선 까다로운 심사과

---

329) '京城博의 朝鮮館' ≪매일신보≫ 1911. 4. 21.

330) 주 325와 같음.

331) 그 이유는 개최 시기가 강점이 이루어진지 불과 반년밖에 되지 않았고 또한 박람회 운영에 일제가 깊이 관여했지만 공식 개최자가 경성박물협회였기 때문에 정책적 성향이 크게 반영되지 못한 것으로 판단된다.

332) 일본에서 개최된 1912년의 東京拓植博覽會와 1922년의 東京平和博覽會는 한국 도자기가 일본에 대외적으로 소개되는 매우 중요한 계기였다. 특히 1922년의 동경평화박람회는 도자기와 칠기가 전시품 가운데 가장 많은 수를 차지하고 있어 한국 도자의 對日 홍보에 크게 기여한 것으로 보인다[「平和博京城府內の出品數」, 『朝鮮經濟雜誌』第7拾3號(京城商工會議所, 1922), 38쪽 ; '평화박람회 印象記-동경지국 기자' ≪매일신보≫ 1922. 5. 9].

(도 12) 조선산 도자기 진열, 1912년
동양척식박람회, 동경

정을 도입했다. 이를테면 조선의
각 지방청에 출품물을 분야별로 공
개 모집하여 우수제품을 선별하
는 방식을 채택했다.

개최 당시 이 박람회는 일본인
들의 큰 호응을 얻어 일본의 주요
도시에서 순회 전시할 정도로 성
공적이었다.333) 무엇보다 출품된
도자유물은 대다수가 이왕가박물관이 소장하고 있던 고려청자와 백자
등이었으며, 이 유물들이 공개됨으로써 1910년대 일본 사회에 불어 닥
친 조선 고도자기 애호열풍은 더욱 고조되었을 것으로 추측된다. 가령
근대 일본 도예가로 명성을 얻었던 도미모토 겐기치(富本憲吉)는 이왕
가박물관의 소장품을 처음 접하고 그 아름다움에 놀라 1915년경 전통
도예가의 길을 걷게 되었다고 한다.334) 이외에도 일본 근대 공예이론가
인 야나기 무네요시(柳宗悅)와 재일영국인(在日英國人) 도예가 버나드
리치(Bernad Leach) 등도 박람회를 참관하여 처음으로 조선의 도자기를
접하고 큰 감흥을 받은 것으로 알려져 있다.335) 따라서 <동경척식박람
회>는 조선의 도자유물이 일본에서 공식적으로 홍보되어 일본인들로
하여금 한국 도자기의 우수성을 인식시키는 중요한 계기가 되었다.

3년 후, 일제는 조선의 식민 통치 업적을 기념하는 또 다른 국가행사
로서 <시정5년기념조선물산공진회(施政五年記念朝鮮物産共進會, 이하

---

333) '拓植博과 출품' ≪매일신보≫ 1912. 7. 28.

334) 富本憲吉, 「京城雜信」, 『문화적 기억-야나기 무네요시가 발견한 조선 그리고 일
본』(일민미술관, 2006), 156~159쪽.

335) 특히 야나기 무네요시는 이 박람회를 관람한 후 매우 큰 감흥을 받아, 실제 박람
회 폐막 후 얼마 지나지 않아 來韓하여 조선 공예사에 대한 연구와 집필, 전시기
획 등을 시작했다.

조선물산공진회로 약칭)>를 개최하였다. 통상적으로 공진회는 박람회와
개최 취지와 성격이 유사하지만 규모면에서 박람회에 다소 뒤진다.

그러나 1915년의 <조선물산공진회>는 강점 이후 조선의 산업 및 문
화계의 진보상황을 전시, 홍보하고 이를 통해 일선(日鮮)의 융화와 동화
를 촉진하는 수단으로 개최되어 박람회 못지않은 규모였다. 따라서 전시
성격에는 일제의 권위적이고도 우월의식이 함축된 식민정책이 극명하게
반영되어 있었다.336) 구체적으로 살펴보면, 우선 일제는 공진회의 개최
지를 조선 왕조의 정궁(正宮)인 경복궁으로 선정하고, 진열소 설치를 위
해 궁을 훼손하여 국가의 권위를 상실시켰다. 전시품 진열에 있어서도
조선인들에게 일본과 조선을 극명하게 대조시킴으로써 우열국으로서의
일본과 열등국으로서 조선을 조망하도록 유도했다.

일제는 116만명에 달하는 관람객을 유치하고 3만점에 육박하는 전시
품을 동원했기 때문에 규모로 본다면 근대 한국에서 개최된 대형 전시의
효시로 볼 수 있다. 특히 도자기는 지방가마의 제품들이 도별(道別)로
출품된 최초의 사례였음은 물론 원료, 요(窯), 왜사기, 양사기, 내화물 등
전 요업제품이 총망라하여 전시되었다.337) 그런데 시기적으로 볼 때,
1910년대의 요업실태는 매우 열악한 단계여서, 대부분의 지방산품은 조
악한 백자와 도기, 옹기, 상사기 정도였다(도 13).338) 따라서 조선인의
출품물들은 일본상품이나 관립기관 제품들과의 비교에서 크게 뒤쳐질
수밖에 없었다.

또 다른 예는 1929년의 <시정이십주년기념조선물산박람회(施政二
十週年記念朝鮮物産博覽會, 이하 시정이십주년박람회로 약칭)>를 들

---

336) 박성진, 「일제 초기 '朝鮮物産共進會' 연구」, 『식민지조선과 매일신보-1910년대』,
    신서원, 75쪽.
337) 『施政5年記念朝鮮物産共進會報告書』第2卷(朝鮮總督府, 1916) 참조.
338) 주 332와 같음.

(도 13) 전라남도 도자기 진열품, 1915
시정5주년조선물산공진회, 경성

수 있다. 이 박람회는 공식 회칭(會稱)에 '시정이십주년기념'이라고 덧붙
여지고 개최지 역시 경복궁이여서, 1915년의 <조선물산공진회>와 전
시 목적이 유사했다.[339] 그러나 국제적 성향을 띤 <시정이십주년박람
회>는 이전의 공진회에 비해 더욱 규모가 컸으며 전시 시스템도 체계적
이고 실질적이었다. 도자기 출품도 예전과 상당한 차이를 보였다. 즉 20
년대 이후의 요업활동이 분야별로 향상되었기 때문에 전시물품의 구성
또한 다양했다. 여전히 세련된 제품들은 주로 일본인 공장에서 출품되어
양국인의 격차는 있었지만, 근대 요업기술의 수용으로 경질도기를 비롯
한 각종 산업자기들이 일괄 전시되어 대내외적으로 가시적 성장을 표출
시키는데는 성공적이었다.

이상의 예들로, 일제강점기 국내외에서 개최된 대표 박람회 및 공진
회에는 도자기의 전시가 일반화되었고, 이를 통해 요업의 진보와 문화적
인식이 고취될 수 있었음을 살펴보았다. 그러나 앞서 고찰한 중앙시험소

---

339) 朝鮮博覽會京城協贊會, 『朝鮮博覽會 京城協贊會報告書』(1930), 300쪽.

의 주요 업무에서와 마찬가지로 일제는 원료에서부터 상품과 제작기술
에 이르기까지 충분한 잠재력을 지니고 있었던 요업을 전시공간을 통해
정책적으로 활용했다. 따라서 이 시기에 개최된 박람회는 일본 당국과
일본 기업인들에게 조선의 제작여건을 파악하거나 활용의 극대화라는
취지를 강하게 내포하고 있었다. 여기에 일제는 대중이 군집하는 박람회
의 본질을 고도의 심리전으로까지 이용했다. 이러한 전시방식은 궁극적
으로 조선과 일본 산품(産品)을 동시 비교시킴으로써 조선인들의 열등의
식을 조장시킨다는 방침에 따른 것이다.340)

　따라서 일제강점기의 박람회 및 공진회는 개최 주최자인 일제가 행사
(event)의 정치이자 근대의 체험공간으로 활용하되, 자국민의 우월의식
을 조장하면서 동시에 자국 산업에 유리한 여건을 제공하고, 또한 이를
바라보는 조선인들은 일본의 우월성을 재확인하면서 열등심을 유발시키
는 장이었다. 그리고 도자기는 일종의 엑스포(expo)와 유사한 성격을 지
닌 각종 박람회장에서 일제가 추구하는 역할을 충실히 반영한 산물로 대
표된다.

② 전람회

　전람회는 비록 규모면에서 박람회보다 협소했지만 단품 혹은 전문 분
야의 전시회로서 충분한 자격을 갖추고 있었다. 전시성향은 주로 미술공
예품과 공산품(工産品)을 지역단위나 출품자의 신분 등에 차등을 두며
참여를 고취한 편이다. 특히 강점 중반 이후 미술공예품만을 위주로 한
전람회의 개최 빈도가 월등해지면서 예술문화 영역에 일부분 영향을 미
쳤다.

　한편 도자기는 각종 전람회에 주요 산품으로 취급되며 매우 빈번하게
출품되었다. 즉 일제는 조선 요업과 공예품에 대한 관심이 적지 않아,

---

340) 박성진(앞의 논문), 83쪽.

(도 14) ≪매일신보≫ 1922.8.16

(도 15) 〈이조도기전람회〉, 1922, 조선민족미술관, 경성,
출처 ≪매일신보≫ 1922.8.16

도자관련 전람회는 특정품목 전문전시의 형식을 갖추고 개최될 수 있었
다. 대표적인 유형은 공예품전람회와 도자유물 전람회, 미술(예술)전람회
등으로 구분되며, 전시품은 각종 생활자기와 도자유물, 창작도예 등이다.
　한편 도자기 전람회의 개최 빈도는 시기적으로 차이를 보인다. 먼저
1910년대는 공업전습소, 중앙시험소 등 관립교육·연구기관에서 자체 연
중행사로 전람회를 개최하여 요업 관련 시제품들을 전시한 것을 제외하

고 이렇다 할 전문 전람회가 없었다. 그러나 시정(施政)이 다소 안정된 1920년대에 접어들면, 다양한 전람회들이 개최되기 시작한다. 주목되는 것은 이 시기부터 주요 산지를 중심으로 <특산품전람회>가 개최되거나 일반 대중들이 참여하는 소규모 <창작도예전람회> 그리고 부업품 중심의 <도자공예부업품전람회> 등이 개최되어 일반인이나 민수업자의 폭넓은 관심과 지지를 얻었다는 점이다. 이외에도 이 시기는 한국 도자기에 큰 관심을 지니고 있던 서구 식자(識者)들의 내한으로 한국도자사 관련 학술회가 개최되는가 하면 국내외에서도 <도자유물전람회>가 큰 관심 속에 개최되었다(도 14, 15).[341] 무엇보다 1922년에는 조선총독부가 창설한 미술공모전인 <조선미술전람회>로 인해 근대 문화예술계는 새로운 방향으로 전개될 수 있었다. 특히 1932년에는 <조선미술전람회>에 공예부가 신설됨으로써 조형미를 추구하고 형상화하는 창작도예의 기틀이 형성될 기회를 맞게 되었다.

그러나 이후 1930년대 후반에 접어들면 모든 분야의 전람회 개최가 급격히 감소되며, 개최되었다 하더라도 부업품이나 수출공예품 위주의 전람회에 국한되어 개최성향이 이전과 차별되었다.

가. 생활자기 전람회

다양한 생활자기를 한자리에 모아놓고 전시하는 전람회는 요업이 활성화되던 1920년대 중반 이후부터 점진적으로 개최되었다. 일반적으로 이러한 전람회의 개최방식은 생산지와 품목이 구분되어 전시되는 경우가 대부분이었지만, 드물게는 생산자를 구별하는 경우도 있었다.

총독부는 전문거래상이나 인근 지역주민들에게 우수 상품들을 홍보하고 더불어 민수업자들의 생산성을 촉진한다는 목적아래, 이 같은 전람회가 빈번히 개최되도록 주선했다. 그러나 이 역시도 자생적인 제작능력

---

341) 柳宗悅, 「朝鮮民族美術館の設立」(『白華』,1921,1) 참조.

과 소비문화를 고취시키기보다 일본으로의 동화와 열등성 조장 그리고 식민정책상의 권업을 촉진하려는 취지가 내포되어 있어 동 시기의 어느 전시와 큰 차이는 없었다. 오히려 각 가정에서 필수적으로 사용되는 생활용품의 대다수가 왜사기나 왜사기풍 그릇으로 교체되었기 때문에, 전람회에 출품된 조선백자의 위상과 선호도를 예전 같지 격상시키지 못했다.

대표적인 전람회는 1930년대부터 수시 개최된 <비교전람회>와 <가정공예품전람회>를 들 수 있다.[342] 이 전람회들은 조선의 민수업자들에 의해 생산된 다양한 공산품을 전시하여 품평하는 행사였기 때문에 조선인들의 참여도가 높았다. 우선 정책성이 농후했던 <비교전람회>는 조선과 일본의 식기와 초자(硝子) 등을 공동 전시하여 우열을 가리도록 유도한 전시였다. 또한 <가정공예품전람회>는 지방가마에서 제작된 도기, 옹기, 석기 등 각가지 제품들을 진열하고 입상하는, 이른바 민수품 제작의 활성화와 촉진을 위해 개최된 전문 전시였다.[343] 그런데 실제로는 전람회 출품자들 가운데 상당수가 재한일본인이었고 이들이 최고 입상자로 지명되어, 실취지에 부합되지 못한 경향이 있었다. 그 중에서도 가장 큰 쟁점은 진열품들의 양식과 제작자들의 인식에 따른 문제였다. 가령 일본인들이 출품한 제품들이 최고의 권위작으로 선정되는 경우가 많아지자 이를 맹목적으로 추종하고 정당화할 수 있는 구실이 상대적으로 많아졌다. 결과적으로 일본상품의 제작력과 소비성향을 자극했던 전람회의 운영방식으로 조선인들의 주체의지는 나약해질 수밖에 없었다.

그럼에도 일제강점기 지방가마의 생활용품을 전시하는 이 일련의 전람회는 조선인들에게 특별한 의미를 부여했다. 첫째, 제작환경의 열악함

---

342) ‘內外商品의 比較展覽會-京城府內서도 10여점 출품’ ≪매일신보≫ 1930. 8. 26.
343) ‘全國家庭工藝品, 大展覽會를 개최-10월11일부터 20일간, 상공장려관에서’ ≪매일신보≫ 1930. 9. 26.

으로 비록 우수 제품을 출품하지는 못했지만 조선인 종사자들은 지방별 혹은 자치단체별로 개최되던 전람회에 큰 부담 없이 출품할 수 있는 기회를 부여받았다. 따라서 조선인들의 전시품에 대한 질과 양을 고려하지 않더라도 근대의 새로운 문화 콘텐츠(culture contents)인 전람회에 동참할 수 있는 장이 개척되었다는 점에서 의의가 있다. 둘째, 이러한 전람회들은 개인보다는 특정산지에 설립된 도자기조합이나 공동작업장의 운영을 활성화시키고, 드물게는 특산품 개발에 박차를 가하는 직접적인 계기가 되었을 가능성이 매우 높다. 실제 조선인들이 각 지방 고유의 상품을 전시하여 입상하고 수출로 이어지게 한 사례들이 전해져 전람회의 가시효과는 일정 부분 성공적이었다.[344]

나. 도자유물 전람회

일제강점기의 도자유물 전람회는 조선총독부박물관(이하 총독부박물관으로 약칭, 도 16)과 이왕가박물관(도 17)을 비롯하여 일본인 관련 학자 그리고 부립 및 사립 박물관 등의 주최로 개최된 바 있다.[345] 그 중

---

344) 한 예로, 일본 미쯔구시(三越)백화점에서는 개성도자기조합에서 생산된 고려청자 재현품들이 일본인들로 하여금 큰 호평을 얻자 조합 제품들을 수입하였다 ('新製의 고려자기, 昔日의 미술로 부활 - 제2회 작품의 전람회도 개최, 호평을 받는 개성자기' ≪동아일보≫ 1938. 3. 27).

345) 대표적인 전람회는 이왕가박물관과 총독부박물관에서 주로 개최되었다. 이외 개인으로는 야나기 무네요시가 1922년 경성 귀족회관에서 개최한 <李朝陶器展覽會>를 들 수 있으며, 조선인 단체로는 1913년 평안남도가 주최한 <平壤書畵古器展覽會>를 들 수 있다. 지방박물관의 경우, 1936년 7월에 平壤府立博物館과 지방 문화단체로 추정되는 樂浪會가 공동 개최한 <李朝陶器展覽會>가 대표적이다. 특히 이 전람회는 여느 同種 전람회에서 볼 수 없는 특별한 의미를 담고 있었다. 즉 1931년에 개관한 평양박물관은 지방 박물관으로는 드물게 여러 차례 주요 도요지발굴사업에 참여하여, 도자사 연구와 수집에 남다른 열정을 보였다. 따라서 이 전람회는 개관 이래 수집해 온 100점에 달하는 도자유물들을 총망라하여 전시할 수 있었다(≪동아일보≫ 1936. 7.21·1937. 7.4).

(도 16) 조선총독부박물관 전경, 1930년대

(도 17) 이왕가박물관 도자전시실, 1920년대

조선총독부는 총독부박물관과 부립박물관을 통해 일련의 도자유물 전시를 개최하였으며, 가장 큰 규모로는 총독부박물관이 1939년에 개최한 <고려청백자기전>을 들 수 있다.346) 이 전람회는 총독부박물관이 설립(1915.12)된 이래 대략 20여 년 동안 시행한 요지발굴조사 과정에서 수거된 유물과 박물관 본관 제3실에 진열되어 있던 명품 유물들을 공식 공개하는 특별 전시였다.347) '비장(秘藏)해 오던 고려 도자기 수백 종을

346) 朝鮮總督府, 『新興の 朝鮮』(1929), 93쪽 ; ≪동아일보≫ 1939. 10.29, 11.3일자 참조.

특별히 진열한다'고 발표한 총독부의 개최취지는 이 전시의 규모와 중요
성을 대변하고 있다.[348] 이외에도 평양부립박물관과[349] 개성부립박물관
이 1930년대에 개최한 <고려청자전람회>을 들 수 있으며, 특히 개성부
립박물관은 고유섭이 초대관장으로 재직할 당시에 개최되어 남다른 의
미를 담고 있다.[350]

다. 미술도자공예 전람회

일제강점기 공예계의 최대 변환 요인 중 하나로, '예술화된' 혹은 '미
술적 가치로서 인식'되는 각종 도자기들이 전람회라는 장을 통해 출품되
었고, 또한 이러한 장을 통해 개인의 기량을 발휘하고 검증받을 수 있는
계기가 마련되었다는 점을 들 수 있다. 미술공예품으로 분류될 수 있는
도자기들은 일반 생활공유품전람회나 산업박람회 등을 통해 소개되는
빈도가 많지 않고, 대체로 개최취지가 예술성과 창작성에 기반을 둔 미
술 전문 전람회를 통해 출품되었다. 미술공예 전문전람회는 문화정치를
표방하던 1920년대부터 간헐적으로 개최되다 30년대 <조선미술전람회>
공예부를 통해 가장 전문성을 띠게 되었다. 한편 이 시기 미술도자공예
전람회는 일반인들의 여기(餘技)문화 활용차원에서 개최된 전람회와 전
문 예술가의 육성 및 등용 차원에서 개최된 전람회로 대분할 수 있다.

ㄱ. 미술공예전람회 - 일반인 참여

일반인들이 대중적으로 참여할 수 있었던 미술공예전람회는 지역상
품 개발과 부업 장려를 권장하던 일련의 전람회들과 전시 분위기가 크게

---

347) 佐瀨直衛, 「總督府博物館風景」, 『茶わん』11-9(寶雲舍, 1941), 23쪽.
348) '秘藏의 고려도자기, 昨日부터 1주간 일반에게 공개-수백종을 박물관에 특별진
     열' ≪동아일보≫ 1939. 11. 3.
349) 八田實, 「平壤と燒き物」, 『茶わん』8-4(寶雲舍, 1938), 108~109쪽.
350) 「開城博物館の開館」, 『靑丘學叢』6(靑丘學會, 1931) 참조.

다르지 않았지만, 취지면에서는 차이가 있었다. 즉 1920년대 이후가 되면 개최된 전람회 석상에 실용성이나 상업성보다 예술성과 창의성에 바탕을 둔 제품들이 일부 전시되어 호평을 받았다. 이후 창작공예품만을 전시하는 소규모 전람회가 총독부나 시험소 혹은 관할 도청 관계자 등 각계각층의 주관으로 개최되기 시작하는데, 비록 개최 빈도는 매우 희박했지만 미술공예적 제작 풍토는 고취되어 있었다.

일반인을 위한 미술공예전람회는 현존하는 근거자료가 거의 없어 전시 양상을 파악하기 힘들다. 그러한 의미에서 ≪매일신보≫ 창간 25주년기념 행사였던 <농인예술전람회(農人藝術展覽會)>는 전시품과 주최측을 명확하게 알 수 있는 주요 전시이다(도 18).351) 총독부가 주최한 이 전람회는 출품자가 전업 농민(農民)이었고 전시품이 모두 미술공예품이었다는 점만으로도 매우 이례적이라 할 만하다. 당시 여론은 농인여기(農人餘技)가 발휘된 전시라며 유례없이 격찬했다. 출품 기종은 자기, 죽기(竹器), 목기(木器), 석기(石器) 등으로 다양했지만, 그 가운데 자기 제품이 최고의 이목을 집중시켰다. ≪매일신보≫ 기사에는 '고려자기와 같은 고귀전려(高貴典麗)한 품격은 없다 해도 매력은 넘친다 (중략) 비록 단아한 맛은 없지만 평범, 소박한 작품들이 관람자들의 눈길을 끄는 무한한 힘이 있다'고 평해, 전시된 도자공예품들의 민예미(民藝美)가 출중했음을 짐작할 수 있다.

한편 유사 전람회는 일제 전반기보다는 중반 이후에 간헐적으로 개최된 편이고, 그나마 국가 기념일과 경축일의 부대행사 차원에서 개최되는 경우가 대부분이어서 자율적으로 활성화되지 못했다. 따라서 실제 문화예술적 성향이 반영된 일반인 참여 미술공예전람회는 일제 전반에 걸쳐 개최된 사례가 흔치 않았다고 볼 수 있다. 그럼에도 전람회의 파급효과는 기대 이상이었다. 그것은 일제 전반기까지만 하더라도 하급 생활자기

---

351) ≪매일신보≫ 1930. 5.12, 5.16, 5.22일자 참조.

생산에 급급했던 민수업자들의
요업활동에 점차 여유를 찾게 되
자 조형예술활동을 위한 기회의
장으로서 이러한 전시행사는 자극
이 될 수 있었고, 비로소 제작자
이기보다는 창작자의 명분으로 참
여할 수 있는 특별한 기회를 부
여 받을 수 있었기 때문이다.

(도 18) 도자기 출품물, 1925
농인예술전람회, 경성

ㄴ. 미술공예전람회 - 전문 예술가 참여 : 조선미술전람회

a. 창설 배경

1920년대의 일본 제국주의는 무단통치의 한계와 모순을 체감하며 새
로운 대응책을 필요로 하였다. 그리고 일제가 내세운 새로운 조선의 식
민지배책은 문화의 발달과 민력(民力)의 충실이라는 슬로건을 내세운 문
화정치였다. 따라서 문화정치로의 전환을 감행한 사이토 마코토(齊藤寬)
총독은 조선의 문화와 관습을 존중할 수 있는 방안을 다각적으로 모색할
것을 공식 선언했다. 그러나 문화정치의 본질은 친일세력을 육성하기 위
해 조선 상류층을 매수하고 동화정책을 한층 더 강화시키기 위한 전략이
었으며, 파급효과는 해방 무렵까지 파생된 여러 정책들을 양산시킴으로
써 기대 이상이었다.

관립미술전람회(이하 관전으로 약칭)는 이러한 정치적 분위기속에서
창설되었다. 따라서 관전의 창설은 진보적 취지의 미술전람회가 몇 되지
않던 1920년대에, 시기적 요구에 부합되면서 동시에 가장 영향력 있는
관제행사의 성격을 강하게 내포하고 있었다.[352]

---

352) 정호진, 「日帝의 植民地 美術政策」, 『한국근대미술사학』7(한국근대미술사학회,
1999), 170~172쪽.

1922년에 신설된 미술공모전인 <조선미술전람회(1922~1944, 이하 조선미전으로 약칭)>는 관전을 대표한다. 신설 당시 조선미전은 전문 미술가의 배출을 촉진하고 양적 성장을 피력했지만, 언급한 바와 같이 실제 의도는 식민통치에 순응하는 미술로 재편시키는 제도적 장치로서의 역할을 수행하는데 있었다.

설립 초기의 조선미전은 동양화부, 서양화부, 서예부의 3과를 두고 출발하였다.[353] 출품자격은 조선인과 일본인 모두에게 주어졌으나 조선인 참가자 수는 일본인에 비해 월등하게 적었다. 이러한 출품 경향은 조선미전의 운영체제 및 방안에 따라 이미 예고되어 있었다.

이른바 조선미전의 운영체제는 까다로운 출품 및 심사요건과 일본인 관료들로 구성된 심사위원단 그리고 일본 관전인 <문부성전람회(이하 문전으로 약칭)>와 <제국미술전람회(이하 제전으로 약칭)> 제도의 표방 등으로 대표된다. 특히 출품경향과 입상작을 둘러싸고 표출된 여러 제반현상들은 일본 관전과의 긴밀한 상호교류에 따라 좌우되는 경우가 많았다. 이와 같은 조선미전의 편파적인 운영에 따라 조선인들의 참여율은 근본적으로 차단되거나 제약되었다.

한편 조선미전은 1932년(제11회) 제도개편에 따라 공예부를 추가 신설하였다. 공예부의 신설은 1920년대부터 고조되기 시작한 신공예문화의 정착, 그 가운데서도 전통 공예에 대한 재인식이 꾸준히 요구되던 시대적 상황과 밀접하게 관련되어있다. 또한 일본으로 유학하여 공예교육을 이수한 일부 조선인 유학생의 요구도 간접적인 영향권에 있었다. 가령 한국인으로서는 최초로 동경미술학교 도안과를 졸업하고 귀국한 임숙재(任璹宰, 1891~1961)는 '공예를 예술이 화생(化生)시킨 공업'이라

---

353) 창설 초기는 동양화부, 서양화부, 서예부 3부만을 두었다. 이후 제3회(1924년)부터는 서예부에 사군자를 포함시켰고 제4회(1925년)부터는 서양화부가 조각부를 섭렵하였다. 그러나 제11회(1932년)에 서예부가 폐지되면서 공예부가 신설되었고, 조각부 역시 제14회(1935년)부터 공예부 소속으로 개편되었다.

고 정의하며, 더불어 공예가 단순 기예(技藝)로 이루어진 수공예가 아닌 미술공예로 발전할 수 있다는 근대적 공예관을 주창하면서 조선미전 공예부의 긍정적 가능성을 예시(豫示)했다.[354]

이처럼 1920년대 전반의 미술공예계 흐름과 일본 관전(문전, 제전, 신문전 등)의 개최의도가 총체적으로 반영되어 신설된 공예부는[355] 한국 근대 공예문화에 기여할 수 있는 토대가 형성될 것으로 내비쳤다. 그런데 공예부 신설에 대한 일부 조선인 식자들의 반응은 이와 크게 달랐다. 즉 비판적인 시각으로 조명했던 김주경, 윤희순 등의 미술비평가들과 그외 미술가들은,[356] 공예부의 설치가 사회, 정치적 의도가 반영된 궁여지책에 따른 것으로 여겼다.[357] 다시 말해 이들의 견해는 조선미전의 편파적인 운영에 문제를 제기했던 작가들이 미전 참여를 꺼리게 되자, 운영 위원단에서는 기존의 서예부를 폐지하고 폐지에 따른 공백으로 공예부를 신설했다고 보았다.

그러나 이외의 관점도 있었다. 이는 서예부가 조선의 복고적 취향을 수용하기 위해 신설되었지만 시간이 흐름에 따라 서예를 미술 분야에 종속시키는 것에 문제가 있다고 판단해 결국 서예부는 서예작의 출품은 폐지하되 사군자를 동양화부에 편입시키는 것으로 축소 개편하고, 대신 공예라는 새로운 장르를 등장시켰다고 보는 입장이었다.[358]

이상의 상황들을 종합해 본다면, 공예부는 조선미전의 제도적 장치에 여러 모순과 반향에 따라 신설되었다고 볼 수 있다. 그리고 공예부 역시 1920년대 말부터 조선적·향토적 미술 양식의 수립을 제창했던 조선미전의 개최취지가 동일하게 내제되어 이전의 서예부와 크게 다르지 않은 출

---

354) ‘工藝와 圖案’-任璹宰’ ≪동아일보≫ 1928. 8. 16.

355) 「帝展の終焉」, 『日展史』11(社團法人 日展史, 1984), 614~626쪽.

356) ‘제11회 朝鮮美展의 諸現象’ ≪매일신보≫ 1932. 6. 8.

357) 최공호(앞의 논문), 194~195쪽.

358) ‘美展評’-金種泰 ≪매일신보≫ 1934. 6. 5.

품양상을 보였다.[359]

b. 출품 경향

공예부에는 도자공예품을 비롯하여 칠기, 석기, 염직물, 칠보, 목공예품, 금속공예품 등 매우 다양한 작품들이 출품되었다. 그 가운데 도자공예는 신설 초기 다른 공예품에 비해 입상작이 매우 저조했고 양식의 다양화와 창의성을 한동안 찾아보기 힘들었다. 그러나 30년대 중반 이후 출품 수가 증가하는 추이를 보이면서 입상작의 성향도 이전에 비해 다소 광범위해졌다.

유형은 청자와 백자, 분청사기 등의 전통자기가 대부분이었고, 특히 청자가 압도적으로 많았다. 상대적으로 근대화된 신양식은 찾아보기 드물다. 이처럼 전승양식이 주류를 이루고 이외 장르가 부재했던 원인은 일제에 의해 형성된 청자 애호 열풍의 영향력 때문이었다. 강점 초기부터 청자를 비롯한 각종 전통자기에 많은 관심을 지녔던 일제의 요구에 따라 각종 전람회와 박람회석상에는 어김없이 재현품들이 전시되어 호평을 받았다. 전승에 기반을 둔 제작풍토는 공예부 창설 이전에 이미 정착되어 이후 도자예술계에 영향을 미쳤다. 그리고 조선미전의 출품 경향은 이 여파로 새로운 양식의 도입이 근본적으로 차단되어 근대 도자예술의 효시가 될 만한 작품을 거의 배출시키지 못했다.

출품경향이 이러하다보니, 입상자의 주축은 조선에 설립된 일본인 청자공장에 적을 두고 있던 일본인 기술자들이 대부분을 차지하였다<표11>. 이들은 유명 청자공장에 근무하면서 터득한 전통자기 제작기술을 바탕으로 각종 박람회와 전람회에서 입상하여 애초 명성을 얻었다. 유리한 요건을 갖춘 이들이 조선미전에 재현품을 출품하는 일은 지극히 자연

359) 新尾春,「朝展通して觀たる朝鮮の美術工藝」,『朝鮮』(朝鮮總督府, 1932.8), 31~38쪽.

〈표 11〉 조선미전 조선인·일본인 입상자 분포도 -1932~1940년-

연도 (회)	1932 (11회)	1933 (12회)	1934 (13회)	1935 (14회)	1936 (15회)	1937 (16회)	1938 (17회)	1938 (18회)	1940 (19회)
조선인수	無	2	2	2	無	無	無	1	無
일본인수	5	6	8	12	6	7	7	7	2

스러웠으며, 더욱이 조선미전 도예작들은 출품자의 이름뿐만 아니라 소속 제작장을 명시할 수 있도록 허가했기 때문에, 여러모로 특혜를 누렸다. 따라서 조선미전의 출품 방식은 공방 상호나 상표를 내걸고 진열했던 산업전람회와 일부 유사점을 찾아볼 수 있다.

한편 조선인 입상자는 극소수이긴 했지만 사례가 있었다. 장규환, 김완배, 이윤규, 최면재 등으로 대표되는 이들은 대부분 도자기제작장 및 공방의 실운영자들이었다. 그러나 최면재와 장규환은 총독부 직영 도자기시험장과 중앙시험소 요업부에 근무 경력이 있었던 매우 특별한 경우였고, 특히 조선인으로서는 최다 입상작을 배출한 최면재는 북한 학자들에 의해 친일파로 밝혀져 조선미전 참여의 정치성을 가늠할 수 있다.[360]

c. 심사 및 입상

조선미전에 출품된 도예작품의 심사와 출품에 관련된 문제는 입상작들의 전반적인 양상을 결정짓는 중요한 잣대가 되고 있어 주목된다. 원래 조선미전은 창설 당시, 입상자 선정(낙선제 및 시상제 포함) 심사기준을 제전 체제에 맞추어 도입했다. 그러나 조선미전은 제전 체제를 형식적으로 도입했을 뿐 실제 반영률은 크게 미치지 못했고 오히려 일제의 정책적 요인이 적용되어 향후 운영상에 여러 문제를 야기했다. 특히 공예부는 회화부나 조각부에 비해 심사여건 및 공모자격 등에 상당한 허점

---

360) 최면재는 북한에서 출간된 여러 문헌을 통해 친일파로 알려져 있다(박현종, 『조선공예사』, 조선미술출판사, 1991), 40쪽.

을 드러냈다.

무엇보다 공예부의 심사제도는 가장 큰 문제였다. 신설 초기부터 공예부는 출품에 따른 특별한 제한 없이 분야별로 많은 작품들이 출품될 수 있었다. 그러나 출품된 공예작들을 엄정하게 평가할 수 있는 전문 심사위원은 미흡하여 전문성을 띤 미술공예전람회의 역할이 그다지 높지 못했다.[361]

심사유형은 다음과 같았다. 1932년 공예부가 신설되고 난 후 몇 년간은 조선미전의 총책임을 맡고 있던 타나베 타카츠구(田邊孝次)에 의한 단독 심사로 입상작이 모두 선발되었다. 도자, 나아가 공예 전반에 식견이 충분치 못했던 타나베가 공예분과 심사를 총괄했다는 것은 미술전문 전람회로서의 운영이 원활하지 못했음을 단적으로 보여주는 부분이다.

이처럼 공예부는 신설 초기부터 전문 심사위원의 엄정한 평가가 이루어지지 않게 되자, 출품과 운영 주도권은 일본인들에게 주어지다시피 했다. 이후 제16회(1937년)부터 주심사위원 외에 부심사위원를 초빙하는 참여제(參與制)가 도입되면서 심사방식에 변화를 기대할 수 있었다. 그러나 일본의 도자사학자인 아사카와 노리다카(淺川伯巧)와 이가라시 산지(五十嵐三次) 외에 심사위원이 추가 구성되지 않아, 여전히 전문적인 심사제는 도입되지 못했다.[362] 결과적으로 전문성이 결여된 심사는 창의성이 돋보이는 작품보다 진부한 전승식이나 일본화된 작품성향을 관행화하였다.

그런데 전문 심사위원의 고갈에 따른 문제는 비단 심사와 양식에 관

---

361) 공예부는 목칠, 도자, 금속, 염색, 석공, 죽공, 혁공, 扇子, 인형, 馬尾 등 13개 분야에서 작품들이 출품, 입상하였다. 그 중 목칠, 도자, 염색분야가 비교적 꾸준하게 입상되는 편이었으며, 특히 목칠분야는 가장 많은 입장작을 배출했다.

362) 아사카와 노리다카(淺川伯巧)와 이가라시 산지(五十嵐三次)는 제16회(1937년)부터 제19회(1940년)까지 도자공예 부심사를 맡았다(朝鮮寫眞通信社, 『朝鮮美術展覽會圖錄』第11-19回, 1932~1940).

한 문제에 국한되지 않고 앞서 언급한 바와 같이 입상자 선정에도 많은 영향을 미쳤다. 그것은 도자공예 입상자 분포의 95% 이상이 청자공장 소속 일본인 기술자였고 나머지도 몇몇 조선인을 제외하면 중앙시험소의 기술원과 경성고등공업학교 교수 등 대부분 일본인들이 차지한 점을 통해서 알 수 있다. 편파적인 입상자 분포는 설령 조선미전에 참여했던 조선인이 미진했던 점을 감안한다 하더라도, 다른 부(部)에서는 찾아보기 힘든 경우가 아닐 수 없다. 결과적으로 공예부 운영과 관련하여 중대한 결격사유로 지목되었던 일본인 전문 심사위원의 포진 및 부재현상은 공정한 심사를 이끌어 내지 못했음은 물론이고 조선미전 양식과 입상자 배출에도 많은 문제를 양산시켰다.

d. 대표 양식[363]

조선미전에 출품된 도예작들은 전승식에 기반을 둔 청자, 백자 그리고 도기들이 대부분이었고 이외 일본 관전의 모방양식과 외래식 등이 포함되었다.

우선 청자 양식은 순수 전승식을 비롯하여 전승과 외래식이 혼합된 양식 등이 골고루 입상했다. 수적으로 보면, 순수 전승식 보다 전승식에 외래식을 일부분 병행하는 경우가 일보 앞선다. 가령 청자의 주문양은 화문(花文) 및 화조문(花鳥文)이 압도적으로 많지만, 상당수가 화려하면서도 과장된 문양 표현으로 외래적인 성향이 강하게 반영되었다(도 96). 기형 역시 전승식 이외에 전승외래혼합식이 적지 않으며(도 96), 이들은 어딘지 모르게 어색한 분위기를 자아낸다. 예로 전형적인 전통청자에 귀를 달아 중국 고대 청동기를 연상시키는 유형이 가장 흔히 등장한다(도 96, 101).

---

363) 조선미전 도자양식에 대해서는 제Ⅳ장에서 자세히 다루고 있어 본 절에서는 대략적인 특징만을 살피고자 한다.

청자 외의 전승양식은 분청사기와 백자를 통해 알 수 있는데, 이 역시 전승식에서 크게 벗어나지는 않았지만 품격이 그다지 높지 못하다(도 99). 또한 전통자기 보다 출품 수에서 상당한 차이가 나지만 도기가 일부 입상하여 그 양식을 파악할 수 있다. 도기 가운데 가장 눈길을 끄는 것은 최면재의 작품들이다(도 89). 그는 총 3회에 걸쳐 특산품으로 명성을 얻은 회령도기를 출품하였다. 그러나 양식에 있어서는 중국 고대 청동기류를 모방하거나 전승식에 외래식을 절묘하게 가미한 것들이 대부분이어서, 창의성이 돋보이기보다 당대 일본인 출품자들의 유형을 크게 탈피하지 못했다는 느낌이 강하다.

한편 조선미전의 작가들이 일본 도예가의 작품을 모방하는 양상은 크게 제전의 입상작과 덕수궁 석조전에서 개최된 <일본근대미술공예전람회>의 작품을 근간으로 하였다(도 105, 106). 세부적으로는 근대 일본에서 유행하던 양식을 고스란히 모방하거나, 제전 입상작과 동일하게 제작하되 소재는 조선적인 것으로 대체하는 경우로 나뉜다(도 97, 104-1). 그 밖으로는 외래식을 들 수 있는데, 완연한 일본식이나 중국식으로 제작된 작품들이 대다수를 차지하며, 대표적으로 정교하고 섬세하게 제작된 일본전통 향로와 치물(置物)을 들 수 있다(도 102).

이처럼 조선미전의 전반적인 작품성은 기법과 문양장식에서 세련미가 돋보이는 작품이 거의 없고 많은 수를 차지하고 있던 전통자기 마저 외래 양식의 혼용으로 변질되거나, 그렇지 않은 경우에도 수준 이하인 것들이 차지했다. 따라서 일부 전통문양을 도식화하거나 한국 전통 상징물을 주제로 한 도벽 등을 제외하면 입상작 대부분은 진부하고 변질된 전승양식들로 일관되어 개인 기량이 적극적으로 표현되지 못했다.

e. 평가

조선미전 공예부는 일제강점기 도자기 제작에 참여했던 기술자들과 숙련공들에게 도예가로서의 기량을 갖추고 또한 갖출 수 있는 장을 부여했다.364) 또한 비로소 도자 제작에 있어 미술공예로의 인식을 이식시킬 수 있는 직접적인 공간으로 활용되기에 충분했다.

그러나 조선미전은 주체적 필요성에 의해 창설된 문화공간이 아니었고 이른바 문화정치에 기반을 둔 관제 행사로 기능했기 때문에, 진보적인 예술활동은 결코 확대되거나 발전적인 면모를 드러내지 못했다. 이러한 일면은 출품자 그리고 심사와 입상, 양식 등 모든 요소에서 전반적으로 표출됐다.

대표적으로 조선미전 양식이 설령 전승식에 초점 맞춰졌다 하더라도 이를 기반으로 한 새로운 양식을 창출시켰다면 의미와 가치를 부여할 수 있을 것이다. 그러나 대부분은 전승식을 단순 모방하는 수준에 머물렀다. 여기에 변질된 전승식마저 일반화되어, 순수 재현 의지는 폐색된 것이나 진배없었다. 결국 새로운 창조물에 대한 제작의지의 단절은 제전이나 유명 일본 도예가들의 작품을 모방하는 안일한 작풍을 만연하게 유도했다. 극히 일부 출품자만이 외래식의 단순 모방에서 탈피하려는 의지를 보였고, 이마저도 전통자기 제작에 매진해 온 일본인 기술자들의 제작습관이 일부 반영된 것일 뿐 그 이상의 의미를 찾기 힘들다.

이상에서 살펴본 내용을 종합해 보면, 조선미전의 도자공예는 일제에 의해 이미 정착된 청자문화를 재차 확인시켜 주는 것에 그쳤다고 볼 수 있다. 또한 전반적인 출품 양상이 특별한 변화 없이 지속될 수 있었던 요인은 심사위원과 출품자 대부분이 일본인이었고, 특히 부실한 제도장치와 운영방식을 묵인하거나 간과한데서 찾을 수 있다. 물론 문화정치의 표상이었던 조선미전의 도자공예 실태를 입상된 작품의 표현양식이나 제도운영에 비추어 분석한다는 것은 분명 한계가 있다. 그럼에도 조선미전의 여러 관행들은 이후 현대도예로의 이행에도 적지 않은 영향을 미쳤

---

364) ≪매일신보≫ 1932.4.25일자 論說 참조.

기 때문에 이에 대한 문제제기는 반드시 필요할 것이다.

③ 품평회

일제강점기는 지방 특산물들을 일률적으로 진열하여 품질을 평가하는데 목적을 둔 소규모 품평회가 지속적으로 개최되었다.[365) 품평회는 특정 상품만을 선정하여 평가하는 행사여서 규모는 박람회와 전람회에 비견될 수 없을 만큼 소략했지만, 엄정하고도 구체적인 심사규정을 지정하여 최상품을 선정하는데 만전을 기했다. 또한 출품 자격은 대규모 전시에 비해 비교적 자유롭고 자율적이었기 때문에, 조선인의 참여가 매우 높았던 행사로 여겨진다. 특히 총독부는 지방 자치행사로서 품평회를 관장한 편이어서, 개최지는 도별, 지방별, 지역별로 세분되었다.[366)

일반적으로 품평회의 개최 취지는 지방산업의 촉진에 근거를 두고 있었다. 즉 일제는 지방상품의 엄정한 품평을 통해 보다 생산성 있는 제품 개발과 개량에 기여함을 염두에 두고 소규모 전람회인 품평회를 개최하였다. 물론 실질적인 개최 의도는 주최자였던 총독부와 상업회의소 등이 권업정책의 일환으로서 활용하는 것이었다. 그럼에도 품평회가 지닌 정책적 성향은 근대화를 근본적으로 차단했던 관립 미술전람회나 박람회와는 구별된다. 일제는 품평회 개최를 통해 얻어지는 파급 효과를 식민국 개발에 적극 활용하여, 이른바 개발을 통한 착취를 성공적으로 이끌고자 했던 것이다. 따라서 총독부는 품평회의 성공적인 개최를 위해 의도적으로나마 지원했으며, 전시품과 출품자에 대해서도 특별한 제한을 두지 않는 관대함을 보였다.[367)

---

365) 엄승희, 「每日申報에 나타난 한국 근대 陶磁의 일고찰」, 『美術史學報』21(미술사학연구회, 2004), 39쪽.
366) '평남 생산품평회의 審査規程' ≪매일신보≫ 1913. 10. 11.
367) 조선인들은 <조선미술전람회>와 같은 관전에 참여하는 경우는 희소했지만, 지방 산물을 전시하여 평가하는 품평회의 참가율은 매우 높았다. 그러나 품평회

한편 요업 관련 제품들은 품평회에 빠지지 않고 진열되는 인기 품목이었다. 일반적으로 요업품들은 금은세공품, 유리, 연와(煉瓦) 등과 함께 진열되는 편이었지만, 도자기만 별도로 진열되기도 했다. 도자기의 심사는 자기, 석기, 도기를 구분하여 실시했고, 심사내역은 각 제품들이 지니고 있는 특질 이를테면 광택, 기형, 시문장식, 발색, 선명도 등이었다. 따라서 품평회에서 좋은 평가를 받기 위해서는 도안과 품질개량 그리고 제조방식 등이 종래제품에 비해 우수해야만 했다. 품평회를 통해 품질이 검증된 제품들은 특산품이나 토산품으로서 개발되는 특권을 누릴 뿐 아니라 드물게는 수출품 개발로 이어졌다.

이와 같이 일제강점기의 품평회는 지역 민간행사 가운데 세분화된 심사기준으로 품질을 평가하던 전시가 드물었다는 점을 감안한다면, 우수한 제품을 제작하여 지역사회 발전 및 참여를 유도했다고 볼 수 있다. 그러나 다른 전람회와 마찬가지로, 품평회의 개최 빈도는 1930년대 중반까지 잦았으나 30년대 말경에 이르면 극감하였고, 제2차 세계대전의 패색이 짙어가던 40년대 초에는 수출품 중심의 품평회가 일부 개최되는 데 그쳤다.

(2) 도요지 발굴조사사업

① 도요지 발굴조사사업 전개

총독부가 조선의 고유문화를 왜곡시켜 이데올로기적으로 활용했던 문화정책 중에는 고적조사사업이 포함된다.[368] 조선의 침략 목적을 정당화하기 위한 기초 작업으로 시작된 이 조사연구는 소위 식민통치 준비기였던 1894년에서 1910년 사이에 이미 진행되어 문화정치상 가장 최초로 시행된 정책으로 평가할 수 있다. 시행 초기에는 주로 인류학적 조사

관련 도록과 출품작이 현존하지 못해 총체적인 양상은 파악하기 힘들다.
368) 최석영, 『일제의 동화 이데올로기의 창출』(서경문화사, 1997), 34쪽.

에 집중되었지만, 통감부 설치 이후에는 탁지부 차관인 고다 겐다로(荒正賢太郞)가 지휘하고 일본 관학자인 야기 쇼사부로(入木奬三郞)와 세키노 타다시(關野貞) 등이 참여한 가운데 기존의 범주 안에 고고학적 발굴연구가 병행되었다.369)

그러나 강점 이전은 일제의 식민 통치가 합법화된 때가 아니었기 때문에 고적사업이 본격적으로 전개되던 못했다. 하지만 한국의 문화재를 보존, 보호한다는 대의명분으로 시작된 이 사업은 일본 정부에 의해 본국으로의 문화재 유출을 촉진시키는 시발점이 되었다.370) 그리고 강점 이후에는 관련 법령과 기구체제가 정비되어 문화정책의 일환으로서 고적조사사업이 보다 철저하고 광범위하게 확대되었다.

이렇듯 일제의 고적조사사업은 일본인들의 한국 유물과 유적에 대한 관심도가 증폭되기 시작했던 청일전쟁을 전후한 시점부터 시작되었다. 그리고 고려청자는 당시의 정황을 이해할 수 있는 매우 중요한 유물로 취급된다. 이는 청자에 대한 높은 관심을 보여 왔던 각계 일본인들과는 상반되게 고려청자의 진가를 전혀 알아차리지 못했던 조선인 식자와 구한국 왕실의 입장, 청자 재현을 상술(商術)로 연계한 재한일본인들의 청자사업 발족(1908년경) 및 청자 약탈로 조선인들의 원성이 높아지자 이를 잠재우기 위한 방편으로 설립된 이왕가박물관(1908년) 등이 모두 이시기 고려청자 도굴과 관련되어 있었으며,371) 이후 전통도자문화의 계승과 발전에까지 연관되기 때문이다.

고려청자는 개성, 강화도 일대의 고려분묘를 통해 최초로 수탈이 이루어졌다. 이 지역은 청일전쟁 당시에 주둔해 있던 일본 군사를 비롯하

---

369) 朝鮮總督府, 『朝鮮總督府職員錄』(1916.1.1) 참조.
370) 이순자, 「일제강점기. 고적조사사업 연구」(숙명여대 대학원 한국사학과 박사학위논문, 2007), 18쪽.
371) ≪황성신문≫ 1908. 2.12 ; ≪대한매일신보≫ 1908. 2.12일자 참조.

(도 19) 이토 히로부미의 칩거실, 1907년경
최우측은 〈청자순화4년명호〉

(도 20) 〈청자순화4년명호〉
고려 993년
고 38.3 구경 19.5 저경 19.2㎝
이화여대박물관 소장

여 일본 상인 및 중개인, 도굴꾼, 하수인격인 조선인들까지 합류하여 도
굴과 불법 매매가 이루어진 곳이다.[372] 이후 1906년 이토 히로부미(伊
藤博文)가 초대 통감으로 조선에 취임한 이래, 일본 정관계 고관들까지
합류하면서 약탈과 수집 열기는 최고 수준에 달했다(도 19, 20).[373] 이무
렵 조선을 방문했던 일본 관계자의 기록에 따르면, 그 수를 헤아릴 수
없을 만큼 무수한 양의 고려청자가 여기저기 산더미처럼 쌓여있고 주로
경성의 골동상회를 중심으로 밀거래가 성행했다고 전한다.[374] 그러나
이러한 상황을 통제할 수 있는 통감부의 법적 제재는 매우 미약했고 한
시적이었다. 특히 이토 히로부미 자신이 최고 수집가의 일원이었기 때문
에 유출에 따른 근본적인 차단은 이루어질 수 없었다.[375]

---

372) 加藤灌覺,「高麗靑瓷銘入の傳來品と出土品に就て」,『陶磁』6-6(東洋陶磁硏究所,
1932), 52~55쪽.
373) 小山富士夫,「高麗陶磁序說」,『世界陶磁全集』13 (河出書房, 1956), 220~221쪽.
374) ≪황성신문≫ 1909. 10.12·1910. 9.11일자 참조.

무엇보다 일본으로의 밀거래 증폭은 전문 중개인의 등장으로 더욱 심화되었다. 고려청자를 일본의 구매자에게 직접 중개하는 매수인이 등장하면서 규모가 상상외로 확대된 것이다. 계속되는 고려청자 유출에 따른 수난은 강점 이후에도 이어졌다. 더불어 일본인들 중에는 골동상이나 수집가가 아닌 평범한 일본인들에게조차 청자에 대한 애호심과 소유욕을 불러일으키는 계기가 형성되었다.[376] 이로써 고려청자는 19세기 말엽부터 조선에서 가장 존귀한 문화재이면서 동시에 최고의 약탈물로 점철되었다.

그리고 강점 후에는 이왕가박물관이 주축이 되어 유물의 수집과 보존 차원에서 적극적으로 도요지를 순방·조사했으며, 총독부에서도 이에 못지않은 노력을 기우렸다. 이들은 공통적으로 한국 문화재의 보호와 조사를 통한 학술 콘텐츠 구축이라는 명분을 내세워 도자를 비롯한 각종 문화재의 고적조사를 체계적으로 실시했다. 특히 총독부는 1915년 조선총독부박물관을 설립한데 이어 이듬해에는 고적조사사업에 대한 5개년 계획안을 발표하고 본격적인 사업에 착수하였다.[377]

그런데 총독부박물관은 다목적 요구에 따라 설립된 이왕가박물관과는 운영면에서 다소 차이가 있었다. 조선총독부박물관의 주요 업무는 고적조사사업과 국가 유물의 보존관리 등에 있었기 때문에 다분히 문화정책적인 성향이 강하게 반영되었다. 초창기 총독부박물관의 총 관리는 세관·세무담당 사무관인 스에마스 구마히고(末松雄彦)가 맡았다. 그는 이미 이왕가박물관에서 실시한 도요지 발굴조사를 주관한 바 있었고, 1910년대 중반경 이왕직미술품제작소의 운영에도 관여했기 때문에 박물관의 책임자로 적격이었다.

---

375) ≪황성신문≫ 1910. 1.15, 8.11일자 참조.
376) 善生永助, 「開城に於ける高麗燒の秘藏家」, 『朝鮮』(朝鮮總督府, 1926.12), 79∼84쪽.
377) 朝鮮總督府, 『朝鮮總督府職員錄』(1916.1.1) 참조.

1910년대부터 시작된 고적조사를 통해 밝혀진 도요지 조사내역은 『조선고적도보(朝鮮古蹟圖譜)』(조선총독부, 1915~1940)와 정부기관지인 ≪매일신보≫, 이왕직에서 발간한 도록 등을 통해 일부 알려졌다. 연중 실시된 도요지 조사 상황을 살펴보면, 조사범위는 고대부터 조선시대에 이른다. 지역별로도 경성, 부산, 평양 등 대도시와 지방 소도시를 총망라했다. 일반적인 조사경위는 발굴지 인근주민들의 제보로 이루어지는 경우가 많았으며, 종종 고적조사지가 아닌 공사현장에서 우연히 가마터가 조사되기도 하였다.

이외 개인적으로 진행되는 사례도 있었는데, 대표 인물로는 일본 도자사학자인 아사카와 노리다카(淺川伯敎)를 들 수 있다.[378] 그는 전국 300여 곳에 이르는 가마터를 답사하여 발굴·조사하고 관련 내용을 여러 논집에 실었다. 즉 그의 연구결과는 1922년 7월 『백화(白樺)』에 실은 「조선백자에 관한 논고」를 필두로, 「이조도자기의 가치 및 변천사」(『백화(白樺)』1922.9), 「이조도자기의 사적고찰」(『동명(東明)』1926.5), 「이조백자항아리」(『조(朝)』1926.5), 「조선고도기(朝鮮古陶器)의 연구에 대해서」(『부산요(釜山窯)와 대주요(對州窯)』, 1934.10), 「조선미술공예에 관한 회고」(『조선의 회고(回顧)』, 1945.3) 등을 통해 꾸준히 발표되었다.[379]

한편 총독부는 강점 이전부터 자행된 무분별한 도굴과 해외 유출을 근절시키고자 관련 법령을 공포했지만 실효를 거두지 못했다. 오히려 강점 이후에는 발굴조사를 담당했던 일본 관계자나 일본인 소장가들이 유출에 직접 가담하는 새로운 병폐를 속출시켰는데, 도자기는 대표적인 유출품이었다. 가령 조선총독부가 고적조사에 따른 사업실적을 보고한 『조선고적도보』에 따르면, 발굴된 고려청자의 정확한 요지가 표기되지 않은 경우를 찾아볼 수 있다. 아마도 이 같은 사례는 합법적인 절차가 아

---

378) 高崎宗司, 『植民地朝鮮の日本人』(岩波新書, 2002), 130쪽.
379) 徐萬基(앞의 책), 238~253쪽 ; 高崎宗司(위의 책), 130쪽 재인용.

닌 도굴이나 불법적인 발굴조사가 진행되어 구체적인 경위를 생략한 것
으로 추정할 수 있다.[380]

이처럼 일제의 고적조사사업은 식민통치의 구축과 문화유산의 침탈
이라는 두 측면에서 시행된 문화정책이었고, 이 가운데 도요지발굴조사
는 일찍이 고려청자의 진가를 확인한 일본인들을 중심으로 활발하게 전
개되었다. 특히 도자유물에 대한 새로운 개념과 인식을 불러일으킨 고려
청자의 재발견은 조선의 전통문화를 보호한다는 미명아래 식민통치 수
단에 부합되는 정치적인 성격을 띠면서 무분별한 국외 유출로 이어졌다.

② 조사된 도요지의 일례

총독부는 고적조사사업 일환으로 시행한 도요지 발굴사업을 중시했
다. 일제강점기에 조사된 도요지의 조사보고는 앞서 언급하였듯이, 총독
부에서 발간한『고적조사사업보고서』를 중심으로 어느 정도 윤곽이 드
러난다<표 12>. 조사된 요지 가운데 규모가 컸던 사례는 1914년의 전
라남도 강진군 대구면 일대(사당리, 계율리)와 칠량면 일대(삼흥리)의 고
려청자 요지(도 21, 22)[381] 그리고 1927년에 시행된 충청남도 공주군 학
봉리 계룡산 요지(도 23, 24)와 같은 해 공주 일대의 송산리 고분군 등을
들 수 있다.

〈표 12〉 주요 도요지 발굴사례 -1913~1943-

연도	발굴물	발굴지
1913.3	고려 청자	경성 숭신면 우이동 도선사
1914.6	고려 청자	전남 강진군 대구면
1915.6	고려 청자	경성 숭신면 우이동·남한산

---

380)『朝鮮古蹟圖譜』(朝鮮總督府, 1915～1940) 참조.
381) ≪매일신보≫ 1914. 6.3, 6.4, 6.5, 6.6일자 참조.

1924.11	청자, 초기 백자	경북 상주
1926.6	고대 도자기	경북 경주
1927.9.	청자	함남 안변군 학성면
1927.4	분청사기, 초기 백자	충남 공주군 송산리 고분
1927.9	분청사기, 초기 백자	충남 공주군 학봉리 계룡산
1929.8	고려 청자	경남 합천
1930.12	고려 청자	고령군 종성군 대안
1930.5	기와류	고령군 종성군 대안
1931.6	석기시대 토기류	강원 춘천군 양전리 고분
1932.10	칠기 및 토기	평남 대동군 낙랑고분
1933.7	토기, 석기	함북 경성군 용성면 농포동
1938.4	신라시대 토기	평북 주안 수풍산
1939.4	선사시대 토기	경기도 양주군
1941.6	낙랑시대 토기	평남 평양 석암리 고분
1943.8	고려 청자	충남 부여군 부소산 송월대

자료출처 : 『조선고적도보』(조선총독부, 1915~1940) · ≪매일신보≫ 참조

그 중 전남 강진 일대는 강점 이후 합법적인 철차에 의해 조사된 최초의 도요지였다. 원래 이 일대 가마터는 이왕가박물관에 의해 대부분 발굴조사가 이루어졌지만, 조사가 진행되는 과정에서 총독부 관계자 및 고적조사사업단이 일부분 참여하였다. 따라서 동원된 관계자와 비용, 조사기간 등을 고려하면 최대 규모로 볼 수 있다.

발굴품은 10세기 후반으로부터 11세기 중엽의 청자 도편과 완제품 등이었다. 특히 강진 청자 요지의 핵심인 대구면의 조사과정에서는 중국 월주요(越州窯) 및 여요(汝窯)와의 관계를 파악할 수 있는 도편들이 일부 출토되어, 일본 학계는 물론 서구 도자사학자들의 이목을 집중시켰다.[382]

또한 충남 공주시 반포면 학봉리 요지는 총독부의 발굴조사가 이루어

---

382) 주 381과 같음.

(도 21) 전라남도 강진군　　　　(도 22) 전라남도 강진군 청자요지 발굴현장
청자요지 1914년　　　　　　　　　≪매일신보≫ 1914.6

(도 23) 계룡산 학봉리　　　　　(도 24) 계룡산 학봉리
분청사기 요지 1930년대　　　　제3 분청사기요지, 1930년대

지기 이전인 1910년대부터 도굴 폐해가 이미 만연했던 곳이다. 총독부는 이 일대 가마터가 도굴꾼에 의해 훼손이 심각해지자, 1927년경 정부 관할 주요 유적지로 지정하고 조사에 착수했다. 발굴 조사는 이미 많은 유물들이 분실된 상황에서 진행되었지만, 계룡산 산록의 경사면에 축조된 여러 가마에서 15세기 초부터 16세기 전반에 걸친 철화분청자, 백자, 흑유 도기 등이 다량 출토되어 많은 관심을 모았다. 학봉리 요지는 총독

부 조사위원이었던 노모리 켄(野守健)과 간다 소죠(神田惣藏)의 주도로 이루어졌고, 조사보고서는 1929년 『계룡산록도요지조사보고(鷄龍山麓陶窯址調査報告)』(소화년도고적조사보고1, 조선총독부, 1929)로 발간되었다.[383]

③ 조사사업에 따른 폐해

조선총독부는 문화정책의 맥락에서 고적조사사업을 단행했고, 특히 도요지 발굴조사를 통해서 그간 세상에 빛을 보지 못한 도자유물들의 계보를 추적했다. 그러나 이 사업은 발굴조사가 진행되는 과정에서 막대한 양의 유물들이 해외로 밀반출되는 계기를 마련하였으며, 일부 조사지의 경우, 심각하게 훼손되거나 변형되고 유물은 거의 유실되다시피 했다. 이러한 관행은 식민 통치 이전부터 자행된 고려고분 발굴에 따른 도굴과 밀매로부터 시작되었고, 강점기에 접어들어서는 불법 도굴을 근절하기 위해 시작된 고적조사사업에 의해 오히려 확산되었다. 특히 강점 이후 총독부는 유명무실한 고적사업을 전개시키면서 비정상적인 훼손 행위에 적극적으로 대처하지 못하고 방치했다. 여기에 각 지방학교에서 향토조사 차원으로 시행한 지역 문화재 조사마저 도굴에 연루되었으니, 이 시기는 강점 이전보다 훨씬 다양하고 조직적인 방법으로 문화재 착취가 전개되었음을 알 수 있다.

한 예로 백제로부터 조선 초기까지의 고분양식 변천사를 추정할 수 있는 귀중한 문화재인 공주 송산리 고분군은 총 5기의 고분 가운데 제 1, 2, 5호분이 발굴·조사되지 못했다.[384] 그 이유는 총독부의 조사가 이

---

383) 2007년 국립중앙박물관에서 발간한 『계룡산도자기』(국립중앙박물관, 2007)를 통해 지난 80여 년 간 조사된 계룡산 일대 도요지의 조사 성과를 파악할 수 있다.

384) 野守健·神田惣藏, 『忠淸南道公州宋山里古墳調査報告』古蹟調査報告 2(朝鮮總督府, 1935), 19쪽.

루어졌을 무렵 이미 고분상태가 상당히 훼손되어 있었기 때문이다. 그럼
에도 조사된 고분군 일대에는 백제의 것으로 추정되는 자기와 도기 파편
들이 곳곳에 흩어져 있어 학계의 비상한 관심을 모았다.[385) 현재 국내에
소장되어 있는 송산리 유물은 15세기 초의 것이 가장 이르다. 이는 고분
군의 조사과정에서 이전 시기의 유물들이 모두 소실되었음을 다시 한번
시사한다.

이상의 내용에서 알 수 있듯이, 일제강점기에 자행된 도요지 폐해로
인해 한국 도자사의 흐름을 파악할 수 있는 귀중한 자료들이 상당량 국
외로 유출되거나 사라졌고, 결국 국가적으로 돌이킬 수 없는 치명적인
손실을 남겼다. 그것은 일제강점기의 고적조사사업이 일종의 한국사 규
정과 관련한 시행사업으로 추진되어, 다분히 일제의 정치적인 성향이
반영되면서 그 어떤 문화정책보다 조직적으로 전개되었기 때문에 가능
했다. 그리고 일제는 조선의 전통문화를 보존하려는 의지를 앞세워 이
같은 사업을 시행했지만, 오히려 식민지국의 문화유산을 착취하고 단절
시켰으며 이를 바탕으로 일본에 의해 재구성된 조선의 역사를 만들고자
했다.

(3) 도자공예교육의 보급

일반적으로 일제강점기 기술교육정책의 기조는 조선의 식민개발에
필요한 전문교육과 인력양성에 역점을 두고 있었다. 물론 일제강점기에
배출된 조선인 기능자의 대부분이 일제가 추구한 인력개발에 의해서만
양성되었다고 볼 수는 없다.[386) 그러나 총독부는 성공적인 식민과학화
경영을 위해 전문 기능인력 배출을 체계적으로 추진한 편이었고, 양성된
인력들의 대다수를 정책적으로 활용하고자 했다.

---

385) 野守健·神田惣藏(앞의 보고서), 3~4쪽.
386) 허수열(앞의 책), 256쪽 ; 호사카 유우지 지음·윤석용 옮김(앞의 책), 96~111쪽.

  이 시기의 도자공예교육도 동일 맥락에서 실시되었다. 총독부는 요업 관련 인력을 확충하여 생산력을 증대시키고자 했던 1차 목표와 이를 토대로 자율적인 기술보급 확대를 실현하려는 추가 목적아래 도자공예교육을 관장했다.

  한편 도자교육의 보급은 강점 초기부터 활성화되지 못했다. 강점 초기에는 전문실습생을 육성하는 관립교육기관을 중심으로 간헐적으로 이루어졌고, 대표 교육기관은 공업전습소와 경성공업전문학교 정도였다. 그 중 공업전습소는 대한제국시기부터 도기과(陶器科)가 신설되어 전문 기술이 강습되었고, 강점기에는 중앙시험소 요업부와의 연계를 통해 보다 진보적인 기술 교육이 실시되었다. 1920년대 중반에 접어들면 이전에 비해 좀 더 다양한 관립기관에서 일반인들을 대상으로 하는 도자공예 전문교육이 시행되기 시작한다. 그러나 대부분은 대도시를 중심으로 실시되었을 뿐 아니라 이수기간이 매우 짧으면서 특정 기간에만 개설되어 전문적이고 대중화되지 못했다.

  이후 20년대 후반부터 지역 보통학교를 중심으로 도자공예 수업이 최초로 실시되었고, 무엇보다 1941년, 「국민직업능력신고령」이 발포됨으로써 본격적인 도자공예교육이 전개되었다.[387] 그리고 관련 교육의 의무화는 1941년에 발포된 「조선총독부령(朝鮮總督府令)」 제90호에 따라 보통학교의 실습교육에 도자공예교육이 포함되면서 이루어졌다.[388] 보통학교의 도자공예실습교육은 단순히 교육이수만을 목적으로 한 것이 아니라 졸업생들의 진로 이른바 향토 산업에의 기여를 고려하여 실시되었다.

  일례로는 충북 청주군 강외보통학교(江外普通學校) 요업과를 들 수

---

387) 국가총동원법에 따라 발포된 「국민직업능력신고령」은 국민 징용의 대상을 16세 이상~40세 미만으로 하여, 일제가 요구하는 다양한 노동력 착취와 인력양성을 주목적으로 하는 법령이었다.
388) 「國民學校規程」朝鮮總督府令 第90號(1941) 참조.

있다. 이 학교는 1927년경 실과교육 범주에 도자공예교육을 포함시키고
자 요업과를 설치했다. 요업과는 설치된 후 몇 년간 생활자기 실습만 이
루어졌고, 이후 관료들의 진상품 제작과 향토특산품 개발에 참여하면서
점차 활동영역을 넓혔다. 389) 특히 이 학교는 총독부 이외 대기업(朝永
土地會社)으로 부터 교육 및 제작 전반을 지원받는가 하면,390) 30년대
중반 이후에는 충북관리국과 학교가 공동 투자한 요업조합을 교내에 설
립한 뒤 충북특산품을 제작했다. 유사 사례로 충남 서산군 운산면의 서
산공립보통학교(瑞山公立普通學校)를 들 수 있다. 마찬가지로 교내에
도자기제작장을 설치하고 재학생과 졸업생을 대상으로 교육을 실시했으
며 이후 지방 특산품 개발에 주력한 경우다.

현재까지 확인되고 있는 보통학교들은 대체로 인근에 도토 산지나 주
요 생산지가 인접해 있었다. 이러한 사실은 앞서도 언급 하였듯이, 총독
부가 요업개발에 적합한 지역 주변의 보통학교들을 우선적으로 선정하
여 지방 요업 발전에 기여할 수 있도록 활용했기 때문이다.

이밖에도 총독부는 교육기관에서 실시하는 공식적인 교육은 아니었
지만 일반인들에게 근대화된 제도기술을 보급하기 위해 도자기강연회와
강습회, 간담회 등을 강점 중기부터 수시 개최하였다. 또한 각 도시별로
는 공예지도소를 설치하여 전문 요업 기술자 배출에도 어느 정도 기여했
다. 이러한 교육업무의 대부분은 총독부 산하 기관인 중앙시험소와 요업
협회가 주도했다.

이상에서와 같이, 일제강점기의 도자공예교육은 1920년대 중반 이후
보통학교를 중심으로 시범교육이 이루어지다 30년대에는 점차 확대되어
40년대 초에는 의무화되었음을 알 수 있었다. 그러나 일련의 교육과정은
첨단 기술이나 예술적 소양을 함량하기보다 단순 실습위주의 교육이 대

---

389) '淸州江外窯業-대대적증산계획' ≪매일신보≫ 1936. 5. 16.
390) ≪매일신보≫ 1930.7.29 ·1936. 5.16 참조.

부분이었고, 교육의 목적 또한 시기 상황이 요구하거나 부합되는 분야의 기능인 양성에 초점 맞춰 있었다. 이를테면 1930년대 말 범국가적으로 수출지향성 상품개발이 추진되고,[391] 대용품 도자기 개발이 촉구되자, 각 교육기관에서도 이와 동일한 교육을 중점 시행하게 된다. 그럼에도 교육 참여도는 매년 높아져, 30년대 이후 조선인 기능자 수는 이전에 비해 3배 이상 증가된 것으로 나타난다.[392]

2. 이왕직(李王職)

이왕직이라는 관서(官署)는 1894년에 발생한 갑오개혁으로 인해 조선조 왕조체제가 대규모로 개편되고 이후 정권과 국권이 교체되는 과정을 거치면서 생겨난 일제강점기의 왕실 전담기구였다.

조선 왕조체제는 19세기 말의 개화당 정권이 종래의 제도를 근대화된 체제로 전환하기 위해 주도한 혁명인 갑오개혁으로 이전과 다른 정치구도의 기초를 마련할 수 있었다.[393] 즉 갑오개혁 당시 국정 업무는 왕실 업무와 일반 국정 업무를 분리시키면서 개편되었다. 따라서 이후의 왕실 업무는 궁내부에서 직접 관리하게 되었고 일반 궁정업무는 의정부에서 전담했다.[394]

그러나 주지하다시피 갑오개혁은 일본의 영향에 의해 단행된 부분이

---

391) '수출공예품제작, 참고자료를 配布, 총독부 중앙시험소에서' ≪동아일보≫ 1940. 2. 15.

392) 近藤釰一, 『太平洋戰下の朝鮮及ひ臺灣』朝鮮近代史料1(朝鮮史料研究會, 1961), 177쪽.

393) 스기모토 미키오 지음·변영호 옮김, 『일본지배 36년-식민지조선의 연구』(춘추사, 2002), 166～177쪽.

394) 서영희, 『대한제국 정치사연구』(서울대학교출판사, 2003), 78～84쪽.

컸기에, 이러한 전향(轉向)은 궁극적으로 일본의 경제권 강탈과 침략 기반을 구축시키는데 용이하도록 조장되었다.395) 다시 말해 갑오개혁은 급진개화파였던 김옥균, 박영효, 서재필 등이 근대적인 혁신정부를 세우는 과정에서 청일전쟁에 승리한 일본에게 동조함으로써 항일세력 간에 충돌을 일으켰으며 결국 실패로 돌아간 사건으로 규정된다.396)

이후 일제가 조선을 강점함과 동시에 조선의 왕실체제를 관장하기 위해 궁내성 소속 부서인 이왕직을 설치했다. 조선총독부가 일반 국정업무를 전담하는 기구였다면 대한제국기의 궁내부를 계승한 이왕직은 조선의 왕족을 관리하기 위한 직제였으므로,397) 이왕가의 모든 가무(家務)를 전담할 수 있었다. 그러나 이왕직의 실질적인 관리는 일본 국왕의 지시에 따라 결정되었고, 업무 소관은 일본 궁내부에 의해 이루어졌으며 가깝게는 조선 총독의 감독 하에 있었다.398)

이왕직 관제는 1910년 12월 30일 「황실령」 34호로 공포되었다.399) 이왕직은 「황실령」 공포와 함께 대한제국시기 궁내부에서 담당하던 각종 업무들을 모두 이관하다시피 했다. 또한 정식 업무가 시작되던 1911년에는 구 궁내부 소속 직원들을 거의 해직시켰고 심지어 고종과 순종 기타 왕족에 대한 권한마저 상실시켰다. 특히 조선 왕실의 권한 박탈은 일본 궁내성이 조선 왕조(王祖)를 일본의 친족으로 간주하여 이왕가로

---

395) 서영희(앞의 책), 347~366쪽 ; 水田直昌, 『統監府時代の財政』(友邦協會), 1974, 47쪽.

396) 장규식, 「개항기 개화 지식인의 서구 체험과 근대 인식」, 『서구문화의 수용과 근대개혁』(연세대학교 국학연구원, 2004), 79~87쪽.

397) 이왕직은 대한제국시기에 왕실업무를 담당하던 궁내부를 계승했음으로 일제 치하에서는 일본 궁내성 소속 기구로 복속되었다. 따라서 이왕직의 모든 직무는 주로 일본 궁내부 대신 소관으로 이루어졌으며, 한편으로는 조선 총독의 감독 하에도 이루어졌다(皇室令 第34號 <李王職 官制>참조).

398) 山辺健太郎, 『日本の韓國合邦』(太平出版社, 1970), 348~356쪽.

399) 『朝鮮年鑑』(朝鮮總督府, 1944) ;「李王職官制」皇室令 第34號 참조.

격하시키는 과정에서 구체화되었다.

한편 구궁내부의 기능과 업무를 인수인계한 이왕직은 이전에 없던 다양한 부서를 신설하며 규모를 확장했다. 특히 미술공예를 담당하는 부서가 신설되어 각종 왕실품을 제작하고 조선팔도의 매장유물을 발굴하여 분석, 수집하는 업무를 총괄했다.[400] 그 중 구왕실이 전통공예의 복원의지로 설립시킨 한성미술품제작소를 이왕직미술품제작소로 개칭하여 운영함으로써 일제 초기 전통공예 제작에 적지 않은 영향을 미쳤다.

이외에도 이왕직은 예식과를 통해 이왕가박물관 사무를 관장했다.[401] 박물관 업무 수행과정에서는 미술품 수집에 남다른 열의를 보였으며, 무엇보다 도자유물의 수집 및 발굴사업에 매우 큰 관심을 보였다. 그것은 20세기 초부터 시작된 고려청자의 광적인 수집열풍에 기인하며, 더불어 한국 도자사에 해박했던 일본 관학자들의 역할에 힘입은 바가 컸다.[402]

본 절에서는 이왕직이 전통 미술공예 제작의 복원에 적극적으로 참여하면서 동시에 조선의 유물 중 특별히 고려청자의 수집 및 발굴에 동참하게 된 여러 시기적 상황을 살펴보고, 이러한 역할들이 일제강점기 도자문화에 어떤 영향을 미쳤는지 고찰하고자 한다.

1) 도자유물 발굴 및 수집에 따른 문화정책

(1) 발굴사업의 참여

이왕직은 전반적으로 조선총독부에 비해 도요지 발굴조사사업의 참여도가 낮았던 것으로 보이지만 적어도 강점 초기에는 이 분야에 있어

---

400) 朝鮮總督府, 『博物館硏究』8(1935), 58쪽.

401) 李王職, 「李王家美術館 沿革」, 『李王家美術館 要覽』(1938), 1~2쪽.

402) 엄승희.「일제시기 在韓日本人의 靑磁 제작」, 『한국근대미술사학』13(한국근대미술사학회, 2004), 159쪽.

주도적 역할을 했다. 현재 확인되는 사례는 1913년에 조사된 전라남도 강진군 대구면의 청자 요지이다. 이 요지는 대구면 주재소에 근무하던 이왕직 직원 나가지마 요시쿠사(中島義軍)에 의해 우연히 발견되어 발굴조사까지 참여하게 된 경우다.[403] 요지는 발견됨과 동시에 조선총독부에도 보고되었으나 총독부는 관여하지 않았다. 그러나 이듬해 5월경, 고려조 최대 청자 생산지였던 대구면 일대가 세간에 널리 알려지게 되면서, 이왕직을 비롯한 일본 관계자들이 총동원되어 전면적인 조사에 착수하게 되었다. 초미의 관심사로 부각한 대구면 요지는 가마의 지형(地形)과 구조, 발굴품을 비롯하여 발굴 진행정도 등이 ≪매일신보≫를 통해 자세히 보도되었다.[404]

발굴조사에 최초로 착수한 이왕가박물관은 사무관이던 스에마스 구마히고(末松態彦)의 지휘에 따라 관련 연구원과[405] 일본의 명망있는 도자사학자 등을 현지에 파견했다. 이왕직은 해당 요지에 대한 조사연구를 1916년까지 지속했으며, 조사가 진행되는 과정에서 조선총독부의 고적사업조사단이 합류하는 등 규모가 점차 커졌다.[406]

한편 대구면 청자요지 발굴을 기점으로 이왕직의 요지 발굴사업은 점차 확대 되었다. 가령 1915년 한 해 동안만도 황해도 해주군 강령 부근 사기동과 옹진군 일대의 조선백자 요지, 경성 우이동 및 남한산 주변 청

---

403) 이밖에도 1913년 8월에는 경남 진주 중안동에 위치한 신라시대 고분을 조사하여 寶劍, 금·은제 공예품 및 자기 등을 수습하였고, 同年 11월에는 경기도 강화도 일대에서 선사시대 토기와 석기 등이 발굴되어 조사에 착수한 바 있다(≪매일신보≫ 1913. 8.9, 10.25, 11.6일자 참조).

404) ≪매일신보≫ 1914. 5.12, 6.3, 6.4, 6.5, 6.6일자 참조.

405) 목수현, 「일제하 박물관 형성과 그 의미」(서울대학교 대학원 미술사학과 석사학위논문, 1999), 22～23쪽.

406) 고적조사는 1909년부터 간헐적이나마 시행되었고, 강점 이후에는 조선총독부가 1916년 「고적과 유물보존규칙」을 발포하고 고적조사위원회를 조직하면서 본격화되었다. 이후 이 사업은 해방 직전까지 이어졌고 그 성과는 대략 15편에 달하는 『古蹟調査報告』를 통해 알 수 있다.

자 요지 등이 일괄적으로 조사되었다.[407] 따라서 강점 초창기의 이왕직
은 도자유물 수집은 물론 발굴조사사업 역시 활발하게 진행한 것으로 보
인다.

그러나 이미 전술한 바와 같이, 조선총독부는 1916년 「고적과 유물보
존규칙」을 발포하고 더불어 고적조사위원회를 조직했다. 따라서 이후부
터는 고적조사에 관련된 대부분의 업무를 총독부박물관과 고적조사위원
회가 수행하게 되었다. 이 같은 당국의 방침으로, 이왕직은 1910년대 중
반 이후부터 유물조사 범위가 자연스럽게 축소되었을 가능성이 있다. 그
럼에도 이왕직은 1930년대에 발간한 『이왕가박물관소장품사진첩』의 서
문을 통해 조선 도자에 대한 꾸준한 관심과 연구에 강한 애착을 피력한
바 있어, 간헐적인 조사사업은 꾸준히 이어졌을 것으로 추측된다.[408]

(2) 도자유물 수집

이왕직의 유물 수집은 비록 명분은 다르지만 1908년에 건립된 제실
박물관(帝室博物館)의 명맥이 이어졌다고 볼 수 있을 뿐 아니라 이왕가
박물관의 소장실태와도 직접적인 관련이 있다.

그런데 한국박물관의 효시라고 할 수 있는 제실박물관의 건립배경에
는 조선 왕실의 내부적인 문제가 결부되어 있었기 때문에, 박물관 설립
이 단지 유물수집과 보존한 문화재를 체계적으로 보관, 관리하기 위한

---

407) ≪매일신보≫ 1915. 6.29, 6.30일자 참조.

408) 『이왕가박물관소장품사진첩』은 말 그대로 사진첩에 불과하여 도요지 연구조사
진행이나 유물 구입과정 등에 관한 내용은 거의 없다. 단, 이 사진첩의 總說
(『李王家博物館所藏品寫眞帖-陶磁器之部』, 李王職, 1932)에 일부 조사내역 및
성과를 밝히고 있는데, 대표적으로 1914년에 시행된 전남 강진군 대구면 일대
청자요지 발굴에 관해 기록하였다. 한편 그 내용은 발굴 당시 ≪매일신보≫에서
보도한 것과 동일하다(『李王家博物館所藏品寫眞帖-陶磁器之部』, 李王職, 1932,
緖言과 總說 참조).

목적만을 위한 것은 아니었다.

1907년 조선의 내정지배권을 실질적으로 장악한 일본은 동년(同年)에 발생한 헤이그밀사사건에 연루된 고종을 강제 퇴위시키고 7월 20일에 양위식(讓位式)을 강행하였다. 고종양위사건으로 말미암아 순종이 즉위했으며, 즉위와 함께 거취는 경운궁에서 창덕궁으로 이어(移御)되었다.409) 이때 일본은 궁내부 대신이었던 이완용을 통해 새 황제의 편익을 도모할 수 있는 갖가지 시설을 완비하도록 제의했다.410) 따라서 창덕궁 내에는 어원사무국(御苑事務局)이 설치되어 제반업무가 시작되었으며, 이 중 하나가 1909년 3월에 낙성한 창덕궁의 제실박물관이었다.411)

제실박물관은 설립 후 얼마 지나지 않아 일제에 의해 이왕가박물관 혹은 이왕가사설박물관으로 개칭되어 운영되었다(도 25).412) 또한 박물관의 실권은 1911년 2월 1일 <이왕직 사무분장 규정(李王職 事務分掌 規程)>에 따라 이왕직에게 주어졌다.413) 이왕직은 제실박물관 시절부터 소장품을 자산화하기 위해 상당한 문화재를 수집해 왔던 명맥을 이어가지만,414) 강점 이후 더욱 치밀한 방법을 동원하여 이전과 비교할 수 없을 정도로 수집량을 늘여갔다.415)

한국 근대 도자사에서 이왕가박물관을 주목하는 이유는 설립 당시의

---

409) 小田省吾, 『德壽宮小史』(李王職, 1938), 43쪽.

410) 이 내용은 『李王家博物館所藏品寫眞帖』 서언에서도 밝혀져 있다. 서언에 따르면, '박물관 설립은 李王殿下의 滿足을 도모한다 (중략)'고 하여, 移御에 따른 이왕에 대한 배려를 표명하였다(『李王家博物館所藏品寫眞帖-陶磁器之部』, 李王職, 1932, 序言 참조).

411) 주 401과 같음.

412) 朝鮮總督府, 『博物館研究』8(1935), 58쪽 ; 京城協贊會, 『京城案內』(1915), 12~13쪽.

413) 『純宗實錄簿錄』卷2, 1911.2.1 참조.

414) 《대한민보》 1910. 2. 18일자 참조.

415) 박계리, 「他者로서의 李王家博物館과 傳統觀」, 『美術史學研究』(한국미술사학회, 2003), 229~230쪽.

(도 25) 이왕가박물관 전경, 1910년대

수집품 가운데 고려청자를 비롯한 각종 도자유물이 수적으로 가장 많았
고,[416] 이후에도 최고의 명품들이 이 박물관에 소장, 진열되었다는 점
때문이다. 1917년 무렵의 이왕가박물관 소장품 통계를 살펴보면, 도자기
가 41%이며 뒤이어 금속공예가 30%를 차지하고, 시대적으로는 고려시
대 유물이 695점으로 65%를 차지하여 최다(最多)이다.

　구체적으로 살펴보면 다음과 같다. 박물관은 1908년경 최초 수집품인
<청자철화국화문매병>을 구입한 것을 시작으로 이후 방대한 양의 고
려청자를 소장하게 되었다. 박물관의 청자 구입 양상은 당시의 시기상황
과 부합되는 면이 매우 컸다. 왜냐하면 이즈음은 일본이 조선에 매장된
고려청자를 발굴하고 상당량을 일본이나 제3국으로 유출시킨 시기였기
때문이다.[417] 실제 박물관 관계자인 스에마스 구마히고(末松態彦)와 이
모고리야마 세이치(下郡山誠一) 등의 주도 아래 각지에서 거래된 고려
자기와 고려시대의 동기(銅器) 등이 다량 구입됐음이 확인된다.[418] 특히
통감부의 막바지 시절에는 청자도굴과 매매가 최고조에 달해, 박물관 역

416) 朝鮮總督府, 『博物館陳列品圖鑑』1-17(民族文化社, 1982) 참조.
417) 엄승희(앞의 논문), 155쪽.
418) 서울特別市史編纂委員會, 『서울600年史』第4卷(1981), 812~814쪽.

시 그 대열에 자연히 합류했을 것으로 보인다. 그 결과 박물관 개관 무렵인 1908년에는 소장품 가운데 고려청자가 서화(書畵)의 약 2배에 가까울 만큼 그 양이 많았다.[419)]

한편 고려청자 구입은 여러 가지 경로와 경위를 유추해 볼 수 있다. 우선 박물관은 고려고분의 도굴에 참여했던 일본 밀거래상으로부터 직접 매입하거나,[420)] 이외 상납용이나 선사(膳賜)로 수집된 경우, 고적조사사업을 통해 직접 수거된 유물과 국가에 귀속된 매장문화재 및 기탁품 등 다양했을 것으로 보인다.[421)] 이러한 현상은 비단 이왕가박물관뿐만 아니라 이 시기에 설립된 대다수 박물관에서 공통적으로 나타난다. 이왕가박물관의 장르별 명품 유물들은 이후 박물관측에서 발간한『이왕가박물관소장품사진첩』을 통해 알려져 소장규모가 일부 파악된다. 대표 소장품을 일목요연하게 수록한 사진첩은 발간을 계획할 무렵부터 세간의 많은 이목을 집중시켰다.

특히 이왕직에서 발간한 소장품사진첩 가운데「도자기부(陶磁器部)」는 '이왕직이 박물관 소장품 가운데 지보도자기(至寶陶磁器)라고 지칭될 만한 최상의 도자기 200점을 선별하여 원색화보로 출판하고자 하는데, 예산이 약 4천원이며 500부 정도를 인쇄한다'는 구체적인 일정을 《매일신보》를 통해 공식 발표함으로써 특별히 주목받았다.[422)]

이왕직이 1932년에 발행한『이왕가박물관소장품사진첩-도자기지부 (李王家博物館所藏品寫眞帖-陶磁器之部)』(1932년,이왕직발행)의 서언

---

419) 1908년 기준으로, 도자기는 522점, 서화는 313점, 조각이 31점 그리고 금속공예 품 및 기타가 608점이었다. 당시의 수집률을 근거로 한다면 구입 유물이 주로 공예품에 밀집되어 있음을 알 수 있다. 이후 시기는 이러한 현상이 다소 누그러지면서 오히려 서화의 구입이 증가하지만, 평균적으로 볼 때 결코 공예품 구입이 극적으로 줄어드는 경우는 없었다(박계리. 앞의 논문), 230쪽.

420) 엄승희(앞의 논문), 159쪽.

421) 《황성신문》1910. 1.15, 8.11일자 참조.

422) '至寶陶磁器, 畵報를 발행' 《매일신보》 1932. 3. 9.

(緖言)은 출판의 총책임자이면서 이왕직 사무관을 겸한 스에마스 구마히고(末松態彦)와 이왕직 차관인 고미산포 마수노리(小宮三保松識)가 작성하였다. 서언에 따르면, 고려청자는 조선에 있어 어떤 금은기(金銀器)보다 귀중하며, 이왕가의 비장품(秘藏品) 혹은 국가적 진보(珍寶)로 소개하였다.[423] 서문 내용에 부합하듯이, 사진첩에 실린 도자유물은 통일신라시대 토기류 7점을 제외하고는 모두 고려시대 도자다.[424] 고려시대 도자기는 백자(18점)와 청자(63점), 그리고 진사유(辰砂釉), 천목유(天目釉), 녹유(綠釉) 등을 포함한 유색자기(有色磁器) 83점 및 분청사기(32점) 등이 포함되었으며, 특히 청자는 12세기 것이 가장 많다.

이외 고려청자 수집을 입증할만한 근거로는 총독부박물관에 재직했던 나가요시 쿄(中吉功)의 증언을 참조할 만하다.[425] 그는 해방 이후 한 논고로 통해 '이왕가박물관의 고려청자는 놀랄만한 수장(收藏)과 질량(質量)으로 단연 광채를 발했다'고 회고하면서 고려자기 소장에 있어서만큼은 세계적이라는 견해를 밝혔다.[426]

2) 이왕직미술품제작소와 공예정책[427]

잘 알려진 바와 같이, 1908년 구한국 왕실은 전통공예의 계승 및 발전을 위해 한성미술품제작소(이왕직미술품제작소의 전신)를 설립하였다. 미술품제작소는 혼탁한 정세가 막바지에 다다른 20세기 초에 설립되어

---

423) 『李王家博物館所藏品寫眞帖-陶磁器之部』(李王職, 1932), 序言 재인용.

424) 『李王家博物館所藏品寫眞帖-陶磁器之部』(李王職, 1932) 참조.

425) 中吉功, 「朝鮮の二つの美術館」, 『隨想. 朝鮮美術への道』(書刊行會, 1979) 140쪽.

426) 中吉功(위의 논문), 141쪽.

427) 한성미술품제작소를 비롯한 이왕직미술품제작소 및 주식회사조선미술품제작소에 관한 연구는 최공호의 논문을 참조(崔公鎬, 「李王職美術品製作所 硏究」, 『古文化』34(박물관협회, 1986).

왕실 정부가 직영한 기간이 그리 오래되지 못했지만, 한국 전통공예의 복원에 따른 새로운 가능성을 실현하기 위해 설립된 점만으로도 충분한 가치와 의의를 지닌다. 특히 시기적으로 힘을 잃고 있던 구왕실이 독자적 의지를 발현하여 설립시킨 기구나 기관이 흔치않았다는 점을 감안한다면, 미술품제작소의 설립은 혁신적이었다. 따라서 본 절에서는 이왕직 미술품제작소의 설립취지와 운영 실태를 중점적으로 파악하려 한다. 또한 강점 이후, 제작소에 신설된 도자부의 활약상에 대해 집중 고찰하고, 이후 민영화를 통해 새롭게 변모한 주식회사조선미술품제작소에 대해서도 살펴보겠다.

(1) 설립 취지

이왕직미술품제작소(이하 미술품제작소로 약칭)는 모체(母體)가 되는 한성미술품제작소를 1913년 6월부터 이왕직이 계승하여 운영한 관립 전승공예제작소였다.[428] 미술품제작소의 설립취지에는 쇠락위기에 직면한 한국 전통공예를 복원시키고 동시에 전통공예 제작기술의 진보를 추진하여 올바른 계승을 지향했던 구왕실의 의지가 함축되어 있었다. 무엇보다 기존의 관영 수공업체제가 해체되자 왕실 소용기물 제작에 차질이 발생했고, 특히 개항을 통해 도입된 기계화된 생산구조는 새로운 관영 제작소 설립을 절실히 요구하게 하였다.

여기에 외부적인 요인도 크게 한몫했다. 이를테면 미술품제작소의 설립에는 대한제국이 처한 정치, 경제, 문화의 제반 상황들을 극복하기 위한 왕실의 염원이 담겨져 있었다. 그 이유는 제작소가 설립되기 몇 해 전부터 조선의 국권이 위기상황에 직면하게 되자 왕실의 정치적 위상을 복권하기 위한 맥락에서 설립이 추진된 것으로 보기 때문이다.

---

428) '미술제품의 直營' ≪매일신보≫ 1913.6.1 ; '미술인계의 종결' ≪매일신보≫ 1913.6.17.

시기적으로 볼 때, 한성미술품제작소가 설립된 1908년은 이왕실의 자
주권이 대부분 상실된 때였다. 특히 고종의 개화·통상정책이었던 강화도
조약(1876)이 체결되면서부터 시작된 국가 경제권 상실은 최고조에 달
했다. 조선 경제의 자주권 박탈을 야기한 이 조약은 체결 이후, 면세와
자유무역권이 보장된 일본 거상(巨商)들의 조선 진출을 본격화했고 결국
조선 시장의 상권은 이들이 독점할 수 있는 유리한 환경을 조성시켰다.

도자기는 일본 상인들의 상거래가 가장 활발했던 품목 가운데 하나였
다. 따라서 1900년을 전후한 시점에는 이미 왜사기의 수입이 상당했고
이외 수입자기도 가세했다. 당시 수입자기의 사용은 조선 왕실도 예외적
이지 않았다. 대한제국시기 왕실에서는 대부분의 식기와 생활용품들을
수입품으로 교체 사용하는 일이 보편적이었는데, 이는 분원 민영화를 기
점으로 조선백자의 질이 급격히 하락하여 왕실에서조차 수입자기 사용
이 불가피했기 때문이다.

따라서 안정적이지 못한 국권으로 인해 야기된 소용기물(所用器物)의
수급상황은 한국 전통공예사업을 새롭게 복원시켜야 한다는 의지를 발
현할 수 있었다. 한국 공예문화의 인식이 왕실과 조선 식자들 사이에 점
차 형성되기 시작하자 관련 사업과 연구 의지는 더욱 고조되었다. 실지
로 이러한 분위기에 힘입어, 1907년에는 왕실이 후원하고 조선인 관계
자들이 단합하여 고려자기연구소를 설립했다.[429]

이외의 요인도 있었다. 구왕실은 급진 개화세력들과 맞서기 위한 일
종의 방책으로서 미술품제작소를 설립하고 수구적 입장을 유지하려했
다. 이 사실은 왕실이 개화파들에 의한 일방적인 정책 수용에 반기를 드
는 입장을 표명하기 위한 수단으로 제작소 설립을 계획했을 가능성을 추
정하게 한다. 특히 이 추론은 동도서기 사상을 수용하면서 국권회복을
향한 자주정신을 구현하려 했던 왕실의 입장을 대변하고 있어 설득력을

---

429) '高麗磁器研究所를 開設' ≪대한매일신보≫ 1907. 10. 5.

얻는다.[430) 따라서 미술품제작소의 설립은 국가 경제의 회복을 통해 부
국강병(富國强兵)을 이룰 수 있다는 시국취지를 당대 민족투사와 지식
층들이 동조하며 설립시킨 평양자기합자회사(平壤磁器合資會社)가 단
순 기업 범주를 넘어섰던 경우와 동일한 맥락으로 볼 수 있다.[431)

물론 제작소의 설립연도인 1908년은 이미 개화세력이 장악한 상태였
고 구왕실 또한 근대문화의 수용을 점차 인정하던 때다. 그러나 대한제
국의 근대화 추진은 일부 보수집권층의 반대와 열강국의 간섭으로 한계
와 갈등에 부딪쳤다. 무엇보다 1906년 통감부(1906~1910)의 설치는
근대 국가 설립에 가장 큰 걸림돌로 작용했다. 통감부는 이왕실의 내정
마저도 전면적으로 간섭할 수 있어, 왕권은 급격히 실추되었기 때문이
다.

이렇듯 미술품제작소는 국정의 위기와 일제의 탄압이 정점에 달한 때
에 설립되어, 운영 전반이 일본의 철저한 간섭 하에 이루어졌음은 물론
왕실 자율권은 일찌감치 박탈당한 것으로 보인다. 이 부분은 제작소가
설립 초기부터 일본에서 기술자를 고빙하고 최고 운영진 역시 일본 관료
로 기용한 일면만으로도 충분히 짐작된다. 또한『순조실록부록』에 따르
면 왕실의 권한으로 미술품제작소에서 일부 상품을 의뢰, 제작한 기록이
남아있지만 강점을 맞이하고 약 2년 후 이왕직에게 양도되어 그마저도

---

430) 최공호,『한국 근대 공예사론-산업과 예술의 기로에서』(미술문화, 2008), 98쪽.
431) 대표적인 공장은 1908년에 설립된 平壤磁器株式會社였다. 이 회사는 20세기 초
　　에 설립되어 각종 언론에서 자주 거론될 만큼 큰 관심과 영향력을 발휘했다. 평
　　양자기회사에 관한 내용은 1908년에 발행된『大韓協會會報』(第9號)에 이 회사
　　설립취지를 담은「平壤郡磁器製造株式會社 贊成文」이 최초 실린 이래, 1909년
　　농상공부에서 발간한『官立工業傳習所報告』第1回(農商工部 編, 1909)에 운영실
　　태 전반에 관한 내역이 기록되었고, 강점 이후에는『平壤の發展策』(平壤每日申
　　報社, 1932) 등에 주요 내용이 남겨져 있다. 이외에도 ≪대한매일신보≫와 ≪매
　　일신보≫ 등에 회사 주주총회 및 운영방안, 광고 등 관련 기사들이 다수 보도되
　　었다.

유지되지 못했다.[432)]

그러나 어떠한 의도와 방침에 따라 미술품제작소가 운영되었다고 할 지라도 제작소 설립의 근본 취지에는 자주적인 의지로 공예품을 생산하고, 여기에 전통성 복원을 고취시키려던 왕실의 의도가 반영되어 있었다. 특히 구왕실은 미술품제작소를 통해 전통공예 제작구조를 보존하고 계승하면서 최고의 미술공예 명품(名品)을 생산하여 왕실의 위상과 국권 회복의 자긍심을 구축하려 했다.

(2) 운영

① 관영(官營) - 이왕직미술품제작소

식민 통치하의 이왕직은 궁내부의 모든 업무를 계승하고 관장한 왕실 직제였다. 따라서 이왕직은 궁내부의 업무를 계승하는 차원에서 한성미술품제작소의 운영권을 양도할 수 있었다. 대략 10년여 정도 이왕직에 의해 운영된 미술품제작소는 ≪매일신보≫와 일부 문헌을 통해 운영실태가 파악된다.

먼저 일제에게 운영권이 양도되기 직전의 미술품제작소는 규모와 기술인원의 확충을 위해 이왕가의 찬조금을 지원받고 있었다. 구왕실은 1911년경부터 대략 7여 년간 매년 1만원을 기부하여 제작소의 위상과 권위를 보존하려 했다.[433)]

---

432) 한성미술품제작소의 설립과 운영을 밝혀줄 문헌전거는 거의 남아있지 않는 가운데 『純宗實錄附錄』과 일부 신문기사에 관련 내용이 전한다. 純附 2卷, 4年(1911 辛亥 十二月 二十七日). 總督伯爵寺內正毅獻七寶香爐一箇 ; 軍司令官上田有澤 獻銀製草盒一箇 ; 漢城美術品製作所理事長李鳳來獻模本緞二卷. 『純宗皇帝實錄 附錄卷之二終』; 純附 4卷, 6年(1913 癸丑 十一月 二十八日). 王妃, 以親飼養蠶 之絲, 命漢城美術品製作所織造絹各一打, 進獻于皇太后, 皇后兩陛下 『純宗皇帝 實錄附錄卷之四終』.

433) 三月十日. '(중략) 漢城美術品製作工場保護金 自明治四十四年 至明治五十年 七 箇年間 每年一萬圓寄 附之意調製令令下付' 『純宗皇帝實錄附錄卷之二』.

그러나 강점이 되고 얼마 지나지 않아 사무취체역(현재의 대표이사)에 일본인 오가와 츠루치(小川鶴治)를 공식 임명한다는 내용이 1911년 3월7일자 ≪매일신보≫기사를 통해 발표되었다. 이후 1913년부터 이왕직에 의해 공식 운영된 제작소는 이전 체제를 개편하면서 본격적인 업무를 시작하였다. 미술품제작소의 체제 개편에서 가장 주목되는 부분은 실 운영자의 이권에 따른 문제였다. 즉 일제강점 초기의 제작소는 이왕직 단독으로 운영되지 않아 이전과는 차별되었다. 물론 이왕가의 기금이 매년 보조되고 이왕직의 운영자금이 전적으로 투자되어 제작소의 주 경영권은 이왕직에게 있었지만, 이외에 경성에 거주하던 부호와 상인 등도 공동 투자했기 때문에 실제 제작소는 조합조직의 성격을 띠고 있었다.[434] 조합 형태를 띤 운영구조는 경영 자본을 비롯한 기술인력 그리고 상권 확보 등에 있어 유리할 뿐 아니라 재한일본인들과의 원활한 정보교환을 도모할 수 있는 이점이 있었다.

미술품제작소의 설립취지 및 목적과 관련하여 주목되는 내용은 이왕직에게 정식 양도되기 1년 전에 보도된 1912년 6월3일자 ≪매일신보≫ 사설을 통해 알 수 있다. 사설에 의하면, '이왕직은 한국 문화재에 기반을 둔 여러 전통공예사업을 주관하지만, 특히 이 가운데서도 미술품제작소 업무를 가장 중요시한다'고 밝혔다. 더불어 운영취지에 대해서는 '조선의 고유한 미술품을 제작할 계획이고, 제작품은 염가(廉價)로 판매해 고유미술을 진작(振作)함에 만족하도록 한다'고 밝혀 제작소를 중심으로 우수한 미술공예품을 생산함은 물론 이를 저변확대할 것임을 밝혔다. 또한 '경영은 식리적(殖利的)인 것이 아닌 공공의 사업'으로 지정하여 제작소 운영에 그 어떠한 식민정책도 적용시키지 않겠다는 의지를 표명했다. 나아가 '제작소를 경영하는 것은 미술사상을 고취(鼓吹)하고, 제작미술품의 상태가 양호해야 외국인의 안목에도 족히 손색이 없다'고 언급하

---

434) '李王職의 事業'(社說) ≪매일신보≫ 1912. 6. 3.

여 조선 공예미술의 국외선양 의지를 밝히는 동시에 미술품제작소가 '조선미술의 광복(光復)을 위한 좋은 기회'를 제공하는 유일한 기관임을 피력했다.

이상에서 밝힌 운영취지와 목적을 근거한다면, 대한제국기의 한성미술품제작소와 별 다른 차이가 없다. 오히려 이전 보다 규모를 보완하고 체계적인 운영을 시도한 점을 미루어 볼 수 있다.

그러나 실제 운영은 이와 매우 달랐다. 우선 미술품제작소의 주 운영은 대부분 일본인 관리와 기술자들에 의해 이루어졌다. 드물게는 미술공예에 종사할 수 있는 조선인 견습생을 일부 채용하기도 했지만,[435] 조선인의 채용 기준은 보통학교 졸업생이나 이와 동등 이상의 학력이 있으면서 전공분야에 지식이 어느 정도 숙달된 자로 제한했다. 또한 견습생으로 발탁되기 위해서는 확실한 보증인을 내세워야 했음으로 조선인의 입소는 결코 만만치 않았다.

조선인 견습생에게 보증인을 요구한 것은 입사한 후 3년간은 임의로 퇴사하는 폐단을 막기 위한 특단의 조치와도 같았다. 이러한 조치는 미술공예품의 제조공정이 단조롭지 못하여 적어도 3년 이상의 전수과정을 충실히 이수시키기 위한 방도였지만, 단순히 제작소를 무단으로 이탈하려는 자가 적지 않아 운영에 심각한 차질을 빚은 데도 원인이 있었다. 아마도 조선인들은 견습생으로 등용되어도 처우가 그리 탐탁지 않아 사전 예고 없이 이탈하는 경우가 비일비재했고 제작소 측에서는 이를 막기 위해 강경책을 내세운 것으로 보인다. 따라서 조선인들은 구비조건을 온전히 갖춘 견습생 위주로 채용되고 그 외 정식 기술자로 채용되는 일은 흔치 않았던 것으로 보인다.

한편 견습생들의 구체적인 기능교육은 정확하게 파악하기 힘들지만, 짐작하기에 제조공정을 단계별로 나누어 숙련했을 가능성이 높아 보인

---

435) '美術品의 製造에 뜻이 있는 청년을 구한다' ≪매일신보≫ 1917. 10. 13.

다. 견습생들의 급료는 채용되는 날부터 15전 이상(1917년 기준)이 지급
되었으며 차차 인상되기도 하였으니, 당시로서는 높은 임금이 보장된 안
정된 직장이었다고 볼 수 있다. 관련 기사에 따르면 '염초회사 직공이나
관청회사 직원과는 비교될 수 없는 월등한 급료가 지급된다'고 하여 그
정도가 짐작된다. 특이할 것은 조선인 가운데 일급 1원50전을 받는 기술
자도 있었다고 전하여, 견습생들 가운데 일본인 기술자와 동급대우를 받
는, 이를테면 특별 우대된 조선 기술자들이 일부 존재했음을 암시한다.

공예기술을 연마할 수 있는 교육기관이 부재했던 이 무렵, 미술품제
작소의 조선인 견습생 기용은 1910년대 전통 공예기술 전수의 기여라는
차원에서 중요하게 받아들여진다. 비록 이들의 기술교육 담당은 대부분
일본인이어서 진정한 전승문화 창달에 많은 문제가 야기되었을 것으로
보이지만, 그럼에도 제작소측이 견습생으로나마 조선인을 선발하여 한
국 미술공예사업에 합류시켰다는 점은 주목된다.

부서는 한성미술품제작소 시절에 개설된 금공부(金工部), 병설 목공
부(木工部), 염직부(染織部)에, 1910년대 중반 경 제묵부(製墨部)와 도
자부(陶磁部)를 추가 신설했다.[436] 특히 이왕직은 운영권이 양도된 이후
에 신설한 제묵부와 도자부에 대해서는 '유망한 제묵사업의 전개'와[437]
'재현청자사업의 선두주자'임을 주창했다.[438] 부서를 추가 신설한 제작
소는 비로소 한국의 대표 공예분야를 모두 포괄하게 되었고, 더불어 완
전한 미술공예제작소로서의 면모를 다지게 되었다.[439]

그런데 1910년대 중반 이후의 제작소 운영은 결코 순탄하지 못했다.
오래전부터 누적되어온 제작기술력의 한계와 판매 부진에 따른 문제가

---

436) '製墨事業의 有望' 《매일신보》 1911 2. 23.
437) 주 436을 재인용.
438) 엄승희(앞의 논문), 159~161쪽.
439) '미술품의 大賣出' 《매일신보》 1913.10.28을 비롯하여 1911. 2.23, 3.7일자 참
조.

원인이었다. 원래 제작소는 왕가 및 관료는 물론 민간 계층을 겨냥하여 시중 제품과는 차등되는 상품(上品) 생산에 주력했지만, 이러한 의지는 1910년대 후반부터 큰 폭으로 상실되었다. 특히 도자부는 완성도 높은 재현품을 제작하기 위한 다각적인 연구와 기술력이 요구되었지만 다른 부서에 비해 신설이 늦은데다 제작소 운영이 위태롭게 되면서 생산에 차질이 빚어졌다. 무엇보다 기술력의 문제는 주 고객이었던 상류층의 요구에 호응하지 못하면서 판매 부진으로 이어졌다. 더욱이 제작소에서 밝힌 취지와는 달리 대부분의 제품들은 품질에 비해 고가여서 일반인들의 구매가 쉽지 않았다. 실제 1910년대에 제작소에서 생산된 재현청자들은 질적으로 그다지 우수하지 못했다. 이에 따라 주요 구매고객이었을 것으로 추정되는 일본인들은 질적으로 한 발 앞선 일본인 청자공장 제품들을 선호했을 가능성이 매우 높다.

이외에도 운영권을 둘러싼 불협화음이 제작소의 총체적 위기를 초래했다. 강점기 상인들간의 조합조직으로 운영된 제작소는 이왕직의 일방적인 권한으로 좌지우지될 수 없었다. 경우에 따라서는 조합원들의 운영 참여가 불가피했으며 이로 인해 이왕직은 오히려 불리한 입장에 처해질 수 있었다.

한 예로 일본에서 파견된 여러 기술자들이 제작소의 제품 개발을 위해 참여했던 점을 들 수 있다. 기록에 따르면, 제작소는 '다방면으로부터 다수한 사람이 경성에 왔다갔다'라고 전하여, 전문 인력을 동원한 제품 개발에 주력한 사실이 드러난다.[440] 그런데 당시 제품 개발을 위해 고빙 되었던 일본인 기술자들 대부분은 중앙시험소나 유명 일본인 청자공장 등을 이미 거쳐 갔거나 깊은 이해관계가 있었던 인물들이다. 이러한 양상은 제작소의 입장에서 본다면 결코 긍정적일 수 없었다. 여기에 이왕 직 측에서는 이 문제들을 해결하기 위한 노력을 간과하여 운영상의 문제

---

440) '賣買가 잘되는 美術品製作所' ≪매일신보≫ 1919. 4. 3.

(도 26) 비원자기, 이왕직미술품제작소, 1910년대 중반
김진갑사진첩

는 근절되기 힘든 상황에 이른 것으로 보인다.[441]

결국 제작소는 운영을 둘러싼 크고 작은 문제들로 인해 민수공장과의 경쟁력에서 뒤처지기 시작했고 시간이 흐를수록 그 격차가 심화되어 심각한 경영난에 빠져들었다. 1919년을 전후하여 제작소 운영과 관련한 신문기사 내용들은 이미 총체적인 운영위기에 직면했음을 추정할 수 있는 직접적인 근거이다. 우선 이무렵 제작소는 수예품이나 필묵품 등이 호평을 받으며 판매되기는 하나, 그나마 국장(國場)을 전후한 일주일과 부녀자 장식품을 판매하는 조선인 상점이 휴점(休店)할 경우에만 판매량이 늘어날 뿐 평시에는 이에 훨씬 못 미쳐 제품 판매가 지지부진함을 밝혔다.[442] 이밖에도 경영난을 극복하기 위해 재현품인 비원자기(秘苑磁器)의 구매를 강력히 촉구하여 제작소의 저조한 운영실태가 단적으로

---

441) 이왕직이 이왕직미술품제작소의 운영에 어느 정도 개입하고 후원했는지는 정확히 알 수 없다. 그러나 이왕직측이 1910년대 중반 이후 위기에 처한 제작소를 위해 특별한 운영방안이나 자구책을 모색하지 않았던 부분은 제작소 운영을 중단하기 위한 의도된 방침이었을 가능성을 제시해 준다.

442) 이러한 사실은 ≪매일신보≫1919년 4월 3일자에서 전하는 내용과는 상반된다.

파악된다(도 26).

더욱이 1910년대 말엽은 「조선회사령」과 일본 상품의 판매호황에 따른 영향으로 조선인 상권과 구매력이 고도로 위축되었고, 여기에 1919년은 무단정치에 반기를 든 3·1운동으로 인해 조선인 상점들의 폐업이 속출되던 시기였음으로 제작소 역시 이러한 사회, 경제 분위기의 직·간접적인 영향권에 들었다고 볼 수 있다.

따라서 1910년대 후반까지도 근신히 운영을 유지하던 제작소는 1920년대 초반에 이르러 운영이 급격히 위태로워졌다. 일제강점기 경성에서 요업에 종사했던 송재선옹의 구두증언에 따르면, 이 무렵의 제작소는 물량이 극히 부족했고 재질이 매우 불량했다.[443]

이로써 강점 초기 이왕직미술품제작소는 다년간의 제품 개발 및 연구로 최상의 미술공예품들을 제작하려했고, 제작소 내에 상품진열관을 설치하여 일반인들에게도 홍보하는 등 다각적인 열의를 보였지만(도 29-1), 실제 가시적인 성과로 이어지기에는 많은 한계를 드러냈다.[444] 특히 20년대 초에 이르면, 운영에 참여했던 민수업자들에 의해 제작소는 회복되기 힘든 위기국면을 맞이했다. 그것은 조합에 가담한 일부 상인들간의 이권다툼으로 분열이 발생되어 제작소 운영이 더 이상 지속될 수 없었기 때문이다. 실지로 1922년 이왕직미술품제작소는 1908년경부터 진남포와 경성 등지에서 청자공장을 운영하던 도미타 기사쿠(富田儀作)를 비롯한 일본 상인 몇몇에 의해 매도되었는데, 이는 미술품제작소에 연관이 있던 거상(巨商)들이 결국 이왕직의 실권을 장악했음을 의미한다.

따라서 제작소의 운영권이 민간인에게 매도될 수 있었던 결정적인 원인은 부실한 제작력과 판매문제에 기인한 바가 컸지만, 운영권의 일부를

---

443) 이 증언은 『김진갑 사진첩』에 실린 재현자기 관련 사진을 통해 파악된다 ; 송재선(앞의 책), 265~267쪽.
444) 엄승희(앞의 논문), 174쪽.

(도 27) 〈청자상감운학문개합〉
이왕직미술품제작소
1910년대 중반, 서대식 소장

민간인들에게 할당한데서 비롯되기도
했다.

가. 도자부의 설치와 운영
미술품제작소의 도자부는 1910년대
전통자기의 재현문화를 구축하고자 신
설되었다. 비록 도자부는 금공부나 목
공과에 비해 개설이 늦었지만, 개설 당
시 상당한 주목을 받았으며 적어도 개
설 초반에는 다른 부서에 못지않은 활
약상을 보인 것으로 추측된다.

도자부의 가장 주목되는 활약은 앞서도 언급했듯이, 고려청자의 재현
을 통해 알 수 있다.445) 도자부는 이 시기 청자공장 제품과는 차별되는
명품청자를 제작하고자 했고 이를 성취하기 위해 다각도로 모색했다. 그
러나 미술품제작소의 청자 재현은 조선의 미술공예를 복원하거나 전승
하는 차원에서 이루어졌음에도 불구하고 한편으론 이왕직이 선호하던
양식과 재한 일본귀족 및 상류층들의 취향이 고려되어 제작상의 한계와
모순이 존재했다.

지금까지 도자부의 신설과 함께 재현자기가 제작되었음을 명확히 밝
혀줄 문헌전거로는 1919년 4월 3일 ≪매일신보≫기사가 거의 유일하다.
이 기사에 따르면, 미술품제작소는 비원자기(秘苑磁器)라고 명명되는
재현품들을 구워 세간의 호평을 얻고 있다고 전했다(도 26, 27).446) 또한
'종래 이왕가에서 예전에 사기 굽던 법을 연구한 결과로 비원에서 구웠
다'라고 하여,447) 비원자기는 창덕궁과 창경궁을 잇는 후원(後苑), 즉 비

445) 朝鮮總督府, 「朝鮮美術品製作所」, 『朝鮮-産業開發號』(1926), 462~463쪽.
446) 주 440을 재인용.

원 내부의 특별시설 혹은 인근 후궁(後宮) 어딘가에서 구워진 듯하다.

그러나 비원이 북한산에서 뻗어내려 온 수림(樹林)이 울창한 구릉지대에, 시설물들이 곳곳에 설치된 약 9만여 평에 이르는 정원인 점과 번조지가 비원 이외의 후궁일 가능성을 배제할 수 없어, 현재까지 정확한 위치를 조사할 엄두를 내지 못한다. 분명한 점은 1894년 갑오개혁으로 관제가 축소 개편되면서 후원(後院, 비원의 원명칭)을 관리하던 장원서(掌苑署)가 폐지된 이래, 1903년부터 정부부서인 비원(秘院)이 다시 신설되고 그 관리 하에 일본 관료들에게 있어 최고의 연회장소이자 비밀 접견지이며 관광지인 비원이 특별보호구역으로 지정되었기 때문에, 내부에 가마를 설치하여 각종 도자기를 번조했다는 사실에 의문이 제기된다는 것이다. 실제 현 비원 관계자들조차 일제가 훼손 방지와 외부누출을 위해서라도 비원 내부에 번조소를 설치했을 가능성이 높지 않은 것으로 보고 있다.

이밖에 비원자기의 실체를 밝혀 줄 내용들 즉 도자부의 설치시기와 규모, 유통 등에 관해서는 ≪매일신보≫에서조차 언급하지 않아 파악되지 못한다. 특히 도자부의 운용 요(窯)가 비원 근처에 설치되었을 가능성을 시사하고 있지만, 이것은 1910년대 중·후반에 국한된 것으로 보여, 이외 기간의 실태에 대해서는 사실 확인이 되지 못한 실정이다.[448]

무엇보다 도자부의 설치가 어느 시점에 이루어졌는지에 관한 의문이 가장 크다. 추정할 수 있는 부분은 이왕직에 의해 미술품제작소가 운영될 즈음 이미 고려자기 재흥의지를 내비쳤기 때문에, 도자부는 대략

---

447) 주 440을 재인용.
448) 비원(秘苑)이란 1908년부터 일본인들에 의해 새롭게 불러진 용어이며, 원래 조선시대에는 後苑 혹은 內苑, 上林苑, 禁苑 등으로 불렸으며 조선시대 궁궐의 후원 가운데 가장 넓고 경치가 아름다워 일찍부터 왕가의 사랑을 받아왔다. 강점 이후의 비원은 일본 관료들이 비밀리에 각종 모임을 가졌던 구역으로 일제에 의해 철저히 보존되었다.

1911년에서 1912년 사이에 개설 준비단계에 있었다고 볼 수 있다. 이후 개설될 수 있는 여건이 수반될 때 까지 다소 지연되었고, 준비기간을 거쳐 늦어도 1910년대 중반 이전에는 설치된 것으로 보인다. 이처럼 개설이 늦어진 데는 자체 제작에 필요한 여러 여건이 부족했거나 원활한 제작을 위한 숙련기간이 요구되었기 때문일 것이다.[449]

또 다른 한편으로는 비원자기가 1910년대 중반이후 문인묵객(文人墨客)들에게 호평을 받던 만수품이긴 했지만, 원래 이곳 제품들은 이왕궁용(李王宮用)이나 관료 대상품으로 우선 제작되었을 것으로 보여,[450] 다양한 민수품을 섭렵하여 제작하기에는 어느 정도 시간이 요구되었을 가능성이 있다. 실제 ≪매일신보≫ 1918년 1월 30일자에 따르면, 이왕폐하를 비롯한 일본 국왕께 헌상한 토산품 가운데는 <비원특제(秘苑特製)양각청자화병>이 포함되어 있어, 도자부의 재현자기들이 예전부터 왕가의 소용품으로서 소량 생산되고 애용되었을 가능성을 시사한다.

도자부에서 제작된 전통자기들이 어느 시점에 대중화되었고 주력상품이 무엇이었는지는 정확하게 알 수 없지만, 이곳에서 제작된 제품들은 민간공장에서 생산되던 제품과의 차별화를 위해 철저한 고증과 연구과정 등을 거친 것으로 보인다. 따라서 도자부는 이왕직의 전승문화에 힘

---

449) 이왕직미술품제작소의 개설 부서는 관립 연구소인 중앙시험소와 공업전습소 등에서 개설된 과와 유사했다.

<표 13> 관립기관의 개설부서 및 科 (1912년 기준)

소속기관	개설 부서 및 科
이왕직미술품제작소	나전칠기, 목공, 제묵, 도금, 판금, 보석, 조각, 입사, 대두, 염직부
중앙시험소	분석, 요업, 염직과
공업전습소	염직, 도기, 목공, 금공, 응용화학과

450) 초창기 비원자기는 이른바 '제품 소개서'를 케이스에 동봉하여 판매하는 경우가 많았다. 이처럼 격식을 갖춘 경우 고가의 제품이거나 이왕실용 혹은 관료 대상품임을 추정할 수 있다(도 28).

입어 재현품이 주종 제품이었고 그 가운
데서도 청자제작이 단연 압도적이었을 것
으로 보인다. 이러한 가능성은 고려청자
요지발굴과 이왕가박물관의 고려청자 수
집 및 소장 그리고 근대일본의 고고취향
등이 복합적으로 작용하여 나타났다.

(도 28) 비원자기 소개문
1910년대, 서대식 소장

한편 미술품제작소의 운영권은 오가와
츠루치(小川鶴治)에 있었지만, 도자부를
실제 주도했던 인물은 이왕가박물관 초대
관장이었던 스에마스 구마히고(末松態彦)였다. 도자기 분야에 높은 식
견을 지녀 청자요지 발굴사업에 다수 참여한 바 있던 그는 개설부터 이
왕가박물관의 최대 소장품이었던 고려청자를 재현하려는 의지를 강하게
드러냈다. 따라서 이왕직은 이왕가박물관과 미술품제작소를 연계 운영
했을 가능성이 매우 높으며, 이러한 운영방식을 통해 진품 고려청자의
수집은 물론 이를 바탕으로 한 재현품 제작에도 직접 참여할 수 있었다.

그밖에도 도자부에 소속된 기술자는 조선의 전문 장인들을 일부 기용
했던 타 부서와는 매우 차별되게 대다수가 일본인이었다.[451) 도자부가
조선 사기장이 아니더라도 청자 재현에 몰입할 수 있었던 것은 국립교토
도자기시험장(國立京都陶磁器試驗場)을 비롯한 일본의 여러 기관에서
이미 청자 연구가 진행되어 기술인력을 배출했기 때문이다. 다만 미술품
제작소는 1910년대 중반을 전후하여 조선인 견습생을 모집했기 때문에
조선인들에게도 기초적인 제도(製陶)기술을 일부 전수하고 제작에 참여
할 수 있는 기회도 부여했다.[452)

---

451) 이학웅(중요무형문화재 78호 入絲匠, 1900-1988)과 김진갑(金鎭甲, 1900-1972)
   은 이왕직미술품제작소 금공부와 목공부에 재직했던 장인이었다.
452) 柳根瀅(앞의 책), 298쪽.

나. 제작 양식

현재까지 미술품제작소의 전통자기는 제작소에 재직한 이력이 있는 김진갑의 사진첩에 실린 사진과 몇몇 개인 소장품들을 통해 알려지고 있다. 이 중 『김진갑사진첩』에 실린 청자들은 이왕직미술품제작소 시기의 것으로 추정되며, 이들은 전반적으로 고려조의 청자 양식에 기반을 둔 전형적인 재현품임이 확인된다(도 26, 27). 그런데 일부는 전승식에 외래식을 혼합한 애매한 양식들도 없지 않다.(도 26의 앞줄 가운데 청자병, 도 27) 외래양식은 시문에 주로 도입되었지만 이외 목제로 만든 도자기 받침을 사용하는 일본적 취향과 중국 고대 청동기 양식을 차용하는 등 기형이나 외관장식에서도 찾아볼 수 있다.

외래양식의 분포는 비단 도자공예에만 국한된 것이 아니었으며 은, 동기류 제품에서도 동향을 보여, 이 시기 미술공예품의 대부분이 고전적 취향을 반영하면서도 조선 외적인 양식을 자연스럽게 수용했음을 알 수 있다. 이밖에도 사진속의 전승품들은 미술품제작소 상호로 추정되는 로고를 기명(器皿) 중단에 각인(刻印)하여 제품의 브랜드화를 추구했음이 엿보인다.

그런데 전반적인 품격은 조선식이나 외래혼합식을 막론하고 그다지 높지 못하다. 물론 현존하는 유물들이 아닌데다 사진상의 식별만으로 유색이나 시문장식에 대해 면밀히 품평한다는 것은 무리가 있지만, 분명 진작과는 확연한 차이가 있다. 심지어 이 시기 일본인 청자공장에서 생산된 제품들과의 비교에서도 질적으로 떨어져 제작소의 재현수준이 가늠된다.

이상의 양식적 특징을 통해 유추할 수 있는 것은 설립 초기 한국 공예에 대한 부흥 및 재현을 강조했던 제작소의 운영 취지는 크게 벗어나지 않았지만, 전승식의 재현력 한계와 외래식의 혼용을 통한 변질 등 총체적인 문제에 직면해 있었다는 사실이다.

② 민영(民營)- 주식회사조선미술품제작소

이왕직미술품제작소는 1910년대 중반 이후부터 운영상의 고충이 날로 증폭되었다. 이러한 사실을 명확하게 뒷받침시켜 줄 직접적인 증거는 밝히기 어렵지만, 여러 정황으로 보아 제작소의 계속되는 판매부진 여파에 따른 경영악화가 주된 원인으로 간주된다.

이 무렵에 보도된 신문기사 내용을 종합해 보면, 1910년대 중반 이후 미술품제작소는 일부 재현청자와 수예품을 제외하고는 판매가 매우 저조했다. 연이은 판매 부진은 본격적인 경영 악화로 이어져, 해결방안을 찾기 위한 이왕직과 그 외 투자자 및 상인들 간의 논의가 빗발쳤다.

그런데 이 시점에서 이왕직은 경영 악화에 따른 총책임을 부담하기보다 오히려 미술품제작소 운영에서 한 발짝 물러나는 입장을 취했다. 이왕직이 제작소 운영을 기피 혹은 포기하려 했던 근본 원인은 제작소 설립의 원 취지를 달성하기에 많은 한계를 경험했기 때문일 것이다. 다시 말해 제작소는 조선의 공예품 제작에 발전적인 방향을 모색하기 위해 반드시 동반되어야 하는 과업, 이를테면 각 공예 분야의 전문 기술자 유치와 제조기술력 전수, 판매유통을 비롯하여 수많은 부수적인 문제들에 대해 시간이 흐를수록 상당한 부담을 가졌던 것으로 보인다.

이왕직이 미술품제작소 운영에서 소원해졌음은 ≪매일신보≫의 관련 기사 게재여부를 통해서도 짐작된다. ≪매일신보≫는 조선총독부의 기관지로서, 관영(官營) 기관의 동태(動態)를 비교적 상세하게 전달해 주었다. 그런데 1919년을 기점으로 제작소와 관련된 기사는 한동안 전혀 찾아볼 수가 없다. 따라서 적어도 1920년을 전후하여 이왕직은 제작소와 관련한 업무를 대부분 중단한 것으로 추측된다. 특히 이러한 사실은 1922년 제작소가 도마타 기사쿠(富田儀作)를 비롯한 일본인 사업주들에게 매도된다는 사실을 수차례 보도한 ≪동아일보≫ 기사들을 통해 구체화된다.453)

그럼에도 불구하고 이왕직의 운영권 박탈에 따른 문제는 정확하게 파악되지 못하고 있다. 왜냐하면 이왕직의 운영권 상실은 판매실적 부진에 따른 경영자본 고갈이 주된 원인으로 추정되지만, 제작소의 민영화과정에 대해 유일하게 언급했던 ≪동아일보≫ 기사들에서조차 인수와 관련한 실제 사유를 밝히지 않았기 때문이다.

어떠한 사유에서든 1920년대 초의 제작소는 기존의 운영 체계를 교체시키면서 주식회사(株式會社)로의 전환을 계획했다.[454] 민영체제의 전환은 거대자본을 쉽게 집중시킬 수 있다는 주식회사의 주된 기능을 활용하여 공예사업을 확장하고 나아가 제작범위를 확대한다는 의미를 내포하고 있었다.

그런데 이왕직이 제작소의 주식회사 전환과정에 개입한 사실이 일부분 확인되어 민영화 과정에서 전혀 제외되지 않았음을 시사한다.[455] 먼저 1922년 2월3일자 ≪동아일보≫ 기사에는 '이왕직이 이왕직미술품제작소를 도미타 기사쿠 외 4명에게 1백만원을 투자한 주식회사를 조직해 현장 전부를 인수한다'고 밝혀 이왕직이 제작소를 인수하기 위해 민간자본금을 마련하고 인수인계를 주도하였음을 밝혔다. 더욱 구체적인 사실은 같은 해 2월 14일자 신문에 보도되었는데 그 내용에 따르면, 이왕직은 제작소를 주식회사로서의 면모로 갖추는데 다방면으로 협조했음은 물론, 특히 투자금 가운데 10만원을 주식으로 전환하는 문제에도 관여했다고 전했다.[456] 당시 총 주식 가운데 2만주는 상환주식으로 전환되었는데, 이 중 5천주는 이왕직이 소유하지만 나머지 1만5천주는 일반인을 대

---

453) ≪동아일보≫ 1922. 2.3, 2.8, 2.14, 2.15, 2.28일자 참조.

454) 한국의 주식회사 제도는 1910년 12월, 「制令」 제13호로 공포된 「朝鮮會社令」과 1912년에 공포된 「朝鮮民事令」에 의해 최초 도입되었다. 이 법령들은 제국주의 일본이 조선의 자본시장 확대와 근대화 추진을 위해 공포하였다.

455) '이왕가 미술공장, 일본인에게 매도' ≪동아일보≫ 1922. 2. 3.

456) '미술품제작소 주식계획' ≪동아일보≫ 1922. 2. 14.

상으로 공개 모집한 것이었다.

여기서 이왕직이 주식회사 전환에 따른 권한을 소유했다는 사실과 이왕직의 제작소 인수에서 확보된 자본금은 어떻게 유치될 수 있었는지에 관한 의문이 제기된다. 우선 이왕직은 비록 후에 반납할 것을 조건으로 발행되는 상환주식이지만 일부를 보유할 수 있었다. 그러나 이왕직의 소유주는 이익배당 우선주인 상환주의 특성이 전혀 고려되지 못하고 5년간 무배당 조건으로 할당되어 예외적이었다.

아마도 인수자들은 발생되는 수익 배당을 몇 년간 포기하더라도 명목상 일정 주식을 이왕직이 소유할 수 있도록 배려했을 가능성이 높다. 다시 말해 기존 운영자에 대한 예우차원, 가령 이왕직에 상응하는 권위를 인정하고 이권을 부여하려는 의도로 분석된다. 이외에도 인수자들은 이왕직 시절의 제작 설비 일체를 순수하게 인수받는 대가로 지분을 부여했을 수도 있다.457) 이상에서 열거한 여러 추론에 의거한다면, 이왕직은 민영화 과정을 겪으면서도 상당한 주식을 소유할 수 있었고 이로 인해 어느 시점까지 민영 제작소와 유대관계가 유지됐을 것으로 판단된다. 그럼에도 이왕직의 인수 자본금은 일본 거상(巨商)들의 막대한 투자와 노력에 의해 이루어져, 민영화 이후 이왕직이 제작소 경영에 직접 관여하는 일은 없었던 것으로 보인다.

한편 제작소 인수는 청자사업을 비롯하여 각종 상공업계에 적을 두고 있던 조선 거주 일본 갑부 도미타 기사쿠를 중심으로 이루어졌다. 알려진 바와 같이 그는 조선 공예품을 수집하는데 엄청난 열의를 가지고 있었고, 그 열의를 실제 공예사업으로 추진해 성공시킨 전적이 많았다. 이러한 그가 미술품제작소 운영에 직접 참여한 것은 당연했다.

인수 업무를 총괄하게 된 그는 가장 우선적으로 남대문 근처에 있던 자신의 상점에 창립사무소를 설치하고 각 도지사를 통해 발기인을 선임

---

457) 각주 455·456을 참조.

한 후 발기인대회를 주최했다.[458] 그런데 당시의 보도 자료에 따르면, 조선의 유력인사들과 밀접한 유대를 맺고 있던 조선금은공조합(朝鮮金銀工組合) 등이 일본 상인들의 제작소 인수를 필사적으로 반대한다는 내용을 밝혀, 인수와 관련해 조선인들의 반감이 매우 컸던 것으로 보인다. 이 무렵 조선금은공조합 직공들은 파업을 단행하면서까지 매우 격렬하게 대항했으나 반향을 불러일으키지 못한 채 묵인되고 말았다.

결국 제작소는 1922년 일본 상인들에게 공식 인수되었고 이 과정에서 제작소명이 주식회사조선미술품제작소(株式會社朝鮮美術品製作所, 이하 조선미술품제작소로 약칭)로 개칭되었다. 제작소는 민영화로 거듭나면서 업무도 확대되었다. 미술공예품을 제작, 판매하는 것은 물론이고 전용 원료를 연구, 제조하여 공예 제작에 관련된 모든 분야를 섭렵했다. 이와 같은 공예사업의 혁신은 이왕직미술품제작소를 인수하는데 일등공신이었던 도미타 기사쿠가 '적극적이고 진보적인 조선미술공예의 발전을 도모한다'고 밝힌 운영취지문에 부합된다.

무엇보다 가장 눈에 띠는 변화는 공예품 생산에 있어 다품종 고품질의 지향이었다. 주종 상품은 이전과 마찬가지로 도자류, 금, 은제품, 나전칠기 등이었지만, 질이 우수한 고가품 제작에 치중하여 상류층만이 구매할 수 있는 특권이 있었던 관영 때와는 달리, 다양한 계층의 사람들이 애용할 수 있는 공예품을 제작하려는 방안이 적극 반영되어 5, 6전에 불과한 염가품부터 수천만원을 호가하는 고급품, 관료들의 진상품 등이 제작되었다. 한편으론 개인이나 단체 기념품 및 증답품을 주문의례 제작하기도 하여, 제품의 질적 차등을 폭넓게 두면서 영리는 최고조에 달하게 하였다.[459]

따라서 제작소의 공예품들은 당시 품질면에서 '타의 추종을 불허할

---

458) 송재선(앞의 책), 266쪽.
459) 「朝鮮美術品製作所」, 『朝鮮-産業開發號』(1926), 462~463쪽.

만큼 훌륭하다'는 호평을 받았다.[460] 대표적으로 그 유명세는 1천여 원을 호가하는 금, 은, 청동기 제품들이 <평화기념동경박람회(平和紀念東京博覽會, 1922년)>에 조선을 대표하여 출품되고,[461] 재현청자 역시 신고려소(新高麗燒)로 명명된 각종 제품들이 꾸준히 제작되어 인기를 모았다. 특히 주 운영자인 도미타 기사쿠는 제작소를 운영할 당시 진남포와 경성 등지에서 청자공장를 동시 운영하고 있어 청자 제작에 대한 애착은 남달랐다. 그런데 조선미술품제작소에서 생산된 재현품들은 그의 청자공장 제품들 보다 우월하지 못했는지 진상품이나 전람회용으로 제작될 경우, 대부분 공장 제품들이 선택되었다. 이러한 경향은 오래 전부터 청자공장을 운영해 오던 그가 이미 최상의 청자를 제작하여 세간의 호평 받고 있었기 때문에 공식적인 출품일 경우 그의 공장 제품을 우선한 것으로 보인다.

이 사실을 입증해 줄 수 있는 기록이 남아있다. 한 예로 1929년 일본 국왕에게 진상되었던 공예품을 들 수 있다. 당시 진상품은 나전칠기와 청자였다. 그런데 이 중 나전칠기는 조선미술품제작소 제품이었지만 청자는 도미타 기사쿠의 진남포와 경성의 청자공장에서 특별 제작된 일본 양식의 대형 청자병이었다.[462] 청자병은 제작소를 비롯한 여느 공장에서 제작이 불가능한 대작(大作)임이 세간에 알려져 주목받았다.[463]

조선미술품제작소는 1922년 제1회 창립총회를 개최했다. 이후 매년 총회를 열어 주주들에 대한 이익분배와 총 매출액 증감현황을 보고했다. 가령 1923년도의 주주들에 대한 이익분배는 8분이었고,[464] 이듬해는 배

---

460) 주 453과 같음.

461) 「平和博 京城府內の出品數」, 『朝鮮經濟雜誌』第7拾13號(京城商工會議所, 1922), 38쪽.

462) 기록에 의하면, 삼화고려소는 1尺5寸1分의 청자 한 쌍을 진상했다고 전한다('稀貴한 大花甁-진황 폐하께 드릴 것, 고려자기의 高價品' ≪매일신보≫ 1929. 1. 9).

463) 주 462를 재인용.

당금은 동일했지만 전년도 보다 매출액이 증가하여 회사는 일대 호황기
를 맞았다.[465] 그런데 1924년에 지급된 주주 배당금은 8분에서 6분으로
줄어들었고,[466] 1928년에 이르면 배당금이 다시 4분으로 극감했다.[467]
　이러한 추이는 운영매출의 부진으로 주주들의 배당금 지급에 문제가
야기되고 있음을 추론할 수 있다. 다시 말해 주식 소유자들의 이익 배분
에 차등을 두기 위한 새로운 체제가 도입되지 않은 이상, 제작소의 판매
실적은 지속적인 호조를 보이지 못해 이익에 따른 배당금이 점차 줄어들
었다고 볼 수 있다.[468]
　그리고 실제 몇 년도 채 지나지 않아, 경영상의 위기는 사실화되었다.
이 상황을 밝혀줄 수 있는 유일한 단서는 1931년 2월18일과 3월1일자
《매일신보》 기사내용이다.[469] 기록에 따르면, 1931년 당시 제작소는
매출이 부진하여 심한 불황에 시달리고 있다고 밝혔다. 구체적으로는 경
영위기를 극복하기 위한 조치로 26만2천5백원의 운영 자본을 감소시키
고도 17만5천원의 부금(釜金)을 조달하는 것이 유일한 방편이었으니, 회
사상태가 악화일로에 있었음은 분명했다.[470] 이후는 《매일신보》 1936
년 7월15일자에서 밝혔듯이, 동양척식주식회사(東洋拓殖株式會社)에서
제작소 부지를 매수하고 조선지사를 개축하게 되어, 7월3일 총회를 열고
해산을 결의하면서 이 무렵 폐소(廢所)되었다.[471]
　이처럼 조선미술품제작소가 1930년대에 들어서 극심한 판매부진을

---

464) '미술품제작소 총회' 《동아일보》 1923. 4. 27.
465) '미술품제작소 業績' 《동아일보》 1924. 3. 30.
466) 《동아일보》 1924. 4. 6일자 참조.
467) 《동아일보》 1928. 4. 6일자 참조.
468) 각주 466·467을 참조.
469) 《매일신보》1931. 2.18, 3.1.
470) '美術品製作所는 減資를 難免' 《매일신보》1931. 2. 18.
471) 美術品製作所賣渡其跡의 東拓支社 불원에 출현하게 될 太平通에 또 高建物
　　《매일신보》1936. 7. 15.

겪었던 것은 일본 상인들이 제작소를 인수하면서 규모를 지나치게 확장
시켜 운영비 부담이 컸고, 더불어 이를 감당하기 위해서는 판매율이 지
속적으로 유지돼야 했지만 실효를 거두지 못했기 때문이었다.

여기에 주운영자이자 투자자였던 도미타 기사쿠가 1930년대 초에 사
망한 점은 회사 운영을 급속히 악화시키는 또 다른 원인으로 분석된다.
그의 사망에 따라 아들인 도미타 세이치(富田精一)가 대부분의 사업을
승계하였다. 그런데 승계자였던 그의 아들은 부친만큼이나 조선 공예품
에 대한 열정과 포부를 지니지 못했던 것으로 보인다. 따라서 도미타 부
자(父子)의 각기 다른 운영방식과 관심도는 결과적으로 도미타가 생전에
조선에서 일구어 놓은 각종 공예산업을 몰락시키거나 축소시키는 주요
원인이 되었다. 즉 조선미술품제작소는 도미타 기사쿠의 단독에 가까운
투자에 독단적으로 운영되었을 가능성이 높아, 그의 사망은 회사 경영의
침체국면 및 폐소에 직접적인 관련이 있다고 볼 수 있다.

이 밖의 문제로는 1930년대 후반 조선의 경제 및 시국관련 정책에 기
인한 점을 들 수 있다. 주지하듯이 1930년대의 일제는 전시대비를 강화
하기위해 식민지 조선의 인력과 원자재 수탈을 집중 강화한 정책들을 시
행하였다. 일제의 경제강압정책이 시행되자 공산품 생산 및 유통은 치명
적인 타격을 입기 시작했고, 제작소 역시 이러한 영향권에서 크게 벗어
나지 못했을 것이다.

이상의 요소들을 종합해 보면, 조선미술품제작소는 1920년대에 가장
왕성한 활동을 하였고, 이후 후반으로 접어들면서 점차 판매 부진의 늪
으로 빠져 들다가 1930년대 후반 경, 시국 상황과 맞물려 폐소가 불가피
했던 것으로 추정된다.

일제 강점 중반 민간인에 의해 운영된 제작소는 최고의 공예품을 생
산해 내고 또한 대중화를 위해 많은 투자와 노력을 아끼지 않았다. 그러
나 운영 전반에 지나친 상업적 성향을 띠게 되면서, 각종 제품들은 주

고객인 일본인들의 취향을 적극 반영하게 되었고, 결국 이러한 양상이 확대되어감으로써 고유양식과 판매유통 등에 적지 않은 폐단이 발생했다.

가. 전문 판매장의 설치

민영화된 조선미술품제작소는 공예품의 대중화와 판매촉진을 위해 전문 판매진열장을 부가적으로 설치하였다. 현대로 본다면 '공예상설전시관'의 기능을 갖추고 있던 판매장은 단순히 상업적 수단으로 역할하지 않고 일반인들의 식견을 넓히면서 유락(遊樂)공간으로 활용되었다. 또한 전문 판매장의 도입으로 상품을 생산하는 제작장과 판매처를 완전히 분리시킬 수 있었다.

제작소 소속 공식 판매장은 1922년 11월 28일 가을에 문을 연 조선미술공예품진열관(朝鮮美術工藝品陳列館, 이하 약칭 진열관)이다(도 29-1, 29-2).[472] 초창기 이 진열관은 도미타 기사쿠가 운영하던 대형 음식점을 개조한 건물에 설치되었지만, 이후 남대문 근처에 소재한 파밀리(巴密里)호텔로 이전했으며, 조선고미술공예품진열장(朝鮮古美術工藝品陳列場)과 조선신미술공예품판매장(朝鮮新美術工藝品販賣場)으로 구분되었다.[473] 따라서 개인 수집된 유물들은 고미술공예품진열관에, 제작소의 제품들은 신미술공예품판매장에 각각 진열될 수 있었다.

진열된 고미술품(유물)의 경우, 도자기와 칠기류가 대부분이었고, 미술품제작소 상품들은 앞서 살펴본 바와 같이 금·은제품과 칠기 및 도자기 등이 주종을 이루었다. 기종은 생활잡기 및 관상용품을 비롯하여 기

---

472) '朝鮮美術陳列館' ≪동아일보≫ 1922. 11. 27.

473) 초창기 조선고미술공예품진열장과 조선신미술공예품진열장을 동시에 겸비한 조선공예진열관의 운영실태와 설립연도 등은 정확히 알 수 없다. 다만 일제강점기 요업에 종사한 송재선옹은 진열관으로 사용되었던 공간이 본래 도미타 기사쿠가 '金天代會館'이라 불리우는 대형 음식점을 개조한 건물이었다고 증언했다 ; ≪동아일보≫ 1922. 11. 27 ; ≪매일신보≫ 1922. 11. 29.

(도 29-1)　　　　　　　　　　　　　　(도 29-2)
이왕직미술품제작소 상품진열소　　　　주식회사조선미술품제작소
1910년대 중반　　　　　　　　　상품진열소, 1920년대 중반경

넘품과 중답품에 이르기까지 매우 다양했다. 한편 판매장은 20년대 초·
중반 가장 호황을 누렸고 판매 부진에 시달리던 20년대 후반 경부터 서
서히 운영에 차질을 빚다 제작소가 총체적인 위기에 직면했던 1930년대
초를 기점으로 규모가 급격히 축소되어 결국 문을 닫은 것으로 보인다.

나. 제작 양식

현재로서는 전세 유물이 부재하여 양식상의 특징과 변화를 파악할
수 없지만 동시기에 도마타가 운영하던 삼화고려소의 제품, 이른바 신
고려소(新高麗燒)들을 살펴봄으로써 대략적이나마 유추할 수 있다(도
30).[474] 그런데 일제강점기에 신고려소로 불리는 재현자기들은 강점 초
기에는 비교적 전승식을 충실히 따르지만 1920년대 이후부터는 외래식
이 혼용되는 경향이 많아진다. 이들은 대체로 외형만 재현했을 뿐 문양
과 기법 등에서 일본적이거나 중국적인 취향이 많이 반영되었다. 따라서
조선미술품제작소 전승품들은 민영화 이전에 비해 더욱 외색이 짙어졌
을 것으로 짐작된다.

---

474) 엄승희(앞의 논문), 177쪽.

(도 30) 新高麗燒, 일제강점기

한편 전승식에 외래적 취향이 접목된 경향은 비단 도자공예품들에 국한되지 않았으며, 일본 공예품의 기능과 형식을 고스란히 수용한 금, 은제품들과 나전칠기에서도 동일하게 반영되었다.[475)

3) 이왕직과 근대도자

조선총독부의 합법적인 왕실 감시 기구였던 이왕직이 일제강점기에 시행했던 도자 관련 업무는 이왕가박물관의 도요지 발굴조사와 수집 그리고 전시 및 관련 도록 발간 등으로 대표된다. 또한 일시적이나마 이왕직미술품제작소(1913~1922)의 운영을 통해, 각종 전통 공예품들을 제작하여 한국 공예의 전승문화 발전과 복원에 참여했다.

그 중 이왕직은 도자유물을 발굴하고 수집하는 업무를 강점과 함께 가장 최초로 시행했다. 이왕직이 도요지 발굴사업에 참여한 경우는 확인된 사례가 몇 되지 않지만, 밝혀지지 않은 다수의 비공식 조사사업이 분명 존재했을 것으로 보이며 이 과정에서 상당량의 유물들이 수습된 것으로 추측된다. 가장 대표적인 도요지 조사는 1914년에 시작된 전남 강진군 대구면 일대의 청자요지였다. 이 조사가 진행될 무렵의 이왕가박물관은 이미 도요지 발굴사업에 매진할 수 있는 규모를 어느 정도 갖추고 있었다. 그러나 1916년 총독부가 고적조사에 관한 관제 칙령을 발포하면서 고적조사사업단을 발족하게 되어, 사업의 대부분이 총독부측으로 옮겨갔다. 때문에 이왕직은 발굴사업 규모를 축소했지만, 고려청자를 중심으로 한 도자유물에 대한 수집열은 이전과 다를 바 없었다.

475) 최공호(앞의 책), 285~288쪽.

도자유물 수집은 제실박물관 시절부터 이미 상당량의 고려청자를 구입해 왔던 것을 이후 이왕가박물관으로 교체되면서 더욱 다양한 경로로 확대되었다. 이 부분은 1932년에 발행된 『이왕가박물관소장품사진첩』(이왕직, 1932)를 통해서도 파악된다. 이 화보에 청자가 다른 기종에 비해 유난히 많고 서문에서 밝혔듯이, 고려청자를 '이왕가의 비장품(秘藏品)'이라고 지적하여 이왕직의 청자 애호는 남달랐음을 알 수 있다. 그런데 이왕가박물관은 국내외 박람회와 전람회에 소장품을 일부 선보이는 경우가 있었지만, 여느 관립박물관이나 사립박물관과는 달리 상설전시 이외 <도자유물전람회>를 개최한 사례는 거의 없었다.

이와 더불어 이왕직은 강점 초기인 1910년대에 전통공예 복원사업에도 참여했다. 이 사업은 대한제국시기의 한성미술품제작소를 이왕직미술품제작소로 계승 운영하면서 새로운 공예정책을 구현하는 가운데 이루어졌다. 그리고 1910년대 중반 경, 제작소에 도자부가 신설되면서 각종 전통자기들이 제작될 수 있었다. 특히 도자부 운영에 직접 관여했던 이왕가박물관 초대관장 스에마스 구마히고(末松態彦)는 고려청자 구입을 지휘했던 인물이었기 때문에, 청자 소장 열기를 도자공예 기술 복원으로 이어갔을 가능성이 높다.

도자부에서 제작된 일명 '비원자기'로 칭하는 재현품들은 1910년대 후반 경 문인문객에게 호평 받았던 것으로 비춰진다. 그런데 지금까지 알려진 이 일련의 제품들은 원작을 제대로 복원했다고 보기 힘들다. 가령 12~13세기 고려청자를 모방한 수준은 매우 치졸할 뿐 아니라 중국식과 일본식을 겸한 혼합양식마저 등장한다. 따라서 현재로서는 이왕직미술품제작소의 재현품에 대한 유일한 기록을 담고 있는 ≪매일신보≫의 보도기사를 전적으로 믿을 수 없는 상황이며, 이후 이러한 내용들을 뒷받침해 줄 수 있는 유물자료 및 관련 문헌들이 보다 보강되면 정확한 고찰이 이루어질 것으로 기대된다.

결과적으로 이왕직미술품제작소는 전통공예의 복원 및 창달이라는 측면을 부각시키면서 이 시기에 의미 있는 복원사업을 전개시켰으나, 실제 취지는 일제의 공예정책에 근거하여 고유문화를 저해하거나 변질시키는 한계를 드러내고 말았다 이 부분은 민간인에게 소유권이 넘어간 주식회사조선미술품제작소 시기 더욱 뚜렷해진다. 이를테면 고려청자는 일본인 취향에 부합하기 위해 왜색성이 더욱 농후해졌으며 이로 인해 일제강점기 청자문화는 상술과 변질된 양식의 잔흔을 남겼다.

이상에서와 같이, 일제강점기 구궁내부의 업무와 기능을 담당했던 이왕직은 이왕가박물관과 이왕직미술품제작소 등의 운영을 통해서 다양한 미술공예품을 수집하고 나아가 발굴조사사업과 유물전시를 겸했으며 실제 제작에도 참여했음을 알 수 있었다. 특히 박물관 설립 초창기, 고려청자를 비롯한 각종 공예품들을 상당량 수집하고, 직접 고려청자요지 발굴사업에 개입한 부분은 한국의 대표 미술공예품인 고려청자에 대한 애호가 남달랐음을 보여주는 일면들이다. 그러나 이왕직의 업무들은 대체로 일제의 문화정책을 기반으로 하고 있어, 진정한 문화유산의 보존과 이를 토대로 한 전통문화를 발전시켰다고 보기 힘들다.

Ⅳ. 정책체제 변화에 따른 제작구조의 양상

일제강점기는 다양한 도자기가 제작될 수 있는 기회와 가능성이 존재
했지만, 대부분은 조선총독부나 이왕직과 같은 식민통치기구의 통제하
에서 이루어졌다. 이러한 제작 상황은 단순히 일제의 의도된 요업체제에
순응하는 차원을 벗어나 수요품과 수요처, 도자양식, 제작자의 여건 및
생활방식에도 새로운 변화를 가져다주는 계기를 마련하였다. 이 장에서
는 백자 생산 침체에 직, 간접적인 영향을 미친 왜사기 수입 및 산업자
기 생산에 대한 고찰을 필두로1) 이 시기 도자문화를 본질적으로 전환시
킨 대표적인 제작양상 및 구조체제에 대해 다루어 보려한다. 필자는 이
시기 제작 전반에 나타난 표상들이 일제의 도자정책들로 말미암아 생산
상의 전환을 초래했고, 양식이나 제도적 장치를 정립시키는 데는 많은
한계를 드러냈지만 다방면에서 특이할 만한 현상들이 표출되었다는 점
을 염두하며 분석할 것이다.

1. 백자 생산 침체에 따른 산업자기 생산 증대

일제강점기의 백자 생산은 침체 그 자체였다. 이 시기 백자 생산의

---

1) 일반적으로 조선시대 도자사학자들은 고종 13년(1876)에 체결된 병자수호조약으
   로 인해 개항이 시작되고, 이로 인해 본격화된 왜사기 수입이 분원 쇠퇴에 가장
   큰 영향을 미쳤다고 보고 있다[방병선, 『조선후기 백자 연구』(일지사, 2000), 15
   6~158쪽 ; 김영원, 『조선시대 도자기』(서울대학교출판부, 2003), 311쪽].

극심한 침체현상은 조선 말기 분원의 해체(1883년~1884년)를 전후한 시점부터 서서히 진행되어 온 것이 더욱 가중되었다. 따라서 강점 이후의 상황도 분원의 민영으로 인해 촉발된 위기를 극복하지 못한 연장선상에 있기는 마찬가지였다. 오히려 이 시기는 일제의 백자 말살정책으로 인해 생산성의 무력화는 심화되었다. 특히 강점 초기부터 일본 경제회생 차원에서 왜사기 수입이 더욱 증대되자 조선백자의 회생은 근본적으로 차단되었다. 이와 더불어 산업자기 생산을 촉발시킴으로써 일본 정부와 자국 도자산업의 자본 조달에 기여하고자 했다. 산업화된 자기 생산이 증가하면 할수록 백자의 전통계승과 쇄신의 기회는 상실되었으며 급속히 쇠락했다.

그 결과 1910년대부터 중앙시험소 요업부의 지원이 미친 일부 지역들도 20년대 초에 접어들면 잔영(殘營)마저 사라졌고, 이외 지역들 또한 과거와 크게 다름없었다. 이로써 20년대 전반의 백자는 일제의 왜사기 정책에 항거하면서 싼값으로 대항했던 상사기보다도 수요층이 부실했으며, 취약한 제작기술과 미숙한 유통구조 등으로 조선시장의 구매력은 한없이 떨어졌다.

이후 일제 당국은 지방가마의 생산성을 제고(提高)시키는 일련의 방책들을 내놓았지만, 실제 이러한 지원책이 파급된 제작장들은 정책적 전략에 따라 선정된 일부에 지나지 않았고, 지원이 미친 곳조차도 30년대 중반을 기점으로 운영에 많은 어려움을 겪었다.

1) 백자 생산의 양상

이 시기는 조선조로부터 이어져 온 백자가 계속해서 생산되지만 이전처럼 생산성이 활발하지 못했다. 백자 생산은 1930년대 중반까지 과거 요충지였던 분원요를 비롯한 웬만한 지방가마에서 명맥을 이어가다, 이

후 공동조합장을 제외하고는 소략 생산되는데 그쳤다. 조선백자의 수요
자는 중산층으로부터 농민이나 하층민들이었으며, 주종품은 질이 매우
떨어지는 하품(下品)이거나 이보다 한층 조질한 상사기(常沙器)들이 대
부분이어서 과거와 같이 고급품들은 번조되지 못했다. 오히려 상사기의
경우, 시대적 여건으로 백자에 비해 생산이 활성화되어 해방 직전까지
꾸준히 번조된 것으로 보고 있다.

(1) 백자 생산의 전개

① 강점 직전

강점 직전의 백자는 조선 말기 관영체제였던 분원의 해체를 전후한
시기부터 시작된 침체 상황이 좀 더 악화되었다. 즉 고종 연간에 이르러
관영체제로 운영되던 분원은 왕실 진상자기의 별번(別燔)이 빈번해지고
진상 시 발생하는 과외침징 증가 등의 문제들로 일대 혼란에 빠져 있었
다.[2] 백자수급의 저변화와는 거리가 먼 이 같은 상황을 두고 조정에서는
'불의에 관요의 설치가 사상(私商)의 업'이 되었다고 탄식할 정도였으니,
당시 분원 운영의 변질과 심각성이 짐작된다.[3] 이후 폐단을 근절하고자
『분원변수복설절목(分院邊首復設節目)』을 제정하면서 민간 번조를 허
용했고,[4] 예납(例納)과 정비(情費)를 모두 없애는 방안 등이 대두되었다.
그런데 이 상황을 극복하기 위해 도입된 사영체제(私營體制)는 소속 사
기장들의 무절제한 생산을 일삼게 하거나 재정과 제조기술, 판매에 따른

---

2) 방병선, 「19세기 조선백자」, 『운현궁 생활유물 Ⅲ』(서울역사박물관, 2006), 131
  쪽.
3) 이 내용은 高宗 11年(1874)에 제정된 『分院邊首復設節目』에 자세히 기록되어 있
  다[『分院邊首復設節目』(奎章閣 古大 4256-10) ; 방병선, 「고종 연간 분원 민영화
  과정」, 『역사와 현실』33(한국역사연구회, 1999), 183~215쪽].
4) 『高宗實錄』高宗 19年(1882) 十二月九日. '分院之換近爲弊 公私受損 亦物可不及
  今變通 燔造奉事勿爲劃送 許民燔造而供上需用 作貢進排.'

운영상의 또 다른 문제에 직면케 하여 분원 경영의 어려움은 계속되었
다.5)

　결국 지속되는 경영 악화는 감생청(減省廳)으로부터 새로운 제도 장
치를 마련해야 한다는 분원 개혁안으로 매듭지어졌으며,6) 이로 인해 채
택된 것이 민간 운영방식으로의 전환이었다. 그런데 1883년 감생청의
구조조정으로 전환된 분원의 민영체제는 이전에 만연했던 구조적 모순
을 해결하는데 큰 도움이 되지 못하고 여전히 많은 한계를 떠안고 있
었다.

　민영화로 전환되고 나서 직면한 문제들은 대체로 분원 운영자들의 경
영 착오로 촉발되었다. 다시 말해 분원 민영화 이래, 최초의 인수자였던
조용식(趙容植)을 비롯한 여러 관료직 인사들의 미숙한 경영은 화두거
리였다.7) 경영상의 최대 문제는 운영자금과 새로운 제작기술에 대한 수
용 때문에 발생되었으며, 특히 운영자금에 따른 고충이 가장 심각했다.
왜냐하면 이무렵 분원은 사기제조에 필요한 원료 및 연료에 대한 경비를
왕실을 비롯해 지방 유지나 관료들로부터 조달받은 변전(邊錢)으로 대체
될 수 있었지만, 그 외 일체의 소용 경비는 운영자들이 부담했기 때문이
다.8) 여기에 1884년에 제정된 진상공가(進上貢價) 및 각 그릇의 정부
고시가격은 시가에 훨씬 못 미치는 낮은 금액으로 설정되었으며 그나마
도 제때 지급되지 않아 분원 운영은 큰 타격을 받았다.9) 또한 전국 상인
들은 분원에 내려와 어음이나 외상으로 거래하는 경우가 많아 애로는 가

---

5) 崔敬和, 「編年資料를 통하여 본 19世紀 靑畵白磁의 樣式的 特徵」, 『美術史學硏究
　　』212(韓國美術史學會, 1995), 88쪽.

6) 분원 민영화 방안을 주도한 인물은 減省廳 句管堂上 魚允中이었으며, 이 개혁안
　　은 『分院磁器貢所節目』(1884.4)을 통해 밝혀졌다(『備邊司謄錄』266冊, 高宗 20年
　　正月 十四日條).

7) 宋贊植, 『李朝後期 手工業에 관한 硏究』(서울대학교출판부, 1973), 52～57쪽.

8) 『分院磁器貢所節目』, 高宗21年(1884) 참조.

9) 서울特別市史編纂委員會, 『荷齋日記 1892～1894』二(2007), 20～21쪽.

중되었다.[10] 더불어 이 당시는 분원 이외에 전국 각지의 사기점[私店]에서 생산된 백자들이 민간인들에게 판매 공급되었으므로 분원백자의 시장 점유율은 그다지 높지 못했다.[11]

따라서 분원 운영자들은 자금 조달에 대한 압박에 항상 시달려야 했다. 결국 분원의 재정난은 쉽게 해결되지 못하여 민영화 이래 계속해서 적자 운영이 이어졌고, 이 때문에 조용식(1883)으로부터 안강수(1895), 이효순(1895) 등 주 운영자의 교체도 잦았다.[12]

재원 문제 이외에 제작에 따른 기술도입은 또 다른 미숙 경영의 전형을 보여주었다. 민영화 후 분원은 신제품을 생산한다는 목적으로 구다니(九谷)나 아리타(有田)로부터 성형공(成形工), 화공(畵工), 화부(畵夫) 등을 고빙하기 시작했다. 일본인 기술자의 채용은 조선에서 시도되지 못했던 서구의 근대화된 여러 성형술, 이를테면 석고성형이나 화학안료기법 등을 도입하기 위함이었다.[13] 그런데 이러한 접근방식은 결과적으로 제작기술을 향상시키는데 일조하지 못했고 오히려 분원백자의 품격을 빠른 속도로 하락시키는 계기가 되었다.[14] 그 원인은 일본으로부터 도입된 새로운 제도기술로 양질의 백자를 생산하기보다 오로지 대량 생산에만 초점 맞추어 저급한 백자를 양산(量産)했기 때문이다. 또한 고유 미감을 상실시키더라도 일반 대중들에게 인기가 있는 왜사기풍의 그릇들을 생산하여 영리만 추구하려 했다(도 49).[15]

이러한 제작의도로 생산된 백자는 질적으로나 미감으로나 우수할 수

10) 방병선, 「하재일기를 통해 본 조선 말기 분원」, 『講座美術史』34호(한국불교미술사학회, 2010), 283~287쪽.

11) 서울特別市史編纂委員會(앞의 책), 21쪽.

12) 宋贊植(앞의 책), 56~57쪽.

13) 淺川伯敎, 「李朝陶磁史の歷史」, 『朝鮮』(朝鮮總督府, 1922.12), 76쪽.

14) 鄭良謨·崔健, 「朝鮮時代 後期 白磁의 衰退要因에 관한 考察」, 『한국 현대미술의 흐름』(일지사, 1988), 355~356쪽.

15) 송재선(앞의 책), 252쪽.

없어, 왜사기에 비해 판매는 당연히 부진했다. 판매부진으로 인한 경영
상의 어려움은 실무를 맡고 있던 분원 말기 사기장들에게 가장 큰 영향
을 미쳤다. 민영초기의 불안정한 운영이 사기장들의 제작 의지를 사라지
게 만들고 있었던 것이다. 침체된 제작 분위기가 심화되자 분원은 민영
화된 지 10년 정도 지난 1894년 8월, 파하기로 결정되었다가 바로 해체
되지는 않았지만,16) 이후 1896(1895~1896년 사이로 추정)년경 부채 100
여만 냥을 떠안고 결국 폐지되었다.17) 특히 이 무렵은 갑오개혁(1894.
7) 발발 시점과 맞물려 있어 관청 선대제적(先貸制的) 성격을 지닌 분원
폐지는 불가피했던 것으로 보인다.18) 이 과정을 통해 분원은 완전히 해
체되다시피 했다.

  폐지 이후 2~3년이 지나 분원은 근대적 성향을 띤 도자기회사[燔磁
會社]로 재탄생되었다. 물론 이 회사는 완전히 근대성을 갖추었다고 볼
수 없지만 운영방식과 판로 등이 이전과 달랐다. 이 부분에 대해서는 최
근 발간된 『하재일기(荷齋日記)』4(서울特別市史編纂委員會, 2008)를
통해 비교적 자세히 밝혀졌다. 우선 대한제국기에 들어서면서 왕실의 후
원 아래 근대회사로 거듭난 분원은 분원(민영 당시) 공인 출신이자 『하
재일기』의 집필자였던 지규식에 의해 설립이 추진되었다.19)

---

16) 『荷齋日記』甲午(1894) 八月 十九日. '晴 貿米一斗一升 四十二兩九錢 邊首役場需
   未給 夜會諸貢人呼訴罷貢次定議 往趙又樓 見全州文官柳冕鎬上疏 極東時弊與今上
   不德 想其爲人 剛直可知'(서울特別市史編纂委員會, 앞의 책), 15쪽·502쪽.

17) 『荷齋日記』甲午(1894) 九月 二十二日. '(중략)佇立軒前 大臣招余引前 分付曰 汝
   之癸 未作貢時 不聽吾言 願爲貢人矣 十餘年進排 其所利宜何如 汝之沒覺故也 負債
   多少 吾所不知 汝之情勢可矜 故錢一萬兩 特爲割給爲敎 余告曰 負 債百餘萬兩 而方
   在關供難保之中 萬金之劃下 恩雖莫大 以此之物 萬無經紀之望 不可受去一院存亡
   都在於大監處分 更加三思 大臣曰 此外更無道理 落落難言(중략)'[서울特別市史編
   纂委員會(위의 책), 15쪽 재인용·507쪽 ; 鄭潭淳,「韓國近代 陶磁의 一考察」(홍익
   대학교 대학원 석사학위논문, 1974), 4~5쪽].

18) 宮內府 完文, 1894. 7 참조.

19) 서울特別市史編纂委員會, 『荷齋日記 1896~1898』(四), 2008, 6쪽.

회사는 자본조달 및 분원성책(分院成册)과 절목장정(節目章程) 절차 등 여러 준비과정을 거친 후,[20] 대략 1897년 2월경 공식 출범한 것으로 보이며, 회사의 운영에는 왕실뿐만 아니라 여러 자본가와 관료 등이 관여했다.[21] 그런데 출범한 지 얼마 지나지 않아 회사 재정은 또 다시 곤란해졌다.[22] 아마도 이즈음 개항 후 밀려드는 수입자기와 일본인들에 의해 설립되기 시작한 도자기제작장들과의 경쟁이 시작되면서 운영상에 어려움이 가중된 것으로 보인다.[23] 즉 이 시기는 갑오개혁(2차) 이후 청일전쟁의 승리를 눈앞에 둔 일본이 조선에 대한 영향력을 보다 강화하던 때여서, 일본인들의 국내 요업활동과 왜사기 수입이 상당했을 것으로 보인다.

또 다시 재정을 비롯한 여러 운영문제에 휩싸인 분원회사는 근대적 회사로의 전환에 위기를 맞았고, 이후 회사가 상무사(商務社) 체제를 겸하면서 보부상을 통해 판로를 확장하는 등 다양한 활동을 전개시켜 보지만, 이로 인한 폐단마저 끊이지 않아 20세기 초 결국 파국을 맞이하고 말았다.

전근대성을 탈피하며 설립된 분원회사의 원활하지 못한 운영은 향후 전국의 지방백자와 분원백자 간에 특별한 구분을 없애는 한편, 전반적인

---

20) 자본조달에 관한 내용은 『荷齋日記』1896년 11월~12월간 일기 참조 ; 分院成册에 관한 내용은 『荷齋日記』 丁酉(1887) 一月 十四日. ‘分院成册修正三卷 一置安重基家 一置磚洞金台宅 一置分院 次持來’ ; 節目章程에 관한 내용은 『荷齋日記』 丁酉(1897) 一月 十五日. ‘節目章程推來 具册衣 蜀猫皮吐 手一件三十兩貿着’(서울特別市史編纂委員會, 앞의 책), 233~241쪽·244~245쪽.

21) 宮內府 完文 1898. 2. ‘更張以來分院擧行 雖歸廢址 御用法器不可闕焉 故所以有會社之新設也’

22) 『荷齋日記』丁酉(1897) 二月 二十一日. ‘燔社錢政甚難 修書於安永基 專送元心于京中金 貞浩處’(서울特別市史編纂委員會, 위의 책), 250쪽.

23) 『荷齋日記』丁酉(1897) 六月二十日. ‘日人七名出來奉安店更設 而新作大通會社 大張燔磁云云 院中人趙進士奉稷 李五衛將元裕 人參其社中’ (서울特別市史編纂委員會, 위의 책), 260쪽.

(도 31) 〈백자청화희자문병〉
20세기 초, 고 60.2 구경 20.7㎝
국립고궁박물관 소장

(도 32) 〈백자청화초화문변기〉
20세기 초, 고 29.0㎝
국립고궁박물관 소장

백자 품격 또한 하향 평준화시켰다.[24] 특히 분원 요업의 환난은 분원 일
대의 사기장들을 전국에 흩어지게 하고 결국에는 사라지게 만든 근원이
되었다. 1900년경 분원리 번소 사기장인이 10명에 불과했다는 사실만으
로도 19세기 말엽의 분업 요업이 이미 몰락 상태에 접어들었음을 추정
할 수 있다.[25]

그럼에도 구왕실은 시기적절한 복구책을 제시하지 못했고 안일하고
소극적으로 대처했다.[26] 국가지원이 단절되고 생산의지가 전반적으로
나약해지면서, 조선백자는 근본적으로 회생할 수 있는 방도가 없었다.

---

24) 김영원, 『조선시대 도자기』(서울대학교출판부, 2003), 331쪽.
25) 鄭潭淳(앞의 논문), 4~5쪽 재인용.
26) 구왕실은 개항 이후부터 1890년대 초에 이르기까지 관영 요업공장을 설립시키
   거나 개인공방 설립에 따른 지원 등에 전혀 관여하지 않는다. 실제로 개항 후 근
   대화된 정부직속공장은 인쇄공장(1883년), 직조공장(1889년), 제지공장(1889년)
   등이 관할부서인 박문국, 직조국, 조지국 등에 의해 설립되는데 그쳤다.

특히 왜사기를 비롯한 서양자기가 무분별
하게 수입되던 19세기 말엽에 이르면, 왕
실에서도 수입자기를 외면하지 않았고(도
31, 32),[27] 민수품으로도 애용되어 더욱
그러했다.[28] 물론 1900년을 기점으로 생
겨나기 시작한 소규모 사기점들과[29] 애국
계몽운동과 식산흥업정책의 일환으로 산
업자기공장을 신설하여 일변할 수 있는
기회가 마련되었지만,[30] 근대화된 생산체
제를 갖춘 일본의 산업도자는 이미 조선
시장을 장악한 상태였고 국권 역시 통감
부의 설치로 상실되어, 조선백자의 소생

(도 33) 〈백자청화연로조문호〉
19세기 말, 고 35.2㎝
이화여자대학교박물관 소장

은 여전히 힘들었다. 결과적으로 조선 자력의 개혁은 실질적인 성과를
맺지 못했고, 이후 일제에 의한 식민지적 근대화가 전개되었다.

한편 분원을 떠나 전국 각지로 흩어진 일부 사기장들은 그들의 새로
운 정착지에서 도업(陶業)을 재개했지만, 이들의 독립은 순탄하지 못했
다. 이미 개항을 통해 밀려든 수입자기가 대부분의 수요층을 장악한데다
이에 대항할 수 있는 기술력과 자본력은 뒷받침되지 못했기 때문이다.
결국 특별한 대안이 없던 사기장들은 조질한 백자와(도 33) 상사기, 옹기
등을 생산하며 근신히 생계를 유지했다.[31] 특히 청일전쟁 이후 일본의

---

27) 『第1次統監府統計年報』(統監府, 1906년 ; 『朝鮮總督府統計年報』(朝鮮總督府, 1909)
     참조.
28) 최건, 「大韓帝國時代의 陶磁器」, 『오얏꽃 황실생활유물』, 국립고궁박물관, 1997,
     57~59쪽.
29) 『第3次統監府統計年報』(統監府, 1908) 참조.
30) 오미일, 「1910~1920년대 공업발전단계와 조선인 자본가층의 존재양상」, 『韓國
     史研究』87(韓國史研究會, 1994), 199쪽 ; 서영희(앞의 책), 116~123쪽.
31) 러시아大藏省 編, 金炳璘 譯, 「조선에 대한 記述」, 『구한말의 사회와 경제, 1900』

내정 간섭이 본격화되면서 부터 그나마 지방 공방들마저 폐업될 위기에 처했다. 따라서 조선 요업은 분원 민영화로부터 대한제국기를 거치는 동안 특별한 변화 없이 침체일로에 있었다고 볼 수 있다. 상대적으로 조선으로 이주해 온 일본인 실업가들은 전국 각처에 근대식 도자공장 설립을 추진하면서 조선시장의 틈새를 점차 잠식해 갔다.

② 강점 이후

강점기에 들어서도 분원 운영권이 민간에게 넘어가던 이후 상황에서 크게 벗어나지 못해 여전히 생산상의 어려움이 산재했다. 이러한 사실은 강점 당시 도자기 생산액이 연간 172,206원으로 1910년대 말의 생산액인 1,371,108원의 10분의 1에 불과했던 점으로도 파악된다<표 20, 23>. 뿐만 아니라 백자 양식은 본연의 전통성을 더욱 상실해 갔으며(도 34, 35), 전국의 백자가마 사정 역시 황폐했다.[32]

침체상황은 백자 생산에 대한 아무런 방책을 세워두지 않은 가운데 강점을 맞이했고, 식민 치하에서는 산업자기와 왜사기에 밀리면서 가중되었다. 특히 일제는 강점 초기부터 요업 쇄신을 위한 다양한 도자정책들을 시행했지만 이들은 백자 생산과 무관했고, 오히려 조선백자의 의도적 말살을 유도하여 쇠락을 방관한 면이 컸다. 따라서 일제강점기는 단순히 분원 민영화 이후의 연장선상에 있었던 것만은 아니며, 일제의 정책으로 말미암아 발생된 병폐들이 더해지면서 표출된 양상들을 배재할 수 없어, 도자사의 또 다른 분기점으로 구분된다.

<표 21>과 <표 22>에서 확인되듯이, 일제는 강점 이후 왜사기의 조선 진출을 점차 확대하면서 동시에 국내에서의 왜사기 생산 또한 촉진했다.[33] 이른바 일제의 도자정책상 산업자기 생산이 장려되어 1910년대

(裕豊出版社, 1983), 133쪽.
32) 러시아大藏省 編, 金炳璘 譯(앞의 책), 133쪽 재인용.

(도 34) 〈백자청채삼단합〉 20세기 초　　(도 35) 〈백자공수주전자〉 20세기 초
고 16.3, 구경 13.8, 저경, 6.7㎝　　　　고 18.7, 구경 13.9, 저경 16.5㎝
　　　일본 민예관 소장　　　　　　　　　　　일본 민예관 소장

중반 이후 대형공장들이 신설되자, 백색계 전승자기 생산이 위축되는 것
은 당연했다. 이 위기를 모면하기 위한 유일한 방도는 왜사기에 대항할
수 있는 백자의 새로운 기술력과 판매력이었다. 그런데 생산의 주체였던
조선 사기장들에게 이에 대응할 만한 여력은 상대적으로 부족했다.

　그럼에도 조선 사기장들의 백자 생산은 중단되지 않았다. 비록 최말
기 양식이기는 했지만 조선인들의 수용공급품은 계속해서 제작되었
다.34) 이들 생산지는 대부분 대도시와 멀리 떨어진 산간지대의 지방가
마을이었으며 외부의 침입이 어려운 외곽으로 갈수록 백자 고유의 모습
이 유지되는 편이었다.35)

---

33) 1917년 말을 기준으로 살펴보면, 조선인의 총 생산액은 169,350원(21.1%)인데 반
　해 일본인은 631,944원(78.9%)이었다. 이 통계를 토대로 한다면 조선은 강점 초
　기부터 생산 전반이 일본에게 크게 밀리고 있었다(朝鮮總督府,『朝鮮總督府統計
　年報』, 1917), 22·225쪽.

34) 淺川伯敎,「朝鮮 現在の 窯業」,『世界陶磁全集』16(河出書房, 1956), 132쪽.

35) 조르주 뒤크로 지음·최미경 옮김,『가련하고 정다운 나라, 조선』(눈빛, 2001), 89
　쪽.

옛 관요지인 경기도 분원리를 비롯하여 여주군, 연천군 일대와 평안
도 성천군, 명천군 일대를 중심으로 형성된 요촌(窯村) 등은 그나마 생
산이 안정적으로 유지되던 곳이다.[36] 특히 경기도 남종면 분원리 주변
지역은 과거 관요지였다는 이유만으로 일제의 관심이 지대했고,[37] 분원
출신 사기장들이 이주했던 여주군도 이와 비슷한 입장에서 주목받았
다.[38]

실지로 총독부는 강점 초창기, 예외적으로 분원 일대 사기장들에게
보조금을 지원하며 복구를 도왔고,.[39] 조선인들도 이에 못지않은 노력을
기우렸다. 대표적으로 분원 유지들이 자금을 모아 설립한 분원자기주식
회사(分院磁器株式會社)는 식기를 비롯해 다양한 생활용품들을 제작하
였으며[40] 1910년대 여주 일대에서도 사기장 자신의 이름을 내건 자기점
(磁器店)들이 개요(開窯)하여 식기, 제기 등 각종 생활자기를 중점 생산,
판매하기 시작했다.[41]

당시의 요업활동은 분원 명성을 복원하려는 의지가 분명 내재되어 있
었으며 이 부분에 대해 일제는 특별히 관여하지 않았다. 이를테면 이 지
역들은 '문화특구'로서 보존되어져야 한다는 일제의 전망에 따라 자유롭
게 번조가 가능했던 것으로 보인다.

---

36) 善生永助(앞의 책), 123쪽.

37) '분원도업보존장려' ≪매일신보≫1913. 6. 6.

38) 善生永助(위의 책), 124쪽 ; 大橋武夫·吉田寬一郎.「驪州磁器試驗」, 『朝鮮總督府中
   央試驗所報告書』13-1(1932), 1∼2쪽.

39) 주 37과 같음.

40) 분원자기주식회사는 분원에 거주하던 유지 윤치성과 민대식 등 9인에 의해 설립
   이 추진되었다. 그런데 회사를 설립시키고자 한 1911년은 조선총독부의 「조선회
   사령」(1910.12월 공포)이 공포된 지 불과 1년이 채 되지 않은 때여서, 설립 승인
   에 많은 어려움을 겪었다(≪매일신보≫1911.4.16, 5.16, 9.1, 9.28일자 참조).

41) 善生永助(위의 책), 124∼144쪽 ; 加藤土師, 『支那, 滿鮮の陶業を視て』(日本陶磁器
   工業組合聯合會, 1936), 50쪽.

그러나 당시로서는 다른 지역에서 찾아보기 힘든 각계각층의 다양한 노력과 지원에도 불구하고 이 일대도 특별한 성과 없이 과거와 크게 다름없는 조질 백자가 계속 번조되었다.[42] 따라서 이외 대다수 산지들의 상황도 동일했을 것이다. 그것은 왜사기와 산업자기 생산으로 인해 직접적인 피해를 입으면서도 국가 지원은 거의 부재하여 백자의 질이 한없이 추락했기 때문이다. 전반적인 생산지 상황이 악화되자 백자의 판매고도 동반 하락하였다. 재래 사기제조업자들은 시장성 회복을 위해 가격을 큰 폭으로 인하했으며, 특히 1910년대 사기그릇들은 옹기나 상사기와 동등한 가격으로 판매될 만큼 값이 추락했다.[43]

이러한 추세가 1920년대 초반까지 계속되자 일제 당국은 새로운 대안을 모색하였다. 이 중 하나가 지방가마에 일본인 기술자나 관립 연구소 기술진 등을 보조 지원하는 방안이었다.[44] 특히 조선으로 이주해 온 일본인 실업가들과 기술자들의 지방가마 투입은 일제가 매우 적극적으로 추진한 대책으로 평가된다. 그리고 실제 상당수가 고용되어 운영 전반에 실질적인 주도권을 행사했던 것으로 나타난다.

한편 이 무렵 지방가마 소유주들은 일본인 실업가와 합류하는 것은 물론 기술진을 고용하여 이들로부터 받는 지원을 별 거리낌 없이 수용하는 입장을 취했다.[45] 왜냐하면 10년대부터 20년대로 이어오면서 누적된 지방가마 운영에 따른 고충, 이를테면 자본과 기술적 한계를 만회하기 위해 일본인과의 교류협정이 불가피했기 때문이다. 이로 인해 1920년대 전반에 생산된 일부 전승백자 가운데는 일본의 기술력에 힘입어 반기계 생산품이나 전사지 및 각종 화학안료들로 시문 장식된 백자들이 생산될

---

42) 濱口良光. 『工藝』69號(1936) 참조 ; 善生永助(앞의 책), 129~132쪽.
43) 송재선(앞의 책), 251쪽.
44) ≪매일신보≫ 1923.6.10· 1924.4.5일자 참조.
45) 淺川伯敎(앞의 논문), 133쪽.

수 있었다.[46] 그런데 이렇게 생산된 백자 역시 대부분 조잡하긴 마찬가지였으며, 오히려 저급한 일본풍 청화백자 생산을 급증시켰다.

물론 왜색화된 상품들은 전승백자보다 시장성이 좋았다. 따라서 1920년대 중반 경, 사기점 운영은 한일 협력관계로 잠시 회복세에 들기도 했다.[47] 그러나 이 상황은 결코 오래 유지되지 못했다. 일본의 기술력에 의존하여 생산된 조선백자라고 할지라도 결코 왜사기나 산업자기와의 경쟁대상이 될 수 없었던 것이다. 다시 말해 산업자기는 방대한 양을 생산하거나 수입하여 저렴한 가격으로 판매되었고 유통 네트워크는 전국적이었다. 반면 지방가마에서 생산되는 백자는 기능과 질, 생산량과 유통에 이르기까지 이를 능가할 만한 대안이 없었다.

총독부 조사에 따르면, 1920년대와 1930년대 사이의 전국에 규모 있는 사기점은 대략 20여 곳 안팎에 불과했다.[48] 사기점 분포가 곧 백자 생산의 활성화를 의미한다면, 이 기록은 이 시기 백자 생산이 결코 호전되지 못했음을 대변한다.

이후 1930년대로 접어들면 일제의 대공업화정책이 성공적인 결실을 거두면서 산업 전반에 활기가 넘쳤다. 그러나 지방가마 실태는 여전히 열악하여 요업 전반의 가시적인 성과는 기대에 못 미쳤다. 총독부는 지방가마의 회생이 지방산업 발전과 직결될 수 있음을 인지하고 일말의 자

---

46) 이러한 사례는 대표적으로 충주 미륵리에서 출토된 백자편들을 통해 알 수 있다. 그런데 일제강점기는 특수 요업 부자재를 생산할 수 있는 공장이 국내에 몇 없었기 때문에 대부분은 일본에서 수입하거나 조선의 일본인 공장에서 제작한 것들을 사용했다. 따라서 충주 미륵리 발굴품에서 보여지는 전사지 및 안료 등은 일본산이었을 가능성이 매우 높으며 더불어 지방가마에까지 일본 기술력과 부자재의 구입이 원활했음을 짐작할 수 있다.

47) 韓昌浩, 『前揭書』(1984), 186쪽.

48) 20년대의 지방가마는 『朝鮮工場名簿』(朝鮮工業協會, 1920~1930) 을 통해 공장 분포 및 경영진 등을 파악할 수 있으며, 『朝鮮總攬』(朝鮮總督府 編, 1933)을 통해서는 지방가마 생산량 및 생산액을 알 수 있다.

구책을 재구상했다. 대표적으로 기존의 소규모 공방들을 개별적으로 회생시키지 않고 도자기공동작업장과 도자기조합 등의 단위조합제로 개편시켜 생산자를 일괄 회생하는 방안이 검토되었다.[49]

그러나 지방 요업의 일괄회생을 위한 체제 전환은 전국에 걸쳐 도입되지 못했고 총독부가 중앙시험소를 통해 지정한 주요 산지에만 한정되었다. 주요 산지로 지정된 가마들은 중앙시험소 요업부의 기술력과 총독부의 재정 지원이 다년간 이루어져 운영조건이 타 공방에 비해 우월했다. 한편 이들 산지 제품들은 극적으로 품질을 향상시키지는 못했지만, 더러 지방색이 강하게 묻어나는 생활용품들을 대량 생산하여 인근지에 공급했으며, 드물게는 수출로 이어질 만큼 우수한 것들이 생산되는 경우도 있었다.[50]

이후 1930년대 말경에 이르면 시국사정으로 인해 조합장들 역시 재구실을 다하지 못했고 지방가마들은 더욱 사정이 좋지 못했다.[51] 즉 전시체제에 따른 법적, 제도적 조치로 인해 이 무렵부터는 백자를 굽던 가마가 점차 희소해지며 옹기소만이 그나마 생산성을 유지했다<24-1, 24-2>.[52] 그리고 상황이 보다 악화되는 1940년대에 접어들면 일부 신흥공장을 제외한 전국의 지방가마들은 일제히 휴·폐업에 들어갔다.[53] 이로써 해방 무렵에는 백자를 굽던 가마를 찾아보기 힘들 정도였으며, 설령 운영되고 있다 하더라도 백자보다는 상사기나 도기를 번조했을 것으로 보인다.

---

49) ≪동아일보≫ 1927. 7.7, 7.30일자 참조.

50) 淺川伯敎(앞의 논문), 132~134쪽.

51) '함북제도회사 설치는 確實- 침해받는 재래식 요업' ≪동아일보≫ 1936. 6. 13.

52) 朝鮮工業協會, 『朝鮮工場名簿』(朝鮮總督府, 1936) 참조.

53) 해방 무렵까지 운영되던 제작장은 전국에 41개소 밖에 없었고, 이 가운데 몇몇 업체를 제외한 나머지는 이후 기록이 없어 그나마 해방과 함께 폐업한 것으로 보인다(朝鮮工業協會, 『朝鮮工場名簿』,朝鮮總督府, 1942 참조).

⑵ 제작장의 양상

① 제작장의 실태

이 시기 백자 가마실태는 생산 공정, 생산품, 규모 그리고 운영자 및 운영방식 등에 따라 구분될 수 있다. 우선 생산 공정은 재래방식과 반기계 수공방식으로 구분되며, 규모는 대략 사기장 1인과 보조공 2~3명의 5인 이하 소규모 공방으로부터 20인 이하 전문 기술자로 운영되던 중규모의 제작장으로 나뉠 수 있다. 그러나 드물게는 30명 이상의 기술진이 소속된 대규모 공장들도 있었는데, 조선인과 일본인의 합자공장(合資工場)들이 이에 속한다.[54]

소규모 공방은 재래 방식을 탈피하지 못하는 경우가 대부분이었고 중·대형공장에서는 반기계방식 및 신기술 도입이 어느 정도 이루어졌다.[55] 그러나 규모와 생산 공정은 반드시 비례하지 않았던 것으로 보인다. 왜냐하면 근대화된 기술력 도입은 전문기술자의 고빙이나 원자재 구입 등과 밀접히 관련되어 있었기 때문에, 재정형편이 어려운 공장들은 여전히 재래방식을 고수했을 것이다. 분포로 본다면 소규모 사기공방들이 전국 도처에 가장 많았고 반기계 수공업체는 대도시를 중심으로 일부 설립되었으며 완전한 기계방식을 도입한 대형업체는 극히 소수였다.

생산품은 앞서 서술한 생산 공정에 따라 구분되었다. 소규모일수록 조악한 사기그릇, 찻잔, 제기, 병, 요강 등 서민들의 일상용품이 주종을 이루고, 규모가 조금씩 커질수록 반수공 반기계제 그릇 일체와 변기, 대형화병 등 근대기에 새롭게 등장한 품종이 포함되었다. 한편 중·대형업체에서 생산된 백자들 가운데는 굽 뒷면이나 기물 하단부에 제작처, 상표 등을 표기하여 근대 상업화의 진면목을 드러낸다. 상표 표기의 시발은 근대일본의 판매 전략(marketing strategy)을 차용하면서 도입된 것으

---

54) 京城府, 『家內工業ニ關スル調査』第9號(1937), 2쪽.

55) 박현종, 『朝鮮工藝史』(朝鮮美術出版社, 1991), 39~41쪽.

로 보인다.56)

　제작장 운영은 실권자의 신분에 따라 존속기간과 실태 등이 달라졌다. 예컨대 일본인 경영이나 조선인과 일본인의 합자 혹은 관립기관이 운영하게 될 경우, 조선인 단독 경영에 비해 상대적으로 순탄했다. 운영방식은 조선인 단독일 경우 특별히 외부 기술진이 참여하지 못하는 편이어서, 인근 업자들이나 친족 간의 상호교류에 의한 운영도 고려되었다. 그러나 부업 차원에서 제도(製陶)에 종사할 경우, 전 제조공장과 판매를 제조자 단독으로 해결하기도 했다. 반면 규모면에서 앞서갔던 일본인 공장들은 이와 사뭇 대조적이었다. 실 운영자가 일본인인 경우, 전문 기술자들이 일본에서 고빙되고 대신 하급 기술직이나 단순 노동직은 조선인을 고용함으로써 생산 공정을 비교적 엄격히 구분하였다. 이때 기술 전수는 일본인들 간에 매우 긴밀히 이루어져 조선인들이 관여할 수 없었으며 설령 제조에 참여한다고 하더라도 매우 단순한 공정에만 국한시켰다.57)

　이러한 구조체제가 일반화되다보니 조선인이 운영하는 공방들은 운영상의 위기에 직면할 때가 많았다. 따라서 사기장들은 생산성과 판매력이 부진에 빠져 더 이상 공방 운영이 어렵다고 판단되면, 공방의 문을 닫고 인근 가마를 임대해 요업활동을 유지했다.58) 그런데 사기장들이 가마를 임대하는 과정에서 소위 가마주의 불합리한 처사로 피해를 입는 경우가 허다했다. 이런 폐단은 일본인 소유 제작장이나 조선인 전주(錢主)가 운영하던 공방을 중심으로 주로 발생되었다.

　예컨대 공방 일체나 가마만을 임대하여 사기 제조에 임했던 사기장들은 높은 임대료를 지불하거나, 임대료를 생산품으로 대체하는 계약을 체

---

56) 三井弘三, 『近代陶業史』(名古屋 : 日本陶業連盟, 1979), 29~45쪽.

57) 柳根瀅, 『高麗青磁-青磁陶工海剛柳根瀅自敍傳』(홍익제, 1982), 394쪽.

58) 北村彌一郞(앞의 책), 302~303쪽.

결해야만 했다.59) 그런데 이 시기 조선백자는 가격이 저렴한 것에 비해 판매 실적은 저조했다. 따라서 제품 판매가 원활하지 못할 시 사기장들은 요(窯) 운영자본 마련에 고심해야했고 또한 끝내 이를 극복하지 못한 때는 생산품 일체를 몰수당하고 공방을 떠나야만 했다.

주목되는 것은 조선인 전주의 폐단이 일본인 못지 않았다는 점이다. 실소유권자인 조선인 전주들은 비록 전체 운영권을 사기장에게 전담했지만 가마 사용료를 포함한 전체 운영비를 사기장에게 부가했다. 자금의 여유가 없었던 대다수 사기장들은 연간 사용료를 분납 상환하기 위해 늘 상 전주로부터 높은 이자를 주고 운영비를 차용했다. 계속되는 판매 부진과 자금 압박은 사기장들의 생계와 제작을 위협하는 가장 큰 요인이었다.60)

한편 조선인에 의해 운영되던 중·대형급 공장이 없지는 않았지만 대체로 일본인 기술자들을 고용한 뒤 그들의 기술 지원을 받으면서 운영되는 편이었다. 이들 대부분은 생산 및 판매 실적이 저조하여 설립 후 몇 년도 못 버티고 폐업하던 소규모 공방에 비하면 그나마 생산력과 판매력이 안정되었다.

② 제작장의 일례(一例)

일제강점기 백자 가마는 전국에 산재되어 있었다. 그 중에는 조선조로부터 이어져 온 곳도 일부분 남아 있었지만, 대다수는 이 시기에 신설되었다. 연혁(沿革)으로 본다면, 경기도 여주군과 광주군 분원리에서 분원 출신 사기장들이 운영하던 백자번조소가 가장 이른 것으로 보인다. 특히 여주 일대에 신설된 사기점은 대부분 19세기 말엽 분원을 이탈했던 사기장들이 새로운 거취지를 정하면서 뿌리가 내려져, 이 시기 백자

---

59) 주 58과 같음.
60) 北村彌一郎(앞의 책), 304쪽.

생산지로서 주목된다.[61]

그런데 1920년대 중반에 접어들면 전국의 백자가마들은 운영이 어려워져 폐업하는 경우가 비일비재했고 이름 있는 사기점들조차 예외가 아니었다.[62] 이러한 위기상황은 1930년대에 이르러 도자기공동작업장의 설립을 필두로 일시 요업이 쇄신되기 이전까지 당분간 지속되었다.

가. 경기도 여주군 일대

일제의 조사에 따르면, 여주군은 1897년경까지만 하더라도 요업종사자나 관련 제작장이 존재하지 않았던 것으로 보고된다.[63] 이 사실을 통해 고려 말부터 조선조에 이르기까지 요업활동이 이어졌던 여주가 19세기 후반에 이르러 도업(陶業)과는 전혀 무관한 지역으로 변모했음을 알 수 있다. 그러나 20세기로 접어들면서는 분원의 해체이후 이주해 온 몇몇 사기장에 의해 신요업지(新窯業地)가 개척되기 시작했다. 이주 사기장들은 관요에서 이탈하여 개인 공방을 운영하던 분원 사기장 출신으로서 대부분 갑신정변과 왜사기 수입의 여파로 운영자본이 고갈되어 새로운 이주지로 여주를 선택했다.

따라서 이들에게 있어 여주로의 이주는 새로운 지역에서 백자 생산을 회생하려했던 의지가 담겨져 있었다. 무엇보다 여주 일대의 우수한 원료 사용과 공급으로 이전과는 다른 제작여건이 마련될 것으로 기대했다. 실제 여주는 <표 14>에서와 같이, 북내면(北內面)과 대신면(大神面) 경계 지역을 중심으로 풍부하고 우수한 도자원료가 다량 매장되어 있어 예

---

61) 조선총독부에서 발간된 『朝鮮の窯業』(朝鮮總督府, 1926)에 따르면, 이 일대의 사기제조는 한때 각 지방으로 공급될 수 있는 수요량을 보유할 만큼 원활했다. 더욱이 비록 조질 생활자기를 번조하는데 지나지 않았지만 강점 초기 총독부의 지원과 관심이 끊이지 않았다.

62) 송재선(앞의 책), 252~253쪽.

63) 善生永助.(앞의 책), 124쪽.

로부터 인근지에 공급되어왔다. 특히 북내면의 백토와 고령토(당시 문헌
에는 '의토(衣土)'로 표기)는 품질이 우수하기로 정평이 나있었다.[64]

〈표 14〉 여주군 북내면 오금리 일대 요업원료 분포 -1910년대-

품명	산지	광구(鑛區) 면적	혈심(穴深)
백토	북내면 외룡리	13	95
고령토	대신면 천남리	14	106
일반 점토	북내면 오금리	5	22

(단위 : 평 · 척)

이주민 가운데 최초로 개요한 인물은 분원에서 사기점을 운영한 바
있는 이희풍, 김현채 등이었다. 특히 여주 요업은 최초의 개척자인 이희
풍의 주도로 새로운 발판을 마련했다. 당시 문헌 기록에는 이 무렵에 생
산된 백자가 품질이 우수하여 가격이 만만치 않았다고 전하여, 제작자들
대부분이 조선 말기까지 분원요에 몸담고 있던 사기장 출신임을 확신할
수 있다.[65] 그런데 여주의 사기점들은 개요한 지 불과 반 년 만에 대부
분 폐업한 것으로 나타나 이주민들의 초기 요업활동이 순탄하지 못했음
을 알 수 있다.

이후 여주군 북내면 일대는 김수극, 장규환, 함영섭 등의 분원 출신
사기장들이 재결집하여 백자 생산을 이어갔으며, 또한 인근 오금리 출신
함기순, 한호석, 김문배 등이 합류했고, 이외 일반 민수업자와 부업 생산
자들도 참여하여 이 지역은 강점 초기 백자 생산의 요충지로서 부각되었
다(도 36, 37).[66] 그런데 여주는 전국에 수요량을 공급할 만큼 생산성이
원활했음에도 불구하고 1920년대 후반까지도 품질이 그다지 높지 못했

---

64) 大橋武夫·吉田寬一郎(앞의 보고서), 1~2쪽.
65) 주 37과 같음.
66) 善生永助(앞의 책), 124쪽.

(도 36) 여주요, 일제강점기

(도 37) 여주군 북내면 오학리 백자가마, 일제강점기

다.[67]

　주생산품은 요강과 상사기 등 저렴한 생활자기가 주종을 이루며 대부분은 유색이 탁하고 기벽은 매우 두터운데다 표면이 거친 조질품들이었다(도 38). 기물 표면이 심하게 거칠면서 잡물이 많이 보이는 것은 여주 일대에서 굴취되는 우수한 원료들이 제대로 사용되지 못했음을 시사한

---

67) 善生永助(앞의 책), 123쪽.

(도 38) 〈백자양각동채국화문병〉
일제강점기, 이병창컬렉션
고 19.4, 저경 12.8㎝

다. 더불어 제작기술은 더욱 퇴화되었다. 여주백자의 전반적인 시문장식은 매우 간략하고 엉성하다. 가령 국화문을 간략하게 음각하거나 밝은 청화로 초충문이나 화조문을 간단히 그려 넣는 것이 전부였다(도 38).

한편 일제는 강점 초기 여주군이 시험소의 조사결과 우수원료 산지로서 판명되자 일찌감치 주요 요업지로 지목했음에도 불구하고, 강점 후 대략 20년간 이 지역 요업 개발에 특별히 착수하지 않았다. 이를테면 총독부는 여주 지역에 대해 일본 관광객들을 위한 기념상품을 제작하는 정도의 사업만을 관장했다. 경성과 지리적으로 인접한 여주는 일본 방문객들에게 소위 '도요지 관광코스'로서 알려지면서 이들의 발길이 잦았다. 따라서 여주 일대 사기장들은 주생산품 이외 일본인에게 판매할 각종 전통자기를 일부 제조하였고 도자기제조과정 시현을 테마로 하는 각종 행사들을 주관했다.[68]

그러나 1930년대 초, 총독부가 중앙시험소를 통해 이 지역의 원료조사에 재착수할 무렵부터 여주요업은 조금씩 변화될 조짐을 보였다.[69] 대표적으로 시험소 요업부는 평양에 이어 도자기공동작업장을 설치하고 적어도 1937년경까지 매년 개량실지지도를 실시하며 협조했다.[70] 특히

---

68) 淺川伯教(앞의 논문), 132쪽.

69) 大橋武夫·吉田寬一郎, 「驪州磁器試驗」, 『朝鮮總督府中央試驗所報告書』13-1(朝鮮總督府, 1932) 참조.

70) 『朝鮮總督府中央試驗所年報』에는 1932년부터 1937년까지 驪州燒에 대한 개량실지지도를 매년 실시한 것으로 기록되어 있다(「驪州燒ノ改良實地指導」 및 「驪州

시험소는 공동작업장에 조선인들을 대거 투입하는 예외적인 운영방침을 내세웠다. 공동작업장의 운영방침상 조선인의 근로는 자연스러웠지만, 여주작업장의 경우 기술과장과 서무과장이 모두 조선인으로 채용되어 다른 작업장에 비해 조선인의 경영 참여율이 유난히 높았으며, 실무제작 역시 해방 이후에도 왕성한 요업활동을 전개했던 지순택, 고명순, 유근형 등이 전담했다.[71]

그런데 총독부의 지원도 1930년대 말의 급박한 국가정세를 맞이하면서 급격히 줄어들어, 여주 일대의 요업은 또 다시 침체국면을 맞게 되고 회생이 힘든 상황으로 치달았다. 당시 상황은 일본 근대 도예가인 도미모토 겐기치(富本憲吉)가 1940년경 여주 오금리를 방문하고 '손을 댈 엄두를 내지 못할 정도'이며 '되돌려 놓기에는 상당히 어려운 일로 (중략) 이 일대는 도기가 구워질 정도'라고 밝힌 그의 회고록을 통해서도 알 수 있다.[72]

이상에서 살려본 바와 같이 여주는 일제 초기 몇몇 뜻있는 분원 사기장들의 이주로부터 요업활동이 재계되었고, 비록 품격은 높지 않았지만 한때 전국 각지로 판매될 정도의 백자가 생산되었다. 특히 1930년대에는 중앙시험소 요업부가 신설한 도자기공동작업장을 통해 새로운 방식의 생산체제를 구축시킬 수 있는 기회가 주어졌다.[73] 그리고 해방 이후는 여주공동작업장 출신 기술자들에 의해 경기도 일대가 도예집성지로 변모할 수 있었는데, 오늘날 이천도예의 뿌리를 형성했다고 볼 수 있다.

燒」, 『朝鮮總督府中央試驗所年報』, 朝鮮總督府(1932~1937) 참조).

71) 유근형(앞의 책), 393~398쪽.

72) 주 62와 같음.

73) 주 70과 같음.

나. 경기도 광주군 남종면 분원리

조선 관요의 민영 이후 경기도 광주군 일대의 요업은 <표 15>에서
와 같이 운영되는 사기점이 몇 되지 않아 거의 몰락한 상태였다. 이러한
양상은 분원자기가 19세기 말엽부터 왜사기와의 경쟁에서 크게 밀리게
되자, 분원 사기장 대다수가 이 지역을 이탈하면서 불거졌다 그나마 남
아있던 자기 번조소는 이 시기 지방가마가 모두 그러했듯이, 사기그릇과
옹기를 함께 번조할 정도로 열악했다(도 39, 40).[74]

<표 15> 1909년경 경기도 광주군 일대 백자가마 분포

산지	원료 산지	窯數	직공수	1개년간 製産額	품종	판로
구천면 풍납리	성내동	2	9	401	백자, 옹기, 생활자기일체	한강, 현호
구천면 암사동	동상	2	7	237	생활백자, 옹기	동상
실촌면 오향동	본리	1	남:2·여:2	5	식기, 옹기	이천
경안면 수하리	송정리	1	2	11	생활자기일체	郡內
향척면 관촌	도현	2	16	350	백자, 사발류, 대접, 탕기, 병, 요강 등	수원, 이천, 용인, 죽산
향척면 노곡	본리	2	8	20	화로	이천
합계	—	10	46	1,025	—	—

그러나 강점 직후의 분원리에서는 침체된 요업실태를 극복하려는 동
향이 보이기 시작했으며, 특히 남아있던 몇몇 사기장들은 물론 지방 유
지들에 의해 규모 있는 번소와 공장이 설립되어 새로운 활동이 전개되려
하였다.[75]

---

74) 金英媛, 『全北의 朝鮮時代 陶窯址-朝鮮時代 粉靑· 白磁 窯址』(國立全州博物館,
1997) 참조.

75) 水野小助, 「楊根郡陶器調査報告」, 『官立工業傳習所報告』第1回(農商工部 編, 1908),
78쪽.

(도 39) 경기도 광주군 남종면 분원리가마, 일제강점기

(도 40) 경기도 광주군 남종면 분원리, 노천제작장,
일제강점기

1916년에 설립된 변주국자기번조소(卞柱國磁器燔造所)는 이러한 재
건의도에 따라 설립된 최초의 백자번소였다.[76] 총독부에서 발간한 문헌
에 따르면, 이 제작소의 설립자인 변주국은 과거 도서원(都署員)을 지낸
분원출신 사기장이었다.[77] 또한 경기도 최고유지 윤치성 등도 분원자기
주식회사(分院磁器株式會社, 1910~1916)를 설립하여 반수공 반기계제
식기 생산을 추진했다. 이 회사는 ≪황성신문≫ 1910년 8월10일자를 통

---

76) 善生永助(앞의 책), 15쪽.
77) 善生永助(위의 책), 130~131쪽.

(도 41) 〈백자청화운문합〉, 20세기 전반
고 12.4, 구경 32, 저경 17.5㎝
이화여자대학교박물관 소장

(도 42)
〈백자청화산수문2층합〉
20세기 전반 고 14.5,
구경 12.3 저경 8.2㎝
이화여자대학교박물관 소장

해 공업전습소 졸업생 이돈구(李敦求)가 주축이 되고 윤치성(尹致晟),
김수영(金洙瑩), 안태영(安泰瑩), 민준호(閔濬鎬) 등이 발기인으로 나섰
다고 밝혔다. 또한 1910년 8월18일자 사설에서는 외국자기에 맞서 분원
자기를 제대로 제작하려는 의지를 내비쳤고, 광고를 통해 자본금 4만원
(4천주)를 공식 모집하고 발기인 해당 주식 수와 입금기일, 주식에 대한
보증금 등에 대해서도 구체적으로 공지했다. 그러나 이외에는 이렇다
할 공장이나 공방이 설립된 기록이 없어, 200호 가까운 나머지 가마들
은 1~2명의 사기장에 의해 운영되는 매우 영세한 번소였던 것으로 추
정된다.

　더욱이 소규모 번소 운영자는 요업과 무관했던 타 지역 이주민이거나
농업종사자들이 반농반공(半農半工) 형태로 참여하는 경우가 대부분이
어서, 전문 제도업자(製陶業者)는 극히 희소했다.[78] 대다수 지역민이 부

---

78) 加藤土師(앞의 책), 1936, 50쪽.

업 차원에서 그릇을 구웠으니 이들의 주종품도 고급백자이기 보다는 상사기나 옹기였을 가능성이 높다.

한편 1920년대 중반 경에 이르러서는 분원리에서 제대로 운영된 유일한 제작장인 변주국변조소의 운영마저도 순탄치 않았는지 사기장 출신으로 추정되는 정은한(鄭殷漢), 이희필(李熙弼), 이용선(李用善)이 공동 운영하는 제작장으로 전환되었다.[79] 또한 1930년대 이후의 분원은 이전 보다 나빠진 제조환경으로 규모 있는 사기점들조차 문을 닫는 추세였다. 결국 1940년대 초반에 이르면 서민들의 생활용품이었던 상사기만을 근근이 생산하다 그나마 중지되어 완연히 생산력을 잃고 말았다.[80]

일제강점기 경기도 분원리는 관요 출신 사기장들이 잔존하여 전승백자의 명맥을 유지했다(도 41, 42). 그러나 경제력과 제조력이 미약했던 이들의 노력만으로 과거 분원백자를 복원시킬 수 없었다. 특히 20년대 후반 이후, 급격히 악화된 요업실정으로 인근지로 이주하는 사기장이 늘어나게 된 것은 분원 요업을 더욱 위축시키는 근본 요인이었다.

다. 도자기조합 및 도자기공동작업장

총독부가 주도하거나 지역 종사자들의 발기로 설립된 도자기조합과 도자기공동작업장은 왜사기풍의 산업자기와 전승백자를 동시 생산할 수 있었던 공동산업체로 분류된다. 특히 1928년의 전북 고창작업장(1928)(도 43)을 시작으로, 회령(1930), 평양(1930), 갑산(1930), 양구(1932), 여주(1932) 등지에 설립된 도자기공동작업장은 설립부터 운영의 대부분을 중앙시험소 요업부가 참여하거나 주도적 역할을 담당했고, 이후에는 요업부의 기술자 파견을 통한 실지지도와 각종 상품의 개량시험 등이 병행

---

79) 당시 窯主는 鄭殷漢이었으며, 그는 나머지 운영자들에게 자신의 窯를 임대해 주었다(善生永助, 앞의 책), 131쪽.
80) 淺川伯敎(앞의 논문), 132쪽.

(도 43) 고창소기조합 제조물, 1920년대
전남 고창 소재

된 우수 제작장으로 대표된다.

지역별로 작업장의 정확한 규모는 파악되기 못하지만 정부지원과 참여도, 설비에 따른 생산성 등에 분명 차등이 있었을 것으로 보인다. 우선 생산품은 지방색이 드러나는 특산품이 우수 작업장에서 출시되기도 했지만 일반적으로는 생활자기가 대부분이었다.

판로는 전반적으로 개인 공방에 비해 수월했다고 볼 수 있으나 실제 운영에 있어 시험소 관계자들의 개입이 불가피하여 유통상에 제약이 존재했다. 그럼에도 전시경제체제로 접어들던 1930년대에는 총독부의 지원하에 운영되던 공동작업장들이 민수 공방에 비해 생산력이 확연하게 안정적이어서 정부 보조여부가 당시의 요업활동에 미치는 영향력을 실감할 수 있다.

한편 신문 및 일부 잡지기록으로 운영실정을 엿볼 수 있는 공동체로 경북 고창에 위치한 고창도자기조합을 들 수 있다. 이곳에서는 물주전자, 단지, 컵 등의 반수공 반기계제 생활용품을 비롯하여 중국식, 일본식 그릇들이 함께 생산, 시판되어 지방조합임에도 불구하고 제조력과 판매력이 충분했다.[81] 또한 함경도 갑산군에 설립된 한북요업조합은(도 44) 고급 백자에서 옹기에 이르기까지 각종 생활용품들을 생산한 함경도의 대표 모범제작장이었다. 한북조합은 1905년경 박모씨가 설립한 소규모 공방을 이후 강기준(康箕俊)이 주도하여 조합으로 확장시켰다.[82] 판매

81) 《동아일보》 1925.7.31 ; 《매일신보》 1935.7.31 ;「全羅北道 名產 高敞陶器」, 『始政五年記念, 朝鮮產業界』(朝鮮新聞社, 1916), 76쪽.

82) 山下生,「漢北窯業組合紹介」, 『北鮮開拓』第7號(開拓會, 1934), 50∼52쪽.

규모와 유통에 대해 자세히 알려지지 않지만 향토성이 짙게 반영된 제품들이 다량 생산되어 만주 일대로 수출되었다는 기록에 따라, 품질이 매우 우수했던 것으로 보인다.[83] 그밖에도 강원도 양구군 방산면 장평리 소재의 양구도자기공동작업장과 경

(도 44) 함북요업조합, 1930년대
함북 갑산 소재

기도 여주군의 여주도자기공동작업장 등은 반기계제이지만 조선백자 양식에서 크게 벗어나지 않은 식기류를 중점 생산한 작업장들이다.[84]

(3) 양식적 특징

이 시기에 생산된 백자는 분원자기의 생산이 중지되던 조선 말기의 과도기적 양식이 한층 심화되거나 전승양식에 일본과 중국의 외래취향이 접목된 혼합양식마저 등장한다. 따라서 품질이 양호한 중품(中品) 이상의 백자가 소량 생산되기도 했지만 대부분은 일반서민용 조질품들과 전통성을 벗어난 것들이 차지한다. 이들은 대체로 굵은 균열이 많고 두께도 두툼하며 시문장식은 매우 소략적인 특징을 보인다. 일제강점기에 생산된 백자 양식을 고찰할 수 있는 기준은 전통성이 유지된 일부 전세품과 향토적 특징을 보여주고 있는 몇몇 특산품 그리고 가마발굴지에서 수습된 소량의 유물을 고찰하는데서 그친다.

---

83) '甲山郡 雲興面에서 良質의 陶土採掘-國庫와 地方費의 補助로 共同作業場設立.'
≪매일신보≫ 1933. 3. 1.

84) 朝鮮總督府, 「楊口燒ノ改良實地指導」, 『朝鮮總督府中央試驗所年報』(朝鮮總督府, 1931), 25～26쪽.

한편 이 시기 백자 양식을 살펴보기에 앞서 강점 직전의 백자 유형을 간단히 살펴보고자 한다. 이는 강점 직전의 백자가 강점을 통해 어느 정도 쇠퇴, 혹은 변질되었는지 유추할 수 있는 좋은 근거가 되기 때문이다. 강점 직전에 생산된 백자는 전세품이 드물어 자세한 양식을 파악하기 힘들지만, 도자양식 전반이 조선 말기와 유사하거나 그 보다 떨어진다.

그나마 질 좋은 백자 유형을 강점 직전과 직후로 구분하여 살펴볼 수 있는 유물들은 1994년 이화여대 박물관에서 개최한 <광주분원리요 청화백자특별전>에 소개된 소장품들을 통해 파악된다(도 41, 42).[85] 조선조 관요인 분원에서 왕실품으로 제작되었을 가능성이 높은 소장품들은 대부분 투명한 백자유에 전면 또는 부분을 청채로 장식하고, 유형과 기법 등 일부에서 조선후기 이전과는 다른 특징을 보여준다. 전형적인 특징을 간략하게 기술하자면, 기형은 구연부나 저부 등이 새롭게 변형된 것들이 포함되었고, 시문장식은 조선 후기의 것을 그대로 따르는 듯이 보이지만 부자연스럽게 표현되거나 도식화된 것들이 많다. 특히 이러한 유형 가운데는 일제강점기에 생산된 백자에 비해 일본적인 취향이 크게 반영되지 않았지만, 왜색화 되어가는 과도기적 성향을 드러내는 것들이 속해 있다.

일례로 1911년에 제작된 <백자청화소림산수문병>을 들 수 있다(도 45). 이 병은 도화서 화원이었던 조석진(趙錫晉)의 서화(書畵)가 동체 전면을 가득 메우고 있고 제작년도를 명문으로 남겨, 이 시기에 흔히 볼 수 없는 귀한 자료이다. 그런데 병의 구연부는 이 전대와는 달리 독특하게 변형되어 백자 본연의 전통성이 상실되었다. 이외 반합, 대접, 접시, 푼주, 주자 등 각종 생활용기와 문방구류에서도 유사성을 쉽게 발견할 수 있다(도 46). 특히 문양장식에 있어서는 국립중앙박물관이나 일본 민예관 등의 소장품에서도 동일한 유형을 찾아볼 수 있는데, 대체로 산수

(도 45) 〈백자청화소림산수문병〉
1911년
고 19.5, 구경 13.6, 저경 4.4cm
이화여자대학교박물관 소장

(도 46) 〈백자청화양각죽절형병〉
20세기 전반
고 18.5, 구경 2.5, 저경 10cm
이화여자대학교박물관 소장

(도 47) 〈백자청화표형호〉 1920년대
고 15.8, 구경 12.8cm
국립중앙박물관 소장

(도 48) 〈백자청화수자환문각접시〉
20세기 전반
고 14.6, 구경 14.6, 저경 2.8cm
일본 민예관 소장

문, 문자문, 민화문 등 조선 후기 양식을 그대로 따르거나 일부분만 변형
된 흔적이 느껴지는 것이 상당수 제작되었고(도 47, 48), 이국적 취향이
느껴지는 수렵문, 어문, 화문 등도 새롭게 등장한다.

(도 49)
〈백자청화화조문주자〉
1910년대
고 10.3, 구경 9.7㎝
국립중앙박물관 소장

유사시기 것으로 추정되는 국립중앙박물관 소장의 <백자청화화조문주자>(도 49)는 분원리요 백자와 비교할 수 있는 좋은 예이다. 이 백자주자의 경우, 분원리요와 마찬가지로 문양 장식 등이 도식적인데다 외래적 성향은 더욱 강하다.

앞서 살핀 내용들을 종합해 본다면, 20세기 초반기의 조선백자는 분원 민영 무렵의 백자와 양식상 큰 변화를 보이지 않지만, 기형과 문양 등에서 일부분 전통성을 벗어나고 있음을 알 수 있다. 특히 전통성의 상실은 전승백자의 질을 총체적으로 하향 평준화시키면서 외래적 요소를 혼합한 애매모호한 절충식을 등장하게 했다. 그리고 이러한 특징들은 일제강점기로 이어져 완연해졌다.

즉 강점기에 접어들면 지방가마에서 생산된 백자가 질적으로 눈에 띠게 쇠락해진다. 유색은 대부분 탁해지고 기벽이 고르지 못하면서 묵직해지는 조선 말기(1884~1910) 백자의 전형이 유지된다.[86] 기형과 문양장식에서도 이와 비슷한 퇴조현상은 극명하다. 따라서 독특한 양식을 창출해 냈던 조선조 전성기 백자의 품격은 사라진지 오래다.

그럼에도 이 시기 민수자기만의 고유하고도 독특한 양식을 보여주는 것들이 전혀 없지 않다. 이들은 주로 중·하층민의 일상생활용품으로 쓰였기 때문에 화려하고 복잡한 시문장식이나 정선되고 정갈한 품격을 자아내지는 못하지만, 지역적 특성을 드러내거나 서민들의 미감을 반영시킨 민예품으로서 꾸준히 생산되었다.

---

86) 본서에서는 도자사학자 김영원의 시기 구분에 의거했다(김영원, 앞의 책), 329~335쪽.

지방색이 강한 백자들은 대부분 청채를 비롯한 진사, 철사를 이용하여 간략하게 시문장식하였는데, 특히 이 가운데서도 청채가 압도적으로 많았다. 가장 많이 등장하는 문양은 화문(매죽문, 연화문, 모란문, 국화문 등) 계열이었다. 제작 수법은 매우 허술하고 잡토 사용 흔적이 군데군데 보이며 유태가 고르지 못한 경우를 쉽게 찾아볼 수 있다.

(도 50) 〈백자청화철화매죽문호〉
일제강점기
고 46, 구경 22.8, 저경 13.5㎝
호림박물관 소장

예로는 이병창 컬렉션(collection)의 <백자양각동채국화문병>을 들 수 있다(도 38). 일제강점기 여주는 국화문을 각종 생활용기에 시문장식한 지역산품을 다량 생산하였는데, 이 병 또한 투박한 동체 위에 간략한 국화문이 양각되어있다. 호림박물관 소장의 <백자청화철회매죽문호>(도 50)의 경우, 앞서 살펴본 유물에 비해 정갈하고 좀 더 단아한 맛이 있다. 이 백자호는 주문양을 그다지 정교하게 장식하지 못한데다 기형은 균형감을 잃었고, 백자유 또한 고르게 입혀지진 않았지만, 바람에 흩날리는 듯한 매죽문을 동체 전면에 넓게 시문하여 대범하면서도 독특한 맛을 더했다.

동체 중앙 전면에 운룡문을 배치하고 운룡 윗부분에는 「대정육년오월해주검단자기점(大正六年五月海州檢丹磁器店)」명이 있는 또 다른 소장품 <백자청화운룡문병>(도 51)에서도 이와 유사성을 찾을 수 있다. 이 병은 명문에 따라 제작시기가 1917년이며, 황해도 해주시 검단면 일대의 사기점 제품임을 알 수 있다.[87] 주문양은 조선조 백자에서

---

87) 근대전환기부터 해주군 검단면 원전리 부근에는 사기점이 꽤 많이 분포되어 있었으며, 각종 상품에는 사기점명(沙器店名)을 명시하는 경우가 많았다.

(도 51) 〈백자청화운룡문병〉 1911
고 31.6, 구경 6.9, 저경 13㎝
호림박물관 소장

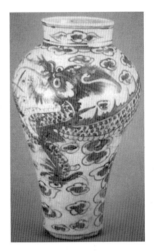

(도 52) 〈백자청화운룡문병〉
20세기 초, 고 47.2㎝
국립고궁박물관 소장

흔히 볼 수 있는 운룡을 청채로 그려 넣었다. 구연부에서 저부에 이르기까지 여러 문양대로 구성되어 있는 조선 후기 <백자청화운룡문병>과는 질적으로 크게 대조적이지만 기본 형태만은 19세기 백자병을 따르고 있다.

우선 주문양인 용은 조선백자에서 흔히 보이는 일반적인 자세를 취하고 있다. 그런데 유약한 눈을 뜨고 입을 굳게 다물고 있는 용의 모습에서는 힘찬 운동감과 생동감을 전혀 느낄 수 없으며, 특히 용 뿔은 마치 정체된 채 위로 곧게 뻗어 있어 전 대에서 찾아 볼 수 있는 위용이 전혀 느껴지지 않는다. 더욱이 용문병 특유의 문양대가 전혀 표현되어 있지 않은 점도 이전과 차별적이다.

비교작으로 국립고궁박물관 소장품인 <백자청화운룡문병>이 있다 (도 52). 20세기 초에 제작되었을 것으로 추정되는 이 병에 시문장식된 용문은 나름대로 문양대를 구성하고 공간을 적극적으로 활용했지만 전면을 가득 메운 구성면에서 이전에 비해 간략하고 무성의해 보인다. 특히 용의 머리는 몸체에 비해 다소 크며 그 덕분에 용의 발과 꼬리 부분이 제대로 표현되지 못해 전체적인 비례가 맞지 않는다. 그러나 호림박물관 소장품에 비해서는 치졸한듯하면서도 해학적이며 자유분방한 표현으로 민예성이 돋보이는 지방가마 특유의 양식을 엿볼 수 있다.

이외에 백자 집산지인 고창, 해주, 회령, 갑산, 문경, 양구 등지의 공방에서도 앞서 본 유사 양식의 백자들이 구워졌다. 따라서 이 지역의 생산품 전반은 전승식이라 하더라도 간략한 필치로 문양장식하고 조형성이 매우 떨어졌을 것이다. 이렇듯 일제강점기는 특정산지를 군이 밝히지 않더라도 전승백자의 퇴조현상이 일률적으로 드러난다.

또한 앞선 시기와 마찬가지로 일본식과 전승식이 혼재된 백자가 전역에서 생산되었다. 외래식이 혼합된 백자는 대부분 청채를 사용하거나 청채와 유사한 코발트빛 화학안료로 시문 장식되었으며 기종으로는 항아리와 병류가 가장 많았다. 가장 흔히 볼 수 있는 시문법은 일본 문자를 그대로 쓰거나 일본풍의 화려하고 도식화된 화문(花文)을 진한 청록색으로 장식하는 경우다. 또한 이러한 유형 가운데는 일본에서 수입된 전사지와 다채로운 안료 등을 사용하여 전승백자에 근대기법을 활용한 사례도 있다. 그런데 이들 대부분은 투박한 동체 위에 정형화된 전사문양이 제대로 어우러지지 못하고 어색함을 자아내어 조화롭지 못하다.

대표적인 예로는 1995년 충북대학교 박물관에서 발굴 조사한 충주 미륵리 출토지의 백자편을 들 수 있다.[88] 출토물 중 <백자청화초화문사발편>은 간략한 화문 전사지가 이용되었음을 알 수 있고(도 53), 이외 뒤 굽에 「산림(山林)」이라는 상표명이 시문된 백자편도 함께 출토되어 지방가마의 상업자기 생산과 일본 수입자재 도입을 유추해 볼 수 있다. 또한 이 일대에 규모 있는 백자번소가 일본과의 합자(合資)로 운영되었

---

88) 충북대 박물관, 『忠州 彌勒里 白瓷가마터』(충북대학교 박물관, 1995), 94~101쪽.

(도 53)
〈백자청화초화문사발편〉
일제강점기, 충주 미륵리 출토
충북대학교박물관 소장

을 가능성을 시사한다. 그러나 대다수 발굴품은 반수공 반기계 생산품임에도 불구하고 기면 상태가 그다지 고르지 못하고 두께감도 어느 정도 느껴져 세련된 일본 산업자기와는 다소 차이가 있다.

이처럼 일제강점기 지방가마에서 생산된 각종 백자들은 이 전대에 비해 유태와 제작 수법이 오히려 조잡해지고 문양장식도 단출하며 엉성한 것들이 많아진다. 더불어 일본 취향이 반영된 백자들이 꾸준히 생산되었고 이로 인해 전승식의 변질은 불가피했다. 드물게는 단조롭지만 해학적인 문양을 시문장식하거나 당시 유행하던 문양들을 독특하게 변형시켜 기발하게 표현하는 경우도 없지 않지만 이러한 사례는 매우 희소하다.

2) 상사기(常沙器) 수요의 증대[89]

예로부터 각 지방의 향토적인 서민용기로 널리 쓰인 상사기는 영세한 지방가마를 중심으로 번조되었다. 이 시기도 이와 크게 다르지 않았고 오히려 이전보다 생산성이 활성화된 편이었다. 그러나 일제강점기의 상사기 생산은 전 시대와는 조금 다른 목적과 경로로 증가될 수 있었다.

---

[89] 품질이 낮은 백사기를 일컫는 常沙器는 일제강점기 서민들의 애용품이었다. 이러한 상사기는 워낙 왜사기에 비해 투박하고 저렴하여 '조심성 없이 막 쓰게 된다'는 수식어가 붙어 어느 시점부터엔가 막사기(막사발)로 불리기 시작했고 더불어 상사기점도 막사기점으로 불리게 되었다[정동주, 『조선 막사발 천년의 비밀』(한길아트, 2001), 136쪽 ; 신한균, 『우리사발 이야기』(가야넷, 2005), 42~46쪽].

일제는 조선백자의 쇠퇴와 침체를 야기하면서 왜사기와 유사한 산업자기 생산을 촉진했지만, 이외의 민수품 생산에는 특별한 제약을 두지 않았다. 그것은 소위 조선인들의 하급 민수품인 상사기나 옹기 등이 산업자기 및 왜사기에 비견될 수 있는 상품으로 결코 간주될 수 없다고 판단한 결과에 따른다.

따라서 상사기 제조는 강점과 무관하게 지방가마에서 일괄적으로 꾸준히 생산될 수 있었다. 상사기 생산의 확산은 이 시기 상사기 수요자와 수요량이 동시에 증가했음을 의미한다. 물론 조선시장을 석권한 것은 왜사기였을 것으로 보이지만, 저가의 상사기 역시 서민층의 중요한 생필품으로 애용되었다.

즉 막사발 혹은 막사기로 지칭되는 상사기는 타 품종에 비해 질이 현격히 낮았지만 단가가 월등히 저렴하여 서민층들의 필수품으로 자리매김했다. 이밖에도 상사기 생산이 일정기간 지속될 수 있었던 것은 제조공정상의 유리한 조건 때문이었다. 상사기는 고급 원료나 안료를 특별히 구분 짓지 않고 제조 역시 제약 없이 간단했다. 특히 2~3명의 인부만으로도 생산이 이루어졌고 경우에 따라서는 가내(家內)에서 소규모로 자급자족이 가능했다.

또한 상사기 생산자들은 요(窯)를 축조할 여력이 없어 임대하는 경우가 많았지만 요의 임대료가 백자에 비해 약 2배 가까이 저렴하여 선호했다.90) 설령 요를 축조한다 하더라도 백자요에 비해 상대적으로 규모가 작은 재래식이어서 부담이 적었다.

이와 같이 상사기는 도자기 공정 가운데서도 가장 비용이 많이 드는 가마 사용료 절감에 따른 이점이 있었으며 그 밖에도 생산설비를 큰 자본 없이 갖출 수 있는 장점이 있었다. 결국 이러한 여건들로 인해 재정

---

90) 1930년대를 기준으로 가마 임대료는 백자를 구웠을 때 1회 사용료가 대략 38~40원선이었다. 따라서 상사기의 경우, 20원 정도였을 것으로 추정된다.

(도 54) 〈백자발〉 일제강점기
전남 곡성

적으로 많은 어려움을 겪고 있던 조
선 사기장들은 상사기 제작에 쉽게
참여할 수 있었던 것으로 보이며,
더불어 저렴한 가격 때문에 도시빈
민층과 농민들은 큰 부담 없이 구매
할 수 있었다.

상사기 판매와 유통은 생산자들
이 직접 인근 지역을 행상(行商)하면서 대부분 이루어졌으며, 이때 구매
자와의 물물교환이나 외상도 서슴지 않았다.91) 또한 생산자들이 소속
지역 사기점에 상품을 내어놓고 위탁 판매도 의뢰하여 사기점 운영자와
생산자간의 교류가 형성된 것으로 보인다. 상사기를 전문으로 판매하는
사기점들은 상사기 수요층에 따라 대도시 보다 중·소도시에 확산 분포
되어 있었다. 또한 상사기점은 인근지가 원료산지이거나 연료가 풍부한
지역에 밀집되었을 가능성이 높다.

일제강점기에 생산된 상사기 유형은 서민층의 실생활용품으로 제작
된 관계로 특별한 양식이 고려되지 않아, 질박하고 소박한 고유의 특성
을 고스란히 간직하고 있다(도 54). 이를 두고 조선을 방문한 일본 여행
객들은 '조선 사발(상사기를 지칭)이 무심(無心)의 경지에서 제작된 최고
의 걸작'이라 평한 바 있다.92) 이 같은 감상론은 상사기가 지닌 소박한
아름다움을 일본의 근대공예에 획기적인 동향을 불러일으킨 야나기 무
네요시(柳宗悅)의 민예미(民藝美)로 해석한데서 비롯된다.93)

한편 일제는 상사기 생산이 최대 증폭되던 1920년대에 조차 별 다른
제약을 가하지 않았다. 이후에도 정부에서 특별한 조치가 시행되지 않자

91) 송재선(앞의 책), 261~262쪽.
92) 朴徹, 『李朝工藝と古陶の美』(東京: 東洋經濟日報社, 1976), 418쪽.
93) 야나기 무네요시 지음·이목 옮김, 『수집이야기』(산처럼, 2002), 98~102쪽.

상사기는 1930년대 초반까지 전혀 타격을 입지 않고 비교적 자유롭게 생산되었다. 물론 1930년대 중반 이후는 전시물자 공급으로 인해 생산이 점차 감소할 수밖에 없었지만 완전히 중단된 것은 아니었고, 1940년대 초에 이르러서나 일시 중단되었다.

이처럼 조선 요업 실태가 급격히 쇠퇴되던 30년대 중반 이후에도 상사기 생산이 이어질 수 있었던 것은 운영이 어려웠던 전국의 전승 사기점에서조차 백자와 상사기를 동시 번조하기 시작했고, 40년대에 접어들면 대부분의 백자가마에서 백자보다 상사기를 번조하는 경향이 두드러졌기 때문이다.

3) 산업자기 생산의 양상

19세기 말엽의 조선백자 생산실태는 관요 체제의 붕괴 및 민영화 전환의 과도기적 상황과 수입자기의 애용 등이 원인이 되어 그 어느 때보다 피폐해졌다. 특히 양질의 백자 생산이 중지되어 사용할 그릇이 마땅치 않게 되자 왕실에서는 왜사기나 양사기를 사용하기 시작했고, 심지어 중상류층에게까지 확산되어 수입자기 사용이 일반화되었다.[94] 이후 일본의 내정 간섭이 강화되면서 수입되는 자기량은 더욱 증대되었으나 상대적으로 요업의 근대화를 추진할 역량은 부족했으니 수입품의 의존도는 감소되지 못했다.

강점 이후에 시행된 도자정책 가운데는 조선백자의 쇠퇴와 직결될 수 있는 새로운 구조가 등장한다. 자국은 물론 식민지국의 공업화를 위해 산업자기 생산을 활성화하고 왜사기 수입 증대를 통한 자본 창출은 이와 관련한 대표 정책이었다. 따라서 일제는 왜사기에 비견되면서 무역을 통한 자본 확보에 기여할 수 있는 공산품인 산업자기 제조에 총력을 기우

---

94) 최덕수, 『개항과 朝日관계』(고려대학교출판부, 2004), 3쪽.

리고 물심양면으로 지원했다.

　일제강점기를 전후하여 세칭 왜사기로 일컫는 산업자기들은 대략 1910년대 후반부터 설립된 공장을 중심으로 생산되었다. 그런데 산업자기 전문공장들은 일본 자본과 기술의 투입이 불가피했던 관계로 설립자의 대부분이 재조선 일본투자가이거나 실업가들이었다. 설립 시점과 지역은 「조선회사령」 폐지 이후 대도시를 중심으로 시작되었으며 생산품은 내수품 위주였지만 드물게는 수출품도 생산되었다.

　공장 분포는 1920년대 이전까지 극히 희소했다. 분포 수치는 1910년대의 평균 공산품 산출량과 산액 등에서 산업자기를 포함한 근대 요업품이 차지하는 비율이 매우 낮게 책정되어 명확하게 파악된다.[95] 특히 1910년대의 실적은 회사령 공포로 인한 공장 설립이 제한되고 기존의 공장들조차 생산성이 그다지 높지 못하여 전반적으로 저조했다.

　그러나 이후 20년대로 이어지면서 일본의 자본진출이 확대되고 적지 않은 일본인들이 요업 관련 사업에 투자하여 공장 수는 현저히 증가했다. 또한 많은 수는 아니었지만, 조선인 제조업자, 상인층, 수공업자 및 전·현직 고위관료들에 의해 설립된 산업자기 공장들도 생겨났다.[96] 그런데 조선인이 운영했던 공장들은 설립 이후 짧게는 몇 달에서 길게는 몇 해를 넘기지 못하고 폐업하는 경우가 비일비재했다. 즉 이들 공장은 제조시설이 일본인 경영 공장에 비해 매우 부실하여, 설립 후 오래 지나지 않아 일본인에게 양도되거나 문을 닫았다.[97] 설령 운영을 이어간다 하더라도 근대공장으로서의 면모를 갖추기 위한 많은 시간과 노력이 요구되었다. 따라서 대부분은 조선인들의 일용기를 일부 생산하거나 일본

---

95) 朝鮮工業協會, 『朝鮮工場名簿』, 1912, 1914, 1920~1930 ; 京城商業會議所, 『京城工場表』, 1923을 참조.

96) 오미일, 『한국근대자본가연구』(한울, 2002), 412~417쪽.

97) 송재선(앞의 책), 272쪽.

인 소유 자본에 의존한 영세 하청 업체로서 만족했다. 결과적으로 일제는 20년대 이후 조선인들의 공장 설립을 허용했지만 민족자본이 일제의 독점 투자영역을 침범할 수 없도록 조처하여, 조선인들의 요업환경은 근본적으로 개선되지 못했다.

조선인들은 이러한 운영상의 문제들을 극복하는 수단으로 일본인 기술자나 자본가들과 제휴, 합자하는 방식을 일찌감치 채택했다. 1908년에 설립된 평양자기주식회사는 일본의 기술력을 수용한 최초의 공장이었다.[98] 본래 평양자기회사는 실업가 이승훈 외 독립운동가 등이 합심하여 민족자본으로 설립되었지만, 강점 이후에는 대부분의 제조기술 업무에 일제가 관여하면서 경영체제가 근본적으로 교체되었다. 이와 유사한 공장으로는 1913년 대구에 설립된 조선고려자기주식회사(서상룡, 岡田類藏)와 고려요업주식회사(1920, 이병학), 조선도기주식회사(1936, 長島明白·최기영) 등을 들 수 있다.

한편 식민지치하에서의 조선 상공업계는 1920년대 중반 이후 점진적으로 발전하게 되며, 이 과정에서 조선인들은 근대화된 인식이 고취되어 참여의식이 생성되게 된다. 가령 요업은 1920년대 이후 조선인의 고정 점포가 20만개소를 넘어섰고, 1939년 기준으로 조선인으로 5인 이상 종업원이 종사하는 공장 경영인도 4천명에 달해 참여도가 이전과 확연한 차이를 보였다.[99] 특히 이 시기에는 종래 고급 관료 출신이나 시전상인에 국한되어 있던 기업 설립 주도층이 확대되어 경성, 평양과 같은 주요 도시의 수공업자와 기술자, 지방의 대지주들까지도 요업공장을 비롯한 각종 기업체를 설립하는 경우를 흔치않게 볼 수 있다. 더욱이 급변하던 1940년대에도 근대를 학습하고 주체적으로 실천하게 된 인적 자본이 전

---

98) 「馬山洞의 平壤磁器株式會社의 狀況」 『工業傳習所報告書』第1回(農商工部 編, 1909), 75쪽.

99) 김인호(앞의 책), 62쪽.

체 인구의 1할 정도에 해당되는 것으로 추정되어, 식민치하에서 조성된 조선인들의 근대화 추진은 내·외적 성장을 거듭하면서 가시적인 효과를 표출했다.[100]

일제강점기 산업자기 제조업은 전술한 상공업계의 변화와 맥락을 함께했다. 그러나 앞서 언급하였듯이, 이 시기의 요업공장들은 몇몇 대형 공장을 제외한 대다수 준공장의 운영실태가 좋지 못했기 때문에 어디까지나 타 산업계와는 구별되는 바가 크다. 이는 조선의 요업계가 표면적으로 급성장한 듯 했지만 부가가치가 높은 경질도기와 각종 내화물, 초자, 법랑제품 등의 생산에 국한되었고, 산업의 주체도 대부분 일본 기업인들이 차지하고 있었기 때문이다.

이 양상은 1930년대 후반까지 이어지다 해방이 가까워지는 1940년대 초, 조선인들이 설립한 몇몇 근대 산업공장들이 등장하면서 일부분 전환되었다. 당시 시기상황으로 본다면 중소기업에 대한 통제가 강화된 때라 공장 설립이 쉽지 않았지만, 일본의 패색이 짙어지면서 일본합자회사와 합병회사들이 절대적으로 감소되자 총독부는 조선인 기업 설립을 무작정 통제하지 않았던 것으로 추측된다.[101]

1940년대, 조선인들에 의해 설립된 산업자기 공장은 밀양제도사(현재의 주식회사밀양도자기 전신, 1939년 설립), 행남사(현재의 행남사 전신, 1942년 설립), 충북제도사(현재의 주식회사한국도자기 전신, 1943년 설립) 등을 들 수 있다. 이 공장들은 설립 초기 일본인 기술자와 기술력에 어느 정도 의존했으나 자립적으로 꾸준히 성장의 발판을 구축해 나갔으며, 설립 후 불과 3~5년 이내에 해방을 맞이하여 향토기업으로 거듭날 수 있었다.[102]

100) 카트 에커트, 「식민지말기 조선의 총력전·공업화·사회변화」, 『해방전후사의 재인식』(책세상, 2006), 614~618쪽.
101) 김인호, 『식민지조선경제의 종말』(신서원, 2000), 70~71쪽.

이밖에도 1940년대에는 전시자본의 확충이 절실했던 일제의 요구에 따라 수출주도형 경제에 더욱 박차를 가했기 때문에, 일부 규모 있는 대형공장과 관립 제작장을 중심으로 산업자기들이 개발되어 만주와 동남아, 유럽 각국 등지에 수출되었고, 이러한 상황은 해방 직전까지 이어졌다.

(1) 제작장의 실태

산업자기를 전격 생산하던 공장들은 규모가 중형 이상이었다. 설비는 산업자기 생산에 필요한 각종 장치들을 갖추어야 했고 전문 기술력이 요구되었다. 일반적으로 일본인 소유 공장들은 관리인과 기술자를 일본인으로 반드시 고용하고, 조선인은 단순 노무와 잡역에만 고용하는 것을 원칙으로 하였다. 그러나 초대형 업체는 조선인들에게도 기초성형과 시문장식, 포장 등의 제조공정을 분담시키기도 했다.

반면 조선인이 운영하는 공장은 그다지 많지 않았고, 설립되었다 하더라도 운영기간이 매우 짧았다. 그나마 몇 년간이라도 운영되었던 조선인 공장들은 원활한 제품 생산을 위해 일본인 기술자들을 의례 고용하여 기술제휴방식을 채택했다. 그 외 총독부와 시험소가 선정한 우수산지에 설립된 도자기공동작업장과 도자기조합에서도 반기계 반수공 방식의 산업자기가 일부 생산되었다. 공동제작장의 산업자기 제작은 인근 지방가마에까지 점차 영향을 미쳐, 이와 유사한 그릇들을 모방 생산하게 하였다.

---

102) 행남사, 『행남오십년사』(1992), 128~129쪽.

(2) 제작장의 일례(一例)

① 일본경질도기주식회사(日本硬質陶器株式會社)

가. 설립목적 및 운영실태

일본경질도기주식회사(이하 일본도기회사로 약칭)는 비록 일본의 기술과 인력 그리고 자본이 투자되어 설립된 초대형 일본기업이었지만,[103] 이 회사의 설립을 통해 한국 산업자기의 역사가 시작되었다고 해도 과언이 아니며 나아가 한국 근대 도자사에 새로운 방향을 제시하였을 뿐 아니라 근대 상공업사에도 적지 않은 영향을 미쳤다. 특히 한국전쟁을 전후한 시기에도 이 회사와 비견할만한 곳이 한동안 설립되지 못하여 운영방식 및 제조공정에 대해 주목할 필요가 있다.

1917년 부산시 영도에 설립된 회사는 본래 일본 가나자와(金澤)시에 있는 (주)일본도기의 지사였지만, 국내 내수품 생산은 물론 수출사업도 성공적으로 이끌어내어 후에 본사에 필적할 만큼 성장한 굴지의 기업이었다.[104]

---

103) 일본도기회사는 일제 후기에 회사상호를 조선경질도기주식회사로 개칭하였다. 그리고 해방 후 약 4년간, 積算管理人인 노병기가 운영할 때는 대한경질도자기주식회사로 또 다시 개칭되었고, 이후 자유당 국회의원 지영진이 1960년대 중반 폐업 때 까지 운영할 때는 대한도기주식회사로 교체되었다. 한편 이 회사는 일제 강점 당시 중역인 취체역사장(1명), 전무취체역(1명), 취체역(7명), 감사역(3명) 등을 모두 일본인으로 고용하였으며 대주주도 일본인으로만 구성하였다. 주주는 1920년대에 가장 많이 보유하고 있다가 1940년을 기점으로 극감했다. 즉 1921년은 15만주(500명)였고 1925년에는 7만5천주(542명)로 약간 늘었으나 1942년에 이르면 7만5천주(301명)로 크게 감소했다. 주식은 일제 중기 운영자인 香椎源太郎이 최다 보유(10,000주 가량)하였고, 그 외 日本土地株式會社, 松風工業會社, 金城貯金銀行, 東洋特殊煉瓦株式會社 등 일본 기업들도 상당한 주식을 보유했다[中村資良, 『朝鮮銀行會社要錄』2(東亞經濟時報社, 1925) ; 同著, 『朝鮮銀行會社組合要 錄』(東亞經濟時報社, 1927~1942) 참조].

104) 이 회사는 1904년 일본 가나자와시(金澤市)에 최초로 본사(日本陶器會社)를 설립하였고 이후 1917년 부산에 지사를 설립하였다가, 1925년 5월에 조선의 회사를 일본의 회사와 합병하면서 조선의 회사를 본사로 교체하였다. 따라서 1917년

최초 설립자는 마수가제 요시사다(松風嘉定)였으나, 1925년 본사로 교체될 당시의 사장은 이토 히로부미(伊藤博文)의 일가로 알려진 카이겐타로(香椎源太郎)였다.[105] 규모는 2,000평 부지에 100만원을 투자하여 근대적 설비를 거의 완벽하게 갖추고 있었으며, 이후 지속적인 발전과 개발로 1927년경에는 회사부지가 24,390평으로 늘어났으며 유치 자본금도 750만원으로 증가해 동양 최대 규모였다.[106]

일본도기회사의 성공적인 운영은 식민지 조선을 대상으로 전개된 기업 전략이 관건이었다. 우선 이 회사는 개항 이후 통상위주의 상업이 발달하기 시작함과 동시에 많은 수의 일본인들이 이주하여 무역업이 진출해 있던 대표 도시 부산 영도를 설립지로 채택했다. 그런데 영도는 행정구역상 부산에 속했지만(「총독부령」 제7호, 1910.10.1 공포) 실제로는 부산 최근방의 독립된 지역으로, 인구 밀도는 낮으면서 부지는 광활했다. 특히 영도는 예로부터 국마장(國馬場)을 유치하여 절영도(絶影島, 혹은 목도 牧島)로 불릴 만큼 대지 조건이 최상이어서, 일본도기회사로서는 부지를 확보하고 활용하기에 최적의 장소였다.

반면 영도의 교통여건은 1934년 영도대교가 개통되기 이전까지 원활했다고 볼 수 없다. 그러나 이 회사의 주요 교통수단은 해상이었기 때문에 이 역시 별다른 문제가 없었던 것으로 보인다. 오히려 수출용 경질도기 생산을 주목적으로 했던 회사입장에서는 항만을 인근에 두고 있는 것이 특·장점으로 작용했다. 가령 인근이 항만인 점은 일본으로부터 특수 원료를 공수받거나 수출을 위해 외항선이 입항할 시에 매우 유리했다. 또한 제조에 필요한 조선산 원료들조차 낙동강 지류를 통해 해상 운송되

에 설립된 일본경질도기회사는 일본의 지사로 출발하였지만 이후 본사로 거듭나면서 공장 규모와 생산량이 매우 방대해졌다(홍순권, 『일제시기 재부산일본인 사회 사회단체 조사보고』, 선인, 2005), 241~245쪽.

105) 中村資良, 『朝鮮銀行會社要錄』(東亞經濟時報社, 1921·1923) 참조.

106) 佐藤榮枝, 『朝鮮の特産どこに何があるか』(京城: 朝鮮鐵道協會, 1933), 3쪽.

었기 때문에, 항만교통수단은 문제시 되지 않았다.[107]

이와 함께 고려된 요인은 제품 생산에 쓰여 질 원료 수급이었다. 회사 부지 인근 지역은 고령토와 백토, 장석 등이 산출되는 우수한 원료산지가 밀집되어 있어, 근대일본 요업의 최대 한계로 지목된 원료문제를 해결하기에 매우 유리한 조건을 갖추고 있었다. 그밖에도 회사 측은 지사를 조선에 설립함으로써 식민지국에 대한 노동력을 최대 활용하고자 했다. 다시 말해 회사에 필요한 필수 노동력을 조선인을 통해 어렵지 않게 제공받을 수 있다는 이점을 활용했을 가능성이 매우 높다.[108] 실지로 이 회사가 운영될 당시, 기술부에 소속된 일본인 전문 연구진을 제외하고는 1,000명에 가까운 조선인 노무자를 기용했다.[109]

이와 같이 일본도기회사는 여러 입지조건을 심사숙고하여 설립되었으며, 그 중 원료 구입에 따른 문제는 회사 설립을 결정짓는데 가장 많은 영향을 미쳤을 것으로 판단된다. 그것은 이 회사가 존속하는 동안 조선산 고급원료의 1차 공급지로서 입지를 굳힌 점을 통해 가장 잘 드러난다. 대표적으로 주요 수출품 생산을 위해 본국으로부터 특수원료를 공급받고 나머지 기본 원토(原土)들은 김해군과 고성군을 비롯한 인근 경상도의 주요 산지를 섭렵하여 충분한 양을 조달받았다.[110]

나아가 원료난으로 인한 타격을 거의 입지 않을 만큼 국가 차원에서 지속적인 후원을 받은 점도 주목된다. 특히 원료 조달에 있어서는 총독부가 이주한 일본 기업인들에게 많은 특혜를 제공하는 상공업정책에 의거하여, 일본도기회사는 가장 우선적이면서 특별한 혜택을 누렸다. 심지

---

107) 善生永助(앞의 책), 184쪽.

108) 허수열, 「조선인 노동력의 강제동원의 실태」, 『일제의 한국식민통치』(정음사, 1984), 317쪽 ; 김인호(앞의 책), 227~234쪽.

109) 朝鮮總督府殖産局 編, 『朝鮮工場名簿』(朝鮮工業協會, 1937), 61쪽.

110) 기본 원료는 金海 酒村 陶石과 釜山 萬德 陶石을 주로 이용했고, 나머지 특수 원료들은 일본 본토에서 조달받거나 수입산을 이용했다.

어 원료 조달의 마비 사태가 발생했던 1930년대 후반과 1940년대 초반 경에 이르면 대다수 요업공장들이 전시정책상 폐업을 강요받거나 축소령을 빗겨갈 수 없게 되지만, 이 회사에 대한 총독부의 원료 및 운영지원은 오히려 각별해졌다.[111]

한편 사내 인적(人的) 구성은 제품 제작의 분업과 전문성으로 인해 세분되었다. 따라서 채용 직원은 임시공원(臨時工員), 공원(工員), 견습공(見習工), 기공(技工), 견습기사(見習技師), 기사(技師), 주임(主任)으로 구분되었다.[112] 임시공원에서 초보 견습공 단계는 정식 직원이기보다 현재의 수습사원과 흡사했다. 이들은 주로 원자재 운반 및 가공, 생산품의 마무리공정과 포장, 청소 등을 도맡는 잡역 노무자들이었으니, 도자 제작에 직접 참여하는 일은 드물었다. 그러나 정식 견습공부터는 간단한 성형 시술과 문양 및 유약 제조 등을 보조하거나 견습할 수 있었다. 기공 단계는 기본성형, 시문, 유약, 요 관리 등을 분업하고, 제도술(製陶術)이 뛰어나거나 제반 지식을 풍부하게 갖춘 직원들로 구성된 견습기사부터는 특수 제조공정에 투입되었다.[113]

　　잡역 및 단순 노무직 : 전체 조선인 기용
　　전문기술직, 실험연구원 : 초빙 일본인, 일부 조선인 기용
　　　　　　　　　　　(전문기관 수료자에 한함)
　　관리 및 감독직 : 초빙 일본인(본사 기술자, 대학교수급 등)

그런데 조선인이 견습기사급 이상으로 승진하는 경우는 그리 많지 않았던 것으로 보인다.[114] 그 이유는 채용과정에서 조선인과 일본인을 철

---

111) ≪매일신보≫1936. 6. 25·1938. 5. 4일자 참조
112) 柴田長雄, 『朝鮮事業論- 第4. 工業』(資源研究所. 1928), 307~308쪽.
113) 주 109와 같음.
114) 현재까지 확인되고 있는 조선인 기술자는 김용관(1897~1967)이다. 그는 공업전
　　습소 도기과와 경성공업전문학교 요업과를 거쳐(1918년 졸업) 이후 일본의 동경

저히 구분하려 했던 회사측의 운영방침이 반영되었기 때문이며, 이러한
사내 직원 구성은 해방 무렵까지 크게 변하지 않았다. 따라서 일본인 직
원들은 임시공원에서 견습기사까지 거의 채용하지 않았던 반면 조선인
들은 단순 노무직만을 대거 기용했다. 물론 조선인 가운데서도 중앙시험
소나 공업전습소를 수료한 자에 한해서는 전문기사로 대우했다. 그러나
총체적으로 기술력을 요하는 전문 분야에는 일본인 전문가와 연구진들
이 포진했다.

그럼에도 회사입장에서는 조선인 노무자들이 매우 중요한 존재가 아
닐 수 없었다. 비록 고급 기술력을 발휘하지는 못했지만 전체 생산라인
에서 차지하는 조선인 노무자들의 역할은 결코 적지 않았다. 특히 하부
일을 도맡을 일본인은 부재하여 조선의 노동력 확보가 무엇보다 관건이
었다.

현재로는 조선인 근무자 제도와 환경실태 등에 대해 정확하게 파악할
단서가 남아있지 않다. 다만 1930년대 후반 조선총독부 식산국이 일본
도기회사의 조선인 노동자 실태를 파악할 수 있는 주요 기록을 남겨 일
부 파악된다. 그런데 이 기록에 따르면, 회사에 소속된 조선인 직공들의
근무태도에 대한 평점을 최하(最下)로 책정해 놓아 주목된다.[115] 1930년
대는 대공업화의 실현으로 인해 중대형 기업들의 근무자 처우가 최상에
도달해 있었던 점을 감안한다면 이 기록은 의외다.

지금까지 그 원인을 밝혀줄 근거는 요시나마 나가스케(善生永助)가
그의 저서에서 언급한 내용이 유일하다. 그는 사내 조선인 노동자들이
'안일한 기풍이 많고 감독자의 눈을 피해 소위 농땡이 피는 식이다'라고

고등공업학교를 1년 유학한 인물이었다. 귀국 후 그는 일본경질도기회사와 중앙
시험소 요업부에서 근무했으며, 그 외 사설 강습소인 조선공예학원(1922년)을
운영하기도 했다(박성래·신동원·오동훈, 앞의 책), 105~119쪽.
115) 善生永助(앞의 책), 191쪽 ; 朝鮮總督府殖産局 編, 『朝鮮工場名簿』(朝鮮工業協
會, 1937), 55~73쪽.

기록하면서, 더불어 제작과 관련해서는 '결근자가 많아 작업의 진행에
지장을 초래하는 일이 파다했다'고 언급했다.

　이 기록은 회사 관계자들이 미숙한 조선인 직공들이 분담한 공정을
제대로 마무리하지 못해 제작에 차질이 빚어지고 일본공장의 노동자와
비교해도 매우 열등하다고 평한 사실과도 직결된다.

　그런데 이와 관련해서는 1930년 1월에 발생한 경성방직의 조선인 직
공 파업을 살펴볼 필요가 있다. 왜냐하면 경성방직은 일본 자본가가
1917년 부산에 설립한 회사로 규모와 산출량 등에서 일본도기회사와 매
우 흡사해 운영상의 공통점이 많기 때문이다. 주목되는 것은 20년대 후
반까지 지속적으로 성장하던 경성방직이 30년대에 접어들어 파업 사태
에 직면하게 되는데, 그 배경은 조선인 노동자들의 저임금과 12~14시
간에 달하는 노동시간, 직공벌금제 때문으로 보인다.[116] 당시의 파업은
국내 최대 규모로 발생하여 이후 많은 기업들에 적지 않은 파장을 불러
일으켰다.

　실제 1935년 일본도기회사에서도 노조 파업이 발생했고 같은 해 삼
화고무, 부산국제통운회사 등 중대형 기업들이 모두 파업을 단행했다.
따라서 1930년대 중반경의 파업실태는 경성방직이 안고 있던 노무자의
인권문제로부터 파생되었을 가능성이 농후하다. 1935년 총독부 조사에
의하면 공산고(工產高) 가운데 요업이 최하위를 점했던 것으로 나타났
다.[117] 이러한 사실은 1930년대 중반 이전까지만 하더라도 전체 요업품
생산의 80% 이상을 차지하고 있던 일본도기회사가 일시 파업사태에 직
면하게 되면서 나타나 현상과 무관하지 않다.

　그러나 회사 내의 위기는 단 시간에 극복되었으며, 이후 1940년대 초

---

116) 경성방직은 1926년과 1931년 두 차례에 걸쳐 노동자 파업을 일으켰다.

117) '昭和9年中 家內工產額 激增 一割五分增인 一億七千萬圓' ≪매일신보≫ 1935.
　　11. 15.

반까지 수출품 생산을 무난히 이어갔다.[118] 특히 40년대는 수출정책이 일시 관장됨에 따라 급박한 시국상황에서도 적지 않은 수출량 제조와 수익을 달성할 수 있었다. 해방 이후 일본도기회사는 대한도기주식회사로 새롭게 거듭나면서 대략 10여 년간 일제강점기의 명성을 유지하였다.

나. 생산품과 제조공정

생산품은 각종 경질도기와 일반 생활자기 및 내화물, 법랑철기 등이었다. 특히 주종품인 경질도기는 국내 유일하게 완벽한 설비를 갖추고 전격 생산되었다. 일본도기회사의 경질도기 제조공정을 간단히 살펴보면 다음과 같다. 우선 제토(製土)과정은 사내에 반기계로 공정되었다. 즉 사용할 점토를 토련하여 숙성시키는 전 과정은 대용량을 일시에 가공할 수 있는 볼밀(Ball mill)과 진공 토련기, 기계 반죽기(Filter press system) 등 일련의 자동 설비기계들을 통해 이루어졌다. 성형은 동력을 이용한 기계물레(Machine Jiggering)로 1차 원형이 제작되었다.[119] 그리고 실물 제작은 주입성형법(Slip Casting)인 석고성형(Drain Casting, Solid Casting)이 주로 이용되었다.[120] 석고성형으로 제작된 식기, 찻잔, 타일류 등은 1927년 기준으로 하루 평균 생산량이 2만7천개 정도였으며, 당시의 요업실태를 고려해 볼 때 실로 놀라운 기록이 아닐 수 없다.[121]

성형과 더불어 시문공정 관리도 철저했다. 특히 수출품이 다른 기종에 비해 생산 비율이 높았기 때문에 이와 관련한 제조공정은 철저히 관

---

118) '躍進途程에 있는 조선공업의 현세(五)' 《매일신보》 1936. 6. 25.
119) 동력에 의한 기계물레 사용은 19세기 이후 유럽에서 처음 시도된 것으로, 한국에서는 일본도기회사가 평양자기주식회사에 이어 두 번째로 도입하였다.
120) 주입성형(Slip Casting)의 일종인 석고성형에는 두 가지 방식이 있다. 먼저 슬립을 석고틀에 주입시키고 일정 시간이 지나면 슬립을 다시 부어내어 기물을 얻는 기법인 드레인 캐스팅(Drain Casting)과 내·외형으로 만들어진 석고틀에 슬립을 넣고 굳은 뒤 기물을 완성하는 솔리드 캐스팅(Solid Casting)이 있다.
121) 善生永助(앞의 책), 188쪽.

리되었다. 수출품의 시문장식은 유럽 각국의 유명 도자기회사와의 경쟁
력에서 뒤지지 않기 위해 정교하고 화려한 상회기법, 하회기법, 전사기
법 등이 활용되었다. 또한 유약은 사내 실험실에서 성분 분석 및 혼합
등을 통해 제조된 것을 사용하거나 가나자와(金澤)에 있는 본사공장 제
품을 이용하여 완성도를 높였다.[122]

이외 요는 석탄을 주 연료로 하는 승염식과 도염식의 원형요(圓形窯,
벌집요, beehive kiln으로 지칭)와 터널요(tunnel kiln)를 동시에 사용했다.
특히 불연속요에 해당하는 원형요를 주로 애용한 것으로 드러나는
데,[123] 이는 원형요의 용적율이 다른 요에 비해 월등히 컸기 때문이다.
또한 20세기 최첨단요로 불리는 터널요는 전 소성과정이 레일(rail)을 이
동하면서 이루어져 일정 제품을 연속적으로 생산하는데 효율적이라고
판단하여 설치되었다.[124] 한편 일본도기회사는 원형요를 포함하여 각종
경질도기 전용요를 8기 이상 보유하고 있었다.

이상과 같이, 일본도기회사는 다양한 상품 개발 및 생산을 위해 최고
의 근대식 설비를 갖추고 있었다. 그러나 처음부터 설비가 완벽하거나
제조품이 다양했던 것은 아니었다. 회사 설립 후 대략 7~8년간은 신제
품 개발에 많이 고전했는지 수출품은 생산되지 못했고, 양국 내수품 수
요를 충당하는데 그쳤다. 1920년대 중반 이후 비로소 안정을 찾아 경질
도기와 고급 식기, 타일 등이 생산되기 시작했고, 수출품도 일부 제작되
었다.[125] 더불어 내수용 식기와 일본수출용 식기, 위생도기, 찻잔, 물병
(도 55), 타일, 법랑칠기, 기념품(도 56), 답례품(도 57-1, 57-2), 왕실
품[126] 등 다양한 제품 일체가 생산되면서 국내 최대 생산량을 기록했다.

---

122) 善生永助(앞의 책), 181~183쪽
123) 당시 재직한 바 있는 김형록씨 구두 증언 참조.
124) 김형록씨 구두 증언 참조.
125) '조선요업부활' ≪매일신보≫ 1924. 2. 16.
126) 왕실품에 대한 기록은 박현민, 「雲峴宮의 도자유물」, 『운현궁 생활유물 III』(서

(도 55) 〈녹유주자〉 1920년대
일본경질도기주식회사

(도 56) 〈백자접시〉 1920년대
일본경질도기주식회사

(도 57-1). 광화문 앞 해태상, 경복궁

(도 57-2) 〈기념품〉 1930년대
일본경질도기주식회사, 서대식소장

다. 영향과 의의

일제강점기 경성방직과 더불어 부산 최대 기업으로 평가되는 일본도
기회사는 도자기 생산에 있어 산업자기 영역을 확고히 구축시켜 한국 근
대 도자산업사에 한 획을 그었다. 또한 주요 생산품을 수출품으로 격상
시켜 근대기에 급성장한 무역산업에도 기여했다.

특히 이 회사를 주목하게 되는 요인은 동 시기에 많은 일본 기업인과
자본가들이 조선의 요업에 투자하거나 회사 설립을 시도했지만, 양질품

울역사박물관, 2006, 16~17쪽) 참조

을 생산, 개발해내는 데는 크게 성공하지
못했기 때문이다. 다시 말해 일본도기회
사를 포함한 몇몇 공장을 제외하고는 내
수품 일부를 생산하거나 일본으로의 역수
출품을 생산하는데 그쳤다.

그러나 일본도기회사는 내수품 보다
수출품을 생산하는데 더 큰 목적을 두고
이를 실현시켰다. 성공 여부는 식민지국
을 활용한 다양한 혜택을 비롯하여 관련
분야의 탁월한 제작시스템 보유 및 생산
성 향상을 위한 끊임없는 연구개발 등에
서 결정되었다. 특히 사내 연구 실적이

(도 58) 〈커피잔세트; 타일〉
1930년대
일본경질도기주식회사

관립기관인 중앙시험소 요업부와 비견될 만했다는 언론상의 보도는 주
목된다. 일본도기회사의 실적은 1930년대 이후 유럽의 도자산업을 겨냥
할 만큼 성장하였고 실지로 수출됨으로써 결실을 거두었다(도 58). 실제
조선은 1930년대 이후부터 무역수지 흑자를 달성하는데, 일본도기회사
가 크게 기여했다는 점에서도 주목하지 않을 수 없다. 뿐만 아니라 이
회사는 산업자기 이외 초자(硝子), 법랑철기, 벽돌, 기와, 토관 등의 건축
자재 등 다양한 요업품 개발을 촉진하여 관련 업계 발전에도 영향을 미
쳤다.

이러한 성장에는 일제의 우호적인 관심과 지원이 매우 크게 작용하였
다. 일제의 입장에서는 일본도기회사와 같은 대형 산업체를 통해 조선
요업의 근대화를 실현시키고 이와 동시에 자국 요업에 기여하면서 조선
요업자원 및 노동력 착취를 효과적으로 활용할 수 있다고 판단하였다.
더불어 이 회사를 도모하는 것이 조선에 진출한 일본 기업의 자본유치
확대와 동질회사의 증설(增設)에 직접적인 계기가 될 것으로 전망했다.

결과적으로 일본도기회사는 서양 근대 제조기술을 가장 적극적으로 도입하여 요업계를 일변시키는데 성공했다. 특히 주체적 역량과 기량이 무력화된 한국 근대 요업실정에 직·간접적 파급효과를 가져다주면서 조선인들로 하여금 산업자기 생산에 따른 새로운 인식을 유도하여 개발의 지를 불러일으키는 계기를 마련하였다. 따라서 일본도기회사는 이른바 '성공적인 후발자'의 기업상을 제시해 줄 만큼 근대 도자산업에 핵심적인 구실을 다한 것으로 평가할 수 있겠다.

② 평양자기주식회사(平壤磁器株式會社)

가. 운영실태

ㄱ. 강점 이전

1908년 평양시 마산동에 설립된 평양자기주식회사(이하 약칭 평양자기회사)는 조선인에 의해 설립된 최초의 산업자기 전문공장이었다. 물론 역사상 최초의 근대적 성향을 띤 공장은 1897년에 설립된 분원의 번자회사(燔磁會社)라고 할 수 있지만, 이 공장의 경우 제조방식 및 제조물 등에 있어 완연한 근대화를 이루었다고 보기 힘든 부분이 많아, 실질적인 근대공장의 출범은 평양자기회사로 보는 것이 타당할 것이다.

요업계의 전반적인 쇠락이 가중되던 20세기 초, 평양자기회사의 신설은 주식 공모와 산업자기 생산 등 당시로서는 매우 혁신적인 운영방침으로 많은 관심을 불러일으켰다.[127] 무엇보다도 주된 설립취지가 국란을 극복하기 위해 주창된 경제성 회복이 도자공예산업의 쇄신을 통해 극복될 수 있다는 의지를 담고 있어 남다른 가치와 의의를 지닌다.

대한제국은 근대화된 경제체제 구축을 위한 식산흥업정책이 궁내부를 통해 추진되었고,[128] 특히 광무연간에는 농상공무(農商工務)를 제대

---

127) 오미일(앞의 책), 413쪽.
128) 拙稿, 「1894-1904년의 政治體制 變動과 宮內府」, 『韓國史論』23(국사편찬위원

로 시행해야 한다는 중상주의적(重商主義的) 분위기가 만연했다.[129] 그러나 실제로는 근대화를 향한 기업 설립이 매우 제한적이고 위축되었다. 가령 고위 퇴직관료, 군대 장교, 대상인들이 주도하여 일부 기업들을 설립하였지만 서울, 평양 등 대도시와 일부 개항장 도시에 국한되었다.[130]

더욱이 설립된 기업 대부분은 봉건적 관행에 기초한 구문 징수 목적의 회사가 대부분이었기에, 상공업계의 발전과는 다소 거리가 있었다. 여기에 1905년 1월 화폐조례가 공포되고 난 이후, 조선 상공업자들은 더욱 심각한 전황(錢荒)에 휩싸였다.[131] 이에 각 지의 상인들은 당시의 절박한 상황을 타개하고자 주요 도시에 상업회의소를 결성하였다. 또한 1905년에는 상동청년학우회, 《대한매일신보》 등 국가와 민족을 위해 뜻을 같이 한 지사들의 비밀결사단체인 신민회가 식산흥업(殖産興業) 차원에서 근대적 기업을 설립시켜야 한다고 주창했다.[132] 특히 신민회는 상업계와 민족진영에서 경제자립을 도모하고 제조업 진흥을 위해 근대적 공장을 설립함으로써 국가산업이 성장할 수 있다고 확신했다.

평양자기회사는 이러한 시대적 요구에 힘입어 설립되었다. 한삼현(韓三賢), 윤재명(尹在明), 정인숙(鄭仁叔), 윤성운(尹聖運), 전재풍(田在豊), 이덕환(李德煥), 최유문(崔有文) 등이 회사의 발기인으로 나선 가운데 이승훈(李昇薰)을 중심으로 한 서북지방 거상 및 자본가들이 중점 투자하고 이외 도산 안창호를 중심으로 한 신민회 회원들이 공동 출자한 평양자기주식회사는 1908년에 전격 출범했다.[133] 설립년에 발간된 『대

회, 1990), 373~386쪽.

129) 《황성신문》 1900.3.7일자 雜報 참조.

130) 金聖壽(앞의 책), 49~50쪽.

131) 度支部 編, 『大韓貨幣整理經過報告』(1907), 78쪽.

132) 오미일, 「1908년-1919년 평양자기제조주식회사의 설립과 경영」, 『동방학지』 123 권(연세대학교 국학연구원, 2004), 189~197쪽.

133) 오미일(위의 논문), 191쪽 ; 신용하, 「新民會의 創建과 그 國權恢復運動」, 『韓國學報』 9, 1977.

한협회회보(大韓協會會報)』(1908, 제9호)에 실린 글에에서도, 이 회사의 설립자가 몇몇 평양의 유지가임을 밝히고 있다.[134] 이 글에 의하면 평양에 거주하던 유지들이 회사 설립에 1만여 환(換)을 투자했다고 밝혔다. 『대한협회회보』는 1907년에 창립된 정치단체인 대한협회가 민족의식을 고취하고 국민계몽활동을 전개하고자 발행한 회보였기에, 이 글을 보도한 점을 미루어 본다면 당시 평양자기회사의 설립이 국가적으로 초미의 관심사였음을 짐작할 수 있다. 그러나 『대한협회회보』에서 밝힌 내용과는 달리 설립과 동시에 회사 경영에 필요한 제조기술력과 기술자 고용 등에 있어서는 일본인을 적극 참여시킨 것으로 보인다.

한편 평양자기회사는 50원의 주식 200주를 보유한 가운데, 1908년 10월 농상공부로부터 인허(認許)를 받았다. 그리고 곧이어 주식을 1,000주 증자하여 총 1,200주에 6만원의 자본금을 모금하면서 회사를 확장해 갔다.[135] 회사 설립지 선정과 직원 고용 및 급료 등에 관한 내용들은 『공업전습소보고서(工業傳習所報告書)』(농상공부 편, 1908)에 비교적 자세히 전하고 있어 진위를 파악할 수 있다. 우선 설립지로 평양을 선정한 것은 여러 여건에 부합했기 때문이다. 즉 평양 인근에 요업원료 산지가 많이 분포되어 있었던 점이 고려되었다. 실지로 평양시를 비롯해 일대는 일찍부터 도자기, 연와, 토관 등이 두루 생산되어 왔는데, 이는 평안도에 요업품 제작에 필요한 각종 원료와 연료가 매우 풍부하게 매장되어 있었고 품질 또한 우수했기 때문이었다. 또한 평양은 상공업이 발달하고 남·북한을 잇는 주요 교역지여서 거상들이 항상 밀집되었다. 때문에 이 일대는 상인들의 자본력을 집결시켜 판매로 이어지게 할 수 있는 여건이 충만했다. 회사 설립 시 소집된 상인들의 출자금이 당시로서는 매우 큰 액수였던 것도 이러한 판매망(販賣網, sales network)이 형성되어 가능했

---

134) 「平壤郡 磁器株式會社 賛成文」, 『大韓協會會報』 第9號(大韓協會, 1908), 51~52쪽.
135) 주 133과 같음.

던 것으로 보인다.

회사 직원은 사무직에 조선인을 고용하였고, 실무직원인 제조기술자
는 조선인과 일본인을 각각 10명씩 채용하였다. 일본인 직공은 1년 계약
직이었으며, 이들은 주로 비젠(肥前)과 아리타(有田) 출신의 기술자들이
었다.136) 특히 이들은 주요 제조를 담당했음은 물론 조선인 견습생들에
게 제도법을 전수시키는 업무도 겸했다. 회사 내의 견습생 교육은 설립
직후부터 매우 중요하게 다루어졌고, 견습교육과정을 거친 자는 회사의
정식 직원이 되거나 자영체를 운영할 수 있도록 협력했다. 견습과정은
자세히 알려지지 않지만, 대체로 청년지원자를 공개 모집한 다음 도화법
(陶畵法), 석유발동기사용법, 녹로성배법(轆轤成坯法) 등에 대한 실지지
도 등이 포함된 것으로 보인다.137) 이 일면을 통해 평양자기회사는 도자
생산의 새로운 혁신을 시도했을 뿐 아니라 기술보급을 통한 전문 인력
양산에도 관심을 기우렸음을 알 수 있다.

고용 인력에 대한 급료 지급은 양국인이 차별되었다. 급료는 일본 기
술자의 경우 작업 분야와 제조물 개수에 따라 지급되었으며, 조선인 직
공들은 채용 기준에 따라 하루 평균 25전을 지급하거나 월 10원에서 15
원을 봉급제로 지급하는 두 가지 방식을 채택했다.138) 주생산품은 조선
인 전용 백색자기와 생활식기였으며, 소량이기는 하지만 장식용품 이른
바 관상품도 생산되었다.

이밖에도 초기 평양자기회사 운영과 관련하여 주목되는 점은 공업전
습소와의 교류를 들 수 있다. 이를테면 전습소 졸업생들을 책임 고용하
고 우선적으로 견습시켜 제조에 종사할 수 있도록 배려한 것이다. 아마
도 회사 관계자들은 한국 최초의 공업·공예교육기관인 전습소와 근대화

---

136) 『工業傳習所報告書』第1回(農商工部 編, 1908), 75쪽.
137) 農商工部 編(위의 보고서), 77쪽.
138) 農商工部 編(위의 보고서), 74~75쪽.

된 산업자기공장인 평양자기회사의 협력을 통해 최상의 제품이 개발될
것으로 전망했을 가능성이 높다.

ㄴ. 강점 이후

강점 직후의 평양자기회사는 설립부터 누적된 여러 운영상의 문제들
을 해결하지 못해 상당한 고충을 겪고 있었다.[139] 우선 회사경영에 있어
서는 초대사장이었던 이승훈에게 부실 운영의 책임을 물어 김남호(金南
鎬)에게 운영권이 양도되었다.[140] 운영권 양도 이후의 실적은 알려진 바
가 많지 않지만 전반적으로 호전되지 못하고 이전과 같이 난항을 반복한
것으로 보인다.

1914년 2월13일부터 2월17일까지 연속 게재된 ≪매일신보≫의 기사
들은 이 회사 경영상의 문제를 단적으로 지적해 주는 중요한 내용을 담
고 있다.[141] 당시 평안남도청 미주쿠시(水口)부장이 기술한 보도내용은
평양자기회사의 재정문제와 취약한 기술력 등을 지적한 것인데, 특히
'회사의 자본상태는 실로 많은 액수였으나 현재로서는 차손금(次損金)
을 극히 보전(補塡)하려 한다'라고 수차례 언급해, 매우 다급해진 회사
재정난을 우려했다.[142] 또한 총독부와 평안남도청이 나서 하루빨리 재
정문제를 해결함은 물론 일본인 기술자를 동원하여 회사회생을 도모할
것이라는 내용을 전했다.[143] 이에 따라 평안남도청의 여러 관계자들은
이무렵 회사를 수차례 방문하여 제조실태와 재정관리 전반을 점검하면
서 안정화에 적극적인 관심을 보였는데, 해결방안으로 시제품에 대한 엄
정한 평가 및 생산공정의 전환을 제시했다.[144]

---

139) '平壤의 磁器計劃' ≪매일신보≫ 1911. 2. 25.
140) '磁器社活動' ≪매일신보≫ 1913. 2. 23.
141) ≪매일신보≫ 1914. 2.13, 2.14, 2.15, 2.17일자 참조.
142) '水口재무장관연설-평양자기주식회사총회' ≪매일신보≫ 1914. 2. 17.
143) '平壤磁器의 擴張' ≪매일신보≫ 1911. 8. 2.

이후 다양한 건의와 요구가 반영되어 1913년부터 1,200원 가량의 정부 지원금이 연간 회사 측에 보조되었다.[145] 평양자기회사에 대한 지원은 일제가 강점 초기 상공업정책의 일환으로 「조선회사령」을 공포하고 민족자본의 결집을 강경하게 저지하던 시점에서 이루어져 매우 이례적이었다고 볼 수 있다.

그런데 이러한 지원책은 이 회사의 주요 업무와 판로 등에 관해 영향력과 권한이 일제에 부여될 수 있는 결정적인 빌미를 제공하고 말았다. 가령 회사의 지원이 강화된 이래, 총독부는 일본인들의 전용상품 제작을 확대하도록 요구했고, 이 제품들이 전국 주요 도시의 판매점으로 유통될 수 있도록 조장했다. 뿐만 아니라 총독부는 회사의 재정상황에도 어느 정도 관여한 것으로 드러난다. 물론 조선인들에 의해 운영되던 1917년 경까지는 주주의 대부분이 조선인이었고 운영위원인 총무원, 감사원 등이 모두 조선인으로 구성되어 일제의 영향력이 크지 않았을 수도 있다.[146] 그러나 주주총회는 총독부와 회사의 협의 하에 개최되는 경우가 많았고, 결정적으로 정부로부터 지원금을 보조받는 실정이었기 때문에 일제로부터 완연히 자유롭지 못했던 것으로 보인다.[147]

평양자기회사는 경영실태가 잠시 회복세에 접어든 1915년 <시정5주년기념조선물산공진회>에 참여하는 등 다양한 제품 생산과 홍보에 나서기도 했다. 그러나 1917년경의 회사재정은 최초 유치자본금 6만원을 일부 소진하여 3만여 원 정도만이 남겨진 상태였고, 그 마저 몇 달도 지나지 않아 모두 소진하여 은행 차입금으로 유지되었다.[148] 당시 총독부

---

144) 주 142·143과 같음.

145) '磁器社好運' ≪매일신보≫ 1913. 6. 15.

146) 1910년대의 평양자기회사는 매년 2회의 주주총회를 개최했고, 이 총회를 통해 영업보고서를 작성하고 임원들을 선출하였다.

147) '磁器會社 株式總會' ≪매일신보≫ 1912. 2. 4.

148) '평양-자기회사상황' ≪매일신보≫ 1917. 7. 4.

는 재정위기을 막기 위한 막바지 지원책을 강구해 보지만 결국 평양자기
회사는 1918년 일본인에게 매각되고 말았다.

이로써 평양자기회사는 식민국들 대부분이 식민모국으로부터 우수한
제도, 자본, 기술 등을 수용하더라도 실제로 그것을 제대로 습득하거나
활용해 공업화하는데 많은 한계가 있음을 단적으로 보여주며 막을 내렸
다.[149)

한편 1918년 평양자기회사는 일본인 후꾸시마 소헤이(福島莊平)에게
공식 매각되면서 마산동에서 약송정(若松町)으로 이전하였고, 사칭(社
稱)도 후꾸시마제도소(福島製陶所)로 변경되었다.[150) 그런데 이후에도
회사 재정은 순탄하지 못해 이전(移轉)과 매각을 거듭했다. 1937년에는
아사히요업(朝日窯業)으로 재운영되다가 해방 직전인 1940년에는 평양
제도소(平壤製陶所)로 운영되었으며, 평양제도소로도 몇 년 운영되지
못해 결국 완전히 폐업하였다.[151) 주요 생산품은 사주(社主)에 따라 교
체된 편이다. 초기에는 생활용품이 주력 상품이었다면, 이후 점차 부가
가치가 높은 각종 내화물, 연와(煉瓦), 도제(陶製) 전기제품 등이 생산되
어 한때 수출되기도 했다.

나. 제조공정과 생산품

강점 이전의 제조공정은 문헌에서 밝힌 사내 규모를 통해 일부 파악
된다. 사내에는 총무실, 사무실을 비롯하여 신건축물로 지은 조선인과
일본인 직원의 기숙사가 있었고, 제작장에는 비젠(肥前)과 아리타(有田)
에서 수입한 동력물레(轆轤)로 설비를 갖춘 녹로장(轆轤場), 3마력의 석

149) 주익종, 「후발자와 후후발자」, 『경제사학』32(경제사학회, 2002), 95쪽.

150) 蒹森辛次郎, 「平壤陶磁器窯業の革命」, 『平壤の發展策』, 平壤每日申報社, 1932,
    94~95쪽.

151) 蒹森辛次郎(위의 책), 95쪽.

유발전기로 가공할 수 있는 원료 분쇄장, 개량식 6실 연속 대형요를 갖춘 요장(窯場) 등이 있었다. 특히 요는 설립 초기 비젠(肥前)식으로 축조되었으나, 이후 공업전습소 도기과 졸업생이 새로운 요를 축조하여 일부 교체되었다.[152]

원료는 조선산과 일본산을 모두 사용했다. 예컨대 주원료인 백토는 대동강 상류지인 성천(成川)과 마산동 등 인근 지역산을 이용하는 편이었지만, 제품 생산에 필요한 양을 충당하기에 부족하면 내화점토를 비롯한 천초석(天草石), 장석, 작회(柞灰) 등을 비젠(肥前)에서 수입해 사용하거나 타 지역의 원료들도 구해다 썼다. 또한 유약과 안료 역시 국산이외 일본에서 수입한 것을 대체로 이용하였고 연료인 석유도 일정량은 수입했다.[153]

이상을 종합해 보면, 대다수 원자재가 조선 뿐 아니라 일본으로부터 수입되었음을 알 수 있다. 특히 설립 초기부터 일본과의 기술력 교류가 원활하여 제조기술에 있어 일본에 대한 의존도가 높았던 것으로 추정된다.

생산품은 조선식 식기와 왜사기풍 식기 등 각종 생활용기들과 관상품

(도 59) 〈생활자기〉 1910년대
평양자기주식회사, ≪매일신보≫ 지면광고

이었다. 현재까지 확인되는 유물은 반기계 반수공으로 성형된「복(福)」,「희(喜)」자문 사발, 주발이 전부이다(도 59).[154] 조선인 직공의 하루 평균 성형량은 350개 정도였고 굽 각

---

152) 農商工部 編(앞의 보고서), 76～77쪽.
153) 農商工部 編(위의 보고서), 72～74쪽.
154) 農商工部 編(위의 보고서), 76쪽.

기까지 완성되는 양은 300개 내외였다(削完).

강점 이후는 총독부의 지원 아래 제조공정 전반이 확충되거나 내부 구조가 보수되었다. 총독부는 이 회사에 대한 각별한 관심을 보여 점토 소성실, 수파(水簸), 요 등을 증축하거나 개량하고, 동절기의 작업실 환경을 보완해 주었다. 특히 강점 직전에 보유 요가 1기 밖에 남아 있지 않은 점을 고려하여 3기를 보충했다.[155] 새로 도입된 요는 일본인 기술자가 특별 고빙되어 시공한 도염식요(倒焰式窯, 당시는 염도식요로 지칭)로서 이전 것과는 다른 기종이었다. 당국의 지원 아래 신축된 요는 연료인 석탄 사용에 관한 실험이 수시 이루어졌으며, 시험한 결과 조선산 보다는 수입산인 무순탄(撫順炭)과 안주탄(安州炭)을 사용하도록 결정되었다.[156]

따라서 강점 직후에는 일본인 기술력과 기술진이 적극적으로 보급되고 점차 범위가 확장된 것으로 볼 수 있다. 그러나 이러한 경향이 강화되면 될수록 제조양식과 운영체제 등에는 더욱 일본적인 취향과 의존도가 컸을 것으로 판단되며, 특히 원료나 부자재의 경우, 조선산에 못지않게 수입산을 애용한 것으로 보인다.[157]

강점 이후의 생산품은 이전과 동일했다.[158] 생산량의 경우, '1913년에는 1회 가마 사용으로 2,500개의 상품을 얻을 계획이며, 월 평균 4회의 가마 사용으로 총 1만개의 자기를 생산할 수 있을 것'으로 밝힌 ≪매일신보≫ 기사를 토대로 한다면, 강점 이전에 비해 월등히 증가한 것으로 보인다.[159]

---

155) '磁器社活動' ≪매일신보≫ 1913. 2. 23.

156) '磁器社好運' ≪매일신보≫ 1913. 6. 15.

157) 주 147을 참조.

158) '磁器會社의 計劃' ≪매일신보≫ 1913. 8. 5.

159) 주 148을 참조.

다. 영향과 의의

평양자기회사는 대한제국시기 민족시국사업의 육성을 통해 국력을 신장하고 근대 산업화의 지평을 열고자 열망했던 애국지사와 상인지주들의 결집에 의해 설립되었다. 그러므로 이 회사의 설립은 단지 한국 최초의 산업자기 제조회사로서의 위상 이상의 의미를 함축하고 있다.

19세기 말엽은 상공업계의 투자자본과 기술력이 상대적으로 부족하여 산업 개발에 많은 어려움이 있었으나, 일반 상인들이 소자본을 주식 형태로 투자한 근대식 회사의 신설에는 큰 무리가 없었다. 평양자기회사는 이러한 사회경제체제의 기반 아래 설립되었으며 설립 후 파장은 매우 컸다. 무엇보다 제조분야의 반기계 반수공체제를 여타 제조 산업계에도 이식시켜, 이후 유사 공장 설립에 기틀이 되었다. 강점 이후에는 한동안 평양자기회사와 비견할 수 있는 산업자기공장이 조선인에 의해 설립되지 못하여 한국 근대 도자산업사에 시사하는 바가 매우 크다.

예로부터 평양은 교통 여건과 원료구입 그리고 해외 교역 등이 원활하여 요업을 비롯한 각종 상공업이 발달하였다. 특히 평양은 헐차(澉車)와 헐선(澉船)이 운행되어 지역 간 이동은 물론 만주 및 중국으로의 이동도 용이했다. 또한 각종 도자기원료들은 대동강 상류로부터 하류에 이르기까지 풍부하게 매장되어 있었고, 연료인 석탄과 무번탄(無燔炭)도 도토 못지않게 많은 양이 생산되었다.[160] 여기에 근대 평양은 인구가 많고 지대가 광활하여 제조 인력과 공장 건립이 증대할 수 있는 산업상의 여건을 갖춘 한편, 1907년 기독교 수용에 기반한 평양대부흥운동을 통해 근대교육기관이 설립되면서 근대화를 향한 전반적인 움직임이 고취되어 있었다.[161]

---

160) 農商工部 編(앞의 보고서), 74쪽.
161) 한국 근대기 3대 교회부흥운동이었던 평양대부흥운동(1907.1.7, 평양)은 기독교인 수를 폭발적으로 늘이는데 일조하여 일명 '성령대부흥운동'이라고도 일컫는다.

그런데 평양자기회사는 이와 같은 여건과는 다소 무관하게 설립 초
기부터 기술력과 교통여건 등의 문제로 난관에 봉착했다. 우선 평양은
우수한 교통여건을 갖추고 있었음에도 불구하고 회사가 위치한 평양시
용성구 마산동 일대는 도로가 미개통되어 상품과 원료 운반이 용이하지
못했다.[162] 운송여건의 악재는 상품과 원료 운반 시 높은 가격의 운임
료를 지불해야 했을 뿐 아니라 판로 형성에도 적지 않은 지장을 받았
다. 이 부분은 '마산동 회사는 요업상의 소제조지(小製造地)는 되나 도
로가 크게 개량되지 않으면 대제조지(大製造地)가 될 가치가 없다'고
밝힌 『관립공업전습소보고』(농상공부, 1908년)의 기록을 통해서도 알
수 있다.

그 외에도 '회사 근처의 송림(松林)이 공허(空虛)하다 (중략) 조선인들
이 연료용으로 무절제하게 산림을 벌목하여 산악은 모두 민둥산이다. 따
라서 식목사업을 하루빨리 복원해야 한다'고 기술한 내용에서 알 수 있
듯이, 도자기 제작에 필요한 목제연료를 인근지에서 조달받는데 문제가
있었다.[163]

그럼에도 생산량은 각종 생활식기를 중심으로 점차 증가하였다. 특히
사내에서 직접 요 개발에 착수하여 보다 나은 산업자기 생산을 증진시키
려는 움직임도 있었다. 강점 초기에는 세계경제혼란과 반기업정책인 회
사령으로 인해 회사 설립이 일제히 저지당했지만, 평양자기회사의 경우
오히려 일제의 후원과 관심으로 서서히 자리매김했다. 적어도 일본경질
도기주식회사가 설립되기 이전인 1916년까지는 각종 신제품을 출시하
여 전국에 판매했고, 각종 생산품들이 박람회와 공진회에 출품되어 산업
자기업계를 대표했다.

---

162) 農商工部 編(위의 보고서), 77~78쪽 ; '平壤의 磁器計劃' ≪매일신보≫ 1911.
  2. 25.
163) 農商工部 編(위의 보고서), 78쪽.

그러나 경영이 지속적으로 악화되자 평양자기회사는 자본유치와 판매수익을 확보하지 못하여 결국 도산위기에 처했다. 조선인 실업가들에 의해 대략 10여 년간 운영되었던 회사는 1918년 일본인에게 매각되었고, 이후 조선인에 의해 단 한번도 운영되지 못했다.

설립에서 운영에 이르기까지 일본과의 교류협력을 유지했던 평양자기회사는 자율적이고 독립된 생산에 적지 않은 문제가 있었지만, 설립의 취지가 요업을 시국산업화하고 이를 실현하고자 했던 식자들의 의지와 노력이 함축되어 있었다는 점에서 역사적 의의를 지닌다. 또한 경쟁업체가 신설되기 이전인 1917년까지만 하더라도 산업자기를 전문적으로 생산할 수 있는 공장이 전혀 설립되지 않았던 점을 고려한다면, 이 회사는 실질적으로 한국 근대 도자산업의 발판을 마련하면서 동시에 개척해 낸 최초의 기업이었다. 특히 1920년대에 접어들면서 조선인들에 의해 산업자기 공장들이 신설되기 시작했는데, 그 기폭제는 회사령 폐지 이후 산업자기 생산이 서서히 가중된 결과였지만 평양자기회사가 미친 영향을 배제할 수 없다. 다시 말해 조선인에게 있어 평양자기회사는 요업계의 자부심이자 원동력으로 작용했을 가능성이 매우 높아 한국 근대 산업자기 제작 및 인식에 기여한 바는 실로 남달랐을 것이다. 일제 역시 이 회사의 중요성을 일찌감치 파악하여 강점 초기부터 큰 관심을 표명했는데, 그것은 일종에 조선인 기업의 성공적인 관례를 남기기 위한 정책상의 전략과도 같았다.[164]

---

164) '평양-자기회사상황' ≪매일신보≫ 1917. 7. 4.

2. 공유품(共有品)으로서의 옹기 및 도기 생산 확대

일제강점기는 민수 공유품인 옹기 생산이 격증하였다. 이러한 양상은 이 시기만이 가지고 있는 독특한 도자 흐름으로 간주된다. 이처럼 옹기 수요가 유난히 저변 확대될 수 있었던 원인은 생산과 판매의 전 과정에서 일제의 도자정책이 깊게 반영되어 있었기 때문이다.

이미 언급하였듯이, 일제가 구현한 도자정책은 조선백자의 말살을 촉진하는 반면 왜사기 수입을 증강하거나 산업자기를 비롯한 특수 요업품 일체를 주력 생산하는 한편 부가가치가 낮은 옹기 및 도기 생산과 유통에는 특별한 제약을 두지 않고 대중화하였다.[165]

따라서 수출무역과 관련된 산업자기, 최첨단 내화물, 초자, 법랑칠기 및 건축부자재 등은 생산이 촉진되었지만 반면 상사기, 옹기, 도기 등은 일제가 관여하지 않은 생산품목으로서 제작상의 자율화가 부여되었다. 이에 따라 조선 사기장(옹기장 포함)들은 백자 생산에 따른 고충에서 벗어남과 동시에 생계유지를 위한 방편으로 도기질계 그릇(옹기 및 도기) 제작에 다수 참여했다. 옹기장들은 지천에 매장된 옹기토와 특별히 변화되지 않은 기술 그리고 자본력, 기술인력 및 판매 등에 큰 구애를 받지 않는다는 장점을 최대 활용했다. 그 결과 조선인에 의해 설립된 중소 규모 옹기공방은 1910년대 이후 조선인 지주들을 중심으로 우후죽순처럼 생겨났고 생산량도 점차 증가하였다<표 23>.[166]

이외에도 옹기 생산의 통제를 최소화하고 활성화시킨 요인은 옹기가 지닌 독특한 쓰임새에 대한 일제의 관심이 어느 정도 작용했기 때문이다. 이들이 주목했던 것은 유난히 발효식품이 발달된 조선의 음식문화로

---

165) 崔健, 「大韓帝國時代의 陶磁器」, 『오얏꽃 황실생활유물』(궁중유물전시관, 1997), 59쪽.

166) <표 22> 참조.

인해 형성된 옹기 특유의 기능성과 소박하고도 독특한 미감이었다. 특히
옹기의 기능에 관한 높은 관심은 그들의 문화권에서는 찾아보기 힘든 탁
월한 저장력에 있었다. 가령 일본 역시 음식저장문화가 정착되어 있었지
만 저장용기는 주로 목제를 사용하여 조선에 비해 실용성이 뒤진 편이었
다. 여기에 한국의 도자 역사상 계층과 지역 간 구분 없이 고유의 식생
활과 관련하여 가장 널리 쓰인 것이 옹기라는 점을 일제가 수용하여,[167)]
계속해서 수요공급이 원활하게 이루어졌다.

  그러나 무엇보다도 세금징수를 위해 전국의 주조업계를 활성화시키
려 했던 일제의 정책이 이 시기 옹기 생산을 증폭시킨 최대 원인으로
파악된다. 일제는 1909년부터 주세법(酒稅法)을 발효하여 생산량에 따
라 과세하는 간접세를 부과했다.[168)] 이러한 조치는 전국에 양조장을 쉽
게 허가하는 대신 조선인들로 하여금 세금을 부담시키기 위해 정책적으
로 시행되었다. 과중한 세금부담에도 불구하고 강점과 동시에 주조업계
는 날로 비대해져서 1916년경에는 전국에 228,404개소에 달하는 소주,
막걸리 전용 양조장이 설립, 운영되었으며 일본자본이 투자된 대규모 양
조장들도 이후 설립되기 시작했다.[169)]

  주조산업이 본격화되자, 전국의 양조장(醸造場)에서는 술을 담을 수
있는 각종 용기들을 필요로 했다. 옹기와 도기는 이 시기 주조업자들이
가격대가 저렴하다는 이유로 가장 많이 애용한 제품이었다(도 60). 일제
강점기 유물 가운데 주조장명(酒糟醬名)이 시문된 도기주병을 흔히 볼
수 있는 것도 이러한 이유 때문이다.[170)] 또한 19세기 말엽부터 시작된 장

---

167) 나선화, 『한국 도자기의 흐름』(재단법인세계도자기엑스포, 2005), 83쪽 ; 나선화,
    「甕器淵源 小考」, 『제3의 전통, 옹기의 원류를 찾아서』(이화여대 박물관, 2000),
    10쪽.
168) 酒稅法은 대한제국 말기인 1909년경 주류업 종사자들에게 세금을 부과하기 위
    해 제정된 법령이었다(「酒稅法」度支部 法律 第3號 참조).
169) 朝鮮總督府, 『前揭書』(1919), 192~193쪽.

(도 60) 〈도기주병〉 일제강점기
인천만석주조장, 개인소장

조공업(醬造工業)도 옹기 생산량을
증가시키는데 일조했다. 이 사업은
주조사업 못지않게 경성, 부산, 인천
등 대도시를 중심으로 번창했으며,
용기 또한 옹기계통을 가장 많이 사
용했다.

한편 1930년대에 접어들면서 총독
부와 시험소는 예전에 없던 옹기 생
산에 큰 관심을 표명하기 시작했다.
추정할 수 있는 가장 확실한 근거로
이 무렵의 옹기 생산액이 정부 지원으로 크게 증폭된 점을 들 수 있다.
<표 16>에서와 같이, 1929년 기준의 옹기 생산액은 1,868,430원이었
는데, 이 생산액은 동 시기의 일반자기(산업자기 일체를 포함) 생산액인
2,586,421원과 비교할 때 그 격차가 70여 만원에 불과했다.[171]

이 변화는 일제가 옹기 수요량과 생산량이 정점에 달하는 1920년대
후반부터 1930년대 전반에 이르기까지 지원책을 적극적으로 강구했기
때문에 가능했다. 한 예로, 총독부가 중앙시험소로 하여금 옹기집산지였
던 경기도 영등포 일대에 도기조합을 설립하고 개량실지지도를 실시하
여 대량생산은 물론 우수제품 개발을 지원한 것을 들 수 있다. 이후 전
시체제기였던 1930년대 후반에도 유기 공출로 인해 옹기 제작은 일시

---

170) 조선인들은 일제의 주조사업이 식민사업으로서 관장됨에 따라, 술 구매에 따른
높은 세금을 감당해야 했다. 이 때문에 조선인들은 주세 부담을 줄이는 하나의
방편으로서 '바탱이'라 불리는 옹기를 제작하게 되었다. 바탱이는 대형 옹기로
서, 구연부에 접시(바탱이)를 올려놓을 수 있도록 특수 제작되었다. 조선인들은
술을 몰래 밀매하여 항아리에 담고 이를 면하기 위해 항아리 입구에 바탱이를
얹은 후 김치나 기타 음식물 등을 올려 담아 위장하는 방법을 자주 이용했다.
171) 『朝鮮總攬』(朝鮮總督府 編, 1933) 참조.

〈표 16〉 일제 전반기 옹기 생산액 -1911~1917 · 1923~1929-

연도	생산액	연도	생산액
1911	132,825	1923	1,323,263
1912	292,813	1924	1,178,000
1913	278,479	1925	1,118,692
1914	294,573	1926	1,304,692
1915	326,415	1927	1,284,054
1916	324,141	1928	1,853,574
1917	438,984	1929	1,868,430

(단위 : 원)

『조선총람(朝鮮總攬)』(조선총독부 편, 1933)에서 발췌.

관장되었다. 이때의 생산품은 도기질로 된 각종 그릇에서부터 수저통이나 석쇠, 우체통에 이르기까지 모든 일상생활용품들이 포함되었다.

또한 전시상황이 최고조에 달해 일제의 기업폐출이 강화되던 1940년대에도 옹기공방만은 예외적으로 운영되었다. 당시 옹기점들은 원료 수급에 차질이 생겨 생산량이 다소 감소한 것 이외 특별한 변화가 없었으며, 이러한 상황은 해방 무렵까지 계속되었다.

일제강점기의 옹기 생산은 일제의 정책상 지원이 매우 지엽적이고 한시적이었지만, 제작여건이 수월하고 일정 시기 성장할 수 있는 토대가 마련되어 꾸준하게 이어졌다. 따라서 이 시기 옹기는 식민지국의 한계를 극복한 조선인들에 의해 자체 개발되고 유통되어 경이적인 성장세를 보인 대표 공유품이라 할 수 있다.

1) 제작장의 실태

이 시기 옹기 생산처는 전국에 분포되어 있던 소규모 옹기점들과 경기도, 경상도, 강원도, 황해도 지역의 규모 있는 옹기공장으로 구분된다. 일반적으로 생산처의 주변지는 옹기토로 쓰인 유색토 이른바 황토산지

가 존재했다.[172] 그러나 옹기토는 자기토와 달리 특정 산지가 따로 없을
만큼 조선팔도에서 일괄적으로 산출되어, 매장지 주변에 특별히 이름 있
는 옹기점이 인접했던 것은 아니었다.

<표 17> 전국 옹기점 분포도 -1925년-

도별	옹기점수	도별	옹기점수
경기도	202	강원도	130
충청북도	98	황해도	147
충청남도	163	평안남도	59
전라북도	87	평안북도	80
전라남도	87	함경남도	84
경상북도	135	함경북도	7
경상남도	83	합계	1,365

<표 17>을 통해서도 알 수 있듯이, 규모 있는 옹기 제작장이 가장
밀집된 대표지역은 경기도 일대였고, 그 중에서도 시흥군 영등포읍이 최
고의 집성지였다. 조선 초기부터 옹기생산에 오랜 연혁(沿革)이 있던 이
지역은 일제강점기에 접어들어 더욱 진보하였다.[173] 즉 영등포읍 주변
은 조선인들이 운영하던 옹기 및 도기 공장이 가장 많이 분포되어 있었
을 뿐 아니라 일본인들에 의해 토관, 제와(製瓦) 전문 공장들까지 설립
되어 근대기 최고의 옹기생산지로서 급부상했다.[174]

　시흥군 일대의 옹기 생산이 활발해지자 인접 지역까지 영향이 미쳤
다. 이 부분은 1925년 기준으로 경기도 일원에 소재한 옹기점이 202개
소에 달하여 타 지역에 비해 적게는 50개소에서 많게는 80개소 이상 많

---

172) 송재선, 『우리나라 옹기』(동문선, 2004), 167~168쪽.
173) 善生永助(앞의 책), 163쪽.
174) 善生永助(위의 책), 145~170쪽.

앉던 사실만으로도 충분히 이해된다.[175] 따라서 이 일대는 강점 직후부터 옹기 집성촌(集成村)이 형성되기 시작했으며, 생산품도 일반 옹기부터 고급 옹기와 수출용 옹기 등에 이르기까지 매우 다양했다.

이외 나머지 지역들도 지역별 특성이 잘 드러나는 민수품들을 생산하여 인근 주민들에게 공급하였으며 특히 강화, 회령, 홍수, 해주 등지의 제품들은 지역특산품으로서 개발, 생산되어 해외로 수출되었다.

옹기제작장은 이름난 곳일수록 제조공정의 분업으로 많은 인력이 동원되어 대량 생산이 가능했던 것으로 보인다. 그러나 대다수 소규모 옹기점들은 전근대적 수공방식에서 벗어나지 못하여 매우 열악했다. 이 역시도 여의치 않은 옹기장들은 사기장들과 마찬가지로 옹기공방을 임대하는 경우가 많았는데, 이때 옹기장들은 전주(錢主)인 옹기점주에 의해 고용되어 준점주 대우를 받고 작업장 전체와 공방장비 일체를 책임지고 관리하면서 많은 애로를 겪었다.[176] 가령 옹기장들은 점주로부터 원료와 연료 그리고 작업장을 무상으로 제공받는 대신 차금(借金)을 위해 완성품을 점주에게 납품해야했으니 사기점과 다를 바 없었다. 따라서 옹기점의 이익금은 통상 점주에게 돌아가는 경우가 허다했고 옹기장들은 아무리 많은 양의 질 좋은 옹기를 생산하여도 복리를 누리기 힘들었다. 더욱이 옹기는 값이 저렴했기 때문에 사기점 보다 더 낮은 차액을 받고 어렵게 생계를 유지했을 것으로 보인다. 즉 불합리한 옹기점의 운영방식으로 옹기장들 대부분이 극심한 생활고를 겪었을 가능성이 높다.

옹기는 옹기장이나 사기장들의 전업 생산품(專業生産品)이었지만 생활고를 겪던 농민이나 아낙들이 부업 차원에서 생산하기도 했다. 또한 천주교도 밀집지를 중심으로 옹기 생산이 매우 활성화되었는데, 이것은 조선 후기로부터 이어져 온 전통이 이 시기에도 유지된 것이다(도 61).[177]

---

175) 『朝鮮工場名簿』(朝鮮工業協會, 1933) 참조.
176) 송재선(앞의 책), 162쪽.

(도 61) 〈십자가문소형단지〉
일제강점기
고 20, 구경 13㎝, 석정우 소장

한편 일제강점기에는 일본으로부터 유입된 것으로 보이는 광명단유(鉛釉)가 옹기유로 사용되기 시작하여 주목된다. 대략 일제 중반부터 일부 옹기점에서는 광명단유 옹기를 취급하였으며 이후 전국적으로 빠르게 확산되었다. 이와 같은 양상은 광명단유가 전통 옹기유에 비해 단가가 저렴한데다 광택이 유난하고 표면이 매끄러워 눈길을 끌 수 있고 시장성이 좋다는 장점 때문에 가능했다.[178] 그러나 옹기에 유독성이 있는 광명단유를 사용하게 되면서부터 옹기의 질은 급격히 떨어지고 재래 옹기 생산에도 혼란을 야기했다.

2) 제작장의 일례(一例)

(1) 경기도 시흥군 영등포읍

포구가 인접해 있고 인근 토양이 옹기토로 둘러싸인 경기도 시흥군 영등포읍은 예부터 옹기 생산이 활발히 이루어질 수 있는 최적지(最適地)였다.[179] 일제강점기에도 계속해서 생산이 이어지고 활성화되어, 주

---

177) 조선후기의 옹기제조는 당시 최대 종교박해였던 천주교 탄압과 밀접한 관련이 있다. 정조 이후 천주교도들은 사회적 指彈이 계속되자 인적이 드물고 한적한 산속으로 숨어들어 교우 공동체를 이루며 삶을 영위했다. 이때 敎友村에서 유일한 생업 수단으로 운영되기 시작한 것이 옹기점이었으며 이 전통은 근대기에도 이어졌다[광주직할시립민속박물관, 『光州 三所洞 新興마을 甕器』(1992), 14~15쪽 ; 弘益大學校 陶藝硏究所, 『韓國 甕器와 日本 陶磁器의 製作技術 比較 硏究』(1990), 12~21쪽].

178) 淺川巧, 『朝鮮陶磁名考』(景仁出版社(影印本), 1931), 155쪽 ; 弘益大學校 陶藝硏究所(위의 책), 19쪽.

변에는 옹기제작장들이 즐비했다.

영등포읍 일대는 1910년대에 경기도에서 가장 규모 있는 영등포도기 공장이 설립된 이래 읍내에 중·소공방들이 들어서기 시작했다. 항아리와 단지 등 생활용기를 주로 생산하던 옹기공방들은 대부분 일제강점기 조선인들에 의해 신설되었지만, 드물게는 조선 후·말기부터 운영된 공방들도 있었으며[180] 그 중 가장 연혁이 오래된 곳은 1801년 4월에 문을 연 옹기점으로 추정된다.[181]

그런데 영등포의 옹기 제조는 타 지역 공장들에 비해 우수했지만, 1920년대 중반까지도 제작장 규모와 제조기술, 판로 및 생산량 등에서 그다지 성공적이지 못했다. 이후 1926년경 지역 유지 정인환(鄭寅煥)이 도당국의 보조금을 지원받아 영등포리에 토기조합을 결성하면서부터 종전과 다르게 서서히 변모했다. 즉 토기조합 설립을 계기로 제산(製産) 능력이 증진됨은 물론 품질 개량이 적극 이루어졌으며, 판로가 전국으로 확대되어 설립년의 생산고는 무려 23만원에 달했다.[182] 토기조합의 주종 상품은 주주조합에서 의뢰한 주류용기들이었다.[183] 계속되는 성장으로 조합은 창설된 지 2년 만에 130명에 달하는 직원을 수용하였으니 이 무렵 영등포리의 인구가 900여 명이었던 점을 감안한다면, 지역민 상당수가 조합의 일원이었다고 볼 수 있다.[184]

한편 총독부는 대략 1920년대 초부터 이 일대의 옹기 생산을 주목하기 시작했고, 1930년대 초반에 이르면 중앙시험소를 통해 시흥군을 중

---

179) 善生永助(앞의 책), 164~170쪽.

180) 조선시대 사료에 의하면, 영등포는 동이점마을, 점말, 독막 등의 지명으로 불러졌다. 이 기록들로 인해 이 일대는 적어도 조선조부터 옹기를 전문 생산했던 지역임을 알 수 있다.

181) 善生永助(위의 책), 164쪽.

182) '영등포토기조합' 《동아일보》 1916. 10. 3.

183) '영등포토기' 《동아일보》 1926. 5. 14.

184) '시흥토기업 발전과 당지주민의 生活潤澤' 《동아일보》 1928. 11. 30.

심으로 한 일부 지역, 이를테면 수원군, 부천군, 연천군 등의 요업활동에
직접 관여하기에 이른다. 시험소는 우선적으로 옹기 종사자들에게 보조
금을 지원하고 실지지도를 시행했다. 특히 시험소의 실지지도에 따라 고
급 주산조용(酒酸造用) 옹기가 생산되고 서민용품들도 개량되었다.
1932년에 발행된 『조선총독부중앙시험소연보(朝鮮總督府中央試驗所
年報)』에 따르면, 시험소측은 물항아리(水甕)에 대해 특별히 많은 실험
과 개량실지지도를 강행한 것으로 보고되어 있다.[185] 이 시기는 조선인
들에게 공급되는 물 수요량이 한정되어 각 가정마다 물을 저장할 수 있
는 용기가 반드시 필요했기 때문에, 물항아리에 대한 연구를 중시했을
가능성이 매우 높다.[186] 이와 더불어 옹기에 사용되는 유약, 내화도, 가
역성(可逆性), 소성, 태토 등에 대해서도 시험소는 많은 연구를 시도하였
다. 옹기에 관한 연구 및 실지지도는 1933~1934년 사이 영등포읍에 도
자기공동작업장이 설립되면서 더욱 본격화되었다.[187]

　　일제강점기 영등포읍은 옹기 생산을 중심으로 한 이른바 '신요업공단
(新窯業工團)'이 형성될 정도로 생산력이 활성화된 지역이었다. 따라서
이 지역은 경기도에서 경성부로 편입되기 이전인 1930년대 중반까지 옹
기가 대표 생산품이었고 나아가 옹기산업은 명실상부이 주력 산업이었
다. 영등포읍 일대가 옹기산지로 명성이 알려지면서 일본인 실업가들과
정부기관의 개입도 없지 않았지만, 전반적으로 일제의 직접적인 참여가
적은 가운데 조선인의 독점에 가까운 생산이 이루어졌다. 그것이 가능했
던 것은 이 지역 유지들이 자력으로 토기조합을 결성하고, 전통을 고수
하면서 질 좋은 제품 생산에 여념이 없었던 옹기장들의 희생이 있었기

---

185) 朝鮮總督府, 『朝鮮總督府中央試驗所年報』(1932), 23쪽.
186) 비교적 제조공정이 까다로운 대형 옹기는 상품화되기 이전에 균열이 발생하는
　　경우가 많아 시장성이 적었다.
187) 朝鮮總督府, 「永登浦陶磁器作業場ノ設置」, 『朝鮮總督府中央試驗所年報』(1934),
　　38쪽.

때문이다. 그 결과 1930년대 후반 이후 침체된 조선 요업은 영등포의 옹기 생산으로 인해 다소나마 회생될 수 있었다.

⑵ 경기도 강화군 일대

경기도 강화군은 1931년 하점면(河岾面) 부근리(富近里)에 강화자기 제조조합이 창설되면서부터 자기를 비롯한 옹기, 도기 생산이 매우 활발해진 지역이다.[188] 특히 이듬해인 1932년에 설립된 강화도기조합은 옹기 생산성을 최고조에 이르게 했을 뿐 아니라 옹기가 강화의 특산물로 지정되는데 일등공신 역할을 하였다.

강화도기조합은 설립 이후 연간 산액이 3만원에 달할 정도로 판매실적이 우수했다.[189] 조합은 품질 향상을 위해 일본인 기술자들을 일부 고용했으며, 품종도 생활용품과 관상품 등 다양화했다. 생산품들은 1930년대 중반 이후 국내 뿐 아니라 해외사장에서도 매우 큰 인기를 얻었다.[190]

이후 1937년에는 옹기주병을 전문 생산하는 강화요업회사가 설립되어 인근 인천의 양조회사들로 납품되거나 해외로 수출되었다.[191] 이 회사는 옹기제품 이외 내화벽돌 등을 추가 생산하여 1939년의 경우, 총 생산품이 무려 10만개에 달했다.[192] 또한 같은 해, 이 지역 옹기종사자들에게 상품개량, 판로, 제조공정에 대한 전문지도를 실시하기 위한 목적으로 창설된 강화요업개량조합까지 가세하여 이 무렵 강화도기(옹기)의 생산고와 생산량은 최고치를 달성할 수 있었다.[193]

---

188) ‘江華製造磁器組合에 補助-國庫에서 3천원을’ ≪매일신보≫ 1932. 10. 12.

189) ‘江華陶器活況’ ≪동아일보≫ 1936. 8. 26.

190) ‘강화유일의 도기공업’ ≪동아일보≫ 1934. 3. 3.

191) ‘산업화보-강화요업편(其三)’ ≪동아일보≫ 1939. 11. 16.

192) ‘산업화보-강화요업편(其二)’ ≪동아일보≫ 1939. 11. 15.

193) ‘강화산업계의 王座, 요업개량조합창설’ ≪동아일보≫ 1939. 10. 4.

강화의 요업은 1939년 11월14일자 ≪동아일보≫기사에서 '강화산물 중에서도 도기제품이 가장 중요하다'고 강조하면서 '이미 강화군 내의 도기 생산은 입지를 확고히 굳혔다'고 덧붙인 내용을 통해서도 그 명성을 알 수 있다. 일제강점기는 주요도시를 제외한 위성도시에 이처럼 전문화된 제작소와 조합을 갖춘 지역이 흔치않았다. 따라서 강화군의 요업 활동은 분명 이 시기에 찾아보기 힘든 특별한 경우에 속한다.

이외 강화군의 옹기 생산을 주목하게 되는 또 다른 이유는 1930년대 이후 중앙시험소의 전폭적인 지원때문이다. 시험소는 영등포읍과 더불어 강화군의 옹기 생산에도 많은 관심을 표명했다. 시험소 요업부는 강화 옹기가 '소내병(燒耐甁)'으로 일컫는 옹기주병 생산이 안정적이고,[194] 물항아리도 타 지역산에 비해 비교적 양질의 것들이 생산되는 점에 착안하여 연구개발에 착수했다.[195] 특히 옹기주병에 대한 실지지도는 1930년경부터 시작되어 몇 년간 유지되었으며, 단순히 제작상의 개량 뿐 아니라 태토와 유약에 따른 연구도 병행되어 매우 구체적으로 실시되었다.[196] 이후 시험소는 1934년을 전후하여 강화군도기공동작업장을 설립하고 더욱 체계적인 실지지도와 상품 개발에 앞장섰다.

강화군은 1930년대에 접어들면서 옹기와 도기를 생산하는 중형급 공장들과 조합 및 공동작업장 등이 설립되어 전국으로 판로가 확장되고 해외 수출로도 이어졌다. 따라서 이 지역은 일제강점기 주요 식민사업으로 관장되었던 주조산업에 필수적으로 요구되던 옹기주병의 최대 산지로서 명성을 얻었고, 관립연구기관의 지원이 더해져 생산성이 더욱 향상되었다.[197]

---

194) 강화산 酒甁인 燒耐甁은 타 지역제품 보다 좀 더 높은 온도에서 구워져 내화성이 강하며 밀도가 치밀했다.

195) 朝鮮總督府,「燒耐甁 實地指導」,『朝鮮總督府中央試驗所年報』(1933), 29쪽.

196) 朝鮮總督府,「江華島粘土調査竝二利用試驗」,『朝鮮總督府中央試驗所年報』(1937), 8쪽.

(3) 황해도 해주군 일대

황해도 해주 일대에는 소위 '해주항
아리'로 불리는 민수용 백자가 조선 후
기로부터 명맥을 이어왔고, 특히 일제강
점기에도 활발하게 생산되어 전국으로
판매되었다(도 62). 지역 특산품으로서
명성이 높았던 해주항아리는 옹기의 쓰
임새를 갖추고 있었지만 사기(沙器)로
구워졌다. 또한 형태 및 대부분의 양식
과 기법이 모두 청화백자의 영향을 받아
제작되었다는 점도 주목된다.

(도 62) 〈해주항아리〉
일제강점기
고 52, 구경 36, 저경 61cm
이화여자대학교박물관 소장

해주항아리에서 가장 눈길을 끄는 시
문은 기면 중앙에 목단문을 간결한 필치로 그려낸 것들이며, 이외 초화
문, 누각문, 어문 등 독특하고 민예적인 장식도 적지 않다. 문양은 주로
청채와 녹색 안료 등을 이용하여 대략 표현하지만 대범함을 느끼게도 한
다.[198] 유색은 전반적으로 회백색에 가깝다. 비록 섬세한 장식이나 정교
한 마무리는 부족하지만, 나름대로 시원스럽고 자유분방한 필치가 매력
적이고, 크기가 초대형부터 소형에 이르기까지 다양하여 해주를 중심으
로 한 관서지방 일대와 경성의 웬만한 대가(大家)에서 흔히 애용했다.
용도는 주로 간장, 된장, 김치 등을 저장하는 용기로 쓰여져 일반 옹기와
유사했다. 판로는 인근 지역은 물론 서해안 뱃길을 이용하여 전국에 유
통되었으며, 가격대는 사기로 구워져 만만치 않았다.

197) 朝鮮總督府,「朝鮮土器石器改良試驗-京畿道酒造容器並二水甕類ノ改良」,『朝鮮
    總督府中央試驗所年報』(1932), 9쪽.
198) 윤용이,「20세기 전반의 도자와 찻사발」,『차의 세계』11월호(불교춘추사, 2006)
    참조.

해주항아리는 겨울이 유난히 긴 함경도의 기후 때문에 장신(長身)인 것이 특징이며, 그 보다 옹기이지만 청화백자와 같은 풍취를 느낄 수 있는 미감을 지녀 매우 독특한 맛을 지닌다.

(4) 함경북도 회령군 회령면 회령소도기조합

이 시기에 옹기 못지 않은 생산성을 보인 것은 도기였다. 도기는 옹기와 마찬가지로 왜사기나 백자에 비해 가격대가 낮았고 원료와 연료비용이 적게 든다는 장점 때문에 조선인들의 생산참여가 높았다.

대표 산지인 함경북도 회령군 회령면 오동과 오류동 일대는 고려 초기부터 도기가 생산되어 오랜 연혁을 지닌다. 특유의 짚 잿물을 입혀 유난히 회청색이 감도는 회령산 도기는 근대 초기 일본인들의 애호품으로 일찌감치 자리 잡았다.[199] 이는 일본이 오래전부터 회령도기만의 독특한 색채와 미감에 매료되어 사쓰마야끼(薩摩燒)로 불리는 유사 도기를 제작해 온 사실만으로도 짐작된다. 특히 일제강점기에는 회령도기의 색감을 '영원불멸의 색'으로까지 칭송하던 일본인들에 의해, 원색(原色) 재현을 위한 다각적 연구가 최고조에 달했다(도 63).[200]

(도 63) 〈회령도기〉 20세기 초
고 11.5, 구경 15.8cm
일본 민예관 소장

그런데 회령 요업은 일제의 관심에 비해 발전 시기가 다소 늦었다. 강점 초기부터 회령 일대는 중앙시험소를 통해 우수 도토산지로 지정

---

199) '내고장 名產 년산만여원의 회령산도기-2천년전 고예술의 부흥, 회령蘇良生' 《동아일보》1930. 10. 28.
200) 《동아일보》 1930. 10. 28, 10. 29.

되었음에도 불구하고 전반적인 요업 실태는 1920년대 초반까지 침체된 편이었다. 이후 1920년대 중반을 전후하여 회령 요업은 도기 생산에 활기를 띠면서 새로운 국면을 맞았다. 당시 도기 생산에 혁신을 불러일으킨 인물은 회령 출신의 친일파 최면재(崔冕載)였다. 회령도기 제2의 창시자로 불렸던 그는 조선인으로서는 드물게 중앙시험소에 재직한 이력이 있었다. 그는 시험소에서 습득한 요업기술을 토대로 1925년 회령군 오동에 회령소도기조합(會寧燒陶器組合)을 설립했다.[201]

최대 조합주였던 최면재는 회령도기의 재현을 위해 많은 연구를 거듭했던 것으로 알려진다. 우선 그는 오래전부터 사용되어 온 일대의 고령토, 풍화장석, 규석 등만을 선별하여 제작했고, 유약은 특유의 회청색을 얻으려고 사력을 다해 실험을 반복했다. 결국 전통 고유의 회령도기 제조술을 어느 정도 성공시켜 1930년대 중반 이후 국내외로부터 본격적으로 주목받기 시작했다.

이처럼 최면재는 근대 요업기술을 활용하여 다양한 제품 개발에 매진했으며, 한편으로는 일제로부터 많은 특권을 부여받으면서 회령도기를 국외로 알려나갔다.[202] 대표적인 사례로 총독부가 회령도기를 소개하기 위해 세계 인류학자들을 초청하여 강연회를 개최한 것을 들 수 있다.[203] 또한 총독부는 회령도기 수출 및 홍보를 위해, 일본의 유명 백화점에 상설전시판매장을 설치하거나 일본 소재 조선물산출장소에 판매소를 개설하도록 협력하였다.[204]

---

201) 朝鮮總督府殖産局, 『朝鮮工場名簿』(朝鮮工業協會, 1938), 67쪽.
202) 최면재는 중앙시험소를 비롯해 함경북도청, 朝鮮窯業社 등으로부터 다년간 재정 지원을 받았으며, 특히 조선총독부의 보조금은 1920년대 후반부터 거의 매년 지급되었다.
203) '陶器改良硏究, 이십여년을 하로가티 회령 崔冕載氏의 苦心, 總督府서 五百圓補助' ≪조선일보≫ 1930. 3. 17.
204) ≪조선일보≫ 1929. 2. 2 ; ≪동아일보≫ 1930. 10. 28 참조.

조합의 주종상품은 사발, 찻잔, 화병 등 각종 도기였으며, 1930년대에 들어서는 도제(陶製) 심자(沈子)와 같은 신개발품을 생산하여 전국 해안 도시에 판매했다.[205]

일제강점기 회령은 도기 생산지로서 명성이 높았다. 생산성은 1920년 대 이후 최면재가 설립한 회령소도기조합이 주축이 되어 점차 호전되는 경향을 보였다. 그는 축적된 제반지식을 바탕으로 회령도기 회생에 많은 노력을 기울였고 실제 성공적인 결실을 거두어 요업계를 일변(一變)시켰 다. 그러나 신양식(新樣式) 개발에는 별 다른 성과를 거두지 못했으며, 오히려 일부 외래양식을 수용하여 전승식에서 벗어나는 경우도 없지 않 았다.

3) 양식적 특징

일제강점기에 생산된 옹기 및 도기는 전통적으로 지방별 특징을 보이 는 특유의 양식이 그대로 유지된 편이다. 따라서 대부분은 지역적인 특 성이 담긴 모양새를 유지하고 있으며 간헐적으로 시문장식과 기형 등에 서 외래적이거나 근대적 성향이 보인다.

먼저 옹기의 색감은 전통유 이외 이 시기에 수입되거나 개발된 각종 유약을 사용함으로써 이전보다 다양해졌다.[206] 흔히 잿물을 입혀 전통 방식으로 제작된 옹기로부터 흑유, 적유, 녹유계열의 유약과 광명단유 (鉛釉) 등이 사용된 옹기들이 등장한 것이다(도 64, 65). 그 덕분에 유사 문양이나 기형으로 제작되었다 할지라도 발색에 따라 전혀 다른 미감을 자아내었다. 또한 사용되는 태토에 따라서 색감도 변화했으며, 발색이

---

205) '외래품보다 優越한 회령의 燒陶器-독특한 예술미와 실용가치 있어 회령 燒陶器 組合의 활동' ≪동아일보≫ 1931. 7. 12.

206) 나선화, 「甕器淵源 小考」, 『제3의 전통, 옹기의 원류를 찾아서』, 이화여대 박물 관, 2000, 14쪽.

(도 64) 〈광명단유소형단지〉 일제강점기
고 13, 구경 7.2, 저경 18㎝, 석정우 소장

(도 65) 〈녹유소형단지〉 일제강점기
고 20, 구경 13.4㎝, 석정우 소장

고급 옹기와 일반 옹기를 구분 짓는 기준이 되기도 했다. 이를테면 고급 옹기는 사기 제작에 사용되는 백토를 사용하여 질감이 매우 부드럽다. 반면 약탕기나 항아리 등과 같은 일상생활용품에는 원 옹기토인 황토를 그대로 사용하여 옹기 특유의 질박한 느낌이 살아있다.

옹기문양은 전반적으로 소박하면서도 대담하고 시원스럽게 시문하는 전통식이 계승되었다(도 71). 다만 이 시기는 일상 생활상에서 쉽게 접할 수 있는 소재들을 친근하게 시문하는 경향이 두드러진다(도 66). 예로 낚시하는 풍경, 그네를 뛰는 장면 혹은 꽃과 새와 어우러져 한 편의 화조도(花鳥圖)를 연상시키는 그림이 등장하거나(도 67, 68, 69), 해학적, 풍자성이 돋보이는 그림과 근대 상징물인 기차, 비행기 등을 그려 시대상이 표현되는 등 다양하다(도 70). 드물게는 일본을 연상시키는 문양이나 상징물, 문자 등이 시문되어 왜색풍의 옹기가 생산되는가 하면 종교적인 색채가 가미된 옹기들이 천주교 집성촌에서 다수 제작되기도 했다.

시문대는 보편적으로 전면에 2단 혹은 3단으로 구획하고 동체(同體) 중심에 주 문양대를 장식하는 전통식을 따르고 있다. 즉 구연부와 저부(底部) 주변에 초화문, 어문, 파문 등의 문양대를 두르고, 동체 중앙부에

(도 66) 〈대옹〉
일제강점기, 고 73, 구경 84.5㎝
석정우 소장

(도 67) 〈꽃과 새그림 항아리〉
일제강점기, 고 77.5, 구경 86.5㎝
『묵은 질그릇·옹기展』
(고도사, 2008, 15쪽 수록)

(도 68) 〈낚시하는 사람, 잉어그림물항아리〉
일제강점기, 고 75, 구경 68.5㎝
『묵은 질그릇·옹기展』
(고도사, 2008, 10쪽 수록)

(도 69) 〈그네 띄는 그림 항아리〉
일제강점기, 고 58, 구경 78.5㎝
『묵은 질그릇·옹기展』
(고도사, 2008, 9쪽 수록)

주문양으로 어문, 난초문, 화문, 반추상화된 연화어문 등을 간략하게 장
식한 것이 대부분이다. 그러나 문양대를 구성하지 않고 간략한 선문(線
文)이나 파문(波文)만을 시문하는 경우도 많으며, 이 경우에는 중심문이
동체 중앙에 비교적 크게 장식되어 있다(도 66, 71).

(도 70) 〈기차, 비행기 그림 항아리〉
일제강점기, 고 54.5, 구경 57.5㎝
『묵은 질그릇·옹기展』
(고도사, 2008, 11쪽 수록)

(도 71) 〈수화문대옹〉
일제강점기, 고 73, 구경 84.5㎝
석정우 소장

옹기는 형태가 작아질수록 문양도 협소해지거나 생략되는 것이 일반
적이지만, 이 시기는 예외적인 것들이 많다. 가령 중품(中品)의 술단지,
소줏고리, 소래기, 자배기, 쌀단지 등에도 간략하게나마 초화문이나 선
문 등이 장식되었으며, 심지어 소품(小品)인 씨앗단지, 알배기, 초병(醋
甁) 등에도 일부 문양이 곁들여져 있다(도 72, 73).

기형은 북쪽지방과 남쪽지방간에 다소 차이를 보였다. 예로 저장용
항아리는 북쪽으로 갈수록 키가 커지고 구연부가 넓어진다. 이것은 유난
히 겨울이 길고 추운 날씨로 인해 저장음식의 양이 다른 지역에 비해
많았기 때문이다. 반면 경성을 중심으로 한 경기도 일원은 중앙부가 적
당히 불룩한 계란형들이 많다. 인접한 충청도, 강원도에서도 유사 기형
들이 제작되었고 전라도는 조선백자의 달항아리와 같이 배 부위가 매우
풍만한 것들이 일반적으로 제작되었다. 또한 경상도는 조선팔도에서 동
체가 가장 풍만한 항아리들을 유난히 많이 제작하여 다른 지역제품과 눈
에 띄게 구별된다. 이들은 비대한 상단부에 비해 하단부를 유난히 홀쭉

(도 72)	(도 73)	(도 74)

(도 72) 〈황유소형약단지〉 일제강점기, 고 81, 구경 15.4㎝, 개인소장
(도 73) 〈쌀독장식용도구〉 일제강점기, 고 9, 저경 4.3㎝, 석정우 소장
(도 74) 〈옹기원형굴뚝〉 일제강점기, 고 140, 구경 29.5㎝, 석정우 소장

하게 만들어 마치 어깨부분이 팽배한 12세기 청자매병을 보는 듯하다.

이외 드물게는 전통성을 벗어난 기형들도 제작되었으며 이 역시도 근대에 새롭게 수용된 서양자기나 왜사기의 영향에 따른 것으로 추정된다. 대표적으로 각형으로 제작된 화병이나 특별한 장식 없이 일자로 곧게 뻗은 원형굴뚝(일명 대포굴뚝) 등이 이에 속한다(도 74).

한편 이 시기에 생산된 주조용 항아리나 병에는 생산처, 생산일, 생산내역 등을 표기하거나 상표로 추정되는 시문장식을 겸하는 경우가 일반화되었다(도 60). 이러한 주조용기들은 대부분 일본주조회사나 소주제작장에 납품하기 위해 생산되어, 주병에는 시문장식을 생략되는 대신 이와 같은 표기들을 새겨 넣은 것으로 보인다.

3. 재현청자(再現靑磁) 제작과 영향[207]

　한국 근대 도자흐름을 결정짓는 주요 맥락 가운데는 고려청자의 발굴에 따른 도자 재현문화 형성이 차지하는 범위가 매우 크다. 일제강점기를 전후해서 조성된 재현문화의 발단을 통해 도자유물을 또 다른 시각으로 조망할 수 있는 여건을 조성했을 뿐 아니라 이를 통해 전통을 계승, 발전할 수 있는 기틀과 기반을 마련하였기 때문이다.

　한국 도자사의 발자취를 살펴보면, 개국(開國)과 동시에 지난 시대의 창조물들은 대체로 쇠락했으며, 이러한 흐름은 적어도 조선 말기까지 유지되었다. 따라서 도자 제작에 있어 본격적인 재현은 근대기에 사상 최초로 시도되었다고 보아도 무방하다.

　근대 재현문화의 중심에 있었던 고려청자는 19세기 말엽부터 간헐적으로 진행된 고려고분의 발굴로 인해 그 존재 가치를 달리했다. 주지하는 바와 같이, 고려고분은 1894년(고종31) 7월경 일본이 조선의 지배권을 놓고 벌인 청일전쟁의 승리를 위해 고려의 옛 도읍지였던 개성을 비롯하여 평양, 풍도 등지를 병참기지로 활용하는 과정에서 주둔군에 의해 우연히 발견되었다.[208] 따라서 고려청자는 매우 공교로운 과정을 거쳐 세상에 공개되었다고 볼 수 있으며,[209] 발굴의 주체가 일본인과 일본 정

---

207) 일제강점기는 비록 일제로부터 촉발되기는 했지만 고려청자가 재현(再現)이라는 장르에서 제작되기 시작했다. 그런데 재현이라는 용어는 어떤 사물의 제조방식 일체가 원래의 것과 동일했을 때 부여될 수 있다. 일본인 청자공장에서 일본인 기술자들이 제작한 이 시기 청자는 일부 우수한 재현품들이 없지 않지만 대부분은 재현이라 칭하기 힘든 왜색적 성향이 반영되거나 상업성이 강한 상품들이어서, 이들은 재현품보다는 모조품 혹은 모방품이라는 용어로 칭해져야 할 것이다.

208) 玄光浩, 『大韓帝國의 對外政策』(신서원, 2002), 40쪽.

209) 藤田亮策, 「慶尙北道忠淸南道古蹟調査報告」, 『大正11年度古蹟調査報告』第1冊 (1922), 30～32쪽 ; 강경숙, 「경남 일원의 분청사기」, 『조선, 지방사기의 흔적』(국립전주박물관, 2004), 198쪽.

부임을 확인할 수 있다.[210] 이외에도 인삼 채취를 위해 개성 일대를 방
문한 일부 일본인들에 의해서도 청자는 외부로 급속히 알려졌다.[211]

당시의 고려고분 발굴은 극소수 전세품만이 전해지던 고려청자를 일
본 사회와 학계가 새롭게 조명할 수 있는 결정적 계기를 마련해 주었다.
고분과 유물이 공개되자마자 일본의 관학자들이 수차례 내한했음은 물
론,[212] 전문 도굴꾼과 골동상인들까지 합류하여 무절제한 고분훼손과
밀거래가 시작되었다.[213] 폐해 정도는 1900년경 러시아인들까지 참여하
게 되면서 더욱 심각해졌다. 각국 도굴꾼들은 청자의 가치를 인지하지
못한 조선인들을 매수하고 도굴에 필요한 잡역(雜役)을 의뢰하기에 이른
다.[214] 그리고 세상에 빛을 본 고려청자는 곧바로 해외 밀반출로 이어지
는 치명적인 결과를 가져왔고 그 물량은 급속도록 증가했다..[215]

한편 고려청자 도굴과 해외 밀반입 거래는 통감부가 설치될 무렵 또
다른 국면을 맞았다. 1890년을 전후하여 시작된 도굴행위가[216] 통감부
설치년(1906년, 고종 43년)을 기점으로 정점에 달한 것이다.[217] 이러한

---

210) 趙恒來,『韓末 日帝의 韓國侵略史研究』(아세아문화사, 2002), 175~176쪽.

211) 이순자,『일제강점기 고적조사사업 연구』(경인문화사, 2009), 25쪽.

212) 1902년 7월부터 동경대학교 공과대학 교수인 세키노 타다시(關野貞)를 중심으로
    구성된 일본 사학자들에 의해 최초로 주요 유적지들이 발굴·조사되었으며, 조사
    내용은 1904년 6월에 간행된「韓國의 藝術的 遺物」(『日本美術』65호)을 통해 보
    고되었다. 한편 공예품과 관련한 유물조사 내역은 1904년 8월에『韓國建築調査
    報告』를 통해 일본의 학회에 최초로 소개된 바 있다[高木博志,「日本美術史·朝
    鮮美術史의 成立」,『국사의 해체를 향하여』(발표문요지, 1998) ; 草乙女雅博,
    「關野貞의 祖先古蹟調査」,『精神のエクスペ ディシオソ』(동경대학출판회, 1997) 참
    조].

213) 田中万宗,『朝鮮古蹟行脚』(泰東書院, 1930), 189쪽.

214) 吉倉凡農,『實利之朝鮮』(文星堂書店, 1905), 59쪽.

215) 이구열,『한국문화재수난사』(돌베개, 1996), 327~328쪽.

216) 朝鮮總督府,『新興の朝鮮』(1929), 91쪽.

217) 당시 일본으로 유출 및 개인 수집된 고려청자들은 고려미술관, 오오사카시립동
    양도자미술관, 대창집고관, 근진미술관, 동경국립박물관, 교토국립박물관, 교토

시대상은 청자가 통감부 소속 일본 관료들의 보편적인 상납품으로 취급
될 정도로 흔해졌다는 당시의 기록을 통해 충분히 짐작된다.[218] 반면 일
부 식자를 제외한 대다수 조선인과 심지어 구왕실에서 조차 고려청자의
중요성을 파악하지 못해 폐해를 막을 어떠한 법적 제약은 존재하지 않았
다.[219]

이무렵 일본의 거상(巨商) 이토 야시부로(伊藤彌三郎)와 니시무라 쇼
타로(西村庄太郎)가 개최한 <고려소전람회(高麗燒展覽會)>는 일본인
들의 청자 매입이 어느 정도 수준에 이르렀는지를 파악할 수 있는 좋은
본보기다. 이 전시를 통해 소개된 청자는 무려 900여 점에 이르는데, 주
최측은 전시유물들을 일본인 관계자들에게 적극 홍보하기 위해『고려소
(高麗燒)』라고 하는 안내책자를 한시적으로 발간한 바 있다.[220] 이외에
도 미국인 미야씨는 조선의 미술품과 고물(古物)을 수출하는 한미흥업주
식회사(韓美興業株式會社)를 설립하고, 특히 고려청자를 중점 매입하여

대학도서관, 동양문고, 宮內廳書陵部, 山口縣立女子大學(이상 모두 일본 소재)
등에 대표적으로 소장되어 있다[독립기념관,『일제의 한민족 문화말살정책 특
별기획전 도록』(1995), 41쪽 ; 京城美術俱樂部,『京城美術俱樂部創立二十年記念
-朝鮮古美術業界二十の同鄕』(1928), 29～30쪽].

218) 京城美術俱樂部(위의 책), 29～30쪽 재인용.

219) '이 태왕님(高宗皇帝)이 처음으로 보시고 나서 "이 청자는 어디 産 인가?"라고
물으셨을 때 이토 히로부미(伊藤公)는 "조선의 고려 때 것입니다"라고 설명하여
드렸더니, 전하는 "이러한 것은 조선에는 없다"고 말씀하셨다. 그래서 이토는
대답해 드릴 수가 없어서 침묵하고 있었다. 아시다시피 출토품이라고 하는 설명
은 이런 경우 할 수가 없었기 때문이다. 또한 이토가 돌아가려고 할 때 "이렇게
훌륭한 것을 모으는데 지금까지 값은 얼마나 지출하였는가?"라고 물어보기에
會計員이 "십만원이 조금 넘습니다"라고 하니, "그런 돈으로 이 정도를 모았는
가"하고 칭찬하셨' - 이 일화는 고종이 이토 히로부미와 함께 이왕가박물관을
시찰하면서 나눈 대화를 1908년 이왕가박물관 관장을 역임했던 스에마스 구마
히고(末松熊彦)가 전해 들었고, 이 이야기를 이후 아사카와 노리다카(淺川伯敎)
가 기록함으로써 세상에 알려졌다(淺川伯敎,「朝鮮の美術工藝に就いての回顧」,
『朝鮮の回顧』上, 近澤書店, 1945), 270쪽.

220) 伊藤彌三郎,『高麗燒』(1910.2) 참조.

세계경매시장에 유통했다.221)

청자판매와 밀반출의 주체가 일본인이 가운데 국가적으로 돌이킬 수 없는 문화재 수난이 계속해서 발생되었다. 청자거래를 주도했던 일본인들은 조선에서 골동상을 직영하며 자국인에게 즉매(卽賣)하거나, 일본으로 반출하여 매우 비싼 가격으로 일본 중산층들을 유혹했다. 당시 이왕가박물관측에서도(1908년 설립) 전시를 위한 목적으로 각종 유물을 수집한다는 뜻을 밝히면서,222) 특히 고려청자 소장을 위해서는 골동상과 협약할 정도였으니 이들의 수집차원도 단순하지 않았다. 따라서 이 같은 풍토는 고고취미 열풍에 사로잡힌 근대 일본문화와 식민지국의 문화재 훼손 및 강탈 등과 관련하여 고려청자가 급부상하였고 이를 전략적으로 활용한 몰지각한 일본상인과 관료들의 관행으로 더욱 확산되었다.

고고취미에 대한 애완심(愛玩心)이 고조되자, 일본인 실업가들 간에는 청자를 재현하여 판매하려는 사업이 구상되었다. 사업의 초점은 고려청자의 가격대가 높아 누구나 쉽게 구입할 수 있는 대상이 아니어서 재현된 청자가 진품 청자를 구입하지 못한 일본인의 대리만족품으로 자리잡고, 나아가 조선을 여행하는 일본인들의 관광상품으로 상업화하는데 있었다. 조선 문화재를 활용한 사업구도는 통감부의 협조와 배려를 각별하게 유도했다. 다시 말해 통감부는 고려고분 발굴이 한창일 즈음, 일본 거류민들을 보호하고 조선에서의 안정된 정착을 위해 협조하는 입장이었기 때문에 이 사업에 대해서도 호의적인 입장을 취했다.223)

청자재현사업에 가장 먼저 뛰어든 인물은 일본인 도마타 기사쿠(富田儀作)였다(도 75).224) 그는 정책적인 친일도시인 진남포에서 최초의 청

---

221) 정규홍, 『우리문화재수난사』(학연문화사, 2005), 33쪽 ; ‘한미흥업회샤’ ≪공립신보≫1909.1.13.

222) 박계리(앞의 논문), 226쪽.

223) 三宅長策, 「そのとろの思ひ出 高麗古墳發掘時代」, 『陶瓷』第6卷6號(東洋陶瓷研究所, 1934.12), 74쪽.

자공장인 삼화고려소를 개
업한 이래,[225] 일제강점기에
가장 많은 청자공장을 운영
했다. 고려청자에 대한 특
별한 집념으로 전개된 그의
청자사업은 강점 초기부터
총독부가 인정한 전통문화
사업으로서 주목받았다.[226]

(도 75) 도미타 기사쿠의 청자 연구, 일제강점기

　한편 도미타의 청자사업
이 점차 활기를 띠자 주요 생산지에 청자공장들이 하나 둘씩 생겨났다.
또한 청자 제작의지는 1910년대 이왕직미술품제작소, 중앙시험소, 공업
전습소 등의 연구·교육기관에서도 동일하게 표출되었다. 이후 1920년대
에도 경성미술구락부(1922년 설립)를 통해 여전히 고려청자 수집 열기
가 이어지자,[227] 청자재현품들은 '신고려소(新高麗燒)'라는 별칭을 얻으
며 생산이 더욱 활성화되는가 하면 각종 전람회에서 최상품으로 인정받
는 등 입지를 굳혔다.

　그런데 청자에 대한 이와 같은 일제의 관심들은 앞서 언급했듯이, 이
시기에 재현문화를 형성시킬 수 있는 기초 토대가 되었지만, 관련 문화
가 형성되게 된 목적과 과정이 전통문화의 계승 및 복원에 초점 맞춰지
지 못했다. 뿐만 아니라 재현사업의 저변에는 조선의 고유문화를 변질
혹은 왜곡하기 위해 조장된 일면이 상당히 많았다. 가령 이 시기에 제작

224) 高崎宗司, 『植民地朝鮮の日本人』(岩波新書, 2002), 73쪽.
225) 노형석, 『모던의 유혹 모던의 눈물』(생각의 나무, 2003), 244쪽.
226) '도자기의 製造模範-내지인의 도자기제조, 조선사람의 모범될 일' ≪매일신보≫
　　　1912. 3. 24.
227) 佐木兆治述, 『京城美術俱樂部創業二十年記念誌-朝鮮古美術業界二十の同郷』(京
　　　城美術俱樂部, 1928), 29〜30쪽.

된 청자들은 전반적으로 품격이 높지 못하며, 양식으로도 일본화 경향이 두드러져 전통을 재현하는 본질을 상당 부분 상실하였다. 따라서 일제강점기의 재현청자란 극소수 조선인이 제작한 전승품을 제외하고는 새로운 전통문화에 이바지한 창조물로 평가하기 힘들며, 오히려 일본인들의 청자소유 욕구를 충족시키기 위해 생산된 부가가치품으로서 인식된다.

1) 제작장의 실태

현재까지 확인되는 일제강점기의 청자공장은 전국에 10여 개 정도이며 이 중에서 규모 있는 공장은 5~6개소에 지나지 않는다. 이들 대부분은 강점 전반 일본인에 의해 설립되었고, 조선인에 의해 운영된 공장은 1920년대 중반 이전까지 1개소에 불과했으며 이후 소규모 공방들이 2~3개소 더 생겨나 청자 제작에 합류한 것으로 추정된다.[228]

진남포 소재의 삼화고려소(三和高麗燒)와 경성 소재의 한양고려소(漢陽高麗燒), 해정상회(海井商會) 그리고 대전의 계룡요원(鷄龍燒窯院) 등은 생산성이 우수했던 일본인 공장으로 대표되며, 그 중 도미타 기사쿠(富田儀作)가 운영한 삼화고려소와 한양고려소는 이 시기 최고의 청자공장이었다.

운영주가 일본인이면서 규모 있는 공장일 경우, 주요 기술자들 역시 대부분 일본에서 고빙되었다. 따라서 공장주는 재정관리 업무에만 참여하고 나머지 주요 제작은 일본인 전문 기술자들이 담당하였다. 물론 운영주 자신이 기술자인 경우도 있었으며, 스기미즈 타케에몬(杉光武石衛門)이 운영했던 계룡요원(鷄龍燒窯院)이 대표적이다. 한편 일본인 공장에 취직한 조선인들은 대부분 잡역을 전담하였으나 일부 공장에서는 조선인들이 조각, 성형, 요사(窯事) 등에 직접 참여하거나 숙련할 수 있는

---

228) 소규모 공방 분포는 정확한 기록이 남아있지 않아 추정에 불과하다

기회가 제공되었다.

조선인이 운영했던 제작장은 당시 문헌을 통해 알려진 곳이 거의 없고 다만 후손에 의해 전해진 곳이 몇 있다. 1930년대 경성의 장충동과 대방동 그리고 개성에서 문을 연 소규모 공방들이 이에 속하며, 이 공방들은 1910년대부터 20년대 후반경에 걸쳐 도미타 기사쿠가 운영하던 청자공장에서 근무한 조선인 청자 기술자들이 이후 각자 자립하면서 설립되었다. 황인춘, 유근형, 한수경 등으로 대표되는 이들은 탁월한 청자 제도술을 보유했으며, 무엇보다 자신의 공방을 개소(開所)하면서 조선인으로서의 자긍심을 갖고 청자 재현에 심혈을 기우렸다.

2) 제작장의 일례(一例)

(1) 삼화고려소와 한양고려소

삼화고려소(도 76)와 한양고려소는 규모와 상품성, 판로 등에서 단연이 시기를 대표하는 청자공장이었다.[229] 이 공장들은 일제강점기 고려청자에 일가견이 있었던 도마타 기사쿠에 의해 운영되었다. 그의 청자 제작은 1908년부터 도미타합자회사 개열인 개량도기조합(改良陶器調合)을 운영하면서 간헐적으로 시작되었고 이후 전문공장을 진남포와 경성 등지에 설립하면서 본격화

(도 76) 三和高麗燒, 제조실 전경 일제강점기

---

229) '삼화(三和)'라는 명칭을 사용한 것은 적어도 조선 말기까지 진남포가 삼화로 불리던 어촌이었기 때문이다.

되었다.

청자사업이 안정된 1920년대에는 새로운 공예사업을 전개하는가 하
면 관영 제작소였던 이왕직미술품제작소의 경영권이 매각될 때 인수에
도 참여했다. 그러나 그의 아들이 남긴 자서전에서도 밝혔듯이, 주력사
업은 청자사업이었다.[230] 그는 이 사업의 성공을 위해 총독부와 긴밀히
조우한 결과 적극적인 호의를 받으며 순항했다. 가령 초대총독이었던 테
라우치 마사다케(寺內正毅)와의 돈독한 친분은 세간에 널리 알려졌을
정도였다. 그가 펼친 대외적인 활동으로 국내외에서 개최된 각종 박람회
와 전람회, 공진회에 최다 출품하거나 입상하는 것은 물론 일본 국왕과
관료들의 진상품들도 대부분 전담할 수 있었다.

이처럼 대내외적으로 호평을 받았던 재현품들은 대체로 삼화고려소
와 한양고려소의 제품들이었다. 삼화고려소는 1908년 진남포에 설립되
어 1910년경 경성에 설립된 한양고려소보다 대략 2년 앞선다. 따라서
삼화고려소는 도미타가 야심을 갖고 처음으로 청자 재현을 시도했던 의
미가 담긴 공장으로 볼 수 있다. 설립 초창기의 삼화고려소는 일본의 미
술학교 출신 조각사와 아리타(有田)에서 청자 연구에 매진한 기술자 그
리고 조선인 견습생 10여 명 등을 고용했다. 이후 최초의 분점 공장인
한양고려소를 개소한 이래 주요 지방에도 청자공장을 개요(開窯)하여 사
업을 확장시켰다.[231]

운영 초기 실무는 일본인 기술자들이 전담하였다. 물론 전술하였듯이,
조선인도 채용되었지만 극소수의 견습공을 제외한 대다수는 잡무를 도
맡아 특별한 경우가 아니면 청자제조에 참여하기 힘들었다. 그러나 이러

---

230) 도마타 기사쿠(富田儀作)의 청자제작에 관련된 일화는 富田精一, 『富田儀作傳』
    (發行者不明, 1936)과 著者不明, 『富田翁事績』(西鮮日報社, 1915)에 구체적으로
    밝혀져 있다.
231) 품질면에서 본다면, 삼화고려소 제품이 좀 더 우수했고 가격도 높았던 것으로
    추정된다.

한 관례는 점차 완화되었다. 즉 삼화고려소는 개요 후 대략 7~8년이 지날 무렵부터, 조선인들의 제조 참여률을 높였다. 조선인 기술자였던 황인춘, 유근형 등은 애초 견습공으로 입문했지만 이후 부기술자로 승격할 만큼 기술력을 인정받은 인물들이다.

이러한 양상은 다른 청자공장에서 흔히 볼 수 없는 매우 특별한 경우로서, 조선인 견습공의 개인 기량에 엄격한 차등을 두지만 능력이 인정되면 제조에 일부 참여할 수 있는 기회를 부여한다는 운영방침에 따른 것이다. 그러나 청자의 주요 제조법 만큼은 조선인들에게 공개할 수 없도록 조치했다. 이 사실은 재직 경험이 있던 유근형의 기록에서도 엿볼 수 있는데, 도미타는 그가 신뢰하던 하마다 요시노리(濱田義德) 외 몇몇 일본인 기술자만이 다년간 축적된 비법을 공유할 수 있도록 했다.

사용된 원료들은 제품에 따라 구별되었고, 가령 최상품이 제작될 때는 엄선된 국내외산을 사용했다. 대표적으로 청자토는 중앙시험소 요업부의 연구결과를 참조하여 적합한 원료를 구입했다. 반면 유약사용에 있어서는 의외였다. 청자는 고유의 비색(翡色) 창출을 위해 대부분 재유(灰釉)를 사용했지만 이밖에도 화학조제유를 겸용했다. 재유가 고급 관상용품, 진상품, 전람회 출품물 등에 주로 사용되었다면, 녹청색 발색안료로 제조된 화학유(코발트유라고도 지칭)는 저가품, 단체품, 관광상품 등에 사용된 것으로 보인다.[232] 화학유로 시유된 청자들은 언뜻 보아 구별이 가지 않지만, 대체로 매우 진한 담청색을 띠거나 회청색 혹은 진청색을 띤다. 전반적인 기술력은 상당 부분을 일본 현지에서 이미 선행 연구된 것을 바탕으로 하였지만 한국 전통방식을 간과하지 않았을 것으로 추측된다.[233]

이와 같은 제조공정을 토대로 한다면, 청자 재현을 위해 비교적 많은

---

232) 송재선옹의 구두 증언 참조 ; 유근형(앞의 책), 394쪽.
233) 송재선옹의 구두 증언 참조.

(도 77) 〈청자주병세트〉 일제강점기, 삼화고려소   (도 78) 〈청자상감화문병〉
서대식 소장   일제강점기, 삼화고려소

노력을 기울였던 것도 사실이지만 매출을 극대화하기 위해 전통식과는
거리가 있는 제조법마저 동원됐음을 알 수 있다. 이러한 양상은 20년대
부터 저렴한 생활용품들의 생산량이 상대적으로 늘어나면서 증폭된 듯
하다. 따라서 이때부터는 전통양식의 왜색화가 두드러지고 기종 또한 일
본식 향로, 화병, 찻잔, 술병(도 77) 등 일본인들의 취향에 부합되는 것들
이 주류품으로 자리잡아, 재현이라는 본질에서 상당히 멀어졌다.

이후 도미타의 청자사업은 주식회사조선미술품제작소(이왕직미술품
제작소의 전신)를 병행 운영하면서 더욱 활기를 띠었다.234) 이는 청자공
장과는 다소 차별화된 미술품제작소를 통해 보다 다양한 상품을 시판하
여 제조영역이 확장되었기 때문이다. 따라서 도미타의 청자사업은 도미
타가 타계하기 직전인 1930년대 초반까지 순조로웠다고 볼 수 있다.

그러나 그가 타계한 1930년대 중반 이후 운영권이 교체되면서 총체
적인 차질이 발생했다. 여기에 전시체제에 돌입했던 시기적 상황은 사업
부진으로 이어지는 직접적인 계기가 되었다. 대략 도미타의 청자공장들

234) ‘李王職의 社業(社說)’ ≪매일신보≫ 1912. 6. 3.

이 문을 닫게 되는 시기는 조선미술품제작소의 폐업 시점과 근접한 1930 년대 후반경일 것으로 추정된다.

삼화고려소와 한양고려소는 일본인 거상 도미타 기사쿠의 개인적인 관심이 사업으로 결부되어 성공적으로 운영된 청자공장이었다. 그는 최고의 재현청자를 제작하기 위해 엄선된 원료 사용과 정제(精製)한 기술 개발을 위한 투자를 아끼지 않았고, 나아가 아사카와 노리다카(淺川伯 敎)를 비롯한 당대 도자사학자들과의 교류를 통해 청자문화를 심층적으로 확대하려 했다. 그러나 그의 투지는 수익이 보장된 재한일본인의 특권사업으로 출발하였다. 따라서 올바른 재현문화의 확산은 시기가 흐를수록 기대하기 힘들었으며 오히려 한국의 고유 문화유산인 청자를 상업수단으로 전락시켜 폐단을 불러일으켰다.

한편 도미타 공장 출신의 일본인 기술자 무네타카 다케시(宗高猛), 하마다 레이호우(濱田麗蜂) 등은 <조선미술전람회>에 청자를 다수 출품하고 입상했다. 특히 무네타카 다케시는 최다 입상자로서 큰 명성을 얻었다. 이러한 일면만 보더라도, 도미타가 운영했던 공장들은 상품뿐만 아니라 소속 기술자에게도 혜택을 부여할 만큼 당시로서는 매우 큰 영향력을 지니고 있었다.

(2) 계룡요원(鷄龍窯院)

계룡요원은 1925년 대전에서 개요한 이래 청자, 분청자기 등을 중점 생산하던 공방이었다. 공방 운영주였던 스기미즈 타케에몬(杉光武右徹 門)은 언론매체를 통해 격찬을 받을 만큼 전통자기 제조분야에 알려진 인물이었다. 전해지는 바에 의하면, 그는 조선으로 이주하기 이전부터 아리타(有田)에서 도자기 기술을 익혔고 조선에 정착한 1913년경에는 진남포의 삼화고려소에서 청자 기술자로 일시 재직했다. 특히 1918년에는 중앙시험소 요업부에 잠시나마 적을 두고 청자 전문기술을 습득한 것으로 알려져, 그는 공방을 운영하기 이전에 청자 제조기술에 관한 매우 다양한 실무를 쌓았다.

스기미즈는 다년간의 경험을 토대로 1920년대 중반 무렵 대전에 계룡요원을 설립하고 본격적으로 전통자기를 제작했다. 그가 경성생활을 접고 대전으로 이주하여 개요한데는 몇 가지 이유가 있었다. 우선 그는 계룡산 주변에서 산출되는 우수한 도자원료들에 주목하면서 계룡산 학봉리 일대가 조선조 분청사기 가마터라는 점도 염두에 두었다.[235] 실제 공방의 주요 생산품은 청자와 분청사기였다.

그러나 지금까지 이곳에서 생산된 전승품들은 소개된 바 없다. 다만 운영주이자 실무자였던 스기미즈가 <조선미술전람회>에 다수의 작품을 출품하였기 때문에 이들을 살펴봄으로써 이곳의 청자양식을 대략 유추할 수 있다. 그는 조선미전을 통해 전승식에 근대 양식을 혼합하거나 중국식과 일본식을 절충하는가 하면 쓰임새를 배제한 조형물(objet) 등을 다양하게 출품했다. 그러나 의외로 순수 전승식은 찾아보기 힘들어, 그는 비록 오랜 기간 전통자기를 생산하였지만 양식에서만큼은 완전한 조선식을 따르지 못하고 일본을 포함한 외래양식을 적극 수용한 것으로 보인다.

한때 계룡요원 제품들은 대전의 특산물인 '계룡도기'로 불리면서 세간에 주목을 받았다. 그 배경에는 전문 제조기술을 겸비한 운영주가 전통자기 재현에 직접 입문하여 개척한 점을 높이 평가한 부분이 존재한다.

(3) 개성요(開城窯, 부설 고려청자연구소)

개성요는 일제강점기 청자 기술자로 활동했던 황인춘이 조선총독부의 후원을 받아 1937년경 설립한 공방이었다.[236] 황인춘은 충남 서산

---

235) 野守健·神田惣藏,, 『鷄龍山麓陶窯址調査報告』, 昭和二年度古蹟調査報告1(朝鮮總督府, 1929) 참조.

출신으로 일찍이 경성에 있는 한양고려소
에서 청자 제조기술을 익히고, 이후 총독
부로부터 그 기술력을 인정받아 청자의
본거지인 황해도 개성에 공방을 주선(周
旋)해 주면서 재현에 몰두할 수 있었다.
따라서 그는 개성요를 운영하기 이전 동
료였던 유근형과 함께 영등포에서 잠시
청자공장을 운영하기도 했지만, 본격적인
청자 제작은 개성요를 개요하면서 부터였
다.[237] 그가 개성요를 고려청자연구소로
도 명명했던 것은 청자 재현 이외에 고려
청자를 체계적으로 연구하기 위한 목적
때문이었을 것이다.[238]

(도 79) 〈청자상감운학문병〉
1930년대
황인춘 작, 황종례 소장

　개성요는 한양고려소 시절의 동료들이
때때로 청자 제작을 협력하거나 동참했다.
일부 전해지는 유물들을 살펴보면 대부분 전승식을 따르고 있지만(도
79), 전반적으로 제조기술이 완연히 무르익었다고 보기 힘들다. 이에 비
해 청자 색감은 어느 정도 진척을 보이고 있다.

　한편 생산량과 생산성, 판로 등에 대해서는 자세히 알려지지 않지만
전반적으로 동 시기 일본공장 제품과는 대응할 만한 입장에 놓여 있지

236) 이 시기 청자 기술자였던 황인춘을 비롯한 유근형, 최인환, 한수경 등은 우선
　　1910년대 도미타 기사쿠가 운영하던 삼화고려소와 한양고려소에서 평균 10여
　　연간 청자 기술을 터득하였고, 이후 1920년대에 접어들어 각자 독립하면서 개인
　　공방을 운영하였다는 공통점을 가지고 있다.
237) 『도예가의 길 도공·과학자·예술가 황종구』, 이화여대 박물관, 2005.10, 14쪽.
238) 최공호, 「高麗靑磁의 再興子 陶工 黃仁春」, 『月刊工藝』(월간미술, 1989. 8), 77
　　～78쪽.

못했을 것으로 추정된다. 그럼에도 역사적으로 볼 때, 조선인이 설립한 청자공방인 개성요는 특별한 의미를 지닌다. 대부분 재한일본인에 의해 청자가 재현되고 양식에 있어서 전통성을 상실할 무렵, 개성요에는 진정한 청자 재현의 뜻을 발산하려는 조선인의 의지가 함축되어 있었기 때문이다.

3) 양식적 특징

일제강점기를 전후하여 제작된 재현청자들은 제작자와 제작장에 따라 양식상의 큰 차이는 없었지만 시기가 흐를수록 일본적 성향과 상업성이 강해지는 특징을 보인다. 다시 말해 이 시기 청자 양식은 성쇠를 가늠할 수 있는 특별한 변화가 없는 대신, 용도와 시기에 따라 전승식과 외래식의 증감현상이 확연하게 드러났다. 그것은 재현청자가 식민정치사회의 불합리한 요인들과 상호작용하는 가운데 새롭게 등장하여, 고유 양식의 복원과 유지는 힘든 반면 일본화는 오히려 증폭될 수밖에 없었기 때문이다.

(도 80) 〈청자이화문병〉 1900년 전후
고 19.8, 구경 4.8, 저경 8.8㎝
국립고궁박물관 소장

현재로선 양식상의 특징을 판별할 수 있는 기준작이 희소하여 확언하기 힘든 면이 많다. 그러나 구왕실에서 제작된 청자로부터 1930년대에 <조선미술전람회>에 출품된 청자들을 분석해봄으로써 일제강점기를 전후하여 제작된 재현청자의 양식과 변모과정을 간략하게 추정할 수 있다.

우선 대한제국기에 생산된 청자 완제품은 국립고궁박물관 소장의 <청자이화문병>(도 80)이 유일하다. 이 병은 동체 중앙에 대한제국 황실 문장(紋章)인 오얏문(李花文)을 양각하여 왕실 전용품으로 제작된 것임이 확인된다. 제작연대가 1900년을 전후한 시기로 추정되는 이 병은 유약의 광택과 투명도가 떨어지고 유색도 탁한 녹색을 띠며 제작수법도 단조로워, 분원 민영화 이후의 요업상황을 제대로 반영하고 있다. 아마도 왕실에서는 전통자기 복원차원에서 청자를 소량 제작하였지만 질적으로 크게 향상시키지는 못했던 것으로 보인다.

이후 일제 극초기에 제작된 것으로 추정되는 지방가마 청자들은 이무렵에 생산된 백자와 동일하게 매우 조잡하다. 퇴조 양식의 전형은 국립중앙박물관 소장 <청자상감운학문표형병>과 지방산으로 추정되는 각종 발, 합, 소형 항아리 등 일련의 생활용품들을 통해 알 수 있다. 특히 민수용 청자발과 청자합은 상사기나 옹기와 맞먹는 하품(下品)들이 주류다. 이들은 대체로 태토에 잡물이 많아 표면이 매우 거칠고, 초화문을 간략하게 시문하는 경우도 있지만 거의 장식이 생략되었다. 형태도 완연한 퇴화기 양식이며, 유태는 물론 문양과 형태 및 제작 수법 등에서 쇠락 요소들이 보인다. 매우 드물게는 전통식에서 찾아보기 힘든 새로운 양식이 보이지만 이러한 예들이 근대 양식의 서막을 알리는 초석으로 단정 지을 수 없다.

1910년대 중반 이후의 재현청자는 이왕직미술품제작소 도자부에서 생산된 이른바 비원자기를 통해 일부 파악된다. 우선 제작소 목공부에 근무한 바 있는 김진갑옹의 『사진첩』에 실린 비원자기들을 살펴보면, 평이한 재현품들이 대다수를 차지하지만 고대 중국 청동기 양식을 모방하거나 일본식이 절충되어 애매하고 어색한 분위기를 자아내는 것들도 포함되었다(도 26). 또 다른 예인 개인소장의 <청자상감화초문대접>(도 81)은 앞서 사진첩에 수록된 것들 보다 발색과 시문장식 등에서 한

(도 81) 〈청자상감화초문대접〉 1910년대
고 2.8, 구경 18㎝, 이왕직미술품제작소, 서대식 소장

| (도 82) | (도 83) | (도 84) |

(도 82) 〈청자상감양학문병〉 일제강점기, 고 27, 구경 7, 저경 14㎝, 삼화고려소,
　　　　구본창 소장
(도 83) 〈청자상감국화문과형병〉 일제강점기, 고 28.6㎝, 목포요
(도 84) 〈청자상감모란국화문과형병〉 고려 13세기, 고 25.5, 구경 9.3, 저경 9.2㎝,
　　　　국립중앙박물관 소장

층 더 조질하다. 일련의 예들을 토대로 한다면, 비원자기를 당대 명품으
로 평가한 ≪매일신보≫의 기사내용에 의문이 제기된다.[239] 더욱이 조

---

239) 제Ⅲ장의 주 440을 참조.

선미술품제작소로 전환된 이후는 청자 고유의 미감이 더욱 상실된 듯하여 청자 재현에 따른 평가는 재고될 필요가 있다.

일본인이 운영하던 청자공장과 지방공방들도 미술품제작소의 제작양상과 크게 다르지 않았다. 그러나 초기에는 전승식을 제대로 유지하여 재현에 좀 더 충실한 편이었는데, 삼화고려소의 <청자상감양학문병>(도 82)과 전남 목포 소재의 공방에서 구워진 <청자상감국화문과형병>(도 83, 84)을 대표적인 예로 들 수 있다. 이들은 오히려 관영 미술품제작소 제품에 비해 질이 우수한 것으로 보여, 초기 민수품 가운데 일부는 매우 높은 수준으로 제작되었음을 알 수 있다.

이후 20년대에는 기존의 청자문화에 일본의 공예미감이 눈에 띠게 반영되면서, 전통성이 상실된 제품들이 본격적으로 제작되었다. 당시 청자공장들은 주구매자인 일본인들의 취향에 부합하는 고급 관상용품과 관광기념품을 집중 제작하였다. 특히 조선을 방문한 일본 관광객들은 일본풍의 주전자나 찻잔 등 생활소품들을 선호하여, 이들의 생산량이 상당했을 것으로 보인다.

그리고 이 무렵부터 재현청자는 신고려소(新高麗燒, 新高麗磁器)로 불러지기 시작했다.[240] 정확한 연유는 알 수 없지만, 신고려소란 이전의 재현청자들에 비해 일본화된 양식이 완연한 새로운 장르의 청자이거나 단순히 이 시기에 생산된 청자를 총칭하는 명칭이었을 것이다.[241] 그러나 청자가 신고려소로 명명되면서 청자양식의 일본적 성향이 가중되었고 따라서 고려청자 재현은 급속도로 변질되어, 신고려소의 본질은 앞서 언급한 내용 가운데 전자에 해당될 것으로 보인다.

신고려소를 대표하는 예로 1928년 조선총독이 영친왕에게 진상하기

---

240) 엄승희(앞의 논문), 177쪽.
241) 이 명칭은 청자공방을 운영하던 재한일본인들에 의해 불려졌을 가능성이 매우 높다.

(도 85) 〈청자상감봉황작약문호〉 1929
삼화고려소

(도 86) 〈청자상감칠문병〉 1930년대
조선미술전람회도록

위해 삼화고려소에서 특수 제작한 청자화병을 들 수 있는데, 이 병은 동체 전면에 봉황문과 작약문이 시문 장식된 화려한 일본풍이다(도 85).[242] 또한 청자에 자개 시문을 한 <청자상감칠문병(靑磁象嵌漆文甁)>(도 86)은 이러한 양상을 더욱 극명하게 보여주는 또 다른 예이다. 이 계통의 청자는 목칠공예에 주로 사용되는 자개를 동체에 시문 장식했다 하여 '나전청자'라고도 하였으며, 일본인들의 기호와 요구에 따라 소량 제작되었을 가능성이 크다. 고가로 판매되었을 자개장식청자는 제작 특성상 일본인 청자공장 가운데서도 규모 있던 삼화고려소나 한양고려소에 국한되어 생산된 것으로 추정된다.

이외에도 신고려소에서 보여지는 양식은 중앙시험소와 공업전습소에서 개발한 시제품에서도 동일하게 나타난다.[243] 또한 분청사기나 백자에도 이 같은 양식이 가미된 각종 유사품들이 생산되었는데, 이는 전통자기에 대한 이해가 부재한 가운데 무분별한 복제와 혼용을 일삼던 당시

---

242) '稀貴한 大花甁-전황폐하께 드릴 것, 고려자기의 高價品' ≪매일신보≫ 1929. 1. 9.
243) '李王殿下께 花甁 1개 진상-이번 齊藤총독이' ≪매일신보≫ 1930. 7. 11.

의 제작풍토를 대변한다.

1930년대 이후 재현청자의 총체적인
평가는 <조선미술전람회> 공예부의 출
품작을 통해 더욱 분명해진다. 조선미전
입상작 가운데는 신고려소로 일컫는 작품
들이 다수 포함되었으며, 특히 전승과 외
래 양식이 절충된 청자들이 가장 많은 분
포를 차지했다. 이들은 청자 본연의 절제
된 아름다움을 표현하려 했던 일제 초기
청자에 비해 세련된 장식성과 안정적인
형태미를 갖추지 못한 것들이 대부분이다.

한편 일제강점기에 재현청자를 제작했
던 조선인 기술자로는 황인춘, 유근형, 한
수경 등을 들 수 있으며, 현재 이들의 유

(도 87) 〈분청사기운학문병〉
1930년대, 유근형 작
해강도자미술관 소장

작(遺作)이 3∼4점씩 전해져 양식을 파악할 수 있다. 황인춘은 1930년
대 후반경 개인 공방을 운영할 당시 각종 청자들을 제작하였으며 유근형
도 이와 비슷한 시기에 활동하였다(도 87). 이들이 남긴 작품들의 공통점
은 비록 시문의 정교함과 구성력이 떨어지지만 외래적 성향이 강했던 일
본공장 제품과는 달리 전통성이 유지되어 있다.

이상을 종합해 보면 이 시기에 새롭게 등장한 청자 양식은 강점 초기
재현과 복원의지로부터 출발한 이래 점차 일본화 경향이 두드러졌음을
알 수 있다. 일반적으로 일제 초기는 시문장식에서만 일부 외래식이 혼
용되었을 뿐 전승식을 적극 반영하여 청자 고유성을 유지한 편이다. 그
러나 청자공장을 운영했던 일본인들이 판매고를 향상시키기 위해 주 구
매고객이었던 일본인들의 취향과 요구에 한층 부합하는 제품들을 다량
생산하기 시작하면서 기존문화가 변화하기 시작했다. 따라서 판매 상술

(商術)이 기승을 부리던 1920년대는 청자의 왜색화가 이전에 비해 월등하게 짙어졌음은 물론 일본인들의 중국자기 선호 경향마저 가세하여, 점차 재현의 본질에서 멀어졌다.

이로 인해 이 시기 청자는 앞서 언급한 것처럼, 일반판매용, 관료들의 선물용 및 진상용 그리고 국내외 전람회 출품용 등 목적과 용도에 따라 다양한 제품들이 제작되었으나, 양식상으로는 특별한 경우를 제외하면 구분될 만한 요소가 많지 않았다. 30년대의 미술전람회 입상작들도 이와 크게 다르지 못했으며, 일부 새로운 양식을 접목시킨 작품들이 등장했지만 이마저도 전통에 대한 발전지향적인 면모가 매우 국소적이거나 신구(新舊)양식의 조화가 어색한 것들이 대부분이다.

4. 창작도예(創作陶藝)의 출현과 양상

일제강점기는 전람회를 비롯한 유사 전시공간을 통해 다양한 도자공예품들이 대중들에게 소개되었다. 그 가운데 창작 도자기가 전람회에 최초 등장한 시기는 대략 20년대 초반경으로 추정된다.

1920년대는 바야흐로 전람회의 시기를 맞이하여 유례없이 각종 형식의 전시가 개최되었다.[244] 그러나 적어도 20년대 후반까지 전문적인 미술공예전람회의 개최빈도는 희소했다. 즉 이 시기는 이데올로기 식민정책에 기반한 전시성향이 지배적이었기 때문에, 창작도예품들은 전문전람회를 통해 전시되었다기 보다 공진회나 박람회 등에 각종 산물들과 함께 간헐적으로 진열된 편이다. 이를테면 주요 전시물품은 고급 지역특산품과 일본 내수용품이 차지하는 가운데 미술공예품들은 전시는 가능했

---

244) 본서의 151~168쪽을 참조.

지만 기획의도에 따라 인지도가 낮았으며 비주류품에 속해 있었다.

이후 1930년대는 산지별 특산품을 진열하고 품평하던 <공예품전람회>와 <부업공예품평회>의 출품경향이 이전과 차이를 보이기 시작하면서 소위 미술공예품으로 부각될 수 있는 도자기들이 일괄적으로 전시되기 시작했다. 그러나 이곳에 진열된 도자기들조차 예술품으로서 평가받거나 예술성을 인정하기 위한 목적 하에 진열되지 못했음은 물론 창작활동을 관장하기 위한 취지도 전제되지 못했다.

이러한 흐름은 1932년 제11회 <조선미술전람회(이하 조선미전으로 약칭)>에 공예부가 신설되어 전문적인 미술공예전시의 틀을 형성하면서 비로소 전환되었다. 따라서 지금까지도 조선미전 공예부는 근대 공예미술의 중심 맥락으로 평가되며, 당시에 형성된 맥락이 1949년에 창설된 <대한민국미술전람회>로 연계되어 시사하는 바가 매우 크다.

이처럼 동 시기의 여러 전시는 조선미전과 성격을 달리했는데, 그 근거는 조선미전 이외의 전시회가 총독부의 후원이 부재한 가운데 일회성, 홍보적 전시에 불과하여, 공식적으로 작가 등용에 핵심적인 역할을 수행할 수 없었던 것에 있다. 비록 공예부는 신예작가들이 조선미전을 통해 등단했던 회화부와 큰 차이를 보였지만, 개인의 기량을 자유롭게 표현한 도자공예품들이 전문 전람회를 통해 가치를 인정받고 출품될 수 있었던 사실만으로도 사회적으로 큰 반향을 불러일으켰다.

그런데 조선미전은 결과적으로 창작도에 장르를 성공적으로 구축시키지 못했다. 이는 조선총독부의 문화사업으로 관제적 성격이 강했던 조선미전이 창설 당시부터 전람회의 근본 취지를 상당 부분 변질시켰기 때문이다. 따라서 이 시기의 창작도예란 개인의 창의적 작품 활동을 표출시킬 수 있는 제도적 장치와 운영체제에 상당한 문제를 내포하여 새로운 영역으로 완연하게 자리매김하지 못했다. 다시 말해 일제강점기의 창작도예는 문화정치를 기반으로 하는 다양한 전시행사들을 통해 기틀을 마

련할 수 있는 기회를 부여받았지만 실질적인 성과를 거두기에 많은 한계
가 있었다.

1) 조선미술전람회와 창작도예

일제강점기 창작도예는 조선미전 공예부의 신설로 인해 본격적으로
전개되었다. 물론 공예부의 신설 이전에도 일부 전람회를 통해 개인 기
량이 발휘될 수 있는 공간은 존재했지만, 창의력과 예술성을 평가할 만
한 토대는 되지 못했다. 따라서 조선미전 공예부는 창작예술의 새로운
지평을 유감없이 발휘하는데 많은 한계를 지녔음에도 불구하고 공식적
으로 서구 근대예술문화로부터 수용된 조형예술적 감성을 평가하는 최
초의 전문전시로 점철된다.[245]

그런데 조선미전은 대외적으로 예술문화 창달이라는 안정된 취지를
표출하고 있었음에도 불구하고, 내부로는 불합리한 관행이 끊임없이 이
어져, 결국 일제정책이 유도한 전람회로 전락하고 말았다.

우선 일본 문부성 주최의 <제국미술전람회(이하 제전으로 약칭)>를
모방한 운영방식은 조선미전의 병폐를 좌우하는 근본원인이었다. 이른
바 제전의 출품성향, 심사위원과 심사조건 등은 조선미전에 직접적인 영
향을 미쳐 작품성과 입상작 선출 등에 관한 중대 문제를 발생시켰다. 특
히 일본인 심사위원의 자격조건은 조선인들에게 있어 가장 큰 불만과 비
판의 대상이었다. 심사 주최측에서는 조선공예의 정체성을 해체시키면
서 근대공예로의 발전을 저해하는 비하 발언과 표현을 서슴지 않았다.
가령 공예부의 심사조건은 향토미술과 민예(民藝)를 장려하기 위한 일제
의 의도가 함축되어, 근대미학에 기준을 두지 않고 낙후된 조선적 표현
을 우선시하고 관장했다. 총독부 학무부장인 와타나베 토요히코(渡邊豊

---

245) 崔公鎬(앞의 논문), 198쪽.

日子)가 공예부의 입상작에 대해 '반도(半島)의 독자적 향토색이 충만한 민예작품들로 구성되었다'고 품평한 것도 이와 동일한 의미로 해석된다.246)

또 다른 문제는 출품여건과 작품성에 있었다. 입상자의 90% 이상이 일본인이 운영하던 청자공장 소속 일본기술자들이었고, 입상작 역시 청자, 백자 등 전통자기가 대부분이어서 이는 앞서 전술하였듯이 조선미전이 지향하는 일면을 단적으로 보여준다. 특히 이러한 출품 현상은 강점 이전부터 일제와 일본인에 의해 형성된 청자의 상품화 및 수집열풍과 직결되며, 심사의 잣대를 미술공예가 아닌 상업공예로 전락시킨 기준이 되었다.

일제의 문화말살정책은 새로운 근대 양식의 도입을 원천적으로 봉쇄하면서 진부한 전승품 제작을 관장했기 때문에 이러한 관행은 일찌감치 형성되었다. 따라서 도자공예는 조선총독부가 의도한 정책과 재한일본인 기술자들에게 주어진 특혜 및 특권 등이 상호작용하는 운영방침에 따라 창작예술 활동으로서의 발전을 기대하기에 역부족이었다.

이외에도 창작도예를 고취시킬 수 있는 교육환경의 한계에 따른 문제를 들 수 있다. 일제강점기에는 미술공예를 전문으로 교육하는 기관이 거의 없었으며, 설립된 공예전문학교에서조차 체계적인 교육이 실시되지 못했다. 또한 그나마 유사교육 이수자들의 작품활동도 찾아보기 힘들어 교육현실 만큼 이후 연계 활동에도 상당한 문제가 있었다. 예를 들어 공업전습소 도기과의 유학파 조선인들조차 대외적인 활동은 물론 조선미전 공예부에 참여한 사례를 찾아볼 수 없다. 이러한 일면은 칠공예가 강창규(姜昌奎, 1906~1977)가 조선미전은 물론 제전에도 입상하여 한국 근대 칠공예계의 주역으로 등장한 것과 비교할 때 매우 차별되며,247)

---

246) 『朝鮮美術展覽會圖錄』 제13집 서언 참조.
247) 최공호, 「공예계 최초의 유학생, 姜昌奎」(『월간미술』, 1990.11) 참조.

(도 88) 일본근대미술공예전람회, 1933~1943년, 덕수궁 석조전

나아가 도자공예가 다른 공예분야와 달리 유난히 미술공예로서의 인식
이 결여되었음을 재삼 확인할 수 있다.

전문교육의 결핍에 따른 창의성과 표현력의 고갈은 일본 관전작이나
일본 근대 작가들의 작품을 무비판적으로 모방하거나 추종하게 하였다.
특히 조선미전보다 5년 앞서 일본 관전도록이 출간되고, 1933년부터 약
10년간 덕수궁 석조전에서 일본 근대공예가들의 전람회가 개최된 것은
이 같은 관행을 형성시키는데 일조한 것으로 보인다(도 88).

물론 전통식을 근대양식과 접목한 창의지향적 작품들이 전혀 없었던
것은 아니었다. 그러나 그 범위는 지극히 희소했으며 그나마 대부분은
새로운 장르를 이끌만한 작품성을 갖추지 못했다. 이로써 조선미전의 도
자공예는 창작성을 추구하여 명분에 부합하는 작품들보다 진부한 전승
식과 전승식에 외래식이 혼재한 애매한 양식들을 양산했다. 이에 대해
서양화가 구본웅(具本雄)은 '작품들이 조선 이외의 풍미(風味)한 것이
되고 있다'고 언급하며 비판했다.[248]

그럼에도 조선미전이 창작도예의 장으로서 역할을 수행했다고 판단

---

248) '鮮展의 印象, 具本雄-(1)' ≪매일신보≫ 1935. 5. 23.

되는 면이 없지 않다. 1932년 공예부가 신설될 당시만 하더라도 도자공
예의 출품은 타 공예에 비해 매우 부진했다.[249] 그런데 이후에 개최된
관련 강연회와 각종 부대행사는 저조한 출품실적을 만해하기 위한 일종
의 타개책으로 작용했고, 결국 출품 수는 점차 늘어나 사회적 관심도도
높아졌다.

특히 조선미전에서 주최한 강연회는 참가자뿐만 아니라 일반인들에
게도 창작도예에 대한 인식을 심어주는데 어느 정도 기여했던 것으로 보
인다.[250] 그 영향 때문이었는지 공예부 신실 5년 후의 출품작들은 초창
기에 비해 다방면에서 진보했다. 조선미전의 참여율과 작품성이 해를 거
듭할수록 호전되자, 공예분과 심사위원이었던 타나베 타카츠구(田邊孝
次)는 '제전(帝展)에 출품하여도 손색이 없고 역작(力作)이 많아 특선 가
능성이 있다'고 칭송하였다.[251]

이후 전시체제로 국가가 혼란스러운 상황에 빠져있던 1930년대 후반
까지도 조선미전의 도자공예 참여율은 순탄했다. 오히려 이무렵 조선총
독부는 조선 공예 발전을 도모하기 위해 공예부의 출품을 권유했으며,
그 결과 설립 이래 가장 많은 작품들이 출품될 수 있었다.[252] 비록 조선
총독부는 공예산업 발전을 식민사업으로 관장하고 수출을 진흥시켜 국
책을 도모하려는 의도로 이러한 조치를 취했지만, 당시의 시국을 고려한
다면 분명 이례적인 경우가 아닐 수 없었다.[253] 그리고 이 분위기는
1939년까지 이어졌고,[254] 폐색이 짙어가던 40년 초(제20회, 1941년)에

---

249) '美展搬入開始, 공예품은 부진-원서접수 46점에 불과' ≪매일신보≫ 1932. 5.
     20.
250) '美術大講演(朝鮮과 工藝-田邊孝次)' ≪매일신보≫ 1934. 5. 15.
251) '미전 입선자 발표, 可驚할 新人의 進出' ≪매일신보≫ 1936. 5. 12.
252) '지방색을 드러내는 工藝品出品勸誘-조선미술전람회를 앞두고, 기업발전 위하여
     총독부에서' ≪매일신보≫ 1938. 4. 12.
253) '적극적 방침 필요-미술공예품의 輸出獎勵極好(鮮展審査員 高村氏談)' ≪매일신
     보≫ 1939. 6. 2.

이르러서야 비로소 출품자가 극감하고 조선미전도 서서히 막을 내렸다.[255]

이상의 측면을 통해, 조선미전 출품작의 전반적인 성향은 일제의 문화정치와 식민사회에서 형성된 도자문화 그리고 교육계의 상황 등이 복합적으로 상호작용한 가운데 형성되었음을 알 수 있다. 또한 이러한 문제들로부터 전람회의 본래 취지는 거의 상실되거나 한계에 부딪칠 수밖에 없었음을 알 수 있다. 따라서 다년간 창작도예를 출품할 수 있는 유일한 전람회였던 조선미전은 초창기부터 형성된 관행과 예술가로의 등용에 따른 여러 불합리한 제도들로 인해 큰 발전을 기대할 수 없었다.

2) 조선미술전람회의 입상작 양식

이 시기 창작도예 양상을 파악할 수 있는 자료는 조선미전 입상작이 거의 유일하다고 볼 수 있다. 그런데 조선미전의 작품들을 분석하는 데는 많은 어려움이 있다. 먼저 조선미전 도록은 제11회(1932년)부터 제19회(1940년)까지만 현전하여 이후의 작품경향은 알 수 없다. 뿐만 아니라 도록에 실린 작품들은 선명하지 못한 흑백사진으로 수록되어, 입상작의 색감이나 시문장식 등을 면밀하게 파악하기 힘들다. 드물게는 작품명(作品名)을 참조하지 않으면 기종을 구분하는 것조차 불가능하다. 따라서 대다수 작품들은 작명을 통해 기종 및 양식을 판별하는 실정이다.

이러한 난관에도 불구하고, 조선미전 출품작들을 총체적으로 분석해 보면 대부분이 전승청자가 차지하고 있음을 쉽게 알 수 있다. 이외 기종으로는 백자, 분청사기가 있으며, 일부 도기와 산업자기(생활자기)가 포

---

254) '出品은 增, 入選은 減, 美展入選者 今日 發表, 彫刻과 工藝는 增加一路' ≪조선일보≫ 1937. 5. 11.

255) '洋畵 西洋畵는 增加, 工藝와 彫刻은 減' ≪조선일보≫ 1940. 5. 24.

(도 89) 〈회령소표형병〉, 최면재 작
제14회 조선미술전람회(1933)

(도 90) 〈운룡목단조각문양충립〉
소지아 고조 작, 제14회 조선미술전람회(1935)

함되었다.

진부한 전통자기가 주종을 이루다 보니 오히려 그 외 기종들의 출품
양상이 주목된다. 특히 도기는 연속 3회(12, 13, 14회)에 걸쳐 입상한 최
면재가 속해 있다(도 89). 조선인으로서 매우 이례적인 기록을 남긴 그는
중앙시험소의 재직경험과 회령도기 복원 및 신제품 개발을 기반으로 개
성있는 작품을 출품하고 인정받았다.

또한 소수이긴 하지만 조형도자로 분류되는 도조(ceramic sculpture),
도벽, 장식성이 강조된 오브제(decorative object) 계열의 작품이 출품된
것도 조선미전의 특이할 만한 양상이다(도 90). 대표적으로 섬세함이 강
조된 각종 상형물, 일본 전통의 실내 칸막이인 쓰이타테(衝立)나 조선적
모티브를 응용한 도벽(陶甓) 등이 있다(도 90, 103). 일본 관전에서는 이
계통의 작품들이 창설 초기부터 출품되었으며 조선미전도 직·간접적 영
향을 받으면서 일부 출품되었다.

전반적인 도자양식은 크게 네 부류로 구분할 수 있으며 이러한 특징
은 일본 관전과 거의 동일하다. 우선 출품작의 90% 이상을 차지한 양식

은 전승식이었다. 전승식은 순수 전승식이 가장 많이 분포되었지만, 전
승식에 일본이나 중국 혹은 근대 서양식을 적절히 혼합한 절충식도 포함
되었다. 이외에도 외래양식과 일본 관전이나 근대 일본 도예가들의 작품
성을 모방한 경우도 있다. 특히 근대 일본 도예가들의 모방양식은 일본
전통식과 일본에서 수용한 서양식으로 나뉠 수 있다.

이상과 같이 조선미전은 순수 전승식을 비롯하여 이를 응용하거나 절
충한 양식들이 혼재하고 일부는 일본 관전식을 모방한 작품들도 등장했
지만, 전승식에 근거한 작품들이 압도적으로 많았기 때문에 조선미전의
주류양식은 전승식이라고 보아도 무방하다<표 18>.

⟨표 18⟩ 조선미전 도자공예 출품 양식 -1932년(제11회)~1940년(제19회)-

연도(회)	전승식	전승 혼합	외래식	관전 모방	연도(회)	전승식	전승 혼합	외래식	관전 모방
1932(11회)	2	·	3	·	1937(16회)	4	2	1	·
1933(12회)	2	1	5	·	1938(17회)	6	1	·	·
1934(13회)	4	2	3	1	1939(18회)	6	·	1	·
1935(14회)	6	3	3	2	1940(19회)	2	·	·	·
1936(15회)	2	1	3	·	이후시기	미확인			

(1) 전승식

① 순수 전승식

순수 전승식에는 전통 양식을 제대로 유지하거나 시문장식 혹은 기형
에서 일부 변형되었지만 크게 벗어나지 않은 작품들도 포함된다. 이 유
형은 공예부가 신설되던 제11회부터 꾸준하게 이어져 온 조선미전의 대
표 양식이며, 분청사기와 백자 각각 1점을 제외하고 모두 청자이다.

기법적으로는 청자의 경우 상감기법과 음·양각기법이 대부분이지만
드물게는 분청사기의 시문법을 차용하기도 했다(도 95). 사용된 안료는

(도 91) 〈청자해타향로와 청자도조수적〉, 김완배 작
제13회 조선미술전람회(1934)

(도 92) 〈황양투조식향로〉
세오 다카마사 작
제16회 조선미술전람회(1937)

(도 93) 〈수주〉 무네타카 다케시 작
제11회 조선미술전람회(1932)

(도 94) 〈고려청자화병〉
스기미즈 타케에몬 작
제14회 조선미술전람회(1935)

(도 95) 〈운룡청자화병〉
세오 다카마사 작
제13회 조선미술전람회(1933)

진사와 철사가 보편적이며, 기종은 화병이 가장 많이 출품되었지만 이외 주자, 향로, 편병 등도 있다.

우선 완연한 전승작으로는 김완배(金完培)가 제13회에 출품한 <청자해타향로(靑磁海駝香爐)와 청자도조수적(靑磁都鳥水滴)>을 비롯하여, 세오 다카마사(瀨尾孝正)가 제16회에 출품한 <황양투조식향로(黃揚透彫飾香爐)>와 이와미야 쇼유베에(岩宮庄兵衛)가 제18회에 출품한 <고려청자조각비룡형수주(高麗靑磁彫刻飛龍形水注)>, 이윤규(李潤奎)가 제18회에 출품한 <청자상감화병> 등을 들 수 있다(도 91, 92). 이 작품들은 대체로 12세기 고려청자를 기준작으로 하여 모방하였으나 다방면에서 진작(眞作)과는 거리가 있다.

반면 고려청자를 전반적으로 모방하되 시문장식이 다소 변화된 작품들은 앞서 열거한 작품들 보다 좀 더 많다. 최다 출품자는 일본인이 운영하던 고급 청자공장인 삼화고려소 출신 기술자 무네타카 다케시(宗高猛)와 전승공방으로 명성이 있던 계룡요원의 운영기술자 스기미즈 타케에몬(杉光武石衛門) 이었다. 무네타카 다케시의 경우, 제11회 특선작인 <수주(水注)>(도 93)를 시작으로 제13회의 <한양고려소청자화병>, 제17회의 <한양고려소청자상감진사입수주(漢陽高麗燒靑磁象嵌辰砂入水注)> 등이 출품되었고, 스기미즈는 제14회의 <고려청자화병>(도 94)을 시작으로 제16회의 <청자화병>, 제17회의 <환형화병(丸形花瓶)> 등을 출품했다. 이들이 출품한 청자들은 공통적으로 청자 고유 기형에 전통 문양을 과장하거나 단조롭게 변형한 뒤 화려함 색감으로 시문 장식했으며 대체로 정교하지 못하거나 어색한 분위기를 자아낸다.

② 전승과 외래의 절충식

절충식은 시문장식과 기형 등에 있어 일본식을 비롯한 중국식, 서구식 등의 외래양식을 전승식과 결합시킨 유형이다.

(도 96) 〈박청자철사급진사입화병〉
스기미즈 타케에몬 작
제15회 조선미술전람회(1937)

(도 97) 〈한양고려소청자다보탑향로〉
무네타카 다케시 작
제14회 조선미술전람회(1935)

　먼저 전승식에 일본식을 더한 대표 작품으로는 오하시 다케오(大橋武夫)의 제12회 출품작인 <앵두나무 아래 미인도(원명 : 色釉タイル櫻下美人圖)>(도 103)와 수지야 고죠(土屋耕造)의 제14회 출품작인<운룡목단조각문양충립(雲龍牧丹彫刻文樣衝立)>(도 90)을 들 수 있다. 두 작품은 일본 전통가구와 근대 성형물인 도벽에 양국의 상징적 요소를 결합했다. 즉 조선의 여인상과 고구려 고분벽화를 활용한 모티브는 소재면에서 조선 고유의 전통을 따르지만, 장르에서는 일본식과 일본에서 수용한 서구 근대 공예미술계의 영향을 받았다.

　또한 중국식은 동체 양 옆에 고리를 달아 중국 청동기를 연상시킨 작품들이 대부분을 차지하는데, 대표적인 예로 스기미즈 타케에몬의 <화고려화병(畫高麗花甁)>(제14회)과 <박청자철사급진사입화병(薄靑磁鐵砂及辰砂入花甁)>(제15회, 도 96)이 있다. 도기의 경우, 동체의 상단과 하단에 서로 다른 기형을 조합한 최면재의 <표형병(瓢形甁)>(제11회)을 들 수 있다. 이 작품은 19세기 조선백자다각호와 중국풍 병을 결합한

(도 98) 〈청자염부진사입화병〉
스기미즈 타케에몬 작
제16회 조선미술전람회(1937)

(도 99) 〈한락요진사화모양화병〉
우이미 베이죠우 작
제11회 조선미술전람회(1932)

듯하다. 특히 하단부의 병 모양은 중국 고대 양식의 시원(始原)을 느끼
게 하는데, 이 유형은 한때 이왕직미술품제작소의 비원자기와 신고려소
에서 일률적으로 등장했다.

　서구 근대 양식을 전승식과 결부한 작품은 그다지 많지 않다. 청자의 예
로는 스기미즈 타케에몬의 <청자염부진사입화병(靑磁染付辰砂入花瓶)>
(제16회, 도 98)과 무네타카 다케시의 <한양고려소청자다보탑향로>(제
14회), <한양고려소각청자목단당초문진사입환화병(漢陽高麗燒刻靑磁모
란唐草文辰砂入花瓶)>(제16회) 등이 있으며, 이들은 형태와 문양장식
등에서 서양식을 따른다(도 96, 97). 또한 분청사기와 백자에서도 유사
경향의 작품들이 출품되었으며, 우미이 벤조(海井辨藏)가 제11회에 출
품한 <한락요진사화모양화병(閑樂窯辰砂畵模樣花瓶)>(도 99)과 스기
미즈 타케에몬이 제14회에 출품한<백자진사화수차(白磁辰砂畵水差)>
가 이에 해당된다.

　이외 드물게는 전통문양을 근대화된 패턴으로 묘사하거나 전승식과
서구적 기형을 접목하는 특이한 유형들이 출품되어 주목을 끈다. 하마다
레이호우(濱田麗蜂)가 제13회에 출품한 <삼화고려소청자진사모양환화

병(三和高麗燒靑磁辰砂模樣丸花甁)>
(도 100)과 스기미즈 타케에몬이 제16
회에 출품한 <청자염부진사입화병(靑
磁染付辰砂入花甁)>은 대표적인 예이
다. 특히 하마다 레이호우의 작품은 12
세기 후반 <청자상감포도동자문표형주
자(靑磁象嵌葡萄童子文瓢形注子)>에
시문장식된 포도동자문을 공예의장적
으로 표현한 특이할만한 작품이다.

(도 100)
〈삼화고려소청자진사모양환화병〉
하마다 레이호우 작
제13회 조선미술전람회(1934)

살펴 본 절충식들은 주 문양으로 화
문(花文)을 가장 애용하되, 보편적으로
화려함을 강조하고 과장되게 표현했다. 특히 동체 전면에 주 문양을 가
득 메울 만큼 큼직하게 묘사하거나 지나치게 섬세하게 장식한데다 강한
색상 대비를 주어, 형태의 부자연스러움에 못지않은 이질감을 자아낸다.

이상과 같이 조선미전에 출품된 외래절충식은 대체로 전승식을 새롭
게 재해석하기 위해 시도되었다기 보다 전승식을 변형하거나 왜곡시키
는 것에 머물러 어색하고 조화롭지 못하다. 이른바 신고려소라 불리는
일제강점기 재현청자의 전형을 보여주는 작품들이 대부분을 차지한다.

(2) 외래식

전승식과는 전혀 무관한 외래식의 작품들도 다수 출품되었다. 특히
중국식으로 제작된 청자화병은 공예부 신설년부터 매년 출품되어 중국
도자에 대한 관심이 꾸준히 이어졌음을 짐작할 수 있다. 가령 하마다 요
시카주(濱田美勝)의 제11회 출품작인 <삼화고려소청자대화병>과 같은
해 이히라 모리수구(井平盛次)가 출품한 <당초태부화병(唐草台付花瓶)
과 용봉태부화병(龍鳳台付花瓶)> 그리고 제18회에 출품된 이테 모리수

(도 101) 〈청자이부모양화병〉
스기미즈 타케에몬 작
제18회 조선미술전람회(1939)

(도 102) 〈향로〉 무네타카 다케시 작
제12회 조선미술전람회(1933)

구(井手盛次)의 <주작양각진사입청자화병(朱雀陽角辰砂入青磁花瓶)>
과 스기미즈 타케에몬의 <청자이부모양화병(青磁耳付模樣花瓶)>(도 101)
등은 모두 중국식으로 출품되었으며, 이들은 시문장식에서 보다 기형에
서 좀 더 중국적이다.

또한 기교를 강조한 전형적인 일본식도 소수 출품되었다. 예로 사실
적인 묘사를 중시하며 제작된 치물(置物)이 출품되었는데[256] 무네타카
다케시가 제12회에 출품한 <향로>(도 102)가 대표적이다. 또한 여백을
거의 두지 않은 가운데 정치하면서도 미려한 이미지가 돋보이는 무네타
카 다케시의 제13회 출품작 <한양고려소청자화병>도 전형적인 일본식
으로 분류된다.

그밖에 서양의 근대 요업성형술인 석고성형으로 제작된 산업자기가
일부 출품되었다. 대표적으로 수시야 코조(土屋耕造)의 <과자명오객(菓
子皿五客)>(제15회)을 들 수 있으며, 이 작품은 작명(作名)에서도 알 수
있듯이, 다섯 사람을 위한 과자 접시 세트로 작품성 보다 상업성이 강조
되었다.

---

256) 치물(置物)은 일본의 전통 실내 소형 장식물을 일컫는다.

(도 103) (도 104-1) (도 104-2)

(도 103) 앵두나무 아래 미인도(원명 : 色釉タイル櫻下美人圖) 오하시 다케오 작, 제
　　　12회 조선미술전람회(1933)

(도 104-1) 〈고려청자충남부여평제탑〉 스기미즈 타케에몬 작, 제15회 조선미술전람
　　　회(1936)

(도 104-2) 〈도제다보탑향로〉 시미즈 로쿠베이 작, 제10회 제국미술전람회(1929)

(3) 일본 관전의 모방 양식

조선미전 도예작 가운데는 제전을 비롯하여 덕수궁 석조전에서 개최
된 전람회의 작품을 모방한 작품들이 출품되었다. 이 계통은 일본인들에
의해 대부분 출품됐으며, 모방 정도는 시문장식과 기형, 작명(作名) 등에
서 흔적을 찾을 수 있다. 또한 작품의 소재 구성에서는 조선적 요소를 혼
합하여 완전 모방에서 탈피하려 한 작품들도 눈에 띤다.

특히 관전 모방작들은 제전 입상작을 매우 유사하게 모방하되 대부분
은 청자로 제작하여 차별화했으며, 나아가 작품의 일부 요소에는 반드시
조선 고유의 장식기법과 이미지가 표현되어있다. 그럼에도 전반적인 유
형은 관전작을 중심으로 한 일본 작가의 작품을 모방한 인상이 강해 다
음에 열거하는 작품들을 관전 모방식으로 분류하였다.

먼저 제14회에 무네타카 다케시(宗高猛)가 출품한 <한양고려소청자

(도 105)
〈채유포도문존식화병〉
이시노리야 우잔 작
1933년
일본근대미술공예전람회

(도 106)
〈한락요청자나전화병〉
이와미야 쇼유베에 작
제14회
조선미술전람회(1935)

다보탑향로(漢陽高麗燒靑磁多寶塔香爐)〉
(도 97)가 제10회 제전에 출품된 시미즈 로쿠
베이(淸水六兵衛)의 〈도제다보탑향로(陶製
多寶塔香爐)〉(도 104-2)와 작명 및 조형에
서 매우 유사하여 대표적인 예로 들 수 있
다. 비록 향을 피우는 몸체는 무네타카의 경
우 국화문청자(혹은 인화분청사기)이고, 시
미즈는 일본 전통의 다보탑 형식으로 구성
되었지만, 전체 분위기는 매우 흡사하다. 또
한 충남 부여의 탑을 소재로 제작되었을 가
능성이 있는 〈고려청자충남부여평제탑(高麗
靑磁忠南扶餘平濟塔)〉(스기미즈 타케에몬,
제15회) 역시 청자라는 점을 제외하면, 앞
서 살핀 시미즈 로쿠베이의 작품이나 일본
의 전통 탑을 연상하는 작품인 〈탑〉(伊東
陶山, 제9회 제전), 일본 근대 도예가인 시
미주 로쿠와(淸水六和)의 〈삼채삼중탑향로
(三彩三中塔香爐)〉(1914년) 등과 양식적으
로 상당히 유사함을 알 수 있다(도 104-1,
104-2).

한편 1933년부터 약 10년간 덕수궁 석조
전에서 개최된 〈일본근대미술공예전람회〉
는 일반 대중들에게 일본 근대 공예의 흐름
을 인식할 수 좋은 기회였다. 이 전람회는
10년이라는 장기간 동안 전시가 이어진 것
도 매우 이례적이었을 뿐 아니라 당대 이름

있는 일본 근대 도예가들의 작품이 다수 소개되고, 이후 전시도록인『이
왕가덕수궁진열일본미술품도록』(1938년)이 발간될 만큼 관심도가 컸
다.[257]. 조선미전 공예부는 이 전람회가 개최되는 동안 실질적인 영향을
받았을 것으로 보이며, 특히 출품자들에게 직·간접적인 영향을 미쳤을
것으로 보인다. <일본근대미술공예전람회>에 참여했던 이시노리야 우
잔(石野龍山)의 <채유포도문존식화병(彩釉葡萄文尊式花甁)>이 제14
회 조선미전에 입상한 이와미야 쇼우베에(岩宮庄兵衛)의 <한락요청자
나전화병(閑樂窯靑磁螺鈿花甁)>과 양식상 매우 흡사하다는 점은 두 전
람회의 상관관계를 짐작할 수 있는 좋은 예이다(도 105, 106).

5. 제작의 한계와 이에 따른 영향

  일제강점기 도자제작의 전반적인 양상은 재한일본인들의 산업도자
생산성이 확장되는 대신 미술공예의 분화가 정체되고 조선인들의 생산
참여의지는 나약해져 있었다. 그 가운데서도 한국 전통 도자공예의 본질
을 위협한 재현청자 제작에 따른 병폐는 근대화된 미술공예로의 발전을
원천적으로 저해하며 엄청난 파장을 불러일으켰다. 전통도자에 대한 인
식이 결여된 재현문화는 창조적인 계승과는 거리가 멀었고 오히려 상술
(商術)을 위해 전통을 이용한 재현사업이 발단이 되어 양식상의 변질이
불가피했다. 뿐만 아니라 이로 인해 해방 이후 한국 전통도예계가 쇠퇴
와 단절로부터 소생과 회복의 과정에 이르는데 상당한 시간을 요구하게
만들었다.
  더욱이 일본의 청자 애호는 비단 여기서 그치지 않고 이 시기 전람회

---

257) 李王職,『李王職美術館要覽』(1938), 1∼6쪽.

의 주도양식으로 부각되면서 창작도예의 태동에도 악영향을 미쳤다. 대표적인 창작 전람회인 조선미전의 출품작들조차 미술공예로 진입하지 못해 진부한 전통양식에서 벗어나지 못했다. 조선미전이 이 시기를 대표하는 미술정책의 대표 표상이었던 점을 감안한다면 결과적으로 일제의 문화정치가 근대 미술공예의 발전 및 단절의 원천이었다고 볼 수 있다. 따라서 이 시기는 개인 기량과 자질을 함량할 수 있는 예술공간을 쉽게 찾아보기 힘들며, 이러한 현실은 결국 도자공예에 있어 작가로서의 의식 결여와 장르의 다양성을 구현해내지 못했음은 물론 세계문화교류로부터 한없이 멀어지게 하였다.

더불어 산업적 병폐도 이에 못지않았다. 조선조까지 생산이 이어져 온 백자는 개항이후 밀려던 왜사기와 각종 수입자기에 의해 쇠락이 불가피했으며, 이러한 상황은 강점 직전까지 이어졌고 이후의 제조실태도 크게 달라지지 않으면서 오히려 악화되었다. 결국 백자는 일제의 왜사기 수입정책과 산업자기 증진으로 인해 비주류품으로 전락했다.

그러나 요업은 조선총독부의 공업정책으로 말미암아 주요 권업 대상이었다. 일제는 식민지 조선을 상대로 요업과 관련한 각종 이권을 부여받을 수 있다고 판단하여 일찍부터 이 분야의 개발의지를 표명했다. 일제가 강점 초기부터 도토 연구조사에 착수하여 일본 유출에 관여했고, 재한일본인과 일본인 실업가를 대상으로 제조공정과 유통 등에 지원한 점 등은 이와 관련한 사업구도였다. 총독부의 시행정책에 따라 조선의 요업도 직·간접적인 영향을 받았다. 비록 일본과 비교할 수 없을 만큼 미비한 자본과 기술 지원으로 가시적인 효과를 거두기에 많은 한계가 있었지만 이를 바탕으로 근대화에 일보 다가갈 수 있었다. 그런데 여기서 주목해야 하는 것은 이러한 보급책이 어떤 분야에 적용되었고 기술의 질적 수준은 어느 정도였으며, 또한 해방 이후 어떠한 형태로 계승되었는지에 관한 부분이다.

먼저 보급책에 대한 논의는 식민통치의 기본 개념에서 그 답을 찾을 수 있다. 본질적으로 일본 식민지주의(colonialism)는 모든 정책의 궁극적인 목적을 침략과 수탈을 통한 개발 및 성과로 기대했기 때문에, 조선 경제의 회복과 자본시장의 활성화는 필수적이었다.[258] 따라서 일제가 식민지 개발 차원에서 추진시킨 다양한 도자정책들은 표면상 요업 성장을 양적으로 팽창시킬 수 있었다. 그런데 여기서 언급하는 양적 팽창이란 통계적 수치에 불과하여 조선요업에 발전적인 영향을 크게 미치지 못했다.

둘째, 기술에 따른 문제는 양국의 불평등한 지원으로 제작장 간의 격차를 점차 심화시켰다. 일제는 서구의 첨단기술들을 적극 도입하여 도자 제작 전반에 근대화를 추진한 것이 사실이지만 기술력 파급에 있어서는 입장차를 분명히 했다. 이를테면 조선인들에 대한 기술지원은 정부 기구와 단체들을 통해 제공받았으나, 산업도자, 내화물 등과 같이 첨단 기술이 요구되는 분야보다 옹기, 도기, 전통도자 분야에 한정되었다. 또한 실무 능력을 갖춘 조선인에 대한 지원도 그다지 호의적이지 못했고 이외 원료 구입, 판매 유통 등에서도 통제하거나 차별하였다. 따라서 조선인의 요업활동은 고급원료 사용에 따른 제약과 최첨단 기술 수용 등의 한계를 극복하지 못해, 재한일본인과의 제조능력은 물론 수입자기와의 경쟁력에서 크게 뒤질 수밖에 없었다.

셋째, 해방 이후의 요업 실태는 이전 시기인 일제강점기와 밀접한 개연성을 갖는다. 이를테면 기계화된 생산 공정의 도입과 전문 기술진 배출에 취약해 다품종 고품질의 개발에 뒤처졌던 강점기 요업 실태는 해방 이후에도 일정 기간 유지되었다. 여기에 해방 후 얼마 지나지 않아 한국전쟁을 겪으면서 일제강점기에 형성된 남, 북한 요업사정과 구조체제가 크게 전환되었다. 실제 강점기의 남한과 북한 요업 실적은 생산 전반에

---

258) 李大根, 『解放後 1950年代의 經濟』(삼성경제연구소, 2002), 42쪽.

많은 차이를 보이며 성장세를 달리했다. 불균형적인 격차는 북한이 남한에 비해 매우 풍부한 요업원료를 보유하고 있었던 환경적 요인에서 가장 크게 비롯되었다. 또한 북한은 평양, 진남포, 원산 등 최대 공업도시가 분포되어 있었고, 항만지의 도자기 수요공급 물량 또한 남한에 비해 현저하게 우수했던 점도 주요 요인으로 지적된다.[259] 더욱이 북한의 요업 활동은 인접국가인 만주, 중국과의 도자기무역으로도 적지 않은 성과를 거두어, 남한에 비해 전반적으로 활성화되어 있었다. <표 19 >에서와 같이, 1940년을 기준으로 북한 요업 총 생산액은 남한 생산액의 대략 4배에 해당될 정도여서 전술한 내용을 뒷받침해 준다.[260]

남·북한이 처한 생산성의 격차는 분단 이후의 요업 기반을 완전히 분할하다시피 했다.[261] 즉 1960년대의 요업은 유사 산업과의 교류가 단절되면서 독자적인 재건도 순조롭지 못했다.[262] 이외에도 교육환경이 개선되지 못해 전문 기술진의 육성은 여전히 미흡했다. 무엇보다 이전과는 달리 요업이 주류 산업에서 벗어났던 시기적 상황이 가장 큰 변수였다.

<표 19> 남·북한 요업생산액 비교 -1940년 생산액 기준-

구분	남한		북한		합계	
요업	생산액	구성비	생산액	구성비	생산액	구성비
	8.0	20.3	31.3	79.7	39.2	100.0

(단위 : 백만 圓·%)

따라서 종전 이후에도 한국 요업은 일제강점기에 이어 새로운 재난기를 맞으면서 극심한 원료 및 인력난에 시달리며 부진을 면치 못했다. 결

259) 朝鮮銀行 編, 『朝鮮經濟年報』(朝鮮銀行, 1948) 참조.
260) 尹明憲·河合和男(앞의 책), 85쪽.
261) 朝鮮總督府, 『朝鮮經濟年報』(1948), 1~101쪽.
262) 李大根(앞의 책), 38~41쪽.

국 분단 이후 현대화된 요업 성장기를 맞이하기까지는 대략 10여 년간
의 준비기간이 소요된 것으로 조사된다.

종합해 보면, 해방 이후의 요업계는 식민치하에서 형성된 의존적이면
서 수용적인 구조체제들을 청산하고 한편으로는 과학적 연구를 기반으
로 새롭게 자립할 수 있는 기회를 맞았다. 그러나 곧이어 발발한 한국전
쟁은 다시 한번 걸림돌로 작용하였고, 오히려 종전 이후 재건을 위해 상
당한 시간과 노력이 요구되었지만 요업에 관한 투자의지가 예전 같지 않
아 성장속도는 지체되었다. 그것은 과거 일본이 만주를 점령했을 당시
각종 연구기관을 통해 이룩한 연구 성과들을 전후 시기 중국이 흡수하고
이를 각종 공업에 접목하여 기여하게 한 사실과는 매우 차별된다.

이상에서 살펴 본 바와 같이, 식민 치하의 여러 도자정책들은 근대
산업화를 위한 도약과 근대공예문화의 기틀을 근본적으로 차단시켰고,
이후 시기는 한반도가 처한 상황으로 새로운 한계에 봉착하도록 유도하
거나 한계를 드러내게 하였다. 더불어 근대기에 형성된 여러 문제들은
현대도예계의 고질적 현안들, 이를테면 전통의 단절과 공예 개념의 본질
여부 등과도 깊이 결부되어 많은 문제를 파생시켰다. 특히 이 시기에 상
실된 한국 도자의 정체성은 현대도예의 성장과정에 뿌리 깊게 잔재하고
있음을 재현청자사업과 조선미전 등을 근거로 재확인할 수 있었다.

본서에서는 이 문제를 극복할 수 있는 대안을 모색하기 위해 일제강
점기에 형성된 도자문화의 본질적인 문제를 재조명하고자 한다. 대표적
으로 전통자기의 재현문화는 현재까지도 주요과제로 다루어져 필자는
이 문제에 초점 맞추었다.

일제는 그들의 선호도에 따라 전통 위주의 도자문화를 관장하였지만,
이러한 문화기반은 식민지국을 통해 이루어져 왜곡과 변질이 불가피했
다. 또한 구조적으로 일본문화에 대한 무조건적인 수용과 모방이 일반화
되어, 도자는 전통은 물론 미술공예로의 발전 기회를 상실하고 말았다.

따라서 해방 이후에는 식민지기에 형성된 도자 장르의 회복을 위해 탈근대적 상황을 극복하면서 일정한 역할을 확보하기 위한 다각적인 접근과 노력이 필수적으로 요구되었다. 그러나 이전과 다른 전통도자공예의 틀이 형성되지 않은 채 현대도예가 태동하면서 전통과 현대의 대립이 시작되었다. 즉 해방 이후에도 여전히 식민구조체제의 관행이 남아있는 가운데 대한민국정부 수립 이후 서구문화의 여과 없는 유입 및 수용 그리고 전통 도자기 기술자와 대학교육 이수자 간에 형성된 불협화음은 새로운 도예문화 창출과 전통성 유지에 적지 않은 혼란을 불러일으켰다.

이와 같은 문제의 해결을 위해 식민지적 근대화 과정에서 발생된 모순점에 대한 올바른 시각이 필요하다. 근대기의 전통도자는 일본의 애완적(愛玩的)이거나 고고취미적 대상으로 취급되면서 진보하지 못했다. 또한 미술공예는 인식이 결여된 작가정신과 작품성을 배양했으며, 도자산업 역시 일본 경제에 종속되어 편입된 식민지적 공업화로 귀결되었다.[263]

특히 현대공예의 발생 배경 가운데 가장 극단적인 모순은 일제강점기에 형성된 전통도예와 미술공예의 대립에서 비롯된다. 우선 전통도예는 1960년대 이후 이천을 중심으로 전통의 맥이 이어졌지만 다방면에서 발전적이지 못했다. 소비자층의 전통성에 대한 외면과 몰이해는 전승도예계를 침체시킨 근본 원인이었다. 따라서 올바른 전통을 계승하기 위해서는 과거의 답습이 아니라 고유성을 기반으로 재창조되어야 한다는 취지가 확고해야 할 것이다. 창조성이 깃든 계승과 발전을 위해서는 한국 전통도자의 조형성에 대한 정확한 분석과 이해가 반드시 동반되어야 한다.

한편 의도된 표현을 형상화하는 현대도예는 획일적인 양상이 점차 두드러지는 추세다. 현대도예의 조형관이 서구의 근, 현대 미술 및 공예에

---

263) 강진아, 「제국주의시대와 동아시아의 경제적 근대화 : 식민지 근대화론의 재고와 전망」, 『역사학보』(역사학회, 2007), 395~396쪽.

서 비롯된 일면이 크다보니 도자기가 지닌 본질과 정체성은 혼란스러울 수밖에 없다. 때문에 도자기의 역할과 기능 나아가 조형예술적 작가의식이 절실하게 요구된다.

무엇보다 장르별 문제 이외에도 전통과 현대도예가의 공존공영(共存共榮)을 위한 상호존중이 수반되지 않고서는 한국 도예의 정체성 회복은 요원할 것이다. 더불어 이러한 문제들을 능동적으로 극복할 수 있는 고유한 문화적, 산업적 기틀을 마련하는 일이 무엇보다 시급한 때에 와 있다.

V. 결론

　지금까지 일제식민지라는 특수한 역사적 상황에서 식민통치기구가 주도한 도자공예정책이 기반이 되어 형성된 대표적인 제작 구조에 대해 고찰하였다. 이 연구는 식민통치를 담당했던 권력기구인 조선총독부와 이왕직의 관련 정책뿐만 아니라 재한일본실업가와 일본 기업들의 요업 활동이 이 시기 도자문화와 도자산업에 주도적인 역할을 했다는 점에 주목하여 시도되었다. 따라서 본 연구를 통해 살펴 본 내용은 일제강점기에 시행된 도자정책으로 새롭게 등장한 제작 실태와 교육, 연구 활동 등의 제반 현상들은 물론 이후 시기와의 유기적인 관계에 대해서도 일부분 담고 있다.

　본서에서 다룬 연구내용을 정리하면 다음과 같다. 우선 일제강점기에는 식민공업화와 문화정치의 실현이라는 대명제 하에 다각적인 도자정책들이 시기와 목적에 따라 매우 체계적이고 구체적으로 시행되었다. 따라서 시기적인 특수성을 반영한다면 식민통치기구에서 시행된 도자관련 정책에 관한 고찰은 당시의 제작구조 및 도자양식을 고찰하기 위해 선행되어야 할 필수과제라고 볼 수 있다.[1] 특히 조선총독부 상공과 부속 중앙시험소는 조선의 공예 및 공업에 관한 연구조사를 대표하는 기관이었기 때문에 이 기관에 대한 분석은 면밀하기 이루어져야 할 것이다. 필자는 도자관련 사무를 담당했던 중앙시험소 요업부의 활동을 구체적으로 조사하기 위해 일제 36년을 총 4기로 구분하여 분석했다.

---

1) 엄승희, 「일제강점기 관립 중앙시험소의 도자정책 연구」, 『미술사학연구』(한국미술사학회, 2010), 143쪽.

먼저 1기인 1910년대는 일본의 경제사정과 「조선회사령」 등에 따라 새로운 요업활동이 전개되지 못하여, 주요 업무는 요업에 관한 기초조사에 치중되었다. 구체적인 조사내역은 조선의 대표 원료산지를 파악하여 산출원료를 분석했으며 이와 더불어 도자산업의 성장속도와 분포를 파악하기 위한 목적으로 도자기 산지의 실태조사를 병행했다. 당시의 조사 성과들은 차후 조선요업의 기득권 확보에 기여하는 결정적인 요인이 되었다.

2기는 1920년대로 「조선회사령」의 폐지와 일본자본의 조선 진출이 일보 확대되면서 요업부 업무가 전 시기에 비해 좀 더 광범위해졌다. 우선적으로는 일본 투자자들과의 교류협력이 추진되었으며, 다른 한편으로는 민수제조업으로서 도자산업을 권장하고 지방산지의 생산촉진을 위해 시험소 기술진을 지방가마에 파견하는 제도를 일부분 도입했다. 또한 20년대 후반에 이르면 열악한 민수업체들의 생산성을 제고시키기 위한 조치로 도자기공동작업장과 도자기조합을 설립시켜 지방 요업활동을 지원했다. 그러나 원료조사 및 연구가 이전에 비해 활발해지면서 일본으로의 유출 규모도 점차 커졌다.

3기로 분류되는 1930년대는 식민공업의 최고 성장기를 맞이한 만큼 요업에서도 눈이 띠는 성과를 보였다. 그러나 30년대 초부터 만주사변을 시작으로 한 일본의 참전(參戰)은 조선과 일본을 시국전시체제로 전환시켜 상공업계에 악영향과 병폐를 점진적으로 속출시켰다. 요업계에서는 대표적으로 조선의 각종 원료들이 일제의 침탈로 거의 고갈되었고, 전시(戰時)에 강제 징용된 인력으로 기술진의 부재난도 심각했다.

그러나 1930년대는 이전에 없던 주목할 만한 변화도 있었는데, 도자기의 해외수출 증대와 지방 특산품 개발의 촉진이 그것이다. 그러나 전반적인 요업 실태는 1937년에 시작된 중일전쟁이 장기화되고 전황(戰況)이 본격적으로 악화되기 시작한 30년대 후반부를 기점으로 급격하게 쇠락했다. 시험소는 당시의 위기상황을 모면하기 위한 방편으로 공동작업장의 지원과 개량실지지도를 확대하여 조선 요업의 회생에 기여했지만 역부족이었다. 이러한 가운데 총독부는 무기 생산을 촉진하기 위해 범국가적으로 유기를 공출하고 이를 대신하여 사용할 도자제 개발을 권장했다. 요업부는 유기 대용품으로 사용할 수 있는 도기용품 연구 및 제조에 전격 착수했다.

4기인 1940년부터 해방 년까지는 요업계의 급쇠락으로 일본 종사자들의 자진 귀국이 속출했고, 전국의 주요 공장들은 일부를 제외하고는 대부분 사라졌으며 지방가마들 역시 휴·폐업에 들어갔다. 그럼에도 총독부는 잔존하는 일본자본을 활용하여 패전위기에 놓여있던 자국에 보탬이 될 수 있는 현안들을 중점 논의했다. 총독부의 시책에 따라 요업부의 주된 사무는 군수물자에 필요한 자본조달을 확보할 수 있는 수출품 제작에 집중되었다. 또한 원료 고갈에 따른 대책 방안도 해방이 가까워지는 시점까지 계속해서 논의되었다.

그럼에도 1940년대의 시험소는 대다수 연구진과 기술진들이 자국으로 귀환하여 운영이 대폭 축소된 상태여서 논의된 자구책들이 실제 이행된 경우가 드물었다. 이상의 내용들을 종합해 보면 시험소 요업부가 총독부의 도자정책을 충실히 이행함에 따라 조선은 물론 일본 요업에 직·간접적인 영향을 미치면서 다양한 변화를 주도했음을 파악할 수 있다.

시험소와 더불어 주목해야 하는 총독부의 또 다른 방침이라면 문화정치를 주축으로 시행된 일련의 도자정책들이다. 예컨대 총독부는 전람회 정책을 활용하여 도자공예 인식의 전환을 유도했으며, 한국 문화재를 보호한다는 명분 아래 도요지 발굴조사사업을 실시했다. 이외에도 도자기술교육의 확대와 교육기관들과의 교류협력 등도 총독부가 이 시기에 전개한 주요 도자관련 정책으로 간주된다.

한편 식민사업과 문화정치로 귀결되는 조선총독부의 정책과는 달리 이왕직은 전통도자문화의 복원과 계승, 보존과 발굴수집 등을 표방한 문화사업에 전념했다. 이왕직은 실질적으로 총독부의 통제 하에 있었지만 구 궁내부의 기능과 역할을 담당한 독립된 왕실기구였다. 따라서 이왕직은 조선총독부에 못지않은 자발적인 사업을 전개시켜 나갔다. 특히 박물관 업무를 관장하면서부터 한국 도자사 연구에도 일부분 참여했다. 이왕가박물관의 도자기 소장과 연구는 설립년인 1908년부터 시작되었으며, 이후의 소장규모는 1932년에 발간된 『이왕가박물관소장품사진첩-도자기부』을 통해 대외적으로 알려졌다. 그리고 이 도록을 통해 이왕가박물관 소장 유물 가운데 국보급 고려청자가 상당수 소장되었음이 확인된다.

더불어 이왕직은 1910년대 이왕직미술품제작소를 직영함으로써 전통공예 복원사업을 추진했다. 그 가운데 전통자기의 재현은 10년대 중반경에 신설된 도자부에 의해 이루어졌다. 그러나 일제 지배 하의 미술품제작소는 고유한 전통미를 되살리고 발전시키려던 취지에 근접하지 못한 채 전승식의 진부한 답습을 비롯하여 외래양식의 수용이 현저했고, 기술력 또한 동 시기 일본인 청자공장에도 못 미치는 듯 했다. 이에 따라 비원자기(秘苑磁器)로 명명된 일련의 재현청자는 당시 언론에서 극찬한 품격과는 다소 거리가 있다.

그런데 미술품제작소의 제작 양상은 동종(同種) 민수업계에도 영향을 미치고 있어 그 존재가치에 대한 위상이 짐작된다. 이를테면 수구적 성향이 잔존하던 조선 사기장들은 전통에 대한 이해와 인식부족으로 이와 같은 조류를 무비판적으로 수용했다. 이후 1920년대에 이르러 미술품제작소가 일본인에게 매도되면서 더욱 일본적 취향이 강해져, 더 이상 전승공예문화의 복원에 따른 성과를 이루어 내지 못했음은 물론 전통성 혼란에 따른 폐단만을 남겼다.

이상에서 정리한 조선총독부와 이왕직의 대표 도자정책들은 제작 전반에 파급되면서 다양한 양상을 드러냈다. 먼저 일제는 조선조의 대표

기명인 백자의 몰락을 방관하면서 산업자기 생산을 촉진하고 왜사기 수입량을 극대화했다. 그것은 일제가 의도적으로 조선 전통 도자문화를 단절시키기 위해 백자 생산을 저해하고 식민공업정책상 국익이 될 수 있는 품종 생산에 주력하기 위해서였다.

물론 일제는 수입자기 수요의 증가로 인해 조선백자의 존속이 위태롭게 되자 시기적절한 복원의지를 내비쳤다. 그러나 실제 일제로부터 지원책이 미친 부분은 극히 희소하여 전반적인 생산상의 변화를 가져다주지 못했다. 그나마 조선 관요의 잔흔이 남아있던 경기도 분원과 여주 일원, 전남 고창과 목포 등의 몇몇 주요 산지만이 총독부의 지원이 미쳤으며, 이들 대부분도 일회성 혹은 목적성 지원에 불과했다. 열악한 백자 생산지의 요업실정에 따라, 생산품은 조악한 생활 잡기들이 대부분이었고 상품경쟁력에 있어서는 최하층민들이 사용하던 상사기와 대등할 정도였다.

반면 근대 요업의 변혁물로 인식되는 산업자기는 일제강점기에 접어들어 본격적으로 생산되기 시작했다. 그러나 규모 있는 산업자기 공장은 대부분 일본인이 운영하거나 한일 합자(合資)로 경영되었기 때문에, 이 분야는 일본의 고유사업으로 간주될 만 했다. 조선인에 의해 운영된 공장은 1910년대에 잠시 운영되었던 평양자기주식회사를 제외하면 1940년대에 접어들기까지 온전하게 운영된 예가 그리 많지 않았던 것이다. 이처럼 산업자기의 조선인 생산 점유율이 희박했던 것은 제조기술과 원료 공급 등의 총체적 역량이 절대적으로 부족했기 때문이다. 이에 반해 일제는 조선에 진출해 있던 일본 실업가들에게 긍지를 갖게 하고 정착률을 높이며 능률을 향상시키기 위해 기술과 원료공급 지원을 아끼지 않았고, 조선기업과의 경쟁에서 우위적 입장을 취할 수 있도록 배려했다.

그런데 일제강점기의 산업자기는 생산 주체를 단지 일본에게 이향하는 문제에 국한시키지 않았다. 산업자기가 생활필수품으로 자리매김하

면서 조선인들의 선호가 상당해졌기 때문이다. 이는 결과적으로 조선백
자의 질과 수요층을 더욱 격하시키면서 감소시키는 원인이었고 나아가
백자문화를 소실시키는 작용을 하였다. 이러한 상황의 반작용으로 다른
한편에서는 옹기와 도기, 상사기 등이 하층민을 중심으로 수요가 확대되
었다. 일제의 제약이 느슨하고 제조여건이 백자에 비해 한층 수월했던
이들 공유품은 생산 주체가 대부분 조선인이었다. 특히 1930년대 중반
에 개정된 「주세령(酒稅令)」으로 인해 주조업계가 비대해지자 도기주병
은 생산량이 동반 폭증하면서 주요 요업품으로 취급되었다. 당시 시험소
요업부의 기술 인력들이 각종 도기(옹기)에 관한 개량실지지도를 실시했
던 것은 이와 같은 추이가 반영된 결과다.

이처럼 일제강점기는 백자와 산업자기 그리고 옹기와 상사기 등이 시
장경제성과 선호도, 정치상황 등에 부합되어 생산의 성쇠를 결정지었다.
그런데 이 시기는 이상의 기종들과 구별되는 새로운 도자영역이 출현했
으니, 이것이 곧 재현청자와 창작도예였다. 비록 새로운 장르의 출현으
로 올바른 도자문화가 형성되어 비약적으로 발전했다고 평가할 수 없지
만, 감상과 표현중심 위주의 도자영역이 새롭게 전개된 것은 분명했다.
우선 재현청자는 19세기 말엽 개성과 강화도 일대의 고려고분의 발굴과
함께 세상에 빛을 발한 고려청자로 인해 제작이 시작되었다. 즉 고려청
자가 세간의 관심대상이 되면서 재한일본인들은 청자재현사업을 발족하
였고 이로 인해 다양한 전통자기들이 전격 생산될 수 있었다. 그러나 최
초로 청자사업을 주도했던 일본인들은 청자 본연의 고유성을 복원하겠
다는 의지를 뒤로 한 채, 실제로는 고급 일본 수요층과 관광객을 겨냥해
폭리를 취하는 이권사업으로 성장시켰다.

고려청자에 대한 애호심은 메이지 초기 일본열도를 강타한 고고취미
열풍과 부합되었기 때문에 재현청자의 시장성은 충분했다. 이처럼 상업
적인 요인이 강하게 반영된 청자사업은 일본 구매자들의 요구조건에 부

합하는 제작이 필수여서 전통을 표방한 일본풍 청자는 날로 양산(量産)
되었다. 따라서 이 시기의 도자재현문화는 복원을 통한 계승과 신제품
개발에 도달하지 못하고 변질과 진부한 전통양식을 답습시키는 관행만
을 남겼다.

이처럼 그릇된 문화는 문화정치의 소산이었던 <조선미술전람회>의
창작도예 형성과정에도 지대한 영향을 미쳤다. 창작도예는 전람회와 박
람회 개최가 빈번하던 1920년대에 그 틀이 일부분 형성되었지만, 1932
년 조선미전 공예부의 신설을 통해 본격화되었다. 그런데 조선미전의 출
품경향은 이전부터 만연하던 전승계열이 압도적이었다. 재현청자는 이
시기에 개최된 대부분의 전시회를 석권하면서 최고의 입지를 유지했는
데, 그러한 풍토가 조선미전에서도 예외적이지 않았다. 다시 말해 최상
의 미술공예품으로 평가받은 조선미전 출품작의 대부분은 전통자기들이
차지했으며, 이외에도 전통식에 외래 양식을 접목한 국적불명의 작품들
과 일본 관전 모방작이 일부 출품되었다.

그 결과 조선미전을 통해서는 새로운 도예 장르의 수용과 개발이 전
혀 이루어지지 못했다. 따라서 일제강점기에 새롭게 등장한 재현청자와
창작도예는 전통에 대한 정체성을 상실시키는 결과만을 남겼고, 당시에
형성된 도자문화는 해방 이후 공간에서도 잔존하며 전통도자 계승 및 발
전에 혼란을 야기했다.

이상과 같이 본서에서는 일제강점기의 도자정책들을 집중 분석하여
제작 전반에 나타난 구조의 특징적 양상을 고찰하였다. 그럼에도 분원
민영화로부터 비롯된 조선백자의 침체국면과 강점시기의 지방가마 운영
실태 및 수입자기의 전반적 추이 등에 대해서는 심층적으로 다루지 못하
는 아쉬움을 남겼다. 그러나 필자는 연구된 내용을 통해 시대적 한계를
뛰어 넘을 수 없었던 일제강점기의 도자공예가 근세로부터 현대로 이행
되는 과정에서 산파역할을 도맡았고, 이 당시에 형성된 문화가 해방 이

후 친일 세력이 여전히 정권을 장악하면서 제대로 청산되지 못했음은 물론 친미 사대주의 정권이 수립되면서(1948년) 서구의 문화를 여과 없이 수용한데서 비롯된 여러 문제들과 유기적 상관관계에 놓여있음을 파악할 수 있었다. 특히 한국 근대기의 요업 전반에 나타난 다양한 측면들을 고찰하지 않고서는 일제 강점 당시 형성된 관행들을 제대로 인식할 수 없다는 사실도 분명해졌다. 이러한 점에서 일제강점기 도자문화의 정체성을 밝힌 본 연구는 이 시기 도자 흐름의 변화과정과 특징을 올바르게 이해하는 것은 물론 해방 이후에 남아있는 식민문화의 잔재를 청산하여 회복하는데 일부분 기여할 것이다.

〈표 20〉 1909년 도자기업 분포

도별	所數	窯數	직공수	1개년간 製產額	郡數	1개년천원이상 製產郡				1개년오백원이상 製產郡				
						窯數	직공수	1개년 제산액	郡名	郡數	窯數	직공수	1개년 製產額	郡名
경기도	45	205	218	19,663	4	144	159	17,195	광주, 양평, 저성, 죽산	4	54	52	13,960	양평, 저성,
충청북도	42	109	185	10,212	2	5	21	4,155	회인, 청풍	36	6	24	4,755	회인, 청풍
충청남도	41	—	—	10,763	3	—	—	5,580	덕산, 공주, 대흥	8	—	—	3,720	예산, 신창, 대흥 등
전라북도	20	29	119	11,650	4	20	94	9,350	임실, 금구, 익산, 고창	1	11	63	7,700	임실, 금구.익산, 고창
전라남도	15	21	93	2,810	1	5	22	1,500	곡성	15	2	12	800	곡성
경상북도	82	166	280	28,534	10	90	136	19,355	선산, 자인, 청도, 현풍, 금산 등	10	55	76	14,181	대구, 선산, 자인, 영천, 금산 등
경상남도	29	58	143	17,440	6	43	109	13,440	산청, 언양, 감해 등	1	21	84	11,930	삼가, 창원, 언양, 감해 등
황해도	60	125	229	11,373	5	84	129	7,690	풍산, 평산, 장인, 신계 등	4	1	7	1,400	재령

‖ 표 ‖

도									양구					양구
강원도	14	83	141	3,691	1	72	110	2,731		13	72	110	2,931	
평안남도	50	—	318	18,599	6	—	264	15,139	개천, 강서, 성천, 평양, 덕천, 강동 등	12	—	183	13,147	개천, 강서, 성천, 평양, 덕천, 강동 등
평안북도	81	90	372	26,505	8	63	255	22,720	귀성, 금천, 자성, 태천 등	12	17	97	13,960	귀성, 금천, 자성, 태천 등
함경남도	89	110	212	10,964	5	79	161	8,313	함흥, 안변, 홍원, 북청	4	9	24	2,244	함흥, 안변, 홍원, 북청
함경북도	—	—	—	—	—	—	—	—	—	—	—	—	—	—
합계	566	—	—	172,206	55	—	—	127,888	—	81	—	—	90,528	52

(단위 : 圓)

* 출처 : 「工業傳習所報告書」 第1回(農商工部, 1909)

표 359

〈표 21〉 도자기 輸移入 港別 産額 -1913~1914-

港別	數 量			價 額		
	1913	1914	增減	1913	1914	增減
인천	—	—	—	78,090	92,395	(−) 14,305
부산	—	—	—	135,250	152,401	(−) 18,151
원산	—	—	—	21,230	32,105	(−) 10,875
진남포	—	—	—	15,422	18,854	(−) 3,432
경성	—	—	—	26,872	22,929	(+) 3,943
군산	—	—	—	29,825	23,955	(+) 5,870
목포	—	—	—	25,117	27,889	(−) 2,772
대구	—	—	—	13,088	13,368	(−) 280
마산·진해	—	—	—	9,137	11,287	(−) 2,150
청진	—	—	—	14,818	21,001	(−) 6,183
성진	—	—	—	5,421	5,417	(+) 14
신의주·용암포	—	—	—	10,727	8,824	(+) 1,903
평양	—	—	—	28,865	37,252	(−) 8,387
합계	—	—	—	413,872	468,677	(−) 54,805

(단위 : 圓)

〈표 22〉 도자기 輸移入 國別 産額 -1913~1914-

國名	數 量			價 額		
	1913	1914	增減	1913	1914	增減
일본	—	—	—	400,512	452,313	(−) 52,801
중국	—	—	—	10,825	7,119	(+) 3,706
기타	—	—	—	2,535	8,245	(−) 5,710
합계	—	—	—	413,872	468,677	(−) 54,805

(단위 : 圓)

〈표 23〉 도자기 需給狀況 -1911~1929-

연도	도자기 생산액	옹기 생산액	토관 생산액	총산액	도자기 移輸入額	도자기 移輸出額	朝鮮 需要額
1911	36,9,548	132,825	641,803	1,145,176	483,578	—	1,628,754
1912	389,239	292,813	511,958	1,194,010	566,881	—	1,760,891
1913	371,134	278,479	735,703	1,384,694	468,677	—	1,853,371
1914	412,647	294,573	673,703	1,380,923	413,872	—	1,794,795
1915	466,260	326,415	553,218	1,345,893	397,212	—	1,743,105
1916	527,191	324,141	35,623	882,955	570,239	—	1,453,194
1917	799,831	438,984	61,433	1,300,248	649,536	—	1,949,784
1918	1,371,108	838,581	107,751	2,317,440	875,804	—	3,193,784
1919	2,869,043	961,729	313,095	4,143,867	1,519,262	—	5,663,129
1920	2,931,064	876,465	272,013	4,079,542	1,374,485	—	5,454,027
1921	3,227,986	875,551	343,425	4,446,962	1,328,505	—	5,785,467
1922	3,648,867	878,073	323,685	4,850,625	1,585,422	—	6,436,047
1923	2,894,061	1,323,263	199,990	4,417,314	1,832,641	275,390	5,774,565
1924	2,894,061	1,178,000	297,717	4,439,199	1,839,776	621,466	5,657,509
1925	3,101,130	1,118,693	202,884	4,422,707	2,250,016	738,556	5,934,167
1926	2,681,989	1,304,692	268,224	4,254,905	2,442,838	441,325	6,256,418
1927	2,436,928	1,284,054	346,876	4,067,858	2,420,960	540,792	6,038,026
1928	2,987,297	1,853,574	154,008	4,994,897	2,912,288	517,857	7,389,310
1929	2,586,432	1,808,430	138,652	4,533,513	2,922,684	547,286	6,908,911

(단위:圓)

표 361

〈표 24〉 도자기 工場數·工場主 분포 -1932년·1940년 대조표-

1. 1932년
1) 工場數

품목\지역	경기	충북	충남	전북	전남	경북	경남	황해	평북	평남	강원	함북
생활도자	20	·	17	·	5	24	8	28	3	12	5	2
옹기(도기)	·	11	7	·	·	·	·	·	·	·	·	·
食器用 도자기	·	·	1	·	·	·	·	·	·	·	·	·
家具用 도자기	·	·	·	6	9	·	·	·	·	·	·	·
합계	20	11	25	6	14	24	8	28	3	12	5	2

2) 조선인 工場主

품목\지역	경기	충북	충남	전북	전남	경북	경남	황해	평북	평남	강원	함북
일반자기	18	·	17	·	4	24	6	28	3	10	5	2
옹기(도기)	·	11	6	·	·	·	·	·	·	·	·	·
식기용 도자기	·	·	1	·	·	·	·	·	·	·	·	·
가구용 도자기	·	·	·	6	8	·	·	·	·	·	·	·
합계	18	11	24	6	12	24	6	28	3	10	5	2

3) 일본인 工場主

품목\지역	경기	충북	충남	전북	전남	경북	경남	황해	평북	평남	강원	함북
일반자기	2	·	1	·	1	·	2	·	·	2	·	·
도기	·	·	·	·	·	·	·	·	·	·	·	·
식기용 도자기												

가구용 도자기	·	·	·	·	1	·	·	·	·	·	·	·
합계	2	·	1	·	2	·	2	·	·	2	·	·

2. 1940년
1) 工場數

지역 품목	경기	충북	충남	전북	전남	경북	경남	황해	평북	평남	강원	함북
생활 도자	2	1	16	·	·	16	7	·	3	1	·	·
옹기 (도기)	38	2	4	·	1	·	7	4	·	·	·	·
食器用 도자기	·	6	·	·	7	·	·	7	·	·	3	1
家具用 도자기	·	1	·	1	·	·	1	6	·	·	·	1
합계	40	10	20	1	8	16	15	17	3	1	3	2

2) 조선인 工場主

지역 품목	경기	충북	충남	전북	전남	경북	경남	황해	평북	평남	강원	함북
일반 자기	2	1	15	·	·	16	6	·	3	·	·	·
옹기 (도기)	36	2	4	·	1	·	7	4	·	·	·	·
식기용 도자기	·	6	·	·	7	·	·	7	·	·	3	1
가구용 도자기	·	1	·	·	·	·	·	5	·	·	·	1
합계	38	10	19	·	8	16	13	16	3	·	3	2

3) 일본인 工場主

지역 품목	경기	충북	충남	전북	전남	경북	경남	황해	평북	평남	강원	함북
일반	2	·	1	·	·	·	1	·	·	1	·	·

표 363

자기											
도기	·	·	·	·	·	·	·	·	·	·	·	·
식기용 도자기	·	·	·	·	·	·	·	·	·	·	·	·
가구용 도자기	·	·	·	1	·	·	1	1	·	·	·	·
합계	2	·	1	1	·	·	2	1	·	1	·	·

〈표 25〉 중앙시험소 요업부·분석부 주요 보고서 내역 -1913~1938-

연도	내역	책임연구자	수록
1915	朝鮮こ於ケル 陶磁器原料	海福紀一	1회10호
上同	朝鮮陶磁器業調査	森勇三郎	1회11호
上同	硝子原料調査竝試驗報告第一報	小山一德	1회12호
1916	朝鮮各道こ於ケル 鑛產物分析試驗成績一覽表	中川㞌太郎·石倉昇	1회19호
上同	咸鏡北道產粘土調査報告	海福紀一	2회7호
1917	大正四年 朝鮮各道こ於ケル 鑛產物分析成績	中川㞌太郎·石倉昇	2회21호
1919	朝鮮こ於ケル新設陶磁器工場	海福紀一	3회14호
1921	石炭低溫乾餾工業調査報告	片山嵓·福本俊吉	4회1호
1926	朝鮮原料ニ依ル抔土ノ調合限界ニ就テ·鹽類溶液ニ來ル磁陶器染付法	高原知義·秋月透.	4회4호
1927	京城ニ適切ナル磁器原料及組合費	高原知義·秋月透.	9회4호
1929	咸興產陶石ヨリ磁器ノ製造	高原知義	10회9호
1931	護謨充塡劑トツテ朝鮮產粘土ノ利用試驗	石井市重郎	3회2호
1932	驪州磁器試驗	大橋武夫 ·吉田寬一郎	13회1호
上同	平壤磁器試驗	大橋武夫	上同
上同	朝鮮土器石器改良試驗	吉田寬一郎·山田勝二	上同
1934	朝鮮產窯業原料調査槪要	山崎亨	15회 號外
1935	冠岳山四近こ於ケル陶磁器原料調査	山田義雄 ·本脇祐之	16회1호
上同	咸鏡北道吉州產赤白珪石調査	미기재	上同
1936	大同陶石調査報告	미기재	16회3호
上同	黃海道甕津郡興嵋面鳳崗里產珪砂岩調査報告	山崎亨·山田義雄·本脇祐之	16회4호
上同	海州白土調査報告	미기재	上同
上同	江原道襄陽郡竹旺面三浦里產磁器土調査報告	미기재	16회7호
1937	窯業原料調査報告第八報	佐野千一·山崎亨	17회6호
上同	黃海道鳳山郡山水面こ於ケル窯業原料調査報告	山田義雄·本脇祐之	上同
上同	冠岳山長石ヲ利用セル外裝「タイル」	佐藤 功	17회10호

표 365

	ノ製造試驗(第一報)素地ニ就テ		
1938	岳山長石ヲ利用セル外裝「タイル」ノ製造試驗(第二報)素地ニ就キテ	佐藤 功	18회3호

〈표 26〉 중앙시험소 요업부 주요 改良實地指導 내역 -1931~1938-

연도	내역	해당 지역
1930	1.水甕改良實地指導 2.陶磁器ノ改良實地指導 3.驪州燒ノ改良實地指導 4.燒耐甁製造實地指導	1.경기도 시흥군, 수원군, 부천군, 연천군 2.평안남도 평양제도업조합 3.경기도 여주군 4.경기도 강화군
1931	1.水甕改良實地指導 2.平壤磁器ノ改良實地指導 3.驪州燒ノ改良實地指導 4.楊口燒ノ改良實地指導 5.燒耐甕製造實地指導	1.경기도 시흥군, 수원군, 부천군 2.평안남도 평양제도업조합 3.경기도 여주군 4.강원도 양구군 5.경기도 강화군
1932	1.驪州燒ノ改良實地指導 2.楊口燒ノ改良實地指導 3.燒耐甕製造實地指導 4.惠山燒ノ改良	1.경기도 여주군 2.강원도 양구군 3.경기도 강화군 4.함경남도 혜산군
1933	1..驪州燒ノ改良實地指導 2.楊口燒ノ改良實地指導 3.燒耐甕製造實地指導 4.惠山燒ノ改良 5.永登浦陶磁器共同作業場ノ設置	1.경기도 여주군 2.강원도 양구군 3.경기도 강화군 4.함경남도 혜산군 5.경기도 시흥군
1934	1933년과 同一	1933년과 同一
1935	1..驪州燒ノ改良實地指導 2.楊口燒ノ改良實地指導 3.燒耐甕製造實地指導 4.惠山燒ノ改良 5.永登浦陶磁器共同作業場 6.鳳山燒	1.경기도 여주군 2.강원도 양구군 3.경기도 강화군 4.함경남도 혜산군 5.경기도 시흥군 6.황해도봉산군 산수면
1936	1..驪州燒ノ改良實地指導 2.燒耐甕製造實地指導 3.永登浦陶磁器共同作業場 4.鳳山燒 5.開城高麗燒	1.경기도 여주군 2.경기도 강화군 3.경기도 시흥군 4.황해도봉산군 산수면 5.황해도 개성
1937	1936년과 同一	1936년과 同一

표 367

1938	1.燒耐甕製造實地指導	1.경기도 강화군
	2.永登浦陶磁器共同作業場	2.영등포공립보통학교
	3.鳳山燒指導	3.황해도 봉산군 신수면

〈표 27〉 중앙시험소 주요 연표

연도	주요 업무
1912	▶ 官制發布(칙령 제36호) 담당기술교원(技師 3, 書記, 技手 6) ▶ 경성부 동숭동 199번지 소재 ▶ 朝鮮總督府 勸業模範場技師 農學博士 豊永眞里가 초대소장에 임명 ▶ 경성부 명차정 소재 농상공부소관 분석시험장 사무
1913	▶ 주조시험장 사무를 繼承 ▶ 본관, 분석실, 요업시험실, 기타부속건물 준공 ▶ 분석부 설치 ▶ 官制改正(칙령 제100호) 담당기술교원(技師 3, 書記技手 4인 증원) ▶ 窯場 신축 ▶ 요업부의 도토원료조사 실시(전국 6개도의 8대 산지)
1914	▶ 전국 도자산업 실태 조사 실시, 전승도자에 대한 실험 및 조사
1915	▶ 요업부, 염직부, 응용화학부 사무개시 ▶ 중앙시험소 요업부 제1회 보고서 발간(「朝鮮の 陶磁器業調査」등 2 편) ▶ 官制改正(칙령 제65호) 공업전습소와 경성공업전문학교의 기술원들을 영입 ▶ 제1회 <試製品陳列會> 개최 ▶ <施政5週年朝鮮物産共進會>에 공업전습소와 공동 출품
1917	▶ 硝子와 법랑칠기시험실 신축
1920	▶ 硝子窯 신축, 요업시험실 증축 ▶ 工業傳習所 技師 겸 農商務 技師 공학박사 三山喜三郎이 2대 소장에 임명
1921	▶ 三山喜三郎가 요업부를 총괄 지위 ▶ 요업시험실 증축, 琺瑯窯와 耐火物專用窯 신축
1926	▶ 요업시험실 증축, 圓窯改造 ▶ 총독부의 「요업개발5개년현안」 발표와 함께 유망산지 17개 군 선정 ▶ 선정 산지에 대한 도자기개량실지지도 실시
1929	▶ 도자기공동작업장 계획안 제출, 도자기조합 설치(고창)

표 369

1931	▶ 시험소 폐소 문제 제기
1932	▶ 중앙시험소 평양 분소 설립 계획안 제출
	▶ 평양자기공동작업장, 여주자기공동작업장 신설
1934	▶ 옹기 및 도기 제조개량시험에 착수
1936	▶ 도자기원료조사 技手 증원
	▶ 도자기 및 내화물 이용시험을 위한 技手 증원
1938	▶ 공예부 설치, 수출용 도자제 개발 착수, 실지지도 확충
1939	▶ 전시 대용품 개발에 착수, 첫 시제품(高力陶器) 출시
	▶ 수출도자공예품 생산 증진을 위한 조사연구 및 개발

‖ 참고문헌 ‖

〈史料〉

『高宗實錄』, 국사편찬위원회, 1970.

『分院邊首復設節目』, 奎章閣圖書(1冊), 1874.

『分院磁器貢所節目』, 奎章閣圖書(1冊), 1894.

『純宗實錄附錄』, 국사편찬위원회, 1970.

『純宗實錄』, 국사편찬위원회, 1970.

오다 쇼조(小田省吾), 『德壽宮史』, 李王職, 1938

『昌德宮李王實記』, 李王職, 1944.

〈法令〉

- 강점 이전 -

勅令 第28號「商工業校管制」, 1899. 6. 24.

勅令 第16號「商工業校管制」, 1904. 6. 8.

勅令 第44號「大韓帝國普通學校令」, 1906. 8. 27.

學部令 第6號「普通學校令 施行規則」, 1909. 7. 10.

- 강점 이후 -

農商工部令 第50號, 1910. 4. 7.

皇室令 第34號「李王職 官制」, 1910. 12. 30.

朝鮮總督府訓勅 第354號『朝鮮總督府官報』1910. 9. 30.

朝鮮總督府勅令 第319號.『朝鮮總督府官報』, 1910. 9. 30.

朝鮮總督府訓令 第2號. 『朝鮮總督府官報』(號外), 1910. 10. 1.

朝鮮總督府訓令 第36號. 『朝鮮總督府官報』, 1912. 4. 1.

朝鮮總督府訓令 第65號. 『朝鮮總督府官報』, 1912. 4. 1.

朝鮮總督府訓令 第26號. 『朝鮮總督府官報』(號外), 1915. 5. 1.

朝鮮總督府訓令 第30號. 『朝鮮總督府官報』(號外), 1919. 8. 20.

朝鮮總督府令 第94號, 『朝鮮總督府官報』, 1930. 11. 19.

朝鮮總督府訓令 第34號. 『朝鮮總督府官報』, 1932. 6. 1.

朝鮮總督府訓令 第46號, 『朝鮮總督府官報』1940. 9. 2.

朝鮮總督府令 第90號, 「國民學校規程」, 『朝鮮總督府官報』, 1941. 3. 1.

〈年報 · 一覽 · 年表〉

統監府, 『第3次統監府統計年報』, 1906～1908.

朝鮮總督府, 『朝鮮總督府施政年報』, 1910.

_____, 『朝鮮總督府中央試驗所年報』, 1927～1940.

_____, 『朝鮮經濟年報』, 1948.

日本經濟調查機關聯合會 朝鮮支部 編, 『朝鮮經濟年報』, 1936.

京城高等工業學校, 『京城高等工業學校一覽』, 1943

京城工業專門學校, 『京城工業專 門學校一覽』, 1917.

서울공업고등학교동창회, 『서울工高百年史』, 1999.

朝鮮總督府, 『朝鮮總督府工業傳習所一覽』, 1915.

_____, 『官立工業傳習所一覽』, 1915.

_____, 『朝鮮總攬』1933.

_____, 『鑛區一覽』, 1915·1920～1929·1943.

_____, 『朝鮮總攬』, 1933.

朝鮮總督府中央試驗所, 『朝鮮總督府中央試驗所一覽』, 1915.

京城商業會議所, 『京城工場表』, 1923

關稅局, 『韓國外國貿易年表』, 1908.

東亞經濟施報社, 『朝鮮銀行會社組合要錄』, 1927～1942.

朝鮮貿易協會, 『朝鮮輸出貿易品調査表』, 1939.

朝鮮總督府, 『朝鮮總督府統計年表』, 1909, 1911, 1916~1920, 1942.

_____, 『朝鮮貿易年表』, 1918.

朝鮮總督府殖産局, 『朝鮮輸移出品 三年對照表』, 1938.

〈國文 單行本〉

강재언, 『일제하 40년사』, 풀빛, 1982, 106쪽.

고바야시 히데오 지음·임성모 옮김, 『滿鐵』, 산처럼, 2002.

國立工業技術院, 『國立工業技術院百年史』, 1993.

국립중앙박물관, 『계룡산도자기』, 국립중앙박물관, 2007.

국립현대미술관, 『한국미술 100년』, 한길사, 2006.

경기도박물관, 『먼 나라 꼬레(Lorée)』, 경인문화사, 2003.

김경인, 『한국의 근대와 근대성』, 백산서당, 2003.

김근배, 『한국 근대 과학기술인력의 출현』, 문학과 지성사, 2005.

김근배·박진희 공저, 『근현대 과학 기술과 삶의 변화』, 두산동아, 2005.

김마리아, 『한국근대경제사연구』, 사계절, 1983.

金聖壽, 『日帝下韓國經濟史論』, 經進社, 1985, 85~86쪽.

김영식·김근배, 『근현대 한국사회의 과학』, 창비, 1998.

김영원, 『朝鮮前期 陶磁의 硏究- 分院의 設置를 中心으로』, 學硏文化社, 1995.

_____, 『조선시대 도자기』, 서울대학교출판부, 2003.

김용조· 이강복, 『위기이후 한국경제의 이해』, 새미, 2006.

김인호, 『태평양전쟁기, 조선공업연구』, 신서원, 1998.

_____, 『식민지 조선경제의 종말』, 신서원, 2000.

나선화. 『한국 도자기의 흐름』, 재단법인세계도자기엑스포, , 2005.

나카쓰카 아키라 지음 김승일 옮김, 『한국 근대와 일본』, 범우사, 1995.

노대환. 『동도서기론 형성 과정 연구』, 일지사, 2005.

노형석. 『모던의 유혹 모던의 눈물』, 생각의 나무, 2003.

니시카와 나가오 지음·윤대석 옮김, 『국민이라는 괴물』, 소명출판, 2002.

러시아大藏省 편·金炳璘 옮김, 『구한말의 사회와 경제, 1900』, 裕豊出版社,
        1983.

리종현, 『근대조선력사』, 평양: 사회과학출판사, 1984.

문만용·김영식 공저, 『한국 근대과학 형성과정 자료』, 서울대학교출판부, 2004.

바츨라프 세로셰프스키 지음·김진영 외 옮김, 『코레야 1903년 가을』, 개마고원, 2006.

박찬승, 『한국근대정치사상사 연구』, 역사비평사, 1992.

박지향 외, 『해방전후사의 재인식』, 책세상, 2006.

박현종, 『조선공예사』, 평양: 조선미술출판사, 1991.

방병선, 『조선후기 백자 연구』, 일지사, 2000.

서영희, 『대한제국 정치사연구』, 서울대학교 출판사, 2003.

서울特別市史編纂委員會, 『荷齋日記 1892～1894』(二), 2007.

서울특별시시사편찬위원회, 『일제침략아래서의 서울(1910～1945)』, 2002.

_____, 『서울600年史』第4卷, 1981.

송재선, 『우리나라 도자기와 가마터』, 東文選, 2003.

_____, 『우리나라 옹기』, 東文選, 2004.

宋贊植, 『李朝後期 手工業에 관한 研究』, 서울대학교출판부, 1973.

수요역사연구회 편, 『식민지조선과 ≪매일신보≫ -1910년대』, 신서원, 2003.

_____, 『일제의 식민지 지배정책과 ≪매일신보≫ -1910년대』, 두리미디어, 2005.

신상호, 『한국도예』, 홍익대도예연구소, 1996.

신용하, 『일제 식민지 근대화론 비판』, 문학과 지성사, 1998.

신한균, 『우리 사발 이야기』, 가야넷, 2005.

스기모토 미키오 지음·변영호 옮김, 『일본지배 36년 -식민지조선의 연구』, 춘추사, 2002.

安秉直·中村 哲, 『近代朝鮮 工業化의 研究』, 일조각, 1993.

柳根瀅, 『高麗青磁-青磁陶工海剛柳根瀅自敍傳』, 홍익제, 1982.

유영렬, 『한국근대사의 탐구』, 경인문화사, 2006.

柳宗悅, 沈雨星 外譯, 『朝鮮工藝概觀』, 東文選, 1997.

야나기 무네요시 지음·이목 옮김, 『수집이야기』, 산처럼, 2008.

오미일, 『한국근대자본가연구』, 한울, 2002.

오카 요시타케 지음·장인성 옮김, 『근대일본』, 을유문화사, 2004.

윤해동, 『식민지의 회색시대』, 역사비평사, 2003.

李大根, 『解放後 1950年代의 經濟』, 삼성경제연구소, 2002.

이구열, 『한국문화재수난사』, 돌베개, 1996.

李海珠, 『한국근대경제사론』, 부산대학교 출판부, 1991.

이안 부루마 지음·최은봉 김, 『근대일본』, 을유문화사, 2004.

정규홍, 『우리문화재수난사』, 학연문화사, 2005.

_____, 『유랑의 문화재』, 학연문화사, 2009.

정동주, 『조선막사발 천년의 비밀』, 한길아트, 2001.

鄭良謨, 崔健 외, 『한국현대미술의 흐름』, 일지사, 1988.

정재철, 『일제의 대한제국식민지교육정책사』, 일지사, 1985.

조근태, 『우리 과학 100년』, 현암사, 2001.

조기준, 『한국기업사』, 博英社, 1973.

조르주 뒤크로 지음·최미경 옮김, 『가련하고 정다운 나라, 조선』, 눈빛, 2001.

趙恒來, 『韓末 日帝의 韓國侵略史硏究』, 아세아문화사, 2002.

차문성, 『근대박물관, 그 형성과 변천과정』, 한국학술정보, 2008.

崔公鎬, 『한국 현대 공예사의 이해』, 재원, 1996.

_____, 『한국 근대 공예사론 : 산업과 예술의 기로에서』, 미술문화, 2008.

최덕수, 『개항과 朝日관계』, 고려대학교출판부, 2004.

최석영, 『한국박물관 100년 역사』, 민속원, 2008.

카트 J 에커트 지음·주익종 옮김, 『제국의 후예』, 푸른역사, 2008.

파냐 이사악꼬브나 샤브쉬나 지음·김명호 옮김, 『식민지조선에서』, 한울, 1996.

韓國國際交流財團, 『海外所藏 韓國文化財』, 1995.

한기언. 이계학. 이길상 編, 『한국교육사료집성-개화기편-IV』, 한국정신문화연구원, 1993.

한영대, 『조선미의 탐구자들』, 학고재, 1997.

허수열, 『개발없는 개발』, 은행나무, 2005.

허영섭, 『조선총독부, 그 청사 건립의 이야기』, 한울, 1996.

현광호, 『大韓帝國의 對外政策』, 신서원, 2002.

호리 가즈오 지음·주익종 옮김, 『한국 근대의 공업화』, 전통과 현대, 2002.

호사카 유우지 지음·윤석용 옮김, 『日本同化主義의 民族同化政策 分析』, 제인앤씨, 2002,

H.B.헐버트 지음·신복룡 옮김, 『대한제국멸망사』, 집문당, 1999.

홍순권, 『일제시기 재부산일본인사회 사회단체 조사보고』, 선인, 2005.

弘益大學校 陶藝研究所, 『韓國 甕器와 日本 陶磁器의 製作技術 比較 研究』,
　　　　1990.

〈日文 單行本〉

가나모리 고지로(兼森辛次郎), 『平壤の發展策』, 平壤每日申報社, 1932.

가와바타 젠타로(川端源太郎), 『實業家人名辭典 第一編』, 朝鮮實業新聞社,
　　　　1912.

가와이 가주오(河合和男), 尹明憲. 『植民地期の朝鮮工業』, 未來社, 1991.

가토 도시(加藤土師), 『支那.滿鮮の陶業を視て』, 名古屋市: 日本陶磁器工業組
　　　　合聯合會, 1936.

懇話會事務所, 『全朝內地人實業家有志懇話會速記錄』, 1920.

廣瀨大藏事務官稿, 『朝鮮産業開發問題』朝鮮出張報告 第1卷, 1927.

開城府立博物館, 『開城府立博物館案內』, 1936.

京城美術俱樂部, 『京城美術俱樂部創立二十年記念-朝鮮古美術業界二十の同鄕』,
　　　　1928.

京城商工會議所, 『朝鮮に於ける家庭工業調査』, 1937.

＿＿＿＿, 『朝鮮に於ける工場調査』, 1943.

京城新聞社, 『朝鮮の人物と事業』, 1930.

곤도 키니치(近藤釖一), 『太平洋戰下の朝鮮及ひ臺灣』, 朝鮮近代史料(1), 朝鮮
　　　　史料研究會, 1961.

기무라 무네오(木村宗夫), 『戰時中小工業政策』, 科學主義工業社, 1941.

기타무라 야시이로(北村彌一郎), 『北村彌一郎全集-第3卷』, 大日本窯業協會, 1914.

기쿠치 켄조(菊池謙讓), 『朝鮮諸國記』, 大陸通信社, 1925.

나가요시 쿄(中吉功), 『朝鮮美術への道』, 東京: 國書刊行會, 1979.

나가이 카수조(永井勝三), 『會寧案內』, 會寧: 會寧印刷所出版部, 1929.

나카무라 시료(中村資良), 『朝鮮銀行會社要錄』1, 2, 東亞經濟時報社, 1921·1925.

노토미 유조(納富由三), 『朝鮮商品と地理』, 京城: 日本電報通信社京城支局,
　　　　1912.

다나카 만소(田中万宗), 『朝鮮古蹟行脚』, 泰東書院, 1930.

다카사키 소지(高崎宗司), 『植民地朝鮮の日本人』, 岩波新書, 2002.

다카하시 산시치(高橋三七), 『事業と鄕人』, 東京: 大陸硏究社, 1939.

도미타 세이치(富田精一), 『富田儀作傳』, 東京: 1936.

度支部 編, 『大韓貨幣整理經過報告』, 1907.

東亞貿易相互會, 『朝鮮之三大港』, 東京: 嚴松堂, 1916.

東洋經濟新報社, 『朝鮮産業年報昭和十八年版』, 東京: 1943.

미나미 구니오(南邦男), 『近代日本の陶磁-日本陶磁大系 第28卷』, 東京: 平凡社, 1990.

미수이 코조(三井弘三), 『近代陶業史』, 名古屋: 日本陶業連盟, 1979.

마에다 호(前田方), 『鎭南浦府史』, 平安南道鎭南浦府: 鎭南浦史發行所, 1926.

朴徹, 『李朝工藝と古陶の美』, 東京: 東洋經濟日報社, 1976.

사노 테이난(佐野貞南), 『戰時體制と工業組合』, 昭和圖書株式會社, 1939.

사카모토 슌코(坂本春幸), 島田重義. 『日本工藝美術史』, 中央工學會, 1942.

사토 에이치(佐藤榮枝), 『朝鮮の特産どこに何があるか』, 京城: 朝鮮鐵道協會, 1933.

徐丙協 編, 『朝鮮總督府施政五年紀念』, 朝鮮物産共進會, 博文社, 1916.

徐萬基, 『韓國陶窯址と史蹟』, 東京: 成甲書房, 1984.

수지타 보(杉田望), 『滿鐵中央試驗所: 大陸に夢を賭け南たち』, 講談社, 1990.

_____, 『滿鐵中央試驗所』, 德間書店, 1995.

시바타 나가오(柴田長雄), 『朝鮮事業論』, 京城: 資源硏究所, 1926.

시부오야 코지로(澁谷恒治郞), 『京城府內中小商工業實態調査報告 第一分冊』, 京城: 朝鮮經濟硏究所, 1942.

朴慶植, 『日本帝國主義の朝鮮支配』, 東京: 靑木書店, 1973.

아다치 다케치로(足立丈次郞), 『朝鮮副業指針』, 東光社, 1914.

아사카와 다쿠미(淺川巧), 『朝鮮陶磁名考』景仁出版社(影印本), 1931.

아사카와 노리다카(淺川伯敎), 『朝鮮窯業の過去及び將來』, 中央朝鮮協會, 1934.

_____, 『朝鮮古窯跡の硏究によりて得られた朝鮮窯業の過去及び將來』, 中央朝鮮協會, 1934.

_____, 『陶器全集』, 東京: 平凡社, 1958.

아오야기 난메이(靑柳南冥), 『總督政治史論』, 京城新聞社, 1928.

야나이이하라 타다오(矢內原忠雄), 『植民及植民政策』, 有斐閣, 1926.

야나하라 타다오(矢內原忠雄), 『植民及植民政策』, 有斐閣, 1926.

야마나카 무네오(山中篤太郎), 『時局と中小工業』, 日本學術振興會, 1941.

야보 케이조(藪景三), 『朝鮮總督府の歷史』, 明石書店, 1994.

요시구라 본노(吉倉凡農), 『實利之朝鮮』, 文星堂書店, 1905.

요시나마 나가스케(善生永助), 『調査資料第18輯-朝鮮の窯業』, 朝鮮總督府, 1926.

尹明憲·河合和男, 『植民地期の朝鮮工業』, 未來社, 1991.

李王職, 『李王家美術館要覽』, 1938.

이케베 시케아키(池邊重熾), 『滿鐵中央試驗所を顧みる』, 中日文化協會, 1931.

이쿠라 켄지(伊倉健治), 『改訂-國民學校敎育精說』, 春川師範學校, 1941.

資源研究社, 『朝鮮事業論』, 1928.

帝國發明協會朝鮮支部, 『發明界の推移と朝鮮』, 1939.

朝鮮工業協會, 『鮮內工業の現狀と工業組合法實施の要否』, 1933.

_____, 『朝鮮工場名簿』, 1912, 1914, 1920～1930, 1936, 1940, 1942.

_____, 『內外工業情勢と朝鮮工業』. 1937.

_____, 『朝鮮技術家名簿』, 1943.

朝鮮民報社, 『新興朝鮮開發事情』, 1939.

朝鮮殖産銀行調査部, 『朝鮮事業成績』, 1939～1941.

朝鮮研究會, 『朝鮮統治論』, 1924.

朝鮮銀行 編, 『朝鮮經濟年報』, 朝鮮銀行, 1948.

朝鮮總督府, 『朝鮮古蹟圖譜』1915～1940.

_____, 『大正三年朝鮮貿易要覽』, 1914.

_____, 『工業傳習所學籍簿』, 1918～1922.

_____, 『前揭書』, 1919.

_____, 『藝能科工作敎授資料- 第5學年』, 1943.

_____, 『朝鮮の經濟事情』, 1926.

_____, 『朝鮮の産業』, 1926.

_____, 『新興の朝鮮』. 1929.

_____, 『調査資料 第35輯 外人の觀たる最近の朝鮮』, 1932.

_____, 『朝鮮勞動技術統計調査提要』, 1944.

朝鮮總督府商工獎勵館, 『朝鮮の物産』, 1935～1940.

_____, 『朝鮮商品取引便覽』, 1935.

朝鮮總督府殖産局, 『朝鮮工業の現勢』, 1936.

_____, 『朝鮮こ於ケル重要工産品需給狀況調』, 1936.

中央公論社,『日本の朝鮮文化』, 東京, 1972.

카지가와 한자부로(梶川半三郎),『實業之朝鮮』, 京城: 朝鮮硏究會, 1911.

토미나가 가토주(富永嘉藤壽),『始政五年記念 朝鮮産業界』, 仁川: 朝鮮新聞社, 1916.

하라 가구텐(原覺天),『現代アジア硏究成立史論』, 勁草書房, 1984.

_____,『滿鐵調査部とアジア』, 世界書院, 1986.

후쿠이 기쿠사부로(福井菊三郎),『日本陶磁器と其國民性』, 東京 1927.

히라이 센조(平井千乘),『朝鮮物産案內』, 京城: 朝鮮及滿洲社, 1935.

필자미상,『富田翁事績』, 西鮮日報社, 1915.

〈英文單行本〉

Andre Schmid, Korea Between Empires, 1895-1919, Columbia University Press, New York, 2002.

Carter J Eckert, Total War, Industrialization, and Social Change in Late Colonial Korea, Harvard University Press, 1992.

_____, Korea old and new a History, 일조각, 1990.

_____, Offspring of Empire : Koch'ang Kims and the Colonial Origins of Korean Capitalism, 1876-1945, Univ of Washington Press, 1996.

Kim Dong-no etc, Reform and Modernity in the Taehan Empire, Jimoondang, Seoul, 2006.

〈國文論文〉

강경숙,「경남 일원의 분청사기」,『조선, 지방사기의 흔적』, 국립전주박물관, 2004.

고야마 후지오(小山富士夫),「日本에 있는 韓國 陶磁器」,『考古美術』105, 韓國美術史學會, 1970. 3.

길진숙,「문명의 재구성 그리고 동양 전통 담론의 재해석」,『근대계몽기 지식의 발견과 사유 지평의 확대』, 소명출판, 2006.

김근배, 「日帝時期 朝鮮人 과학기술인력의 성장」, 서울대학교 박사학위논문, 1996.

김근배·박진희, 「일제강점기의 과학기술교육」, 『근현대 과학 기술과 삶의 변화』, 국사편찬위원회, 2005.

김영나, 「박람회라는 전시공간 : 1893년 시카고 만국박람회와 조선관 전시」, 『서양 미술사학회논문집』, 서양미술사학회, 2006, 6.

김현숙, 「모더니즘미술과 동양주의」, 『한국미술100년』, 국립현대미술관, 2007.

나선화, 「甕器淵源 小考」, 『제3의 전통, 옹기의 원류를 찾아서』, 이화여대 박물관, 2000.

다나카 신이치(田中愼一), 「식민지 체제에서 벗어나지 못한 한국관-니토베 이나조(新渡戶稻造)」, 『그때 그 일본인들』, 한길사, 2006.

박계리, 「他者로서의 李王家博物館과 傳統觀」, 『美術史學研究』, 한국미술사학회, 2003.

방병선, 「고종 연간 분원 민영화 과정」, 『역사와 현실』33, 한국역사연구회, 1999.

_____, 「하재일기를 통해 본 조선 말기 분원」, 『講座美術史』34호 한국불교미술사학회, 2010.

박성진, 「일제 초기 '朝鮮物産共進會' 연구」, 『식민지조선과 매일신보-1910년대』, 신서원, 2003.

박현민, 「雲峴宮의 도자유물」, 『운현궁 생활유물 III』, 서울역사박물관, 2006.

송기쁨, 「韓國近代陶磁의 硏究」, 弘益大學校大學院 碩士學位論文, 1998.

신상호, 「전통도예: 회고와 전망」, 『한국현대도예30년전』, 國立現代美術館, 1994.

신주백, 「박람회 - 과시, 선전, 계몽, 소비의 체험공간」, 『역사비평』통권67호, 역사와비평사, 2005.

엄승희, 「근대기 양구지역의 도자산업」, 『楊口 方山의 陶窯址-地表調査報告書』, 이화여대 박물관·양구군, 2001.

_____, 「일제시기 在韓日本人의 청자 제작」, 『근현대미술사학』13, 한국근현대미술사학회, 2004.

_____, 「每日申報에 나타난 한국 근대 도자의 일고찰」, 『미술사학보』제21호, 미술사학연구회, 2004.

_____, 「1910년대 ≪매일신보≫에 나타난 중앙시험소의 요업정책」, 『일제의

식민지 지배정책과 ≪매일신보≫-1910년대』, 두리미디어, 2005.

_____, 「청자재현 붐」, 『한국미술 100년』, 국립현대미술관, 2006.

_____, 「中央試驗所」, 『식민통치기구사전보고서』, 민족문제연구소, 2008.

_____, 「한국 근대기의 도자」, 『그릇, 근대를 담다』, 인천광역시립박물관, 2009.

_____, 「일제강점기 관립 중앙시험소의 도자정책 연구」, 『美術史學研究』, 한국미술사학회, 2010.

_____, 「근대기 한불(韓佛)의 도자교류」, 『근현대미술사학』25, 한국근현대미술사학회, 2013.

오미일, 「1910~1920년대 공업발전단계와 조선인 자본가층의 존재양상」, 『韓國史研究』87, 韓國史研究會, 1994.

_____, 「1908년-1919년 평양자기제조주식회사의 설립과 경영」, 『동방학지』123권, 연세대학교 국학연구원, 2004.

李健赫.「朝鮮工藝品의 將來- 第3國 輸出振興策으로」, 『朝光』, 1939.7.

이순자, 「일제강점기 고적조사사업 연구」, 숙명여대 대학원 박사학위논문, 2007.

임무근, 「한국 현대도예의 형성과 전개」, 『한국현대도예30년』, 國立現代美術館, 1994.

장규식, 「개항기 개화 지식인의 서구 체험과 근대 인식」, 『서구문화의 수용과 근대개혁』, 연세대학교 국학연구원, 2004.

田勝昌, 「 15~16世紀 朝鮮時代 京畿道 廣州 官窯研究 」, 홍익대학교 대학원 박사학위논문, 2007.

鄭潭淳, 「韓國 近代 陶磁의 考察」, 弘益大學校 大學院 碩士學位論文, 1974.

鄭良謨·崔健, 「朝鮮時代 後期 白磁의 衰退要因에 관한 考察」, 『한국 현대 미술의 흐름』, 일지사, 1988.

정인경, 「일제하 경성공업전문학교의 설립과 운영」, 서울대학교 석사논문, 1993.

_____, 「경성고등공업학교의 설립과 운영」, 『근현대 한국사회의 과학』, 창작과 비평사, 1998.

_____, 「한국 근·현대 과학기술문회의 식민지성 : 國立科學館舍를 中心으로」, 고려대학교 박사논문, 2004.

정호진, 「日帝의 植民地 美術政策」, 『한국근대미술사학』7, 한국근대미술사학회, 1999.

조성운, 「1920~30년대 총독부의 언론정책과 『매일신보』」, 『식민지 동화정
　　책과 협력 그리고 인식』, 두리미디어, 2007.

拙稿, 「1894-1904년의 政治體制 變動과 宮內府」, 『韓國史論』23, 1990.

주익종, 「후발자와 후후발자」, 『경제사학』32, 경제사학회, 2002.

주진오, 「19세기 후반 문명개화론의 형성과 전개」, 『서구 문명의 수용과 근대
　　개혁』, 태학사, 2004.

崔健, 「大韓帝國時代의 陶磁器」, 『오얏꽃 황실생활유물』, 국립고궁박물관,
　　1997.

崔敬和, 「編年資料를 통하여 본 19世紀 靑畵白磁의 樣式的 特徵」, 『美術史學
　　研究』212, 韓國美術史學會, 1995년.

최공호, 「李王職美術品製作所와 韓國近代工藝 研究」, 『古文化』34, 박물관협
　　회, 1986.

＿＿＿, 「韓國近代工藝의 二元構造, 그 形成과 全開」, 『美術史學』8, 한국미술
　　사교육연구회, 1994.

＿＿＿, 「西歐 産業文明의 流入과 工藝觀의 變貌」, 『美術史學』11, 한국미술사
　　교육연구회, 1997.

＿＿＿, 「韓國 近代工藝史 研究 :制度와 理念」, 홍익대학교 대학원 박사학위논
　　문, 2000.

카트. J 에커트, 「식민지말기 조선의 총력전·공업화·사회변화」, 『해방전후사
　　의 재인식』, 책세상, 2006.

韓昌浩, 「日帝下의 韓國鑛工業에 關한 研究」, 『日帝下經濟侵略史』, 民衆書館,
　　高大亞細亞問題研究所, 1976,

함동주, 「근대일본의 문명론과 그 이중성」, 『근대계몽기 지식개념의 수용과
　　그 변용』, 소명출판, 2004.

黃壽永 編, 「日帝期文化財被害資料」, 『考古美術資料』22, 韓國美術史學會,
　　1970.

〈日文論文〉

고야마 후지오(小山富士夫), 「高麗陶磁序說」, 『世界陶磁全集』13 , 河出書房, 1956.

구니 키타로(國井喜太郞), 「內地に於ける工藝指導機關と工藝産業工藝商品の作り方」, 『京城商工振興叢書』6. 京城商工會議所, 1936.

구라하시 토지로(倉橋藤治郞), 「朝鮮工藝の東洋文化に於ける地位」, 『第55回講演集 朝鮮の陶器』, 東京: 啓明會, 1934.

다카지 리쿠로(高木陸郞), 「內地資本を活用せよ」, 『朝鮮統治の回顧と批判』, 朝鮮新聞社, 1926.

단바 쥬네오(丹波恒夫), 「朝鮮工藝の育成に對する所見」, 『朝鮮工藝の育成と其の輸出方策』, 朝鮮輸出工藝協會, 1939.

아사카와 노리다카(淺川伯敎), 「朝鮮の美術工藝に就いての回顧」, 『朝鮮の回顧』上, 近澤書店, 1945.

_____, 「朝鮮 現在の 窯業」, 『世界陶磁全集』16, 河出書房, 1956.

카모 마사오(加茂正雄), 「朝鮮の資源を開發せよ」, 『朝鮮統治の回顧と批判』, 朝鮮新聞社, 1926.

칸노 사다노베(關野貞述), 「朝鮮美術史」, 『朝鮮史講座 特別講義』, 朝鮮史學會, 1923.

미기재, 「帝展の終焉」, 『日展史』11, 社團法人 日展史, 1984.

〈國文雜誌〉

高裕燮, 「開城博物館의 眞品解說」, 『朝光』6-6, 1940.

極光, 「朝鮮文化의 遺跡一覽」, 『學之光』17, 東京: 在日本東京朝鮮留學生學友會

金延鶴, 「德壽宮 美術館의 危機」, 『古文化』3, 韓國大學博物館協會, 1964. 10.

金周經 외, 「混迷低調의 朝鮮美術展覽會를 批判함」, 『月刊東光』7, 1932.

朴鍾鴻, 「文化의 傳承 攝取.創造」, 『思想界』7月號, 開闢社, 1958.

朴天秉, 「工業界」, 『別乾坤』11月號, 開闢社, 1930.

申泰翊, 「現朝鮮의 經濟界槪觀」, 『別乾坤』5-9, 1930.

安廓, 「朝鮮의 美術」, 『學之光』1, 東京: 在日本東京朝鮮留學生學友會, 1915. 5.

윤용이, 「20세기 전반의 도자와 찻사발」, 『차의 세계』, 불교춘추사, 2006. 11.

尹喜淳, 「朝鮮美術界의 當面問題」, 『新東亞』, 1932. 6.

李健赫, 「朝鮮工藝品의 將來」, 『朝光』7, 1939.

李漢卿, 「經濟生産」, 『大韓留學生會報』, 第3號, 1907.

이호관, 「해외로 유출된 우리 문화재」, 『古美術』, 韓國古美術協會, 1997.

장기훈, 「현대 시각으로 본 조선백자의 의의」, 『월간도예』, 2006. 8.

주영하, 「조선 도자기의 슬픈 역사-어떤 그릇에 담아 먹을 것인가」, 『新東亞』 585호, 2008. 6.

崔根培, 「美術界의 諸問題」, 『朝光』5-1, 1939.

최공호, 「高麗靑磁의 再興子 陶工 黃仁春」, 『月刊工藝』, 1989. 8.

_____, 「공예계 최초의 유학생, 姜昌奎」, 『월간미술』, 1990. 11.

玄東炎, 「高麗磁器再生成功-韓壽景氏十年苦心談」, 『朝光』, 6-7, 1940.

미기재, 「1萬5千圓드려 展覽會」, 「德壽宮美術館에 30萬圓」, 『三千里』17, 1938. 5.

미기재, 「平壤郡 磁器製造株式會社 贊成文」, 『大韓協會會報』, 第9號, 1908.

〈日文月報 · 雜誌〉

가타 나오지(賀田直治), 「工藝指導所の設置を望む」, 『經濟月報』240, 京城商工會議所, 1935.

가토 간쿠라(加藤灌覺), 「高麗靑瓷銘入の傳來品と出土品に就て」, 『陶磁』6-6, 東洋陶磁研究所, 1932.

고야마 후지오(小山富士夫), 「朝鮮の旅」, 『陶磁』11-2, 東洋陶磁研究所, 1939.

高裕燮, 「開城博物館を語る」, 『茶わん』11-8, 東京: 寶雲舍, 1941.

고이즈미 아키오(小泉顯夫), 「古墳發掘漫談」, 『朝鮮』, 朝鮮總督府, 1932.7.

모토야 하쿠토(本野白陶), 「發掘品の分類」, 『茶わん』4-10, 東京: 寶雲舍, 1934.

무타 호시(無茶法師), 「朝鮮窯たきの記」, 『燒もの趣味』3-9, 東京: 學藝書院,

1937.

미야마요시 산타로우(三山喜三郎), 「有望なろ 朝鮮の陶器業と機業の改善に就て」, 『朝鮮經濟雜誌』98, 1924.

_____, 「中央試驗所の施設及研究」, 『朝鮮』, 朝鮮總督府, 1922, 10.

사노 나에(佐瀬直衛), 「總督府博物館風景」, 『茶わん』11-9, 東京: 寶雲舍, 1941.

스즈키 케이(鈴木經緯), 「朝鮮會寧地方の陶器に就て(完)」, 『燒もの趣味』3-2, 東京: 學藝書院, 1937.

아사카와 노리다카(淺川伯敎), 「工藝の話」, 『經濟月報』203, 京城商工會議所, 1932.

_____, 「李朝陶磁史の歷史」, 『朝鮮』, 朝鮮總督府, 1922. 12.

야나기 무네요시(柳宗悅), 「朝鮮民族美術館の設立」, 『白華』, 1921. 1.

야마시타 세이(山下生), 「漢北窯業組合を紹介す」, 『北鮮開拓』7, 京城: 開拓會, 1934.

오야마 이치도쿠(小山一德), 「朝鮮に於ける陶磁器業の産業的地位と斯業の振興策」, 『朝鮮經濟雜誌』122, 京城商工會議所, 1926.

_____, 「朝鮮の窯業」, 『朝鮮』2. 朝鮮總督府, 1931.

오야마 후시오(小山富士夫), 「朝鮮の旅」, 『陶磁』11-2, 東京: 東洋陶磁研究所, 1939.

요시나마 나가스케(善生永助), 「開城に於ける高麗燒の秘藏家」, 『朝鮮』12, 朝鮮總督府, 1926.

우미후쿠 기이치(海福紀一), 「朝鮮産陶磁器原料」, 『朝鮮彙報』, 朝鮮總督府, 1916.

이노 이페이(飯野逸平), 「陶磁器の過去現在」, 『茶わん』2-11, 東京: 寶雲舍, 1932.

이토 야시부로(伊藤彌三郎), 『高麗燒』, 1910. 2.

_____, 「總督府工業傳習所に就て」, 『朝鮮』, 1910. 11.

朝鮮總督府, 「朝鮮總督府工業傳習所卒業者就業調査」, 『朝鮮總督府月報』, 1912. 1.

朝鮮總督府中央試驗所, 「本所の試驗研究成績及實地指導に依實施成績」, 『朝鮮經濟雜誌』, 京城商工會議所, 1931.

카미오 니하루(神尾 春), 「鮮展を通じて觀にる朝鮮の美術工藝」, 『朝鮮』8, 朝鮮總督府, 1932.

히라야마 에조(平山英三),「美術工藝の 槪念」,『龍子會報告』, 1944.

미기재,「朝鮮古蹟硏究會の創立と其の事業」,『靑丘學叢』6,靑丘學會, 1931.
미기재,「平和博京城府內の出品數」,『朝鮮經濟雜誌』73, 京城商工會議所, 1922.

〈國文報告書〉

梨花女大 博物館,『廣州朝鮮白磁窯址發掘調査報告』, 1986.
忠北大 博物館,『忠州 彌勒里 白瓷가마터』, 1995.
金英媛,『全北의 朝鮮時代 陶窯址-朝鮮時代 粉靑·白磁 窯址』, 國立全州博物
　　　　館, 1997.
農商工部,『官立工業傳習所報告』第1回, 1909.
文化財硏究所,『韓國文化財保護財團.『景福宮泰元殿址』, 1998.
이화여대 박물관·양구군,『楊口 方山의 陶窯址』, 2001.
중원문화재연구소,『동대문운동장발굴약보고서』, 2009.

〈日文報告書〉

가모 마사오(加茂正雄),「朝鮮の資源を開發せよ」,『朝鮮統治の回顧と批判 』,
　　　　朝鮮新聞社, 1926.
노모리 켄·간다 소죠(野守健, 神田惣藏),『忠淸南道公州宋山里古墳調査報告』,
　　　　古蹟調査報告2, 1935.
_____,『鷄龍山麓陶窯址調査報告』,昭和二年度古蹟調査報告1,　朝鮮總督府,
　　　　1929.
다카하라 도모요시·아키주기 토루(高原知義·秋月透),「朝鮮原料ニ依ル抔土ノ
　　　　調合限界ニ就テ·鹽類溶液ニ來ル磁陶器染付法」,『朝鮮總督府中央試
　　　　驗所報告書』4-4, 1923.
_____,「京城ニ適切ナル磁器原料及組合費」,『朝鮮總督府中央試驗所報告書
　　　　』9-4, 1920.
모리　산타로우(森勇三郎),「朝鮮陶磁器業調査-朝鮮ニ於ケル陶磁器ノ分類」,
　　　　『朝鮮總督府中央試驗所報告』1-11, 1915.

_____,「朝鮮陶磁器業調査」,『朝鮮總督府中央試驗所報告』1-11, 1915.3.

미야케 조사쿠(三宅長策),「そのとろの思ひ出 高麗古墳發掘時代」,『陶瓷』第
　　　6卷6號, 東洋陶瓷研究所, 1934.12.

미주노 쇼수케(水野小助),「楊根郡陶器調査報告」,『官立工業傳習所報告』第1
　　　回, 農商工部, 1908.

야마자키 쿄·야마다 요쇼(山崎亨·山田義雄),「窯業原料調査 第三報 大同陶石
　　　調査報告」,『朝鮮總督府中央試驗所報告』16-4, 1936.

오하시 다케오(大橋武夫),「平壤磁器試驗」,『朝鮮總督府中央試驗所報告』13-21,
　　　1932.

오하시 다케오·요시다 칸이치로(大橋武夫·吉田寬一郞),「驪州磁器試驗」,『朝
　　　鮮總督府中央試驗所報告』13-1, 1932.

오하시 다케오·치요우 마사요우(大橋武夫·千葉正章),「平壤磁器試驗」,『朝鮮
　　　總督府中央試驗所報告書』13-1, 1932～1933.

요시다 칸이치로(吉田寬一郞),「朝鮮土器 改良試驗 第一報 京畿道酒造容器並
　　　びに水甕類の改良」,『朝鮮總督府中央試驗所報告』10-2, 1934.

우미후쿠 기이치(海福紀一),「朝鮮こ於ケル陶磁器原料」,『朝鮮總督府中央試
　　　驗所報告』1-10, 1915.

_____,「朝鮮こ於ケル新設陶磁器工場」,『朝鮮總督府中央試驗所報告』3-14,
　　　1919.3.

朝鮮貿易協會,『朝鮮貿易振興展覽會報告書』, 1936.

朝鮮副業品共進會,『朝鮮副業品共進會事務報告』, 1924.

朝鮮總督府,『始政五年記念朝鮮物産共進會報告書』一卷～3卷, 1916.

_____,『施政5年記念朝鮮物産共進會報告書』2, 1916.

_____,「永登浦陶磁器作業場ノ設置」,『朝鮮總督府中央試驗所年報』, 1934.

_____,「燒耐甁 實地指導」,『朝鮮總督府中央試驗所年報』,1933.

_____,「江華島粘土調査竝ニ利用試驗」,『朝鮮總督府中央試驗所年報』, 1937.

_____,「朝鮮土器石器改良試驗-京畿道酒造容器並ニ水甕類ノ改良」,『朝
　　　鮮總督府中央試驗所年報』, 1932.

_____,「惠山燒ノ改良」,『朝鮮總督府中央試驗所年報』, 1932.

_____,「驪州燒ノ改良實地指導」,「驪州燒」,『朝鮮總督府中央試驗所年
　　　報』,朝鮮總督府, 1932～1937.

_____,「開城高麗燒」,『朝鮮總督府中央試驗所年報』, 1936.

_____, 「燒耐瓶製造實地指導, 京畿道 江華郡」, 『朝鮮總督府中央試驗所年報』, 1932.

_____, 「水甕改良實地指導」, 『朝鮮總督府中央試驗所年報』, 1930.

_____, 「陶磁器の改良實地指導」, 『朝鮮總督府中央試驗所年報』, 1930,2.

_____, 「楊口燒ノ改良實地指導」, 『朝鮮總督府中央試驗所年報』, 朝鮮總督府, 1931～1933.

_____, 「楊口燒ノ改良實地指導」, 『朝鮮總督府中央試驗所年報』, 1933.

_____, 「永登浦 陶磁器 共同作業場ノ設置」, 『朝鮮總督府中央試驗所年報』, 1933.

_____, 「平壤磁器ノ改良實地指導, 平安南道平壤製陶業組合」, 『朝鮮總督府中央試驗所年報』, 1931～1932.

朝鮮協贊會, 『平和記念東京博覽會, 朝鮮協贊會事務報告』, 東亞出版株式會社, 1922.

후지타 료사쿠(藤田亮策), 「慶尙北道忠淸南道古蹟調査報告」, 『大正11年度古蹟調査報告第1冊』. 朝鮮總督府, 1922.

〈政府記錄文書〉

檀紀 4275년, 朝鮮輸出工藝協會, 「朝鮮こ於ケん 陶磁工藝振興促進こ關スル協議會開催ノ件」, 1942. 6. 27 起案.

_____, 「朝鮮陶磁工藝振興促進こ關スル件」, 1942. 7. 4 起案.

_____, 「朝鮮陶磁工藝振興促進こ關スル件」, 1942. 7. 6 起案..

_____, 「朝鮮陶磁工藝振興促進こ關スル件」, 1942. 7. 8 起案.

_____, 「社團法人朝鮮輸出工藝協會定款1部-变更認可의 件」, 1942. 7. 13起案.

〈신문기사〉

(도자정책-조선총독부)

≪경성일보≫ 1943년 (5월 2일, 5월 20일).

≪공립신보≫ 1919년 1월13일.

≪독립신문≫ 1899월 6월 3일.

≪동아일보≫ 1922년 10월 22일, 1925년 7월 31일, 1926년 (5월 14일, 10월 3일), 1927년 7월 30일, 1928년 11월 30일, 1929년 10월 11일, 1931년 11월 7일, 1932년 (1월 31일, 2월 3일, 10월 25일), 1935년 (6월 26일, 11월 29일), 1936년 (3월 31일, 6월 14일, 7월 3일), 1938년 12월 10일, 1939년 11월 21일, 1940년 2월 15일.

≪매일신보≫ 1911년 10월 26일, 1912년 9월 8일, 1913년 (2월 14일, 5월13일, 6월 15일, 8월3일), 1914년 (2월 13일, 2월 14일, 2월 15일, 2월 17일, 5월 7일), 1915년 (4월 25일, 4월 27일), 1917년 (7월 28일, 11월 8일, 11월 11일), 1918년 (1월23일, 12월 20일), 1919년 4월 3일, 1921년 7월 27일, 1922년 1월 16일, 1923년 10월 22일, 1925년 1월 17일, 1927년 (7월 7일, 7월 30일), 1928년 12월 25일, 1929년 (10월 11일, 12월 4일), 1930년 1월 23일, 1931년 (9월 20일, 10월 31일, 11월 3일, 11월 7일), 1932년 (2월 27일, 5월 10일), 1933년 (3월 1일, 7월 25일, 8월 16일, 10월 28일, 11월 23일,11월 28일, 12월 7일), 1935년 (6월 26일, 11월 30일), 1936년 (1월 21일, 1월 25일, 5월 15일), 1937년 1월 11일, 1938년 (1월 9일, 5월 13일, 6월 21일, 6월 25일, 8월 4일, 8월 26일, 10월 2일, 10월 22일, 11월 5일, 12월 14일, 12월 15일, 12월 20일), 1939년 (1월 29일, 3월 15일, 3월 23일, 6월 2일), 1940년 1월 20일.

≪조선일보≫ 1923년 2월 11일.
≪황성신문≫ 1900년 4월 25일.

(도자정책-이왕직)
≪대한매일신보≫ 1907년 10월 5일, 1908년 2월 12일, 1909년 11월 18일.
≪대한민보≫ 1910년 2월 18일.
≪동아일보≫ 1922년 11월 27일, 1923년 4월 27일, 1924년 4월 6일, 1928년 8월 16일, 1936년 7월 21일, 1937년 7월 4일, 1938년 3월 27일, 1939년 (10월 29일, 11월 3일), 1940년 (2월 15일, 4월 21일, 7월 31일).
≪매일신보≫ 1911년 (2월 23일, 3월 7일, 4월 21일), 1912년 (2월 14일, 6월

3일, 7월 28일, 9월 8일, 12월 27일), 1913년 (5월 13일, 8월 9
일, 10월 11일, 10월 25일, 11월 6일), 1914년 (5월 7일, 5월 12
일, 6월 3일, 6월 4일, 6월 5일, 6월 6일), 1915년 (4월 15일, 4
월 27일, 6월 29일, 6월 30일, 9월 12일, 9월 30일, 10월 10일,
10월 12일), 1917년 10월 13일, 1919년 (4월 3일, 12월 2일),
1921년 (10월 17일, 10월 24일), 1922년 5월 9일, 1929년 1월
9일, 1930년 (5월 12일, 5월 16일, 5월 22일, 7월 29일, 8월 26
일, 9월 26일), 1931년 (2월 18일, 3월 1일), 1932년 (3월 9일,
6월 8일), 1936년 5월 16일, 1938년 (10월 2일), 1940년 (4월
21일, 5월 24일, 5월 28일, 5월 31일, 월 1일, 9월 14일, 9월 15
일), 1941년 (1월 13일, 2월 8일, 4월 29일, 7월 15일, 8월 14일,
10월 2일), 1942년 (1월 30일, 7월9일, 7월 22일, 8월 20일, 9월
11일), 1943년 (7월 18일, 8월 21일), 1944년 (3월 26일, 4월 21
일, 5월 6일, 5월 10일, 7월 16일, 8월 16일).
≪황성신문≫ 1908년 2월 12일, 1910년 (1월 15일, 8월 11일).

(제작구조)
≪동아일보≫ 1922년 (2월 3일, 2월 8일, 2월 14일, 2월15일, 2월 28일), 1916
년 10월 3일, 1926년 5월 14일, 1928년 11월 30일, 1930년 (10
월 28일, 10월 29일), 1931년 7월 12일, 1936년 8월 26일. 1939
년 (10월 4일, 11월 15일, 11월 16일).
≪매일신보≫ 1911년 (2월 25일, 4월 16일, 5월 16일, 8월 2일, 9월 1일, 9월
28일), 1912년 (2월 4일, 3월 24일, 6월 3일), 1913년 (2월 23일,
6월 15일, 8월 5일), 1914년 (2월 13일, 2월 14일, 2월 15일, 2
월 17일), 1917년 7월 4일, 1924년 2월 16일, 1929년 1월 9일,
1930년 (5월 12일, 5월 16일, 5월 22일, 7월 11일), 1932년 (5월
20일, 10월 12일, 10월 29일), 1933년 3월 1일, 3월 17일, 11월
18일), 1934년 5월 15일, 1935년 (5월 23일, 11월 15일), 1936
년 5월 12일, 1938년 4월 12일, 1939년 6월 2일.
≪조선일보≫ 1929년 2월 2일, 1930년 3월 17일. 1937년 5월 11일, 1940년
5월 24일.

〈圖錄〉

古都舍, 『묵은 질그릇·옹기展』, 2008.

國立中央博物館, 『高麗靑瓷名品』, 1989.

궁중유물전시관, 『오얏꽃 황실생활유물』, 1997.

경기도자박물관, 『한반도 근·현대도자의 향방전』, 2008. 9. 2.

滋賀縣立陶藝の 森 陶藝館, 『明治のやきもの』, 1996.

부산근대역사관, 『그리운 땅·그리운 사람』, 2007. 3. 20.

서울역사박물관, 『운현궁 생활유물 III』, 2006.

양산대학교 옹기박물관, 『옹기』, 2000.

大阪市立東洋陶磁美術館, 『優艶の色, 質朴のかたち- 李秉昌コレクシヨソ
    韓國陶磁の美』, 1999.

李王職, 『李王家博物館所藏品寫眞帖-陶磁器之部』, 1932

_____, 『李王家德壽宮陳列- 日本美術品圖錄-第1-3輯,』, 1933～1935.

梨花女子大學校博物館, 『廣州分院里窯靑華白磁』, 梨花女子大學校博物館 特
    別展圖錄 22, 1994.

_____, 『도예가의 길 도공·과학자·예술가 황종구』, 이화여대 박물관, 2005.
    10.

梨花女子大學校博物館· 경기도 광주시, 『조선시대 마지막 官窯 廣州 分院里
    白磁窯址』, 2006.

인천광역시시립박물관, 『그릇, 근대를 담다』, 2009.

일민미술관, 『문화적 기억- 야나기 무네요시가 발견한 조선과 일본전』, 2006,
    11. 9.

日展社編纂委員會, 『日展社』第8-11卷, 1983.

朝鮮寫眞通信社, 『朝鮮美術展覽會圖錄』第11-19回, 1932～1940.

朝鮮總督府在職記念寫眞帖刊行會, 『朝鮮總督府在職記念寫眞帖』, 1927.

座右寶刊行會, 『世界陶磁全集 16 現代篇』, 東京: 河出書房, 1958.

〈기타〉

東亞日報社, 『東亞日報社史-卷1(1910 -1945) 』, 1975.

한국정신문화연구원 편, 『한국관련 '滿鐵' 자료목록집』, 선인, 2004.

‖ 찾아보기 ‖

부록

일러두기

1. 본서에서는 한국 근대기를 대표하는 신문 가운데 도자와 관련한 핵심 기사를 가장 많이 실었던 『황성신문』, 『대한매일신보』, 『매일신보』를 선택하여 정리하였다. 특히 『매일신보』는 일제 강점 36년간 휴간되는 사례를 찾아보기 힘들 정도로 발간이 원활하여 면밀하게 조사하였다. 또한 현재까지 이 신문들은 기사색인이 정리되지 못하여 관련 내용을 참조하는데 많은 시간과 노력이 필요한 점을 고려하였다.

2. 근대기를 대표하고 현존하는 민간지인 『동아일보』, 『조선일보』는 주요 연구대상지이지만, 본사 부속 연구소를 통해 『기사색인집』이 발행됨으로써 기사를 발췌하는 과정이 선별 신문에 비해 수월하여 생략한다.

3. 정리한 신문의 내용은 도자관련 내용을 총망라하고 있음은 물론이고 공예 일반, 공예정책, 공예기관, 공예행사 및 공업 전반에 관한 내용 등을 포괄적으로 포함하고 있다. 특히 대한제국기에 발행된 『황성신문』, 『대한매일신보』의 사설(社說)에는 공예부흥과 요업발전의 상관성을 밝힌 주요 내용들이 적지 않아 이와 관련된 기사는 여과 없이 실었다.

4. 기사는 전문(全文)을 실은 경우와 전문을 요약정리, 발췌한 것이 대부분이지만, 극히 일부는 기사 제목(headline)만을 기재하였다.

5. 기사내용은 대부분 전문을 훼손하지 않고 원문(原文)대로 실었다.

6. 기사는 각 신문사마다 연도월일(年度月日) 및 가, 나, 다 순으로 배열하였다.

7. 기사에 참고 이미지가 동반될 경우 함께 실었다.

8. 신문기사를 손쉽게 찾을 수 있도록 기사색인을 첨부하였다.

황성신문(1898-1910)

▶ **1898년 7월30일**
〈論說〉

사람의 식견이 넓지 못하고 규모가 작은 자를 보면 극단적인 말로 논하여 우물 안의 개구리라 하느니, 대한사람으로서 학문이 있다는 자-이러한 부류라. 그 일생의 통습한 바를 허락하매 經書와 史冊 외에는 별로 아는 바가 없거늘 단언으로 가로되 인생의 지혜와 才植이 이 중에 悉備하였다 하며, 그 외 천문학, 지리학, 농학, 상학, 공학, 의학, 화학 등 서양인의 학문이라 하여 無用에 속하느니 이를 無他라 里門을 출현하지 못하고 鄕國을 株守한 식견이로다. 어떻게 천하에 읽지 못할 책이 있으며 학문하지 못할 법이 있으리오. 타국의 풍습과 교화와 民情을 알고 난 연후에 자기의 曾習한 바를 취하고 서로 비교하면 본국의 長短과 타국의 長短을 알게 되리니. 장점은 취하고 단점은 버려서 새로 국가를 일으키면 비단 자기의 행복이랴, 일국의 행복이거늘 문학의 부족함과 史傳의 無徵함과 政俗의 多缺함은 분명히 알아야 하는 바지만 舊習을 고집하는 말이 우리나라에 새로 있는 바, 良法과 美規는 세계에 미치지 못할 바라 하여 혹 옛 것을 아는 자가 서양학문을 통습하는 자를 볼 때면 어긋났다 하여 그 부모, 형제를 보고 꾸짖되, 君이 文體大家로 어찌 자질을 얻었는고. 西人의 학문이라 하는 것은 無益할 뿐 아니라 또한 害가 있으리라 하며 친족 중에 西文을 신종하는 자-있으면 嘻噓歎息하여 吾門이 망할 모양으로 이를 허락한 불손한 자손이 생겨났다고 하고 盡心竭力하여 기필코 阻毁해내니, 이러함으로 서인이 우리나라 교사로 초빙한 자-혹 10여 년이오 혹 7,8년이로다. 이제 한 개인도 그 학문에 투철히 졸업하였다는 말은 듣지 못하였으니

탄식할 뿐이다. 慣舊한 되풀이를 종료 내지 除法하지 못하면 국법의 우세함과 인류의 선악을 능히 변명하지 못하리니 어찌 長進하기를 바라리오.

▶ **1898년**
電氣製陶術의 發明

미국 전기잡지에 말하기를, 영국 어떤 製陶所에서 석탄을 이용하고 거기에 전기를 사용하는 것을 발명하였는데, 사진판을 사용하여 시험을 시행한 즉 좋은 결과를 얻었다 하고 이를 잡지기사에 말한 바로는 陶器든지 製法이 容易하고 가격이 저렴하고 물품은 십분 완비하다고 하더라.

▶ **1898년 9월29일**
〈論說〉

어떤 이가 나에게 물어 개화라는 것은 어떤 것을 가리키며 어떤 일을 말하느뇨. 나는 응하여 말하되, 이는 開物成務하며 化民成俗을 개화라 이른다. 말하며, 근세에 개화라는 것-다 서양을 依慕하니 당초 개화라는 것이 동양에는 없으리오. (중략) 금세에도 오류의 행실을 순순히 행하여 인간의 도리를 아는 즉 실행의 개화요, 학문을 연구하여 이치를 바로잡는 즉 학술의 개화요, 국가의 정치를 정대이 하여 백성이 태평한 즐거움이 있는 즉 정치의 개화요, 법률을 공평히 하여 백성이 冤抑한 일이 없는 즉 법률의 개화요, 기계의 사용을 편리하게 하여 사람의 사용을 이롭게 한 즉 기계의 개화요, 물품의 제조를 精堅히 하여 사람의 생업을 부유하게 한 즉 물품의 개화니 이러한 조건이 합하면 가히 준비한 개화라고 말할지라. (중략)

▶ **1898년 10월14일**
〈論說〉

나는 사십 평생에 꿈이 없어 당초 꿈이란 의미가 무엇인지 알지 못하는 고로

好事者가 써놓은 이야기로 돌아가고
혹 知舊人이 夜來夢事를 이야기하면
흘려들었더니, 어제 밤의 書案을 대하
여 太古史를 열람하다가 잠을 취하지
못하여 短枕을 잠시하고 혼미한 중에
몸이 定處가 없어 강남천리를 짧은 시
간에 행진하여 吳山楚水로 상하 두루
살피더니 한 곳에 이른 즉, 層樓高閣이
좌우에 櫛比하고 말이 달려 바퀴가 지
나간 전후에 연결한 데 있던 곳은 무수
한 精兵이, 무예를 연마하고 있던 곳은
무수한 학도가, 각종 학문을 講究하고
있던 곳에 十百 공장이, 기계를 제조하
고 있던 곳은 千萬 상점에 물품을 진열
하여 通國景況이 일대 開明世界를 關
하였는지라. 다시 학교를 訪去하여 교
사를 보고 拜禮하고 말하기를, 나는 大
韓人으로서 유람하다가 우연히 이곳에
이르렀거니와 貴國 國號가 무엇이요?
그 교사가 예를 갖추어 답하기를, 鄙土
는 卽古形語國이니라. 나는 말하기를
太古史를 볼 때, 그 중에 形語國이란
나라가 있어야 그 풍습이 大樣을 未散
하여 無爲之治를 행한다고 하였더니
지금으로 볼 때 문명이 서방 각국에 讓
頭할 것이 없소. (중략)

▶ **1899년 1월5일**
⟨社說⟩

대한신민들이 광무 3년도에 이르러 위
로는 聖壽萬歲를 축하하고 아래로는
天下泰平을 贊歌하나니, 化域涵泳이
康衢烟月을 畵出한지라. 본사에서도
신년 신문을 발간함이 단편신화로 臣民
의 頌贊하는 마음을 만분의 일이나 이
루고자 하노라. 古文에 말하기를 1년의
계획은 봄에 있다 하니 국가든지 인민
이든지 1년의 경영을 이 달에 예산하지
못하면 政務와 학업과 농업과 상업과
공업이 그 결정을 잃어버려 日新과 日
新하는 길로 나아가는 것이 어려우니
이 달의 維新함을 어찌 다른 달에 견주
리오. (중략)

▶ **1899년 1월11일**
⟨別報⟩
* **訓盲學堂論**

개인이 천지의 원기를 받아 살아가는
것은 賢愚貴賤이 없지만, 혹 天癈人失
로 啞聾가 생겨나니 이를 양성함이 없
으면 이는 살아있는 보존의 일차 법이
라. 고로 서양의 문명한 국가에서는 이
러한 病人을 다 학교로 보내어 각종 課
業을 습득시킨 후 그 사람의 일할 만한
것을 주어 각각 그 직업에 종사하게 하
는데 그 중에 특별히 맹인을 위하여 1
주간 일차 출간하는 신문과 월보가 있
으니, 이 신문과 월보는 전혀 맹인을 교
육하는 방책과 각처에 있는 맹인학교에
집고만 기재하는 고로 대부분의 맹인학
교와 맹제조소가 있는 곳이 없는지라.
최근에 대한에 존재하는 영국 一高明
대사와 一高明부인이 우리나라에 맹인
이 직업이 없음을 안타깝게 여겨 盲人
堂을 西署貢洞에 설치하니 이는 일세
의 성사라 여기나, 나도 본국에 목적이
있는 자 되어 심중에 어찌 자괴함이 없
으리오 마는, 그 사람의 자비함을 위하
여 극히 치하할 바로다. 혹자가 말하기
를 맹인을 교육하여 장차 어찌 활용하
겠거늘, 나는 말하기를 그렇지 않다. 이
학당을 설치함이 3건의 큰 운이 있으
니, 하나는 사람이 책을 읽을 줄 모르면
금수에 불과하나니 맹인은 비록 이를
잘하지 못하나 손의 기술과 마음의 領
略은 다른 이에 비해 앞서 精神所到에
불통한 일이 없을 터인 즉 각종 사업의
책자를 易曉하게 편집 제조하여 입으로
통하게 한 후 기계로서 이용하게 하며
가히 그 능력을 다하리니, 이는 無職이
有職이오 盲이 盲이 아니니라. 세상에
폐기한 사람을 면하게 할 것이오. 두 번
째는 우리나라 맹인들의 평일 소행을
보건대, 易象을 妄評하고 불경을 능통
하여 逐鬼度厄에 관한 말과 祈壽來福
의 방법으로 어리석은 백성을 미혹시켜
풍습이 靡然하거늘, 이후로는 허탄한
기술이 실지로 돌아와야 목적이 있는

자가 목적이 없는 자에게 속는 악습이 없을 것이오. 세 번째는 대한인민들이 본래 遊衣遊食하기를 좋아하거늘 현재에는 목적이 없는 자도 직업을 갖고 있으니 목적이 있는 자 어찌 마음의 책망함이 없으리오. 이로 인하여 나라 안에 비록 一夫一婦라도 遊衣遊食하는 자 없게 할지라. 이 세 가지를 보건대, 국가의 문명과 부강이 학교와 제조를 廣設하는데 있어야 비록 癈病한 자라도 실업한 자가 없을 것이거늘, 오늘날 우리 국가가 빈약하여 外海를 받아들이되 무병한 사람도 취업은 생각지 아니하고 取物하기를 장기로 삼으니 마지막에는 무엇에 이르리오. 그러한 즉 우리 동포는 지금이라도 각 학교에 들어가 공업을 공부하고 자본이 있는 자는 제조소를 설치하여 자기의 資生도 하려니와 외지의 직업 없는 자로 하여금 이에 돌아가 실무를 얻게 하여 거의 전 국민으로 하여금 타국인의 착취를 면하고자 하노라.

▶ **1899년 1월 14일**
博物請求

法國萬物博覽會 대원 閔內嘉씨가 청구서를 농상공부에 보냈는데 法國 巴璃 京都에 설치한 만국박람회 때 본국 박물을 보낼 시 需費 5천원을 올 해 예산 중 지출할 일로 청구하였다더라.

▶ **1899년 2월 3일**
〈論說〉

(중략) 대황제 폐하께서 創業하시는 공덕으로 중흥하시는 기초를 확립하셔 일찍이 조선이 오늘에 와서 대한이 되고, 일찍이 왕국이 오늘에 와서 황국이 되고, 일찍이 통하지 않던 구미 각국을 오늘에 와서 好和親密함에, 일찍이 폐쇄하던 항구도 열고, 일찍이 존재하지 않던 전보도 생겨나고, 일찍이 존재하지 않던 驛遞도 생겨나고, 일찍이 존재하지 않던 철로도 생기고, 일찍이 존재하

지 않던 豫算名目도 생기고, 일찍이 존재하지 않던 학교도 생기고, 일찍이 존재하지 않던 형무소니 武官學校라 칭함도 생겨나고, 근래에는 신문사도 설치하고 中樞院도 실시하고 만민회도 잠시 존재했으니 이때는 무슨 때인고. 아마도 太平無事의 때라고는 칭하지 못하겠는 즉, 또한 가히 말하기를 大更張하는 비상시라 하시는지 이때를 당한 政府諸公은 어찌 하라 하시는지. 우리는 비상한 沙工과 비상한 良醫와 비상한 良工이 將覆之舟를 利涉하며 將死之命을 救活하며 將傾之屋을 修葺하여 국가의 비상시에 功을 不日成就하기를 희망하노라.

▶ **1899년 3월 4일**
〈論說〉
* 泰西時事報에 俄日을 논한 문답을 얻어 이렇게 기술하노라.

(중략) 정부가 비록 竭力賙濟하여도 기세에는 每人의 賬銀이 7,80원에 이르러야 豊收之年에 償還하지 못한 고로 庫項이 困此致絀하여 그 인민이 또한 모두 어리석음에 공예를 알지 못하여 未經開化의 인민이니. 러시아를 볼 때, 一半野番의 국가이라. 그런 즉 러시아가 外强中乾하니 兩代 이후를 必須하여 開關疆土하며 城邑을 많이 설립하여야 동방에 인민이 興盛하게 되리라.

▶ **1899년 2월 18일**
博物請求

法國巴璃京都博覽會 본국 박물사무부원 閔泳瓚씨가 만국박람회에 보낼 각종 물품을 소개하였는데, 석탄과 금, 은, 철과 석회 등 물품이오. 沙土로 조성한 器皿, 沙質과 사기로 윤색한 것 등 물품을 農部에 청구하였다더라.

▶ **1899년 2월**
(漢口通信)

張之洞씨가 근래 湖北武昌府에서 藝

學堂을 창설하고 보고하여 생도를 모집하는데, 그 학당에는 중국, 일본의 교사와 직공을 고용하여 普通學과 實地工作을 학습하게 하는데, 생도정원이 60명인데 응모자는 300여 명이라더라.

▶ 1899년 3월10일

會社請願

南署筆洞에 사는 李秉承 등 9명이 농상공부에 청원하였는데, 현재 萬國이 교섭하여 이익을 바라는 것은 각 그 자신의 나라가 부강하기 위하여 민생의 방법을 공구하여 얻거늘, 방금 나라 안의 鐵途를 설치할 때, 나는 대한이 재정이 부족하지 않아야 설치하는 경비와 방법은 비록 외국에게 양보하였으나 役夫를 고용함과 각종 물품을 購買資用할 때에 거액의 자금이 자연 소모될지라. 그런 즉 나의 役丁을 세움과 食物이며 그 외 각종 물품 구매의 자금을 넉넉히 하는 이익을 또 전혀 다른 나라 사람에게만 양보하지 말고 스스로 酬應하면 이 역시 국민의 纖縷利益이라도 얻을 수 있는 하나의 조건이 될지라. 이후로 회사를 結搆하고 자본을 모아 役夫의 食物과 각종 물품을 酬應하기 위하여 이를 청원하노라. (중략)

▶ 1899년 3월18일

請派委員

주미공사 李範晉씨 보고내용에 미국 필라델피아 博物院에서 금년 9월10일에 博物會를 장차 설립할 터이니, 商務에 慣解하는 사람으로 위원을 파견하여 그 여부를 먼저 통보하라 하였다더라.

▶ 1899년 3월23일

〈別報〉

현재 日本時事新報를 둘러본 즉 한국에 이민이라는 제목이 있으니 이 언론이 다음과 같더라. 일본에서는 국내에 인민은 번창하고 생업은 핍소함을 우려하여 타국으로 이주할 계책을 주의하는

데, 대한에서는 내지에 스스로 거류하는 인민도 보호하지 못하여 날로 離散할 지경에 이러니 어찌 病哭處가 아니리오. 惟願官民들은 이러한 일면에 주목하시라. 종래 일본인이 韓國事를 이야기하는 것은 독립을 扶植하며 弊政을 匡正함이 옳다고 하여 정치상에만 힘을 사용한 것이 실패원인이라. 이왕사는 막론하고 日韓關係의 가장 중요함은 통상무역에 관한 일인 즉 지금 이후에는 일본국민이 大奮勵 종사함이 옳도다. 세계는 넓고 商賈는 많아야 통상무역의 이익이 到處不乏하나 나의 소견으로써 계획하건대, 일한통상에 특별한 편리가 하나도 없는지라. 제일은 距離가 甚近하여 馬關에서 釜山까지 배편이 6시간에 달하니 東京에서 靜岡 濱松간의 자동차로 가는 시간과 다를 바 없고, 또 풍속습관으로 논하더라도 언어를 직통하지는 못하나 언어가 서로 달라 상호 학습하여 바꾸고 문자는 공통으로 하여 한 가지 枝筆만 하는 즉 여하한 담화라도 差礙가 없을뿐더러 의복, 飯食과 일용식품이 이미 동일하니 한국의 특산은 穀物이라. 일본에 수입하고 또 일본의 직물, 가구, 잡기 등 종류는 수출하여 양국 교역이 흥하면 우리의 산물이 날로 증가하여 오늘 이후 번창함을 가히 점할지나 우리의 이익상에 취하여 특히 희망하는 바는 일본인을 한국 내지에 이주하여 농업에 종사하게 하는 일이라. 근래에 일본 인구가 매년 비상히 증식하여 국내에 생활이 점차 곤란함으로써 南洋諸島와 남아메리카까지 이주하는 터인데, 오늘날에 한국을 본 즉 이 地味는 극히 풍족하되 인구가 적어야 극히 아름다운 토지를 空歸荒蕪하여 滿目의 황량한 곳이 적으니 일본 인민을 한국에 이주하여 그 토지를 경작하게 하면 이는 양국의 이익이라. (중략)

▶ 1899년 3월24일

甕稅何稅

龍山에 거주하는 金充若이 農部에 청원하였는데, 坡州, 積城 兩郡에 옹기점이 있는데 그 물품의 大小가 똑같지 않으니 본인으로 另定派員하여 기물의 長廣尺數를 지정하게 하면 大甕의 每坐에 稅錢一戔식을 받아들여 매년 稅入 5천냥을 봄, 가을 등에 분배하여 農部에 상납한다 하였더니 農部에서 가히 指命하였는지 알지 못하거니와 우리는 이를 雜類로 인식하는 것이 앞날에 勅敎가 屢降하사 無名亂稅를 혁파하라 하거늘, 오늘날에 이와 같은 종류가 이와 같은 세납을 설치하고자 하니 어찌 良民이라 칭하리오.

▶ 1899년 3월 31일
韓國의 外資
한국물산과 사업에 있어 한국인보다 외국인의 착수함이 많아 外資를 의뢰하는 것의 종목이 대략 다음과 같으니, 평양 석탄판매(日人), 松坡陶器製造(日人) 등.

▶ 1899년 4월 25일
〈論說〉
* 制民之産
(중략) 국가에 農部가 있으니 농학을 최초로 일으키며 각 지방에 農師를 초빙하여 美法으로 美利를 收成함으로써 백성을 보게 하면 백성이 이로운데 취함이 물이 아래로 흐르게 함과 같은지라. 農의 미래에 나아감이 나날이 성장할지요, 工之家凡幾요, 우리 대한이 三南 무명과 東北 삼베, 兩西 명주 등만 가지고도 옷을 만들던 것을 서양 옷감의 수입으로 서양의 포목 방적기기의 美善함은 익히지 않고 서양 포목의 이용함만 취하여 수입에 전부 돈을 써 2천만에 衣被하는 거액을 외국에 주고 군대와 의사의 의복까지도 수입에 전부 의존하며, 내지 點火柴, 砂器, 紙墨, 염료를 전부 수입하니 國安得不弱하며 民安得不貧하리오. 옛날에는 常平通寶 등만 가지고도 견디기에 문제가 없을뿐

더러 以布易米함도 수백 년간 일이었건만, 현재에는 타인의 금은지폐의 편리함을 볼지라. 望洋興歎이 烏得不然이리요. 工務를 수완한 이들은 힘 좀 쓰시오. 공업을 진흥하면 裕國富民하는 대사업일뿐더러 시급히 빈민으로 업이 없는 자를 가히 소생할 것이요. 가정의 장사에 이르게 하는 현재에, 상무회사가 흥하여 民國간 전력을 다하니 장차 이전에 하던 등짐장사, 봇짐장사하든 業은 고루한지라 그만두고 汽線과 화륜차 철로로 나아가서 5大州 海運陸輪의 利源을 발달하게 하여 國富民强할 良策茂績을 분명히 하기로 정하노라. (중략)

▶ 1899년 5월 12일
英國財官演說
영국 出納院長 고 스덴씨는 파민까므의 工藝技師宴會에 임하여 연설하신 내용 중 가장 중요한 건을 의탁한 즉, 歐州의 外態는 수일 전보다는 數層平穩한 것이 영국이 덕국이나 블란서 두 나라와 友誼協商을 이미 성립하였고 또 우리나라와도 이 같은 협상을 조화롭게 하였다더라.

▶ 1899년 5월 12일
商工設校
정부에서 學部에 照會하기를 設校敎育이 현재 가장 먼저 해야 할 의무이거늘, 하물며 상공은 尤爲急切이온데, 奉月詔勅之下에 不可晷刻稽緩이니 학교 경비 2만16원을 외부 수효에 빨리 지출할 일로 도지사에 조회하라고 하였다더라.

▶ 1899년 5월 13일
農部派員
농부에서 東萊 외구파원을 崔仁淳, 金東運으로 정하고 훈령하기를 동래 항구에 앞서 이주하여 외부로부터 들여오는 돈을 일정 규정하고 파원 金河用, 金永

奎 등의 稅錢 7만여 냥을 일일이 조사, 추적하여 출부파원으로 하여금 訓飭, 監史하였으니, 조사하여 본부에 명확히 보고하라 하였는데 그 규칙은 다음과 같다.

1 上納은 永屬, 景孝, 殿尊, 禮時, 樂器修補와 樂工料資事요.

1 稅則은 5穀 各 1 俵 1錢5,6分식 有差 등하고, 별은 1개에 2냥이오. 皮, 木, 鐵, 魚, 布, 緞, 鹽, 器皿 등 물품에는 매 1냥에 3分이오. 이외 외국의 각 물품은 옛 법칙에 의거하여 無遺取捧하라 하였다더라.

▶ **1899년 5월26일**

〈論說〉

* 開國 五百三年 以後 情形(續)

(一開港口) 인천, 부산, 원산은 개항한 지 이미 여러 해요. 경흥, 목포, 진남포는 최근에 개항하였고 또 성진, 창원, 沃溝 땅과 평양에 도시를 새롭게 열었으나 아직 공업이 부진함으로 수입물품만 적재하여 貧國의 漏巵를 만드니, 이는 백성의 지식이 아직 열리지 않아 財源을 모색할 줄을 알지 못함이라. 차차 공업의 발달함과 機器의 이익을 鼓勵하면 백성의 趨利함이 물이 아래로 흐름과 같게 매일 새롭고 매월 강성할지니 국가의 부강에 이를진데. (중략)

▶ **1899년 6월3일**

〈論說〉

* 大韓人의 智巧가 擴張치 못혼 原因

무릇 세계에 開明國이라 칭함은 그 나라의 국민이 학식의 소급으로 지교가 점차 확장하여 현재 사람이 앞선 자의 개발하지 못한 바를 개발하여 그 무궁한 지교가 뛰어난데 이르니, 이를 가리켜 開物成務요 化民成俗이라. 고로 서양인이 무릇 나라 안에 새롭고 정교한 물건을 능히 제조하여 백성에게 이용할 자-있으면 官府에서 율령을 내려 10년이 된 후에 타인으로 하여금 본받게 하

기를 허가하고 그 사람을 존경하며 특별히 예우하니, 스스로 이로 그 인민들이 人一能之이던 己百之하기로 성질을 만들어야 透格의 궁극함이 천지가 괴로워하고 造化가 無功이라. 각종 기구를 嘗攷하건데, 火車, 輪船, 電線, 千里鏡, 自鳴鐘, 寒暑針, 風雨針, 軍器, 農器, 醫器, 時表, 洋燈, 織造器 등 제조라. 이 제조가 백성의 이익에 관계함으로 그 백성이 강하고 그 백성이 부유하더라. 우리나라에도 유사 이래로 지교가 없었던 것은 아닌 것이 신라시대에 繡刻을 뛰어나게 하여 중국에 보내었는데 중국인이 말하기를, 신라의 정교함은 천하의 무쌍이라 하였으되, 현재에는 그 遺法을 모방 제조함이 없고 고려시대에 磁器를 제조하여 그 기품이 서양에까지 알려졌으되, 현재에는 문양이 없는 器皿도 제조하지 못하고 고래에 靑瓦商이 있어 그 기와가 현재에도 약간 존재하는데 그 상인이 이 업을 스스로 이어가지 못해 사람에게 전수하기를 크게 꺼리고 專業을 허락한 자에게도 전수하지 않음으로 이 업을 모방하여 얻은 자 없는지라. 고로 우리나라가 지금까지 이야기로 전하는 말에, 사람이 물품을 새롭게 제조하여 사람에게 가르치지 아니하고 그 이치를 홀로 전하면, 일컫어서 靑瓦商이라 하느니라. 몇 년 전에 중국인을 고용하여 掌樂院 뒤에서 청와를 굽는다는데, 그 색과 품질이 우리나라의 고유한 청와와 비교하지 못할지라. 우리나라는 오늘에 이르러 사람의 지교가 옛보다 이기기는 고사하고 옛보다 못하다. 정부에서 지교한 사람이 있어야 백성에게 이익을 줄 경우면, 그 각자를 세계의 무대에 세워야 후생의 지교를 益充할 것이어서 이를 위하지 아니하고 만일 뛰어난 장인이 있어야 器品이 정세하면 관인들이 一分을 나누지 않고 秦求가 無已하여 그에 응하기도 日不暇給거던 느긋하게 생업을 계획하리요. 이에 머물 뿐 아니라 그 공교한 자가 자기의 재능을 믿고 타인

의 학문을 얻음을 꺼려야 대중에게 전수하기를 옳게 여기니, 이러고서야 비록 하늘이 그 나라의 지교를 확장해본들 어찌 얻으리오. 이러한 까닭으로 오늘날에 國貧民弱함에 이름이라. 오늘날의 천하는 어제의 천하와 달라야 하고 만일 지교를 확장하지 못하면 세계에 野蠻國을 면하지 못할지라. 정부에서 인민 교육하는 이치를 연구하여 한 나라로 하여금 규모가 날로 넓어지고 지교가 날로 나아가는 지경이면 불과 몇 년 안에 서양인의 제조보다 이기지 못할 이치도 없을 터이니 어찌 開物成務하며 化民成俗하기를 다른 법에서 구하리오.

▶ **1899년 6월6일**
(廣告)

내년 法京巴里萬國大博覽會에 진귀하고 희귀한 각종 물품을 직접 가서 판매하려는 상인이나 혹 이와 같은 물품의 주인이 定費만으로 판매하려는 대한의 수많은 君子는 이번 해 6월8일에 매일 아침 7시부터 8시 내에 羅洞 邑城旅宿館으로 柱臨商議하심을 희망함.

▶ **1899년 6월12일**
〈論說〉

대저 국가를 세우는 것을 알려면 商務의 興旺함을 필요로 하나니 어찌 하리오. 이 상무의 흥왕함을 얻어야 국고의 세입이 증가함으로 학교를 널리 세워야 인민을 교육하며, 군대를 확장해야 적군을 방어하며, 공업을 세워야 이익을 취할 수 있으니, 이러함으로 가까운 시일에 동서양제국이 모두 대륙을 개방하고 교역을 시행함은 다만 우호를 다할 뿐 아니라 실로 자국이익을 대건설을 기립함이라. 지금에 이르러 국가를 세우기 위해 商務에 중함을 논할 때, 그 증가한 인구가 농업에만 종사하여 의식을 생존 경쟁하는 것을 구하는 것이 아닌 고로 이후로 식산흥업에 진보

하는 열세가 날로 다르고 날로 같지 않아야 그 무역하는 수출·입의 수가 1년이 다르게 매년 증가하니 다가올 5년을 계획하건데, 명치 26년에 1억80만원이요, 27년에 2억2천만원이요, 28년에 2억8천만원이요, 29년에 3억2천만원이요, 30년에 4억5천만원이요, 작년에 이르러서는 대략 5억이니 대개 26년에 비하면 3배가 증가한지라. 그 상업의 발달함이 이러함으로 세계에 일본을 상공업의 나라로 말하니, 우리 대한에는 갑오경장 이후 6년 만에 항구를 5곳에 증설하고 통상을 널리 교역하였으되, 상업은 一分 효력도 없고 국민의 損害場을 개방하여 수출이란 것은 본국에서 생산하는 쌀 뿐이오. 수입물품은 인간이 제조한 타국물품이라. 한이 많은 天造物로 한이 없는 人造를 원수로 대하고자 하니 인민들이 어찌 식산흥업의 권세를 얻으리오. 하물며 근래에는 백성을 위하여 商路의 自利를 勸進할 생각은 잊고 이미 개혁한 雜稅를 다시 세워 각 港, 각 通, 각 場, 각 市의 旅閣主人이니, 11稅를 각 처 상민에게 침해하여 艱辛辨備한 자본을 雜稅에 응하게 하여 그 진흥의 전 과정을 감히 바라지 못하는지라. 이로써 지난 5, 6년이 지나더라도 그 발달함은 果見하기 어렵다. 정부에서 과거같이 閉關自守하려면 이미 말한 바와 같이 상업을 극히 지켜야만 국가의 興起를 깊이 그려낼 수 있을 것이다.

▶ **1899년 6월30일**
勅令 第 二十八號 / 商工業校官制

第一條 : 상공업학교는 상업과 공업에 필요한 실학을 교육하는 곳으로 정함이라.
第二條 : 상공업학교에 상업과와 공업과를 나누어 설치함이라.

▶ **1899년 7월5일**
〈論說〉

학교는 開進文化하는 一大門路라. 사람이 다 이 文路로 들어간 연후에 국가의 수용할 영재가 부족하지 않고, 인민의 資生할 산업이 자족하여 부강의 기초를 정하지 않고 必致하나니 학교의 旺衰가 어찌 국가 흥폐의 관계가 아니리오. 서방국가를 開明人이라, 富强國이라 말하는 것은 본래 別種人이 아니라 국내에 학교를 널리 세워 인재를 교육함이 배급되어야 하고, 중년으로 장성하도록 소학교, 중학교, 사범학교, 전문학교, 대학교를 점차 취학하여 정치학과 武學과 농학과 상학과 공학과 화학과 理學, 諸種學을 각각 지향하되, 졸업한 후에 그 직업을 얻어 천하에 한 사람도 낙오함이 없게 하니, 그 백성이 어찌 開明하지 아니하며 그 국가가 어찌 부강하지 않으리오.(중략)

▶ 1899년 7월17일
〈別報〉

日本 九州實業團 顧問麁子, 木曜之進씨가 이 달 14일에 경성 각 신문사 기자를 羅洞 日進亭으로 초청하여 한국의 農商工奬勵場을 개설할 문제로 〈부유한 나라는 일개 가정이 부유한 것〉이란 표제를 내세워 연설하였기로 약술하면 다음과 같다. 지금의 대한민국으로 하여금 문명한 장에 나아가고 부강한 지역에 도달함은 우리 동양에서 우선적으로 나아가게 되는 국민의 천직이라. 하물며 한일 양국은 脣齒輔車의 열세가 모름지기 잠간이라도 相離하지 못할 관계가 있는 즉 양국 臣民은 친밀을 익히 더하고 국익을 서로 꾀하여 부강국의 기초를 동양에 쌍립하기를 희망하노라. 권업은 부유함에 도달하기 위한 으뜸의 밑천이라. 국가의 부강을 논할진대 농상공부의 권업진보를 꾀하는데 다음과 같아야 식산공업을 발달하게 하고 국민이 부유할 것이요, 나라가 부유하면 강국이 됨은 필연적 이치니라. 국력의 발달은 농상공업 진보에 기초하고 농상공업의 발달은 국민이 저축한

밑천에서부터 오는 즉 한 나라의 財本이 일개 한 사람의 축적의 결실에 기인함은 말로써 갖추지 않고 사람이 스스로 알아서 깨달아야 하는 바이다. 현재의 대한 인구가 2천만이라 하니 이에 각종 산업을 勸誘하여 나날이 한 사람에 勸勉增錢二厘人毛式을 얻을 시간은 10년이면 국가의 부를 積重할 것이니, 槪筭은 다음과 같이 1일 1사람의 勸勉增錢二厘人毛, 1일 2천만 사람에 5,600원, 1개월에 168만원, 1년에 2천만원, 10년에 2억만원, 이와 같이 늘어 놓은 바는 대한 전국에 통하는 일이요, 또 京都인구를 30만이라 이른 즉 그 無恒産한 것을 10분의 13만인으로 가정하고 이 3만인에게 공예를 教授하여서 有恒產한 것으로 세우면, 매일 한 사람에 공임을 10錢씩 줄 것이나 하루 3만인에 3천원, 1달에 9만원, 1년에 108만원, 이처럼 나열한 도시의 공업발달은 행하기에 용이할지니, 설명하기를 속히 하면 몸소 앞서 이익을 얻기를 確然하고 또 국익됨이 필연하니 이 공업발달의 근본은 도시의 공업장려장을 설립함이 필연한 急務이라.

▶ 1899년 9월23일
〈別報〉
* 鬱陵島事況

(중략) 日本船商의 수입품은 쌀, 瓷器, 일본 술, 서양 포목, 線火, 기름, 우산 등인데 土民으로부터 교역하는 법은 물품을 물품으로 교역하고. (중략)

▶ 1899년 9월30일
傳染病消毒規則

* 도기, 금속제품에는 다음과 같은 소독법을 시행할 것

一. 石炭淨拭(石炭酸水로써 拭淨한 후 재차 淨水로써 拭淨할 것)

二. 乾布拭淨(乾布를 교환하여 능히 내외를 拭淨하고 그 乾布는 속히 소각할 것)

▶ 1899년 10월2일
〈論說〉

국가에 制民之産하는데 그 업무가 역시 많으며, 현재에 이르러 공업의 衰減함이 날로 지나쳐 하나의 종이도 실도 서양의 수입에 전부 의존하고 土陶火柴도 외래품으로 전부 의지하니 백성이 가난하지 않으며 또한 국가가 쇠약하지 않기를 바랄 수 있으리오. 백성이 顚蒙하여 財源을 모색하기 힘들고 工學에 蹂昧하여 제조에 착수하기 힘든 것은 工課를 다루는 솜씨를 권장하는 것-마땅히 機器의 기능을 발견하여 권장하고 鼓舞하여 克底于績하리니. (중략)

▶ 1899년 10월10일
盲啞學校製作品

동경 맹아학교 생도가 法國巴里博覽會에 출품할 목적으로 물품을 제작하는데 십분 공교히 성공하더라.

▶ 1899년 10월18일
製章物料

表勳院에서 훈장 제조할 物料를 일본에 주문하였더니 가까운 시일에 인천 항구에 도착하였다더라.

▶ 1899년 11월1일
農商工業

농상공부에서 정부에 청의하기를 농상공부의 권업은 참으로 시급한 업무요. 증진할 좋은 대책을 연구해 오던 바, 본부에 農商工勸業議所를 설치하고 農部에 학식과 경험 있는 인원을 선발 모집하여 식산물과 제조물의 발달할 방침을 널리 가려내어 인민을 권장하며 실지를 시험하오며 실업을 勸勉하는데 이익을 더하겠기로, 農工勸業所를 설치하고 위원장 1명과 위원 20명, 서기 2명을 本 大臣이 선임하겠다 하였다더라.

▶ 1899년 12월21일
〈論說〉

* **馭士當如馭馬**

(중략) 무릇 우리나라에 遊學한 聰俊이 외국에 나아가 3년 혹은 5년에 學文工藝를 졸업하여 고국에 돌아옴에 부모와 친구가 遊學成業함을 서로 축하하며 장차 그 분야에 흥성하기를 희망하였더니, 才華-外馳하고 德量이 內消하여 말이 경박하며, 性氣-급하고 노모를 髦昏이라 하며 고로 옛것을 野蠻이라 하고 스스로 완성하는 것은 없고 마음은 공경함이 없어, 冲年에 학문이 없고 직업이 없는 자제와 별반 다를 것이 없으니. (중략)

▶ 1900년 1월8일
巴里博物大員

學務協辦 閔泳瓚씨가 한국박물대원으로 法京 巴里에 왕래할 차로 이달 10일경에 發程前往한다더라.

▶ 1900년 1월16일
博物副員의 往法

法國巴里京博物會 副員 閔泳瓚씨가 오늘 한성에서 출발하여 그 나라에 前往하더라.

▶ 1900년 3월1일
博物會의 韓國事務所

法京 巴里萬國博物會의 대한사무소를 건축할 차로 위원 晏禮伯씨가 건축비 4萬法 1만6천원 가량을 外部에 청구하였더라.

▶ 1900년 3월14일
土器商의 呼訴

함평군 土器商들이 商務社에 호소하기를, 본 군의 任房에서 예납하고 每店에 100냥씩 勒徵하기로 討索을 不耐하여 渙散하겠다 하였더라.

▶ 1900년 3월17일
英國의 萬國博覽會

영국에서 꾸라스고市의 만국박람회를

올해 여름에 개최하는 일은 이미 보도 하였거니와, 현재 그 박람회를 상세히 알아 본 즉 英帝國과 기타 부속 국가, 領土, 식민지의 産物製作品과 그 외 나라의 출품을 진열할 일, 미술역사, 古史學, 철도와 운수, 電氣省力, 機械, 海上機關婦人部와 遊戱의 類, 19세기 미술의 진상을 설명할 조각과 회화, 唱歌, 악기 등인데 식당, 찻집 기타 휴게소는 회장 내에 설치하고 우편통신, 은행 기타 제반시설은 출품인과 공공일반 편리를 위하여 회장 내에 설치한다더라.

▶ 1900년 4월4일

〈別報〉

時事報에 日本磁器의 沿革을 다음과 같이 기술하였으니, 일본 薩摩島에서 제조한 자기는 그 窯가 수개소인데, 苗代川村의 窯가 가장 크니 방금 세간에 유통되는 자기가 이 窯에서 다수 나오는지라. 慶長 年間에 平秀吉이 조선을 침략할 때, 薩摩國主 津義弘이 역시 쫓아가 귀국할 때에 도공 17명을 데려와 이를 薩摩島의 高麗町에 기거하게 하였더니, 후에 언어, 풍습부터 머리모양까지 오랜 습관을 공존하여 오늘날에 이르러 500여 가구로 늘어나고 苗代川村에 한 부락을 만들어 남녀 합계 458명인데, 항상 자기제조를 업으로 하더니 명치 4년 官令을 받아 일본국민과 동일한 권리를 얻었느니라. 당시 薩摩國主가 도공 중 최우수한 자를 선발하여 大隅國으로 보내 다기 등을 제조하게 함에 그 질이 정밀하여 靑黃黑을 겸한 칠을 시유하는데, '蛇喝'라 불리는 백색의 凝漆班이 있는 것으로써 양호하다 하며, 초기에는 朴平意라는 자(17인 중)가 가장 정밀하여 조선에서 건너온 백토와 칠약을 원료로 삼아 자기를 제조하고 이를 '火計'라 칭하고 그 후 平意가 동지 沈常吉과 서로 의논하여 원료를 발견하고 薩摩國, 大隅國의 각지를 심층 조사하여 마침내 石沙, 漆藥石, 白土, 白粘土를 발견하여 자기를

試製함에 그 질이 堅硬하여 순백한 良器를 만들어내니 義弘이 크게 기뻐하여 찬양하되, 조선의 態川이라 云하는 名器보다 낫다고 하여 나날이 각종 기물을 제조하게 하고 이 기물을 古帖左라 부르고 慶長 18년에 이르러 백자와 유사한 순백 투명한 자기와 조선모양의 刷毛條三島와 寸古祿(精美의 稱)을 제조하게 하되 義弘은 이 子忠恒과 함께 屢屢한 공장에 臨檢하여 양호한 기물에 손도장을 압인하고 대대로 이어질 用窯로 삼아 일시 성황을 극히 하더니, 寬政 年間 國主 齊宣이 자기를 좋아하여 人工을 명하여 백자에 금채를 입혀 회화를 묘사하게 하고 '錦手'라 칭하니, 세간사람이 이를 夢賞하되 제국의 磁器를 초월한다하니라. 이 시대 大隅國, 帖左의 磁業은 이미 폐색하였으나 龍門寺라 하는 곳에서 帖左 모양을 다시 제조하여 현재 이어지고 있더라. 苗代川村 御用製造所에는 人工 沈常吉부터 지금까지 12대를 경영하여 현재에 이르러 沈壽官이라 하는 자가 主任하여 계속하다가 명치유신 때에 역시 從廢止하였더니 명치 5년에 다시 薩摩磁器製造社를 세우고 온전히 民業을 다하여 심씨 창립으로 맡은 일을 책임지어 개업하고, 명치 6년 영국세계대박람회에 정부출품용의 자기를 제조하기로 명하고, 諸般意巧를 滑轉하여 6척여의 대화병을 제조하되 繪紋에 화조를 묘사함이 최고로 치밀, 정교한지라. 그 박람회에서 크게 각국인의 讚賞을 얻으니 나날이 명성이 세계에 높음으로 해외수출의 길이 크게 열리어 그 社運이 점차 융성하게 되었더니, 불행히 그 회사영업 계산상에 부족함이 있어 유지하기 어렵더니, 명치 7년에 마침내 파산하게 되어 그 磁業이 쇠퇴하여 수많은 직공이 직업을 잃고 기갈을 견디지 못할 지경이 되니, 이 때에 심씨는 경영의 고심과 300년 이래의 사업을 놓치고 각종 기물을 減絶하게 됨을 견디내지 못하여, 명치 8년에 결의하고 財源을 스

스로 모아 백번 고심한 후에 하나의 제조소를 건설할 기회를 얻어 이미 떠난 직공으로 하여금 그 업에 재차 취하게 한 이래로 천신만고하여 그 업의 개량을 꾀하여 장려하니, 명치 11, 12년경에 이르러 점차 무역이 융성하고 기술도 역시 진보하여 다년 경험한 실력으로써 명치 13년경에 거대한 기물이라도 용이히게 이를 제조하는 법을 발명하여 오늘날 성황하기에 이르렀는데, 그간 내외박람회, 공진회와 일본미술박람회 등에 20여차례 출품하여 판로를 확장하고 세인의 賞讚을 넓혀 발달한 실효를 드러내었으니, 현재 각 窯名과 각 巧匠名은 玉光山 沈壽官, 玉山 鮫鴨訓石, 玉名山 東仰壽勝, 明光山 奧原源市 등 4개 각 명칭인데, 제조 개수는 1년 평균약 16만7천여개, 價額은 5만5천여원, 제조품 종류는 화병, 다완, 靑磁火爐 기타 각종 기명인데, 목하 수출하기 위하여 구미 각국의 도안을 연구하는 중이라 한다.

▶ **1900년 4월10일**
〈論說〉

현재 일본에서 磁器로 대대로 사업을 이어 명성이 세계로 이어가는 玉光山 沈壽官은 본래 조선인이라. 12세기 조상인 沈常吉이 일본에 이주한 사실은 이미 전에 記載하였거니와, 일본은 磁器가 전혀 없더니 沈常吉, 朴平意 등 19명이 薩摩島에 최초로 들어가 磁業을 精美製造하니 일본의 고려자기라. 이래 일본에서 美品으로 공동 사용할 뿐 아니라 해외 각국에서 無不珍愛하더라. 수백 년 이래에 조선씨족 1,400여명이 自作一村하여 專攻此業 하다가 壽官에 이르러 기교가 발달하며 景況이 홍성하여 내외박람회와 공진회, 미술협회에 출품하여 세계인의 賞讚함을 받고 1년 생산량이 16만5천여 개에 이른다 하니, 우리 대한에 수입하는 자기 제품으로 보아도 精美光潤함과 金翠玲瓏함이 靑出於藍할 줄을 가히 알겠노라. 우리 대한은 자기의 祖鄕이라 칭할 만하나 소위 益原의 제조품이 一國에 居甲이라 하되, 재주가 없고 질이 낮은 그 외 제품은 萬不成說이라. 근래 도자기업도 점차 쇠퇴하기에 이르러 凋殘이 막심하니, 본시 같은 뿌리에서 탄생한 日本 磁業은 어찌 홍왕이며 大韓 磁業은 어찌 쇠퇴이오. 想必無地라. 우리 大韓은 인재와 공업이 앞서 전진하기 어려운 원인이 있으니 정미한 別品을 새롭게 제조하면 賞讚할 좋은 뜻은 적지 않고 해외로 나아가는 것에도 伏忑이니 求請이니 進封이니 鮮物이니 지당한 것을 견디지 못하며 응당히 계승하기를 느긋하게 할 수 없어 자금이 줄고 상업이 패함에 이르니, 이로써 精美品을 새롭게 발명하기를 畏忌不敢하는 연유인데, 비단 자기라고 일컫는 것은 무릇 모든 제조가 莫不皆然한지라. 외국 기교의 홍폐로 논하여도 100여 년 전 法國에서 관민이 종교를 세워 정치를 행함에 法國民이 영국으로 들어간 자-수백만이라. 영국의 기교는 법국에 미치지 못하더니 법국이 이주함으로 才藝를 퍼뜨리며 상업을 홍하였으니 이로써 보건데, 인재를 발달하는 데로 富强之國이 따라오게 될 지로다.

▶ **1900년 4월25일**
〈論說〉
＊ **工藝可勉發達**

동양에 공예 창달함이 세계에 매우 크다 할지라. (중략) 우리 동양의 磁器와 활자, 거북선 등 창조가 志慮에 연출함이로되, 그 형상이 존재하니 무릇 공예의 발달함을 不能枚擧하로되 널리 알러지지 않은 것이 없고 또한 크건 만은, 다만 虛名으로 略書簡策하여 物華天寶를 간단히 약탈하며 神才를 알아보는 것을 걱정함으로 공예가 제조되지 못해 퇴보하여 또한 천한 직업으로 되돌아가 不齒人類하기로 인재가 망하고 홍하지 못하노라. (중략) 동양 溫帶에 英發한 才氣를 표출할 인물로 교육을 실지하는 방침만 善措하면 서양인에게 일보 나아가리요 마는, 현재 상업도시를 개방한지 20여년에 탄환 1개와 自起黃 1개를 제조하기 힘든 것은 권면하지 않은데 있느니라. (중략)

▶ 1900년 5월12일

法國工作師

工作教師를 초빙하는 문제로 法公使가 외부에 照促하되, 법국인 工作總務 1명, 교사 1명, 工頭 5명을 초빙하고 年俸 6,000원, 차비 4,000원과 機器 수입비를 貴部 전 대신 閔種默씨와 협상하였더니 당장 고용하지 아니하니 理事에 大違하라하고, 의견을 청하기로 農部大臣이 荅照하기를 전 대신과 이의가 없으니 工作人 등을 멀지 않아 초청하여 수용하겠다고 하였더라.

▶ 1900년 5월18일

海州에 日商住居

朝鮮新報를 본 즉 海州郡 東門 내에 거주하는 일본인의 戶數는 8, 人口數는 17인데, 그 중 잡화상 3명, 도기와 잡화상 2명, 菓子商 2명이라니, 海州는 내지라 외국인이 우리 대한의 執照가 없으면 즐기기도 능하지도 못하는데 하물며 내지 住居리오. 이는 地方官이 외국 約章을 度外에 설치하여 그러한지, 일본 상인들과 무슨 通款이 있어야 허락하는지.

▶ 1900년 5월25일

〈論說〉

* 豈國無人才

무릇 나라에 인재가 한명이 아니라야 通才도 있으며 局才도 있으니, 지혜의 재와 膽略의 재와 經世의 재와 王佐의 재를 通才라 함이오. 기술의 재와 기교의 재와 언변의 재와 규범의 재를 局才라 함이니, 이외에도 斗筲之才니 雕虫之才니 칭하는 자-그 항목이 많아야 擧하로되, 通才와 局才 중에도 등급이 없

어 上才, 中才, 下才가 각각 존재하고, 斗筲之才니 雕虫之才에 우열함이 각각 서로 다를 뿐 이는 옳지 않다. 재주가 없는 자라도 한 가지 능력은 역시 있어야 우수한 재주의 능하지 못한 일을 능함도 있나니, 국가에서 인재를 수용함에 방법이 두 가지 있으니 우열을 가려 그 능력을 가리게 함이 첫 번째요. 長短을 취하여 각각 적합하게 이용함이 두 번째라. 이로써 良工은 數尺의 朽도 가능하다하니, 쓰일 수 있는 인재가 나라 안에 충족해야 할 것이오. 재능이 있는 사람도 일할 의무를 다하지 않고 국가에서 쓰지 아니함을 개탄하고 회심도 하며 낙망도 하여 일생을 험난하게 사는 자-많아 태어날 때부터 가진 재주를 반드시 쓰라고 함을 믿지 아니하니, 이는 이 시대의 큰 병이라. 국가에서 선발 등용하기를 받아들여도 才調란 것은 관직상에만 사용할 뿐 아닌 즉, 회사상 무릇 모든 사업에 인재를 등용하는 것은 通才의 자격을 施用하고 局才人은 局才의 자격을 施用하고 斗筲雕虫의 재능과 심지어 재능이 없는 자의 일말의 능력이라도 각각 施用하면 한 사람이 천만 명의 재능을 홀로 맡을 大才는 바라기가 어렵지만 천만인의 小才를 합하여 한 사람의 大才를 能當하는 것은 용이한 것이니, 현재에도 외국에만 인재가 많이 나온다고 물러나 양보하지 말고 국내 인민이 각각의 장소에서 자격대로 十分, 즉 인재는 十分의 일을 시행하고, 九分 인재는 九分의 일을 시행하여, 十二分까지라도 힘을 다하여 한 사람은 한 사람의 재능을 활용하고 열 사람은 열 사람의 재능을 활용하여, 百千萬 명에 이르도록 百千萬 인재를 활용하면 국가에 침략한 風氣를 떨치고 富强文明한 지역에도 도달할 것이오. 국가는 백성의 의무를 세계에 우수하게 떨칠지라. (중략)

▶ 1900년 9월12일

萬國美術博覽會開設

德國은 내년 동독 뮌헨에서 제 8회 만국미술박람회를 개설할 터인데, 그 시실과 규약 등은 아직 통지하지 않았으나 개설할 취지만은 보고하였더라.

▶ 1900년 10월10일

博物員의 請求

博物副員 閔泳瓚씨의 公報를 살펴본 즉, 博物開會 禮式所入費 2천여 원과 賞與한 各色物 製造書를 청구하였더라.

▶ 1900년 10월29일

工徒歸國

일본 유학생 朴正銑씨가 공업고등학교에서 졸업하였기로 이번 趙公使가 帶同 귀국하였더라.

▶ 1900년 11월30일

萬國博覽會의 開會

西貢電에 따르면, 파리만국박람회는 개회하였더라.

▶ 1900년 12월18일

工業設科

사립 樂英學校 교장 閔泳琦씨가 學部에 청구하되, 학과를 확장하고 工業專修科를 설치하고 실지시험을 시행하기 위하여 제반약품을 준비하고 機器를 각국에서 구입하여 제반·제조과를 설치하고 물품의 化用法을 教授할 차로 상공학교 교관을 교사로 초빙한다 하였더라.

▶ 1901년 1월8일

博物副員

法京巴里博覽會에 참여했던 博物副員 閔泳瓚씨가 30일전에 출발하여 상해를 경유하여 어제 인천에 도착해 즉시 한성으로 들어왔다 하더라.

▶ 1901년 1월23일

閔氏歸國

法京巴里博物副員 閔泳瓚씨가 귀국하였다고 보도하였더니, 이번에 재차 물어 본 즉 배편이 없어 상해에서 기다리다가 엊그제 부산항에 도착하여 전보하되, 오늘 인천에 도착할 터이라 하였기로 閔泳煥씨가 상봉하기 위해 인천항으로 떠났다 하였더라.

▶ 1901년 2월4일

博物員報告

法京巴里博覽會에 博物副員 閔泳瓚씨의 公報를 살펴본 즉, 본 정부에서 보낸 물품이 성하지 않아 청구한 가격에 그치지 않는 고로 부득이 팔고 수출로 돌리고자 한 즉, 운반비가 많기로 책, 목기, 악기, 유기, 의복, 軍器, 각종 沙器, 紙 등은 常設萬物館에 주어 영구 보존하라는 法國學部 大臣과 館委員의 안건을 내일 農部에 제출하였더라.

▶ 1901년 2월7일

副員受章

파리만국박람회 副員 閔泳瓚씨가 이번 박람회에 일을 마친 후 법의 조정으로서 2등 훈장을 수여하였더라.

▶ 1901년 2월16일

〈論說〉

迎送之誠勤心宜推諸愛國

(중략) 애국의 公衆心이 부강하게 쓰이면 재물이 모여들고 兵革을 용맹하게 하면 몇 년 안에 동양에서 승리한다고 칭할 것이요. 학문을 쓰면 지식이 날로 쌓이고 工藝·날로 쌓아서 어둡고 더러운 염색습관이 점차 새롭게 일조하거늘. 차차 전 국민은 위로는 國權이 强固하며 아래로는 民氣가 발기하여 福利의 제한이 없고. (중략)

▶ 1901년 3월7일

遜辭英照

英公使가 외부에 照會하되 본국 정부 來文을 승인한 즉, 1901년 英國寮會를

개최하오니 대한 제조물품을 수출하여
보내라 하였는데, 농공상부에서 스스로
헤아리되, 우리 대한의 제조품이 심히
精美하지 못하여 供覽에 족하지 못하
기로 英使의 청을 사양할 터이더라.

▶ 1901년 5월13일
萬國博覽會 開設의 計劃
미국에서 오는 1903년, 루이지아나州
구입 후 100년에 해당함으로 이를 기념
하기 위해 同年 센트로이스市에 만국
박람회를 개설할 계획이더라.

▶ 1901년 5월16일
〈論說〉
(중략) 공예를 유학하되 捲烟一枚를 製
得함을 들어 본적이 없었으니, 學得한
工藝가 전혀 성과가 없고 그러함이 營
利하는 회사를 설립하지 못해 실지이익
을 취함은 들어 본 적이 없으니 취할 이
익이 성립되지 않아 그러함에 가히 의
지하리요. 금, 은, 동, 철광산의 小利를
쟁취하되 거대 이익은 다른 이의 손에
넘어감에 이를 가히 의지하라 하노라.
(중략)

▶ 1901년 5월23일
〈論說〉
(중략) 상업, 공업을 확장하여 큰 이익
을 취하고 大·中·小 전문보통학교와 각
종 학교를 넓히고 도서관, 인쇄소를 많
이 설립하고 교육하여, 나라가 필요할
때 쓰이는 것이 나의 바램이로다. (중
략)

▶ 1901년 6월1일
照撥學資
어제 學部에서 일본 유학생의 곤란한
상황을 臚列하여 度支에 照會하되, 작
년 10월로 이번 해 5월까지 학자금
5,940원을 지출하여 곤란을 면하게 하
라 하였더라.

▶ 1901년 6월6일
許礦合同
法國人에게 광산채굴을 허가하는 안이
정부회의에 經義하였음은 어제 보도하
였거니와, 지금 들어 본 즉 駐法大韓公
館 參書官 薩泰來씨가 현재 한국에 들
어와 發程할 터인데, 그 發程 전에 한
국 금광 1개소를 準許함이 합동을 성립
하여 이를 약조하였는데, 그 광산은 아
직 지정한 바 없고 광산의 면적은 길이
60里, 넓이 40里요, 허가하는 年限은
기공일로 시작하여 30년이라더라.

▶ 1901년 6월26일
滿洲의 俄國貿易博覽會
英字新聞에 따르면, 러시아가 만주에
무역을 일층 발달하기 위하여 오는 8월
부터 吉林에 俄國貿易博覽會를 개최
할 터인데, 때때로 물품을 변경하여 점
차 그 규모를 확장할 계획이라 운운하
더라.

▶ 1901년 7월8일
禁斷藉敎
鎭岑郡의 土器店이 천주교를 藉托하고
作弊가 무쌍하니 각별 금단하라고 內
部에서 郡에 전달하였더라.

▶ 1901년 7월22일
一死一折
엊그제 會洞 등지에서 군인 2명이 白
土를 채취하다가 흙이 무너져 1명은 죽
고 1명은 다리가 부러졌다더라.

▶ 1901년 9월20일
〈論說〉
* **學成之才何不賁成**
(중략) 현재로 보건데, 문명부강한 나라
에 무릇 정치, 법률, 문학, 武事, 상공업
을 배워서 일으키지 않으면, 그 분야에
인재가 충만하리요 만은, 우리 大韓은
타고난 재주가 있어도 낌새를 모르고
우수한 재주는 대대로 나아가야 生業을

하며, 工藝를 일으킨 재주를 널리 퍼트려 근세에 능히 지켜내니, 이를 두고 그 나라에 재주가 없다고 하리오. (중략)

▶ 1902년 1월 6일
〈論說〉
(중략) 工業者는 매일 새로운 지식을 열어 나가며, 매 달 새로운 제품을 개발하여 製造精巧에 자동차가 충만하고 배가 넘쳐나게 하고. (중략)

▶ 1902년 1월 29일
〈論說〉
(중략) 한일통상 이래로 일본인 상공업자가 우리 大韓에 들어 온 자 많지 않은 되, 우리 大韓 인민이 아직 일본인 상공인에 의지하여 개발이익을 얻고 우리 大韓의 식산산업이 곤란함에서 벗어나 장려되니 이 어찌 재앙이 아니리오. (중략)

▶ 1902년 3월 27일
清韓商工協會
일본인 澁澤榮一, 益田孝, 近藤廉平씨가 발기인이 되어 清韓商工協會를 설치하고 清韓 양국 상공업에 관한 제반 사항을 조사하여 清韓貿易을 하려고 목하 준비 중이라더라.

▶ 1902년 4월 28일
〈論說〉
論日本人清韓協會組織
일본인 清韓協會組織 문제는 이미 본지에 보도했거니와, 이번 조직할 目的 條規를 검토하건데, 일본과 청국 양국이 우리나라에서 상업, 공업, 광업 그리고 운수교통 등에 관한 사항을 조사·연구하고 경영의 자료를 이바지함이라 하였는데, 일본실업계에서 유력한 澁澤榮一, 近藤廉平 諸氏 등이 발기 조직이라 하였으니, 대저 일본은 정치방침이 우리 한국으로 認做外府할 뿐 아니라 그 나라 안에 인민도 寶庫로써 막힘이 없

다고 한다. (중략)

▶ 1902년 5월 10일
輸出入品
3일 전, 인천에서 天津, 牛莊 등지로 향하는 선박에는 牛莊에 우피 100개 외 잡화 등을 실었고, 같은 날 인천에 도착한 舞子丸의 수입품은 부산으로 쌀 1000포 등을, 일본에서는 煉瓦, 고크스 (석탄으로 만든 숯) 등이다.

▶ 1902년 6월 14일
〈論說〉
현재 재물을 정성스럽게 모은다는 것은 반드시 백성들에게 손해가 없는 일이요, 나라에는 이익이 있는 일이로다. 진실로 礦業의 업무를 열어 재원을 축적하며 상업을 개척하고 工藝를 사랑하여, 백번 패해도 다시 일어난 연후에 국가-구실을 취하면 비록 나라의 이익과 백성의 이익이라고 일컬어져도 옳으며, 나라의 백성이 쓸 물품이 많으며 그 정부-새로운 법을 확장하여 비록 백성들이 많이 취하더라도 무겁고 가볍고 적은 것을 조절함을 능히 취할 수 있어야 그 백성에게 이용할 수 있는 것으로 돌아온다. (중략)

▶ 1902년 7월 16일
博覽預備
임시박람회를 농상공부 내에 설립하고 물품예비를 하기 위하여 내지에서 제조하는 각 항 물품을 미리 모집하며, 외국에서도 박람회에 수용할 물품을 구입하여 다른 날 각 박람회와 동시 설립할 터이라 한다.

▶ 1902년 8월 9일
工業卒業
崔○年씨가 일본에 유학하여 工藝를 습득하였는데, 각종 회화 등 물품을 기계로 인쇄하는 법을 졸업하고 장차 귀국한다더라.

▶ 1902년 8월23일
博覽委務
어제 농상공부에서 박람회 사무원을 회
동하여 제반직무를 委商하였다더라.

▶ 1902년9월4일자
〈官報〉
* 勅令 / 農商工部令 第三十九號 / 臨
時博覽會事務所規則

▶ 1902년 10월23일
査報工匠
농상공부 소관 박물회임시사무소에서
제품제조와 구입조건에 대하여 어제 사
무소에서 회의를 하였는데, 漢城府에
훈령하기를 9署 내에서 做業하는 각 공
장의 제조물품과 거주, 성명을 조사, 보
고하라 하였다더라.

▶ 1902년 10월25일
博物出售
농상공부 소관 박물회임시사무소에서
회의하되, 내년 봄 11월 일본 오오사카
박물회에서 우리 대한에서 제조하는 물
품을 出售할 터이니, 각 공장의 물품을
판매할 자들은 물품을 기록하여 본부에
제출하면 박물회에 판매하는 절차와 앞
서 찾아가는 방편을 지시하여 각 공장
으로 알리게 할 터이라더라.

▶ 1902년 10월29일
博覽揭示
박물회임시사무소 閔種默씨가 각 지방
에 게시하되 일본 오오사카박물회를 내
년 2월1일부터 시작하여 7월20일까지
개최하겠다고 駐京 일본대사가 우리 정
부에 성명하였으니, 물품을 수출하기를
희망하는 사람은 올 해 12월내로 본사
에 방문하여 찾아오면 방편을 지시하겠
다 하더라. (중략)

▶ 1902년 11월4일
法國勳表

法國巴里京萬國博覽會에 참여하였던
대사 閔泳瓚씨 이하 위원에게 훈장을
수여할 차로 法國정부에서 賞勳을 기
록한 22紙를 법관으로 보냈는데, 법공
사 葛林德씨가 勳章記를 外部로 송부
하고 紀念勳要가 도착하는 대로 수여
하라 하였다더라.

▶ 1902년 12월26일
工技擴張揭示
엊그제 농상공부 소관 박물회임시사무
소에서 漢城, 5署 내 각 공업 종사자의
제조물품을 局으로 옮기는 일로 공업
종사자를 회집하여 開進上에 제일 衰
務된 주의로 연설하고 방방곡곡에 게시
하였는데, 각 工民은 제품을 제조하여
하나씩 다음 달 16일 오후 1시까지 본
국에 보내야 經試한 후 물품을 보내게
되고 兵, 農器에 편리한 물품을 製造精
巧하여 보내는 자면 시상할 터이라 하
였더라.

▶ 1903년 2월5일
工業獎勵
농상공부 소관 박람회임시사무소에서
漢城과 5署 내 각 공장을 이번 달 16일
회집하여 제조물품을 試取하고 우수한
수확을 얻어 포목 등에 시상하고 專賣
權을 급히 정할 예정이었는데, 일본 오
오사카 三井會社와 약속하고 물품진열
소 2집을 얻어 본소 산업제조물과 人工
製造物(수공품) 등 3천원 가격을 판매
하기 위해 오늘 발송하며, 박람회 사무
원은 올 2월 개회 시에 각 제조물을 拐
帶入祭할 터이라 하더라.

▶ 1903년 2월6일
博覽會說明
어제 오후 2시 농상공부 소관 박람회에
임시사무소의 小賣人과 일본 三井會社
임원 2명 등이 회집하여 사무소 임무를
확장할 건과 물품을 수송하는 절차를
설명하였더라.

▶ 1903년 2월7일

農部訓令

농상공부에서 漢城府 判官 張○植씨에게 訓令하기를 전문이 이와 같으니, 五署 공장제조 물품들이 정해진 날짜에 도시에 모여들어 개회식을 할 뜻으로 업자에게 훈령하고 거주, 성명, 成冊이 역시 이미 거두어지고 勸業獎工이 임무를 다할지라. 각 공장에 낱낱이 알리고 맡기고 역시 이미 게시하여 이와 같은 규칙을 시행하게 하여 훈령하니, 이에 의하여 시행함이 옳을 것이다. (훈령 내용 생략)

▶ 1903년 2월16일자

博覽委員

농상공부 소관 박람회임시사무소에서 상공의 물품을 모집하기 위하여 위원을 증설하였는데 일본인 阿比留씨가 임명되었더라.

▶ 1903년 2월17일자

製物施賞

농상공부 소관 박람회임시사무소에서 지방에 게시하고 漢城과 5署 내 각 공장의 제조물을 사무소로 보내어 試取한 후 시상을 다 함으로 本報에 이미 기사를 내보냈거니와, 16일에 각 공장에 물품을 輸納經試하고 어제 오후 3시에 각 工人을 회집, 시상하는데 1등에는 銀衡, 小木漆盒, 交椅니 상품은 백미 3升 등이다. (중략)

▶ 1903년 2월19일

物品輸送

어제 농상공부 소관 박람회임시사무소에서 우리나라의 산업제조물과 人工製造物(수공품)을 일본 제5회 박람회에 진열할 차로 三井會社와 약조하고 보냈는데, 外部로 회의하되 商民이 보내는 물품을 우선 교부하고 개회 시 참여할 인원의 성명은 추가로 기록하려니와 駐日 공사관에 훈방하여 수입물품을 꼼꼼하게 교부하고 보호하게 하라 하였더라. (중략)

▶ 1903년 2월12일자

物種成冊

농상공부 소관 박람회임시사무소에서 일본 오오사카로 수송할 물품 175종을 成冊하여 日公館에 밝혔다더라.

▶ 1903년 3월21일

雇人製磁

內藏院卿 李容翊씨가 작년부터 沙器製造所를 건축하고 러시아인을 技師로 초빙하여 사기를 제조하더라.

▶ 1903년 4월3일

勸參博覽會

농상공부에서 13府에 훈령하되, 본부에서 임시박람회를 설치함은 인민의 실업을 권장발달하게 한 바, 외부 조회 즉 본국인민을 勸送觀察함에 인구 백명의 見得이 있을 뿐 더러 본국 산물 제품을 수출 진열하여 무역상에 거대한 이익이 있어 본 사무소에서 오오사카박람회와 교섭하여 紳商의 往覽을 편리한 방법으로 講定하고, 본소 위원을 그곳에 보내어 내외 편의를 협찬하게 하고 상민을 勸諭하여 天産, 人工物을 다수 출품하게 하는 바, 본회가 내년 3월2일에 그 도시에 가서 같은 해 7월까지 머무르는데 오오사카 有志, 幾人에 대한 紳商의 출품과 유람의 편의를 제공하기 위하여 7천원을 모금하여 왕래하는 선박운임비를 減半하고 여관은 천여 명이 묵을 수 있는 장소를 정하였으니, 5개월간에 왕래 참여할 紳商과 보낼 물품의 便宜方略은 請願하여 상세히 지도하리니, 管下 각 군 일체를 뒤집어 다수의 紳商이 往覽하게 하라 하였더라.

▶ 1903년 5월2일

清韓賓館韓國部博覽會觀覽說明書大略

내일은 공업관 내의 제작을 관람하게

하오니 그 관내의 중요한 출품은 칠기와 도자기, 紙類, 유리류, 금, 은, 철, 鉛器, 刀類, 양산, 조각, 칠보 등인데 그 중 칠기, 도자기, 조각, 자수, 칠보 등은 幣國의 獨有한 미술품으로, 서양 諸國으로 비교하여 전혀 손색이 없을 터이요. 미술품에 속한 것은 미술관에 진열하였으며, 제작부에 속한 物件은 가사용구와 문구, 장신기와 愛翫具와 식반용기 등으로 일상에 없어서는 안 될 물건뿐이요. 대저 의식주 세 가지는 세상의 변화와 같이 자연이 高尙으로 향함은 당연한 이치며, 피차 交際를 중요하게 생각함에 따라 각각 採長補短의 이치로 상호교환하면 무역이 발전할 것이다. 현재 서양제국에서 幣國의 칠기와 조각과 도자기 등을 모조하니 幣國도 유리와 紙類의 贋製를 하되, 서양 각국은 기계로 제조하는데 능하고, 동양 제국은 손으로 제조하는데 능하니, 특수한 기술을 가져도 도저히 우수함을 지키는 일은 용이할 일이 아니요. 食飯 시에 젓가락을 사용하는 大幣指先이 巧利하다는 정설이 있으나 幣國과 貴國은 같이 젓가락을 사용하며, 또 貴國 부인들은 치밀한 재봉이 정교하다 하니, 來頭에 난 각종 미술적 물품의 발달은 의심할 일이 아니요. 이번에 貴國 출품 중에 그러나 제품이 모두 없다는 것은 매우 당혹할 일이라.

▶ 1903년 5월4일
淸韓賓館韓國部博覽會觀覽設明書大略

(중략) 이어서 미술관을 위하여 설명하오니, 幣國은 美術國이란 칭찬을 스스로 얻은 나라이니 깊이 조심하여 열람하되 그 미술이 프랑스와 德國과 이태리 등을 능가한다 함은 칠기와 도자기와 조각과 직물과 자수와 칠보와 회화 등이요. 그 중에 칠기와 도자기와 칠보는 귀금속과 珠玉을 함축하며, 또 고가의 안료를 이용한 고로 광이 흐를 뿐 더러 윤택한 묘미를 含帶한다. (중략)

▶ 1903년 6월2일
物品陳列

농상공부 내에 임시박람회진열소를 창설한 후, 각 工匠에게 보여주고 우리 大韓 人工으로 제조한 제반물품을 시상한 후 앞 신문에 기록하였거니와, 어제부터 진열소에 각 工匠이 내어놓은 물품을 진열한다. 진열물품은 각 沙器 皿 등. (중략)

▶ 1903년 6월10일
⟨別報⟩

농상공부에서 설명한 진열관 세칙이 다음과 같으니, 열국이 이익을 경쟁하는 세상에 처하여 국가를 흥왕하게 하여 恒常優勢를 保守하는 것은 부국강병 二者에 不外하고 부국하는 길은 농상공 三者로 열심히 세워 균일하게 왕성하게 함에, 우리나라가 挽近으로 이 三者를 균일하게 세우는 것이 없을뿐더러, 공업에 있어서는 각 工匠에 顧念이 적고 일용으로 쓸 백이라도 외국의 수요를 하지 않는 것 없지 아니하니 어찌 나의 지식이 다른 사람에게 미치리오. 무릇 그 사업을 항상 주관하고 연구하여 나아가지 못함이라. 현재에 본부에서 외국별로 天産, 人造 각 물품을 모집하여 진열소를 부내에 설치하여 工商의 지식을 교환하며 기량을 닦아 점차 전국의 이익이 보급하게 할 차로 다음과 같은 大槪를 열거함이라.
* 물품을 판매하기를 원하는 자- 있으면 법정가(準價)로 살 것.
* 본소 내에 진열하기를 청구하는 자 있으면 세금을 내지 않는 것을 허락하되, 물품은 본 소에서 着實保守할 것.
* 작품제작이 정교한 등급을 정하여 상품을 수여하며 부상을 줄 것.
* 얼마를 하는 물건이든지 신발명하여 특이한 것은 전매특허를 수여할 것.
* 대중에게 열람을 허가하되 교역하는 자-있으면 時價로 판매하고 물건 값은 물주에게 즉시 還付할 것.

* 물품 가격을 때때로 표시하여 출품자도 그 출품물의 가격을 매일 보고하되 혹 가격이 변화할 경우는 즉시 보고하며 본관에서 조사에 응할 것.

▶ **1903년 6월16일**
隨物施賞

농상공부 소관 박람회임시사무소에서 진열소를 설치하고 각 물품을 隨納 진열함은 본 신문에 보도하였거니와, 漢城 및 5署 내 각 공장이 제조물품을 어제부터 본소로 수입하는데 오늘은 본소에서 物品离下에 따라서 물품의 시상을 시행할 터이라는데, 전 主事 盧?洙 씨는 鐵弓을 신발명 제조하여 來納하였더라.

▶ **1903년 6월18일**
御用磁器

宮內府에서 海州府에 訓令하기를 御用磁器皿을 驪州의 梧琴實 가마와 咸寧 두 곳으로 정해주어 번조하여 수취하더니 현재에 장인이 苟艱하여 공급이 어렵게 되어 金相傑 등을 보내라 하였더라.

▶ **1903년 6월18일**
四等施賞

어제 임시박람회 진열관에서 각 工匠의 제조물품의 高下에 따라서 시상하는데 물품들은 銀造, 木造, 銅造, 鐵造한 軍物 5종으로 나누고, (중략) 諸工匠에 대하여 제조물품이 益精益巧하여 각 외국에 수출하여도 비싼 값으로 售得하게 하라고 권장하더라.

▶ **1903년 6월19일**
發塚蒐磁

근래 고려자기를 泥○ 日人家에서 매입하는데, 매입 차로 방문한 자-多數이기를 고하고 그 이유인 즉 고려자기를 오오사카박람회로 수송할 터인 고로 다수의 금액을 지출하여 각처의 사람들에게 出給하고 고려고분을 발굴하고 수거를 하는데, 開城 등지에서 구입하는 수가 가장 많다더라.

▶ **1903년 6월26일**
博覽會官制

농상공부 임시박람회 관제를 개정하여 長, 副長은 총재라 하고 참서관 1명 등을 선정하여 정무회의에 제출한다더라.

▶ **1903년 7월23일**
農商工部令第四十一号
陳列館規則

광무 6년 8월29일 部令 제4조에 의하여 임시박람회사무소 내 설치할 진열관 규칙을 다음과 같이 제정할 건.
* 제1조 : 진열장을 진열관으로 개칭하며 물품 등의 견본 및 雛形(모형)들을 관내에 진열할 것 - 자연산으로 후생할 만한 물품, 人工의 이용할 만한 물품견본과 雛形, 외국에서 수입하는 물품견본
* 제2조 : 본 관내의 진열은 다음에 열거한 3種으로 규정할 것 - 본관에서 自費品, 인민의 청원에 따라 원가에 판매하는 물품, 물론 내외국인하고 마땅히 진열하고자 하는 비매품 견본과 雛形
* 제3조 : 본관에서 다음에 열거한 물품의 진열은 승인하지 않을 것 - 손상시키기 용이한 물품, 풍속을 위배할 물품
* 제4조 : 물품을 다음에 열거한 6部에 분류 진열할 것 - 농업물, 공업물, 수산물, 임산물, 광산물, 미술품
* 제5조 : 인민의 청원에 의하여 원가 판매할 물품을 진열하였다가 판매인이 있을 시에는 시가로 판매를 하락하고 판매 대금은 그 물주에게 즉시 교부할 것
* 제6조 : 인민이 물품을 청원, 진열할 때에 그 주거, 성명과 물품 수량과 판매금액과 사용하는 설명을 친절히 기록할 것
* 제7조 : 출품한 인민이 물품진열한

후 매월 그믐에 물품 값의 이동을 고하
되 혹 물품 값이 변하거든 즉시 고할 것.
* 제8조 : 비매품을 진열하는 것도 제6
조에 의하여 시행하되 진열제한은 출품
인 청원에 의할 것.

▶ 1903년 7월24일
農商工部令第四十一号
陳列館規則
* 제9조 : 본관에서 賣品, 非賣品은 물
론이고 조사, 영수하여 출품인의 주거,
성명과 물품명, 수량, 가격설명을 일일
이 편지에 기록하여 물품 표면에 표시
하고 영수증을 출품인에게 공급하며 물
품을 착실 보관할 것. 단 진열품에 대하
여 법정비용을 취하지 않되 분관까지
왕래한 운반비는 自費로 하게하며, 어
떤 때든지 본 품의 회수를 요구하거든
허가할 것.
* 제10조 : 진열한 물품 중에 자연산의
특이한 법으로 배양 혹은 채취한 것이
며 인공품의 제작이 정교한 것은 賣品,
非賣品은 물론 分等施賞하며 매품 중
에 중요하거나 혹은 참고에 이익이 있
을 만한 물품은 收買할 것.
* 제11조 : 본관에서 自費 진열할 물품
은 비매품으로 정하되, 色質의 변화가
있을 경우에는 長宮의 허가를 얻어 수
시 교체하여 준비할 것.
* 제12조 : 본관에서 각 품을 진열한 후
에 대중의 관람규칙을 다음에 열거한
것에 의할 것 - 일요일과 휴일을 제외하
고는 매일 오전 10시부터 오후 3시까
지, 단 토요일은 오전 10시로부터 12시,
관람인이 본관에 들어올 때는 본 사무
소에 승인을 얻을 것, 관람인은 일체 본
관 규칙과 지시를 준수할 것.

▶ 1903년 9월3일
博覽預定
농상공부 소관 임시박람회에서 내지권
업박람회를 내후년 봄 중에 시행하기로
예정하였다더라.

▶ 1903년 10월12일
<廣告>
본 사무소는 다음과 같은 영업방침을
정하여 사업을 확장함.
* 龍山에 연와공장을 신설하고 일본에
서 숙련된 기사와 직공을 고용하여 연
와와 토관제조, 판매를 할 것임.

▶ 1903년 10월13일
調獎工業
농상공부 대신 閔種默씨가 임시박람회
사무소에 각 工匠의 기술장려를 위하여
漢城府로 훈령하였는데, 본소 제3회 工
匠試藝를 오는 11월10일로 정하였다.
試閱創始 초창기에 각 공품물 제조가
한결같이 숙달됨이 높아 성장하는 모양
이더니 또한 재시험에서도 우수하고 정
교함은 품평회에서 지식교환하기에 이
미 이르러 제3회에서는 人造品이 정교
하며 새롭고도 새로우리니, 날로 工民
들이 연구하여 工巧하고 시험일에 각
재능을 드러내어 보인다. (중략)

▶ 1903년 10월27일
日商設會
경성에 거주한 일본상인 중 석유, 陶器,
典舖, 비료, 과자상 등이 白銅貨 폭락
에 대하여 日公使로 하여금 우리 관청
에 교섭하게 할 일을 결정하고 경성상
업회의조합연합회를 조직하여 白銅貨
交換比價의 폭락을 防遏하고 화폐제도
를 확립하게 하라 하는데, 白銅貨 폭락
에 관한 사무소를 경성상업회의소에 설
치하기로 결정하였다 하더라.

▶ 1903년 10월29일
在京城日本商議所建議條案
경성일본인상업회의소에서 어제 임시
회의를 개최하고 경성의 日商六組合을
위해 제출한 건의를 만장일치로 가결하
고 그 목적을 시행하기 위해 실행위원
을 선정하였다. (중략)

▶ 1903년 11월9일

日本會社數

일본에서 외국인이 설립하는 柱式, 合名, 合資會社가 근래 급격히 증가하였는데, 그 수를 조사한 바를 보면, 회사 수가 89이고 그 자본금은 14억446만 5,804원이라더라.

▶ 1903년 11월24일

獎勵工業

농상공부 대신 閔種默씨가 임시박람회를 설치하고 공업발달을 위하여 각 공장의 제조물품을 차차 시험하고 장려함은 이미 게재하였거니와, 근래 그 사무가 확장함에 노력하여 13도 각 府에 훈령하고 관하 郡에 공장의 제조물품을 위한 시험장을 설치하고 觀察使가 시험을 경영한 후 시상하여 공업발달을 장려하게 하라 한다더라.

▶ 1903년 12월11일

日商民會議

인천의 日人靑年會에서 이달 6일에 시국문제 대연설회를 개최하고, 현 시국은 소득이 없어 최우선 수단으로 해결할 일을 연설한 후에 일본 외무대신에게 보내는 電文을 결의하겠다는데, 시국문제는 이의 협상할 여지가 없는 듯 할지라. 고로 최후 수단을 시행하기 희망하는 문제와 경성에 거주하는 일본인 상업회의소에서도 이 달 7일에 임시회를 개최하고 속히 시국문제를 해결하여 한국에서 일본의 이익과 권리를 확장하기를 희망하는 의미로 桂首相, 小村외무대신에게 건의할 일을 결의하였는데, 이번 상업회의에서 재한일본인상업회의 동의를 얻은 후에 연합회로써 건의할 예정이라더라.

▶ 1904년 1월6일

獎勵工業

농상공부 제3회 工匠 제조물을 試驗考評하여 分等示意에 榜眼을 따져 보아,

공예진보의 神速을 시험하거나 혹은 工匠 중에 스스로를 부끄럽게 여겨 순수하게 노력하고 자기 스스로 제조물을 帶到하지 아니할 자도 있다 하더라.

▶ 1904년 3월5일

公錢償私償

李容翊가 우리나라 군인 한 사람과 사생결단하고 함께 法國으로 들어간 후에 法國人을 다수 초빙하여 월급을 지급하고 유리, 沙器, 철조품 등을 設施하며, 또한 평양 煤鑛을 채굴함은 그 사실이 명백하여 세상사람이 모두 아는 바이다. (중략)

▶ 1904년 4월29일

商工學實施

學部에서 상공학교를 실시하기로 하여 學校創設費를 올해 예산에 편입하였는데, 학교는 前管理署로 정하고 교사는 일본에서 유학하여 상공학교를 졸업한 사람을 초빙할 차로 駐日公館에 電訓하였다더라.

▶ 1904년 5월9일

〈論說〉

* 敎育制度(一)

(중략) 그 외에는 중등교육으로 상업, 공업, 기술과 高等女學, 高等小學, 通習 등 학교를 설립할 것이요. 제3 전문교육은 교육의 최상급이니 개발일체를 전문적으로 지식하여 전공 각과의 학술, 기예 고로 이 기관의 설치도 역시 數種으로 분별하니, 대학은 최고등 學理, 기술을 전공하는 곳이라. (중략)

▶ 1904년 5월9일

農商工校官制

學部에서 농상공학교를 설립하고 관제를 수정하여 장차 정부회의에 제출할 터인데, 교장 1명, 교관 18명, 서기 2명이라더라.

▶ **1904년 5월10일**

〈論說〉

* 敎育制度(二)

제1 보통교육 : 고등소학교(실업보습학교, 徒弟學校, 尋常小學校).

제2 중등교육 : 尋常中學校, 尋常師範學校, 상업학교, 공업학교, 농업학교, 기술학교, 고등여학교, 고등소학보습학교.

제3 전문교육 : 대학(법과대학, 이과대학, 문과대학, 공과대학, 의과대학, 농과대학) - 고등학교(大學豫科, 本科), 고등상업학교, 공업학교, 해군사관학교, 海軍兵學校, 육군대학교, 해군대학교, 고등사범학교.

▶ **1904년 5월30일**

局長被任

겸임 상공학교장 張世基씨, 解免代에 正三品 朴勝鳳씨를 임명하고 농상공부 商工局長은 從二品 朴圭○씨를 임명하고 從二品 金永振씨는 砲工局長으로 임명하였더라.

▶ **1904년 6월13일**

〈勅令〉 勅令第十六號

農商工學校官制

제1조 : 농상공학교는 농업과 상업과 공업에 필요한 실학을 교육하는 곳으로 정함이라.

제2조 : 농상공학교에 농업과와 상업과 와 공업과를 구분하여 설치함이라.

제3조 : 농업과와 상업과와 공업과의 수업 年限은 4년으로 정하되, 최초의 1년은 예과에서 학습하고 이후 3년은 본과에 졸업함이라.

제4조 : 농상공학교에 학과와 程度 그리고 기타 규칙은 학부대신이 정함이라.

제5조 : 농상공학교에 열거한 직원을 고용함이라.(학교장 1명, 교관 18명 이하, 서기 2명 등)

제6조 : 학교장은 학무대신의 임명으로

主務局長의 지휘에 따라 일체 校務를 掌理하며, 소속 직원과 학도를 감독함이라.

제7조 : 교관은 학도와 교수를 다루며 또 학도를 감독함이라.

제8조 : 서기는 상관의 명령에 따라 서무회계에 임함이라.

제9조 : 때에 맞는 시책으로 인해 혹 외국인을 교사로 초빙하여 연구함을 얻으니, 그 수는 학무대신이 정함이라.

제10조 : 地方情況에 따라 농상공학교를 지방에도 설립함이라.

제11조 : 지방에 공·사립 농상공학교를 설립함도 때에 맞게 추종하여 허가함이라.

제12조 : 본령은 발포일로부터 시행하고, 광무 3년 6월24일 칙령 제28호 상공학교관제는 폐지함이라.

광무 8년 6월8일

▶ **1904년 9월5일**

官立農商工學校學員募集廣告

본 학교에 공업과를 우선 敎授할 터이니, 입학을 원하는 자는 9월22일(음력 8월13일)내로 試驗規式을 學部에 왕래하여 문의하고 그날 응시할 일. - 광무 8년 9월2일 學部

▶ **1905년 3월29일**

鑛業調査

우리나라 광업에 대하여 일본 토질조사소에서 기사를 파견하여 조사 중인데, 또한 농상무성에서 만주의 광업을 조사하기 위하여 조만간 기사를 파견할 것이라 하더라.

▶ **1905년 5월11일**

多數派員

일본농상무성에서 근래에 한국의 농업, 광업, 수산업, 상공업을 조사하는데, 상공, 農務, 수산, 광산, 山村 各局에서 한국에 파견한 官吏가 현재 50여 명이라더라.

▶ 1905년 5월13일

農商工業의 調査

일본농상무성에서 한국의 농업, 광업, 수산업, 상공업 등을 조사하기 위하여 관리를 파견함은 이미 보도하였거니와, 이번에 소(牛)를 조사하기 위하여 기사를 파견하였는데, 이는 소병 예방차원의 일을 조사하기 위함이라더라.

▶ 1905년 6월26일

農訓警廳

농상공부에서 警務廳에 훈령하되, 各色 工匠을 考試獎勵함이 스스로 이 나라를 常規함이거늘, 현재 국내에 舊制가 강하고 새로운 법식은 아직 멀어 工匠의 정교한 묘사는 부족하며 물품이 정세하지 못하니, 그 사정에 맞는 계책을 단절하여 탄식할 일이라. (중략)

▶ 1905년 7월3일

工師雇聘

이번 공무기사로 일본에서 초빙한 巨智部박사의 월급은 400원, 家舍料는 80원으로 초빙하게 된다는데, 또 한 박사가 경성에서 분석과 冶金에 관한 제반사를 조사할 터인데 보좌원은 동경에서 오게 될 技手 田村英太郞씨 1명에 불과하나 근근히 技手 5,6명이 渡韓하리라더라.

▶ 1905년 7월5일

移聘官雇

농상공부 顧問官 加藤增雄씨는 궁내부 顧問官으로 이전 초빙하기로 결정하였다더라.

▶ 1905년 7월8일

礦師無沙

外部에서 농상공부에 조회하되, 駐京 日公使 林權助의 조회를 접견한 즉 貴國의 식산공업 중에 礦山 사무를 위해 그 분야의 기사를 1명 초빙할 貴國의 뜻을 받아들였다. (중략)

▶ 1905년 7월11일

農學分課

어제 外部에서 일본과의 조회로 인하여 學部에 조회하되, 농상공학교는 올 9월부터 분과교육을 할 터인데 농업과 교사는 赤壁次郞으로 고용하니 월 봉급과 숙박비 200원을 9월1일부터 지급하고 공업교사는 帝國 문부성에서 선임하여 보내기로 하였으니 협의하라 하였더라.

▶ 1905년 7월15일

商會請認

茶洞에 거주하는 金基永씨 등 30여명이 農部에 청원함이 이와 같으니, 상업상에 있어 장래 발달할 목적은 진실로 상업단체가 존재함인 바, 본인 등이 상업회의소를 성립하기를 청원하오니 허가하심을 희망함. (중략)

▶ 1905년 7월26일

〈廣告〉

본 회의소는 상민이 대표가 되어 상공업에 권리를 정하고 규모를 정리하며 실업을 발달하기 위하여 농상공부 허가를 얻고 본 회사사무소를 경성 中署長通 坊廣橋 天一銀行으로 임시 정하였으니 여러분은 照亮하시오. - 京城商業會議所 告白

▶ 1905년 8월21일

陶器製造許

문천군은 鐵鑛의 생산이 많을 뿐 아니라 도기원료도 풍부한데 일본인 村岡利夫와 鈴本聿 두 사람이 도기의 유망함을 듣고 조사한 후에 일본에서 시험하였더니 그 성적이 양호함으로, 두 사람이 도기제조를 할 차로 계획을 정하고 조만간 일본에서 기사 戶田淸太郞씨를 초빙하여 빈번히 도기제조에 관한 설계를 시행한다더라.

▶ 1905년 10월6일

遊帝室博物館記

(중략) 제1실 역시 燒製品이 많고, 高麗
磁器로 만든 지극히 정세하고 아름다운
椀, 壺, 杯 등 근래에 보지 못한 均等品
이다. (중략)

▶ 1906년 1월15일
商品陳列所計劃

상업회의소 내에서 趙鑛泰, 郭泰鉉, 某
某씨가 상품진열소를 창립하기로 발기
하고 사무소는 임시로 天一銀行 내로
정하였다더라.

▶ 1906년 2월14일
砂器請許

桃洞에 거주하는 長壽淵, 高泳奎씨 등
이 農部에 청원하되, 始興郡 新林里
三聖山에 사기제조하는 土品이 있다기
에 이 사람 등이 영업하기 위하여 지역
을 시찰하고 實地圓形과 土品見本을
청원하오니, 특별히 허가하여 영업하라
전하였다더라.

▶ 1906년 3월9일
商工業의 現況

한기가 맹렬하고 河用이 결빙하여 연안
지방은 상업이 반대로 興旺할 예상인
듯 하나 다만 일부분이라. 또한 공업은
경영하는 자가 있는데 木工 등은 경영
하는 자가 있으나 陶器와 기타업에 이
르러서는 일기가 한랭하여 이 달로 말
미암아 휴업하느니라.

▶ 1906년 3월15일
借款協議

엊그제 정부대신 이하 각 부 대신이 伊
藤紋監과 담화한 槪意를 물어본 즉, 현
재 한국정부에 제일 시급한 업무는 학
교와 農商工業이라. 확장하기 위하여
자본금을 借款하여 실시할 방침을 협의
연구하였다더라.

▶ 1906년 3월26일

雇聘助敎

관립 농상공학교에서 일본인 大西씨를
工科 조교사로 초빙하였는데, 일간에
학교를 시찰한다더라.

▶ 1906년 4월10일
東京博覽會計劃

일본에서 내년 3월부터 개최할 동경박
람회 예산과 기타 사건을 議定하기 위
해 이달 5일에 臨時府會를 개최하였는
데, 제출한 議案을 살펴본 즉 내년에
지출할 예산액이 3천7만5천원인데 기
부금 10만여 원과 제반수입 7만원을 합
하면 동경부에서 순수하게 쓰일 금액이
20만여 원이라더라.

▶ 1906년 4월16일
萊監報告

東萊 監理 李懸榮씨가 농상공부에 보
고하되, 庖肆 등지에 액수와 영업하는
주인의 성명과 거주지를 구별하여 책으
로 만들어 보내고, 일본인이 설치한 庖
肆 즉 準狀을 받아들이지 않으며 세금
을 제출하지 않으니 스스로 본부로 통
감부에 교부하여 법을 시행하게 하라
하였으며, 또 본 항구에 한일상업회의
소장의 청원서를 접수한 즉 상품박람회
에서 贊同開設費가 넉넉하지 않다고
하는 바 자금을 넉넉하게 보내어 상업
을 흥하게 하였더라.

▶ 1906년 4월20일
詳報工匠

농상공부에서 한성 5署 내 각 工匠에게
보고하되, 각색 工匠을 考試勤獎함이
國家의 常規이라. 舊制에 아직 치우친
것을 장차 개혁하기로 공포하노니, 각
署 내에 工匠이든지 공업을 경영하는
자는 각기 무슨 工이며 무슨 匠이며 성
명, 거주지를 열거하여 10일 내로 본부
에 알리되 쉬지 말고 근면하게 하라 하
였더라.

▶ 1906년 4월20일

〈廣告〉

各色 工匠을 試勤獎하기 위하여 告示하오니, 공업에 營生하는 자는 각기 무슨 工이며 무슨 匠이며 姓名, 거주지를 列錄하여 음력 3월30일 내로 修呈 本部하여 無至歇漏하게 할 것.

▶ 1906년 4월24일자

調表形止

농상공부에서 始興郡에 훈령하되, 貴郡 新林洞 藥水港 부근에 白土礦 3곳이 있는 바, 이 3곳을 본부 소유지로 立標하였으니 形止를 보고하라 하였더라.

▶ 1906년 4월25일

日人悖類

瑞山 郡守 李年夏씨가 內部에 보고하되, 2월 초에 일본인 藤川謙三郞이 일본인 여자 2명을 데리고 본 군에 거주하며 또한 伊藤進이란 일본인이 伊藤統監의 친제라 사칭하고 머물러 주점에서 살더니 일본인 여자가 藤川謙三郞와 동거하고 소위 자본가는 砂器, 사탕 등을 略設하고 양주 등을 판매했다. (중략)

▶ 1906년 4월26일

立校請認

溫陽 郡守 權重億씨가 農部에 보고하되, 본 군에 살고 거주하는 李奎承씨 등의 請願書 내에 생명산업과 교육후진으로 경제를 발달하여 연구발달의 근원을 防杜하기 위하여 청원하오니 농공학교의 설립을 허가하는 바, 이는 시급한 업무이요 취지가 아름다우니 허가한다 하였더라.

▶ 1906년 4월27일

學校方針

統監府 書記官이 각 학교를 순회 시찰함은 이미 보도하였거니와, 들은 즉 頃日 李學相이 교육을 확장할 일로 伊藤統監의 명령으로 學制 조사의 임무를 수행하려 교육확장비 50만원의 지출방법을 정할 터인데, 이번 교육확장 이외에 소학교를 증설하고 기타 농상공학교도 農林과 商工으로 分校할 방침이라더라.

▶ 1906년 4월30일

大韓自强會演說 / 殖産問題 - 張志淵氏

(중략) 또 일용기물로 말하여도 각종 器具品을 모두 외국제품에만 따르면 수입품이 증가할수록 우리나라 금전이 외국으로 수출하는 것이 많다는 것이니, 이것으로 무릇 一國의 경제는 수입, 수출의 權衡로써 알 수 있을 것으로 물산이나 제품을 타국에 많이 수출하여 금전이 대단히 많이 수입되어야 富國에 이르나니, 타국의 물산과 제품을 많이 수입하여 금전이 많이 타국에 수출되면 우리나라 貧窮에 이른다 함은 경제상 원칙에 분명히 존재하오. 무릇 식산흥업은 물산제품이 최대한 많이 타국에 수출하는 원동력으로써 부강 증진하는 근원을 삼음으로 우리 자강회는 식산흥업의 발달을 기함으로써 綱領의 一項을 더하였소. 제일 먼저 농업법을 개량하여 수확을 증가하고 공업법을 장려하여 제조품을 증가하며 어업을 발달하여 淸國에 수출할 방침을 강구하며 황무지를 개척하여 遺利를 취하며 광산을 채굴하여 땅 밑에 매장된 巨利를 發起하는 등으로 우리나라 富源을 증진하는 방법이 1, 2에 불과하오. 현재 각국 사람이 우리나라에 거주하는 목적이 사방에 모이는 이유도 이 이익을 窺知하는 것인 고로 우리나라 사람이 어찌 방관으로 임하는 것이 옳겠소. 우리도 스스로 나아가 식산흥업의 발달에 노력하여 봅시다. (중략) 또는 식산흥업이라고 말할 경우면, 산업을 興植할 뿐이 아니요. 일반 국민의 고유한 재산에 대하여 그 보존방법도 연구하여 이전의 산업을 증식도 아니 하겠소. 현재 우리가 자강이라 말할 진데 우리의 고유한 재산을 자

존하여 타인에게 의뢰할 상상은 물론이고 또 타인에게 침해도 주지 않음은 물론으로 진실로 자강하는 주의가 아니오. 國家富源이 식산흥업에 있는 이유를 이미 알진데 스스로 나아가야 식산흥업의 발달을 銳意勤勉하는 것이 옳지 아니하오. 우리 자강회는 우리 대한의 부강의 열매를 얻어 국권의 회복을 빨리 이루기를 희망하는 주의니, 최우선으로 식산흥업 발달에 노력하고 敎育振作에 銳意할 터이니, 그 방법세칙은 차차 會의 연설에 일일이 서술하겠소. 오늘은 시간이 부족함으로 대강만 설명하오.

▶ **1906년 5월3일**
調査員의 派送
淸國에서 學部 郎嚴修씨는 교육행정 조사차로 일본으로 갔다 하는데, 학부관제는 同 氏가 귀국한 후에 頒布하리라 하고 또 高等工業學校 學堂總辨 周學熙씨는 공예를 조사하기 위하여 일본에 파송한다더라.

▶ **1906년 5월12일**
訓報工匠
農部에서 警務廳에 훈령하고 5署 내에 소재한 工匠의 姓名成册을 가까운 시일에 보고하라 하였더라.

▶ **1906년 5월18일**
博覽叅員
부산에서 이달 16일에 日韓商品博覽會를 거행하였는데, 木內總長과 加藤三增 두 理事官과 有吉 副理事官, 李學相 이하 우리나라 각 大官과 경성, 인천의 日本居留民長과 상업회의소대표와 韓日紳士 등 500명이 왕래하였다더라.

▶ **1906년 5월19일**
統函內相
통감부 총무장관 鶴原씨가 內部大臣에게 公函하되, 부산항에서 日韓商品博覽會를 음력 4월2일부터 개회중이로되 차차 각 지방에서 물건들이 올라와 진열물건도 정돈하였사오니 관람의 편리함을 위하여 철도승차표 1장을 증정하니 사용하라 한 바, 답하되 釜港博覽會의 개설이 상업의 확장을 이어줌은 이미 알려진 바라 반드시 관람인의 안목을 기쁘게 함을 살펴라. 무임승차표는 拜領感謝라 하였더라.

▶ **1906년 5월24일**
賞金提議
농상공부에서 東萊 監理 李懋榮씨의 보고로 인하여 정부에서 請議함이 다음과 같으니, 본 港 상업회의소장 宋如玉 등이 항구에 駐在한 일본상업회의소장 生尾久治에게 청의하여 스스로 이달 25일부터 7월25일까지 3개월간 韓日商品博覽會를 개설하여 組成費가 부족하니 교토에 전보를 보내어 청원하나, 상품진열은 양국 상민이 공조 조직하오니 넉넉히 상금 5천원을 모아 임무하게 하라는 바, 그 금액이 상업발달을 이어가는 데에 贊成勤獎이온 즉, 不容不支出한 것은 別紙調書에 따라 예비금 중 덜라고 하였더라.

▶ **1906년 6월14일**
〈論說〉
上政府當局諸公(九) / 農商工大臣
(중략) 농업과 상업과 공업이 국가 재산의 근본이라. 田土, 광산, 산림, 魚採 등 산업은 농업의 財源이오. 철로, 火舶, 電郵, 陶冶, 機器, 방직, 伎藝製造物品은 모두 공업의 財源이오. 장래 농산, 工造의 물품을 제조하여 무역판매에 수입 각 나라의 자금을 모으고 運輸流通에 나라의 산업이 발달하는 것은 모두 상업의 財源이니. 이는 農商工 3가지 실업이 소위 나라의 재원의 大本이라. (중략)

▶ **1906년 6월19일**

商業所振興

황실에서 경성상업회의소 건축비 2천
원을 하사하시어 회의소를 新鱗經起하
라 하셨는데, 일반 상민이 모두 皇恩을
감사하여 각자 보조하기로 건축자금이
1만원에 이른지라. (중략) 소 내에 일대
상품진열관을 설립하여 일반 상업의 영
리편익을 십분 계획한다 하니 그 사업
이 속히 振起함을 모든 사람이 희망한
다더라.

▶ **1906년 6월29일**

宮照農部

宮大署理 李容泰씨가 농상공부에 조회
하기를, 東宮嘉禮 시, 砂器 제조할 백
토를 스스로 楊口郡에서 장차 채굴하
리니 貴部로 楊口郡과 沿路 각 군에
訓飭하여 순회하면서 수납하라 하였다
더라.

▶ **1906년 7월5일**

漢城手形組合支所의 設置

漢城手形組合은 올 해 1월 개업한 이
후로 점차 사무를 확장하여 목하 조합
원이 70여 명이며 경성의 유력한 상인
이 대거 참여한 상황인데, 이번 조합규
약을 개정하고 한층 사무의 발달을 꾀
하며, 또 5江 내에 동 조합지소를 설치
하여 조합원의 편리를 다할 계획으로
정부에서 조합에 교부한 자본 20만원을
고쳐 10만원을 더해줄 것을 희망하는
일로 度支部에 청원서를 제출하였다더
라.

▶ **1906년 7월23일**

砂鑛採法

농상공부에서 砂鑛採取法의 규정을 정
부에 청원함이 다음과 같으니, 사광하
는 자는 砂金, 砂錫, 砂鑛을 위함이니
채취하고자 하는 자는 농상공부 대신의
허가를 얻어야 함. (중략)

▶ **1906년 7월25일**

〈論說〉

＊ 工業을 不可不汲汲獎勵

(중략) 이번에 공업을 발달할진데 우선
학교를 설립하되 공업을 전문하게 하여
권면한 나라로써 청년제자들이 존재하
고 해외유학생 중에도 名式을 지정하여
공업을 학습하도록 하고 자기 스스로
유학한 자가 혹 공업과를 졸업한 자이
거든 시험을 치러 발탁하여 장래에 힘
쓰게 하고 나라 안에 소재한 工匠도 때
때로 董察하여 점점 분기하면 국력이
증장하고 국권이 복원되노니. 政府諸
公이여 맹렬하게 깨달아 그 국민의 장
려에 공업을 흥행하게 하면 부강의 일
대 근원이라. (중략)

▶ **1906년 8월18일**

工士延聘

농상공부에서 공업 발달함을 위하여 일
본 공학박사 1명을 延聘하기로 방금 회
의 중인데, 오늘 工務局長 宋憲斌씨가
그 박사를 대동하고 유기, 직조, 砂器,
水鉄店, 造紙 등 각 工匠의 處所를 순
회 시찰한다더라.

▶ **1906년 8월24일**

礦區度衡

농상공부에서 통감부에 조회하되, 광업
과 砂鑛採取案에 관한 法令中間, 町,
坪, 貫, 勾에 대하여 경성과 13道에 고
시할 뜻으로 訓飭하고 그 법령이 다음
과 같으니, 광업과 사광채취업에 관한
法令中間이라 칭함은 常用尺이 6尺,
町이라 칭함은 常用尺 360척, 坪이라
칭함은 常用尺 6척, 平方貫이라 칭함
은100兩重, 勾이라 칭함은 1錢重이다.

▶ **1906년 9월1일**

〈論說〉

＊ 讀越南亡國史

(十三) 공예에 세금을 징수하니 무릇
陶冶工匠 등은 身稅 이외에 재차 工藝

稅를 납입한다.

▶ 1906년 9월7일

礦規廣佈

농상공부에서 광업법과 사광채취법 규칙을 刊出하였는데, 일반 인민의 관계가 중요하다 하여 13도 각 觀察府로 件式을 보내어 1件을 存案하게 하고, 나머지는 관하 각 군에 分給하게 하여 군민이 차례로 알게 한다 하더라.

▶ 1906년 9월10일

學部令第二十號 / 師範學校令施行規則

十六. 手工 : 정밀함을 위주로 하고 수공의 요지를 覺知하여 작업하는 취미를 배양함을 업무로 하고 模本은 그 지방에 적당한 것을 선택하고 겸하여 재료의 품질이 뛰어남과 器具의 보존방법을 알게 함이라.

▶ 1906년 9월11일

工業所設立計劃

伊藤통감의 요구에 응하여 渡韓한 공학박사 平和義美씨가 초등공업교육을 기초삼아 염색과, 도기과, 목공과, 응용화학과의 분과를 가진 工業實務練習所를 설치함을 獻策하였더니, 伊藤통감이 그 주지를 받들어 지난 달 26일에 鶴原長官, 度支大臣 諸氏가 합동협의한 후에 설립비를 20만원으로 하고 4만원의 經常費로써 工業練習所를 설립하기로 결정하고, 즉시 그 장소를 선정하여 올해 안으로 건축의 일부분을 완성할 계획이라더라.

▶ 1906년 9월12일

出品請願

경성상업회의소에서 상공업 시찰로 일본에 왕래한 강의원 趙彰漢씨 등의 보고를 처한 즉, 각 항구 주차장에서 각 실업가 등이 환영 관대하여 廣島 상업회의소에서는 현재 새롭게 건축하는 경성상업회의소 부속 상업진열관에 출품 진열하기를 청구하여 출품장 20間을 배정받기로 약속하였고, 오오사카상품진열관에서는 한국상품진열관에 출품 진열을 전부하도록 미리 청하며 諸般 商工業場을 순회 시찰하는데, 특히 사원을 수행하여 일일이 이끌어 준다하니 이로 한일 양국의 실업가의 交誼가 친목하는 기회라더라.

▶ 1906년 10월12일

〈部令〉 學部令 第二十三號 / 普通學校令施行規則

十三. 手工 : 簡易한 물품을 제작하는 능력을 얻게 하여 思量을 精確시키고 근로를 좋아하는 관습 배양을 위함이라. 紙絲, 粘土, 麥稈, 목죽, 금속 등의 토지에 적합한 재료를 이용하여 簡易한 세공을 敎授함이라. 교수한 정도에 따라 用具의 사용법과 재료의 품류성질 등을 알게 함이라.

▶ 1906년 10월26일

宮照農部

농상공부에서 工業模範場을 長生殿 부근지로 정하여 장차 그 역할을 시작할 것이다. (중략)

▶ 1906년 11월7일

〈別報〉

* 富興說

議政府 參贊 李商在씨가 皇城基督敎靑年會館에서 學館 내에 工藝課를 특별히 설치함으로 그 취지를 연설함이 다음과 같으니, (중략) 현재 한국의 부흥할 策은 分利하는 商務를 취하겠는가? 生利하는 農工을 취하겠는가? 상업도 不可務하거니와 農工이 최우선으로 급한 일인데, 우리 한국의 農務는 유래 素業으로 농업의 나라라 칭할만하나 民智가 아직 발달하지 못하여 天然한 純利만 바라고 人工의 학식이 미치지 못한 고로, 토지의 고유한 능력을 능히 얻지 못한 즉 이후 民智의 발달함을 따

라 점차 전진하려니와 공업은 전부 曖昧하여 전 국민의 일용만물을 외국으로 따라 수입하지 아니하는 것이 없어 요즘 시장을 편람한 즉, 진열한 물품이 삼베, 짚신, 토기 몇몇 이외에는 모두 외국에서 들어온 人造物인데, 이와 같이 궁구하지 못한 人造物을 有限한 농업 소생의 天造物로 抵當하고자 하나 이는 一勺水로 萬斛火를 구함이니, 바르게 따라야 國安得不貧이며 安得不弱이며 安得不渴이며 安得不亡이리오. 이로써 유지가 빈번하게 공업의 일로 盡心用力한다하나 이야기에 불과하고 실지를 아직 보지 못하니 이번에 들어본 즉, 황성기독교청년회에서 각 학교를 병설하고 국내 청년을 교육하는데 그 중에 공업교육과를 특설하고 과목과 年限을 규정하고 물품을 제조하는 학술을 교습하여 이달 첫 번째 화요일에 개설한다하니 한국의 부강의 근원이 이곳에 있는지라. 전국의 행복과 개인의 행복이 크게 결실을 맺을 것이요. 이는 본국의 유지와 외국의 친애하는 諸君子가 함께 협동하여 진실되게 만들 것이니 하늘이 한국을 사랑하시는 은총이 아니면 편안하게 하리오. 感謝贊領하옵나이다.

▶ **1906년 12월12일**
工師旅費

농상공부에서 度支部로 조회하되, 獘部 공업전습소에서 일본 工業技師 野田忠藏씨를 고용하는 바 그 임원이 일본 群馬縣으로서 부임하는 즉, 여비 230원과 식료 200원 합계 330원을 지급하라 하였더라.

▶ **1906년 12월17일**
皇室睦誼

황제폐하께옵서 특파대사 李址鎔씨로 하여금 일본 황제, 황후 兩 폐하, 황태자, 황태자비 兩 전하께 다음과 같은 물품을 증정하게 하였는데, 銀製煙具 1

櫃, 銀製墨計器 1座, 毛本緞 6疋, 衲細 4疋, 銀內鑲 5件, 安宍羅 10疋, 繡屛 次 8幅, 皮衣蘆 1雙, 紙籠 1雙, 竹箱 1個, 手袋의 1座라더라.

▶ **1906년 12월21일**
農照度部

농상공부에서 度支部에 조회하되, 공업 발달이 가장 급한 업무인 고로 본부 소관 공업전습소 관제를 이제 수정하여 명한 바, 관리 봉급이 貴部 직권이기에 청원서를 교부하니 관련 관청에 낙인을 한 후 還擲하여 俾便提議하게 하라 하였더라.

▶ **1906년 12월26일**
工業傳習所官制

농상공부 공업전습소 관제를 개정하였는데, 그 인원은 감독 1명이요. 所長은 전임 1명이요. 技師는 전임 1명이요. 技手가 20명이요. 司監이 1명이요. 書記가 3명이더라.

▶ **1907년 1월8일**
年新學新

황성기독교청년학회관에서 금년 신학기(1월3일) 이후로 교수방법을 일층 확장하는 바, 특히 공업과의 漆色, 柔皮, 油脂肪 등 과목에 실제 응용을 위해 화학 기계재료를 동경에 주문하였고, 본 회관 내에 400명을 수용할 演說所, 連動場을 건축하여 오는 음력 정월 초 내에 준공될 터인데, 과목에 新學員이 증가할 뿐만 아니라 모집인원도 더할 것이라더라.

▶ **1907년 1월10일**
靑會의 敎育擴張

우리 大韓에 현재 필요함이 상공업 발달 밖에 없는지라. 이로써 기독교청년회에서 연설소와 운동장을(每所 20間 가량) 친히 건축하고 治工木匠, 철물제조에 관한 설비를 하여 위 항목에 敎科

를 확장할 터인데 건축은 6주 이내에 준공될 터이요, 기계는 미국에 주문하여 약간은 먼저 도착하였고 추후로 많은 수가 도착하여 유지청년의 취미를 무한히 증진함을 기한다더라.

▶ **1907년 1월24일**
禮品奉呈

일전에 第一銀行에서 度支部 대신 閔泳綺씨에게 致函한 內開를 들어본 즉, 오늘 황태자 전하 가례 시에 축의를 표하기 위하여 銀樽과 金樽 2개를 제조 진상할 터인데, 그 각각의 격식을 소상히 밝히라 하였다더라.

▶ **1907년 2월5일**
樞院議案

어제 하오 1시에 中樞院에서 議長 이하 贊副議 諸氏가 회동하여 정부로 조회할 결의안건을 의탁하는 즉 그 안건이 다음과 같으니, (중략) 농상공부 소관 공업전습소 관제 第9案에 현재의 間은 본소 직원 중에 외국 학술가를 초빙하여 그 사무를 임시대변하게 함. (중략)

▶ **1907년 2월6일**
〈外報〉
* **農商工部官制**

北京이 전한 즉, 농상공부 신관제가 領布되었는데 각 부에는 農務, 工務, 商務, 庶務의 4司를 설치하고 司에 남자 중 20명, 員外 남자 16명, 主事 18명을 배치하고, 商標局, 商報局, 會社登記局, 實業, 工藝의 2학교, 勤工陳列場, 手工科, 농사시험장, 농업학교, 광물분석소, 度量衡局 등을 설치한다더라.

▶ **1907년 2월19일**
化學演說

오늘 하오 7시 반에 청년회관에서 青年會의 工藝科 교수 宮川總三郎씨가 화학적 변화의 작용이란 문제로 연설한다는데, 有志諸君이 다수 참여함을 희망한다더라.

▶ **1907년 2월20일**
〈論說〉
* **求治된 先究其弊**

(중략) 우리나라의 자연산물은 풍부하고 넉넉한 까닭으로 상업이 凋殘해 흥왕을 기약할 수 없고, 공예미술은 감소하고 難振하여 수입이 날로 더하고 수출이 날로 퇴진하며, 농업에 이르러서는 나라를 세우되 현재 발달한 것이 없다. (중략)

▶ **1907년 2월22일**
〈寄告〉
* **至愚生鄭應离勤告同胞**

현재 세계는 전쟁시대이요 상업시대라. 天下萬國이 상호 교통하여 각자 자기 나라의 제조물품이 지극히 정세하고 지극히 미세하여 외국으로 나가는 일이 많은 즉 그 나라가 부유하고 그 국민이 풍족하고, 외국에서 들어오는 것이 많은 즉 그 나라가 빈곤하고 그 국민이 곤란하나니. (중략) 대저 우리나라는 1천3백만 인구와 8만2천여 方里 면적 내의 天產, 人造가 자급자족이 아니 되어 그 제조경작이 마땅한 때에 적합하지 아니하니 일용사물을 스스로 나라에서 생산하지 못하고 외국산물로 의복, 飯食을 계속 이용하여 작년 각 항구조사표를 대조한 즉, 외국인 물품이 4천만 원에 달하고 우리나라 물품이 6백만 원에 불과하다하니 상업상의 차이가 3천4백만 원이라. 현재의 재정곤란을 반드시 이롭게 할지라. 공예발달의 전진은 해마다 두루 미치리니, 동포는 깨우친 정신에 많은 생각을 더해 개개인이 근면하여 試觀列邦之做去하오. (중략)

▶ **1907년 2월27일**
各會聯合演說

우리나라는 근래 각 회사가 종종 振起
하여 각 그 國本 중에서 때때로 연설과
토론이 있으나 경성 각 회사의 연합한
政談演說會는 창립한 感會에 우선 등
단하여 정세한 학식이 없어 滿場諸位
의 경청을 공유하기 어렵되, 다만 이에
一大璞이 있고 璞 중에 寶玉이 있어야
玉으로써 主璋을 조각함은 미술세공을
필요로 하되 大璞에 이르는 것을 剖破
하기는 우리 廳工도 朱有不可하니 연
설로 인식하실 게 아니라. 다만 破璞廳
으로 듣고 인식하시고 미술세공의 奇觀
은 논하시는 여러 辯士의 高論을 자세
히 듣자. (중략)

▶ 1907년 3월7일
養工規則
농상공부 소관 공업전습소의 學員을 장
차 모집할 터인데 그 규칙이 다음과 같
으니, 1. 工業家 자제 또는 장래 공업에
종사나 공업에 관한 직무에 종사할 志
願이 鞏固한 남자요 2. 품행이 방정하
고 自體 강건한 사람이요 3. 연령은 만
15세 이상과 25세 이하라더라.

▶ 1907년 3월9일
農照學部
농상공부에서 學部로 조회하되, 貴部
소관 농상공학교의 工科 教習事務를
올해 4월1일부터 공업전습소로 接續施
行하게 한지라. 그 과의 소용기계와 제
반물품을 전습소에 이용함이 마땅히 편
리할 것이라 하였더라.

▶ 1907년 3월11일
〈論說〉
＊ 生存之機在競爭
(중략) 工業者는 편안함에 조악하여 능
히 개량하지 못한 고로 앞선 신라, 고려
의 공예미술이 날로 점차 쇠퇴하여 현
재는 어찌 남아있는 것이 있겠으며, 商
業者는 편안함에 쇠퇴하여 능히 무역을
일으키지 못한 고로 국내에 商鉅賣！

백만원의 자금을 축적하는 것이 없으
며, 그 외 諸般 技術業이 전혀 없기에
전국의 백성들이 다만 이로 인하여 여
자들 주변만 빙빙돌며 생활하는 것에
불과하니 이로써 생업의 빈궁이 가장
밑바닥에 다다랐도다. (중략)

▶ 1907년 3월16일
三設一廢
공업전습소와 농림학교와 善隣商業學
校를 설치함으로 농상공학교는 폐지한
다더라.

▶ 1907년 3월30일
商品陳列館開業
경성상업회의소 부속 상품진열관은 점
점 준비가 정돈이 됨으로 4월1일부터
개관하여 公衆의 縱覽을 허락한다는데,
同館의 목적은 우리 대한 상공업이 開
養發達하고 우리 국민의 시청을 새롭
게 하며 외국과 직접 무역을 개시하는
소개기관으로 설립하여 장래 우리 商民
은 同館에 직접 찾아와 길이 열리면 그
이익이 막대할 터이요. 또한 판매하는
방법에 의하여 縱覽者에게 卽賣함으로
써 우리 국민은 종래 외국상점에서 흔
히 구매하더니 이후로는 종로 거리 등
지에 품질의 우량함과 가격의 저렴함이
반드시 수용될 물품을 사게 된다는데
至便至利한다하며 다만 同館의 입장료
는 1錢으로 정하였다더라.

▶ 1907년 4월2일
工徒試取
어제 하오 2시에 농상공부 소관 공업전
습소의 學員 50명을 試取하는데 응시
자가 1,200여 명에 달하였다더라.

▶ 1907년 4월16일
擇送可堪博覽會
3월20일 후로부터 5월까지 일본 大野
公園에서 권업모범박람회를 개설하고
제반물품을 관람하여 인민의 지식을 발

달하게 하는데, 그 회에 대하여 농상공
부에서 漢城府와 各道에 훈령하고 뛰
어난 사람을 그 회에 보내어 관람하게
하라 하였더라.

▶ 1907년 4월18일
工業開校式

농상공부 소관 공업전습소에서 이달 20
일 하오 2시에 개교식을 시행하고 內外
高等官員과 신문기자를 초대한다더라.

▶ 1907년 4월29일
事繁聘師

농상공부 소관 鑛山事務局과 度量衡
局, 工業傳習所, 農林學校 각처에서
사무가 많음으로 외국기술인을 초빙하
였는데 技師, 技手, 書記를 합해 17명
의 봉급이 매달에 1천425원이요, 주택
거주비는 410원이라더라.

▶ 1907년 5월15일
農訓各道

농상공부에서 漢城府와 13道에 훈령하
되, 商務가 발달하면 그대가 순탄하게
살아가고, 박람회의 물품에 그대가 지
식이 열리면 이 어찌 나라의 백성들이
서로 유익하지 않겠는가! 그런 즉 박
람회를 설치하는 것이 옳지 않겠는가!
현재 天下列强이 재빠르게 설치하는데
막힘이 없는 것은 좋은 것임에 말미암
은 것이라. 우리나라도 이에 의거하여
백성이 널리 알아가야 하며 백성들의
생업이 두루 미치는 것은 不容不亟圖
進就인 바, 장차 올해 9월에 박람회를
경성에 설치하니 백성 모두 주의하여
窮探廣蒐하되 金石, 土木, 羽毛, 鱗介
각종 물품은 물론 天産과 人造, 밝고
정교하여 대중들이 관람하기에 옳은 물
품을 다소 허락하지 않고 주로 8월15일
이내에 본부에 도착하면 重價收買하겠
기로 이와 같이 개최를 훈령하니, 각 군
의 관리로 하여 모든 가정에 말하고 거
리에 붙여 알리고 후미진 거리 모퉁이

끝까지라도 없거나 혹 듣지 못하고 알
지 못하지 않게 하라 하였는데, 購買할
물품이 다음과 같더라. 禽獸, 鱗甲, 生
動者와 刮分皮骨, 各種 金銀銅鐵, 寶
石水晶과 製造各品, 磁瓦, 陶土製造와
塗漆各品, 組織編製 각종. (중략) 다음
항목의 물품을 기일에 맞게 이끌어 내
면 重價貿易 뿐더러 상품을 증정한다
는데, 1. 各 譽賞에는 金牌요, 2. 各 1
等賞에는 金牌요, 3. 各 2等賞에는 銀
牌요, 4. 各 3等賞에는 銅牌요, 4. 褒狀
이라더라.

▶ 1907년 5월31일
博覽會補助金支撥

東萊府에 설치한 박람회에 보조금 7만
5천원을 농상공부에서 度支部에 조회
하여 支撥하라 하였다더라.

▶ 1907년 6월6일
工業實習

농상공부 소관 공업전습소의 전습생 실
습을 이 달 1일에 시작하여 시행한다더
라.

▶ 1907년 6월6일
工業傳習所擴張

度支部에서 政府에 조회하되 농상공부
조회에서 본부 소관 공업전습소가 병설
한 즉 家舍 건축과 기계 구입을 일제히
준비하는데, 이차에 수용을 계산해 본
즉 3만6,654원을 증가하지 않을 수 없
는 고로 경비를 增額하기 위해 別紙調
書를 작성하여 起業資金 중 지출함을
의회에 제출하라 하였더라.

▶ 1907년 6월15일
工業調査訓飭

농상공부에서 각 13道 관찰에게 훈령
하되, 인민업무의 程度消長이 정부 開
導 여하에 있어 균일하게 開導를 취하
기 위한 방편이면 종래 慣倒에 있는 執
務處所와 人名 數量을 조사하여 상업

에 참여할 준비를 할지니, 貴管下 각 군에 훈칙하여 소재한 造船營業場 各名을 일일이 조사하여 속히 보고하게 하며, 매년 構造實數를 역시 조사, 보고하되 혹 누락되지 않기를 發訓하노니 신속하고 분명하게 실수 없게 하라 하였더라.

▶ 1907년 7월4일
博覽會設行

농상공부에서 각 13道에 훈령하되, 올해 9월에 경성에서 박람회를 개최하여 供覽할 물품을 관하 각 군에 翻飭하여 그 소유주로 하여금 본부에 이르면 重價收買할 의도로 訓飭하는 바, 물품의 틀을 정교하게 하고 출품인의 주거, 성명을 상세히 기재하여 來納하여 실수 없게 하기 위하여 훈령하노니, 각 府郡이 분명하게 따르게 하라 하였더라.

▶ 1907년 7월10일
美術學刱設

有志紳士 金圭鎭, 金有鐸 兩氏가 미술을 발달하기 위하여 教育書畫館을 苑洞 西友學會 내에 설립하였는데, 미술을 영원 학습하여 졸업을 기원하는 사람에게는 가을 개학 시부터 보통학문까지 교수하겠고, 각 학생들은 여름에 휴업을 하여 방심하기 쉬워 樹陰이 청량하고 공기 신선한 軒窓 하에서 寫意하며 음악에 맞춰 노래를 부르는 것이 위생에도 유익하겠고, 가을 개학까지 유일하게 1달이라도 圖畫를 학습하는 것도 큰 이익일지라. 有志諸君의 爭先趨學함을 희망한다더라.

▶ 1907년 8월2일
博覽會刱設

동대문, 남대문 兩大門 城壁毀撤은 度支部 소관인데, 양 대문 樓를 농상공부에서 付屬하여 박람회상품진열에 備用한다더라.

▶ 1907년 8월5일
博覽會出品督訓

농상공부에서 이미 13道를 왕래한 관찰사에게 훈령하되, 경성박람회 출품각종을 이달 15일 이전에 모두 본부에 이르게 하면 당연히 重價買收하겠다 하였더니, 현재, 그 기한이 불과 얼마 남지 않아 재차 發訓하기를 박람회 출품각종을 상민 등이 팔기를 원치 않는다면 그에 마땅히 따라 精封以來하라 하였다더라.

▶ 1907년 8월19일
博覽勸業

농상공부에서 각도 관찰사에게 훈령하되, 경성박람회장 鶴原定吉의 來文을 접한 즉 박람회가 절박함에 따라 각 재무관에 割引証를 배포하고 참관을 권유할 뜻으로 청하였으며, 각 도 관찰사에게 훈령하여 당업자가 다수 참관하게 하라한 바를 發訓하니, 관하 각 군에 轉飭하여 농상공업에 有志한 인민에게 佈諭하여 9월1일로부터 11월15일 이내로 경성에 도착하여 박람회에 참관하게 하되, 기차와 배의 割引証는 각 도 財務支部에 청구하라 하였더라.

▶ 1907년 8월30일
博覽會況

경성박람회 會期는 올해 9월1일부터 시작하여 동년 11월15일까지로 하겠는데 입장료는 5전으로 정하고 여흥으로 한일 양국 기생의 가무와 군악이 있으며 진열품은 곡물, 직물, 식료품, 금제품, 금은세공품, 미술품 등이요. 기타 각종 물품이 많으며, 관람 차로 입장하는 사람은 특별히 기차 이용료의 10분의 3을 감하고 배 이용료는 10분의 6을 할인한다더라.

▶ 1907년 8월30일
博覽會現狀

경성박람회를 설치하는 일에 대하여 현

재 들은 바에 따르면, 일본인이 主務를
담당하되 점차 확장하여 갖추고 이후에
는 본국인이 主務를 미치게 하여 그 업
무를 달성하게 한다더라.

▸ 1907년 9월6일
博覽會晩餐盛況
이미 보도한 바와 같이 어제 하오 8시
경에 경성박람회의 만찬회를 日本人俱
樂部에서 실시하였는데, 각 신문기자가
일제 회동한지라. 박람회사무장 小川鶴
二씨가 이 회의 취지를 설명하기를, 이
박람회의 擴張興否는 각 신문사 贊助
의 여하에 있는 즉 찬조금을 거두어 인
민으로 하여금 박람하게 하여 지식을
발달하게 하는 것이 이 시대에 부합하
는 것이라 하였는데, 내빈 중 대한신문
사 사장 李人植씨가 답변하고 11시에
해산하였더라.

▸ 1907년 9월7일
〈文明錄〉
* **博覽會記**
(중략) 이상과 같이 관람할 때에 소감이
다음과 같으오. 박람회는 우리나라 농
상공부의 계획으로 실업을 발달하기 위
하여 개설함인데, 그 내부에 진열된 물
품은 모두 외국물품이고 한국인이 출품
한 것이 23명에 불과하니, 趙彰漢씨가
毛皮物을 출품하고 白寅基씨는 珠簾이
요. 鄭斗煥씨는 紙類요, 朴永斗씨는 扇
子를 출품하고 외에 농상공부의 출품으
로 각 군에서 보내어 온 물건 數種 뿐
이라. 한국인민은 상업의 어두움을 알
아라. 대저 실업에 종사하는 사람은 그
소유물품을 박람회에 보내어 세인으로
하여금 그 미려함을 알게 하고 그 회에
서 상패를 수상하여 신용이 있어야 하
고 세인이 이를 알아야 상업이 興旺하
는 것이거늘 인민이 이에 어두워 출품
하지 아니하고 외국인에게 모두 차지하
게 한 바 되었으니, 실업의 衰殘함이
우연함이 아니요. 울어라 ! 지방군수들

도 박람회에 무슨 물품이 있는지를 알
지 못하여 生擒한 鷰兒와 舊甲 등을 보
내어 외국인의 웃음거리가 되었으니 실
로 한심하도다.

▸ 1907년 9월16일
〈論說〉
* **祝博覽會**
어제는 경성박람회 개회식이라 내외국
官人과 紳士가 운집하여 많은 인파가
말하고 일제히 손벽을 치며 상을 수여
하며 일대성황을 이루니, 실로 우리 제
국 4천년에 처음으로 있는 盛擧라고 말
할지로다. (중략) 이와 같이 厦屋과 넓
은 垣場에 천연적, 인위적 각종 물품을
배치하여 관람자로 하여금 안목을 넓히
게 하며 意思를 넓히게 하며 지식을 넓
히게 하여 興妙한 理想을 연구하게 하
고 奇巧한 기술을 발전하게 하는 목적
은 공공적 이익을 꾀함에 있도다. 울어
라 ! 우리 국가의 빈약이 극에 달하였
으니 국가 빈약의 이유가 있느뇨, 상업
이 쇠퇴함이오. 상업쇠퇴의 이유는 무
엇에 있느뇨, 공업이 凋殘함이요. 工業
凋殘의 이유는 무엇에 있느뇨, 政府諸
公이 商工家에 대하여 찬성하지 않고
장려하지 않을 뿐 아니라 壓迫浚轢을
더한 것에 있으니, 가까운 시일에 우리
정부의 當局諸公이 국가빈약의 근본적
病源을 치유하고자 일본과 협의하여 이
회를 병설하였도다. 그런 즉 이 회에 박
람하는 諸公이 피상적 박람은 하지 말
고 이상적 박람을 실행하여 기술정도가
날로 진보하여 세계에 특별한 빛을 드
러내 보일 줄로 단언 확신한다. (중략)
식사

▸ 1907년 9월18일
博覽會盛況
3일 전 경성박람회의 개회식을 거행하
였는데 성황을 이루었으니, 박람회 회
장 鶴原은 式辭를 연설하되 이번에 日
韓 양국의 有志者가 서로 담합하여 경

성박람회를 개설하고 日韓 양국의 산물 제품을 한 자리에 모집하여 일반 공중의 관람에 이바지하고 參考에 자본의 所以는 盛時의 여력에 이르러 산업의 발달과 무역의 증진을 꾀하는 작은 뜻 이외에 없는지라. 그렇기는 하나 규모가 왜소하고 설비도 역시 완전하지 못하여 많은 사람의 희망에 도움이 되지 못함은 본 회의 유감이로되, 이번에는 바르게 잡고 개최하여 다른 날의 大成을 기하라 하였고, 長谷川 大將은 祝辭하되, 한국에서 이러한 종류의 시설은 처음에 속할 뿐 아니라 본 회의 경영은 日韓 有志者가 개설하여 시일이 역시 짧았음으로 그 규모가 크기에는 미달하였으나 각종의 출품이 많고 제반설비가 정돈함은 당사자의 奮勵와 찬성자의 열성을 표시함이니, 이는 내가 만족하게 느끼는 바라 하였고, 농상공부 大臣 安兼晙씨는 祝辭하되, 우리나라 人士가 농공업에 종사하는 자는 때때로 본회를 관람하여 다른 나라의 발달한 산물을 스스로 관찰하여 지식의 확장을 꾀하고 우리나라의 신면목을 열기를 희망하노니, 이는 박람회 당국자의 성의에 응할 뿐 아니라 국민의 의무된 이유라 하였고, 출품인 趙彰漢씨는 祝辭하되, 박람회의 목적은 즐기기 위한 것이 아니라 남녀의 다수인민이 모집한 각종물품을 관람하여 물리, 화학, 미술품과 물품의 姸媿와 제법의 奇功, 산출, 지질, 기후의 각기 다른 각종 지식을 隨觀發生하고 隨物研究하여 장래 우리나라 상공업의 개량과 발달하는 規範場을 보는 것이라, 한일 양국 정부에서 합심 진력하여 국가부강의 前途를 지도할 일이라 하였고, 일본 출품인 總大 澁谷英次郎씨는 祝辭하되, 산물을 진열하고 상품을 박람하게 함은 우리가 생산한 것이 좋은지 좋지 못한지를 비교하고 遠近 상품의 유무를 통하는 이유이니, 무역은 이에 의지하여 개선하고 공예문화가 이를 의지하여 발달함이 매우 크다 하였다. (중략)

▶ **1907년 9월20일**

興業擴張

保稅倉庫, 印刷局, 煉瓦製造所 등의 확장됨을 이미 들어본 즉, 保稅倉庫는 창립 이래로 지금까지 외국무역에 자본 투자함이 현저한 즉 이후에도 유익 발달될 것이요. 印刷局은 가까운 시일에 그 규모를 확장하며 특히 收入印紙의 제조에 착수한 이래로 지금까지 제조한 印紙가 143만6,384枚이오. 그 금액이 42만6,500원에 달하고 이후에도 印紙 製造額이 증가하려니와 각종의 遺券, 증권 등을 역시 인쇄하여 이 局의 업무가 유익 확장될 것이요. 煉瓦製造所도 요사이 창업의 준비를 마쳐 製造額이 날로 증가한다더라.

▶ **1907년 10월6일**

舞童協贊

博覽會協贊會는 다가오는 일요일에 시작하여 매 일요일에 舞童을 盛裝하고, 이를 경성상품진열관 앞에서 진행하여 長安通을 돌며 박람회를 협찬하는 祝意를 표할 뿐 만 아니라 人心을 發興하여 박람회의 취지를 살아나게 한다더라.

▶ **1907년 10월13일**

〈論說〉

* **博覽會에 對한 觀感**

(중략) 외국의 물품은 모두 제조가 精美하고 織成이 화려하여 지처마다 사람의 안목을 받았는데, 무엇으로써 우리나라는 공업이 발달하지 못하여 天産物 이외에는 한 종류도 칭할 것-아직 없고 이 박람회에 진열한 것도 없으나 대저 그 제조의 정교함이 근래 제조한 磁器에 비하면 精粗美惡을 함께 비교하여 말할 수가 없을지라 그러한 고로 금세에 高麗磁器를 귀중히 여김이라. 이에 대하여 나의 무리는 그 感念이 뛰어난 것은 어떤 종류의 상업을 막론하고 매번 연대의 久遠을 따라 점차 증가 발전되

는 것이 당연한 이치이거늘, 우리나라는 각종 공업이 퇴보에 이르러 반대로 감소의 지경에 이르렀고, 그 원인을 구할진데 이는 다른 것이 없다. 정부의 죄라고 단언할지로다. (중략)

▸ **1907년 11월24일**

典膳司官制

典膳司 관제를 개정하였다는데 그 안건을 들어본 즉, 典膳司 副監이 1명, 大夫 1명, 理事 1명, 部長 1명, 主事 2명이요. 雇員은 任員으로 개칭하여 2명을 두고 熟手는 善手로 개칭한다더라.

▸ **1907년 11월24일**

〈論說〉

* **實業의 必究**

네가 世間에 살아야 일개 生物이라. 그러하나 자기 한 몸만 생활을 경영하여 의식주 3건을 요구할 뿐 아니라 가족과 사회에 대하여 중대한 책임을 다 할지요. 또 국민된 의무도 있나니 그런 즉 국가와 사회와 가족에 대한 책임을 다 할진데 不得不財産을 요구할지라. 재산은 공연히 편안하여 구하지 않고 얻을 바ー아니오. (중략) 또 목하 現狀으로 볼지라도 농림학교나, 공업전습소나, 상업학교라 하는 실업학교는 그 설립이 單子하여 심히 유감인 바거니와, 학도들에게 고하여도 외국어학교나 筭數學堂에 들어가야 語學筭術을 신속히 졸업하여 稅務官吏나 度支部主事나 이와 동등한 仕宦을 얻기 위해 열심히요. 실업학교에는 들어오기를 원하는 자가 零星하니, 이는 옛날에 仕宦의 버릇이 현재에 이르러서도 끊어지지 않아 부질없이 그 仕宦으로만 생활하는 방법인줄 아는 바라. 울어라. 현재는 과거가 아니라. 일으키고 혹은 또 다른 높은 재능이 있어야 일개 仕官을 판가름할지라도 능히 이 官俸으로써 경제를 유지할지도 알 수 없거니와 일개 仕官도 窠路가 甚窄하여 구하기 극히 어렵다 할지라도,

그런 즉 장차 무엇을 의뢰하여 생활을 보존할까! 다만 이 束手自枯함을 스스로 대비함이 옳은가! 얻지 않고 예산하지 않은 것이 이에 제일 문제라 하노니, 나의 무리가 오늘날에 직면하여 급급히 강구할 것은 실업뿐 아니라 이를 따르는 사람들이 마땅히 농공상 3件의 실업에 주력하여 실제 생활방법을 연구할지니, 실업연구에 대한 방법은 점차 本紙에도 傯記하려니와 여러 군자도 역시 강구하여 독립의 생활을 경영함을 십분 축망하노라.

▸ **1907년 12월28일**

甲鑛調査

농상공부에서 甲山郡 광업을 조사하기 위하여 礦山事務局 事務官 補齋藤小二郎, 技手 俸幾太郎, 事務官 島敏雄 三씨를 보낸다더라.

▸ **1908년 1월16일**

下賜物品

太皇帝, 大皇帝폐하께옵서 이달 14일에 副統監에게 하사하신 물품이 다음과 같으니, 태황제폐하께옵서는 銀甁 1雙, 別造紋緞 2疋이오. 대황제폐하께옵서는 銀甁 1雙, 絅袖 2疋이오. 황후폐하께옵서는 摹本緞 2필, 黑羽柄 2柄, 황태자폐하께옵서는 繡屛 1次, 絅袖 2疋이오. 慶善宮에서는 金杯 1個, 別造紋緞 2疋이라더라.

▸ **1908년 2월12일**

帝室博物館

帝室博物館을 설립한다 함은 이미 보도하였거니와, 그 목적인 즉 국내 고래의 각 圖畵 미술품과 현 세계에 문명적 관계 진품을 정리하여 공중에 관람하고 국민의 지식을 개발하게 함이라더라.

▸ **1908년 2월29일**

教育의 學校

新教福音學校에서 23년간 우리나라에

설립된 교육사업의 현장을 들어본 즉, 소학교는 현재까지 설립된 것이 전국에 450校요. 학도가 9,719명(그 중 2,000명은 여자)인데, 장래 우리나라 내 敎會 소재지에 남녀 소학교 각 1校를 설립할 계획이요. 중학교는 남자의 중학교가 11校니, 이 학교는 전문을 위하여 豫備科를 교육하고 학도는 1,266명이요. 여자의 중학교는 경성에 3校, 평양, 개성, 순천, 의주, 원산, 충주에 각 1校니, 외국선교사가 敎授하고 文藝專門學校는 평양에 있으니 올해 제1회 졸업생이 배출할 터이요. 평양에 남녀맹아를 위하여 盲啞學校 1개소를 설립하였고 중등학교는 목공, 금공, 인쇄 등을 敎授하는 장소가 있고 또한 개성에는 農工科大學校를 설립할 계획이 있으며 師範學校는 작년까지 남녀 합계 500명의 교사를 배출하였는데, 이외 경성에 있는 基督敎會에서 교육사업을 확장할 계획이라더라.

▶ **1908년 3월12일**
石材土沙의 規
한국에서 石材, 土沙 채취에 관한 법령의 규정이 없더니 이번에 內部에서 그 규칙을 領布할 터인데, 그 산림 중에 존재한 것은 가까운 시일 칙령으로써 領布할 森林産物 이용에 관한 규정을 응용하여 농상공부에서 처리하고 궁내부 소관 토지에 있는 것은 그 府에서 직접 처리한다더라.

▶ **1908년 4월2일**
兩校應試
공업전습소에서 어제 학생을 試取하는데 응시자가 2,000여명에 달하고 선린상업학교에서도 어제 학생을 試取하는데 응시자가 400여명에 달하였다더라.

▶ **1908년 4월12일**
谷香生香
玄學元南鴻祐 金應龍씨 등이 우리나라의 물품제조가 발달하지 못하여 상업이 쇠락함을 개탄하고 몇 해 전부터 자본을 모아 卷烟製造所를 西署桃洞에 개설하고 (중략) 우리나라 사람으로서 新思想이 있다고 칭하는 자ー혹 偏陂함에 가까운 자가 많아 외국제조는 양호하지 않더라도 구매함을 좋아하고 본국의 제조는 양호하나 구매하는 것을 옳게 여기지 않으니, 이는 자국 정신이 腦髓에 넉넉하지 못한 것이라 할지로다.

▶ **1908년 4월25일**
陳列館兩處
농상공부에서 오는 5월경에 상품진열관을 남대문과 동대문에 설치한다는데, 관람시간은 상오 7시부터 하오 6시라더라.

▶ **1908년 5월23일**
御覽工業品
이달 21일 祕苑 운동장에 대황제폐하께옵서 공업전습소에서 제조한 물품을 御覽하옵셨다더라.

▶ **1908년 6월2일**
磁器製造
某某諸氏가 자본을 모아 三淸洞에 집을 새롭게 건축하고 洋磁器製造所를 설립할 차로 일전에 기계를 샀다더라.

▶ **1908년 6월30일**
帶往工業傳習所
농상공부 대신 趙重應씨가 지난 토요일에 각 관찰사를 대동하고 공업전습소에 왕래하여 본소의 실지정황을 관람하고 각 지방에도 이와 동등한 실지사무를 확장할 의견으로 대신이 일장연설을 하였다더라.

▶ **1908년 7월7일**
表給物品
농상공부 대신 趙重應씨가 각 관찰사를 대동하고 공업전습소를 시찰하였다

함은 이미 신문에 게재하였거니와 그 소의 각과에서 品物을 제조하여 각 관찰사에게 1건식 表給하였다더라.

▸ **1908년 7월8일**

勸業博覽會

우리나라 정부에서 일본 명치 45년 동경에서 개설할 大博覽會에 참여할 준비로 융희 4년에 경성에 권업박람회를 개설할 계획이 있다더라.

▸ **1908년 7월9일**

發達工業

국내에 공업을 발달하기 위하여 13道에 공업전습소를 설립하기로 농상공부에서 방금 협의 중이라더라.

▸ **1908년 7월10일**

〈論說〉

工業傳習所

대저 현재 세계는 人造世界라 함이 옳다. 天地間 水火風電이 모두 인생 이용의 밑천이 되어 海陸에는 輪舶鐵軌가 왕래함을 알고 통신기관은 電線電話가 만 리 밖에까지요. 戰關器機는 능히 회선이 천지에 떨쳐지고 農器와 鑛採活, 측량, 가옥건축, 일상수용의 기구-모두 극히 편리하여 인력의 많은 노력과 경비를 기다리지 않고 이로움을 얻기가 많으며 심히 배를 띄우고 차를 달리게 하는 종류가 많아, 귀신이 회피하여 공교하고 造花가 양보하여 공교하니 神聖하라. 공업이어 위대하다. 국가의 부강과 人族의 문명이 모두 공업의 발달로써 하였도다. 그런 즉 현재 네가 전쟁이 극렬한 시대에 당하여 일체 이용후생에 관한 각종 공업이 발달하지 못하고는 생활을 얻을 수 없어 하물며 부강이여 문명에 이르러라. 울아라! 개항통상 30여 년에 세계 각국이 사용하는 기계와 제조하는 물품이 날로 눈으로 떠받들어지고 날로 손으로 접하되, 현재 한 개의 물품이 신발명, 신제조가 되지

않으니 우리 대한인의 天資가 魯鈍하고 슬기롭지 못하여 능히 다른 민족의 智巧를 본받지 못한 즉 고래 역사로 말하면 磁器의 제조도 우리 대한에서 비롯되어 결실을 거두고, 활자의 출연도 우리 대한에서 비롯되고, 鐵船의 用武도 우리 대한에서 비롯되고, 석탄의 이용도 우리 대한에서 비롯되었으니, 그 靈性함은 실로 다른 민족보다 우수하다 말할 터인데 현재 각종 제조가 둔하고 많지 않아 民産의 빈약과 국력의 모자람이 극에 달한 지경이어서 드디어 살아남을 수 없으니, 이는 100년 이래에 일반사회가 浮華를 徒尙하고 실지 경제에는 모두 주의하지 않아 일체 공업계를 해치게 되어 장려의 일이 전부 없어지노라. 이와 같이 하고서 부강과 문명을 희망하는 것은 내실이 없는 말이요 망상이로다. 올해에 이르러 관립 공업전습소의 창립이 시작됨에 학생이 모집되어 50여명에 달하였으니 이는 그 공업발달의 열기려니, 가까운 시일에 농상공부에서 이를 확장하기 위하여 공업전습소를 13道에 배치하기로 협의하였다하니 이는 현재 실업계의 필요한 급한 업무요 부강문명의 요소니, 吾儕는 각 군에서 이를 빠르게 실시하여 십분 확장하기를 희망 찬성하며 일반 학생계에서도 분주하게 종사하여 발달의 효과를 나타내기를 顒祝不已하노라.

▸ **1908년 7월16일**

意在勸業

농상공부에서 권업을 장려할 목적으로 이전 경성박람회진열장 내에 각종 新鮮物品을 진열하여 일반 사람들에게 관람을 허락하였다더라.

▸ **1908년 8월6일**

官費留學生

일본국에 유학하는 관비생도의 修學情況을 조사하였는데, 그 氏名과 校名이 다음과 같더라. (유학생 성함 및 학교

명단 생략)

▶ 1908년 8월11일
土石採法의 內容

근래 領布한 토석채취규칙의 내용을 들어본 즉, 국유 森林, 山野와 기타 토지에 보유한 보석, 雲每燐鑛, 석재, 점토 등 토석의 채취허가를 받는 것은 농상공부에 청원하여 그 허가를 받기로 규정되었는데, 청원자는 채취지의 위치와 면적, 채취하려는 토석의 종류, 토석의 槪葬分, 採取料의 所入額, 채취의 기간, 채취의 방법, 채취지와 그 부근상황 등을 記載한 청원서에 채취지도를 붙여서 지방장관을 경유하여 허가를 얻고, 허가를 얻었을 때는 採取料를 납입하고 採取權은 상속 양도함을 얻는다 하더라.

▶ 1908년 8월12일
發堀者處刑

일본인 小川亦吉이라 간주되는 名人이 개성 등지에서 우리나라 사람에게 분묘를 발굴하게 하고 고려자기를 절도한 일로, 당지 理事廳에서 조사한 결과로 中禁錮 15일에 처하였더라.

▶ 1908년 8월20일
土石採取의 視務

국유 토석을 채취하려는 것은 농상공부 대신의 허가를 얻어야 되는데, 그 部에서 視務상 편리를 위해 보석, 雲圓, 燐鑛, 泥炭 등 채취허가에 관한 사무는 礦務局에서 주관하고 보통 석재에 관한 사무는 山林局에서 처리한다더라.

▶ 1908년 8월29일
勸業博覽會準備

이달 26일 농상공부에서 권업박람회 개설 일로 회의함은 이미 보도하였거니와, 개설 시기는 융희 4년으로 하고 會場은 서대문 내 경희궁 내로 하되 경비는 5천원으로 하고 미술공예, 농업, 동물, 수족관을 설치하고 매점, 餘興演舞場, 大花壇, 大噴水도 설비하기로 협의하였는데, 재차 조사하고 설립한 후에는 韓日 官民 중에 위원 20명을 임명하여 개설준비에 착수한다더라.

▶ 1908년 9월8일
〈論說〉
* **實業界의 新光線**

국가를 부강하게 하는 道는 2개 방침에 불과하니 하나는 교육이요, 또 하나는 식산이라. 교육으로 식산의 이치를 얻고 식산으로 교육의 힘을 밑천삼음이 자동차의 양 바퀴이며 새의 양 날개와 같아 함께 닦고 행함에 나라가 부강하니, 이는 세계열강의 동일한 방법이요, 사회 有志의 동일한 經綸이라. (중략) 근래에 이르러 시국이 변천하고 民智가 점차 열림으로 官吏의 氣慾이 屛息하고 일반 국민이 자유사상으로 교육사업을 점점 진흥하는데, 그 발생의 상태를 드러내 보이는 것은 西路人士러니. 최근 소식을 접한 즉, 식산사업이 속속 발기하는데 평양의 磁器會社와 鐵山의 造紙會社, 蕭川 葛山洞 農會의 植林事業 등이 우리 대한 실업계의 새로운 光線을 발견함이라. (중략)

▶ 1908년 9월16일
磁器完好

평양군 磁器會社가 설립된 것은 전에 이미 보도하였거니와 어제 그 회사에서 신제조한 磁器를 경성에 보냈는데 그 품질이 完好하니, 이는 우리 대한 물품 제조의 점차 발달될 소리라고 많은 사람들이 일컫는다 하더라.

▶ 1908년 9월18일
〈論說〉
* **實業의 成績이 在於忍耐**

(중략) 本記者-어제 평양자기회사가 제조한 磁器品에 대하여 感念한 바 있으니, 옛날에 프랑스인 巴律西(파울르)가

磁器製造의 신발명에 착수하여 계속 실패함으로 거액을 소비하고 15년 星霜을 경과하니 소유재산이 바닥나 가옥의 藩籬를 거두어 磁器店의 연료로 공급하여 처자와 우인들이 交口諫止하되, 氏가 마음을 굳게 잡아 하나의 뜻으로 준거함으로 끝내 비상한 성적을 얻어 精妙無等한 磁器品을 세계에 발명하여 큰 이익을 얻게 되었으니 대저 泰西人의 성질이 오로지 인내한 고로 萬般事業이 발전하지 않을 수 없어 국력이 부강하고 인권이 승리한 바라. 우리 대한은 소위 재산 등이 사회단체의 힘으로 큰 이익을 경영하는 자도 뚜렷하게 적거니와 혹 그 경영자가 있다고 할지라도 일차 실패를 하면 의지가 없어져 재차 착수를 하지 않든, 어찌 이러한 상황에 발기하여 鉅萬金額을 소비하고 十五星霜을 경과하도록 定志愈堅하고 銳氣不衰라-이는 우리 대한사회의 대소 사업이 모두 처음으로 鮮終하여 한 개도 성적을 나타냄이 없는 바라. 그러나 세계의 聞見과 시국의 觀感으로 人智가 날로 성장하고 定力이 스스로 생겨날 시대라. 제조품의 신발명으로 말하면, 이 磁器會社가 嚆矢를 呈露하였으니 무릇 사업상 유지한 인사들은 공동경영사업과 물품제조 등 사업에 관하여 상호연구하며 상호근면하여, 이미 착수한 이상에는 1, 2차의 실패가 있을지라도 巴律西(파울르)의 자기영업과 같이하여 百折不回하는 인내력으로 각기 사업의 성적을 발전하여 인민의 생산을 만족하게 하며 국가의 실력을 양성하기로 힘쓸지이다.

▶ 1908년 9월23일
鑛業請願의 朱記
농상공부에서 광업청원에 관한 서류는 특별히 처리하는 고로 청원서 기타 서류를 제출하는 자는 봉투 오른쪽에 광업에 관한 서류라고 쓰면 절차도 극히 신속할 뿐 아니라 청원에도 역시 편리한 고로 광업청원자는 서류에 사항을

記載하는 것이 옳다더라.

▶ 1908년 9월27일
〈論說〉
* 文質의 文明이 爲富强之基礎
(중략) 옛 역사로 말하면, 신라의 陶工이 일본인을 敎授하였으며 고려의 磁器가 세계의 품질이 되며 活板鑄字도 가장 먼저 발명하며, 鐵甲軍船도 우선적으로 창조하며, 석탄이용도 일찍이 강구하였으나, 이후에 계속해서 연구하며 발휘 증진한 것이 없는 것은 국민의 바라는 바가 물질문명에 있지 않기 때문이다. 다행히 근래에 人智가 점차 열리어 실업상 注意로 물질-발명이 점차 現端하여 경성에 製皮會社와 평양의 磁器製造會社, 鐵山의 造紙會社와 關東의 組織營業이 서로 흥하니, 이는 한국이 세계 물질문명에 울부짖음이라. 이를 쫓아 각종 물품의 문명이 계속 증진하면 인민의 실업과 국가의 실력이 자연 부강의 효과를 얻을지니 우리 동포들이 도모하는 觀感은 근면할지어다.

▶ 1908년 10월14일
磁器會社承認
평양에 거주하고 있는 鄭仁叔씨가 磁器製造를 발기하며 그 제조의 품질이 堅實良好한 것은 이미 揭載하였거니와, 농상공부에서 그 견본과 회사규칙을 열람하고 이는 대한세계에서 비롯되어 제조발명이라 하고 즉시 허가하였는데 그 회사에서 나날이 확장하기 위하여 주주모집을 증가하니, 실업상에 유지한 僉彦은 이 사업에 대하여 다수 합심으로 계속 발전하게 하심을 십분 務望하노라.

▶ 1908년 10월16일
〈論說〉
* 平壤磁器會社에 對ᄒᆞ야 勸告國內實業家
평양군 실업가 鄭仁叔, 韓三賢 諸氏가

그 군 馬山洞에 자기제조를 발기하여 그 품질이 堅固良好함으로 농상공부의 認許를 얻고 나날이 확장하기 위하여 株金을 增募하는 사실은 本報에 이미 기재하였거니와, 어제 그 회사에서 정관규칙 1통과 자기견본 2개를 본사에 보내니 吾儕가 이에 대하여 우리나라가 舊時代에 문명고적을 追想하며 新時代에 실업발달이 유망함을 懽迎하여 재차 一筆을 거하여 국내 실업가에게 一致 勸告하노라. 우리나라 舊時代에 공업 발달이 이미 오래되어 일본인을 敎授한 역사가 있고 고려자기 一種이 세계의 珍玩할 재물임에 각 국민이 이로써 우리나라 舊時代의 문명을 증명하느니, 우리 선조시대에 공업발달과 물질문명이 세계에 발표함이 이와 같거늘 어찌 한 고로 이러한 製造家가 전승됨이 사라져서 공업이 퇴보함과 물품의 조악함이 外國博物院에 있어 세상 사람의 조롱거리를 사고 국내 생산품이 외국에 수출되는 것은 전혀 없고 자국인의 수용도 외국인의 제조를 따르니, 인민의 산업과 국가의 실력이 편안하지 못하고 무너졌다. 예전에는 수백 년 이래에 겉만 꾸미고 성실하지 아니한 쓸데없는 예의나 법제만을 오로지 숭상하고 경제의 실용을 폐하였는데 공업을 천시함이 지나쳐 제조에 종사하는 인민은 최하등으로 상대하고 혹 제조의 품질이 양호한 것이 있다면 官吏들이 강탈하고 虐使하는 나쁜 관습이 있었으니 最賤함이 지나치고 불이익한 영업을 즐기리오. 울어라 ! 우리나라의 유래 습관은 詩日賦日의 結搆를 能鮮하는 것이면 高等의 대우를 받고 上樑文과 公車文의 제조를 능한 자면 至貴한 지위를 부여한지라. 이로써 일반사회가 모두 이를 傾尙하며 趨慕하였으니, 이 같은 사업이 국가가 허가하여 국민 산업에 일찍이 어떤 이익이 있는지 그 실용으로 말하자면, 耒鋤, 刀砧 같은 종류를 제조함에도 미치지 않거늘, 고로 천하고 귀한 것이 이에 이르겠느뇨. 우리나라

도 공업을 장려하고 이익을 보호하였으면 제조의 발달이 어찌 다른 나라에 미치지 않으며 국민 산업의 곤란함과 국력의 패배가 어찌 이와 같이 극에 이르리오. 吾儕가 구시대 물질문명이 실패된 역사를 追想함에 실로 感慨가 한이 없다한다. 다행히 평양군 유지 諸氏가 文明風潮의 관념으로 본국 물품의 신발명을 위하여 많은 자금을 모집하여 자기회사를 설립함에 과연 양호한 성적을 나타내었으니, 이는 우리나라 실업 발달의 嚆失이라. 무릇 실업계에 유지하신 인사는 이 회사에 대하여 株金 성립과 제조확장에 同心ㆍ협력하기를 심히 희망하거니와 그 외 각종 실업에도 역시 모두 留心硏究하여 물질문명이 점차 발달되면 개인의 생활도 만족할지며 국가의 실력을 양성하는 좋은 결과가 있을 지니 嗚呼라. 우리 전반 사회의 人士여.

▶ 1908년 10월18일

〈論說〉

* 工業傳習所

공업전습소의 程度를 들어본 즉, 과정은 理化, 金工, 木工, 土工, 磁器, 染織 6科인데 일반학생이 모두 열심 수업하여 晝夜不輟하는 상황이고, 또한 단합도 공업연구회를 조직하여 매월 첫 번째 금요일과 매월 세 번째 금요일 저녁에 개회하고 상호 토론하여 지식을 교환하며, 첫 번째 일요일과 세 번째 일요일에는 6科 학생이 典洞 中東學校에 회집하여 각과 실습을 강연하여 방청자까지 공업의 방향을 알게 하고 학생의 수당금은 식비를 주는 것에 불과하거늘, 매월 50錢식 出捐하여 잡지를 발행하며 이를 일반국민으로 하여금 공업의 學理를 曉得하게 하기로 협의 결정하였다 하니, 吾儕가 이에 대하여 전습소 학생의 열심 진취함을 攢賀하며 국가전도의 발달이 유망함을 축하하거니와 특별히 우리나라 동포를 위하여 근면의 뜻을 진술하노니, 留心傾聽하기를 바라

며 注意勉勵할지어다. 대저 국가의 부
강기초가 실업발달에 있는 것을 재차
강조할지라. 우리나라 동포여 ! 3, 40년
이전에는 단절된 생활로 세계의 대세도
알지 못하고 각국의 교섭도 없어 輪舶
鐵軌와 通信電話, 鐵甲巨艦과 圓線大
砲 기타 각종 제품과 의식품, 建築制를
전혀 보지 못했으니 공업의 발달과 물
질의 문명을 주의청구하지 아니함이 언
제나 의심스럽지 아니하거니와, 3, 40
년 이래에는 세계의 대세도 이미 대략
들어 알고 외국인과의 교섭도 역시 두
루두루 빈번하여 각종 제조품의 수입되
는 것이 눈과 귀로 익숙한 즉 부강하지
못한 원인은 우리가 빈약한 원인임을
족히 지각함이 옳고, 富强者는 경쟁의
승리를 얻어야 생존의 복리를 누리고
貧弱者는 경쟁의 실패를 취하여 점차
감소의 慘禍를 따르는 것도 마땅히 觀
念함이 옳을 지거늘, 30여 년간에 일개
燐寸을 제조하는 것도 없느뇨. 우리나
라 인민은 目巧가 全乏하고 慧竇가 不
靈하고 手足이 不捷하여 그러한가 !
그렇지 아니하다. 이 사상력과 경쟁심
이 적어 제반사업에 대하여 연구하기를
원하지 않으며 진취하기를 꾀하지 않음
으로 본국물품이라고는 1개도 새로운
발명이 없으니 이로써 천하에 최대 최
강자는 사상력과 경쟁심이라 일컫게 할
지로다. 오늘 공업전습소의 정도가 실
업계의 新光線을 나타냈으니 우리나라
동포는 이를 관념하여 사상력과 경쟁심
을 발달하여 각종공업의 연구와 진취를
꾀하고 힘써 국민의 산업을 풍요롭게
하며 국력을 부강하게 하는 목적에 도
달하기를 십분 기원하노라.

▶ 1908년 10월22일
墳墓改封

齊陵局 내에 閔씨의 先山 高麗塚 5處
가 있는데, 도적들이 고려자기를 훔친
것으로 인하여 무덤의 파손이 많으므로
閔씨들이 일요일에 종친회를 閔泳奎씨
집에서 열고 부유한 집에서는 每戶에 3

元式을 걷어 분묘를 改封하게 하였다
더라.

▶ 1908년 10월25일
工業視察

우리나라 工業顧問 平賀공학박사가 이
달 1일에 경성에 도착하였는데, 공업전
습소를 시찰하였더라.

▶ 1908년 10월29일
磁器會社贊成

兪吉濬씨와 某某 紳士諸氏가 사업발
달을 연구하기 위하여 한성 내외에 실
업가 諸氏를 請邀하여 엊그제 저녁 명
월관에서 회집하였는데, 평양자기회사
總代 鄭仁叔씨가 磁器營業의 발기한
역사를 설명하고 兪吉濬, 鄭鎭弘, 安國
善 3사람은 그 회사의 경영을 찬성 확
장할 주의로 次第 설명함에 참석한 諸
氏가 각기 株金을 모집하여 협력 확장
하기로 결정하였더라.

▶ 1908년 10월29일
兩氏演說

평양자기회사에 대하여 실업가의 合同
募株한 사실은 이미 보도하였거니와,
兪吉濬씨는 연설하기를, 옛날에 荷蘭
(네덜란드)에서 유리제조가 없었음으로
사람들이 이를 개탄하여 우리나라 사람
이 말하기를, 유리 제조를 능하지 못하
면 吾儕도 유리를 깨트리는 것과 같이
破狴할지니 그 제조를 빠르게 착수함이
옳다하여 유리 제조를 확장하였으니,
우리 대한사람도 일본이 수용하는 자기
제조를 능하지 못하면 우리나라도 磁器
와 같이 破狴할지라. 현재 이 자기회사
에 대하여 발달하게 함이 옳다하고, 鄭
鎭弘씨는 연설하기를, 대저 고려자기는
우리나라 구시대에 문명한 發表라. 이
로써 法國人이 항상 말하기를, 대한이
고려자기를 마땅히 제조하는 날이면 대
한이 문명발달을 회복하는 날이라 하였
으니, 이번에 자기제조의 신발명이 된

것은 실로 우리 대한 문명발달의 嚆失
라 하였다더라.

▶ **1908년 10월31일**
工業講演

공업전습소 학생 등이 일반 인민에 공
업상 지식을 확장하고자 하여 연구회를
조직함은 前報에 이미 게재하였거니와,
오는 일요일 하오 1시에 典洞 中東學
校 내에서 제2회 강연회를 열고 각과에
工術的 응용과 변화를 강론하는데, 有
志紳士의 다수 왕래하심을 희망한다더
라.

▶ **1908년 11월5일**
〈論說〉
＊ 實業社會稍稍發見

(중략) 다행히 근래에 이르러 일반 유지
의 사상으로 실업사회의 조직이 점점
발현하니, 湖南鐵道會社, 平壤磁器會
社, 大韓獸皮合資會社, 農工硏究會,
京城東門外農會, 肅川 葛山洞 農會,
대한산림협회, 鑛山造紙會社 등이 이
것이라. 이와 같은 諸種事業이 능히 완
전한 기초를 이루고 진취의 능력이 있
으면 우리의 생명을 濟活하며 우리나라
의 실력을 배양하는 요소이니, 다행히
더욱 힘써 착착 진보하는 상태로 양
호한 결과가 발전되기를 희망하고 찬성
하거니와 우리나라 국민동포의 사상이
일제히 분발하여 각종 실업회사가 계속
진흥하여 부강문명한 정도에 도달하여
생존경쟁의 승리를 맺기를 기원하노라.

▶ **1908년 12월2일**
磁器社贊成

평양군 자기제조주식회사 贊成文에 대
하여 인천항상업회의소에서 찬성을 발
표하는 全文이 다음과 같으니, 商工이
부강한 근원에 대해 지식을 갖추지 못
함으로 후에 알아야 할지라. 공업은 항
상 자본이 필요함으로 서로 팔아주어야
하나니, 어찌하오. 임시라도 상업이 없

다면 어찌 시장에서 교역하여 有無相
通하며, 임시라도 공업이 없다면 어찌
물건을 제조하여 變化適用하리오. (중
략) 장래 磁器製造業을 보건데, 고려자
기가 천하의 보물이고 廣州分院의 제
조가 역시 우리나라의 佳品地거늘, 현
재 모든 제작이 어찌 새만 그려져 있는
것만 있고 그 緖餘의 법이 이웃 나라의
전통을 따라 藍本에 發展入妙하여 그
출하하는 제품은 모두 동일하려니, 우
수한 것이 승리하고 수준이 맞은 것이
패하는 도리에 무엇을 얻고 무엇을 잃
는 결과는 무엇에 따르리오. 그 難惜을
惡可勝道리오. 서양 사람들이 소위 고
려자기 복원하는 날이 곧 한국 開明進
步의 날이라 하니 아름답도다. 말하여
그 작은 뜻을 깊이 사고하지 않은 것은
오늘날에 우리 동포 중에 消息하는 것
을 좋아하니 이를 기쁘게 생각하지 못
하고 잠자고 있노라. 반하여 우리 開進
은 점점 나아진다. 평양군에서 유지인
사 若千씨가 발기하여 磁器製造株式
會社를 설립하고 자금을 모집하여 제1
회에 1만여 원에 이르고, 이미 이 업이
설립 승인하여 이에 공사가 시작되었
다. 그 제조 원료가 10년 정도는 허락되
니 아름답도다. 일어나라！ 제작하는
것을 버리지 말아야 날로 진보하며 새
로워져 우리의 뒤를 이어 전해지며, 우
리 부강이 끊임없이 이어지면 우리나라
가 제조하는 것이 소위 장차 바른 것을
제조하게 되는 것, 이 역시 과언이 아닐
지라. (중략)

▶ **1908년 12월15일**
御用工場進獻物

궁내부 御用工場에서 일전 공사를 하
고 交椅와 緞屬 등 물건을 제조하여 황
제폐하께 奉呈하였다더라.

▶ **1908년 12월19일**
工業雜誌發刊

공업전습소 학도는 공업을 일층 연구하

기 위하여 공업에 관한 잡지를 발간할
차로 방금 협의 중이라더라.

▶ 1908년 12월20일
工業品添科

공업전습소에서 각과 학생의 志願을 표
하여 과정을 添入하였는데, 금공과에는
代數, 幾何, 濈關學, 공장건축, 三角,
力學 등이오, 응용화학과에는 향수와
향유제조법, 工廠建築法이요, 목공과에
는 幾何, 代數, 力學, 건축론, 材料論,
工廠建築法이요, 도기과에는 광물학,
토질학, 七寶器, 工廠建築法이요, 토목
과에는 三角, 시공설계, 力學, 교량설
계, 철도설계요, 염직과에는 天鵝絨, 仕
上, 淸國紋織 등이라 하니, 전습소 학
생의 학력이 진보된 결과로 과정의 添
入을 지원함도 가상하거니와 그 소장과
직원 諸氏의 교육정도를 수시 變通함
도 역시 후진을 지도하는 사상이 출현
함이라. 吾輩는 感賀하고 말았다.

▶ 1908년 12월27일
說明書領給當局

통감부 특허국장 木內重西郎씨가 특
허, 의장, 상표와 착수권에 대하여 등록
을 출원하는 순서를 번역한 설명서 1천
2백부를 종로 상업회의소에 보내고 소
관 내 당국자에게 領給함을 희망한다하
고 고로 그 협의소에서는 각 당국자에
게 分給하는 중이라더라.

▶ 1909년 1월9일
商所警告

상업회의소에서 각 商工家에 警告文을
發布하였는데 그 全文이 다음과 같으
니, 국가의 성하고 쇠함은 국력이 충실
하고 충실하지 아니함에 있고 국력의
충실은 국민의 勤務에 있으니, 商과 工
의 업을 개량하고 발달함에 있도다. 우
리나라는 열국과 통상을 시작함으로부
터 30여 년 정도가 경과하였으나, 수백
년 이래에 정치는 마땅히 우리 상공인

의 업을 보호하지 아니하고 우리 상공
인은 분발하여 그 업을 경영하지 아니
함으로 실력이 엉성하여 국가가 현재
쇠운을 부름에 이른지라. 우리 상공인
은 試思하라! 이러한 상공업을 時勢
가 떠나감에 一任하여 사방을 둘러보지
않을진데 우리 2천만 동포는 명을 보존
할 朝夕의 一器食도 얻기는 극히 어려
움에 이를지로다. 하나의 생각을 요구
하지 않을까! 본 회의소는 국가가 위
기를 당하여 白銅貨 교환상으로부터
일어나 경제계의 두려움에 대하여 불사
할 효험을 생동하게 할 일도 있거니와
후에도 우리 商工業家 利害問題에 대
하여도 이익될 일이 적지 않으니, 본 회
의소는 실로 우리 동포의 생활문제를
강구하는 處所로다. 대저 상업회의소란
것은 農工家의 이익기관으로 東西列邦
의 도시에 설치되어 각 그 效蹟을 발휘
하거늘, 우리나라는 행정기관이 준비되
지 않고 항상 生命資産의 보존방법이
한결같이 안전하지 않은 이 시대에 상
공인의 意思를 대표하여 우리 인간의
권리이익을 신장하고 상공업의 개량발
달을 꾀함은 목하 상공업계의 최대 업
무이요 또 국가의 최대 急務되는 시대
리요. 본 회의소의 발전은 우리 동포의
생활 消長에 관할 뿐 아니라 국운의 승
패를 좌우하는 결과를 나타나게 하나
니, 우리 대소 商工業家는 이 뜻을 얻
어 협심하고 힘을 모아 상공업을 열고
발달하기에 一心勉力하기를 희망하노
라. (會議所의 要綱은 생략)

▶ 1909년 1월15일
陳列品購入

농상공부에서 올해 상품진열관을 크게
확장하려다가 예산관계로 인하여 목적
을 달성하지 못하고 그 부내에 진열소
를 준비하여 현재 진열관 보다 다소 작
게 확장하고 陳列床과 陳列品을 구입
할 터이라더라.

▶ 1909년 1월15일

陳列物品準備

농상공부에서 작년 말부터 각도 관찰부
내에 道內産 물품과 道內에 수용되는
외국무역진열품을 진열하게 한다 함은
이미 보도하였거니와, 각도에서 진열품
을 수집하고 그 府에서 진열품 등을 구
입, 領給하여 점차 준비 중이라더라.

▶ 1909년 1월16일
工業所月報

공업전습소 학도들이 월보를 발간하기
위해 준비하고 학습한 기술과 연구한
사상을 發布하여 이후 학생으로 하여금
식견을 미리 열어 事半功倍의 효력을
얻기 위함이라 하니, 吾儕는 이 학생에
대하여 근면할 誠心과 長遠한 사상을
찬성하고 感賀하노라.

▶ 1909년 1월20일
衛生試驗事務

이미 보도한 바와 같이 신설한 위생시
험소의 사무는 다음과 같이 飯食物과
飯食器를 화학적으로 검사할 일 등인
데, 內部 衛生局의 1개 분과로 하여 소
장과 技師 3명, 技手 3명, 主事 1명, 助
手 3명, 飼手 2명의 직원으로써 조직하
고, 병원과 所의 거처 3곳, 접종실 1곳,
취사장 1곳을 증축한다더라.

▶ 1909년 1월20일
全北商品陳列

全州 觀察道에는 전북인민의 상공업지
식을 개발하게 하고 그 도내 인민산업
을 장려할 목적으로 관찰도청사 일부에
상업진열장을 설치하고 전북 28郡에서
산출하는 농산물과 공예품을 일일이 진
열하여 人民縱覽에 이바지하는데, 그
地에 거주하는 외국인도 상품과 공예품
을 출품하기를 請議하였다더라.

▶ 1909년 2월6일
〈論說〉
* 我國古代發達의 遺蹟

(중략) 현재에 이르러 구시대 발달의 유
적으로 논하면, 고구려 광개토대왕의
묘비는 부강발달의 증거요, 고려자기는
미술발달의 증거요. (중략) 이에 광개토
왕의 묘비는 혹 속에 묻혀 田夫敲聲과
野火燒殘을 미치되 묻힌 것을 파내어
깨끗이 닦는 자가 없고, 고려자기는 오
로지 외국인의 珍玩에 이바지하여 본국
인은 수호하는 자가 없다. (중략)

▶ 1909년 2월10일
靑館工藝課

靑年會에서 공예과를 신설하고 학도를
모집하는데 나라의 부강이 공업발전에
있다는 뜻으로 취지서를 간절히 發布하
였더라.

▶ 1909년 2월12일
大邱商品所位置

대구에서는 이번에 상품진열소를 觀察
廳 1部에 설치하고 소규모로 若干商品
見本을 진열한다더라.

▶ 1909년 3월3일
農部의 産業獎勵

농상공부에서 산업장려를 위한 하나의
방법으로 漢城府와 각 觀察道에 농산
물과 공예품, 輸入 물품진열장을 설
치하기 위하여 1만3천원을 지출할 일은
이미 보도한 바와 같거니와, 이번에 일
본 각 府縣에 조회하여 물품의 기증을
청구하였다더라.

▶ 1909년 3월6일
〈論說〉
* 工業界의 新光線

工業은 利用厚生의 일대 요소라. 세계
의 풍기가 나날이 열리고 인종의 생산
이 나날이 증가함에 생활의 자료가 역
시 마땅히 이로써 증진하니, 유한한 天
産物로만 생활을 못하는 즉 무한한 人
造物을 요구할지라. 현재 세계 각국의
문명부강이 모두 機器發明과 제조발달

로 말미암은 고로 일반 경제가 공업을 주의하여 그 이치를 연구하며 그 기술을 전공하여 정세함을 구하고 새롭고 또 새롭게 하니 그 국민을 공업가라 말하고 그 국가를 공업국이라 한다. 만일 그 공업의 정도가 타인보다 퇴보하는 날이면 경쟁에 능하지 못함이요, 생존을 얻지 못할지로다. 우리나라의 경제로 말하자면, 天産物은 풍족하지만 각종 실업계에 공업의 수준이 낮고 추함이 심하여 大韓物品이라고는 쌀, 콩, 牛皮 외에는 한 개라도 외국에 출품되는 것이 없을뿐더러 국민생활에 일상 수용되는 천백기종을 모두 외국의 수입을 좋아하니, 이는 一種惡婦가 규방에 거하여 열손가락을 움직이지 않고 직조와 다림질을 이웃집 工女에게 위탁하여 돈을 급여함이니 그 가정의 경제가 자연 소략한 것에 반드시 이르게 되나라. 필경 한때 적어도 잠깐 가난한 생활도 하지 못하여 溝壑의 참혹함이 다다를지니, 하물며 富足愉快를 취하기 바라리요. 고로 국가경제와 민족 생존에 제일 필요하고 시급한 것은 공업을 장려함에 있으나 항상 이 유지사회에서 발명하기를 주의하는 자가 寥寥無聞하더니, 이에 공업전습소의 학생 諸氏가 공업의 學理를 강연하여 국민의 공업사상을 발기하기로 공업연구회를 조직하고, 현재 받아들여지는 학과인 염직, 금공, 도기, 목공, 응용화학, 토목 금공과를 논하여 다수 人士의 觀聽을 흥하며 또한 전국 사회에 균일하게 펴기 위하여 월보를 발행하는데, 매월 薪水金을 거둬 자금을 합하여 경비로 쓰니 그 苦心血誠에 대하여 欽歎하며 기원하지 아니하리오. 우리 일반 동포는 이와 같은 학생 諸氏의 공익사상을 성심으로 따르며 공업의 방법을 성심으로 연구하여 국가경제와 민족생활에 傳貧爲富하는 행복을 구하기로 십분 희망하노라.

▸ 1909년 3월10일
<論說>

* **韓美興業會社內에 我國手造物品**

한미흥업주식회사에서 우리나라 手造物品을 미국 시애틀大博覽會에 출품할 차로 현재 구입하는 일은 本報에 이미 게재하였거니와, 본 記者 - 그 물품의 진상여하 과연 고려자기 10여종과 신제조한 유기 10종을 진열하였는데, 유기 각종은 미국사람이 사용하는 것으로 우리나라 手造工場에게 견본을 공급하여 미술품으로 제조하였더라. (중략)

▸ 1909년 3월11일
手工品觀覽

駐京 서양 각국 領事는 엊그제 하오에 한미흥업주식회사에 앞서 왕래하여 그 회에서 미국 시애틀박람회에 출품하기 위해 수집한 우리나라 사람의 手造物品을 관람하였다더라.

▸ 1909년 3월12일
<論說>

* **靑年會의 工藝課**

청년회의 교육사업이 근면하는 步趣와 精進하는 상황이 있는 것을 실로 吾儕로 하여금 희망하는 점이 얕지 아니하는 바거니와, 근래 공예과를 특별히 설립하여 규정을 발포하고 학도를 모집하니 이는 민족생활과 국가경제에 최고 요구한 기관이요, 문명발달과 부강진취에 확실한 기점이니 吾儕는 이에 축하하고 찬성함이 일층 深切하도다. (중략) 오늘날 산업경쟁시대를 맞이하여 자국 물품이 외국에 수출되는 것은 전혀 없고 국내인의 일상용품은 외국의 수입을 따르니 국민 산업의 쇠락과 국력의 패함은 필연이라. 그런 즉 현재 우리나라에 극히 필요하고 시급한 것은 공예학문이 아닌가 싶으나, 지금까지 일반학계의 정황을 관찰하건데 공예과 오히려 零星하여 유일하게 관립 공업전습소에 있고 사립으로 설치한 것은 寥寥無聞이러니, 청년회에서 특별히 공업을 발달하게 할 주의로 공예 1과를 증설

설치하니 이는 국가와 사회에 최고 유망한 학문이니, 우리 일반청년은 실지 사업의 사상으로 다수 응모하고 勤勉 儆業하여 문명부강의 기초를 修築하기로 십분 희망하노라.

▶ 1909년 3월13일
工科將設
鍾峴聖敎堂에서 공예학과를 敎授할 목적으로 학교 건축을 마련 중이라더라.

▶ 1909년 3월17일
興業社出張
한미흥업주식회사에서는 京城 5部에 출장소 1곳을 설치하여 물품을 판매하기로 계획 중이라더라.

▶ 1909년 3월18일
勸業獎勵
농상공부에서는 일반 농민의 부업을 장려하기 위하여 각종 器機를 구입하고 기술자를 초빙하여 지방 각 요지에 처소를 정하여 陶繩제조 등 기타 농가의 필요한 부업 등을 교습하게 한다더라.

▶ 1909년 4월1일
〈論說〉
* **小手工組合所**
(중략) 다행히 근래 정부당국 諸公이 이를 특별히 敦急의 주의로 수백만원의 자금을 지출하여 漢城府 내에 小手工組合所를 설치하고 일반 窮民의 無依託 無所業者를 모집하여 수공제조에 雇役을 잡아 생활의 밑천을 주기로 한다는데, 과연 이 방책의 實地가 있으면 漢城府 내에 困窮無業한 동포가 이를 의뢰하여 資活의 길을 얻을지니 빠르게 實地하기를 희망하고 찬성하거니와, 조직하여 이와 같은 종류의 營業場을 각 지방에 다수 확장하면 일반 동포의 濱死한 생명에 救活하는 방침도 있을지며 騷擾의 근심도 그치는 실효가 있을지니 다행히 우리 당국 諸公은 이익을

더하도록 주의할지어다.

▶ 1909년 4월7일
商會開申
* **輸入超過**
(차) 수입초과로 인한 資産의 欠縮
우리나라 사람 범위에 있는 수입이 수출에 대하여 초과함으로 우리나라 사람의 資産은 해마다 減縮하고 負債는 해마다 증가하는 중이며, 특히 작년에는 일본금융 핍박으로 인하여 현재 자금의 유출이 다수하였음으로 화폐 유통의 부족이 심함.

▶ 1909년 4월11일
商會開申
(第二) 殖産興業을 奬勵할 件과 資産家를 권유하여 제반제조업을 목적으로 하는 회사를 다수 건설하여 유식하는 빈민을 구제하게 하고 정부는 특별히 이를 보호함.
十九. 家家戶戶에 있는 小手工을 이용하는 일용품 제조회사를 건설하게 함.
二十. 재래의 제반공업을 개량 발달할 諸製造會社를 건설하게 함.
二十一. 정부에서는 이를 권유하고 지도하며 회사에 형편에 따라 무이자로 자금을 빌려 주거나 배당금 혹은 손해의 보충할 만한 補給金을 지불함.
二十二. 정부는 이에 요하는 토지, 건물, 기계 등을 무료 貸給함.

▶ 1909년 4월15일
工所卒業式
관립 공업전습소에서는 이달 20일에 제1회 졸업식을 거행한다는데, 당일에 내빈에게 기념으로 생도의 제조품을 증정하고 또한 模範場을 관람하게 한다더라.

▶ 1909년 4월21일
磁器總會
평양군 자기제조주식회사에서 이달 10

일 오전 10시에 當地 상업회의소에서 총회를 개최하고 사무를 처리하며 役員을 선정하였다더라.

▶ 1909년 4월21일
工業所卒業式

공업전습소에서 앞서 보도한 바와 같이 어제 하오 1시에 졸업식을 거행하였는데 졸업생은 염직과에 8명이오, 도기과에 9명이요, 금공과에 7명이요, 목공과에 7명, 응용화학과에 3명, 토목과에 12명인데, 전습소장이 증서를 수여한 후 내빈과 학도에 대하여 所의 역사와 學員前途를 설명하고 다음으로 농상공부대신 및 차관, 총리대신, 학부대신이 근면 연설한 후 개식하고 내빈을 引導하여 각 공장을 巡覽하게 하였는데, 學員들이 내빈의 관람에 이바지하기 위하여 各工의 사무를 준비하였다가 그 實地를 試用하는데, 그 손놀림이 가히 다른 날 공업계에 모범이 될 만함에 觀光者는 칭송을 아끼지 않으며, 또 내빈은 總相 이하 각부 대신과 高等官, 내·외국 각 사회대표자인데, 각 來賓處에 기념적으로 學員의 수공물품을 3건식 지급하여 당일 일대성황을 나타내었더라.

▶ 1909년 5월8일
小手工組合

농상공부 대신 趙重應씨가 小手工組合所를 설치하고 細鎖한 工匠이라도 모집, 教授하여 일용 各項 물품을 제조 出賣하게 한다는데, 그 教授는 이번 공업전습소 졸업생 30여 명을 고빙한다더라.

▶ 1909년 5월16일
物品陳列場

경남 晉州郡에서 물품진열장을 설치하기로 계획한다 함은 이미 들어 알고 있거니와, 근래 그 회의소에서 觀察道에 소개하여 출품을 권유했는데 雜貨貿易品, 농산물품, 제조공업품 등의 응모출품이 다수에 달하였다더라.

▶ 1909년 5월22일
〈論說〉
* 我國手造品의 稍稍發達

(중략) 그러하다 하나 우리 제국민족의 靈敏한 자질로 현시대 문명사업에 대하여 어찌 恍然覺悟하고 奮然興起하는 사상이 없으리오. 이로써 평양의 磁器와 경성의 蒸溜 등 제조가 점차 제일 발명하고 한미흥업회사에서 예전부터 鍮器 각종을 장차 미술적으로 증가함으로 외국에 수출품이 되었으니, 이는 제조발명의 嚆矢요, 문화증진의 기관이라. 실로 前途의 희망이 적지 않다. (중략)

▶ 1909년 5월25일
〈論說〉
* 大製造家ㅎ야 夐申勤勉

(중략) 근래 우리나라 제조품의 정황을 눈여겨 보건데, 평양의 磁器는 품질이 극히 양호한 결과가 있고, 한미흥업회사의 鍮器와 기타 각종은 현재 이미 美州에 출품된 것이 수백만 가치에 달하였다. (중략)

▶ 1909년 5월27일
高麗磁器材料發見

평양군 마산동 磁器製造의 양호한 상황은 세상 사람이 모두 알고 있는 바거니와, 그 구역 내에서 磁器製造에 이용되는 泉水를 얻었고 또한 고려자기를 제조하는 石品이 발현되어 현재 방금 제조를 실험하는데, 그 石品은 3鐘의 색으로 구별이 되며 그 광택이 극히 선명하다더라.

▶ 1909년 6월10일
〈論說〉
* 鍮器와 磁器營業에 對ㅎ야 獎勵ㅎ기를 希望흠

목하 우리 한국에 국가의 실력이 전부

몰락함과 인민의 생활이 극히 궁색한 정황은 모두 근심이고 비탄하는 중이거니와, 그 국력의 몰락함과 국민 산업의 困迫한 원인이 무엇인가 하면 실업기관이 발달하지 못하여 자국 산물이 외국에 수출은 못하고 국민전체의 일상수용이 모두 외국의 수입을 따름으로 인하니, 현재 우리 국가의 실력을 양성하고 인민의 생활을 중식하고자 할진데 이는 실업기관을 확장하고 우리의 수용을 우리의 산물로 함으로써 타국의 수입을 따르는 것은 물론이고 그로 인하여 우리의 產品을 타국에 수출하여 타인의 금전을 취득함은 극히 명료한 사실이 아닌가. 최근 현상으로 말할지라도 경성한미흥업회사에서 鍮器 각종을 미국 시애틀大博覽會에 다수 출품한 일과 평양자기제조의 양호한 상황이 있는 것은 계속 발포한 바거니와, 이번에 한미흥업회사 사장 馬野씨가 시애틀大博覽會에 착수하여 그 地物議를 周察한 통신이 도착하였는데 이번 각종 출품이 모두 적합할 뿐 더러 鍮器의 경우에는 비단 박람회 所用이라 각 상업계에서 다투어 먼저 청구함이 있다 하였으니, 그런 즉 우리 국가 鍮器가 구미시장에 다수 팔리게 될 것은 확실한 희망이니 그 이익기관에 대하여 한층 장려할 바이요. 또한 청국신문을 처한 즉 농상공부에서 江西省 景德鎭에서 산출하는 磁器를 누차 개량하여 정미한 제조품을 얻은 후 巨商을 초대하여 倫敦, 巴里, 濠州 등지에 판매소를 설치하고 또한 稅務大臣과 협의하여 그 輸出稅를 半減하고 그 외 기타 세금을 전부 면제하여 크게 장려한다 하였더라. 吾儕가 이에 대하여 한층 觀念이 발생하는 바, 우리나라에는 평양의 新發明한 磁器品이 심히 양호한 상황이니 일반 실업가는 그 회사를 장려하여 대발전의 성적을 이루게 하기로 희망하는 바라. 이외 영업의 진보는 즉 우리 국가와 인민의 생명기관이니 念之勉之어다.

▸ **1909년 6월19일**

紀念品製造

太皇帝陛下께옵서는 伊藤公에게 기념품을 贈與하옵기로, 목하 한성미술품제조공장에 贈與하실 물품을 위탁제조 중인데 그 御賜品은 높이 1尺5寸되는 純銀製花瓶과 부란대瓶 각 1對인 것으로 모두 죽, 매화 등을 조각하였으며 가격은 합계 1천3백원이라더라.

▸ **1909년 6월19일**

恩賜花瓶製造

大皇帝陛下께옵서 伊藤公에게 재직 중 공로를 기념하옵기 위하여 화병 2개를 贈與하옵기로 결정하옵시고, 현재 한성미술품제조공장에 위탁제조 중인데, 同화병은 높이 9尺5分되는 純銀製이고 形은 4000여 년 전에 淸國皇室에서 사용하던 화병을 모방하여 용과 梨花를 조각하며 가격은 2對를 합하여 1만원 이상에 달한다 하며, 同 화병을 제조하는 자는 우리나라의 유명한 조각가로 일본에 유학하여 오오사카 製幣局에서 수년간 금은세공을 실습한 李行一씨요. 또한 화병의 花紋과 龍紋의 조각은 수년간 프랑스에서 유학하여 조각을 전문한 鄭禹昌씨가 맡았다더라.

▸ **1909년 6월22일**

〈論說〉

* 撫順 等地에 高句麗器 發見

滿洲新聞을 접한 즉, 旅順에 주재한 일본인이 근래에 古物收買를 대행하는데, 土人이 大連, 旅順, 態岳城, 遼陽, 撫順 등지에 고분을 발굴하고 종종 진귀한 고대물을 얻고 파는지라. (중략) 撫順 등지에서는 고구려 燒成의 器具가 있는데, 일본인이 역시 수매하여 제국대학에 보내어 이를 연구자료로 하고 (중략) 또한 일본잡지를 읽음에 撫順 등지에서 고구려인의 石炭採掘하던 古蹟이 왕왕 발견된다 하였으니 이 兩 신문의 記載로써 보건대, 撫順 등지에 高句

麗器가 발견되었던 즉 撫順 등지에 고
구려의 古葬됨이 의심되지 않고 고구려
인의 石炭採掘하던 고적이 있은 즉 그
地는 고구려에 이어졌던 증거가 십분
명확할 뿐더러 고구려시대에 飯圓恢拓
과 제조발달, 광물이용의 고적에 대하
여도 또한 당일 문명부강의 氣象을 생
각할지니 (중략) 우리의 고려자기로써
족히 고대의 문명을 증거하겠다 하니
우리 선조시대의 발명을 유적으로 말하
면 고려자기뿐 인가 ! 吾儕가 능히 선
조의 舊物을 保守하였으면 당시 문명
발달의 유적이 세계에 빛나는 것이 부
족하지 않았을 것을 이를 불가능하게
하는 것은 죄라 말하리오. 우리 2천만
동포가 균일하게 책임을 지는 것은 각
기 自覺自修할지어다.

▶ 1909년 6월22일
煉瓦見習
관립 공업전습소 陶器科 學員 一同이
실지를 견습하기 위하여 지난 토요일
하오에 龍山煉瓦製造所를 관람하고 돌
아왔다더라.

▶ 1909년 6월24일
米總領巡覽
경성에 있는 미국 전 부통령 아빙크스
씨와 同 부인은 미국 총령사와 통감부
囑託 菱田씨 등과 함께 엊그제 22일 오
전 9시30분에 용산 일본군사령부와 동
대문 내 관립 공업전습소와 大韓醫院
등을 관람하고 11시50분에 여관에 도
착하였는데, 공업전습소에서는 同所 학
생제조품을 기증하였다 하며 또 하오 3
시30분부터는 미국 총령사관에서 개최
하는 연회에 임하고 전부 10시경에 歸
館하였다더라.

▶ 1909년 6월26일
美副統領出發
경성에 있는 미국 전 부통령 아빙크
스씨는 어제 宮內府 御用美術品製造

工場을 시찰하였는데, 同氏는 예정과
같이 오늘 상오 9시에 남대문을 출발하
는 京義列車로 평양을 향한다더라.

▶ 1909년 6월26일
植民館出品
농상공부에서는 내년 런던에서 개최하
는 日英博覽會 내 日本植民館에 출품
하기 위하여 통감부와 협의한 후 그 출
품내용을 다음과 같이 정하였다더라 -
1. 한국모형도(20만분의 1), 2. 풍경풍
속사진, 3. 통계표 但 제정, 경제, 교육,
무역, 산업, 통신, 철도, 금융기관, 4. 고
대미술품, 현대공예품 각종

▶ 1909년 7월3일
鑛業着手者
융희 3년 말에 광업 허가 수는 252건인
데, 그 중에 실제 착수하는 자는 26건에
불과하고 또한 砂金鑛 허가 수는 109
건인데 그 중에 실제 채굴하는 자는 28
건에 불과하다더라.

▶ 1909년 7월4일
礦業許可者의 國籍
융희 3년 6월 말일에 現在하는 광업과
砂礦, 砂礦業 허가자, 국적 구별표는
다음과 같음.

國籍種類	砂礦	砂礦業	計
일본인	248	66	313
한국인	48	22	70
韓日人 공동	11	15	26
미국인	7	1	8
이태리인	1	1	2
영국인	4	3	7
日米人 공동	6		6
德人	6		6
프랑스인	1	1	2
日獨人 공동	1		1
합계	331	207	438

▶ 1909년 7월7일
皇室贈呈品
伊藤太師는 예정함과 같이 6월 오전

11시에 창덕궁에 들어 폐하를 謁見한 후에 일본 황제폐하와 同 황태자폐하께서 우리 대황제, 황후 그리고 태황제 3 폐하, 엄귀비폐하께 증정한 물품을 禮式官을 經하여 御覽에 이바지하였는데, 그 증정물품은 다음과 같다더라. (증정품 목록은 생략)

▶ 1909년 7월9일
鑛業許可
이번에 농상공부에서 광업법에 의하여 허가한 광업은 다음과 같다더라 - 1. 平安北道 龜城郡 沙器面에 있는 黑鉛鑛 1만2천평은 경기 개성에 거주하는 李建㷆, 松世藤藏에게, 2. 平安北道 泰川郡 院面에 있는 黑鉛鑛 14만4천3백평은 경기에 거주하는 藤井太郎씨에게, 3. 平安北道 泰川郡 龍廷面에 있는 黑鉛鑛 9만2천3백평은 경성에 거주하는 上遠野栗에게 認許하였다더라.

▶ 1909년 7월10일
一進會贈呈品
一進會에서 伊藤太師에게 급여품으로 金 100兩重을 한성미술품제작공장에 위탁하여 金甁을 제조하였는데, 그 병에 '伊藤公爵紀念贈呈'이라는 8자를 刻字하였다더라.

▶ 1909년 7월15일
新羅古器
한미흥업회사 내에 경상도 某郡에서 채굴한 신라 古土器 3개를 購置하였는데, 그 토기를 화학으로 분석한 즉 火氣로 燒成한 것은 아니고 太陽熱氣로 한 것인데, 두드리면 소리가 淸越하여 羯鼓의 소리와 같다더라.

▶ 1909년 9월1일
實業校補助金額
농상공부에서 공업을 장려하기 위하여 경상북도 대구 實業傳習所에 매년 600원, 대구 南韓製筵所에 매년 1천원, 전라남도 담양 工業傳習所에 매년 800원, 同 羅州竹器製造所에 매년 550원을 보조하였는데 이들은 지금으로부터 2년 전에 설립한 것으로, 보조금은 대구 南韓製筵所의 경우 보조시기를 3년으로 정하였고 그 외는 미정이라더라.

▶ 1909년 9월2일
大韓工業會趣旨書
(중략) 大韓工業會를 발기하여 技術實地로 제조품을 발명하여 국민의 수용과 외국의 수출을 목적으로 하오니, 무릇 前日 武官되신 諸同胞의 聲氣應從하심은 물론이거니와 국내에 유지군자는 일체 찬동하시와 전국의 涸轍殘鱗으로 放于江河하는 효과를 모으고 彼此不進한 국력으로 文明富裕의 성에 능히 따라붙기를 손꼽아 기원하노라. - 융희3년 8월 발기인 鄭寅煥, 朴文兼, 朴在德 등

▶ 1909년 9월3일
靑瓦發明
新門外 독립문 부근에 거주하는 朴逸鉉씨는 靑瓦製造法을 신발명하였다는데, 1개에 35錢가량이 費用된다더라.

▶ 1909년 9월11일
〈論說〉
＊ 工業會
근래 某某諸氏가 공예발달의 주의로 공업회를 조직한 취지서는 이미 공포한 바라. 吾儕는 그 회의 장래가 국가전도의 최고 요망한 관계가 되는 고로, 그 회를 위하여 찬성을 이미 하거니와 일반동포의 協心合力으로 완전 진취의 결과가 있기를 희망하여 一筆을 특별히 거하여 설명하려 하노라. 현재 동서열강의 부강발달이 그러함과 우리나라의 쇠퇴몰락이 이러한 원인이 무엇이오. 나의 도덕윤리는 다른 사람의 도덕윤리보다 우승하다 말 할지며 정치, 법학, 문학으로 말하여도 다른 사람의 실력을

양성한 요소가 이에 있음이 아니라. 다른 사람은 공업을 중시하여 공예가 발달되고 우리는 공업을 천시하여 공예가 몰락한 緣故가 아닌가. 工學은 각 學의 근본이오, 衆業의 요소라. 兵家는 兵學이 있으나 船艦銃砲가 공업이 아니면 나타나지 않고 商業物도 공업이 아니면 나타나지 않고 농가는 농학이 있으나 耒耟錢鎛이 공업이 아니면 나타나지 않으니, 工學이 폐하면 衆學이 모두 폐할지며 공예의 興替가 어찌 국가의 興亡되는 제일 중요한 관계가 아니리요. 우리나라의 공업역사로 말하면, 陶器와 磁器와 活字와 鐵器 등의 제조가 다른 나라 사람보다 우선 발명한 智巧가 있어 국력을 배양하고 國光을 발휘한 실효가 특별하더니, 중간 수백 년에 理學家와 詞章家, 仕宦家들이 高等地位를 확장하고 무한권리를 점하여 工人을 천하게 대우하고 曲藝와 淫巧로 배척하여 인류에 나란히 서지 못하게 하니, 공업이 편안함을 얻지 못하고 몰락하며 각종 실업이 편안함을 얻지 못하고 그 영향으로 몰락함이라. 그런 즉 우리나라의 몰락한 원인이 공업이 몰락함에 있으니 이에 반하여 공업을 진흥하는 날이면 어찌 국가를 진흥하게 할 요소가 아니리오. 우리 일반 동포는 이에 동의하며 이에 협력하여 공업발달의 좋은 결과가 있기를 십분 희망하노라.

▸ **1909년 9월11일**
銀佛造送

궁내부 차관 小宮三保松씨는 근래 銀佛 50개를 漢城美術品製作工場所에 위탁제조 한다는데, 그 불상은 1개에 50원으로 약정하고 장차 일본 동경에 생길 박물관으로 수송할 터이라 한다.

▸ **1909년 9월18일**
〈論說〉
* 滿洲地方에 高麗古器의 發見혼 新史

淸國, 滿洲의 撫順 등지에서 高麗古器를 발견한 사실은 本報에 이미 게재한 바거니와, 오늘 또 일본 某報를 접한 즉, 관립 공업전습소 技師 일본인 森某씨가 그 地에 앞서 왕래하여 실지조사한 談話가 다음과 같음. 南滿洲鐵道會社의 撫順鑛業所에서 그 부근지에 高麗磁器와 磁器竈 등을 발견함으로부터 매일 수명의 인부를 사용하여 한편으로는 채굴에 종사하며, 한편으로는 일본에 수송하여 연구의 자료와 학술의 참고에 이바지하는데, 그 竈의 제조는 크게 진보함이 있도다. (중략) 본 記者는 조사하건데, 우리나라 고대문명이 조속히 발달된 증거는 역사상에 不一而足하거니와 현재 만주지방에 우리나라 古器 발견과 석탄 採用하던 유적으로 보면, 물질의 문명이 실로 다른 나라 역사에 비교할 바 아니거늘 어찌된 고로 현재에는 일체 공업의 몰락이 극도에 달하여 제조계에 대외 경쟁할 능력이 全無하며, 또한 이와 같은 古蹟이 우리나라 사람의 손으로 發現되지 못하고 모두 외국인의 손에 돌아가 학술의 참고에 이바지하게 함은 그 원인이 어디에 있으오.

▸ **1909년 9월22일**
多數歸鄕

각 학교에서 휴학함은 別項과 같거니와, 공업전습소는 휴학하지 아니하였더니 그 所 학도 중에 지방민이 많음으로 위험하여 휴학 귀향하기로 하여, 어제 그 학도 일동이 일체 휴학하기로 결정하고 下鄕하는 자가 다수에 이르렀다더라.

▸ **1909년 10월5일**
花瓶頒賜의 內容

대황제폐하께옵서 南西巡行하실 때에 따르던 일본인 관리 등에게 기념품으로 은제화병을 分給하심은 이미 보도한 바거니와 그 내용을 들은 즉, 당초에 기념품으로 금시계 1개식을 頒給할 차로 일본인 관리 등이 이를 일본에 주문하기를 협의하는데, 회의 총감이 거절하고 이 화병을 우리나라 미술품제조소에 위탁제조 하였다더라.

▶ **1909년 10월14일**
工藝品陳列所新築

농상공부 소속 상품진열관은 그 규모를 확장하기 위하여 鐘路商業會議所屬 상품진열관을 빌렸다더니 재차 물어본즉, 공예품을 진열할 處所를 신축하기로 목하 설계 중이라더라.

▶ **1909년 10월22일**
磁器買入委託

伊藤公은 만주 시찰 중 외국 상인에게 증여하는 일인 高麗磁器의 買入 또는 送附를 위탁함으로 統監은 機關報社의 ?岡力씨에게 명하였다더라.

▶ **1909년 10월24일**
〈時事一掬〉

伊藤公은 만주에서 교섭할 외국 상인에게 물품을 증여할 차로 우리나라 고려자기를 廣來한다지. 동서양의 물품진보가 나날이 기교를 더하지만은 자기제조는 우리나라가 先進인게야. 세계인은 磁器先進國을 괄시마시오.

▶ **1909년 10월30일**
〈奇聞珍談〉
* 四百萬의 陶器

영국황제가 所完한 도기류는 그 가격이 400만원 이상에 달하는 것인데, 이를 보관함에는 극히 주의한다더라.

▶ **1909년 11월3일**
呂氏設器社

廣州郡에 거주하는 呂雲亭씨는 砂器會社를 설치할 차로 목하 주선 중이라더라.

▶ **1909년 11월10일**

陳列館視察과 參考

이미 보도한 바와 같이 농상공부에서 현재 부속 진열관이 狹隘하여 상품을 容納하지 못함으로 이를 일층 확장하여 적당한 처소를 건축한 후 국내에서 생산되는 상공품을 진열할 뿐 아니라 무역의 參考品에 이바지한다 하여 외국 제조물까지 다수 진열하기로 계획하고, 목하 귀국하여 동경에 있는 동 部 사무관 川上씨에게 훈령하여 동경, 오오사카 그리고 기타 일본 각지의 진열관을 시찰한 후 각처의 규모를 참고하여 설계를 시행하라 하였다더라.

▶ **1909년 11월11일자**
鑛物先陳

우리나라에서 日英博覽會 植民館에 출품 진열할 물품은 목하 각 방면으로 모집 중인데, 농상공부에서는 어제 우선적으로 광산물을 진열하고 木內차관이 조사를 시행하였다더라.

▶ **1909년 11월12일**
鍮器貿易

法國巴里城으로 출품하기 위하여 鍮器 묶음, 100원 가격을 한미흥업주식회사에 위임하여 현재 무역 중이라더라.

▶ **1909년 11월14일**
成績展覽會盛況

관립 於義洞 보통학교 내에서 어제 成績展覽會를 개설하였는데, 學徒父兄 그리고 기타 내빈이 1천6백여 명에 달하였고 공업전습소에서는 제조품을 출품할 뿐 아니라 學員 수명이 참가하여 염직의 실지상황을 設行하고, 대한의료원 부속 醫學校 생도는 理化應用의 실지상황을 設行하여 성대한 景況을 정하였다더라.

▶ **1909년 11월23일**
共進會出品物

내년 3월에 개최하는 일본 福岡共進會

와 名古屋共進會는 우리나라 산물을 일본인에게 소개하기 편리한 좋은 기관이라 하여 농상공부에서는 2만원의 예산으로 목하 출품물을 가려내어 준비 중이라는데, 福岡共進會와 韓國物品陳列館은 6평에 불과하지 않더라다.

▶ **1909년 12월16일자**
?如農部
농상공부에서 일본 인민이 지금까지도 우리나라를 먼 거리에 있는 외국으로 알아 이주하고자 하는 뜻이 있으면서도 실행하지 못하는 것- 많은 고로 이는 일본의 식민정책에 크게 유감된다 하여 내년 3월경에 개최하는 일본 福岡와 名古屋 兩 共進會를 기회삼아 우리나라를 소개하기로 생각한다. (중략)

▶ **19010년 1월15일**
出品募集
농상공부 商工局에서 목하 일본 福岡, 名古屋 兩共進會에 출품할 물품을 모집 중인데, 同 水産局에서도 수산물의 중요한 것들을 출품하기로 하였더라.

▶ **1910년 1월16일**
〈論說〉
* 漢城內 實業界 諸君에게 警告
경성상업회의소는 상공업의 발달을 기원하여 광무 9년도에 설립한 즉, 이는 한성 내에서 상공업을 경영하는 일반 실업가의 단체기관이라. 현재 국가와 사회가 있는 동시에 상공업가를 대표하는 기관의 필요함은 비단 우리나라 사람이나 제군도 모두 알고 있으니, 반드시 그러한 것은 아니라 대저 상공업의 쇠퇴는 상공하는 개개인의 쇠퇴에 관함이요. 상공업의 기관되는 회의소의 存亡은 곧 상업가 전체의 存亡에 관계함인 즉 제군이 국가를 흥하게 하며 상공업계를 보호하여 현재 20세기 경쟁에서 승리를 점하고자 할진대, 이 存亡에 관계되는 회의소를 熱力으로 유지함이 마

땅한 사무가 아닌가. 대저 그 유지방법은 무엇으로 하는가 하면 다른 것이 없다. 곧 제군 일반은 그 회의소에 대하여 회원이 되는 권리가 있는 동시에 그 공동이익을 발전하게 하라. 그런 즉 부족한 경비를 한도 내에 準納하는 것이 의무를 잃지 않을 뿐 아니라 자기 資格, 上體를 보존함이거늘, 그렇지 아니하여 그 회의소 설립 이래로 경비의 곤란으로 인하여 유지하기 어려운 지경에 이르렀으되, 제군은 視若茶飯하여 頓不顧慮한 결과로 韓日人 상업회의소 합병의 문제도 생각하니 탄식하노라. 한성 내 상공업가 제군이여 곁에 있게 될 일본인 상업회의소를 보아라. 한성에 거주하는 자-우리의 십분의 일에 불과하되 장차 완전한 기관을 설비하고 나날이 발전하여 한성 시가의 전반을 점유하고자 하는 상황을 드러내 보이거늘, 우리 한성 내 일반 상공업가로써 반대로 이 같이 도퇴함은 비단 제군의 羞取라. (중략)

▶ **1910년 1월23일**
工所規則改正
농상공부에서는 공업전습소 규칙을 개정한다더라.

▶ **1910년 1월25일**
磁器貿易
御苑 事務局 主事 李鵬增씨는 博物園에 출품할 고려자기 75種을 무역할 차로 엊그제 경주에 출장하였더라.

▶ **1910년 1월30일**
裝置工業畢役
부산 일본인 상업회의소에서는 부속 상품진열관 신축 관사가 낙성되는 동시에 裝置한 일체 물품을 換改하고자 우리 정부에 2천원의 보조를 얻은 바, 이번에 裝置工事가 끝났더라.

▶ **1910년 1월30일**

工業一覽

공업전습소에서는 工業傳習所一覽이라는 책을 발간하여 엊그제 각 관청과 각 학교에 1부식 배부하였다더라.

▶ 1910년 2월2일

工藝評品會補助

근래 각 지방에서는 농산물 혹은 공예물의 評品會를 개최함이 몹시 유행하는데, 정부에서는 이것이 지방산업 개발에 매우 유익한 일이라 하여 산업장려비로 상당한 보조를 下附하기로 계획한다더라.

▶ 1910년 2월3일

物品輸出

농상공부에서는 일본 福岡縣과 名古屋共進會에 출품할 물품을 明再明間에 수출한다더라.

▶ 1910년 2월5일

〈論說〉

* 商業戰爭의 準備를 注意흠이 最要흠

우리나라 국민동포는 현재 국권과 인권이 전부 소실함에 대하여 특히 비관적 사상을 품는 것도 무익하고 절망적 상황을 유지함도 옳지 않은지라. 대저 우리 대한 민족이 그 권리를 잃은 원인이 一朝一夕의 옛것이 아닌 즉, 그 회복할 기회도 또한 一朝一夕에 능히 얻을 바 아니라, 본 記者-세계대세의 趨向함과 우리나라 능력이 될 수 있는 대로 서로 참여하여 장래를 생각하건데, 이 상업전쟁의 준비가 있어야 그 권리를 능히 얻는 경우이면 만반 권리를 회복할 형편이 있으니 다행히 유심히 경청하고 착안 관찰하여 준비의 방법을 착착 본뜰지어다. 대저 현세 각국의 경쟁력은 상업전쟁의 진보에 말미암으니 과거 몇백 년간은 서양각국의 상업전쟁이 우리 동양을 향하여 점차 진보되었으나 현재와 같이 각국 전체의 세력이 만주 한 방향에 集注함은 이러한 것이 창립된 이

래 일대 변화라. 만주는 우리 대한의 門前市場이니 그 상업전쟁의 영향이 어찌 파급함이 없으리오. 목하 만주에 있어서 각국 상업세력으로 논하면, 일본인이 최우선하고 그 다음은 러시아인이요. 그 다음은 德國諸國人인데, 그 중 경쟁열이 최우선한 것은 미국인이라. 그것은 대자본가들이 東瞻西顧하여 상업의 優勝地를 점유하고자 하나 만주 이외에는 마땅히 着手處가 없는지라, 이로써 그 방면에 대하여 상업의 발달을 경영하는데 거액의 자금을 들임이 최우선 방침인 고로 철도에 착수하고 만주 출입문제까지 제출한 바라. 목하에는 미국인의 상업력이 일본인에 미치지 못함이 없으나, 장래에는 승리하는 수를 알지 못한다. 그 대자본가들이 보유한 부력으로 어떤 방법을 사용하였던지 결코 다른 사람에게 퇴보를 甘心할 것이 아니요. 현재에는 일본의 物資는 물건이 많지 않으나 가격이 저렴하고 英美의 物資는 물건이 양호하나 가격이 높은지라. 이로써 日本物貨의 판매됨이 가장 넓으나 장래 淸國地方에 문물이 점차 열리고 民智가 날로 열리면 英美物資의 품질이 양호한 것들을 다수 취할 형편도 있는지라. 각국의 상업전쟁이 나날이 발전하는 날에는 그 영향이 우리나라에 있을 것은 확실한 것이라. 우리나라 국민이 이에 대하여 어찌 상업전쟁의 준비를 注意하지 아니하리오. 둘러 보건데, 우리나라 국민은 상업의 지식도 없고 상업의 권력도 없고 상업의 자본도 역시 적은 즉, 무엇을 적재하여 상업전쟁의 준비를 능히 하리오. 그러나 소위 준비하는 자는 단지 商民 동포에게만 있음이 아니라 현재 만주에서 팔고 있는 大豆와 皮物, 蠶絲, 豆粕, 紙物 등이니 농업과 목축을 勉勵함도 상업전쟁의 준비요, 일반 제조품을 개량진보함도 상업전쟁의 준비라. 우리는 지리상의 관계로 타국인 보다 편리를 얻은 방편이 있으니 어찌 이에 대하여 준비방법을 행하지 아니하리오.

우리나라 국민동포는 힘쓰고 또 힘쓸지어다.

▶ 1910년 2월8일
鑛業許可調査

작년 12월말 조사의 광업 허가 건수와 그 면적 평수를 접한 즉, 우리나라 사람이 145건, 외국인이 31건, 일본인이 399건,으로 합계 575건이며 총평수는 1억9천320만4,010평이라더라.

▶ 1910년 2월9일
共進會出品

일본 福岡, 名古屋 兩 共進會에 우리나라 産物 事情一般을 출품한다 함은 이미 전에 속속 揭布하였거니와, 또한 들어본 즉 한국 各般이라는 각 표를 제정하되 그 내에 戶口, 교육, 은행, 무역, 금융, 산업, 토지, 광업, 기상, 수산, 산림, 철도, 船路, 통신, 공사위생, 歲計, 官吏, 정치, 기관 등 19종류를 분류하여 한 눈에 우리나라의 현재를 通曉하도록 하고 이를 인쇄하여 일반관람인에게 무료로 공급한다더라.

▶ 1910년 2월9일
靑會工業科增設

청년회관 내 교육부에서 工業科 중에 陶器, 電氣學, 皮工學 3科가 있는데 2科를 증설 교육하여 실업을 장려하고자 할 목적이라더라.

▶ 1910년 2월13일
日人掘墓器

일본 山口縣 사람인 秋本眞(30살)은 慶州邑에 거주하여 菓子商을 영업하다가 지난해 慶州郡 北面山에 있는 古墳墓 數十處를 발굴하여 부인의 장식용구 1건과 신라시대의 磁器 등을 취하였다. (중략)

▶ 1910년 2월18일
陳列品購入公告

이번에 本局 博物館部에서 진열품으로 우리나라의 미술 및 미술공예품 중 오래되고 卓絶한 물품과 역사상 참고가 될 물품 등을 구입하니 매입을 원하는 사람은 매주 목요일 오전 10시로부터 하오 2시까지 昌德宮 金虎門 外掌禮院 앞 청사로 現品을 가지고 오면 本局員이 출장감정한 후 구입할 일. 단 日淸 兩國의 제조품도 구입함이 있음 - 융희 4년 2월17일, 宮內府御苑事務局

▶ 1910년 2월25일
酬勞賜勳

우리 정부에서는 일본 제일은행장 澁澤榮一씨에게 우리나라 금융계와 한국은행 설립에 관한 工賃을 酬勞하기 위하여 勳 一等 太極章을 賜하고 마땅히 大勳位를 주기로 함은 격이 아니라 하여, 梨花紋入金杯三組를 주기로 하고 목하 한성미술품제작공장에 위탁제조한다더라.

▶ 1910년 3월4일
鑛採收入總額

농상공부에서 1월 초부터 2월 말까지 受理한 광업의 채취 출원 건수를 물어본 즉, 광업은 한국인이 39명, 일본인이 18명, 기타 외국인이 6명이오. 채취는 한국인이 13명, 일본인이 7명인데, 광업 출원과 허가 취급요금은 2,500원, 광업허가등록 수수료는 1,200원이라. 이에 다른 요금을 합산하면 1개월간에 모두 收入됨이 18,741원이라더라.

▶ 1910년 3월9일
平壤의 鑛業擴張

平壤鑛業所에서 확장비 예산은 정한 예산 외에 마땅히 두 번째 확장비로 75원을 투자하기로 결정한 후 그 자금을 日本興業銀行에서 빌리기로 한다더라.

▶ 1910년 3월9일
美術工場損害額

宮內府 御用 漢城美術品製造工場의 화재 손해액은 가옥소실이 8천3백 여 원, 물품소실이 4천7백 여원, 합계 1만2천9백여 원이라더라.

▶ **1910년 3월9일**

〈論說〉

* **美術界의 新光明**

무릇 네가 세계 각국의 文物精華를 수입하여 안목을 개발하고 사상을 啓導하고자 할진데, 반드시 각국의 서적을 통변하며 신문잡지를 열람함이 제일 우선이 되는 것이나, 미술계의 수완으로 문물의 진상을 模寫하여 직접 사람의 안목과 사상을 계발함이 필요한 기관이 되는 고로 문명전진을 필요로 할진데 미술의 발명을 반드시 따를지라. 연래 우리나라 人士가 세계문명 수입에 관하여 각국 서적과 신문 등의 도화선이 되는 정도로 말하면 항상 이의 발달은 아직은 그러하지 않지만 점차 사람의 안목을 접촉하고 사상을 변천하게 하는 효력은 속히 유망하다 말할지나 미술가의 신발명에 이르기에는 항상 屬寥하고 듣는 것이 없는 고로 지식이 있는 자의 缺憾을 전하는 바러니. 이에 대륙으로부터 新光明이 북미주대륙으로부터 태평양을 지나 반도강산에 이르니, 즉 우리동포-李鍾燦, 金俊吉 兩氏가 다년 北美州에 있어 노동생활을 하는 여력으로 미술학을 연구하여 졸업의 효과를 얻음에 조국 산천에 문명을 증진할 사상을 안겨주고 거액의 자금으로 다수 기계를 구입하여 漢城界의 美術開工을 經始하는 새로운 사업이라. 이로 우리나라 서적계와 신문지상에 문명제도를 模寫함에 대하여 크게 편리를 기여하고 한층 광명을 더 할지며 그 외 각종으로 일반 인사의 안목과 사상을 계발하는 허다한 재료를 공급할지니 이는-어찌 문명수입의 반드시 필요기관이 아니리오. 본 記者는 兩氏가 海外風箱에 다년 고생하고 세심 연구한 결과로 문명수입의 좋은 목적을 얻은 것에 대하여

마음으로 따르며 기원함을 自不能已하노라.

▶ **1910년 3월10일**

密貿商船檢擧

근래에 淸州, 楸子島, 所安巨又 등 처소에는 일본의 어선이 다수 왕래함으로 밀수입상이 어부로 분장하고 제반 물품을 스스로 무역하며 이외에 光州, 靈岩, 羅州, 완도, 여수, 등지에도 밀무역상이 砂器와 기타 잡화를 50 내외되는 선박으로 다수 수입함으로, 세관당국자는 일본세관과 연합하여 대검거를 행하려 한다더라.

▶ **1910년 3월15일**

兩氏紀念品

청년회에서는 그 회 목사 具禮九씨가 지난 날 귀국함은 이미 보도했거니와, 그 회에서는 同氏에게 은쟁반 1部를 기념품으로 製給하고 그 회 전 총무 吉禮泰씨의 歡迎會를 3일 전에 시행하였는데 우리나라의 태극국기 1쌍을 기념품으로 증여하였다더라.

▶ **1910년 3월15일**

銀盤床獻品

대황제폐하의 乾元節이 이달 25일인데, 李총리는 진헌하기 위하여 銀盤床 3건을 한성미술품공장에 위탁 제조하는 중이라더라

▶ **1910년 3월16일**

調査員增置

농상공부에서는 경비 1만5천원을 투자하여 전국 상공업의 현재 상황을 조사하려 한다 함은 이미 보도하였거니와, 조만간 착수하기로 준비하는 중인데, 이와 같이 큰 사무를 현재 商工局員으로는 시행하기 어렵다 하여 事務官 1명, 主事 1명을 增置하려 한다더라.

▶ **1910년 3월27일**

礦區買收

경성에 거주하는 미국인 등은 鑛業組合所를 설립하고 우리나라에 존재하는 鑛區의 放賣하는 것을 사려는 계획이라는데, 일본인 등은 이를 미리 알고 영리적으로 전매하기 위하여 금광을 우선 사기로 주시하는 자가 많다더라.

▸ **1910년 4월 1일**

全州製紙會社

전북도청에서 조사한 바를 접한 즉, 전주에서 1년에 製出하는 紙가 5천195塊, 麻布가 1만9천510疋, 陶器가 7천590원 인데, 일본인 모씨는 전주제지의 유망함을 着破하여 대자본을 투자하여 一大 제지회사를 同地에 설립하려 한다더라.

▸ **1910년 4월 7일**

工業生募集現狀

공업전습소에서는 엊그제 입학시험을 종료하였는데 그에 대한 보도를 접한 즉, 입학지원자는 2천5백여 명인데 그 중 10분의 9는 지방인이며 지원학과는 염직이 800명, 응용화학이 500명, 토목이 300명이요. 그 나머지는 금공과 등이며, 시험은 제1차에 일어, 국한문, 산술로 295명을 선발하고 제2차에 재시험으로 150명을 선발하고 제3차에 口頭試驗과 身體檢查로 55명의 합격자를 얻어, 토목과에 15명, 염직과에 11명, 응용화학과에 9명, 목공과에 6명, 금공과에 7명, 도기과에 7명으로 배분되었는데, 이번 입학지원자에게는 부호 각 가정의 子侄이 많으므로 모두 학비 급여에만 탐함이라 논하는 자- 많다하더라.

▸ **1910년 4월 12일**

〈勅令〉

* 융희 원년 농상공부령 제50호 관립공업전습소 규칙을 다음과 같이 改正함.
第八條. 本所의 傳習科目은 염직, 도기, 금공, 목공, 응용화학과 토목의 6科로 함.
第九條. 本科의 課程은 다음과 같음(陶器科 - 陶磁器)

▸ **1910년 4월 13일**

루氏妹夫演說

미국 전 대통령 루스벨트씨 매부 로빈슨氏가 일전 경성에 도착하여 이달 13일 하오 3시에 종로 청년회관에서 '工藝'와 事務敎育의 價值'라는 문제로 연설할 터인데, 氏는 현재 미국의 중요한 인물이니 전 대통령과 친한 사이이고 또한 一大 事業家로 地上鐵道를 관리하는데 그 영업에 속한 運掌車手가 1만2천명에 달하는 많은 경력의 신사라. 각 사회 有志君子는 당일 다수 임하기를 희망한다더라.

▸ **1910년 4월 14일**

英韓書院과 工業

尹致昊씨의 渡美한 사항은 이미 보도하였거니와, 氏가 渡美한 후로 지처에서 환영하고 각 교회에서 氏의 主務하는 韓英書院을 위하여 모금한 보조금이 미화 3만여 불에 달한지라. 氏가 그 성원을 工業專修學校로 확장할 계획으로 박사 李德씨와 협의하고 유학하고 있는 張惠順, 宋鍾翊, 鄭化敎 3氏를 工業大學校에 입학하게 하였는데, 그 3氏가 졸업한 후에 韓英書院 技師로 채용될 터이라 한다.

▸ **1910년 4월 20일**

工業傳習所卒業盛況

이미 보도한 바와 같이, 공업전습소에서 어제 하오 2시에 제2회 졸업식을 거행하는데, 각 부 대신과 각 회사 紳士, 각 신문기자가 참여하였고 졸업생의 手品製造를 진열하였는데, 그 제조의 工緻함이 이전보다 우수하였으며 각 과 졸업생은 이러하오니, 陶器科에 具榮必, 金性準, 張瑞奎, 鄭志衡, 李敦求,

李南九, 李應烈, 安鍾萬, 韓泰益, 權應民 등 18명이요. (중략)

▸ **1910년 4월23일**
工所陳列觀覽

공업전습소에서는 그 所 학생의 제조물품을 同 所 내에 진열하고 내일 상오 10시부터 하오 4시까지 일반공중에게 供覽하기 위하여 각 사회에 관람권을 발송하였다더라.

▸ **1910년 4월27일**
傳習生募集

공업전습소 내에서 敎授하는 과목 중 色染, 鍛工, 板金, 荷物 제작 등 4과목에 대하여 실지 전습생 12명을 모집하라고 漢城府에서 경성상업회의소에 의탁한 고로, 그 所에서 당 영업자 중 17세 이상 25세 이하 소년을 모집한다는데, 수업하는 중에는 상당한 수당금을 지급한다더라.

▸ **1910년 4월30일**
工業傳習所寄付

관립 공업전습소에서는 그 所 학생이 제조한 鍋大小 2, 皿大小 9, 包飯器 10, 醬油器 2, 藥罐 2, 木碗 23, 茶種大小 33, 水桶 2, 甕 2 등을 고아원에 기부하였더라.

▸ **1910년 5월1일**
決心不如

농상공부에서는 올해 안으로 內國博覽會를 개설하기로 올해 예산에 45만원을 편입한 후 그 사업을 할 회관 장소는 西闕을 사용하기로 궁내부와 교섭하여 이미 보관 轉換을 받아들였다가 우리나라 재정상황으로는 지극히 이 계획을 응할 財源이 없다는 度支部의 뜻으로 중지되었으나, 同 部에는 국가개발의 복잡한 법률제도가 완비함보다 산업적 방면에 전력을 注意하여 실물교육으로 이를 지도하는 것만 같지 못하다고 한

즉, 經國의 우선 급한 업무는 박람회개설이라 하여 내년에는 이를 개설하겠다고 결심하였다더라.

▸ **1910년 5월17일**
物産品評出品

강원도 春川郡에서는 오는 10월부터 11월까지 제1회 物産品評會를 개최할 터인데, 嶺西諸郡에서 농산, 織造, 土, 木, 石, 鍮, 砂器 등 물품을 출품할 차로 목하 협의 중이라더라.

▸ **1910년 6월2일**
出品物分給

일본 名古屋, 福岡 兩 共進會는 근간 개최할 터인 고로, 우리 정부는 우리나라 출품물 처분방법을 결정하였는데 그 내용은 名古屋 출품의 전부와 福岡 출품의 일부는 全 郡馬에서 개최하는 공진회로 移陳하고 그 외 잔여품 중 곡류, 수산물, 淸國輸入品, 雜工藝品은 福岡 商品陳列館에 (중략) 鑛物 전부는 早稻大學에, 인형은 부산 商品陳列館에 依請寄附하고 모형 2개는 각지의 請求者가 많음으로 예정하지 못하였다더라.

▸ **1910년 6월3일**
天主敎工業大學

천주교당에서는 工業大學校를 설립하기 위하여 學部와 통감부에 認許請願狀을 제출하고 재차 교섭하더니, 어제서야 學部에서 認許狀을 許給하였다더라.

▸ **1910년 6월3일**
〈論說〉
* 實業界의 嘖失

본 記者 - (중략) 도로 길가에 일반학교가 있는 것이 곧 우리나라라. 그 교육정도를 대개 시찰함이 있고 실업계에 이르러서는 평양의 磁器會社와 寧邊의 鐵工場과 安州의 織工場 등이 현재 착착 진행이더라. 이러한 3종류의 실업이

발기한 동시에 시작한 즉 倡道資 - 1, 2
이면 反對者가 8, 9이오. 중간에 決行
者 - 3, 4이면 遲疑者가 6,7이다가, 다
행히 몇몇 유지가 일반 物情이 될 수
없다는 사상은 내버릴 수 없다 하고 자
신의 고초와 곤란을 받아들이며 장래의
利害와 興敗도 허락하지 않고 오로지
국민동포의 실업정도를 개진하기 위하
여 무한한 어려움을 초월하고 무한한
괴로움을 소비한 결과로, 오늘에 이르
러서야 점차 좋은 성적이 있는 實況을
착수함에, 이로 국내에 磁器와 鐵工과
織工 등 영업이 계속 興起할 영향이 있
을지니 어찌 고맙지 않으며 어찌 치하
하지 않으리오.. (중략)

▶ 1910년 6월21일
角戲團
下賜品 別項 角戲團은 상경하여 開演
하는 벽두 24일에 秘苑에서 設戲하여
어람에 이바지할 터인 고로 궁중에서는
목하 설비 중인데, 그 위치는 동물원 오
른편이오. 설치비는 戲場에 3천원, 觀
覽臺에 2천5백원이며, 상품으로는 일등
상 등에 梨花紋刻 1升5合이 들어있는
大銀杯인데 (중략) 이를 한성미술공장
에서 제조한다더라.

▶ 1910년 7월1일
銀瓶下賜
대황제폐하께옵서 前 內部 岡차관에게
銀製花瓶을 하사하기 위하여 미술품공
장에 위탁제조하는 중이라더라.

▶ 1910년 7월7일
南韓商工査畢
농상공부에서 전국 상공업을 조사하기
로 계획하고 우선적으로 伊藤사무관 이
하로 남한 상공업을 조사하게 함은 이
미 보도하였거니와, 이 일행은 조사를
마치고 3일전 귀경함으로 同 군에서는
일반 내외실업가 參考를 제작하기 위하
여 그 보고를 발간한다더라.

▶ 1910년 7월29일
博物館建築費
창덕궁 내 박물관을 ○明殿 뒤에 새롭
게 건축할 차로 착수 기공 중인데, 들어
가는 경비는 30만원으로 정해졌다더라.

▶ 1910년 8월9일
興業會借款
대한홍업회에서 정부에 대하여 30만원
을 빌린다는데 그 사유는 이미 보도하
였는데, 그 목적은 농공업과 광업 등 사
무를 발전할 계획이라더라.

▶ 1910년 8월10일
分院磁器工場
공업전습소 졸업생 李敦求씨 등 몇 사
람이 양평군 分院에 磁器工所를 설립
중인데, 尹致晟, 金洙瑩, 安泰瑩, 閔濟
鎬 등 諸氏가 分院磁器株式會社를 發
起令名하고 내일부터 應募를 발행하
며, 安泰瑩씨는 분원을 우선 실지조사
하기 위하여 내일 출발한다더라.

▶ 1910년 8월11일
慶尙北道의 産業
* 工産物 : 陶器가 2만8천504개

▶ 1910년 8월12일
慶北陳列館開期
경북 觀察道에서는 地方費로 설치한
物品陳列館을 다음달 1일부터 개설한
다더라.

▶ 1910년 8월13일
江原道陳列館
강원 觀察道에서는 地方費 1천원으로
物品陳列館을 설비하려 계획 중인데
농상공부에서는 경비 2백원을 보조하
였다더라.

▶ 1910년 8월18일
<論說>
* 廣州分院의 磁器會社

우리나라 古來에 고려자기는 세계에 없는 제조품이라. 이 一種으로 인하여 우리나라 고대에 공예를 발달한 역사를 가히 생각할지라. 이로써 法國人이 이르되, 한국이 고려자기를 마땅히 제조하는 날이면 문명발달의 날이라 하였고 일본인이 撫順 등지에서 고려자기제조소와 석탄을 채용하던 유적을 발굴하였는데, 그 연대가 1천8백 년 전에 해당하는 증거가 있으니 우리나라 공예발달이 최고 오래됨을 어찌 돌이켜 보지 않을 수 있는가. 어찌할까 ! 이 종류의 공예가 진해지지 못하고 끊어지고 각종 제조품이 양호하지 못하고 적어, 외국에 수출될 재료가 없어지고 내국인의 수용품을 모두 외국의 수입을 따라 극빈에 이르며 곤란한 경우에 쫓겨 몰락하느뇨. 울어라. 우리나라 물질이 다른 나라에 양보할 바 없고 우리나라의 人智가 다른 나라에 퇴보할 바 없거늘, 제조의 수락이 이에 이르고 생활의 곤란이 이에 다함은 어찌 비탄할 것이 아니리오. 그러나 물질의 산출이 존재하고 人智의 靈敏이 줄지 않아 몇 년 전 마산동의 磁器製造가 발명되어 成效를 다하더니 현재는 또한 광주 분원에 磁器會社를 발표하였도다. 분원의 자기는 종래 저명한 産品이라. 단지 官吏의 침해하는 폐단도 있으며 인민의 지식이 낮은 까닭으로 그 곳의 자기영업이 나날이 쇠락하여 땅속에 모두 묻힐 지경에 이르더니, 다행히 大韓興業會長 尹致昇 등 諸氏가 그 地에 대하여 자기회사를 조직하고 工業科 졸업생을 고용하여 제조를 착수함에, 품질의 양호함이 다른 나라 産品보다 우수한 성적이 있다하니 그 회사에 대하여 십분 찬성의 뜻을 표하거니와 이로 우리 民族國의 財源을 증식하며 문명사업이 계속 나아가 고대 고려자기의 제조하던 聲價를 회복하기를 기원하노라.

▸ **1910년 8월18일**
〈廣告〉

* **分院磁器株式會社 株式應募廣告**
1. 목적 : 廣州 分院磁器 闡明 제조
2. 상호 : 分院磁器株式會社
3. 자본금 : 4만원(4천주)
4. 1株 금액 : 1천원
5. 발기인 해당 株數 : 1천6백주
6. 응모기일 : 융희 4년 8월31일까지
7. 본점 : 한성 출장소, 분원
8. 제1회 금액 입금기일 : 융희 4년 9월 30일까지
9. 1株에 대한 보증금 50錢
10. 株金取扱所

▸ **1910년 8월21일**
古代磁器買入

御苑 事務局에서는 박물관 진열품으로 古物을 매입할 차로 각 지방에 인원을 보냈다더니 근래 들어 본 즉, 慶州郡에서 1천6백 여 년된 磁器를 매입하였다더라.

▸ **1910년 8월26일**
寺內統監近態

寺內統監은 시국의 大綱을 이미 鮮決함으로 心中에 寒氣를 가져, 혹 南山俱樂에 왕래하기도 하고 혹 고물상 등을 소집하여 우리나라 古美術品을 수집 玩賞한다더라.

▸ **1910년 9월11일**
日本國寶에 編入된 者

일본 國寶에 편입될 것을 급히 조사하여 우선 다음을 국보에 넣기로 정했다더라 - 彌勒石像, 大同仁陵墓, 金首露王 및 同 妃陵 등. (중략)

▸ **1910년 9월11일**
國內鑛業의 現狀

올해 6월 말 現在表를 접한 즉, 전국 광업은 砂金을 포함하여 허가인원이 1,409명, 鑛區數가 790개, 鑛區面積이 2억7천40만평과 2,581町, 그 세금이 14만9,700원인데, 그 중 일본인의 소유가

員數로 734명, 鑛區가 503개, 鑛區面積
이 1억5천26만8천평, 세금이 8만3,673
원인데, 그 증가의 속력은 금년 6개월
내에 크게 증가하여 작년 말에 비하면
人員 460명, 鑛區 226개, 면적 8천10
만8천평이 증가함이라더라.

▶ **1910년 9월13일**
朝鮮宗覧編纂
농상공부에서는 群馬縣共進會에 출품
할 차로 『朝鮮要覧』이라는 책자를 목
하 편찬 중이라더라.

대한매일신보(1904-1910)

▶ **1904년 2월7일**
〈廣告〉
*** 관립중학교학원모집광고**
現今에 관립중학교 학원을 모집할 터이
니 입학하기 원하는 자는 9월9일(음력
7월30일)내로 품청증을 본부로 규정하
고 당일에는 본부로 내도하여 입학시험
에 응할 일.

▶ **1904년 12월7일**
〈論說〉
*** 교육을 개량홀 일**
한국에서 소위 인민교육이라 하는 것이
심히 엉성하여 말할 수 없는지라. 연구
하였다는 학교에서는 학도들로 하여금
가르치는 바이요, 즉 쓸데없는 것을 가
르칠 뿐이요. 소학교라 중학교라 칭한
것도 명색으로만 실시하였을 뿐이요.
또 이외에 영어와 덕어와 법어와 일어
도 각각 어학교사 있으되 그 교사된 사
람의 나라 풍속만 표방하며 진보되었다
는 학교에서는 괴상한 성질로 자유행동
을 할 따름이요. 그 중에 종교라든지 정
치라든지 가르치는 학교는 지금껏 있은
즉, 그 중에 중대하고 긴요한 학교가 없
게 되면 아무리 허다한 학교가 있다 하
더라도 가히 무엇에 쓰리오. 이 난다만
학교 유지하기에 수고만 될 터인 중, 근
일에 소위 일본으로 유학하러 보냈다는
학도들은 필경 공부를 어떻게 성취하고
올지 예언할 수 없으되, 응당 환국하는
날에는 여간 학문이라고 배운 것이 도
리어 화가 될 듯 한지라. (중략)

▶ **1904년 12월26일**
교육의견
교원 이승균씨와 주사 이공우씨는 본시
사법학교 졸업생으로 문명사업과 교육
상 방침에 열심 연구하여 전국 동포의
지식 발달함에 힘을 써 권면하더니, 이
번 차관대리소에서 국내 학제를 반영할
의견서를 선정하였는데, 각 민호에게
학비금을 춘추로 배정하여 각종 학교를
각 읍에 광설하고 현재에는 강제로 전
국 남녀를 지식, 예절, 덕행 3교로 교육
하여 우리 황상폐하의 문명이치를 배양
하자 하였더라.

▶ **1905년 2월15일**
학교흥왕
평양대동학교는 광무 7년에 해당하는
때에 김석윤씨가 창설한 것인데, 同씨
가 주야로 열심 교육하는 고로 학업이
일취월장하여 금번 同校 시험에 우등한
학원이 10여명이라. 학교 찬성원들이
물품을 상여하여 권장하였다더라.

▶ **1905년 2월27일**
취업확장
경무청에서 경력이 유효한 자로 소임을
차정하여 규칙을 조직하고 취업을 확장
하되 자본을 구취하여 회사를 설립하고
관옥으로 12층옥을 건축한다더라.

▶ **1905년 8월19일**
학교조사
東亞開進教育會에서 5署 내 공, 사립
학교를 일체 조사하여 확장하는데, 현
재 同 署에서 착수 중이라 하니 그 조
사가 마쳐야 어떤 형태로 확장함을 보
도하겠노라.

▶ **1905년 10월3일**
**諸般會社를 對ᄒ야 教育을 勸고홈이
라**
(중략) 현재 한국 중에 제반회사 人員을
계산하면 대략 100여 만이라. 歐洲에는
60명이 독립한 자도 있고 300명의 독립
하려는 자도 있나니. 이로써 제반회사
에 100여 명으로 국력을 固結하여 愛
國熱心이 萬折不回하면 어찌 독립의
기초를 이루지 못하리오. 이번에 제반

회사를 위하여 계획하건데 시급히 면려할 것은 교육이니, 단지 語文字로만 말하는 교육이라 일컫지 말고 그 열심실력으로 확장하되, 재산이 있는 자는 보조를 받지 말고 風力이 있는 자는 周旋을 극진히 하여 제반교육이 나날이 새로워지면 불과 몇 년에 나라 중에 청년자제 수백만 명의 지식이 발달하고 실업이 증진하면 그 흥기함을 능할 것이오. 歐美諸國를 숭상하라. 최근래 興隆한 효과로써 보면, 불과 30년에 막강한 국가를 성립하였으니 이는 교육의 功이라. 대한도 또한 이러한 교육을 振起하면 비상한 功效가 예상 외로 출현하리니, 제반회사는 교육이 곧 2천만 대중의 생활방침으로 確知하여 心力으로 빠르게 확장할지어다.

▶ 1905년 10월14일
<論說>
* 會社精神

무릇 만물의 이치가 舊하면 老하고, 新하면 壯하며, 舊하면 腐하고, 新하면 鮮하며, 舊하면 板하고, 新하면 活하며, 舊하면 滯하고, 新하면 通하나니, 이는 天地의 자연한 원리라. 이에 대한 정부와 사회의 情形을 보니 정부는 舊弊의 弊로써 老腐板滯하다 일컫기도 의심할 바 없거니와. 이에 제반회사는 모두 새롭게 발기하고 새롭게 성립한 것이라. 고로 壯鮮活通하는 정신을 보지 않겠는가. 이는 일반사원이 열심히 생각하고 연구할 일이라. 무릇 인간의 정신은 모두 있는데, 凝衆하면 총명이 배가 되어 動力의 여유가 있고 精神汗만한데 쓰면 총명이 패하여 動力이 모자라니, 정부는 원래 소수한 인원으로 諸般政務를 관장한 고로 정신이 한계가 있되 인민사회는 다수한 인원으로 각기 모두 업무가 있는 고로 정신이 무한한 것이니 이는 사회력이 국가를 부강하게 하는 바라. 문명각국의 사회를 보라. 天文을 달성하고자 하면 天文學會가 있고 地理를 상고하고자 하면 地理學會

가 있고 諸般鑛學會와 農學會, 商學會, 工學會, 史學會 등이 있어야 각기 社員의 지식과 학문을 합하여 專門講求하는 고로, 능히 이 일을 새롭게 하여 면밀하고 묘한 것을 無不透得收用하는지라. 현재 대한 중에 제반회사가 각기 주지하는 목적이 있으나 宗敎會와 商業會를 제외한 외에는 실학상에는 모두 규모가 완비하다 일컫지 못할지니. 이러한 까닭으로 壯鮮活通하는 新精神이 아직 사회로 생활하지 못하는지 알지 못하거니와, 나는 제반회사 중에서 新學問에 졸업한 자를 얻어 각기 專門學業會 규모를 조직하고 一般人士의 모두에게 정신을 배양함을 십분 바라노라.

▶ 1905년 10월19일
<論說>
* 告大韓有志者

대저 국가의 자립은 국민의 단체력이 깔려 기초가 되는 것이오. 국민의 단체는 나라 안의 유지자로 인하여 기점이 되나니. (중략) 이는 유지자의 血誠擔着할 일이라. 대저 실업상 사업이 아니면 내실이 없고 근심하는 것으로는 나라를 돕지 못하고 千이 괴로워하고 萬이 근심한들 어찌 이익이 있으리오. 울어라. 대한 유지자는 아무쪼록 民國에 관한 실지사업을 열심히 진흥하라. 인간을 위하는 일이 하늘이 造化하여 법도에 간여하는 것은 옳지 않은 경우가 많으니 그 시작에 발단이 심히 舊하나 결말에 가서 수효가 극히 큰 것이 왕왕 있다. (중략) 다만 그 국가사상이 忠憤激烈한 고로 古今에 비상한 奇功을 성립하였으니 가히 두렵도다. 유지자여! 권리가 없고 지위가 없고 힘이 없더라도 능히 弱國을 강하게 하고 強國을 약하게 하는 수단이 있느니라. 대한인사에게 오직 원하는 것은 이러한 유지자에 사업을 觀感倣則하여 민국에 관한 실지상업을 오로지 연구하고 힘을 다하면 비상한 효과가 나올 것이라는 생각외에는 없으리니. 가히 근면하지 않으면 일개 銅工의 사업도 볼 수 없는가. 울어라, 대한 유지자여.

▶ 1905년 11월28일
工學課費

學部에서 度支部에 조회하되, 弊部 소관 농상공학교에 工學科를 쓸데가 없어 설치하지 않을지라. 그 사무실 건축비와 제반설비액을 대략 계산하오메, 합계 3천5백8원79전이옵기, (중략) 그 경비를 그 학교 교사 급여액 합계 4천330원62전9리 중에서 지불하라 하였더라.

▶ 1905년 12월20일
學照度支

농상학교 工業科에서 사용하는 기계와 부속품비 금액 1백58원60전을 그 학교 교사 급여비 중 지불하라 하였더라.

▶ 1906년 1월7일
〈論說〉
* **務望與學 (二)**

현재에 대한 인사가 국가를 유지하고 종족을 보전할 방침은 교육 이외에 마땅히 다른 대책이 없으나 단지 유래한 弊習으로 인하여 교육이 용이하게 진흥하지 못할 것 - 있으니 우선 고질적인 폐습을 맹렬하게 痛革하여 국민의 심지가 일신한 연후에 가할지라. 그 弊習의 종류를 대략 말하자면, 挾雜의 弊習이라 말할 수 있고 固陋의 弊習이라 말할 수 있고 吝弘의 弊習이라 말할 수 있고 欲速의 마음이라 말할 수 있소. 지식을 여는 것과는 멀며 발전할 기운이 없으며 堅忍의 성품이 없는 것이 이것이라. (중략) 그 吝弘의 弊習이라 말하는 것은 무엇이오. 세간 일체 사업이 모두 자본가의 경영으로 말미암은 고로 문명한 국민은 재산이 부유한 자가 모두 留心하여 공공이익을 얻어야 학교를 설립하든지 산업을 建置하던지 농상공의 실업

을 장려하던지 民國의 유익할 일은 우선하여 아까워하지 않거늘, 한국 재산가는 이로써 吝弘의 弊習으로 자선의 마음이 없고 후덕함을 감추어 사람의 유식함을 협박하여 돈 쓰는 것을 즐겨함으로 단지 그 자손이 사치스럽고 음란한 악습을 양성할 뿐이니, 그 나라의 국민관계에 있어서는 소위 富戶饒室이 아무 소용이 없는지라. 교육사업을 비록 振起하고자 하나 그 經費의 어려움을 어찌할꼬. (중략)

▶ 1905년 6월9일
靑會進步

황성기독교청년회에 교육사업이 점차 진보되어 日語課 외에 내외 國史記와 地誌, 算術 등 교과도 교사를 고빙하여 열심 교수한다더라.

▶ 1906년 2월14일
工技學爲第一急務

(중략) 해마다 金貨의 出口가 어찌 낫지 못하고 그 軍物製造라도 역시 모두 외국 技師를 고용하여 거액의 경비를 소비하며 실효를 아직 보지 못하니, 工學의 업무가 없는 것이 손해를 斑斑然 可見한지라. 정부 諸公은 항상 각성하지 않는지, 또 부인의 재능이 각기 오래되지 않아 그 기세로 인하여 이끌게 되면 사반공배하나니, 현재 그 공사혜목으로 공기상 유지인사를 열거하여 각양 기계사용과 물품제조를 세심하게 연구, 학습하여 그 성장함에 別般擢用이면 사방이 움직이고 서로 편리하여 국민의 공학이 庶幾勃興이요. 工弘의 器用이 점차 제일 확장하여 靡費를 모으는 것이 옳으오. 부강에 힘쓰는 것이 옳을지니, 정부 諸公은 老生常談으로써 물론하고 學務로써 시험하여 그 효과를 따르게 할지어다.

▶ 1906년 3월1일
時事一束

(중략) 회사는 인민의 실업을 발달하는 회사인데, 대중의 지식과 힘을 합한다면 사업을 성장함은 이 시대에 유행하는 아름다움이로되, 한국은 매번 유명무실하고 시작은 있으되 끝은 없는 弊風이 성행하되, 현재에도 新組織하는 각 회사가 있으니 영원 보유하여 실업을 발전할런지. (중략)

▶ 1906년 3월8일
砂器業請認
始興郡 新任里 三聖山 北麓에서 砂器 製制하는 土品이 있는 즉, 특별히 認許하여 사기를 제조판매하게 해달라고 西署桃洞에 거주하는 張奇淵 등이 농상공부에 청원하였더라.

▶ 1906년 3월23일
論機器之益
工人이 한번 廢하면 반드시 더 많은 부문의 종류를 생각하여 연속으로 시험에 응해야 그 奇藝가 날로 증가함이오. 또한 機器를 많이 사용하는 것이 사람의 재력, 心思를 많이 모으고 장인의 智巧를 능히 물리친다. (중략)

▶ 1906년 4월6일
〈論說〉
* **最宜獎勵工業**
(중략) 공업을 천시한 것으로 말미암아 工民을 모질게 하여 장려, 보호한 좋은 법은 없다. 서방제국은 장려, 공업하는 좋은 법이 심히 많다니, 그 중 가장 긴요한 것은 專利文憑一事라. (중략) 한국은 공예를 천시하여 극한 지경에 다다르니 이로써 最下等하니, 人情이 귀하지 않고 악하고 천한지라. 무릇 재능이 있는 識者가 이를 천시여겨 단지 스스로 下等會社로 들어가 닥치는 대로 배고품과 추위를 이기며 欲得手藝하여 조석으로 명에 따르니, 처음부터 학문이 없이 연구하고 또한 기계의 사용이 드물다. 마땅히 그 제조의 一任과 新鮮

良好한 제품은 없도다. 관리가 그 제조의 물품을 취하면 그의 가격을 정해야 관리가 지정한 것이라 일컫는다 하니, 이는 强奮과 다른지 않느니라. (중략)

▶ 1906년 4월18일
〈廣告〉
各色 工匠을 살펴볼 시 권장하기 위하여 告示하노니, 공업으로 營生하는 자는 각기 어떤 工匠이며 성별, 주거지를 列錄하여 음력 3월3일 내로 본부로 와서 수정하여 빈틈이 없게 할 일.

▶ 1906년 5월12일
匠工摠額
警務廳에서 農商工部令으로 인하여 漢城 5署 내의 각색 工匠의 성별과 경영 각종을 조사하였는데, 각 工匠의 수가 총 합계 1천706명이라더라.

▶ 1906년 5월19일
工業漸進
工技者는 인민경업에 필요하던 바, 漢城 내 제반가옥 結搆는 외국인 고용이 많음으로 많은 재산이 외국인 수중에 돌아가더니, 근간 某氏 등이 토목, 건축회사를 설립하여 각 方里 가옥건축 등을 주임 건축하기로 규칙을 구별하니, 이에 한국인 영업상에 큰 이익이라 하고 모두 찬성한다더라.

▶ 1906년 5월23일
〈部令〉
* **農商工部令 第四十二號 / 各種物質 分析及試驗手數料規定**
四. 粘土와 耐火煉化石의 내화도 흡수량과 수축도의 檢定을 청원할 때는 매 1건에 1원으로 정하고 점토를 기계로 분석할 때에는 1원 이상 10원 이하로 정하며 도자기, 유리, 법랑, 耐火石, 시멘트, 「洋灰」 등 원료의 응용시험을 원하는 때에는 매 1건에 5원 이상 50원 이하로 정함.

▶ 1906년 6월2일

博覽會支撥

度支部에서 東萊 부산항에 신설한 韓
日博覽會에 數設 물품비에 관하여 5천
원을 支撥하였다고 農部로 조회하였더
라.

▶ 1906년 7월5일

日儲獎勵

공업교육을 장려하시기 위하여 황태자
폐하께서는 고등공업학교에 행차하사
각과 수업을 御覽하신 후 교장 이하를
친히 御引見하셨더라.

▶ 1906년 7월11일

實業振興策

淸國政府에서 실업진흥책으로 스스로
해외 실업유학생으로 귀국한 후에 실업
에 종사하되 자본이 부족하여 실시하지
못한 자는 內部와 督撫에게 신청하면
상의 후 각 省에서 보조하기로 한다더
라.

▶ 1906년 7월12일

礦業細規

농상공부에서 광업법 규칙 1通을 관에
揭布하려고 정부에 조회하였는데, 그
세칙은 35條으로 성립하였다더라.

▶ 1906년 8월3일

〈論說〉

* 韓國의 實業

伊藤博文이 한국에 대하여 新事業을
경영한다 함은 소위 有名無實이라. 한
국과 한국인민의 행복을 위하여 大事를
계획하는 듯하나 끝내는 한국의 실업
발달할 제반방법에는 注意하지 않는다.
일본이 외교와 재정상에 한국을 유익한
工課로 指敎한지라. 현재에 이르러서는
한국인들이 강렬하게 희망하기를 어떤
때에 일본이 재정을 손해보는 것에 재
정을 증식하는 효과를 줄런지 들어 알
고 있다. 우리의 생각으로는 이러한 희

망이 반드시 모자랄지니 그런 즉 일본
의 이익에 반항해야 하는 이유라. 그러
나 이러한 희망을 어찌할지 公布하는데
는 利害가 없는 듯 아래 지면에 역술하
노라. 한국인민이 실업국민이 되기를
청하나니 그 희망적인 것이 다음과 같
기를,

제1. 자국 물건의 수용은 자국에서 공
급할 일

제2. 제국 제조품의 수출이 잘 될 일
이러한 희망이 비단 유리하여 크게 讚
賞이요. 장차 그 목적에 달하기 어렵도
다. 한국인은 미술적 그리고 제조적 성
질이 고유하여 고대에는 일본인을 敎訓
하였더니, 과거 수백 년 이래로 기술과
제조상 巧美함이 점차 쇠퇴한지라. 이
시대에 당하여, 만일 조금씩 권장하게
되면 재차 발달함이 재차 개선되어지고
한국인은 근면하는 국민이라 방향만 잘
살피면 오늘날 일본에 따르며 공급하는
제조품을 자국에서 산출하게 하기 容易
하리라 하노라. 현재 한국에 수요품
은 唐黃, 石油, 琉璃, 器皿 등이니, 이
러한 물품의 원료는 한국에도 일본 만
큼 족하게 있는지라. 일본통감 각하
여! 實心을 준거하고자 하거든 소모적
실업에 수백 만원식 비용하는 것으로
한국 내에서 제조업의 확장 발달함에
향하여 진력할지어다.

▶ 1906년 8월7일

〈部令〉

農商工部令 第四十三號

* 鑛業法施行規則

광업 청원인과 광업권자, 그 대리인이
부재하고 항상 서류에 영수할 것이 없
을 때는 보낼 서류의 전문과 요지를 2
일간 官報에 게재함이 옳으므로, 이 경
우에 있어 종료일로부터 14일을 경과한
때는 서류를 이미 보낸 것으로 인식함.
第八條. 광업을 경영하고자 하는 자는
청원서에 광구도와 채굴하고자 하는 礦
床에 관한 설명서를 교부함이 옳고, 다

만 광물의 標品을 가지고 설명서에 대
용할 경우에는 청원서가 도착일로부터
10일 이내에 도착함을 無妨함.
- 광업 請願地를 정하고자 하는 자는
청원서에 이유서와 新舊請願地의 관계
를 증명한 도면을 첨부함이 옳음.
- 광구의 합병분할과 打地를 청하고자
하는 자는 그 청원서의 이유서와 합병
분할, 訂正을 요하는 구역의 관계를 명
시하는 도면과 광업허가장을 첨부함이
옳음.

▶ 1906년 8월14일
地名示明

농상공부에서 광업조례와 구역규칙을
領布한지라. 통감부에서 內部로 公函
하기를 鑛規를 이미 명한 즉 관청소관
지가 300間인데, 認許를 얻지 못하면
부득 關鑛이라 한 바, 관청소 禁止名을
우선 명시하여 서로 기대하여 장려하는
일이 없게 하라 한지라. (중략)

▶ 1906년 8월16일
物品製造會社

국민의 이익발달은 新知識과 新製造에
말미암이라. 본국이 원래 토산의 아
름다움이 있었으되 인민이 전부 제조하
는 일에 취약하여 수용할 용기가 모두
타국물품인 즉 국민의 재산이 有害無
益한지라. 제동에 거주하는 金永春씨
등 3사람이 협의하고 기술자를 모집하
여 영등포 부근에 土産物品會社를 설
립하고 외국 沙器水筒과 기타 甕器 등
물품을 모방하여 제조판매를 내외국인
에게 하고자 하나, 소관부 認准이 없으
니 특별히 認許하라고 농상공부에 청원
하였는데 세납은 매 10원식 例納하겠
다 한다더라.

▶ 1906년 8월31일
〈論說〉
* **南滿洲鐵會社**

일본정부와 만주철도회사 위원들이 철

도에 관한 開役方法을 결정하였는데
(중략) 이 회사에서 厚順과 源峊에 있
는 탄광을 開掘한다 함이니, 이는 일본
이 淸國의 이 사건에 대하여 반대함을
포함하지 않은 것이오, 海上輸運과 電
氣事業, 倉庫事務도 그 방법에 포함하
였고 그 회사의 철도에 속한 토지에 가
옥과 재산을 건축하고 관리하는 권리를
부여하였으며 위생, 교육사업을 위하여
그 주거민에게 적은 세금을 부여함도
가한다한지라. (중략)

▶ 1906년 8월31일
工藝場基址

농상공부에서 工藝場을 設施하고 일본
공학박사를 고빙하기로 하였더니, 工藝
場 基址는 東村 白洞 부근을 선정하였
더라.

▶ 1906년 11월6일
**大韓皇城基督敎靑年會 學館工藝敎育
課緖言**

우리 대한은 오래전부터 농업에만 전념
하고 그 외 다른 이익은 아직 연구하지
않더니, 현재 문명이 발달하는 시대를
만나 우리나라가 세계상 경쟁 장소에
우뚝 섰으니, 천산물을 밑천으로 하는
제반기예를 강구함이 반드시 필요하고
그 주요한 업무는 우리 청년들에게 주
어진 임무인지라. 우리 황성기독교 청
년회관에서 이러한 좋은 시기를 맞아
상공업에 종사하고자 하는 유지청년을
위하여 공예교육과를 특별히 설치하고
일본공예 宮川摠三郎씨를 고빙하여 이
에 해당하는 제반교육을 위임하였으니,
무릇 우리 청년은 학교로 찾아오심을
幸甚幸甚.

▶ 1906년 11월6일
陶器新店

평양 보도를 접한 즉, 평양인 朴承億,
崔周憶 등 諸氏가 陶器精造에 전념하
여 당지 北村 馬山洞에 일본인 酒井右

馬와 松??之三 兩氏로 공동 합자하여 소용기구를 구입하고 제조한다하니, 한국에서 외국사기를 구입하는 것이 매년에 4억여 원에 달하더니 이 결실을 취하여 점차 전국으로 나아가는 즉 殖産의 앞날에 큰 도움이 된다더라.

▶ **1906년 11월17일**
論工業 / 崔炳憲
(중략) 만일 공예로 하여금 진흥하지 않는 즉 농업과 상업이 모두 폐하노라. 이로써 무엇을 말하리오. 땅에는 天然의 산물이 있으나 人造하는 산물도 있어야 人造物品을 쓸 수 있는 것- 天産物보다 百倍라. 물론 무엇을 만드는 것인지를 논해야 하지만, 일체 밀리고 폐하여 전부 天産의 물품에 의지하는 즉 오래지 않아 반드시 쓸 물건이 없으며 또한 의복을 입을 수도 없고 가옥이 황폐해지며 器機가 취약해지니 백성들이 편안하게 살아갈 수 있겠는가! 고로 국가의 빈부가 실제 공예의 부흥에 어찌 관계하지 않겠는가! 영국의 情形을 보건데, 수백 년 전에 공예가 부흥하지 않고 商務가 周殘하여 인민의 빈곤함이 우리나라와 동일하더니 근 백년 이래로 영국의 각 처가 강성해지더니 그것은 공예직조의 효력이라. (중략) 현재 황성기독교 청년회관에서 공예교육과를 특별히 신설하고 각 항 공업에 요구하는 기능을 敎授한다 하니 吾儕는 기독교 청년회에 대하여 우리나라 인민을 열심히 교육하심을 축하하거니와, 우리 동포 청년들은 이 경쟁시대와 貿易場中을 당하여 근면 정진하고 이 회에 사람들을 모여들게 하여 제반과정을 심층 硏究傍通한 후에 각색 공예를 做業하여 外國財源을 망라하며 본국 권리를 진흥하게 하심을 강력 희망함.

▶ **1906년 12월18일**
煉瓦設社
근래 度支部에서 西江 등지에 煉瓦會社를 관립으로 설립하고 민간 소유지를 매수하는데, 지역 단가는 1평에 40錢식 출금하라고 發訓하였더라.

▶ **1906년 12월21일**
煉瓦技手雇聘
이미 보도한 바와 같이 度支部에서 20여 만을 지출하여 마포에 一大 煉瓦製作所를 건설한다는데 공장건설지와 기타 부속지를 매수하여 공사를 조속히 착수하기 위해 일본인 小倉和, 井田 두 사람을 초빙하여 방금 착수 중이라더라.

▶ **1907년 1월10일**
商工場建築
대한은 이 시대를 맞이하여 다양한 학문을 허용하니 나날이 증진하고 다달이 성장하나 상공업의 발달이 최고 급함으로 萬國靑年會에서 20間에 2箇 장소를 신축하고 治木, 木匠, 鐵物製造에 학과를 배치하고 이상 2業을 務圖發達하는데, 사옥건축의 준공연한은 지금으로부터 6주 이내로 결정하였고 機械器具는 미국에 주문하여 약간이 우선 도착하였으며 그 외 아직 도착되지 않은 기계도 이후에 도착한다하니, 유지청년은 분주하게 입학, 연구하여 商工 2業으로 하여금 대한민국 중에 발달하는 제1호 화살(矢)이 되게 하심을 희망하노라.

▶ **1907년 1월7일**
農部設所
농상공부 소관 度量衡 사무소 관제는 국장사무관, 기사 각 1명, 기수 5명, 서기 4명이요. 工業傳習所 관제는 감독소장 각 1명, 기수 26명, 사감 1명, 서기 3명이요. 側候所 관제는 소장 1명, 기사 2명, 기수 3명이라더라.

▶ **1907년 3월6일**
〈官報〉
* 敍任及辭令

任工業傳習所技手 / 9品 金澤榮 / 4品
金敦禹
任工業傳習所書記 /長淵郡守 朴始淳 /
順川郡守 / 李萬熙 / 寧遠郡守 張敦遠

▶ 1907년 3월8일
〈部令〉
* 度支部第七號
광무 10년 12월7일 度支部令 제27호
度支部 建築所, 工業部 煉瓦製造作業
會計 규정 중 제2條를 다음과 같이 재
정함이라.
第2條 : 煉瓦製造所의 固定資本은 금
20만9천원으로 運轉資本은 금 5만6천
원으로 함이라.
-광무 11년 2월 23일 度支部 大臣 閔
泳綺-

▶ 1907년 4월30일
〈短歌高唱〉
농상공부 礦山事務局, 度量衡事務局,
공업전습소와 농림학교 각처에 일본기
술자를 다수 초빙하는데 기사, 기수, 서
기 합계 7명의 월급이 매번 1천425원이
요, 주택 주거비는 430원이라하니, 대
한의 殘餘한 國庫金을 일본인의 월급
으로 소진하면 그 많은 경제 비용은 어
떤 곳에서 들어줄런지.

▶ 1907년 5월15일
博覽會視察
이번 東京博覽會는 실업상 연구에 필
요한 것이 있는지라. 다년 일본과 美洲
에 유학하던 安昌鎬가 남대문 外金
兄弟上廻 주인 金弼淳씨의 囑托으로
인하여 박람회 시찰 차로 어제 발정하
여 동경으로 들어갔다더라.

▶ 1907년 8월11일
博覽參觀
농상공부에서 13도 觀察使에게 公函하
되, 박람회를 현재 경성에 설립할 터인
데 9월1일에 시작하여 11월15일 내로

각 관찰사는 일제히 상경하여 참관하라
하였다더라.

▶ 1907년 10월5일
磁器硏究
일전에 일본(泥魂)에 거주하는 具仿珍
씨 집에서 高麗磁器硏究會를 개설하였
는데, 農務局長 鄭鎭弘씨가 왕래하여
참석하였다더라.

▶ 1908년 4월1일
墓賊被捉
일본인 前田, 永島, 田宗號 등 7명이
지난 1일에 長淵郡 松上面에 있는 開
城 大廟里에 거주하는 김종태씨의 墳
墓를 파손하고 고려자기를 훔치다가 개
성경찰서에 被捉하였다더라.

▶ 1908년 4월24일
洋服者掘陵
慶州郡 신라 선덕왕릉을 지난 20일에
양복하는 자 4명이 그 능을 파헤치고
고려자기를 가져갔다더라.

▶ 1908년 6월7일
經費請示
農部 소관 農林學校와 工業傳習所와
내부 소관 大韓醫院, 교육부와 법무부
소관 養成所와 군부 소관 武官學校와
궁내부 소관 修學院에 각 항 경비와 규
칙을 조사하여 보내라고 學務局長이
각 所로 통지하였다더라.

▶ 1908년 6월30일
農大說明
농상공부 大臣 趙重應씨가 지난 토요
일 각 觀察使를 대동하고 공업전습소
를 왕래하여 실지상황을 관람하고, 각
관찰사들도 부임 후 이와 같은 실지상
업무를 인민에게 曉諭하여 재차 설치할
의도로 大臣이 설명하였고 전습소에서
당일 午餐을 베풀었다더라.

▶ 1908년 8월10일

國有土石採取規則

국유 토석 채취에 대해 허가하던 것을 지금부터는 농상공부에서 관리 시행하기로 규칙을 재정하고 통감부의 승인을 얻어야 한다고 領布한다는데, 그 규칙은 국유삼림과 들판(野) 기타 각 토지에서 寶石, 雲母石, 燐寸, 石材, 粘土 등을 채취하기를 청하는 자가 농상공부에 청원하여 허가를 얻게 한다더라.

▶ 1908년 9월17일

물품제조의 암시

평양군 자기제조회사가 설립된다는 것은 이미 보도하였거니와 일전에 그 회사 사무원 鄭仁叔씨가 제조한 磁器를 가지고 상경하였는데, 품질이 완전히 精美하니 이로써 한국 물품제조의 발달됨을 세계가 알게 되겠고 그 회사의 연구력을 가히 축하한다더라.

▶ 1908년 10월1일

博覽會의 豫算

재작년에 농상공부에서 勸業博覽會를 설치하는 것에 대하여 度支部와 교섭하는데, 그 경비를 43만6천원 지출하기로 결정하고 木內차관이 돌아온 후 재차 협의회를 개최하여 확정하고 내년도 예산을 계획할 터인데, 예산이 확정된 후에는 박람회 사무관제를 領布하고 동시에 총재회장 이하 직원을 임명할 터이니, 그때까지는 同會에 관한 사무는 농상공부에서 처리한다더라.

▶ 1908년 10월14일

磁器製造大擴張

平壤磁器製造株式會社는 本報의 이미 게재하였거니와, 이 회사에서 이 달 8일의 농상공부 인허를 얻고 나날이 확장하기 위하여 1천 주식을 재차 모집하여 총합 1천2백주 자본금을 6만원으로 하고 株金收合을 3회로 하는데, 제1회의 25원, 제1회의 10원, 제3회의 15

원으로 정한다더라.

▶ 1908년 10월14일

〈廣告〉

본 회사는 평양 마산동 자기제조를 발기하와 初地에 200株의 자본을 모집하여 제조의 성적이 良好이온 바, 나날이 확장하기 위하여 현재 1천株를 더 모집하오니 株主되기를 요하시는 군자는 이 달 내로 다음에 記載된 곳에 방문하시오. 융희 2년 10월13일.

- 平壤磁器製造株式會社 發起人 (韓三賢, 尹在明, 鄭仁叔, 尹聖?, 田在豊, 李德煥)-

▶ 1908년 10월16일

〈論說〉

* 實業敎育將興乎

학부 명년도 예산을 확장하여 국민의 실업사상을 주입할 필요로 實業學校令을 제정하여 13道에 실업학교를 설립할 계획이라 하였더라. 記者가 말하기를, 울어라 ! 한국정부가 실업의 필요성을 이미 자각하였는데, 한국에도 실업교육이 장차 흥하겠는가 ! 한국인민이 지금부터 실업계 인물이 되겠는가 ! 나는 비록 외국인이로되 이에 대하여 열심히 頌禱함을 不己하노라. 한국은 수천년 전에 문화가 이미 열려 일반 실업이 長足의 발전에 이른지라. 試看하라 ! 高麗磁器와 鐵甲船과 印刷術과 같음은 동양의 창조한 물품일 뿐 아니라 세계의 유명한 文明利器가 아닌가. 어찌 이후에는 일보도 진전한 것이 없어 고대문명이 버려짐에 遂歸한지라. 현재에는 烟岬 1개와 洋水 1척도 생산하지 못하니, 나로 하여금 攬古悲今의 탄식함이 없지 않도다. 근래에 일반 인민이 외국물품을 좋아하여 의식주의 대부분이 외국수입을 의뢰하는지라. 이는 수입액이 매년 증가하여 有限의 금전으로 無限의 물품을 교환하니, 국력이 날로 빈약하고 民情이 날로 괴로워하도

다. 그런 즉 오늘날 한국의 빈약을 부강
하게 하며 危亾을 변화하여 존립하게
하려면 실업발달이 不二法門이로다. (중
략)

▶ 1908년 10월18일
〈論說〉
* 平壤의 磁器發明

대한은 4천년 文明舊國이라. 그 地靈
은 淸淑하며 그 기후는 온화하며 그 물
산은 풍부하며 그 민족은 忠信慈祥하
니 이로써 구시대에 있어 문화발달이
중국과 더불어 흥하여 일본의 先進이
된지라. 현재 그 역사를 생각하건데, 일
본이 종교와 문학과 의복과 궁실과 의
학과 器用製造가 모두 대한의 敎授를
따른지라. 그런 즉 대한 구시대에 문명
이 발달한 증거가 역사책에 존재하거니
와, 물품제조는 高麗磁器 1種이 세계
안목에 대하여 구시대의 문명한 증거를
발표하더니, 현재에 이르러서 평양의 磁
器製造가 新光線을 呈露하니 이는 대
한 신시대 물질문명의 嚆矢로다. 그 고
려자기의 제조로 말하면 한국 구시대
공업이 정교하거늘 고로 계속 진보를
능히 하지 못하고 반대로 쇠락하여 오
래된 製造家의 종류가 모두 감소되고
공업이 극히 둔하고 물품이 극히 나빠
서 해외에 수출할 물품이 극히 적을 뿐
더러 자국의 수용도 적어 외국 제조를
좋아함으로 산업의 빈약함과 국력의 손
상이 극에 달한 지경이라. 한국은 수백
년 이래에 淨華의 文詞를 따르고 경제
의 사용은 연구하지 않아 공업계에 대
하여 면려는 고사하고 천시가 심하며
壓抑이 무상할 뿐 더러 貪汚官吏의 강
탈이 극심하였으니, 공업이 편안하지
못하고 추락하며 물품이 좋지 못하고
나빠지며 산업과 국력이 편안하지 못하
고 패하리오. 현시대에 이르러 일반인
사가 문명풍조의 觀感이 발생함으로 정
부의 생명과 관리의 奬勸은 없으나 교
육계와 실업계에 신발명을 注意하는 자
가 조금씩 발기하는데, 鄭仁叔씨의 자

기제조가 실업계에 착수하여 성적의 양
호한 효과를 발생하였으니, 이로 제반
실업이 서로 흥하는 영향을 무엇으로써
信認할지로다. (중략)

▶ 1908년 10월18일
〈廣告〉

본회에서 오늘 하오 1시에 典洞 中東
學校로 개회하고 공업 各科에 실습을
討論하오니, 방청하실 군자는 미리 임
하시오. 工業硏究會 告白

▶ 1908년 10월24일
實業學生派送裁可

북경통신을 접한 즉, 淸國學部에서 農
商工部와 郵信部이르기를, 실업유학생
을 해외에 파송함을 청하여 裁可를 받
아들였는데, 공예는 국가부강의 기초라.
올해부터는 경성에 있는 교사와 각 도
에 있는 중학교 이상의 졸업생 중 외국
어를 통하는 자를 선택하여 동서양 각
국에 유학하게 하되 농공 각종 항해선
박의 학술과 광산, 전기 등의 학술을 전
수하게 한다 하였다더라.

▶ 1908년 10월24일
工業將興

공업전습소의 설립이 불과 몇 년에 이
화, 염직, 금공, 목공, 토목, 자기 6科에
재학생이 진력으로 연구하며 또 工業
硏究會를 조직하고 매달 2차례식 각과
토론의 지식을 교환하게 하고 학생의
手營金을 식비로 충당하는데, 50錢식
매달 지급하여 月報雜誌 발간하기를
경영하여 일반국민으로 공업에 지향할
사상을 개발하게 한다더라.

▶ 1908년 10월29일
月下漸論

어제 저녁에 유길준씨와 유지인사 5,6
명이 실업가 70여명을 명월관으로 보시
고 평양자기회사의 주식응모할 일과 이
자기에 초보 성적이 양호하니 우리나라

공업에 최유망한 사업이라고 설명하고 또한 현재 우리나라 국민의 경제빈곤과 생산이 없는 동포의 생활상 문제가 우리의 중대 책임이니 諸君은 오늘로써 십분 注意하라고 설명하였다더라.

▶ 1908년 11월1일
工業擴張
공업전습소 학생 등이 일반 인민에 공업상 지식을 확장하고자 하여 연구회를 조직함은 이미 신문에 게재하였거니와 오는 일요일 하오 1시에 典洞 中東學校 내에 제2회 諸研會를 개최하고 각 과에 工術的 응용과 변화를 講論한다더라.

▶ 1908년 11월1일
演所更定
공업연구소에서 오늘 하오 1시에 각 工科를 계속 강연하기로 處所를 磚洞 普成學校 내에 更定하였는데, 일반인사의 초청을 한다더라.

▶ 1908년 11월6일
＊ 富强非難
工業界의 君子들아 정부대신들이 어찌 되었든지 利害간에 顧忌말고 두 주먹을 불끈 쥐고 운동소리 벽력같이 百般機械製出하면 富强權이 自至하리.

▶ 1908년 12월3일
磁業贊成
평양군 磁器會社 설립됨은 보 신문에 이미 보도하였거니와 仁港商業會議所에서 그 회사에 대하여 찬성하는 전문이 다음과 같더라. (찬성문은 생략-≪황성신문≫ 1908년 12월2일자와 同一)

▶ 1908년 12월5일
〈論說〉
＊ 嗚呼韓國의 礦山
천연적으로 국가를 부강하게 하는 일대 원인이 되며 천연적으로 인민을 만족하게 하는 일대 원인이 되어 우리로 하여금 자연 慧力을 가지게 하는 물질이 무엇인가, 광산이오. 세계 각 민족이 안목을 가져 그 이익을 경쟁하며 그 소재지를 구하여 국민경제의 건설을 하는 물질이 어떤 물질인가, 역시 광산이로다. 試着하라. 저 캘리포니아주가 30년만에 이름난 도시가 됨은 주 내에 유명한 金鑛을 발견한 所以이며 영국이 공업의 성대로 세계를 장악함은 국내에 鑄炭礦이 풍부한 所以이며, 독일의 工業氣焰이 날로 흥하여 영국과 대경쟁을 시험함은 2개의 鑄炭礦이 신발견된 所以가 아닌가. 嗚呼라. 광산 有無는 천연적이라 말할 수 있지만 이 광산을 이용하여 나라가 부유하며 국민이 부강함은 어찌 人事가 아닌가. 만일 그 나라 사람이 礦業思想이 없으며 礦業發達이 없으면 비록 전국 토지가 금,은,동,철로 되었든들 무슨 이익이 있으리오. 다만 외국인이 줄지어 들어와 머뭇거리게 하여 외국인을 부유하게 하며 타국의 攘奪을 발하여 타국을 부강하게 할 뿐이로다. 대저 한국은 풍부한 나라이라. 금,은,동,철,석탄 등의 각종 광물이 각지에 산출되어 그 礦脉이 심히 풍부하며 그 품질이 심히 양호하여 실로 富國富民의 大資料가 되거늘. 어찌 하늘이 한국에 이 풍부한 광물만 흥하고 한국인에게 광업 발달의 능력은 흥하지 않았는지. 수천년 이래에 이 귀중한 천연을 모조리 끊어지게 하여 採掘思想이 멀고 採掘方法이 거의 없더니, 오늘날 외래 각 민족이 기꺼이 그 利源을 窺視하고 차지할 연구를 하는데, 한국인은 전혀 생각이 없으니 이에 외국인이 衆集하여 광산을 쟁점할 사이 모 군의 金鑛은 歐人이 채굴하고, 모 군의 銅鑛은 米人이 채굴하고, 모 군의 鐵鑛은 日人이 채굴하여 전국의 광산이 태반이나 외국인의 손에 盡入을 하였으니 嗚呼傷哉라. 한국인이 이와 같은 천연적 원료를 해치다가 타인의 행복을 빌며 스스로 국가의 재산을 浪擲하였다가 타인의 口吻만 윤

택하였으니, 현재 한국인의 빈약이 극
도에 달함은 스스로 얻은 것이라 말할
수 있음이라. (중략)

▶ **1908년 12월11일**
韓美興業
미국인 미야씨가 자본 10만원을 투자하
여 한미흥업주식회사를 磚洞에 설립하
였는데, 미야씨가 그 회사를 성립함은
미국의 물품을 직수입하고 한국의 古物
과 手造物을 수출하여 일대 영업을 흥
할 계획인데 이로 한국의 상업의 발달
을 기약될 것이라고 興論이 있다더라.

▶ **1909년 1월8일**
工匠會社請願
龍仁郡 蒲谷面 新院里에 거주하는 閔
泳?씨 등 3명이 工匠會社를 설립하고
자본금 1만원을 모집하여 一邊은 이익
을 취하고 一邊은 연구를 가하여 技藝
를 배양하고자 하여 農部에 승인 차로
청원하였다더라.

▶ **1909년 3월9일**
興業社美擧
미국 시애틀시에서 올해 6월1일부터 만
국대박람회를 개최하는데 그 비용은 2
천만원이오, 그 출품물 종류의 가격은
수억만원이요, 그 출품물진열관은 12개
소이요, 他地에도 다수한 가옥을 건축
하여 空前絶後한 일대 박람회라. 한미
흥업회사에서 한국을 위하여 세계 2백
만인에게 한국 物産과 手造品을 縱覽
하게 하며 매각도 하여 한국에서도 우
량한 미술과 기능이 있음을 알려 한국
의 상공업을 발달하게 함인데, 한국 국
민의 대표로 몇 배의 이익을 크게 얻게
할 목적으로 한국인이 회사를 위탁하여
다수히 출품하기를 희망한다더라.

▶ **1909년 3월30일**
博覽會出品
미국 시애틀시에서 대박람회를 개설하

고 세계 각국의 각종 물품이 상호 경쟁
수출하는데, 우리나라에서도 수출품이
없을소냐. 한물 간 물품은 그만두고 세
계 중의 제일가는 怪物같은 것을 수출
하세.

▶ **1909년 4월6일**
手工業組合
최근 兪吉濬, 趙鎭泰 등 諸氏가 제반
小手 工匠 등을 조합하여 발흥할 계획
으로 상호협상하고 漢城小手工組合所
를 설립할 차로 어제 유길준씨가 趙○
應씨를 동반하고 李完用씨 집에 왕래
하여 소개하고 대출하려 한 즉, 이총리
가 응하여 貸興하기로 결정하였다더라.

▶ **1909년 4월8일**
宋平賊肚
한성미술품제조공장 이사 最○鳳씨는
(중략) 태황제폐하의 隆崇한 天恩을 偏
蒙하여 一身에 榮貴가 극하였는데, 은
혜를 모르고 송영준과 규합 설계하고
황실재산을 유출하여 소위 미술공장을
설립하고 활동비를 받고자 하여 일본미
술을 시찰한다 칭하고, 勸農官과 대동
하여 재산을 비밀리에 조사한다는 설이
있다더라.

▶ **1909년 4월18일**
工業卒業
관립 공업전습소에서 제1회 졸업식을
이달 20일 하오 2시에 시행한다더라.

▶ **1909년 5월8일**
工匠敎授
농상공부 대신이 실업가 諸氏와 협의함
은 이미 보도하였거니와 다시 들어본
즉 小手工組合所를 설립하여 작은 물
품을 제조하는 工匠이라도 모집 敎授
하여 물품을 제조판매하게 한다는데,
교수는 이번 공업전습소 졸업생 30여명
을 상당한 월급을 지불하여 초빙할 터
이라더라.

▶ 1909년 5월9일
手工組贊成
한성 내에 小手工組合所를 설치한다는
설은 어제 신문에 이미 게재하였거니와
총리대신 이완용씨가 극력 찬성하고 각
회에 제출하여 40만원을 대출, 보조하
기로 결정하였다더라.

▶ 1909년 5월13일
運動寄附
관립 공업전습소에서 어제 여학교 운동
회에 상품으로 木綿織 10疋을 기부하
였다더라.

▶ 1909년 5월18일
花盆注文
궁내부에서 관립 공업전습소의 極品으
로 제조한 화분 몇십 개를 주문한다더
라.

▶ 1909년 5월23일
建築科新設
현재 한국에 煉瓦屋을 건축하는 공업
이 점차 진보하는데, 그 공업에 한국인
은 열심히 하는 工手가 심히 적음으로
유지자의 우려하는 바이러니. 황성기독
교청년회 교육부에서 협의하고 관내에
煉瓦建築科를 신설하고 학생을 모집하
여 敎授한다더라.

▶ 1909년 6월2일
工業講習
貴韶○○學校 내에 工業講習所를 신
설하고 제반경제에 필요한 공학과 실험
을 敎授하기로 정하고 학원을 다수 모
집한다더라.

▶ 1909년 6월3일
器工會社
金炳旭씨 등 14명이 器工會社를 설치
하기로 협의하고 器工에 수용할 기계를
5천원에 약정하고 일본에 주문하였는
데 우선 2천원만 보내고 나머지 금액 3

천원은 현재 모집 중이라더라.

▶ 1909년 6월10일
商界好消息
한미흥업주식회사 사장 미야씨가 미국
시애틀박람회에 도착하여 현지 商況과
物議를 한 후에 그 회사에 통신하였는
데, 그 회사 商況은 장차 희망이 매우
크고 이번에 수출물품이 모두 취합하는
중 鍮器는 비단 박람회의 所用이라 각
상업계에서 우선 청구한 즉 한국 鍮物
이 장차 구미에 다수 수용되겠다더라.

▶ 1909년 6월13일
器工發達
경기 유지신사 某某氏가 자본을 모집
하여 南門外 普光里 등지에 器工會社
를 설립하고 농공에 적용할 각 기계를
매입하여 모방 제조한다더라.

▶ 1909년 6월19일
博覽會의 植民館
일본이 영국과 연합하여 英日博覽會를
설치하는데 일본인이 日本部 중의 植
民館 1개소를 한국, 만주 등의 出産品
을 진열하는데, 그 산품은 농산물과 목
재의 종류가 다수일 터인데, 통감부에
서도 동의를 표하여 한국의 人情風習
을 마땅히 그 내부에 설치하고 세계인
의 관람에 이바지한다더라.

▶ 1909년 6월24일
美副顧察
며칠 전 한국에 도착한 전 美副統領 방
그쓰씨가 同 부인하고 總領事와 摠監
府 囑托을 대동하고 엊그제 동대문 내
에 있는 공업전습소를 顧察하고 같은
날 11시 50분에 돌아왔는데 전습소에
서 제조품 2건을 기증하였다더라.

▶ 1909년 6월26일
工業實習
北部 韶○學校 내에 工業講習所를 신

설하였는데, 각종 기계를 설치하여 實
驗敎授한 학도가 날로 증진한다더라.

▶ **1909년 7월9일**
下賜品製造
대황제폐하께옵서 伊藤통감에게 하사
하시기 위하여 金製花甁 1對를 한성미
술품제작소에서 제작한다더라.

▶ **1909년 7월10일**
進會贈品
一進會에서 伊藤통감에게 기념품으로
증여하기 위하여 金甁 3개를 한성미술
품공장에 위탁하여 현재 제조 중이라더
라.

▶ **1909년 7월17일**
***工業界曙光**
평양에 도자기 만드는 자기회사를 확립
하여 제반설비가 완전한데, 질박하고 옥
석이라. 세계상에 유명한 고려자기보다
도 낫구나. 順次 발전되고 보면 제일
좋은 器가 되리로다.

▶ **1909년 7월20일**
實業校增設
학부에서는 경성의 공업전습소, 수원의
농림학교 외에 실업학교를 증설할 계획
인데, 부산과 인천에 있는 관립상업학
교를 實業學校令에 따라 개정 준비하
게 하고, 점차 농업학교, 광업학교, 蠶
業實習所 등을 설립할 터이라더라.

▶ **1909년 9월1일**
工業補助金
농상공부에서는 공업을 장려하기 위하
여 경북 대구 실업전습소에 연 600원과
대구 製筵所 1천원과 전남 담양 공업전
습소에는 연 800원과 여수 竹器製造所
에 연 550원 (중략) 등을 보조할 터이
오. 그 외는 아직 미정이라 하였다더라.

▶ **1909년 9월5일**

木節土發見
목절토는 도기 개량에 없어서는 않될
우량토인데, 종전 한국에는 산출이 없
더니 지난번 공업강습소 石人기사가 황
해도 殷栗長 連寧郡 수처에서 이 흙을
발견하였는데 이는 도기계에 福音이 될
만하더라.

▶ **1909년 9월8일**
大韓工業會趣旨書(전문 생략)
≪황성신문≫ 1909년 9월2일자와 同一

▶ **1909년 9월14일**
工業決議
대한공업회에서 총회를 개최함은 다음
과 같거니와 장차 정부에 대하여 자금
3천만원을 대출하기로 결의하였다더라.

▶ **1909년 9월14일**
工業總會
大韓工業所에서 엊그제 磚洞 普成學
校 내에 총회를 개최하고 주금 2만원을
예산하였다. (중략)

▶ **1909년 9월15일**
博覽會出品
英日博覽會의 출품건은 통감부에서 의
결한 결과 宮內府와 度支部가 사들였
던 古美術品도 보낸다 하더라.

▶ **1909년 9월17일**
〈論說〉
***分院沙器에 就한 一論**
(중략) 분원에 거주하는 사람에게만 바
랄 바 아니라 국가의 실업가가 동반하
여 이에 사력할 바니, 그 사람이 있으면
독력으로 경영해도 옳으며 그렇지 않다
면 힘을 합하여 이를 완성하여 외국인
에 우선 자리를 내주지 않게 할 지어다.
최근 平壤沙器가 출현하여 멀지 않아
그 제조발달이 좋아지며, 그 수출을 기
대하나니, 유지신사는 빠르게 이 分院
沙器도 발전하여 兩大 사기로 대하여

한국 공예의 우수함을 세계에 발휘할지
어다. (중략)

▶ **1909년 9월18일**
間島礦物
간도에는 금광, 은광, 동광, 철광, 석탄,
석회, 도토, 甄土, 석재 등의 유용 광물
들이 생산되는데, 장래 도로, 철도의 修
築이 완비되면 유망한 곳이라고 모 일
본인의 담화가 있었다더라.

▶ **1909년 9월19일**
〈寄書〉
* **工業之發達이 富强之源**
(중략) 또한 외국으로부터 물품이 들여
옴에 대해 논하여도 沙器, 紙物, 석유,
광물, 기계, 염색 등의 제반물품을 가리
켜 잘라내지 않음이라. 이로써 산업을
타국사람에게 양보하는 일-나라의 수요
품도 타국 것을 좋아하고 또한 이와 같
아서 백성이 안정을 얻을 수 있으리오.
최우선 시급한 것이 공업이라. 공업이
발전하면 자국의 原産을 다른 나라에게
양보하지 아니 할지며, 日用 萬品을 외
국인에게 구입할 일-어찌 하리오.

▶ **1909년 10월3일**
韓國出品
내년 3월에 개최하는 일본 나고야, 福
岡 공진회에 대하여 한국은 한국 모형
도표와 그 설명서 등 산물을 출품한다
는데 목하 농상공부에서 조사하는 중이
라더라.

▶ **1909년 10월19일**
農部?走
내년 3월의 개최하는 일본 福岡縣 공진
회의 출품할 한국 모형 지도표와 각종
물산, 공예품을 목하 농상공부에서 착
수 준비 중이라더라.

▶ **1909년 11월2일**
物品募集

한국정부에서 英日博覽會에 출품할 물
품은 목하 모집 중인데, 농상공부에서
는 어제 광산물을 진열하여 木內차관에
게 관람시켰다더라.

▶ **1909년 11월12일**
出品件購買
대창은행에서 法國 巴里城에 출품하기
위하여 鑛器 200원 가격을 한미흥업회
사에 위탁 구매한다더라.

▶ **1909년 11월20일**
〈論說〉
* **敎師와 財政家가 合資흠이 可흠**
요사이 일반 有識者가 교육의 시급함
을 알아 경성 등 도시는 물론이고 자금
을 모아 학교를 설립하고 자제를 교육
할새. 학문의 진보가 필요한 시기인 고
로 소학교 교사될 자격을 갖춘 자도 幾
望한지라. 이로써 각 학교에서 千里를
멀다하지 않고 교사를 구함이 심하니,
역사, 地誌만 구하고 산술, 물리만 몇
십년 습득한 자는 그 가치를 몰라 역시
매월 4,50원 혹은 매 시간 1원에 이른
지라. 이 같은 재정의 악습이 크게 심하
여 인민이 조석을 계속 어렵게 할 시대
에 이르러, 부자는 전대(橐)를 뒤집고
가난한 자는 힘이 다하여 하나의 학교
를 새롭게 건설함에 교사된 자가 그 학
교의 자본을 盡飽하여 1년에 一洞이
힘들고 2년에 1面이 힘드는 고로, 학교
는 보존할 방법이 궁핍하여 學徒는 해
산하고 교사는 退歸하나니 嗚乎可嘆이
로다. 대저 현재 한국인되는 자돈이 있
는 자는 돈을 국가에 헌납하고 돈이 없
는 자는 힘을 국가에 헌납하며, 지식이
있는 자는 지식을 헌납하고 技藝가 있
는 자는 技藝를 헌납하고 학술이 있는
자는 학술을 헌납하여야 옳을지니. 현
재의 교육계로 논하여도 돈이 있는 자
는 돈을 투자하거니와 돈이 없는 자는
힘을 투자할 뿐이라. 이러하면 敎師된
자가 이미 학식이 있는 즉 이 학식을 헌

납함이 역시 상당한 책임이 아닌가. 教師 諸氏여 記者는 諸氏가 학식을 꺼내고 財政家는 돈을 투자하여 合資的 조직으로 교육계를 유지함을 희망하노라. 그러나 이는 교사된 자로 하여금 절대적 명예교수를 시행하라 함이 아니라 단지 약간의 薪水金을 받고 공익사상을 발휘함이 옳다 하는 바로다. 만일 그러하지 않다면 학교가 분분히 폐지하면 국민교육이 어떤 지경에 이르며 교사된 자는 학술을 어떤 것에서 시행하며 월급은 어떤 곳에서 받으리오. 현재 한국 교사의 월급이 외국에 비하면 너무 작을 뿐 아니라 이 월급의 많음은 학자의 공로를 보상하며 후진의 발달을 꾀함이라하나 이는 실로 한국은 오늘날의 시대를 생각하지 않는 말이라. 국정의 참담이 날로 심하고 민생의 곤란함이 날로 침체되어 교육계의 悲運이 바로 앞에 있거늘, 느긋하게 이를 논하리오. 吾儕가 이 말을 하게 됨은 결단코 교사된 자가 이익을 근절한다 함이 아니라 단지 교사된 자로 하여금 自善心을 표출하여 교육계의 운명을 번영하게 함을 권고함이니. 교사 중에도 의무교육을 책임지고 공익사업을 힘쓰는 諸氏에게는 頂視를 버려두지 않게 할 뿐 아니거니와 혹 그러하지 못한 諸氏는 吾儕의 이 말을 믿을지어다.

▶ 1909년 11월23일

金華展覽

金華敎育會는 서대문 밖 金華山 부근 관,사립학교와 연락하여 교육을 발전하기로 조직한 바인데, 지남 14일부터 16일까지 敎育品展覽會를 개설하고 高等과 實業敎育品의 위치는 貞洞보통학교인데, 고등출품이 366種이오, 실업교육품이 305種이오. 보통교육품 지위는 美洞보통학교인데 출품이 1,283種이오. 통계표 수가 33本이오. 참고품이 21本이며, 출품학교는 고등이 6校이요, 실업이 5校이요, 보통이 44校이며 縱覽통계는 學員이 5,534명이오, 내외국 신

사와 부인이 5,084명이며 개회식은 貞洞校로 하고 폐회식은 美洞校로 하고 회장 金重煥씨는 전람회 취지를 설명하고 부회장 李舜夏씨는 회사를 보고하였는데, 그 회의 설비와 전람의 상황과 교육의 성적이 한국에 처음 있는 成事라더라.

▶ 1909년 11월24일

出品件修定

學部에서 英日博覽會 출품건을 수정하였는데, 한국 교육상황 일반과 관, 공립학교와 私塾寫眞과 學部統計表와 교육용 도서 등이라더라.

▶ 1909년 11월28일

博覽會出品件

영일박람회에 대한 한국 출품물은 한국 모형, 한국 인형, 가옥, 화폐 기타 고대 도자기, 금속 장식품, 화살, 금속기 등 기타 식물 각종과 경성, 인천 등 사진 등인데, 합계 249점이라더라.

▶ 1909년 12월21일

輸出準備

통감부에 진열하였던 영일박람회 출품물은 3일전부터 수출하기를 준비한다더라.

▶ 1909년 12월28일

日盜被捉

長湍郡 長湍面에서 高麗塚을 파손하고 고려자기를 取出한 일본 도둑을 3일전 그 군 경찰서에 붙잡았다더라.

▶ 1910년 1월25일

공업소관람

일전에 입성한 쌀스만씨는 오늘 공업전습소를 관람한다더라.

▶ 1910년 1월27일

광업회사확장

황성광업주식회사는 영업한 성적이 꽤

양호함으로 사업을 일층 확장하기 위하여 새로 주주를 더 모집하는데 응모하는 자가 많다더라.

▶ **1910년 2월5일**

〈論說〉

* ㅈ본가들의 단결ᄒ기를 축원ᄒ노라

손이 터지지 아니하는 약은 같은데, 송나라 사람들은 이 약을 가지고 빨래하는 사람의 소용을 할 뿐이오, 원나라 사람은 이 약을 가지고 활쓰는 병정의 소용으로 하여 남방에서 패왕이 되었다 함은 옛적 성인 장자가 설명한 바라. 오호라. 어찌 손이 터지지 아니하는 약만 그러하오. 천하의 일이 모두 그러하도다. 이제 돈을 가진 자본가는 구미 각국 사람이나 한국 사람이나 일반이로되. 구미 각국 사람은 그 돈을 가지고 큰 사업을 하거늘 한국 사람은 그 돈을 가지고 조그마한 사업도 못하니, 그것은 무슨 연고인가하면 저 구미 각국 사람은 단결하는 힘이 있고 이 한국 사람은 단결하는 힘이 없는 연고로다. 저 구미 각국 사람들이 큰 열도를 부설하며 큰 회사를 모아서 세계를 경동하는 세력이 있게 됨은 한사람이 홀로 경영하는 것으로 된 것은 실로 몇 없고 모두 단결하는 방법을 이용함이라. 그러한 고로 어떠한 큰 경영이라고 무난히 성취를 함이거늘. 이제 한국 사람의 자본가들은 바람 앞에 모래같이 흩어져서 각자 옛날 못된 습관을 사람마다 버리지 못하고 단결하는 성정이 없는 고로, 한가지 사업이라도 능히 성취하지 못하는도다. 저 자본가들의 말하는 것을 들으면 항상 말이 돈이 넉넉하지 못하여 아무 것도 못한다 하지만은 실상이야 어찌 돈이 넉넉지 못하여 그러하리오. 다만 단결하는 힘이 부족하여 그러하니라. 백환쯤 가진 자본가라도 열사람이 단결하면 천환 가진 자본가를 당할 것이며 백사람이 단결하면 만환을 가진 자본가를 당할 것이니, 이렇게 단결만 하면 원래 돈이 넉넉지 못한 나라에서 저 구미 각국 사람과 같이 쏘왜쓰운하와 파나마운하를 파며 태평양의 상권과 대서양의 상권을 모두 거두어 잡는 것을 할 수 없으려니와 철로 한 줄을 부설함과 광산 한 자리를 채굴하는 사업이야 무엇이 어려우리오. 다만 이 한국 사람들은 단결력이 부족한 고로 자본이 조금 있으나 많이 있으나 영토에다가 묻어둘 뿐이며 궤에다가 쌓아둘 뿐이니 이것은 더 용산에서 두부 장사하는 일본의 하등 인물의 지식만도 못하도다. 어찌 가히 탄식할 바 아니리오. 그러나 우리는 또 한 가지 감정이 있노니 한국 사람은 혹 단결할 힘이 있다가도 참을성이 부족하며 장원지계가 없는지라. 이런 고로 유길준씨 수하에 몇몇 자본가들이 상원군에서 수은광을 채굴하는데 종사하다가 외국 사람에게 판다는데 이는 재력이 부족하여 그러한 것도 아니며 여러 사람의 마음이 불일하여 그러한 것도 아니라. 다만 목전에 적은 이익을 담하여 파는 것이라 하니 이것이 더욱 통석할 바 아닌가. 축원하노니, 자본가 제씨들이여, 첫째 단결성을 단련하며 둘째, 장원지계를 궁구하여 이 세계에 상업과 공업을 경쟁하는 무대로 향할지어다.

▶ **1910년 1월30일**

공업일람발간

공업전습소에서는 공업전습소일람이란 책을 발간하여 각 관청과 각 학교에 한 벌씩 보냈다더라.

▶ **1910년 3월8일**

미술공장화재

엊그제 하오 3시에 첫골 신작로 미술품제조공장 목공부 난로에서 불이나 응접실과 창고와 칠공장과 단야공장 등 도합 38간이 탔는데, 손해금이 1만환 가량이라더라.

▶ 1910년 3월9일
평양광업확장비

평양 광업소 확장비로 75만환을 더 지출하는데, 그 돈은 일본 흥업은행 차관금 중에서 지출하게 한다는 말이 있다더라.

▶ 1910년 3월13일
자기회사확장

평양 자기회사는 작년 겨울에 일기가 혹독하여 잠시 휴업하였더니 이 달 15일부터 다시 영업을 크게 확장하고 제조하기에 착수하였다더라.

▶ 1910년 3월15일
진상물품제조혼다

대황전하 탄신이 이달 25일인 고로 총리대신 이완용은 물품을 진상하기 위하여 은반상 두벌을 미술공장에 위탁하여 제조한다더라.

▶ 1910년 4월16일
공업전습소졸업식

관립 공업전습소에서는 오는 19일 하오 2시에 제2회 졸업식을 거행한다더라.

▶ 1910년 4월26일
공업학도 모집

공업전습소에서는 속성과 학원을 모집하는 중인데, 지방 각 군에서 가합하는 자를 선택하여 군수의 증거서가 있은 후에 시험에 참례하기를 허락한다더라.

▶ 1910년 5월7일
공업공부

농상대신 조중응씨는 자기의 족척 중 청년 10여명을 모집하여 불원간 일본에 파송하여 공업을 배우게 한다더라.

▶ 1910년 5월4일
〈論說〉
* **실업계에 한인과 일인의 경쟁**

(二)는 광업이니, 한국은 천연으로 된 광산물의 곳집이라. 금이 나고, 은이 나며, 동이 나고, 철이 나며, 연이 나고, 주석이 나며 석탄이 나고 흑연이 아고 수은이 나고 아연이 나며 그 외에도 각종 광물이 아니 나는 것이 없어서 그 광물의 나는 곳이 많고 그 광물의 품질이 아름다운지라. 이러한데 근일에 일본인 광업자의 세력이 조수 몰려들어오듯 드러와서 도처에 광산을 파는 도끼와 괭이를 번득이며, 광혈을 깨는 폭발약의 소리가 쾅쾅하는도다. 시험하여 작년 말에 한국인과 일본인의 채굴하는 광산업의 상황을 들어 말할진데, 광업의 허가 맡은 수효가 경기도에 한국인이 7이오, 일본인이 16이며, 충청남도에 한국인이 7이오 일본인이 30이며, 충청북도에 한국인이 7이오 일본인이 30이오, (중략) 일본인의 광업허가는 400에 달하고 한국인의 광업허가는 겨우 145에 불과하니 일본광업계의 세력이 어떠한 것을 또한 가히 알지로다. 슬프다. 산이 보배를 아끼고 물이 재물을 감춰왔던 것이오. 오늘날 저 일본인을 위함이런가. 어찌 그러한 이치가 있으리오. 그러나 필경에 저희가 임의로 잠근 열쇠를 가져다가 곳문을 열고 수레로 실어가며 배로 실어다는데, 한국 동포는 그 경쟁하는 힘이 미약하여 자기 집 곳간에 쌓은 물건을 손을 묶고 앉아 다른 사람에게 내여 줄뿐이오. (중략)

▶ 1910년 5월5일
〈論說〉
* **실업계에 한인과 일인의 경쟁**

(四)는 공업이니, 한국이 옛적 삼국시대로부터 고려시대에 이르기까지는 발발히 일어나는 형세로 진보하던 공업이 수백년 전 내로 악한 정치의 폐단과 검박한 풍속의 방해로 인하여 날마다 퇴보하는 비참한 지경에 이르렀고 또 근년에 통상항구를 개시한 후, 이후로 생활상에 수용하는 것이 모두 변하여 외국물품을 다수하게 수입하는 것이 날마

다 늘어감에 저 일본인들은 때를 만났다고 용맹스럽게 자기나라의 생산물품을 수입하는데, 일본 내지에서 하는 것은 물론하고 한국에 와서 거류하는 일본인들도 공업에 급급히 착수하여 경쟁에 힘을 쓰나니 저 재작년 말에 조사한 일본인의 공업장 중에 가장 큰 규모를 한 자만 들어 말할지라도 78개소에 달한지라. 한국인이 수용하는 물품이 거의 다 일본인의 수중으로조차 나는 것이니, 가령 한 집의 생활로 말 할진데, 램프(등)도 일본인의 손으로 만든 것이오, 석유도 일본에서 수입하는 것이며, 맛취(석류황)도 일본인의 손으로 만드는 것이오. 양목, 왜포 등 각색 직수물도 모두 일본인의 손으로 제조한 것이며 모자도 일본인의 손으로 제조한 것이오, 양혜도 일본인의 손에서 나는 것이며, 시계도 일본인의 손에서 나는 것이오, 우산도 일본인의 손에서 나는 것이며, 교의도 일본인의 물건이오, 사기도 일본인의 물건이오, 양지도 일본인의 물건이오, 권연도 일본인의 물건이니, 슬프다. 공업계에 다 일본인의 세력이 과연 어떠한가. 이러하여도 한국 동포는 공업계에서 경쟁하는 힘이 심히 미약하여 퇴출은 많고 진보는 적어서 다만 더 일본의 횡행함을 맡겨둘 뿐이오. (중략)

▶ 1910년 6월7일
광무확장
광업회사에서는 사무가 점점 확장됨으로 3만환 고금을 더 늘린다더라.

▶ 1910년 6월21일
〈論說〉
* 재산가 제씨에게 경고흐노라
재물이 있으면 쓰임이 있고 쓰임이 있으면 재물이 있는지라. 쌓인 재산을 능히 해치는 것은 통달한 사람의 일이니 만경되는 좋은 밭과 천간되는 넓은 집을 가졌을지라도 터럭만한 理를 애써서

동포에게 혜택이 미쳐가게 함이 없으면 수전노라 하는 이름을 면하지 못하니. 우리 한국의 재산가로 의논할진데, 혹 공전을 환롱하여 치부한 자도 있으며 혹 민재를 탈취하여 치부한 자도 있어서 공명도 이미 족하게 하였고 행락도 이미 극진히 하였으되 국가와 인민의 곤란함이 이제와 같이 심한 때를 당하여 터럭 한 개를 빼여 국가에나 인민에게 유익하게 할 일이 있어도 남의 일 보듯 하여 조금도 개념하지 아니하니 실로 가중하고 가오할 일이 아닌가. 국가의 강토를 보존하여야 자기 집도 보존할 것이오. 자기 집을 보존하여야 그 재산을 보존할 것이거늘 어찌 시세의 변천함은 살피지 아니하고 재산이 아까운 생각만 있어서 대한에 토지를 모두 차지하여도 오히려 부족하게 여기며 대한에 가옥을 모두 점령할지라도 오히려 흡족히 여기지 아니하고 돈 한품, 쌀 한 알을 남에게 주지 아니하는 욕심이 잔뜩 들어앉아서 쥐고 펴지 아니하는가. 재산가 제씨들이여, 지금에 동사 열강국들이 우리 한국의 어둔것을 보고 희가 동하여 귀한 부화나 본 듯이 하느니 약육강식하는 이 시대를 당하여 금은과 잡곡은 외국으로 날마다 빠져 나가고 우량하던 옥토는 외인이 날마다 점령하여 강토는 날로 움추려 가고 산업은 날로 군굴하여 가니 이때를 당하여 비록 도주공의 재산이 있어본들 어찌 홀로 보존하리오. 근일에 재산가들의 경영하는 바는 다만 외국인을 연락하여 비밀히 뇌물을 드리고 무슨 공명이나 도둑하고자 하며, 재물로 세력을 사서 자기 재산을 보전하고자 하여 동서로 분주하느니, 이것이 곧 그 재산을 탕진하는 시초가 아닌가. 거대한 운동비를 허비하여 설혹 어떤 지위를 얻을지라도 본전을 빼기가 어려울 것이거늘, 하물며 십상 팔구는 운동비만 쓰고 성사하지 못하면 본래 비밀리 한 일이라 돈을 찾고자 하여도 바른소리도 못하고 꿀 먹은 벙어리를 면하지 못할 것

이오. 또 거관의 돈을 주고 일시 세력을 산다 할지라도 그 사람이 매양 세력을 홀로 가지고 있는 이치는 없는 즉 혹 세력이 바뀌든지 혹 그 사람이 어디로 가든지 하면 불가불 또 다른 세력을 사야 할 터이니, 이렇게 몇 번하여서 여간 있는 재산이 탕진하리오. 석중이 살던 금곡에도 터만 남았으니 물레바퀴같이 도는 시세에 누가 능히 영구히 한 집의 재산을 재겠는가. 촉나라의 과부 청이라 하는 사람은 일개 과부로되, 만승천자와 서로 항례를 하였으니 이것은 직물을 잘 쓴 까닭이라 하노라. 국가의 실력을 양성하면 부강이 절로 될 것은 당연한 이치라 하느니, 실력은 어디서 나는가 하면 반드시 가로되, 교육이며 상업이며 공업이며 농업을 잘하는데 있다 할지거늘, 교육도 진취할 기망이 없고 농업도 모범이 잘 되지 못하며 상업도 발전될 가망이 없고 공업도 연숙하지 못하여 모든 실력이 발달될 기한이 없으니 이때를 당하여 재산가들이 정신을 번쩍여서 어떤 실업에 착수하여 한 방면을 당할진데, 옛사람보다 일은 반절을 하고도 공은 갑절이 되리라 하노라. 민영휘씨의 휘문의숙과 이봉래씨의 봉명학교는 누가 찬양하지 않으리요 마는, 일신을 국가에 받치고 실심으로 하는 터이면 교육계에만 다행할 뿐이 아니려니와 일신의 명예를 사고 전일에 악행을 숨기고자 하며 외양치례로만 하는 자면 우리는 옳게 여기지 아니하노라. 우리 한국의 지금 형세가 재정이 고갈하여 국가가 빈약하고 인민이 곤란하니 이것을 가장 먼저 유의할 것이 아닌가. 농업의 교육도 시급하고 공업의 교육도 시급하고 공업의 교육도 시급하며 상업의 교육도 시급하며 상업의 교육도 시급하거늘 재산가 제씨가 이때를 당하여 실업에 유의한다는 말을 듣지 못하겠으니, 어찌 개탄할 일이 아니리오. 나라에 실력이 없어서 토지도 외국인의 토지가 되고 재산도 외국의 재산이 되는 날이면 전리의 옥토를 가졌던들 어

찌 지키며, 남산같이 돈이 쌓았던들 보존하리오. 가난한 자는 부자를 의지하여 살고 부자는 가난한 사람을 자뢰하나니, 재산가 제씨는 아무쪼록 국가의 실력을 양성하는데 전력하여 망하게 된 나라를 회복하면 제씨의 공력이 어찌 적다 말하리오.

▶ 1910년 7월9일
박물관경비예산
창덕궁 안에 있는 박물관을 통명전 안에 새롭게 건축하기로 결정하였는데, 경비는 30만환으로 예산하였다더라.

▶ 1910년 7월9일
박물관에 출품
한성미술품공장에서 직조한 기명과 직조한 포목 각 40여종을 창덕궁 안 박물관에 출품건으로 장차 보낼 것이라더라.

▶ 1910년 8월5일
기계주문
평양 광업소에서는 각 항 기계를 일본으로 주문하였는데, 다음 달에는 모두 도착할 예정이라더라.

매일신보(1910-1945)

▶ **1910년 12월16일**

淸公使의 博物

淸國公使 汪大燮氏는 유명한 古美術 博物家로 특히 삼국시대의 불상을 정통한다는데 13일 오후 2시반에 隨員과 창덕궁박물관에 도착하여 1시간여를 관람할 때 就中美術部를 가장 留意하다가 고려시대의 유물이라 칭하는 金鏤物을 보고 천하일품의 미술이라 하고 銅佛에 대해서는 關野博士가 일즉 新羅以前의 所作이라고 鑑定한 것을 알지 못하여 北印度月氏國의 所作이라 하고 기타 銅器, 陶器, 佛像등에 대하여도 도도히 그 포부를 토로하였다고 한다.

▶ **1910년 12월23일**

工業傳習小卒業式

朝鮮總督府工業傳習所 제3회 卒業式은 어제 오후 2시부터 본교 강당에서 거행하였는데 내빈은 山縣政務總監 檜垣道長官 등 수십명과 동소 생도와 직원 등이 예정한 가운데 전습소장의 보고가 있고 졸업증서와 상품을 수여한 후에 山縣政務總監와 檜垣道長官의 축사 그리고 졸업생도 대표의 답사가 있었다. 이번 회의 졸업생은 염직과 14명, 陶器科 16명, 金磺科 15명, 목공과 11명, 응용화학과 12명인데 그 외에 염직실과 수료생도 2명이 있다고 한다.

▶ **1911년 1월18일**

磁器會社設立計劃

尹致晟等이 廣州郡 分院等地에 磁器株式會社를 설립할 계획으로 경기도청에 요청하였는데, 道廳에서는 이 사실을 받아들여 農商工部로 修執한지라 현부에서는 새롭게 頒布한 회사령에 의하여 다시 청원하라 하고 퇴각하였다.

▶ **1911년 2월25일**

平壤의 磁器計劃

平壤磁器會社附近 馬山洞 일대의 지역은 백토, 황색점土, 지석 등의 원료가 풍부할 뿐 아니라 품질도 양호하고 同地 부근에는 도기의 소지 혹은 窯器具나 초자의 원료에 쓰일 소량의 金을 함유한 石英岩이 도처에 있어 42년 4월에 이 회사를 자본금으로 설립하고, 43년 9월에 각종도기를 제작하여 1개월 제조량이 총 2만 개 이상으로 도달하여 태양식기의 장식품을 제조하여 好況를 받았다. 그러나 技工이 幼稚하고 규모가 협소함으로 冬期에는 온돌을 설비하고 휴업이 없이 기업에 종사해야 점차 발전하니 장래에 충분한 수익이 있을 모양이로다. 그러나 同地는 교통의 불편함과 잠차 원료가 부족함을 알려야 하는 경향이 있음으로써 사업 경영상 점차 어려운 상태가 될 것이다. 그러므로 어제는 대규모의 자기회사를 설립하기로 계획하는 者가 있었는데 평양은 교통의 편에 있을 뿐만 아니라 원료도 마산동, 成川과 대동강 인근지역에 풍부하고 석회와 무순탄의 원료도 풍만함으로 이와 같은 사업은 반드시 유망하며 현 도청에서도 유망한 사업이라 하여 조사하는 중이라 한다. 가까운 시일에 陶磁熱의 勃興을 見할는지 알지 못하겠다더라.

▶ **1911년 3월7일**

美術工場擴張

한성미술품 제조공장은 금일 이왕가의 보조금도 증가하고 그 규모를 확장하였는데, 농공상부사무관 小川鶴治氏가 전무취체가 되어 경영의 임무를 다하게 하고 고려자기 등도 점차 재흥하기를 계획할 터이라더라.

▶ **1911년 4월16일**

分院磁器會社와 尹氏

尹致晟씨 등 9명이 合資하여 광주군

분원자기회사를 설립하기 위하여 경기
도청에 청원한 것은 이미 보도하였거니
와 핵 도청에서는 윤씨 등의 신분과 재
산을 일일이 조사하여 어제 총독부로
修報하였다더라.

▶ **1911년 4월21일**
京城博의 朝鮮館
1일부터 16일간을 연속으로 경성박물
협회 창립40년 기념 全國製産品博覽
會를 개최하였다 함은 이미 보도하였거
니와 同博覽會의 조선관에는 조선의
산물을 진열하였는데 신부국의 내용을
설명하고 소개하기 위하여 개최하는 것
이라 同館의 장식진열과 기타 集備로
인하여 조선총독부로부터 技師 野田忠
藏氏와 森京石衛門兩氏를 特派하여
野田技師는 진열을 정돈한 후 거듭 돌
아와 임무를 다했으나 森氏는 개최 중
同館에 머물러 관람인에게 친절하게 설
명하는 임무를 하다는 중인데, 식장 전
면에는 경성 남대문을 모형하고 내부에
는 日英博覽會에 특별히 보냈던 總檜
作의 수려한 陳列棚을 설치하고 출품
물의 종류는 임산물, 농산물, 수산물,
광물, 공예품, 직물, 조선지리모형, 권업
모범장, 度支部, 전매청, 이왕가, 경성
미술품제작장, 공업전습소, 營林廳의 출
품인데, 총수가 1089점에 달하며 그 중
도자기는 20점, 이왕가 출품물이 22점,
공업전습소 출품물이 22점, 경성미술품
제작장 출품물이 14점 등이었다. (중략)
이왕가의 출품은 高麗青磁饕餮紋香爐,
高麗青磁雲鶴象眼瓶, 高麗青磁瓢綴菊
彫鏤紋瓶, 高麗白磁牧丹繪紋花瓶, 高
麗青磁水 式硯滴, 高麗青磁菊花彫鏤
紋盒子, 高麗青磁砂式瓶, 李朝鐵象眼
煙草盒, 高麗青磁浦柳水彫鏤紋小瓶, 高
麗鐵砂彩盒, 高麗白磁彫刻紋硯滴, 高
麗青磁雲鶴鶴彫鏤紋瓶, 李朝 螺由食床
기타 장식구 등 30여점인데, 그 중 饕
餮紋香爐와 雲鶴象眼의 花瓶은 특이
한 珍品으로 다수의 관람자가 無不贊
道하였고 또한 경성미술제작장의 출품

물인 은기, 동기 十數點은 그 제작이
특히 공교하여 이구동성으로 그 정밀함
을 찬양하였다.(중략)

▶ **1911년 4월22일**
工業傳習所作業品 縱覽
공업전습소에서는 오늘 오후 2시부터
작업소 縱覽과 작업품의 卽賣를 시행
할 것이라 하는데 관람권을 廣布하였으
며 비상한 성황을 보일거라 하더라.

▶ **1911년 4월26일**
美術品製作場 公開
한성미술품제작공장은 縱覽을 허가하
지 않더니 금회에 동제작품의 진열장을
신설한 고로 何人이든지 관람할 수 있
도록 하였다.

▶ **1911년 5월16일**
磁器會社承認
尹致晟, 閔大植氏가 경기도 광주군 분
원자기회사를 설립하기 위해 농공상부
에 청원하였다는 說은 여러번 보도하였
거니와 部에서 일전에 認許해 경기도
청으로 越交하였다.

▶ **1911년 6월6일**
工業傳習의 前道
공업전습소의 사업은 目下 조선에는 특
히 긴요한 관계로, 졸업생의 수요는 범
위가 非常히 廣大하여 도저히 각 방면
의 요구에 응할 수 없는데 그 원인은 각
도에서 올해부터 신설한 授産事業 등
에 教師를 多數雇聘한데 있어, 본년도
에는 이러한 원인으로 인해 입학희망자
가 多數라고 한다.

▶ **1911년 6월10일**
工藝品材料收集
공업전습소에서는 曩日에 전국 각지의
공업재료를 모집하여 공예품을 제조·시
험할 계획으로, 각 도청에 대하여 지방
의 명산물을 지정하고 送付하라 하였더

니 目下 각 지방에서 재료등을 속히 送付하는 중이라 한다.

▶ 1911년 8월2일
平壤磁器의 擴張

평양자기회사는 유망한 사업이라 하여 평안남도청에서 내지인 기술가로 하여금 보조하기로 하여 발전개량의 효과를 얻는 중이더니, 27일 同 株主 일동은 朝鮮人商業會議所에서 총회를 개최하고 협의한 결과로 從來와 加한 單純幼稚의 域을 脫却하고 工場, 粘土所藏室, 水簸, 窯등의 증축 또는 개량하여 雨期나 冬期에도 작업함을 준비하는 동시에 내지인에게 판매할 물품도 제조하여 부산, 경성 기타 각지에 販賣店을 설치하고 대규모로 확장할 것이다.

▶ 1911년 8월18일
卒業生의 近況조사

공업전습소에서 각 道 장관에게 통지하고 각 관내에 있는 공업전습소의 졸업생들이 近日 何等事業에 종사하는 여부와 기타의 정황을 조사, 회답하라 하였다.

▶ 1911년 9월1일
磁器會社의 盛況

楊洲 分院磁器會社는 각 株主의 자금이 沒數收合되어 제반설비를 畢了하였음으로 社況이 日益繁盛한다고 한다.

▶ 1911년 9월28일
第2回株金拂込公告- 分院磁器株式會社

▶ 1911년 10월10일
工業傳習所春季陳列會

공업전습소에서는 예년과 같이 올 22일 오전 10시부터 동 소 내에서 추계제작품진열회를 개최하기로 한다.

▶ 1911년 10월17일
工業傳習所製作品陳列

올 22일 오전 10시부터 공업전습소에서 동 소 작업의 상태를 일반의 관람에 이바지하고 제작품을 진열하여 판매하되 우천시에는 연기한다 한다.

▶ 1911년 10월24일
傳習所製作品觀覽後記

22일에 공업전습소의 제작품 관람을 비상히 성황을 이루었는데, 관람자가 3천 명에 달하였고 제조품 등을 다수 판매하였다고 한다.

▶ 1911년 10월26일
中央試驗場 設置計劃

공업전습소는 簡易한 전습생의 양성에 불과하였는데 今後 일반공업에 관하여 각종 가공적 시험을 요구함으로 現今 關東州에서는 관립시험장을 설립하고 각종 시험제조를 하는데 그 성적이 우량한 고로, 총독부농상공부에서도 이번 해 예산에 중앙시험장신설의 議를 제출한다고 한다.

▶ 1911년 11월8일
淸風會組織

淵上貞助近藤佐五郎氏와 山口精氏의 발기로 풍속을 조사할 목적으로 관민유지를 동원하여 청풍회를 조직하고 新古미술품전람회, 書畵, 生花, 茶湯, 音樂 등의 회합을 때때로 개최한다는데, 미술품전람회 올 상업회의소 樓上에서 개설할 것이고 또한 당일에 在京畵家 일동을 초청하여 揮毫한다고 한다.

▶ 1911년 11월19일
傳習生生徒 推薦

관립공업전습소에서 경기도청에 대하여 실과 생도를 추천하라 하였는데 그 구별과 자격은 다음과 같이 염과 6명, 도기과 2명, 금공과 2명, 목공과 3명, 응용화학과 2명으로 총 14명이며 자격은 1. 신체가 강건하고 지망이 확실하며 20세부터 25세 이전인 자 2, 수업 후에 자영의 便宜가 있고 당 업자의 자제로서 실습과목의 제조품 혹은 원료의 산지 기타 편리가 있는 자를 요구함 3. 수업기간은 약 1년 이내로 하되 家事에 관계가 없고 달리 돌아가야 할 필요가 없는 자 4. 수업 중 月額金은 5원을 지급하는 것 이외에 월액금 1원50전 내외를 自家로서 지급할 만 한 자 5. 번년 12월15일까지 기한을 정하여 후보자 추천을 하며 同月 28일까지 입소의 통지를 하며 45년 2월16일에 입소하게 하여 동년 12월 하순경에 수료할 예정이라 한다.

▶ **1911년 12월21일**
工業傳習所卒業生

22일에 졸업식을 시행할 공업전습소의 제4회 졸업생은 총 43명인데, 그 중 본과 25명, 전공과 8명이며 또한 졸업생은 회사나 당업자로 고용될 것이라 한다.

▶ **1911년 12월24일**
工業傳習所卒業

총독부 공업전습소에서는 어제 제4회 졸업식을 거행하였는데 내빈의 중요한 者는 山縣政務總監, 菊池長官, 宋子爵 등 이었다. 오후 1시에 號鐘으로써 개회하고 소장의 보고가 있은 후 졸업생 106명에게 증서를 수여하고 다음으로 우등생 23명에게 상장과 상품을 수여하며 특히 우등생 중의 皆勤者된 도기과 전공의 金鎭國, 금공과 전공의 權景裕에게 개근상장을 수여했다. 정무총감은 축사를 낭독하고 菊池 농상공부장관은 졸업생의 미래에 대하여 진술한 바가 있으니, 도기과 우등생 李英雨는 生徒總代로 유창한 일본어로써 답사를 하고 식을 마친 후 別室에 작업품을 진열하여 생도의 제작을 잇는 기념품을 증여하였는데 우등졸업생의 성명은 다음과

같다.
* 卒業生(陶器科)
優等生- 李英雨. 金鎭國 / 本科- 제2학년, 韓永模 / 實科- 姜樂遠 / 皆勤者- 金鎭國

▶ **1912년 1월6일**

朝鮮의 美風良俗- 檜垣京畿道局長 談 (중략) 공예품은 磁器와 같은 것이 극히 발달하여 경기도 양평군의 左岸되는 分院의 磁器는 유명한 것인데 경성에 本院이 있고 각지에 출장소를 설치해 分院의 地名을 成함과 如하니 自令 百五六十年前의 제품은 內地의 永樂燒 이상이라 古老의 言을 빌리면, 分院磁器는 往昔에 支那에 送하여도 同國人도 극히 珍重히 하였다 하니 其時에도 발달하였음을 가히 推知할지라 近日에는 株式組織으로 其復興을 계획중인데 前途에 극히 유망함은 네가 말한 바이오, 且道路修案의 사업에 대해 생각한 건데 運輸交通의 완성은 총독부가 最히 주장하여 계획하는 중이다. (중략)

▶ **1912년 1월14일**
中央試驗所組織

명년도에 신설할 중앙시험소는 南滿鐵道會社가 경영하는 중인데 그 성적이 극히 양호하고 이번에 총독부에서도 공업전습소의 규모를 확장하여 중앙시험소의 사업으로 할 것인데 직물, 염색, 도자기, 주조, 응용화학, 유기무기의 분석 등을 시행한다고 한다.

▶ **1912년 1월24일**
中央試驗所新築

올 해 신설할 중앙시험소는 올 해 안에 基地의 買入과 廳舍의 건축을 시행하고 礦石分析所와 酒類釀造所의 사무를 인준할 뿐 아니라 그 외 사무는 내년에 개시할 예정이다.

▶ **1912년 1월 30일**

各地片信一括

* 連山郡 : 忠南 連山郡 芽村面 土成里에서는 도자기를 제조하는 사람이 많아 茶碗, 洒甕, 水甕등의 1년 產額이 1천원 이상에 달한다는데 其 원료도 풍부하여 장래에 大히 유망하다고 한다.

▶ **1912년 3월 16일**

博物館落成宴

창덕궁 내의 신축 중이던 박물원 본관이 낙성되었음으로 이왕전하께서는 이틀 전에 행차하사 오찬회 겸 낙성연을 시행하는데 이왕직장관 이하 기타 귀족과 왕족 그리고 경기도청장관이 참석하였다.

▶ **1912년 3월 24일**

도자기의 製造模範- 내지인의 도자기제조, 조선사람의 모범될 일

진남포지방에서는 일반인민이 수용하는 질그릇과 사기 등은 내지로부터 수입하여 비싼 값으로 판매하는 고로 조선사람들은 이것으로 인해 금전의 허비가 적지 않은지라, 그곳에 사는 부전의 작씨(富田儀作)는 이러한 사실을 크게 유감으로 알고 조선사람들이 사용하는 일용품을 다수히 제작하여 헐가로 수용하고 또한 조선사람에게 사기 제조하는 모범을 보이고자 하여 수년이래로 경영하여 평안남도, 황해도의 사기를 주문하여 오고 종종 사기제조하는 방법을 연구하여 총독부 공업전습소 사기 시험에도 좋은 결과로 사기제조의 증명을 얻고 마생음파씨(摩生音波氏)와 같이 경비 1만4천8백원을 들여 사기제조하는 處所를 설치하고 技手를 초빙하여 사기제조를 준비 중이더니 그 사업을 개시하였는데 모처에서 1천원의 보조를 희망한다고 한다.

▶ **1912년 3월 28일**

古物陳列準備 / 고물진열소설립준비

윤치오 등 모씨와 내지인 모씨와 합자하여 고물진열소를 설립하기로 협의, 준비 중이라 한다.

▶ **1912년 4월 24일**

陶業復舊計劃

경상북도 청송군은 古來 도자기산지로 유명한데 근래에 도업이 쇠미함에 이른 고로 당국자가 豫先調査視察하더니 同郡 유지자는 이를 개탄하여 復舊의 緊要를 感하고 금회에 기술자를 초청하여 실용품 외 고려의 古法을 效하여 우량품을 제출하여 널리 내외의 수요에 응하기로 목하 계획준비 중이라고 한다.

▶ **1912년 4월 30일**

工業傳習所의 觀覽者

28일의 공업전습소 관람자는 2만4천여 명이고 조선인 부인 등이 작업의 상태와 제작품에 대하여 질문하였고 일반이 심히 진보한 상황이고 당시 賣上額은 1천420여원에 달했다.

▶ **1912년 5월 1일**

〈社說〉

* **美術思想의 培養**

우리민족 고대의 각종 手藝品이 현재에 이르러 구미 열강국에 미치지 못 할지라 일반 인민의 미술사상을 배양하야, 정세하지 못한 자를 정세하게 변화시키고 둔한 자를 예민하게 변화시켜, 개량과 개량을 거듭하고 바꾸고 또 바꾸어야, 아름다움에 이르기까지 연구력이 쇠락하지 않아 결국에는 神化鬼造의 妙相을 얻어 당시의 요구에 요구할 뿐 아니라 현재까지 東西工業家의 호평을 얻게 될 것이다. 각종 미술을 枚擧하기 힘드나 가령 고려자기로 말할지라도 이 제조의 工妙가 극도에 달해야 後人이 모방하기 어렵고 또한 鐵鑄字로 말할지라도 그 원조가 우리 민족에서 시작하였고 기타 석탑, 건축, 회화와 일상생황에 사용되는 美具가 불가사의

하게 출현하여 문명의 실상을 만들더
니.(중략)

▶ 1912년 5월1일
공업전습소의 현황

공업전습소의 현재 생도 수는 염직과
72명, 도기과 27명, 금공과 24명, 목공
과 2명, 응용용화학과 34명으로 합계 185
명이고 42년 제1회 졸업식 거행 이래
220명의 졸업생을 배출하였고 직업별
로 보면 다음과 같다.
관청 104명 / 自營 54명 / 留學生 3명
/ 學校 188명 / 會社工場기타 2명 / 專
修科修業中 2명 / 사망 5명 / 木詳 14
명

▶ 1912년 5월26일
御用品의 競賣

덕수궁에서 이왕에 어용하던 각종 물품
수천원 어치를 제작일에 포덕문밧슉위
소(?)에서 일대 경매하였는데 극히 화려
한 물품이 많았다.

▶ 1912년 6월28일
昌德宮獻上品

창덕궁 이왕전하께서는 前日부터 朝鮮
著名의 産物을 택하여 天皇, 皇后 兩
폐하께 獻上하고자 작년 가을부터 評
儀한 결과 文房具로 決하고 제작을 한
성미술품제작소에 하명하고 소所에서
는 一世의 光榮이라 하여 조선 技工 중
에서 기능이 拔群한 者를 택하여 전력
을 다하여 제작에 종사 중인데 이 귀한
헌상품은 一朝一夕에 제작하기 불가능
한 것들인 고로 기공자의 기능에 일임
하여 제작중이나 사료와 가히 진행하지
못하여 목하 소의 감독 小川鶴二씨가
技工을 독려중인 즉 올 11월3일의 天
長節 내에는 전부 金, 銀, 赤, 銅으로
제작해 세상에 진기한 高價의 品으로,
兩폐하께 헌상하면 반드시 御滿悅하시
리라 한다.

▶ 1912년 7월28일
京畿道의 工業

경기도공업의 저명한 것을 들자면 개성
의 유물, 강화의 莞筵, 楊平의 磁器와
安城의 鍮器, 加平의 紙 등인데, 강화
의 莞筵는 전부 농가의 부업으로 생산
하나니 그 중 紋織筵과 같은 것은 극히
정교하며 그 판매방법은 각 製筵者가
각 도시에 가면 시장상인의 도움으로
인천 기타 각지로 이출하니 그 산액은
불분명하나 民生計上 중요하오. 양평의
磁器는 창시 이래 2백여년인데, 自令으
로 30여년 전에 이르러서야 기술이 극
히 발달하여 여러 그릇들을 산출하였으
나 점차 쇠퇴하여 지금은 가히 알만한
자가 없으며 산액은 1년에 약 1만원이
니 도 내에서만 판매된다.(중략)

▶ 1912년 7월28일
拓植博과 出品

9월20일부터 동경에서 개최할 척식박
람회에 대하여 조선으로부터 출품물은
목하 농상공부에서 각 지방청을 통하여
모집 중인 바, 출품점수는 약 2,600점에
달하는데 그 가운데 최고 많은 것은 농
산물, 공예품의 각 1,000점이오, 부산항
의 모형은 목하 전문의 技工이 사명을
다해 제작중이요. 또한 이왕가에서는 조
선의 미술공예품을 출품할 터이요. 척
식회사에서는 양잠농잠과 평북 춘천 수
리사업모형을 출품하기로 결정하였다
는데 조선관의 건평은 288평이고 관내
에는 高等官 1명을 특파하여 조선의
事狀 소개를 하기로 했다.

▶ 1912년 7월30일
內地工業所見 / 石塚工産部長官의 談話

(중략) 동경을 출발해 나고야에 도착해
제일 각 府縣의 모범이라 일컫는 縣立
商品陳列館을 관람하고 다음으로 森村
組의 도기제작소를 시찰하였는데, 이곳
의 도기류는 모두 서양수출의 목적으로
제조하는 것으로 일본의 구미에서 관광

하는 자들이 서양산의 도기로 알고 사서 가져간다는 말이 있으며, 한편 조선에는 도기에 상당한 원료토의 재료가 풍부함을 알지 못하고 현재는 그 업에 무지한 모양이로되 장래에는 그 이용과 作振에 충분히 주의를 요하겠고, 편히 愛知物産織物工場도 방문하였으며, 19일 오후 교토에 도착하여 도시의 상품진열관과 도자기시험소를 시찰하였고 진열관은 지극히 나고야에 비하기는 어렵되 완비하였고 도기시험소는 각종의 시험적 연구를 하여 당업자의 질적 개선에 응해 그 업의 개량발달에 보탬이 되는 목적이요. 시험실에는 伊藤公이 曾往寄贈한 高麗燒의 도기도 진열하였다. (중략)

▶ **1912년 8월4일**
박물관의 閉鎖

이왕가에서는 大喪에 대해 창덕궁 내 박물관, 동물원, 식물원의 공개관람을 중지했다.

▶ **1912년 9월7일**
中央試驗所設備

중앙시험소는 關東州에 대한 滿鐵의 조직에 대해 총 산업을 과학적으로 연구할 견해로 설립하기로 결정하였는데 구주 각국의 식민지에서도 최신 과학을 힘을 응용하는 연구소의 설비가 없는 것은 아닌 바 조선총독부에서는 올 해부터 중앙시험소를 설립하고 수원농촌학교의 교수로 있었던 豊永博士를 所長으로 종래의 공업전습소의 광산분석소, 양조시험장 등도 일부에 가담하고 건축 준비로 올해 착수하여 올 2월경에 준공할지오. 분석소와 주조시험소도 올해 동소로 이전하여 이후 전문 직원을 고용해 중앙시험장의 임무를 완전하게 할 것이라 한다.

▶ **1912년 9월8일**
〈社說〉

* 中央試驗所의 設備

현재 운영 중인 중앙시험소는 대만과 관동, 만철의 조직을 모방하여 각종 산업을 과학적으로 연구하여 발전을 촉진하고자 하는 목적으로 설비한다. 시험소가 하루라도 빨리 설립되어 각종 산업을 과학적으로 연구하는 동시에 우리 인민의 산업은 자연 큰 발전을 보게 될 것이라 사료된다. 대저 한 사람의 귀와 눈, 손으로 우주의 삼라한 千萬事物을 연구하며 제조할진데 이것은 博而不定에 이를 뿐 아니라 그 업이 자연 부진하여 人民의 食困이 자생할 것이다. 조선은 고래로 과학의 필요성을 알지 못하고 자연적인 습관에 의하여, 가령 한 가정 내에서 물건도 제조하고 彼物도 제조하고 일용사물을 반드시 충당하고자 하였으니 이 모든 것을 연구하며 개량할 여지가 있다. 이로써 남한지방의 산물은 천년 전에 남한 산물이오, 북한의 산물은 천년 전의 북한산물이라. 정교한 것은 쇠퇴하고 쇠퇴한 것은 점차 폐지되었다. 조선의 유명한 고려자기가 오늘에 이르러 한사람의 繼續이 없으니 한심하지 않을 수 없다. 인민의 程度도 어렵거니와 당국에서도 장려, 지도가 없으며 모두 인민 스스로 말미암은 것에 대해 한번이라도 흥하지 않으니 이는 반드시 바뀔 필요가 있다. 산지에서 산물이 있다고 하면 이를 자신의 私有物로 알아야 존재하지만 발전시키지 않았으니혹 才藝가 明敏하고 사상이 고상한 사람이 있을지라도 감히 一事一物의 개량과 신제조를 경영하지 못하고 捱過하였음으로 조선 산업의 周殘함이 이에 이르렀도다. 현재 당국에서는 각종 사업을 장려지도해 신면목을 정했으나 산업의 연구와 개량의 사상이 관철되어 유지자의 慨歎한 것으로 이제 중앙시험소를 설립해 인민이 사업을 과학적으로 연구하게 하고 산업발달성에 好時期가 될 것이다. 일례를 거론하건데 지난날 독일의 산업도 일정한 규정이 없더니 과학연구를 시행한 후로부터 각종 산업이 흥하여 현재는 문명과 부강을 얻었도다. 일반적으로 조선 인민은 이러한 예를 주시하고 기술을 겸해야 함은 물론 구시대적 관습, 패배한 구시대적 사상을 버려야 하고 신선한 과학을 연구하여야만 산업상에 대발전을 꾀할 수 있다.

▶ **1912년 9월18일**
工業大振興

종래 평양시내의 공업계로는 특히 일반에 소개할 만한 모범적 대규모가 전무하고 조선인 사이에 수용하는 일용가구와 직물등의 제조는 부근 지방에 공급할 것으로 각 방면으로 수출품이 되지 못하며 근래에 文運의 漸進을 伴하여 각종의 제조업이 발달하던 중에 寺洞의 無烟炭 제작소는 대동강 東北 十里에 있고 76만원의 대자본으로 설립하여 연탄공장, 철공장, 주조공장, 木工場, 발전소 등에 거대한 설비가 있고 점차 개량 증설할 계획이 있다. (중략) 또한 馬山洞의 자기회사는 종래 조선인의 경영에 의존해 일용식기를 주요품으로 제조하고 지금은 내지인의 기사를 초빙하여 개량을 시험하는 중인데 더욱 발전의 계획이 진행하는 중이오. (중략)

▶ **1912년 10월10일**
陶磁業과 朝鮮

내지의 도자기업 중 외국에 수출할 목적은 오늘날 비상히 賣行이 양호해 사업도 발전하는 현상인데 그 중 나고야의 森林組의 製陶業은 외국에도 稀有한 대규모이다. 원료인 점토는 조선의 산출 것 보다 불량한 것을 시험적 결과로 알았음으로 다행히 조선에서는 선량한 점토를 실지 시찰한 후 일대 도자기 등의 제조를 할 의의가 있다고 한다.

▶ **1912년 11월28일**
新築 中央試驗所

제반공업의 시험·조사를 목적으로 하고

명년도로부터 12만원을 예산으로 기공한 중앙시험소는 공사가 의외로 진전이 있어 本月에 본관, 분석실, 기타 일부 시설을 완료할 것이다. 낙성 후에는 본년도에 종래 度支部 소관의 주조시험소와 양조시험소, 농상공부 소관의 분석조사를 하기로 하여 이에 준하는 설비와 광업에 필요한 부서의 설비를 시행하고 편히 올해 鑛業에 관한 시험과 염직과 응용화학과를 병합하여 제반설비를 갖춰야 비로소 완성됨을 알릴 예정인데, 부속 공업전습소에는 도기, 염직, 금공, 목공, 응용화학 5과의 생도 정원 200명이며 이에 준하는 직원의 증가에 의하여 내년에는 20여만을 요구해 예산하였는데 각 과의 과정은 종래와 같고 본과, 실과, 전공과의 3과를 설치하고 본과는 2년으로 하여 기술 역시 필요한 학과를 이수하고 실과는 1년으로 하여 전통적인 기술을 교육해 당업자의 자제 역시 徒弟를 取用하고 전공과는 본과 졸업생 중 성적이 우수한 자를 위해 1년 간 학습하게 할 목적이다. 본과 80명, 기타를 합하여 약100명의 졸업생을 배출할 것으로 올 15일경에 거행할 계획이다.

▶ **1912년 12월10일**
青松陶器業의 擴張

경북 청송군 일부에 소재한 도토는 품질이 도기제조에 최고로 적당한 바지만, 종래 조선인은 도기업에 등한시해 큰 이익을 보지 못해 당국자는 인민의 산업장려상 유감이 있어 技師를 출장 조사하게 하고 대구의 財産家 徐相龍, 鄭在學, 秦喜葵, 李一雨, 정해학, 姜○熙씨 등이 이를 이용하기 위해 조선고려자기제조주식회사를 조직하고 1株에 50원씩 총 2천株(총금액 10만원)를 결정한 후, 28일 장관관저에서 회합하여 발기회를 개최하고 설립인가 신청을 협의하였다.

▶ 1912년 12월17일

工業所生徒募集

조선총독부 공업전습소에서 제7회 본과 생도를 모집하는데, 뜻이 있는 자는 올 1월4일부터 3일까지 입학서류를 제출하고 2월7일에 응시한다하며. 시험용지는 소에서 교부할 것이며 응식과목은 체격, 국어(독서, 대화, 書取), 算術(四則及小數, 分數), 작문, 원화(自在畵)등이라고 한다.

▶ 1912년 12월24일

工業傳習所卒業式

21일 오후 2시부터 총독부공업전습소 제5회 졸업증서수여식을 거행하였다. (중략) 식이 시작하자 소장 豊永박사는 각과 졸업생에 증서와 우등생에게 상품을 수여하고 학사성적을 집고해 日本所 開始 이래까지 졸업생을 배출시켜 각과를 합해 322명에 달하고 이 중 약 3분의 2에 달하는 졸업생이 이미 각 전문의 방면에서 큰 수확을 얻고 있다. (중략)

* 本科: 陶器科 4명(黃伯顯-京畿, 金益永-京畿, 金鍾 -京畿, 朴鍾錫-京畿)

* 實科: 陶器科 5명(崔戴珏-忠南, 陳鳳連-慶南, 鄭棨莢-平北, 金顯國-忠南, 申互淳-京畿)

▶ 1912 12월25일

工業傳習所 優等卒業生

올해 조선총독부공업전습소를 졸업증서한 자의 성명은 일전에 게재하였거니와, 다시 우등자에 대해 말하면 黃伯顯은 최우등인 자로 下賜金의 상품을 수여했다.

▶ 1912년 12월26일

工業卒業生

올해 조선총독부 공업전습소에서 졸업식을 거행하였는데 그 제조품 각종을 볼 때, 조선미술의 발전을 가히 이루어 낼 것이로다. 조선고대의 미술은 족히

1912년 12월26일

宇內에 타고 넘을 자가 많다지만 갈고 닦지 않아 典型이 無存함에 이른다. 지금의 안목으로 고대 유물을 보면 人手에서 나타남을 알지 못하고 神妙鬼奇로 추종하였으니 어찌 계승할 수 있으리오. 졸업 생도군들은 졸업으로 自誇하지 말고 고대의 미술을 회복시키게 할지어다.

▶ 1912년 12월26일

工業傳習所 現況

* 연혁 : 명치 39년 8월 伊藤銃監의 지도에 의해 일한국 정부는 공업전습에 교육기관을 설치해 산업발전을 도모하고자 공학박사 平賀義美씨를 필두로 하여 농상공부소관하에 공업전습소를 설치하여 염직, 도기, 금공, 목공, 응용화학과, 토목의 6과를 설치하고 기수, 실지전습을 의하고 이에 필요한 학과를 이수하기로 결정한 후 10월에 京城府 東部 梨花洞 駱駝山에 건축공사에 착수하여 생도를 모집하고 4월에 입소시험을 거행해 20일 개소식을 거행하고 9월 경성박람회장 내에서 공업전습소관을 특설하고 각과의 제작품을 진열하였으며 새로운 전공과를 설치하고 8월 목공과에 車輛제작실습을 개최하고 9월에는 실습장을 증설 공사하여 12월에 완성하고 명치42년 1월에 응용화학과에서 제지연구를 개최하고 3월에 전습생을 모집, 4월에 입소시험을 거행해 신학년을 개시하고 此月에 제1회 졸업생을 거행하였고 명치43년 8월 한일합방의 결과 조선총독부 소관으로 되었다.

* 설치 : 본소는 동대문과 동소문 중간 즉 경성 동부리 우화동에 있는 駱駝山을 끼고 서쪽방면에 있으니, 부근에는 永禧殿總督府醫院 등이 있고 창덕궁 비원의 박물관, 식물원, 동물원이 근처에 있으며 경성식물원은 북쪽에 있으며 성균관은 서북 수백 간에 위치해 풍경의 아름다운 정도는 地內稀見의 勝地이더라.
* 학과 : 陶器科는 原料의 精選坯土, 整理並此 등 이화학적 성질실험, 素地, 釉藥, 繪具의 제조, 轆轤와 模型成坯 陶畫彫刻, 窯詰竝燒成法을 課하고 기타 일반 요업품 제조법을 과제로 한다.

▶ 1912년 12월27일
工業傳習所(二), 實習製品
* 陶器科: 宗子, 湯器, 盃, 砂鉢, 皿, 鉢, 茶碗, 壺, 筆立, 火鉢, 菓子鉢, 大挨, 接匙, 缸, 溺汪, 주전자, 盒, 곱푸, 焜爐, 酒呑, 植木鉢, 點心碗, 土甁, 水鉢, 一輪生, 花甁, 置物 등.

▶ 1913년 2월4일
磁器會社 株式總會
平壤磁器製造株式會社에서는 1월30일 1시에 제8회 주주총회를 평양 鍾路商業會議所에서 개최하여 영업보고서의 승인을 얻어 總役員의 만기개선을 거행하였는데 총무원은 金南鎬, 金鎭厚, 鄭仁叔의 3명이고 監査員도 3명 선출되었다.

▶ 1913년 2월14일
寺內總督의 演說(二)
* 中央試驗所 目的
중앙시험소는 작년도에 비로소 개설하였음으로 일반 공업가를 위해 지도 장려를 위하고자 함이라. 이에 附置 공업전습소는 창립이 수년전에 있어 공업계에 대해 이미 다소 공헌한 바가 있고 장래는 규모를 확충해 공업발전을 촉진하고자 금년도 이후는 중앙시험소에서 염

직, 응용화학, 요업, 분석의 4과를 설치하고 실지시험을 하여 공업전습소를 신축하여 조직을 완성하며 일반 공업가의 참고에 이바지하고자 하니 제군도 이용에 대하여 유의하기를 희망한다.

▶ 1913년 2월19일
製造工業의 前途
조선에 대한 공업의 발전은 도당국자가 연구 중인데 대정원년부터 중앙시험장을 설치해 조선의 원산품으로 가공해 공예품을 산출하라는 방침으로 조사연구가 진보하였으나 결과는 기업가의 영향이 커서 현재는 성적발표의 機會에 이르지 못하였으나 상당한 공업이 없는 것은 아니고 유망한 사업으로는 시멘트, 제조제분, 방적 등인데, 시멘트제조는 유력자에 의해 불원간 분명히 발전할 것이고, 그 다음에 도자기제조로 도토의 우량한 산출지가 있음으로 이 역시 상당히 발달할 것이다. (중략)

▶ 1913년 2월23일
磁器社活動
평남도 廳水口재무군장과 本田府尹 기타 관계자 등이 평양 馬山陶磁器會社에 출장하였음은 보도한 바와 같거니와다. 오늘 출장 조사한 내용은 동 회사의 공장은 유감이 많고 窯는 오로지 1개의 건조를 하였는데 공장과 요는 輕重의 權威를 잃어서 사업경영상에 失宜의 감소가 있었고 제1회 試作品은 精麗를 형언하기 어려우며 이 시작품이 내지산에 비교하면 다분히 손색이 있으며 동 회사가 창립 이래로 2만원 이상의 대자금의 次損을 보게 됨은 경영자의 실책으로 인한 것이니 속히 선량한 경영을 해서 窯 2,3개를 증조하고 현재 기술원과 한층 정밀히 제조하면 미려한 작품이 있음은 물론이고 이번 조사는 但, 財政整理上의 관계이며 4월 중에 정리를 시험하고 총회를 개최해 사업진흥을 강구하며 同社의 활동 진취한 效果는

4,5년 후에 表顯할 예상이라 하더라.

▶ 1913년 3월7일

京城의 工業勃興

근래 경성에서는 조선인의 자본가로서 경영하는 자가 적지 않은데 기술과 경영에 만족스럽지 못해 발달이 순조롭지 못할 예상이나 직조주식회사와 분원자기회사는 비교적 좋은 성적을 이루어 2할 이상의 배당을 한다고 하며 직조 등은 조선의 수요가 많음으로써 장래에 더욱 발달할지오. 분원의 도자기도 근래에 勃興하고자 하는 중으로 도자기제조업의 선구로 가치가 있을 것이라고 한다.

▶ 1913년 3월7일

高麗磁器 竈跡發見

京城 東部 崇信面 牛耳洞은 선조대대의 櫻花의 명소로 감히 칭송되는 곳인데, 내지인 近藤씨가 이 일대를 앵화동이라고 명명하였는데, 그 장소로부터 고려시대의 사찰인 도선사에 이르는 지역에서 고려자기 竈跡이 발견되었음으로 식자의 참고자료를 위하여 목표를 세웠다고 한다.

▶ 1913년 3월8일

工業의 發展

경성 내 조선인 자본가로서 각종 공업을 경영하는 자가 적지 않으나 그 기술과 계획이 미흡하여 발전이 지체됨으로 혹 퇴보하는 자도 있거니와 그 중 직조회사와 분원도자기회사는 비교적 우수한 성적을 보아서 2할 이상의 배당을 얻었다니 족히 조선공업계의 우선 진전할 것이다. 이 두 회사도 유익 장려할만하여 精上求精하려니와 그 외 공업가도 이를 규범하여 제반기술과 제반계획을 完美하기를 희망하노라.

▶ 1913년 3월21일

平壤磁器社大改革

평양 마산동 자기회사는 조선사람의 경영으로 극히 부진한 상태에 있더니 이번에 평남도청의 보조로 財源을 정리하고 기술원을 파견하고 내용의 대개혁을 실행하여 착수 중이나 금년은 예년에 비해 解水가 尙遲함으로 토양이 堅結하여 작업에 착수하지 못하였는데 이 달 20일 이후 토양이 完解시켜 작업에 착수할 예정이다.

▶ 1913년 4월16일

中央試驗所의 擴張

총독부중앙시험소는 근래 관제를 개정하고 대확장을 계획하는데, 그 준비로 소장 豊永박사가 매 달 7일에 상경하였다가 14일에 돌아갔는데 그 이야기를 옮긴 즉 시험소 규모를 확장함에 정원증가를 요구하고 공학기사 2명, 기수 3명을 관제개정과 동시에 임용하기로 내정하였는데, 그 주요한 개정의 안목은 현재의 광업분석소를 확장하여 농산물 기타 일반민간의 분석시험에 응하는 이외 요업, 염색, 응용화학과 등의 시험과를 증설하고 해당과목의 시험에 응할터인 바 大正 3년도에 대하여 응용화학과 중 주조시험장도 移轉할 것이고 요업부에 新窯 설치를 요구할 것이다. 1년의 경영비는 14만원으로 그 내역은 사무비 7만원, 재료기구비 7만원을 요구할 것이다. 신설비 완성은 올 해 10월경이고 신축설계는 土木局에 제출 중인데 건축에 착수하기도 얼마 남지 않았다. 오늘 이후 중앙시험소는 크게 면목을 혁신해야 세상의 공헌이 적지 않을 것이다.

▶ 1913년 4월19일

磁器社設立認可

朝鮮高麗磁器製造株式會社 설립의 건에 대해 內地人, 岡田類藏氏 이외에 8명의 명의로서 작년 11월17일 付로 인가신청서를 제출한 일은 보도한 바와 같거니와 그 조사결과로 業의 유망함을 인정한 고로 이 달 15일로 설립 인가가 되었음으로 가까운 시일 중에 발기인회를 개최하고 설립수속에 착수한다고 한다.

▶ 1913년 4월25일자
〈社說〉
* 陶磁器의 事業

세계미술의 발달이 극도에 달하여 諸般工業이 조선인의 안목으로 본다면, 가히 불가사의하게 출현했다고 할지나 조선 고대에 제조한 고려자기는 전 세계가 至寶로 중요하게 여기되, 능히 그 典型을 모방하지 못하니, 이로 말미암아 조선고대의 미술은 족히 세계를 타고 넘어 알려질 것이다. 이와 같은 미술을 알리고 또 알리고, 개선하고 또 개선하여 현재에 이르렀으면 어찌 성과를 얻지 못하는지 알 수 없거늘, 그 전형까지 鳥有에 돌아오고 땅에서 자기 등을 발견하면 상스러운 물건이라 하여 거두지 않았으니 목하 세계인이 귀중품으로 황금을 아까워하지 않고, 구할진데 조선 인민의 정도가 어찌 스스로 부끄럽지 않으리오. 오호라. 조선미술이 널리 알려지는 원인은 연구하건데 李朝에 들어 文學專尙에 따라 출현하였다고 할지라. 문학가로 이의 흐름에 속한 자는 공업이 필요한지를 알지 못하고 단지 虛文만을 숭상하여 청년이 된 이후에 학문에만 전념하니 개인의 操行團束에는 이를지나 공업계에 대해서는 一度秋霜을 일으켰도다. 설령 고려자기보다 愈加한 미술이 있다 해도 用者가 없으면 자연히 도퇴하고 만다. 당국의 장려가 없고 誅求가 滋甚하니 이 業을 할 수 있겠는가? 그러므로 이조 이래의 제반공업은 말할 것도 없고 특히 자기업은 僅具其形에 불과하다. 鎭港시대에는 이 역시 자족으로 알았다가 風潮의 변천을 隨하여 안목도 역시 無定한지라 外器를 一見하고 해를 거듭해 외기의 수입이 거액으로 치르고 있다. 조선의 고유한 물질과 고유한 기능을 퇴보시키고 외물을 수용하니 경제계의 영향

에 큰 타격이 있다. 근래는 정부의 지도한 결과로 자기공장이 설립되어 제조가 족히 이채를 발휘하였다고는 하나 외국자기에 비해 떨어지니 이는 토질의 불량함이 아니라 人工의 연구가 없음으로 인한 것이다. 즉, 도자기업을 경영하는 者는 조선의 특이한 토질을 이용해 연구하고 개량해야 고려의 미술을 회복할 것이고 고려의 미술은 終是企望하지 못하더라도 내지와 서양의 자기제조를 모방하면 매년 수입을 줄이고 회복할 수 있다. 만주와 각지에서 수용하는 자기가 역시 거액에 달하니 조선의 자기가 발달하는 때에는 지세의 近邇를 因하여 자연히 조선자기를 수입할 것이니 이는 조선의 未會有하던 이익을 얻었다 하겠다. 이와 같은 利源을 不收하면 인민의 빈곤을 풀 수 없으며 상당한 재력가나 獨力으로 대규모의 공장을 설립해야 자가의 실리를 얻는 동시에 조선의 古物을 회복시킬 수 있게 된다.

▶ 1913년 5월13일
總督同夫人, 中央試驗所觀覽- 工業傳習所陳列會

* 高麗燒의 模造品 : 도기매점에서는 同製作所의 고려소를 다수 진열하여 청자의 아름다움이 실로 고려와 다를 것이 없으며 이 중에는 박물관에서 천금의 가격에 同型 同模樣의 花甁으로 2원의 貼札이 있다함에 관람자가 모두 관심을 보인지라. 총독은 각종 관람 후 石塚長官, 藤田武官과 동승하고 오후3시 중앙시험소를 출발하여 시찰하였다.

▶ 1913년 5월15일
〈社說〉
* 工業傳習所

지난 11일 공업전습소 춘계제작품진열회를 개최하여 관람자가 인산인해를 이루고 극히 성황을 이루었는데 이 제작품을 보면 품질의 수와 기술이 작년에 비해 진보를 거듭하여 조선공업을 위해

축하할 일이다. 또 전습소 내에서 生徒 등의 열심 작업함을 볼 때 조선공업의 장래는 극히 유망하다. 수백년 이래로 조선의 공업이 日退一步하여 종래 공업이 끊어지는 상태에 이르렀으니 이를 피상적으로 말하면 조선의 공업은 원래 최악의 상태에 이르렀고 인민이 농업에만 종사하는 것 이외에는 다른 思想이 없다고 할지나. 그러나 오늘날의 공업전습소의 진열품을 볼 때, 수년에 불과해 발달과정이 부족해도 내지공업에 비해 손색이 없고 또한 조선고대의 역사와 고대의 미술을 볼지라도 조선은 천연적 공업국이라 말할 수 있을 것이다. 따라서 천연적 공업국의 인민으로 鈍拙이 막심함은 인민을 혜칠 뿐 아니라.그러므로 범 인민의 趣向은 물과 같아서 東으로 결정하면 東流하고 西로 결정하면 西流하나니 인민으로 하여 문명케 함도, 당국에 있고, 野昧하게 하는 것도 당국에 있다 할지어다. 당국의 지도장려가 없으면 인민이 어떻게 스스로 새로운 사상을 얻을 수 있으며 혹 인민이 한 가지 手藝를 발명하면 이를 연구하고 또 연구하고, 개량하고 개량하여 인민의 이익권을 보존하여야 함으로, 인민이 手藝를 알아야 하고 반대로 奇禍도 스스로 알아야 한다. 전남지방의 인민은 手巧가 정밀하여 竹木物 등은 족히 미술이라 불릴만한 것이 많았으나, 십수년 이전에는 인민이 스스로 賣買를 하지 못하고, 卜定이 충분했지만 도대체 무슨 마음으로 이를 연구하며 개량하였으리오. 고로 조선공업이 부진한 것은 당국에서 스스로 자초한 일이라 하노라. 何幸總督 新政府는 조선의 공업을 발전할 계획으로 공업전습소를 장려하여 성적이 양호해 해마다 진보하여 조선인의 공업사상이 나날이 고조하는 호평을, 오늘날 가히 스스로 이해할지로다. 조선 고대의 미술은 물론이고 近自 고려시대로 말할지라도 각종 미술이 어찌 되었으며, 이를 이조에 들어 어떻게 이어졌으면 오백년이 지난 지금에

이르러 세계 제1의 위치에 이르지 못하고 쇠퇴하며 고유한 정신이 퇴각하였다. 오호라. 수백년간 쇠퇴하였던 조선의 공업이 재 부활할 기회를 얻었으니, 이를 신정부가 찬양하려니와 생도제군도 당국의 요구에 따라 열심히 정진하되 오늘 진열품의 精巧로 자만하지 말고 精益求精하며 巧益求巧하여 한사람이 열사람을 배우며 열사람이 백사람을 배우면 제군의 사업발전은 물론이고 조선 全道의 공업진흥은 指日而待할지니 제국들은 노력할 지어다.

▶ **1913년 6월3일**
〈社說〉
＊ 李王職의 事業
한성미술제작소는 명치 41년에 이왕가로부터 자본 6만원을 보조받아 설립하고 경성 내 부유층과 상인 등의 조합조직으로 설치하였는데, 이왕가는 조선미술의 발달을 장려하기 위해 올해부터는 매년 1만원의 보조금을 더하여 제작소를 이왕직의 경영으로 결정하였다 하니, 이왕직에서 이를 경영함은 가히 이러한 動樣이 있는 것이다. 제작소의 현황은 목적이 조선의 고유한 미술을 진흥할 계획이오 또한 제작품은 염가로 판매하여 고유미술의 제작에 손색이 없게 함이라. 나 자신은 이에 대해 이왕가의 美擧를 찬동하지 않을 수 없으리오. 스스로 말하는 바, 이왕가에서 사업을 경영하는 것은 殖利的이 아니라 전혀 公共的인 사업을 주장하여, 영리적으로 경영하면 그 목적에 도달하기 어려울지다. 조선은 수천년 古城이라 각종 미술이 족히 세계에 알려졌으나 후대에 이르러 정부의 장려가 없고 제작소의 人士는 귀중품되는 物貨는 수용하지 않았으니 공업가들이 이를 어찌 연구, 발명하였으리오. 혹 인민중에서 물건의 기묘함을 제조하면 이를 장려하여 개인의 이익을 保護하여야 각종 물건들이 출현하거늘 貪官汚吏는 제작소의 奇妙品은 자신의 占有物로 알고 인민을 감

히 私自 賣買하는 일이 없어야 할지라. 그러므로 인민의 手藝가 빈하여 하나의 물건을 발명이 어려울 뿐 아니라 고유하던 미술도 전형을 잃어버렸으니, 이것이 조선미술의 쇠퇴원인이라. 이왕직에서 미술제조소를 경영하여 성적이 양호하고 미술사상을 함량하여야 외국인의 안목에도 족히 손색이 없으니 이에 조선미술의 광복을 맞이할 좋은 기회라 할지로다. 대저 이왕직에서는 영리 이외에 설립하여 공공사업을 경영하고 그 제작품도 필히 염가로 판매하여 미술의 보급을 시도하니 이를 일반이 경사스럽게 생각하는 바이거니와 경영자는 주의를 요구하며 영리적으로 돌아가는 불상사가 있으면 이왕직의 美意를 저버릴 뿐 아니라 조선미술계에 방해가 될지니 이 사업을 감독하는 자는 어찌 경계할 자가 아니리오. 나는 이왕가에 희망하는 바, 고유미술을 제작할 뿐만 아니라 각 방면으로 공공사업을 추진하여 다수 인민으로 하여금 이익을 배당하게 하면 最上策이라 생각될지로다. 인도 제왕 중에도 비영리적 공공사업을 경영하는 경우가 많으니 이왕가에서도 一個 미술제조소의 시조로 자만하지 말고 비영리 공공사업으로 경영되기를 희망한다.

▶ 1913년 6월6일
分院陶業保存獎勵
경기도 양평군 분원리는 합방이전은 조선궁내부의 御用窯場이고 고래로 도업지로 유명한데 시세의 변천으로 점차 퇴보하여 현재 명치14년에 설립한 분원자기회사가 존재할 뿐 아직 이익배당의 역할에는 이르지 못하였음으로 이 지역이 개발되면 우수한 지방도업의 발달을 볼 수 있으므로 고래로 도업지라 지방민은 다수경험을 가지고 있음으로 비교적 지도에 용이함으로 도청에서는 기업 보존과 개량발달을 권장하기 위해 보조하기로 결정했다.

▶ 1913년 6월7일

▶ **中央試驗所 擴張**
중앙시험소는 근래 총독부관제의 일부를 개정 발포함과 동시에 응용화학과에 기사 1명, 기수 1명, 염직과에 기사 1명 등 각 과를 통하여 임원을 증원하기로 결정하였고, 증축공사의 준공에 따라 시험소의 사업이 점차 광대해 질 것이라 한다.

▶ 1913년 6월12일
陶器製造所 進步
진남포도기제조소 사업은 점차 진보하는 희망이 있는 고로 同府의 尹氏는 기업을 장려하기 위해 보조금을 요구한다는 의지로 도청에 照會하였다.

▶ 1913년 6월15일
有望磁業地
頤川郡 鳳鳴面에서는 근래에 도기원료인 토층을 발견하고 상세히 근경을 조사한 즉 고대에 자기 제조하던 유적이 있을 뿐만 아니라 다수의 자기 파편을 합해 조사한 결과 제조품질의 양호함을 예상할 수 있고 현재 該地방에는 수본도 많고 석탄광이 근처에 최고로 많이 매장된 것으로 該地에는 자기제조의 경영을 허가할 만 하다고 한다.

▶ 1913년 6월15일
磁器社好運
평양 마산동에 설립해 있는 평양자기주식회사는 매년 약 연 1200원의 보조를 받아 내지인 기사를 초빙하여 사업의 진보를 도모하는 동시에 재정을 안정시키며 熔倒式窯型과 用炭의 시험을 착수하여 고심하던 중 撫順炭과 安州炭을 수입해 試燒한 결과 자기의 성적이 양호함으로 사업을 한층 장려할 것이고 前 回에 시험한 작품은 過半을 본 道 물산진열장에 기증하게 된다고 한다.

▶ 1913년 7월20일
寺內總督談(23) / 工業振興

(중략) 조선공업은 금일과 같지 않다는 것은 何人이라도 推知하기 不難한데 특히 수백년전 고려조시대에는 공업의 발달을 보고 당시대의 건축과 高麗燒 등의 유물에 可掩하지 못하다. 원래 조선인은 手藝가 길고 기술에 巧妙하여 남녀의 구별이 없이 手巧가 있음은 알려진 바이요. 인내심이 많고 노동에 강하니 제조공업에 종사하게 함이 심히 妙하다. (중략) 조선재래의 공업보전을 계획하고 이것을 장려하여 더욱 발달을 기하기 위하여 직물 주요산지에서는 기업의 실지지도를 하게 하고 요업, 제지업, 금속품 등에 대해서도 상당히 보조 장려를 행하게 하여, 가까운 시일 내에 내지인의 공업에 종사하는 자가 점차 많아지니 앞으로 제혁업, 정미, 철공, 연와, 瓦제조, 전기사업, 製材사업, 양조사업이 점차 확장되고 官營事業으로는 연와공장, 토관공장, 인쇄소 등이 있으며 당국이 조선의 공업을 장려할 목적으로써 창립한 중앙기관으로는 공업전습소가 있으니 이는 구한국 정부시절에 창설한 것이나 총독부는 次第로 내용을 완충하고 중앙시험소의 필요를 인식하여 올 해부터 이를 개설하고 각종 공업시험, 연구, 유기, 무기물의 분석에 중시하게 하며 그 외 지방에 있어서는 임시 恩賜金利子事業과 地方費로서 공업전습소 71여 개소를 신설하고, 공업전습소 졸업생은 상당한 기술을 수학해 상당한 직책을 얻거나 독립자영의 길을 열어가는 등 극히 양호한 성적을 보이고 있어 지금 이후 수년을 경영하면 조선의 공업발달이 있을 것으로 전망한다.

▶ 1913년 8월3일
試驗所新築工事

중앙시험소는 올 해도 신축공사를 하는 應用化學科室과 染織科室의 목조신축은 은 7월말부터 착수하여 공사를 마무리하는 중인데 연 내에는 공사의 대부분을 종료하겠고 또한 시험소는 작년도

에 분석실과 도기과실을 건축하였음으로 이상으로 시험소의 증축은 일단락되었다고 알렸다.

▶ 1913년 8월5일
磁器會社의 計劃

평양부 마산동 자기제조회사에서는 이미 보도한 바와 같이 제1회 무순탄, 제2회에 안주탄으로 試燒를 행하고 무순탄으로 제3회 시소를 거행하였는데 그 결과 안주탄은 화염이 적고 성적이 불충분하여 쓸 수가 없고 무순탄은 두 번 모두 양호한 성적을 달성하여 장래 本炭을 사용하기로 결의하였는데, 현재 회사에서는 종래 매 회 1천개의 窯入을 얻었으나 본 사업에 착수한 후에는 매 1회에 2,500개씩 窯入하여 매월 4회 평균 1만개의 자기를 제조할 방침이고 제품은 시소의 결과 품질이 견고하고 우아한 아름다움이 있어 이 성적이 대해 연구를 더 할 것은 다만 畵工 기타 기술상에 속한 문제가 있으며, 제품은 朝鮮式 이외 內地式磁器도 제조할 계획이다.

▶ 1913년 8월9일
千年古墳의 發見

경남 진주 中安1洞에서 고분이 발굴되어 착수한 즉 寶劍, 寶刀 등의 細金製 耳輪과 磁器 등 수천점이 발굴된 것으로 연대는 신라시대 이상의 것이고 이것은 이왕가도 소장하지 못한 진귀품이라고 한다.

▶ 1913년 10월11일
平南生產品評會의 審查規程

* 陶磁器
1. 품질은 磁, 石, 陶器의 3종으로 하고 각종 특질을 가지고 光澤, 平滑, 회화, 발색, 선명한 것에 최고 2拾5占을 附하고 형상은 각 종류에 의하여 기취를 不同케 한 경우에는 嶄新한 고안에 의하고 適功은 도안에 의한 者各종류의 종

래제품에 개량을 더하여 사용상 유감이 없는 것이 최고 2拾5点을 附한다.

▶ **1913년 10월25일**
祝賀會場에서 高麗磁器를 發見
전남도청에서는 例年天長節에 축가회를 개최하는 식장에서 後方의 空地를 堀起均地하다 古物같은 도기류를 발견하여 감식가로 유명한 酒井某의 감정을 의뢰한 즉 고려자기로 연대 불구하나 국민의 최고기념일에 진품을 발견함은 古美術의 聖世에 달해 光輝를 내쏯는다 할지오 길상의 서조라 이를 영구히 보존하라 하더라.

▶ **1913년 11월4일**
平壤의 諸品評會
* 생산품 : 제1부는 陶磁, 鍮器部로서 成川, 德川, 亢羅 등의 공예품은 재래에 비해 발달 진보됨을 볼 수 있다.

▶ **1913년 11월6일**
江華 石器土器發見
和田이학박사는 강화도 東幕 부근에서 선사시대의 토기, 석기 등을 발견하였다. (중략) 이번에는 발굴이 1, 2시간에 불과하였으나 다수의 직선무문양이 있는 토기파편을 얻었고 洞名 외에 沙器도 우수한 往古沙器를 발견할 수 있다는 예측으로 한층 심도 깊은 발굴이 필요로 한다고 운운한다.

▶ **1913년 11월21일**
製陶會社開業期
이미 대구 錦町에 신축 중인 조선고려자기제조주식회사는 공사기 진보해 사무실과 기술실은 거의 준공되어 제조공장과 나머지는 완공하였는데 올해 안에 전부 완공해 겨울철에 들어서는 사업개시에 무리가 없어 제도착수는 내년 3월경에 있을 것이다.

▶ **1913년 11월21일**

▶ **工業所의 陳列會**
조선총독부 공업전습소에서는 올 23일 오전 10시부터 동소를 관람하도록 하고 제작품진열회를 개최한다.

▶ **1913년 7월13일**
書畵古器展覽會
본 도의 발기로 성립된 평양서화고기전람회는 27일 실업협회당에서 제1회 전람회를 개최하고 각자 소유의 진품사기를 전람에 이바지한 外席上 揮毫가 있다고 하고 매매를 희망으로 출품한 품목은 가격을 공시해 참관인의 임의로 구입함을 승인할 것으로 전람자를 필시 많이 모집할 예상이다.

▶ **1913년 12월3일**
寺內總督 獻上品
寺內총독은 1일 參內時에 다음과 같은 諸品을 진상했다. 1. 조선통치의 成績書部 2. 조선 13도의 물산 數種 3. 新高麗燒畵瓶 1對 4. 新舊공업품 數點 5. 果物 數箱인데, 13도의 산물은 농산물, 공예품으로 분류하되 쌀과 콩 등은 신구를 비교하여 양질의 정도를 분명히 하고 공업품은 製紙生果 製 도기, 직물 등이 중요한 것인데 대구, 인천, 수원, 용산 등에서 수집한 것이오 高麗燒 陶器는 공업전습소에서 특별히 제조한 것이라고 한다.

▶ **1913년 12월13일**
〈社說〉
* **朝鮮의 陶器業**
(중략) 도기업으로 말할지라도 신라의 견고함과 고려의 정미함이 조선에 이르러서 퇴보하였으니 이것이 亦一証案이라고 할지라도 수용자가 없으면 제조자의 自絶함은 固然한데, 근래에는 내지인이 이입하고 당국의 장려가 고치되어 각종공업이 부흥하여 도기업의 생산액이 연 중 약 64만여원에 달하니 진척시켜 나갈 사업이 아닐 수 없다. 수천년

동안 조선의 수용하는 자기를 보면 내
지의 소산을 고려하지 않으면 불가능하
여 고유한 미술을 잃어가고 타인의 수
입을 통하고 있으니 경제의 어려움을
한탄하게 된다. 신라와 고려의 고법을
잃지 않고 전수하여 고형을 복원시키기
어렵다고 할지라도 조선의 토질이 도기
업에 적합함으로 일반도기업자는 精益
求精하여 美益求美하여 전진하면 신
라, 고려이상의 미술을 구가하는 것은
당업자의 노력 여하에 있다고 하겠다.

▶ 1914년 1월1일

黃海道 勸業 10年 計劃方針

* 工業의 補助獎勵 : 본도의 공업은 극
히 쇠퇴하여 열거할 것이 없고 장래의
장려하는 공업의 조사, 고찰하여 元年
度부터 요업, 제지업 등에 대해 地方費
로 부터 교사비와 설치비의 보조를 공
하고 개량진흥을 기원하는 중이다.

▶ 1914년 1월1일

朝鮮産業-石塚農商工部長官談

* 工業의 有望 : (중략) 도자기의 토는
지처에 산출되는데 특히 경상남도는 경
질자기에 상당히 우수한 자토가 있음으
로 장래 요업의 발달은 기대할 것이요
급부상하는 사업은 이미 회사 혹은 조
합조직으로 경영하며 혹은 유력한 자본
가의 손으로 기획하는데 朝産에 본점이
있고 製會社도 이미 자본 3천5백만원
에 달하고 조선에 지점을 갖고 있는 회
사나 은행의 자본액도 역시 적지 않아
조선공업의 장래는 유망할 것이다. (중
략)

▶ 1914년 2월8일

朝鮮陶業의 前途

조선의 도업은 선량한 원료가 각지에
존재하고 수요가 조선 내에서만도 충분
한 여지가 있음으로 판로가 확장되고
西比利亞, 만주지방에 及할 것인데 前
途가 극히 유망하다고 할 수 있어 오늘

날 사업가의 착안하는 목적은 각지에서
기업공장의 발흥을 보이기에 이르렀음
은 조선공업이 발달상 최선을 다하는
현상이다. 그러므로 이 사업에 착수한
사람이 기근저를 確立하기 어려워 실패
에 이른 전례가 1,2회에 부지해 이 원인
에 대해 斯道老熟의 내지인은 말하기
를 조선은 원료에 있어서 다수한 동례
를 見치 못한 도업지로 推奬할 好適地
이나 도업상 원료와 相立하여 필요한
원료를 볼 때 결코 輕率히 이를 개시하
지 못한지라 오늘날까지 이 업가의 실
패의 일대 원인은 실로 玆에 在하다.
조선에서 도업에 종사하는 사람은 원료
의 공합여하를 조사하는 동시에 원료공
합 상황에 대해 연구를 병행함이 최고
로 긴요하며 또한 일면으로는 원료의
소비를 감소하는 방법, 裝置結氷期의
作業繼施設을 익히지 못한지라 조선은
이를 내지와 비교하면 기타지역의 내용
이 상이함으로 내지의 도업장치를 그대
로 적용하기 어려움에도 불구하고 특히
조선의 도기류는 내지보다도 대개 형상
이 크다는 것이 문제이며 가격은 이와
반대로 염가이며 또한 동절기에는 한기
가 커서 보통의 장치로는 도저히 작업
하기 어려움이 커서 조선은 원료가 乏
少해 作業費의 대부분은 원료의 購入
혹은 운반에 충당해야 하는 상태이나
이것을 감소하는 유일한 방법은 竈의
속성을 크게 하는 동시에 다수를 공통
으로 1개소 燃料에 의하고 나머지는 餘
熱로 이를 충당함과 같은 장치를 행할
시에는 원료가 비상히 절감될 뿐만 아
니라 제품의 질을 선량하게 하는 것이
니 이점을 충분히 조사, 연구한 연후에
이 업에 종사하면 성공할 것이다.

▶ 1914년 2월13일

水口財務部長 演說(一) / 평양자기주
식회사총회

나는 본 도의 재무장관이올시다. 본 도
장관으로서 이 회사사업의 확장과 정비
에 대한 조사를 실시해 온 바, 겨우 최

근에 이르러서야 안정되었음으로 총회에서 사업에 관해 말하고자 한다. (중략) 평양에 도자기제조회사가 있다고 말하는 것을 들었을 때 실로 不思義로 생각했다. 이 회사는 이미 융희3년에 설립되고 사업을 경영하였으나 경영사무가 심히 어지러운 까닭에 쇠퇴하는 상태에 이르렀다고 한다. 그리하나 평양에 자기주식회사가 있다고 하는 것은 평양의 특색만은 아니오 자기제조를 목적으로 하는 회사를 설립하였다는 것은 당시 개발인의 착안이 실로 합당한 생각을 한 것이다. 조선 각지에는 자기, 도기의 제조장이 없음으로 필요한 물품은 전부 내지의 공급으로 충당하니 이를 무역통계로 볼 때, 연 45만원에서 50만원에 이르는 移入이 있는지라 平南 兩 지방만으로도 4, 5만원의 이입이 있으니, 조선 각지에서 원료되는 도토가 없으면 별 문제가 아니지만 도토가 충분히 있다고 한 즉, 그 공급을 내지에 구하는 일은 진실로 어리석은 일이 아니오. 다른 사업과는 달리 이 사업은 너무 많은 자본을 필요치 않고 기술도 사용되지 않으며 특히 취로에 대해 하등의 고충이 없음으로 당시에 자기제조를 목적으로 하는 회사를 설립하였다고 하는 것은 참으로 得當한 일이라고 말하고 싶다. 고로 이 사업이 성공하여 익히 발달하게 되었을 때 다만 평양지방 만이 아니라 일국의 부력을 증강함에 공헌하는 사업이며 각 지방에 존재한 조선인 공업의 표본이 됨으로 성공케 하는 것은 공업의 진흥을 촉진하는 것이다. (중략) 친히 회사의 상태를 시찰한 바에 따르면 도토는 무한히 풍부하고 또한 그 질이 양호하며 일용품으로는 그 질이 양호하나 현재까지 관리가 不適한 까닭에 공장운영이 부실하다고 말하여 비통하다. 그러나 도토의 분량, 성질이라든지, 제품의 양호한 상태라든지, 자기에서는 최고로 유망한 고로 사업을 계획하고 보호하고 지도하고자 하는 思考로, 이를 1차 조사하라는 사명이 있

었소. 그 문제의 방침으로 업의 계획이 성립되어야 사업이 유리한 모양으로 보거늘 현재의 자산상태를 정비하여 반드시 조선인으로 하여금 경영하라 하였는데, 이는 오산으로 극히 내지인의 손에 맞기지 않고서는 전혀 사업이 진척될 수 없다. (중략) 그러므로 이 사업의 장래가 유망한지 그렇지 않은지의 사업계획을 세우는데 착수하기로 하였소. 그런데 자기제조에 필요한 기술은 아무주의도 없고 또한 사업회사의 경리 등에는 경험이 없음으로 상담할 수 있는 고충의 필요가 있고 지방보조비 1200원을 얻어 이곳에 기사를 초빙할 것이며 초빙된 기사는 이 도에 대해 노력할 것이나 조선 자기제조에 대한 경험이 없어 각종의 시험을 한 경험이 없이는 계획이 설립되지 못한다. 그러나 이것이 최고로 안전한 방침이라 믿으며 시험과 조사에 주력하게 되었다.

▶ **1914년 2월14일**
水口財務部長 演說(二) / 평양자기주식회사총회
시험기에 들어가서는 제1차로 재래의 籠(窯)를 이용할 것을 신식의 石炭籠를 이용할 것 인가하는 문제가 떠올랐는데, 아시다시피 구식의 籠 방식은 목재를 연료로 사용해야 하는데 현재 조선은 연료가 부족하기 때문에 이는 합당하지 않지 않을 뿐 아니라 임업정책에도 거슬리니, 현재로서는 석탄을 연료로 하는 石炭籠를 사용하기로 하였으니, 이 신식의 籠은 내지에서도 시험 중으로 성공한 자가 별로 없고 조선에서는 이를 설치하기에는 큰 액수의 돈으로 설치해야해 극히 어려우나 기사의 성공에 대한 일념이 강함으로 이에 12척에 달하는 籠을 1차 축조하기로 하였으며 石炭籠를 축조한 이유로 회사에서는 한 푼의 자본도 없는 일이며 자연히 籠의 설치에 필요한 경영은 타지로서 借入하지 않으면 않되며 평안농공은 행과 협의하고 축조와 부속공장의 설비

를 요구하는 자금은 1만2천9백원을 대출하여 작년 10월에 제반설비가 완성되었다고 하고, 다행으로 좋은 성적을 내어 가마에 들어가는 개수에 대해 3割5步 내외의 籠出을 하게 하고 제품도 8割5步 이상이 상등품으로 된 것이라 石炭籠 사용이 성공에 이른다면 경성의 공업전습소의 전문 기사와 내지의 도입가도 크게 호응하였으니 石炭籠은 크게 성공한 것이니 이후 각종 조사와 시험을 진행하게 된다. (중략) 원래 평양시장에서 우수한 지위를 차지하는데 즉 내지의 생산매출과 평양의 생산매출의 차액이 내지로서 평양까지 운임보다 저렴하니 이 조건에 상당한 도자기는 각 容積이 비교적 큰 것이라 비교적 가격이 저렴한 것이 아니면 불가하니 이중에서 수용이 가장 큰 조선인이 사용하는 사발을 標準으로 하여 선택하고 석탄은 저렴한 석탄을 이용할 필요가 있는데 안주탄은 가격이 저렴한데 화염이 낮음으로 제조가 나쁘며 이에 비해 無順炭은 가격은 높으나 화력이 강하고 화염도 높아 九州炭의 대타로 무순탄을 이용하기로 하였으나 운임의 문제도 중요한 연구사정으로 이를 보통의 운송으로는 상당히 높은 운임인 까닭에, 운임의 절약을 위해 회사가 스스로 운임하기로 하였으나 형편이 不好해 결국 운임점에 1개의 幾計로 도합으로 하게 되었고 이후에는 籠燒出步合을 조사케 하고 각종 노력의 생산력 등도 생각하게 되어 생산매출을 연구할 필요에 대해 시험과 조사도 하여 사업의 조사에 착수하기로 하였다. (중략) 앞서 말한 바와 같이 생산비 중 가장 많은 금액을 요구하는 것이 석탄이오니 과연 1 籠에 대하여 2분의 1이나 3분의 1을 절약하게 되어 기쁘며 제조품도 우량함은 물론 제조에도 결코 결함이 없다 하였고 제3회 조사결과, 재래의 籠 외에 1개를 신설하였더니 전번 조건에 비해 상당한 이익이 기대되는데 단, 재래의 籠를 新籠와 용적을 넓히면 일대 좋은 성과를

얻을 수 있으리라 기대하며 제4회에 이르러 알 수 있는 바이다.

▶ **1914년 2월15일**
水口財務部長 演說(三) / 평양자기주식회사총회

(중략) 본 회사의 자본이 65만원이므로 매년 1株에 대하여 약 2步3厘의 배당이 될지라도 생산매출은 충분히 도달하였고 평양 평균시세도 內輪에 예상하였음으로 기술자와 경영자의 운영에 이익을 얻게 되며 특히 石炭竈는 사용의 도수가 증가함에 따라 석탄의 소요량까지 감안해야 함으로 생산비를 절약하게 되고 또한 노력의 생산력은 연습을 다하면 더할수록 점차 증대할 고로 勞銀도 어느 정도까지 감소할 것은 물론이고 他竈出步合도 9割7, 8步에 이를 것인데, 竈出個에 대한 우량품의 步合도 많을 것인지 각종 생산매출이 점차 감소할 상당한 이유가 있으며 도기상인의 주문이 있으며 1개월에 1竈식이나 내지인 성향의 도기도 번조하는 것과 같이 각종 砵 등의 종류에 한해 한 달에 1竈 또는 2개월에 1竈씩 燒出한 즉 賣場대금도 증가할 것이다. (중략)

▶ **1914년 2월17일**
水口財務部長 演說(四) / 평양자기주식회사총회

본 회사가 利息을 1錢1厘도 지불하지 않도록 하였으며 제4회의 계획으로 상당한 이익이 생겼을 것이 명백하니 그럼으로 회사의 자본상태는 금일 보고에 의한 것인데 적지 않은 欠損이 있는 모양이니, 정밀히 조사하여 알아본 결과 실로 많은 액수의 欠損이 있었으나 欠損金을 즉시 補塡하여 이 어려운 문제를 해결하려 함으로 이미 적립한 준비적립금이 없어 점차 慣却하기로 한 바라 정리할 진대, 주식을 합병하여 자본금을 감소함이 옳으니 제1회 拂入을 切捨한 결과로 주주의 재산에 不鮮한 손

해가 일어나는 일이 있도다. (중략) 이에 拂入者는 특히 株主諸君에 주의하심을 희망함이요. 이는 이번 해 사업을 확장해도 결코 종래의 경영방법과 가히 경험이나 전문의 지식을 준비하지 않은 자가 임용되는 것이 아니라 특히 지방 행정관청이 지방산업보호를 위하여 직접 보호하고 친절히 지도해 주길 바라며 이와 같은 소동이 적어야만 연 7步의 배당이 되는 희망이 일을 것이며 불입금도 감소하지 않을 것이오. (중략)

▶ 1914년 5월7일

工業生의 自衛團

조선총독부 공업전습소장 豊永農學博士는 조선의 富源은 공업에 존재한다 하여 본 소에 제정한 관재이래에도 공업의 발달을 장려함에 노력해, 오늘날에 新計劃 실지성적을 물어본 즉, 이번 회에 조직한 졸업생 자위단은 졸업생의 목적을 달성하기 위해 자위의 정신을 양성하기 위해 각 단의 공장은 특히 전습소 내 실습과를 借興하고 목공과, 금공과, 도기과 3과를 설치하며 각 방면으로 주문이 있는 자는 각단에서 제작케 하여 주문자에 대해서는 전습소에서 보증의 責任을 다하고 특히 完美한 자를 원료와 생도의 일당금에 충당케 할 뿐이고 가격도 저렴하여 각 방면으로 주문이 충만해 각 생도가 제작하여 주문을 감당하기 어려워 종사하는 각 생도 자기의 사업이 예상이상으로 발전함으로 희망을 갖고 성공을 기하고자 한다는데 이러한 매일 생계매상을 불원간에 독립공장을 경영할 자본을 얻겠다는데 있으며 생도를 각도별로 평안북도, 강원도, 경기도, 충청남도 지방의 생도가 대부분을 점하고 있다는데, 경성생도의 黃性顯은 동대문 내에 金某라 하는 錢主를 얻어 洗濯石儉인 黃金石儉을 제조하여 販出하였는데 그 품질이 양호하여 通信局에서는 이를 주문하기로 하여 공장을 확장한다 하니 실로 조선공업계 발전상에 크게 기여할

행복이라 한다.

▶ 1914년 5월12일

高麗磁器竈跡發見

동경제국대학 강사 鳥居氏는 인류학 연구차 전남 광주에 도착하였다가 동지로부터 제주도로 향하였는데, 이야기를 들어본 즉, 전남 부여에 馬韓古地를 연구할 것이 많던 중 스스로 전라남도 강진군 대구면에서 10리 되는 곳에 고려자기 유적을 발견하고 無數의 파편을 발견하였는데, 조선자기의 集散地이던 事를 전문가도 고증하여 종래 불명하던 고려자기의 제조장을 확인시키게 되었다.

▶ 1914년 6월3일

高麗靑磁窯新發見 / 李王職博物館主任事務官 末松態彦氏談

조선의 역사는 건국 이래 약 3,000년이라 일컫는데, 물론 이 지역은 단순히 반도 내에 한하지 않고 이번 해에 발달 변화한 예술은 결코 2,3의 품종에 그치나, 발굴한 유물을 보면 삼국시대부터 신라시대까지의 불상의 조각이 미려하며 또한 고려시대 중에는 청백자로서 천하제일이라 하였도다. 그러나 高麗燒의 一種은 너무 정교수려함으로 혹 이를 韓人이 제작한 것으로 인식하지 아니하고 중국의 수입품이라 주장하나 나는 이 설에 동의하지 않고 반드시 한반도 내에서 제작되었을 것으로 믿으나 당시의 古陶窯를 발견하지 못해, 두 나라의 유물의 異同을 말하여 앞서 말한 이론이 부적합함에 불과하더니, 이번에 南鮮地方에서 청자요를 발견하고 조사하였음으로 世人과 함께 이 사실에 대해 알아가고자 한다.

第一. 發見의 順序

▶ 1914년 6월4일

高麗靑磁窯新發見

第二. 靑磁窯의 地形

第三. 陶窯의 構造

1914년 6월3일 | 1914년 6월4일 | 1914년 6월5일

▶ **1914년 6월5일**
高麗靑磁窯新發見
第4. 作品의 精組

▶ **1914년 6월6일**
高麗靑磁窯新發見
第五. 高麗窯의 前後와 陶工의 關係

▶ **1914년 6월19일**
磁社補助(平壤)
대동군 馬嵐洞에 있는 평양자기회사의 대정 3년도 보조금은 1천2백원을 下附하기로 15일 평남도청에서 결정하였다.

▶ **1914년 7월19일**
〈社說〉
* **朝鮮의 製造工業**
조선에는 여러 종류의 원료가 있으나 이에 대한 제조공업이 없다 함은 조선을 시찰한 대부분의 사람들이 평하는 바이라 이에 부정하지 못할 사실로 조선경영에 着心하는 자의 유감으로 느끼는 바이다. 당국자도 공업의 장려에 노력하였고 나도 광범위하게 제조공업의 유망함을 논하여 점차 조선의 공업에 주의하기에 이르렀도다. 근래 내지의 사업가, 자본가로 이를 조사하며 혹은 계획을 설립한 자도 있으니 그 기세로 진행하면 점차 제조공업의 발흥을 보게 되기에 이를지나, 내지인의 대부분이 조선의 사정에 잘 알지 못함으로 인하여 제조공업의 유망함을 알지 못하는 고로 이에 투자하는 자가 적은 것은 나 자신이 심히 유감으로 여기는 바이다. (중략) 제조공업의 종류를 정밀히 조사하면 많이 있을지라. 특히 제지, 주조, 海山, 果物 도기, 제지사업이 최고 유망할지라. (중략)

▶ **1914년 7월25일**
磁器發展(해주)
소郡 月祿面 黃洞 자기회사는 도참사 金奎鉉씨의 설립에 관계하는 바 개업 이후 수천원의 거액을 투자해 개량을 기획하였으나 제반설치의 불완전함과 제조직공의 기술이 정교하지 못하여 열심히 지도해 작년 겨울부터 완전한 新式器를 製得하고 금년도에는 본 도청에서 2백70원의 보조금을 받아 수십일 간 공장을 신축하는 중이오 金鎭國씨의 노력결과 자기가 양호해진 것 뿐 만 아니라 黃洞 150여호 人民이 心服樂從하여 구악습을 개선하고 사상이 일변하여 신면목을 새로운 가지게 되었다.

▶ **1914년 10월27일**
高麗靑磁에 관한 高麗人의 記錄- 法

學士 淺見倫太郎
一. 槪況
二. 高麗圖經及 古錢의 硏究

▶ 1914년 10월3일
大邱 磁器會 困境

경상북도에는 유래로 도기원료의 산출이 풍부해 그 중 청송군에 산출되는 원료는 품질이 극히 우량한지라 조선 도기제조업의 부흥을 위해 徐相龍씨 기타 사람들의 발기로 대구에 자기주식회사를 설립하여 시험적으로 제조한 즉 제품이 극히 정교하여 대구의 1등 명산이 되겠고 도당국자도 이 사업의 발전을 장려하였는데 株主간의 사정으로 서씨 단독 경영으로 인해 자본상태와 경영이 곤란해 서씨는 내지자본가의 자금을 차용할 목적으로 訪日하였으나 어려움이 크다.

▶ 1915년 2월19일
共進會出品計劃 / 總点數 三萬点

올 가을의 기념물산공진회에 대한 총독부와 각도 출품계획은 이미 결정하여 총점수 약 3만에 달하는데, 그 중 광업 교육, 토목, 위생, 미술과 고고자료, 참고품, 臨時恩賜金 사업 등에 관한 것은 조사 중이오 지금까지 결정한 것을 나열하면 다음과 같다.
* 요업제품 : 655점

▶ 1915년 3월14일
府令二件發布 / 工業傳習所의 規定

총독부공업전습소 규정 중 개정과 동소 특별규정 중의 2건은 올 15일 발시되어 시행될 것인데, 전자는 미세사항의 개정이고 후자는 新規程이며, 동소에 특별과를 설치하고 고등과정의 교수를 개설하고 일본인의 入所를 허가하고 제한이 있다고 한다.

▶ 1915년 4월25일
工傳自營團과 新羅織

동소문 안 공업전습소 안에는 공업전습소 졸업생 자영단이라는 것이 있는데, 공업전습소 졸업생으로 자본이 없어 영업을 하지 못하는 자와 또는 자본이 있다 해도 아직 기술이 부족하다 생각해 연습하고자 하는 여러 사람들이 서로 모아 이 자영단을 조직하고 차례로 연구하고 공동제작을 실시하였는데 근일에 점점 세상에서 환영할 만한 물품을 비교적 헐값으로 만들게 되었으며 그 안에는 염직물, 비누, 석판인쇄, 도자기, 금속, 수레, 세간품을 각각 실비로 희망자에게 판매하며 기타 주문에도 원근을 불문하고 모양대로 만든다는데, 이번에 직물부 자영단에서 신라직이라는 직포의 대용품을 새로 발명하였는데, 모시 같은 것을 닮았으며 보기에는 세모시와 근사하여 적삼과 두루마기감으로 모시 대신에 적당하며 품질은 상당히 질기고 보기도 마치 모시와 전혀 다르지 않아 대단하다 하며, 또한 신라직의 특색은 비누로 빨든지 양잿물로 빨든지 변하는 일이 없고 가늘고 상긋하여 여름옷으로 적당하나 빨 때에 치거나 변하는 일이 없으며 또 값으로 말하면 한 필에 1원 10전이라 만일 모시가 이만하면 아무리 헐값이라도 16,7전 가량은 할터인 즉 이 신라직이 얼마나 싼지 알지라. 지금 자영단에서는 이 연구 제작품이 약 100필 가량 있는데, 이후에도 계속 쌀 것이라. 이러한 것을 발명하는 것은 우리 조선의 경제로 하든지 대단히 기쁜 일이겠노라.

▶ 1915년 4월27일
〈社說〉
* 工業自營團

총독부 공업전습소 졸업생으로 자본관계에 있어 자영하기 힘든 자와 상당한 자본이 있어도 잠시 진보하기 위해 실적을 습득하고자 하는 자 등이 서로 모집되어 자영단을 조직하고 스스로 연구적 공동제작을 실시하였는데, 근래 점차 세인의 호평에 부흥한 물품을 비교적 염가로 제작함은 실제 이 단체의 설립취지이오. 목하 각 자영단은 가구류, 염직, 紙類, 석판인쇄, 도자기, 금속제품 등인데 이 제품들은 각각 실비로써 일반희망자에게 판매한다 하니 이는 즉 自作自給 총독부 지정방침에 인함이오 조선공업의 중흥을 촉진함이로다. 원래 공업전습소를 설한 의도가 이에 있다 하거니와 일반적으로는 그 趣意를 알지 못하고 상당한 자본이 있을지라도 實技를 實地에 이용하지 않으면 공업전습소는 從勞無益할 뿐이다. (중략)

▸ **1915년 6월 5일**
磁器會社擴張(海州)
全郡 月祿面 黃洞磁器會社는 동 군 실업가 金圭鉉씨가 경영하는 바이거니와 금번에 한층 확장하기위해 본 도청에서 4백원을 보조로 給與한다.

▸ **1915년 6월 12일**
參考品出陳許可, 總点數 六百五十五
금년 가을 기념 공진회에 내지와 鮮滿 각 지 상공업가 각종 참고품 출진의 청원을 청하는 것이 많은데, 지금까지 총독부에서 허가를 한 것이 총 655점인데, 지방별 点數를 보면 石川縣 陶器 외 58점, 佐賀縣 陶器 외 8점, 鹿兒縣의 陶器 등이다. (중략)

▸ **1915년 6월 17일**
共進會와 各道 / 趙黃海道官長談
본도에는 특별히 소개할 만한 것도 없고 또한 금년 가을 공진회에 대해서도 협찬회를 조직하지도 않았노라. 원래 교통이 용이하지 않은 곳이라 매사가 원활하지 못한 바이나, 가급적 지방 인민의 성의를 관람하게 하려 한다. (중략) 출품물로는 미술품으로 진남포의 高麗燒와 마산동의 자기를 제출할 터인데, 高麗燒는 이미 정평이 있으나 자기도 今回 개량하여 聯結窯라 칭하는 것을 제출할 것인데 하나는 미술공예품

으로 하나는 일용공예품으로 화병, 과자기, 다완과 尿壺의 종류에 이르기까지 회장에 진열되고 성대히 공개할 것이오. (중략)

▸ **1915년 6월 18일**
將來의 工業專門學校 / 工業傳習所의 特別科 組織
금년부터 설치하려고 하였던 조선공업 전문학교은 衆議院 해산의 영향으로 그 명칭이 실현되지 못하였으나 예산의 관계상으로 사실상은 전문학교와 같이 내지인의 입학도 허가하기로 하였는데, 지망자 50명 이내로 검정시험을 시행한 결과 조선인 12명, 내지인 8명이 입학하였으며 전습소 1 부에 특별과를 신설하여 학과를 개설하였는데, 그 내용인 즉 내지의 전문학교 규정에 결정된 것이오. 올 해에는 전문학교라는 명칭을 부르는 동시에 본과를 개정할 것인데 교수과목은 현재 본과 전습생측은 염직, 도기, 금공, 목공, 응용화학에 있고 특별과는 염직, 요업, 응용화학의 각 과목이며 기타 공통과목으로는 각종이 있다. (중략)

▸ **1915년 6월 20일**
古蹟發見(善山)
先者黑坂박사는 조선 고적을 조사하기 위하여 각 지방을 시찰함은 이미 보도한 바와 같거니와, 지난 6월 7일 木村 경상북도 서기와 공동으로 선산군 해평면 노산동에 있는 고적을 발굴했다. (중략) 또한 고령군 고령면 보통학교 뒷산에 있는 고분을 발굴한 즉, 石棺 외부에는 수십개의 土器, 瓦, 金屬製 遺物이 발견되었는데, 신라 초기의 것으로 보고 있다.

▸ **1915년 6월 29일**
西道窯跡發見 / 八木奘三郎氏談
高麗燒의 窯跡調査를 하기 위하여 황해도 각지를 시찰하고 근래 귀경한 소

氏의 말에 따르면, 황해도에는 각지에 무수한 요적이 있으니 이조 초기로부터 중엽에 걸친 것인데, 해주군 康翎 부근 沙器洞에 고적이 있고 특히 제일 많은 것은 옹진군인데 현재 군청 소재한 마산면 전방으로 북면에 上下深寂里라 불리우는 촌락이 있어 상하에 5개의 요적이 있고 同北面 중 首洞이라 불리는 촌락에도 있고 구 군청소재지 蘇江面 東門外里 茄川面 天主岩에는 15여개소나 있어 세간에서 삼도수라 불리우는 제일 양질이 많다 하고 가천면 내에는 백자 요적이 4개소가 있다. (중략)

▶ **1915년 6월30일**
高麗磁器의 窯跡 / 牛耳洞과 南漢山에
황해도의 요적을 조사하기 전에 우이동을 조사한 바, 우이동으로부터 북한산 각 처에 걸쳐 10여개의 요적이 있고 그 요적에서 발견된 것은 청자뿐인데, 모두 이조 초기의 것으로 모두 고려시대의 模型을 잃지 않은 것도 있는 고로 작품은 양호하고 그 중에 예외로 삼도수도 있으나 보통 청자에 불과하고, 경성 近藤골동상의 소유지가 있는데 그 내에도 3개소의 요적을 발견한 바 그 구역은 다른 구역에 비하면 아래에 있어 작은 시내가 흐르고 이곳에서는 조선조 유물이 발견되었는데, 이는 古墳에서 유출된 것인지 고대의 것이 유출된 것인지 아직 분명하지 않다. (중략)

▶ **1915년 7월1일**
磁器試燒良績(平壤)
평남에서 전도유망한 것은 대동군 마산동 자기제조업이라, 현재 倒焰式平窯의 제3회 試燒중인데 그 성적은 양호한 모양이고 종료일은 올 7월20일경이라 한다.

▶ **1915년 7월10일**
陶器試驗終期(平壤)
평양도기제조주식회사에서는 倒圓式試

燒窯器의 시험중인데 이달 말 同社 주주총회 개최이전까지 제3회 시험을 종료할 것인데 이번 성적은 극히 양호하다고 한다.

▶ **1915년 7월21일**
留學生의 成績- 總督府에서 授賞
조선 유학생으로 내지에 유학하는 자는 총 약 600여명이며 在學地도 2府 22縣 2道인데, 이들 유학생의 취학성적도 향상된 상황임은 실로 기쁜지라 그 중 기록된 자들은 평소에 특히 品行方正하며 學業熱識하여 올 봄학기 진급시험에서 우등의 성적을 낸 결과, 7월2일 조선총독부에서 특별상을 수여하였다. 이는 예전에 없는 특전이며 당사자는 물론 부모형제도 크게 만족할지라.
* 愛知縣立陶器學校 模型科 第2學年- 官費生 黃伯顥

▶ **1915년 7월30일**
磁器會社總會(平壤)
31일 오후1시부터 평양상업회의소 내에서 자기회사 총회를 열고 제반사항을 의결한다고 한다.

▶ **1915년 8월3일**
南鮮史蹟踏査(四) / 東京帝國大學 文學博士 黑板勝美氏의 談
古物의 由來와 骨董癖의 眞葳
(중략) 낙동강 유역 여행에서 발굴한 유적 23개소의 조사를 시작하였는데 比等 고분의 주위에 산재한 토기의 파편을 수집해 연구한 결과 토기파편의 문양, 토지, 소법, 형태 등을 정밀히 비교하면 자연의 계통이 현존함을 발견할 수 있다. 기타 지방적 분포와 같이 낙동강 유역도 북방과 남방 간에는 소히 相違한 점이 있고 백제와 관계가 깊은 금강 유역으로부터 남원지방에서 발굴된 토기의 문양에 있어서도 상위한 점을 발견할 수 있다. (중략) 이번에 조선 각소에서 수개소의 유적을 조사하였는데

그 부근에서 발견된 파편에 의해 도기 제작의 영구와 도청소재지에 관련해 각 지방에 있는 도토의 관계를 연구하면 요즘도 往昔과 같은 우수한 도기를 제작할 수 있을 것이다. (중략)

▶ 1915년 8월15일

平安磁器 賣店(平壤)

평남에서 권장할 만한 특산물인 磁器 平安燒는 이번 가을 공진회를 기해 세상에 소개하기 위해 출품은 물론이고 매점을 설치하여 3,4천점을 진열할 것인데 목하 준비 중이다.

▶ 1915년 8월19일

共進會開期近迫 / 出品 陳列後의 各館概況

* 參考館 : 건평 약 600평으로 올 해 4월에 준공한 목조가건물인데 그 양식이 2호관을 방불하게 하고 내부는 담록색의 布帛로 장식하고 黃紅素百의 '모-르'를 장식한 모양도 각 관과 다르지 않으나 건축에 특종의 意를 사용하여, 염색한 것과 같은 것을 4角校로 한 것은 출품자를 대함에 禮를 잃지 아니한 것이라 하며, 오른편에는 금속제품, 왼편에는 木竹과 칠기를 겸하고, 대진열대 왼쪽에는 요업제품, 지류, 문구류를 分別하였다.

▶ 1915년 9월7일

施政五年記念朝鮮物産共進會

* 출품수 : 공진회출품을 위해 조선 철도를 경유하여 각 지에서 경성에 來集한 화물은 모두 大貨物數이고, 8월 하순 分計는 총 3천4백77개이다. 주요 품목은 회화, 額面, 미술품, 골동품, 기계류, 세공물, 도기, 과자, 초자, 紙, 진열대, 자전차, 소방구, 화장품, 가구류, 표본, 금물류 등이다.

▶ 1915년 9월9일

共進會

* 美術館陳列中 : 미술관은 내외의 시설이 완성되었으므로 7일부터 진열품의 선별하는 작업에 착수하였는데, 9일까지는 주요 부분을 끝내고 11일에는 전부 진열할 예정이나 미술품제작소의 출품물은 14-15일경이 아니면 竣成하지 못할 것이라 한다.

▶ 1915년 9월12일

工業傳習所와 卽賣

공업전습소에서는 매년 춘추 2기에 작품진열회를 개최하고 일반 관람자에게 작품을 즉매하는데 금년은 공진회 개최하여 별도로 진열회를 개최하지 않고 공진회 개최 중에 일반 공중의 관람을 허락하고 희망자에 대해서는 즉매도 한다고 한다.

▶ 1915년 9월20일

磁器製造視察(平壤)

평안남도 松永道장관, 水口第二部長 이하 10명과 이외 신문기자 등은 19일 馬山洞 磁器會社를 시찰하기 위해 출발하였다.

▶ 1915년 9월28일

施政五年記念朝鮮物産共進會 / 一. 第一號館 / 第六部, 工業(上)

* 窯業製品 : 요업제품은 海市商會, 한양고려소, 진남포 富田儀作氏의 삼화고려소, 평양자기주식회사의 특별 진열 등이 특히 주목할 것이며, 그 외 각 도에서 제작한 도자기와 초자제품 총수가 583점이다.

▶ 1915년 9월29일

施政五年記念朝鮮物産共進會 / 一. 第一號館 / 第六部, 工業(中)

* 中央試驗所 工業傳習所(一) - 中央試驗所窯業試驗部

도자기 수는 원료를 경남 하동군의 도토에 다른 지역산의 원료를 혼합하여 제조하였는데 이 원료의 우수한 것은 세상에 알려진 바가 적은데, 그 종류는 차주전자, 화분, 과자기, 식기, 주병, 화병, 다완, 大皿 등이었고, 초자기류는 조선산 海砂로 만들었는데 그 종류는 화병, 乳棒, 硝子皿, 과자기, 곱푸, 灰皿, 電燈笠 등이다.

▶ **1915년 9월30일**
施政五年記念朝鮮物産共進會 / 一. 第一號館 / 第六部, 工業(下)
* 中央試驗所 工業傳習所(二)
공업전습소 도기과는 花瓶, 一輪生, 다완, 향로, 향합, 타기, 조선식기 등의 백자, 청자를 巧妙하게 제출하였다.

1915년 9월30일

▶ **1915년 10월8일**
朝鮮古美術淵叢- 考古學者의 重誕万才할 珍品遺物이 多흠
미술관내 지하 동측 진열관에는 불상 다음으로 조선의 자기가 있는데, 청자, 백자, 삼도수 등이 골자를 이루고 조선 고려소의 特長되는 청자와 고아한 삼도수, 중국제품과 다를 것이 없는 백자의 각 色 등은 모든 입장자로 하여금 감탄하게 하였으며, 먼저 청자의 중요한 것은 조각의 수반, 합, 주전자, 화병 등의 유물이 진열되었는데, 그 색채, 형태, 광택이 모두 탄복할 것 뿐이오. (중략)

▶ **1915년 10월10일**
將來多望한 朝鮮工業 / 中央試驗所와 工業傳習所의 功績
조선공업의 장래를 말하는 것은 공진회

제1호관 중앙시험소와 공업전습소의 출품을 바라보는 것이라. 수산군 방면의 좌측으로부터 나열되어 있는 柱, 臺, 床, 暖爐, 置物 등은 모두 도자기이며, 내화점토로 1區劃을 만든 것이 우선 관객의 안목을 사로 잡았는데, 문으로 들어가면 정면에 大貞子를 발견할 수 있고 柞蠶機를 출품한 것이 있으며 壁織, 洋傘, 交織 등이 모두 개량품인데, 그 발달은 중국의 수입을 하지 않아도 부족함이 없겠고 도기, 자기류의 진열을 보면 경남 하동산의 도토에 타지방 조선산 원료를 혼합하여 만들었는데 그 원료의 우수함은 다른 지방에 비해 알려지지 못했으며 그 원료도 出陳하여 업자에게는 좋은 참고자료가 되었고 초자의 제조도 있는데 이는 조선산 海沙로 만든 것이라 특히 주목할 위치가 있다. (중략)
* 풍부한 진열품은 조선 화학공업인데, 오늘 이후 발달의 여지가 있음이 보이고 또한 도기과의 백자, 靑高色彩葉, 靑磁高, 花形靑磁 高等 각종의 제품은 一見에 조선공업계의 진전됨을 예상하게 하였다. (중략)

▶ **1915년 10월12일**
磁器會社總會(平壤)
평양자기회사 총회는 15일 평양상업회의소 내에서 개회하는데, 당일 水口 제2부장으로부터 과거, 장래에 대한 상세한 설명이 있을 것이다.

▶ **1915년 10월19일**
施政五年記念朝鮮物産共進會 出品物審査發表
審査点數 二萬五千三百七十三点, 受賞点數 六千九百六十五名, 外 功勞賞者 二十九名
* 審査槪評 第六部. 工業
본부에 속한 심사품은 7,213점이고 인원은 3,453명이며, 요업제품 중 도자기에 있어서는 조선식기가 가장 우수하며

황해도와 강원도와 전라북도 등의 제품
도 재래의 제품에 비하면 우수하며 진
남포와 경성의 高麗燒는 그 기술이 近
時에 이르러 다대한 발전을 하였고 煥
瓦, 土管과 瓦의 제작은 진보되어 그
품질이 우량할 뿐 아니라 현재로서는
이입을 중지하기에 이르렀다.
* 金牌 第六部. 工業
沙鉢, 磁器 / 平南大同 / 平壤磁器製
造株式會社

▶ **1915년 10월23일**
大共進會(三二) / 八. 美術館
(중략) 계단 아래 동측의 진열실에는 고
려시대의 청자, 백자, 繪高麗와 경주 사
천왕사 근처에서 발견된 新羅朝碧采
陶板神將像과 경주 고분에서 발견된
신라시대의 순금장신구, 古瓦, 土器와
낙랑시대의 기와와 任那시대의 靑珉玕
句玉, 고구려시대의 古瓦, 토기 등인데
모두 古色이 창연하여 고고학자에게
無上한 취미를 주고 이조 초기의 三陽
碗은 雅致를 可掬하였다. (중략)

▶ **1915년 10월26일**
大共進會(三四) / 九. 館外陳列(二)

1915년 10월26일

一. 窯業品
요업품 관외 진열에 대해 논하기 앞서,
먼저 眼線이 향하는 바는 경성부에 있
는 의동공립공업학교 생도의 건축에 이
은 교육실습관인데, 조선 각 실업학교
생도의 제작품 3천점을 진열하고 선린
상업학교 외 2교 생도로 하여금 상업을
실습하게 하여 일반학생들에게 모범적
으로 보이고, 북측에는 土甕, 토관, 연
와, 석회 등을 진열하였는데 이는 제1
호관 공업부 중 요업품의 분관으로 하
고 기타는 앞서와 같이 區益水利組合
과 大正水利組合模型의 구역으로 한
다. (중략)

▶ **1915년 11월26일**
陶磁器製造業 / 優秀흐 原料豊富
조선에는 각지에 도자기 원료가 풍부하
니 그 중 경상남도 하동, 산청지방에는
내지에서도 발견하지 못한 우수한 도토
가 생산되어 장래 도자기의 제조는 유
망한 사업이 될 것이 틀림없다. 그러나
공장의 위치와 설비에 각종 불편이 있
어 현저히 이 업의 勃興을 보는 것에
이르지 못하였으나, 근래 각지에서 그
사업에 착수하려는 사람들이 생겨남에
이르렀고 목하 공장을 운영하는 자는
개인경영으로 진남포와 경성에 각 1개
소, 회사경영에 속하는 것으로는 평양
과 대구에 1개소에 불과하나, 전자는
주로 高麗燒를 모조하여 애호가가 이
용하는 바이며, 점차 산액을 증가하는
중에 있고 후자는 조선인의 일용품, 사
기류를 주로 제조하며 대구에 있는 것
은 내부에 분열이 있어 사업을 중지하
였고 평양에 있는 것은 작년 자금을 확
충해 설비를 정리하고 당업의 발전에
노력 중이니 장래 양호한 성적을 볼 수
있을 것이다.

▶ **1915년 12월1일**
工業獎勵補助
총독부에서는 永年衰退한 조선공업을

부흥하고 또한 일상의 생활자료는 속히 조선산으로써 조선에 대한 수요에 충당하게 함이 최고로 필요하다고 인식하고 종래 각 지도개발에 노력한 바이오. 중앙시험소와 공업전습소에서 각종 산업에 관한 시험과 공업의 전습을 행하는 외에 각지 유지가가 기획한 각종 공업 전습사업 또는 유망한 공업의 창업 시 收支相償하기 어려운 자에 대해 금품을 보조하며 혹은 때때로 기술자를 보내어 지도하게 하고 그 외 원료의 모집, 제품판로 등을 도모하여 공업을 장려하는 중이며 그 결과로 기업에 대해서는 器具의 개선, 기술의 개량이 점차 나아져서 조선산 織布의 면목이 장래 새롭게되며 柞蠶系의 발달과 함께 평안북도에 있는 유명한 사업이 되고 기타 요업, 제지 등에 대해서도 진보할 것으로 보이니 점차 일반 공업사상의 진보에 대한 민중의 자각은 그 업 발전의 기운을 촉발하고 있다.

▶ **1915년 12월19일**
工業所卒業式
총독부 공업전습소에서 18일 오후 2시 제8회 졸업식을 거행하였다. (중략) 豊永所長은 졸업생 53명에 대하여 증서를 수여하고 오후 4시 식을 종료하였으며, 이번 회 졸업한 생도를 科로 구분하면 염직과 10명, 도기과는 7명, 금공과 20명, 목공과 13명, 응용화학과 11명이다. (중략)

▶ **1916년 1월1일**
공업전문학교 / 豊永傳習所長談
나는 일대 조선에 공업전문학교가 설립되기를 희망하는데 조선 학생 중에 공업전문을 지원하는 수가 많은 것도 아니고 현재의 공업이 발달되어야 다수의 기사기수를 요구함도 아니다. 현재 학생계에서도 이를 희망하는 자가 없고 종래의 공업전습소도 官使가 되기 위해서 입학한 자는 太半을 점령하였으며

현재의 상황으로는 다수의 전문공업가를 수용할 공장도 없지만 조선에는 현재 착수되지 않은 공업적 사업이 심히 많다 하며 각처에서 사람을 갖추어야 하는 사업이다. 조선에서는 이를 반드시 요구하지 않고 결정할 수 있는 사업이겠는가. 다행히 총독부에서는 대정 4년도에 계획을 설립하여 착수하고자 하였으나 세상 사람들이 아는 바와 같이 의회 예산으로 하여금 계획도 만족할 수 없게 되었다. 그러나 올해에는 예산이 될 것 같아 준비에 이르러 증축을 요구할 터이오, 선생도 고명한 사람을 증원할 필요가 있으며 기계 등도 구입할 것이고 이사는 예산이 갖추어진 후에 할 것이나 실습실은 이미 改築에 착수하였고 그 외에 필요한 건축물은 이후 연속적 사업으로 확장할 생각이고 機器類는 다행히 중앙시험소와 인접하였음으로 이에 通用하는 편리가 있으며 이후 시험소와 학교의 기기류는 서로 通用하는 것은 물론 양측에서 준비하는 것을 요구할 것이다. (중략) 분소에서는 전문학생을 교육하는 일이니, 본소의 특별과가 이것이며, 목하 본소의 염직, 응용화학, 요업의 3과에 대한 특별과에 고등보통학교와 중학교의 졸업생을 모집하여 동일히 전문지식을 수여하는 중이다. (중략)

▶ **1916년 1월22일**
磁器會社總會(平壤)
평양자기제조주식회사에서 28일 2시부터 平壤商議所에서 제14회 정기주주총회를 개최하고 재산목록 대차대조표 손익계산서의 승인 등을 하며 당일로 감사역을 개선한다.

▶ **1916년 1월26일**
美術出品者에 附狀
작년 11월에 개최된 施政五年記念朝鮮物産共進會에 대해 전북도에서 조선 고대의 미술공예품을 출품한 전주의 박

영근, 정순모, 이건호, 전왕수 4명에게
는 관람자에게 많은 實益을 주어 본회
의 성공을 조성했다는 감사장을 보냈는
데 4대의 출품은 다음과 같다.
新羅時代의 梵鍾 - 朴永根 / 銀綠鳥銅
의 香爐- 全旺遂
九雲夢記의 九技屏風 - 鄭順謨 / 金弘
道作 花鳥의 八技屏風 - 李建鎬

▸ **1916년 3월15일**
陶器上塗原料
黃海道 瑞興郡 興水院 부근에 製陶業
을 개시할 계획이나 上塗原料에 곤란
함으로 중지중에 있었더니 同郡 巡威
島부근에서 硅砂를 발견하였으므로 상
당한 자본가를 얻어 製陶業을 개시함
에 이르렀다.

▸ **1916년 3월30일**
**復活되는 古美術의 精粹 / 리왕직미
술공장의 발전과 조선·내디 각처에
물품이 보급됨**
이왕직미술품제작공장은 설립한 지 거
의 10여년이 되었으나 세상에 널리 알
려지지 못하여 그곳은 무엇을 하며 또
무엇을 만들며 어떠한 방법으로 판매하
는지 전혀 알지 못하고, 그 미술공장으
로 말하면 제조하는 물품에 대하여 널
리 알리고자 하는 방법을 취하지 않았
음으로 세상에 들리지 않았더라. 원래
미술공장은 이왕가에서 설립하고 금은
기명, 자수, 보석, 자개세공, 목공, 석공,
도장재료, 筆墨硯 등을 제작하여 이왕
가에서 소용되는 것은 물론이거니와 그
외에 소용자가 있으면 많은 이익을 취
하지 않고 거의 실비로서 일반에게 제
공하는 것이 목적이고 한편으로는 조선
의 미술을 보존하며 장려하기 위함이
라. 그러므로 그 진가를 알지 못하는 사
람은 도리어 미술공장의 물건이 시장에
서 사는 것보다 비싼 것이 있다는 사람
도 있으나 이는 필연 오해이다. 가령 비
단으로만 할지라도 미술공장의 물품은

1916년 3월30일

중국에서 수입하는 것보다 값이 높다하
나 이는 다른 연고가 아니라 중국에서
수입되는 비단은 외면만 윤택하게 하고
그 품질은 극히 약함으로 값은 헐하나
오래 견디지 못하고 미술공장에서 짜는
비단은 외면도 화려하거니와 품질로 말
하면 중국비단의 몇 배를 견디게 튼튼
하게 만듦을 알지 못하고 하는 말이라.
원래 장사라 하는 것은 그 물건을 만들
때에 본전과 수공과 이자 또 그 외의 다
수한 이익을 취하고자 하는 것이 원칙
인 즉, 그 방법이 전혀 상반하여 공장
일대의 경비를 제하고 난 물품의 고하
에 따라 감을 실비를 대고 이익을 조금
도 가하지 않은 고로 그 물건에 대하여
물론 가격이 시장보다 저렴한 것은 정
한 이익이라. 그러므로 해를 거듭할수
록 미술공장의 진가를 알아가는 자가
많아지더니 작년 5월 시정공진회에 처
음으로 내다나 조선의 관람자에게 널리
소개하게 되어 그 후로는 각 방명으로
부터 각종 물품의 주문이 많아 판매하
는 길이 열리는 모양인데, 극히 기꺼운
일이다. 그동안은 판로가 널리 알려지
지 못하였음으로 어떠한 물품이 먹히는
지 가령 필육으로 말할지라도 어떠한
문이 놓이고 빗은 어떠하며 어떤 비단
이 보통으로 많이 쓰는지 이제야 알겠
고 미술공장의 물건이 값싸고 품질이
좋다하여 수용하는 자가 날로 ,더하며
일전에는 각 조합 기생들 10여명이 들
러 물품진열장을 관람하고 또한 가격도
물어보고는 과연 중국비단 보다 극히

좋다고 하여 당장에 두서너 필씩 사가는 기생도 있으며, 모두 이제부터는 중국비단은 사지 않고 값싸고 물건 좋은 미술공장의 비단이든지, 패물이든지, 문방이든지 쓰겠노라 하고 가는 기생도 많이 있은 즉, 이로부터는 화류계에까지 물품이 판매되어 널리 상하를 수용하게 됨은 극히 기쁜 일이노라.(續)

▶ **1916년 3월31일**

復活되는 古美術의 精粹 / 외누리 업고 정직호 판매방법 실비로 제공흐고 폭리를 불취

공진회 이후로 미술공장의 물품이 널리 소개됨은 다만 조선뿐 만이 아니라 내지에까지도 광고되야 요사이에 동경 동지로부터 칠기의 주문을 답지하고 제조한 물건에 대하여도 내지인의 칭찬을 받는 편이다. 칠기에 대하여는 자개를 삭히어 붙이는 고로, 그 원료되는 자개는 조선 내에서 유명한 제주도의 소산을 사용하고 칠은 역시 유명한 평안북도 泰川郡의 漆을 사용, 예전 고려대부터 내려오던 칠하는 법을 사용하여 속이 부서지거나 변색되는 일이 없고 동일한 색채를 영구히 보존되는 고로, 수용자가 많아 점차 감도리유가 없는 것은 아니라. 먹으로 말할지라도 한 개에 3전으로부터 5전, 8전의 3종류가 이것은 각 학교 생도의 소용을 위하여 제조한 것이니 3전짜리의 먹은 소학생의 것으로 정한 것이오, 5전, 8전짜리는 중학 정도 학생의 소용으로 제조한 것인데, 그 먹의 품질을 말하면 8전짜리는 시장에서 판매하는 10전짜리 먹보다 나은 점이 많이 있건 만은 사람들이 이를 알지 못하고 값이 헐하면 품질도 낮으리라 하여, 시험해 보지도 않고 타박하는 일이 많은데, 미술공장에서 제조하는 먹이 내지에서 제조한 먹보다 값이 헐하고 품질에 대해 더 나은 것은 다른 연고가 아니라 내지에서 제조하는 먹은 제조실태가 다르고 조선에 이입함에 세

금으로 십분지 일을 제외하고 그 외 잡비용으로 십분지 일을 감하게 되는 고로, 비록 같은 물건이라 할지라도 값을 더 받지 않을 수가 없다. 조선에서는 그렇지 않으니 먹을 제조할 때 파생하는 것이 없으며 세금과 잡비도 많지 않은데 겸하여 내지에서는 일반 먹을 제조하면 360개인데 조선에서는 400개인 고로, 물론 내지 먹에 비하면 값이 저렴할 수밖에 없다. 금은속으로 말할지라도 세상에서 십팔금이라 하고 판매하는 것을 보면 실상인 즉 십팔금이 되지 못하고 구매하는 사람의 눈에는 발각되지 못하고 십팔금으로만 알고 사는 일이 있으나, 미술공장에서 제조하는 십팔금은 부호와 일호도 틀리는 일이 없는 것은 가히 자랑할 만도 하고 일반 수용자에게 안심하고 매매하게 할지라 그 외은으로 만드는 기명으로 말하자면 내지에서는 기계를 사용하여 속이 제조하나 미술공장에서는 일일이 손으로 두드려서 만드는 고로 날짜를 많이 허비하고 공전도 많이 드는 까닭으로 가격에 대하여는 조금 비싸다 하나, 그 실상은 그릇의 중량을 달아보면 내지그릇 보다 월등하게 더함을 알겠다 하노라. 이상에 진술하는 바와 같이 이왕직미술품제작공장의 내용과 그 방법의 여하는 대략 이러함으로 어떠한 사람이든지 물건을 사는데는 안심하고 살 것이오 다른 사람과 같이 사러오는 사람의 가격과 위인을 보아가면서 값을 받는 폭리적 수단을 결코 아니하는 것이라 하노라.
(이상 美術工場支配人談)

▶ **1916년 4월13일**

〈社說〉

＊ 京城工業專門學校

본교는 조선의 세 전문학교 중의 하나라 본교에 입학할 수 있는 자는 16세 이상으로 고등보통학교를 졸업한 자 또는 이와 동등 이상 학력을 가진 자이다. 수업 연안은 3년인데 학과는 염직과,

응용화학과, 요업과, 토목과, 건축과이고 부속 공업전습소를 세웠는데 14세 이상으로 보통학교를 졸업한 자와 동등 학력을 가진 자라야 입학할 수 있고 수업 연한은 2년이며 학과는 목공과, 금공과, 직물과, 화학제품과, 도기과(轆轤分科, 模型分科, 陶畵分科)로 나누었다. (중략)

▶ 1916년 5월25일
工業教育調査 / 時勢要求에 應하여

조선 공업은 아직 유치하고 조선 내에 수요되는 일용공업품은 외국으로부터 수입에 의존하며 조선으로부터 수출품 다수는 공업제품 원료인데 환언하면 조선의 생산원료를 다른 곳에 보내 가공품을 고가로 공급받는 모양이다. 원료가 풍부함에도 불구하고 타의 가공에 仰하는 것은 조선 경제발달상 유감이 크다 하여 당국자, 민간유지자도 조선 공업과 각종 소공업을 장려하고 특히 歐洲時局의 영향을 받아야 외국품의 수이입이 감소되고 이 방향으로 수출이 되어야 내지에 있는 각종 소공업의 발흥을 보게 되며 근래에는 경성상업회의소에서 가정공업의 모집을 장려하는 현재에 조선도 역시 공업을 장려하는 것은 상하의 輿論이라. (중략) 이번에 총독부에서 「공업교육시설에 관한 조사위원회」 설치하기로 결정하고 22일 오후 2시부터 제2회의실에서 제1회 위원회를 개최하고 寺內총독도 친히 참석하여 훈시를 할 것이라 하며 동 조사에 관한 방침을 정하였는데, 올 29일 오후 2시부터 제2회 위원회를 개최하기로 하였는데, 조사위원에 임용된 자는 공업과 공업교육에 직접 관계가 있는 14명으로, 각 부서를 정하여 조사 진행 중이며, 이 조사의 결과는 주목할 가치가 있겠고 조사기일은 올해 여름 이전까지라 한다.

▶ 1916년 5월27일
製作品陳列會

경성공업전문학교에서는 28일 일요일 오전 10시부터 제작품진열회를 개최하고 官民 다수를 초청해 同校作業의 상태와 제작품의 진열을 관람하게 한다.

▶ 1916년 5월27일
鑛業熱益旺盛

올해 4월 중의 광업 출제 건수는 774건인데 대정 3년 중의 출제건수 542건에 비하면 232건의 증가를 보였고 4년 중의 출제 총 건수는 842건과도 백중지간이며 新鑛業領의 실시에 의해 중석류 출원이 다수인데, 이는 총독부 개시 이래 미증유의 현상이며 5월내에 300건에 이르겠으니 조선 내의 鑛業熱이 왕성함을 알 수 있다.

▶ 1916년 5월27일
地質調査計劃

총독부에 승계된 鑛床사업은 명치 44년도에 착수한 이래 평안남북, 함경남북, 황해도, 경기도, 강원도, 충청남북 9도를 완료하고 잔여 경상남북, 전라남북 4도는 일부 조사를 개시하였는데 본 사업완성기 예정은 대정 6년까지의 7개년 사업인데 현황대로 진척되면 예정된 연도 내에 전부 완료할 수 있다. (중략)

▶ 1916년 5월28일
工業校의 展覽會 / 값싼 물건도 많다

공업전습소의 제품진열회는 28일 오전 10시부터 오후 4시까지 동 학교안에서 열리고 전습소는 올해부터 공업전문학교가 실시된 바 그 교실 겸 공장이 된 각 업장은 구경만 하여도 참고가 될 만하고, 비누, 털수건은 어떻게 만드는지 또한 沙器는 어떻게 만들어 굽는지, 여러 가지 재미로운 구경이 있습니다. 또 학생의 손으로 만든 여러 가지 물건은 팔기도 한다.

▶ 1916년 7월6일
古蹟保存規則

고적과 유물보존규칙은 총독부령 제52호에 의해 관보로 발표하였는데, 본령은 제8조로 이루어져 서기, 골각기류를 包有한 선사유적, 고분, 도성, 궁전, 교통로, 봉대, 궁부, 사찰, 陶窯 등의 遺跡과 戰跡 기타 사고에 관계있는 유적을 말하며, 유물이라 칭하는 것은 연대가 지난 탑, 비, 금석불, 석등의 外歷史, 공예 기타 고고의 자료가 될 만한 것의 보존에 대한 규정인데 이는 7월10일부터 시행할 것이다.

▸ **1916년 8월2일**
京畿工業調査
경기도 내에 있는 공업의 상황을 조사 중이라고 하는데, 각종공업 중 정미업, 염직업, 금은세공업, 피혁제조업 등은 대단한 진보를 보여 생산량도 전년에 비해 4할의 증가를 보였다. (중략) 廣州郡 소재 분원자기회사는 경영이 부실하여 이득을 얻지 못해 해산하였다.

▸ **1916년 9월5일**
朝鮮의 陶器工業(一)
이하는 조선총독부 중앙시험소 기사 森男三郎氏가 京城商業會議所를 위하여 발표한 의견이다.
* 工業中의 難工業
도기의 제작은 여러 종류의 공업 중에서도 어려운 사업이니, 소지와 유약의 조합, 형태와 모양의 고안, 형태의 作製, 繪磁의 描寫, 유약의 방법과 燒法 등의 기술을 불문하고 一聞一代의 노력으로 專心 종사할지라도 오히려 그 기술에 통달함을 얻지 못할지라. 그런데 도토의 파쇄로부터 1개의 제품을 얻기까지는 이상의 기술과 같은 각종 전문 기술자의 손으로 제반공정을 거쳐 각 부분의 공작이 총히 완성하여야 완전한 제품을 얻을 수 있다. 이 같이 도기의 제작에 있어 일부분의 공정에 실패할 때에는 전부 성공하지 못하기 때문에 영업상 다대한 손실을 가져옴으로

심히 어려운 사업에 속한다 할 수 있다. 그러나 한 번의 손해가 있으면 반드시 한 번의 이익이 있으니, 경영이 어려운 이 사업은 다른 공업이 막연히 시장에 자신의 경쟁자를 바라보고 있는 것에 반하여 그 경영으로 상당한 입지를 얻는 경지에 이르면 경쟁자의 출현을 바라보는 일이 적으니, 비교적 시장독점의 이익이 있다.

* 輸出과 大經營·小經營
이 공업에 있어 단순히 원료만 판매할지라도 비교적 고가이고 유리하나 도기의 원료는 土石이오 연료도 나무, 석탄인 고로 이를 외국으로 이출하기에는 높은 자본과 운송비를 요구하여 採算에 합당하지 못한 일이 많으니, 도기제조업은 염가의 원료로서 고가의 제품을 제작하여 외국으로 판매해야 이익을 얻을 수 있는 것인 고로 매상고의 대부분은 工賃과 運賃이오 지극히 정교해야 미술적 제품에 이르러야 공임이 최대부분을 점유하니, 일반공업 중 工作 상의 자금 중에 이득이 최대한 많은 사업의 하나이다. 이와 같이 이 사업은 원료와 연료는 극히 염가인 고로 성질상 경영의 어려움에 부딪치지 않고 적은 자본으로서 불완전한 경영을 하는 것이라 고래로부터 그 수가 적지 않지만, 小經營者에 있어서는 학술시험을 경험한 고급 기술자를 초빙하여 완전한 설비 하에 제조함은 미치지 못하여 자연히 대규모 경영자에게 밀려나게 되니, 窯業國에서는 자본을 투자하여 공장조직에 의하여 기계기구, 陶窯 기타 완전한 설비를 갖추고 우수한 기술자를 초빙하고 그러한 연후에 다수의 인부를 배치하여 종사해야 세계시장을 風靡하는 것이 이루어질 수 있는 바라. 그러나 일본에서도 수출 日用陶磁器 등의 제조소인 교토의 松風合資會社, 나고야의 일본도기회사, 가나자와의 일본경질도기회사 등이 대자본으로서 우수한 기술자와 다수의 도공을 두어 완전한 설비를

갖춘 고로, 양호한 제품을 만들어 서방국의 우량품을 拮抗하고 수출하는 중에 있음은 多少 人意를 강하게 하는 일이다. 그러나 대다수의 개인제조업자는 기술과 설비상으로 제품이 불완전함으로 제품이 다른 문명국에 비하여 세계적 경쟁을 하기 어려운 상태에 있으니, 이후 우리나라에서 이 업으로써 국익을 계획할진데, 대자본으로써 계획하고 국내 유수한 기술자를 초빙하여 대규모 공장을 설립하고 제조를 시작함으로써 최대한 성공에 이르는 방법이 될 것이다. 그런데 제품을 외국에 수출해야 세계시장에 경쟁할 수 있는데, 친히 외국을 시찰하여 양호한 제품의 精査를 하고 우리나라에서 제작하기 어려운 기기기구를 구입하지 않으면 않되니, 이러한 요구에 응할 설비를 갖추고 혹은 제품의 개량을 위해 외국 大商人의 신용을 얻어야 완전한 사업의 진전을 보게 될 것이다.

▶ **1916년 9월6일**

朝鮮의 陶器工業(二) / 實際的 經營方案

앞서 진술한 바와 같이 大經營을 나의 조선에 採用할진데, 창업 시에는 다소 손실이 있어도 양호한 원료가 풍부하고 노임이 저렴하여 장래 발전의 시기에 이르면 유망할 뿐만 아니라 수요지로 조선 외에 만주방면에 200만원, 남양, 인도방면에 1500만원의 연 수요액이 있다. 歐米 등 부국의 수요는 다액이라 대경영으로 제조할 때는 주로 수출품을 만들 것이며, 예를 들어 100만원의 자본으로 사업을 개시할 때는 염가인 일용품으로도 1년에 1백만원에 이르는 제품을 시장에 공급할 수 있다

* 全鮮의 移入額

4,50만원을 투자하고 또한 이를 인접한 중국시장 등에 공급할 지며 조선의 수요는 조선에 있는 원료와 노력으로서 직접 제작하고 餘力을 준비하여 저렴한

勞銀과 양호한 원료를 이용하여 해외 수출품을 제조하는 것은 국가경제상으로 하든지 개인 採算으로 하든지 최고의 방법이라. 그런데 조선 내에서 대자본을 투자하여 대규모의 설비로 수출용 일용품 제작을 함에 적당한 장소는 기후, 원료 기타 관계와 제품 선적에 적합 등을 관찰하여 第一의 부산 부근을 추천하며 인천은 便船의 관계로 단 1회의 換裁와 積載를 할 뿐으로, 수출항에 이 출하기 적합함을 얻는 것은 다른 제조상에 好位置있어야 함과 함께 부산에 버금가는 호적한 위치가 됨을 잃지 아니 하겠도다.

* 京城의 好適한 家庭的 經濟

경성은 반도 중 최고의 미술공업에 적당한 소질을 갖춘 高等遊民이 많은지라 고로 미술적 도자기 제조지로 장래의 발전을 기대할지나, 전술한 것과 같이 대자본을 투자해 비로소 興하고자 함은 반도공업계의 현재의 뜻으로 관철할지라도 아직 내용이 실행하기 어려운 理想論에 불과함과 같고 본 업과 같은 일반공업 중에도 분업적 多種의 기술이 없어 그 목적을 달성할 것인데, 비교적 소규모의 경영으로부터 시작하여 혹은 무직업자를 이용하여 각 부분적 기술을 습득하게 하는 등의 勞小功多한 방법에 의하여 점진적 발전을 해나가니 半工場 경영에 의하여 건실하고 또한 비교적 대량생산을 하는 것이 좋다. 우리 경성에 심히 호적한 방법이 있어 아래에 기술하고자 한다.

▶ **1916년 9월7일**

朝鮮의 陶器工業(三) / 實際的 經營의 一方案, 京城의 好適한 家庭的 經濟(續)

경도는 고래로 미술이 盛한 곳이니 미술적 공업이 般盛할 소질을 갖고 있으니 도자기업에 있어서도 25만원의 자본금을 예치한 日本陶料會社가 있어야

완전한 설비를 갖추고 충분한 시험을 통한 조합법에 의하여 각지에서 수집한 다량의 원료로서 소지, 유약 등을 제작하고 陶窯와 소성을 전문으로 하는 자가 있음으로 소제조업자는 同 회사에서 소지, 유약 등을 구입하여 제작하고도 요 1器 혹은 1建을 갖추고 窯主에게 제공할 때는 완전한 제품을 얻을 수 있다. 고로 도토는 60원의 자금을 가질 때 소제조업자가 될 수 있겠다. 원래 도기의 제조에 자본가의 곤란함은 원료, 도토의 破碎에 필요한 기기 장소, 건물과 도요 등에 있어 대단히 많은 자본을 固定하게 함으로 이 사업을 중지하고자 함에 이르러야 이러한 고정자본은 크게 쫓기지 않으며 이 사업을 개시하는 것을 얻지 않은 자는 대단히 많으며 또한 가령 이 사업을 개시하는 것을 얻었다고 할지라도 소자본으로 불완전한 설비에 의할 때는 우량한 제품을 얻는 것에 어려움이 따른다. 나는 경성에서 도기업을 개시하고 般盛하게 할진데, 우선 대자본으로 회사조직의 경영을 위해 우량한 기술자와 정교한 기계기구, 기타 완전한 설비에 대해 대제조를 위하는 것이 좋다. 그러나 졸지에 다수의 기술자를 양성함이 곤란할 터인 즉, 전술한 것과 같이 교토에 있는 것과 같이 다수의 개인적 공장에서 각각 열심히 기술을 연마해 숙달자를 얻은 후에 대규모의 공장 경영으로 옮기면 최고 성공에 달하는 방법이라 할지라. 그런데 도회지에 있는 土地가 저렴하지 않고 도토 破碎의 기계와 원료의 운반비 등이 소자본으로는 감당하기 어렵고 소지, 유약, 도요등도 양호한 것을 얻기 어려워 제작상에 다대한 불편이 있다. 그러므로 도료회사와 같은 방법에 의해 다량으로 염가의 원료품을 구입하고 중앙시험소에서 연구한 最良의 조합법을 이용하여 완전한 설비에 의해 소지, 유약 등을 판매하고 도요와 같은 원료공급자가 설비하여 각소 제조업자의 위탁에 응하고 전문기술자로 하여금 작업을 하게

하던지 요금을 받고 대여하는 방법을 취하는 것이 편리하고 양호한 성적을 보일 것이다. 그러나 당초에 원료수요자가 적을 시에는 공급자가 자영제조하지 않으면 收支가 相償하지 못할 것이다. 교토의 栗州燒 그리고 宮川香山氏와 같다 함은 제작품의 저부가 미술적 수출품이오. 이 외 교토, 愛知, 동경 등의 각 지방에서도 석고형을 이용하여 소인형과 기타 완구류를 제작하는데, 구주, 영국, 미국, 南洋 등에 대단한 주문품에 공급력을 동원하기 위해, 이 업의 模型科 수업을 수료한 학교졸업생도 일반제조업자의 요구에 응하기로 했다. 요즘과 같은 好時期에 있어 원료공급 기관을 설치할 때 반가정적, 반공장적으로 제조할 때는 소규모의 경영이라도 동일한 원료와 도요에 의해 제작하는 고로 제작품도 비교적 통일되어 동질 제일의 것을 얻을 것이며 수출용으로도 적당할 것이며 또한 가정적 부업으로 하는 석고형 성형 등의 작업으로부터 비교적 고상한 부업인 고로 일반무직업자가 따를지니 크게 어려움이 없으며 다수의 기술자가 양성되어야 이 사업의 급속한 진전을 보일 것이다.

▶ **1916년 9월12일**
朝鮮의 化學工業(二) / 中央試驗所 技師 令津明氏 講演
(중략) 도자기와 硝子의 원료는 조선이 비상히 풍부하고 우수함으로 도기와 초자제조도 장래가 유망하다.

▶ **1916년 11월29일**
工業界의 大發展 / 新設工場의 日增
조선공업의 개량발달을 촉진하기 위해 총독부에서는 각지에서 경영하는 공업전습사업 중 유망한 공업에 대하여 금품을 교부하여 경제상이 원조를 하고 전문가를 파견하여 기술, 지도하게 하는 등, 銳意로 보조 장려에 노력하는데 총액 1만8천3백96원의 국고보조금으로

각도에 배부하여 적당한 시설을 만들기 위해 조사시험과 분석을 시행하고 그 결과를 공표하여 업의 발전에 자료로 활용하였다. 올해 금액을 각도별과 사업별로 보면 다음과 같다.

道別	補助金(圓)	事業別
경기	2,500	機業, 요업, 제지업, 철공업, 杷柳竹細工業
전북	800	요업, 제지업, 칠기업
전남	1,500	제지업, 요업, 木竹石器業
황해	800	機業, 요업, 제지업, 製墨業
강원	1,150	요업

▶ **1916년 12월16일**
中央試驗所 試製品 / 本社 代理部에 陳列縱覽
총독부중앙시험소에서는 본사 대리부에 시제품진열소를 신설하고 시제품을 진열중인데 근래 진열을 종료하였으므로 15일부터 일반의 縱覽을 허락하게 되었는데 희망자에게는 需用에 응하기도 한다.

▶ **1916년 12월17일**
有望한 陶磁器業
조선은 각지에 양호한 도토가 많고 경상도 하동, 산청지방은 우수한 도토를 생산함으로 조선에 있는 도자기제조업은 장래 극히 유망한 사업이 되겠으나 공장의 위치, 설치 등에 관한 불편한 점이 많아 현지히 이 사업의 부흥을 보지 못했지만, 근래 각지에서 점차 본 사업에 착수하려는 자가 많아지는 편이어서 목하 공장 중 개인 경영으로 진남포, 경성에 각각 1개소, 회사 경영은 평양과 대구에 각각 1개소가 있으니 전자는 주로 고려자기를 모조하여 애호가가 애용하고 점차 생산이 증가되는 중이며, 후자는 조선인의 일용품의 사발류를 주로 제조하는데 착수한 것인데, 대구에 있는 것은 내부에 분열이 있어 목하 사업을 중지하였으나 평양에 있는 것은 작

년 말에 자금을 충원하고 설비를 갖추어 사업의 진보에 노력 중인 고로 장래에 양호한 성적을 거둘 것이라 한다.

▶ **1917년 1월1일**
發展界에 入한 十三道
* 황해도- 유망한 공업은 絹직물, 木綿직물, 麻布交직물, 陶磁器류가 위주가 된다
* 평안남도- 유망한 공업은 도자기와 직물이다.
* 충청북도- 永同의 모시사업과 堤川, 丹陽의 제지와 槐山의 彌勒도기 등이다.

▶ **1917년 2월13일**
學校歷訪 / 工業技術을 啓發호는 唯一의 機關, 京城工業專門學校와 부속 工業傳習所
조선에 대한 산업을 조장발달하기 위해 공업전습소에 관한 機關으로 각종 공업에 종사하고자 하는 자에 대해서 기술을 습득해야 장래 그 업을 열심히 할 수 있는 자를 양성하기 위한 목적으로 명치 39년 8월에 이를 설립하고 조선인 보통학교 졸업생들에 대해 2년간 실기를 연습하게 함과 동시에 學理를 공부하여 졸업 후 實쯤社에 들어가 다른 사람의 모범될 선량한 직공과 실무자가 되기 위하여 염직, 도기, 금공, 응용화학 등의 각과를 敎授하였으나 시세의 進運은 단순히 기술교육으로서 만족하지 않고 多種多彩의 인재를 양성하여 조선 산업의 개발에 필요가 있음으로 대정 4년부터 고등보통학교를 설립하여 공업에 종사하고자 하는 자를 위해 편히 특별과를 신설하고 염직과, 요업과, 응용화학과의 3과를 개시하였다. (중략)

▶ **1917년 5월18일**
工業生產增進
경성부 내의 현재 민영공장은 308개이

고, 자본금액은 5백4십3만5천1백78원
이고 産額은 9백9십6만 2천8백78원인
데 주된 공업 製産品은 연초, 정미, 제
분, 기구기계, 피혁, 煉瓦, 도자기, 가구,
과자, 음료수, 염료, 제복, 인쇄 등이다.
(중략)

▶ **1917년 7월4일**
平壤
* 磁器會社狀況- 평남 대동군 마산동
평양자기제조회사는 순수 조선인 경영
으로 설립되어 많은 파장을 남긴 바, 근
래 소식을 보면 자금 6만원에서 반액 3
만원이 소진되고 은행차입금으로 현상
을 유지하는 중 경영자가 위기에 직면
하고 또한 실경영자가 없어 사업이 부
진함과 같다 하는 바, 이는 사실이라.
이 회사의 제품은 조선인 일반의 필수
품으로 수요가 왕성함은 물론이고 평양
부근은 유망한 공업지로 外人에게 인정
되어야 없는 회사가 다수 생겨나고, 조
선인들에게도 될 수만 있다면 새로운
계획의 회사를 설립해야 한다. 지금이
라도 이 자기회사 당국자는 내용의 근
본적 정리를 하고 자본금의 새로운 拂
入을 하게하며 한편으로는 새로운 각오
와 용기로 성공을 취하는 동시에 조선
인의 사업도 원만 성공한다는 실례를
내지인에게 보여주어야 한다.

▶ **1917년 7월22일**
陶器有望의 慶南 / 慶南 第一部長 談
본 도 내의 絶影島 혹은 牧島라 불리우
는 곳에 기업이 있으니, 이는 교토에서
製出하는 경질도자기를 絶影島에서 제
조하는 것인데, 조선의 도토를 사용하
는 사업이며, 主唱者는 교토의 유명한
松風嘉定氏고 出資者는 내지의 자본가
多數를 망라하여 자본금 1백만원으로
착수한 것이다. 조선토를 사용하고 조
선인 직공을 사용함으로 현재 조선인
직공 1500명을 양성하여 대규모로 사
업을 創始할 계획이라 목하 출현중인

즉, 가까운 시일 안에 허가를 받게 되리
니 민간기업계에 新福音이라 하노라.
(중략)

▶ **1917년 7월28일**
化學工業博覽會에 朝鮮出品
화학공업박람회는 9월20일부터 10월말
까지 동경 우에노에서 개최되는데 조선
총독부에서도 조선 화학공업의 일반을
공개하고 원료가 풍부하여 그 업의 전
도유망함을 주지시킬 가장 좋은 기회임
으로 금회에 출품키로 결정하여 계획
중이며, 목하 계획한 것과 같이 상업자
의 출품물을 접수 중인데, 조선의 출품
에 할당될 진열면적은 약 100평이고 별
도로 조선식 2층 건축물 약 6평의 별관
을 축조할 예정이고, 조선의 주된 출품
은 공업약품, 염료, 의약, 도료, 요업품,
주류, 음식품, 사진, 인쇄물, 식료품, 직
조공예품, 각종 화학제품, 중앙시험소
출품물 등 총 1,500여점이라 하니 출품
희망자는 경성, 인천 상업자의 출품은
총독부상품진열관으로, 기타 각 지방
해당자는 所管 郡部로 신청, 제출한다.

▶ **1917년 9월12일**
陶器會社認可
교토 陶器業者 松風嘉定씨의 주창 하
에 本田政以, 男橫山章씨 등 12명의
발기로 4월 중에 총독부에 대해 설립인
가를 신청 중인 조선경질도기주식회사
는 9월9일로 인가의 지령을 받았는데
이 회사의 목적은 주로 미국 수출 所用
陶器의 제조와 성인 직공의 양성에 있
고 원료는 조선산 도토를 사용하고 자
본금 1백만원을 발기인이 인수하고 일
반에 공모치 않으며 회사와 공장은 부
산 牧之島에 세운다.

▶ **1917년 10월13일**
**美術品의 製造에 뜻있는 청년을 구
한다**
태평동에 있는 이왕가미술공장에서는

요사이 미술의 공예에 종사할 희망이 있는 자로 상당한 자격과 건실한 결심을 가지고 신청하는 소년이 있으면 견습공으로 채용할 것인데, 이에 대하여 미술공장의 주임은 여기서 모집할 사람은 보통학교 졸업생이나 이와 동등 이상의 학력이 있는 사람을 요구하는데 미술품의 제조는 연초회사의 담배물뿌리를 제조하는 작업과는 달리 보통의 지식이 있어야 하겠으며 또 각 공장에서 기술을 가르치는 사람은 대개 내지인인 고로 국어를 알지 못하면 않될 까닭이요. 또 채용할 때는 상당한 보증인을 받아야만 2,3년 이내에 임의로 그만두면 그동안에 주었던 급료는 보증인으로 하여금 다시 바치게 하는 제도이라. 미술공장에서는 견습이라고 할지라도 채용하는 날부터 상당한 급료를 주는데 미술품의 제조에 아무 경험이 없는 자가 상당한 미술품을 제조하게 되려면 3년 동안은 부지런히 힘을 써야하는 고로, 3년 이내에 주는 급료는 미술공장의 손해로 돌아가는 것인데, 종래 경험으로 보면, 채용하여 오래가지 못하여 사람은 일이 고단하니, 수입이 적으니 하고 나가버리는 사람이 많은 고로, 이러해서는 아무 소득이 없이 그동안 그 사람만 먹여 살리는데 지나지 못하는 고로, 이러한 폐단을 막기 위하여 3년 이내에 임의 퇴출하는 사람에게 그동안 받았던 급료를 보증인으로 하여금 다시 받게 할 것이다. 미술공장에서 성실하게 기술을 닦으면 상당한 수입이 있을 뿐 아니라 후일에 독립하여 생계를 유지하기에 넉넉한 고로 연초공장이나 관청회사에 다니는 것과 비교할 바는 아니지만, 급료는 견습으로 채용한 날부터 월급 15전 이상을 주며 그 뒤로 점차 올려주는데, 조선인으로 월급 50전 이상을 받는 사람도 있는 즉, 결코 수입 적은 직업이 아니며 미술공장에서 나온 뒤 라도 독립경영을 하여 생계를 경영하기에 넉넉하며 또 미술품의 제조는 다른 직업과 달리 미술을 존중히 여기

는 생각이 나며 또한 이에 따라 세상이 높아지는 무형의 이익도 있는 것이라. 현재 미술공장에는 금은세공에 부분의 일과 자개칠공, 직조, 지필묵 제조, 도석돌과 대리석공 등의 8가지가 있음으로 채용한 이상에는 각기 소속을 가려 기예를 가르칠 것인 즉, 아무쪼록 마음이 착실하고 부지런한 청년이 다수 응모하여 조선의 침체한 미술을 다시 일으키는 공로자가 되기를 기다리노라 하더라.

▶ **1917년 11월8일**

化工博 獻上品- 總督府 中央試驗所 謹製

10월27일, 聖上陛下께서 화학공업박람회에 行幸했을 때 조선에서 출품한 중앙시험소에서 제작한 우량품 數種을 선택하여 헌납하였는데 품목은 다음과 같다.- 백자, 고려소과자기 8子3組, 靑磁 高麗燒, 봉황상감화병 1개, 칠기화병 1개, 청주 1折, 탄산수 1折, 안동포 1反, 檀紙 1箱

▶ **1917년 11월11일**

獻上한 新工藝品 / 백색, 청색고려자기 이외 일곱가지

이번 총독부 중앙시험소로부터 황실에 진상하여 가납하시는 광영을 입은 백색고려자기 과자그릇삼합, 청색고려자기 봉황인화병 1개, 탄산수 1다스, 청주 1다스, 안동포 1필, 단지 1상자는 사진에 보이는 바와 같거니와, 지금 그 설명을 들은 즉, 고려자기의 과자그릇과 화병은 함께 요업시험부에서 제작한 것인데, 백색과자그릇은 경상북도 청송군 법수동의 백색과 경상남도 하동군 북천면 중촌동의 백토와 경기도 시흥군 관악산의 당색을 혼합한 것인데 청송의 백색은 통상의 백자보다 특별한 성질이 있어 구어내면 형상할 수 없는 광채와 색채가 있으며 청색자기는 경성 동부리 화동 관사구내에 있는 흙인데 참돌이

1917년 11월11일

저절로 부스러진 것이고 동대문 외의 붉은 흙과 함경북도 경성군에서 나는 내화점토와 관악산의 桃土라는 점토를 섞어서 구운 것인데, 두 가지 모두 일주일 간격으로 구운 것이오, 고려시대의 미술품을 참작하여 만든 석고성형인데, 이 두 그릇은 모두 중앙시험소 진열장에 그와 같은 물건이 진열되어 있다. (중략)

▶ 1917년 12월11일
朝鮮古墳의 變遷(一) 入木奘三郎
(중략) 고고학상으로 日鮮 양민족의 관계를 밝히기 위해 조선에 來韓하였소. (중략) 新羅沙器를 출토한 고분은 주로 三南지방에 있고 또 高麗沙器를 소장한 분묘가 開城근방에 群集하였음을 알았다. (중략)

▶ 1917년 12월16일
陶磁器會社現況
평남 대동군 자기주식회사는 자금의 부족과 내용의 부진으로 노력했던 바, 올 가을 이후 殘株金을 전부 拂入하고 한성은행으로 2천원을 다시 차입하여 채무를 辨下하고 내용을 정리 단행하여 면목을 一新할지라. 추위지기 시작하는 이 달부터 다음 해 2,3월까지는 도기의 제조를 중지할 모양이다. 동 회사 관계자의 말에 의하면, 현재는 설비가 곤란하여 앞날의 광명을 바라 볼 뿐인 바, 내년부터는 대규모적으로 增量하고 기사를 초빙하여 이 업의 확장을 계획한다고 한다.(平壤)

▶ 1917년 12월23일
朝鮮古墳의 變遷(八) 入木奘三郎
(五) 副葬品과 模造品
(중략) 통일신라시대의 도기는 支那 銅器와 連鎖을 得하며 또 고려시대의 청백자는 중국 작품을 보존하며 그 민족을 기량을 살필 수 있는 好貴品이다. (중략)

▶ 1918년 1월23일
紀念의「光風」二子 / 비상ㅎ신 감흥으로 중앙시험쇼에
숙명여학교를 시찰하신 왕세자는 학무국장과 이왕직장관 이하 수행원의 호위로 오후 2시 50분 동숭동의 중앙시험소에 도착하셨다. 현관 앞에서 일반직원의 환영을 받으시고 즉시 중앙시험소 풍영박사의 도움으로 이층 귀빈실에 들어 훈계하시는 동안에 중앙시험소와 공업전문학교의 고등관 9명을 접견하시고 풍영박사로부터 중앙시험소와 공업전습소의 연혁과 현황의 설명이 있은 후, 즉시 대강당으로 나와서 시험제작한 물품을 진열해 놓은 대강당을 순람하시며 풍영박사의 상세한 설명을 들으

1918년 1월23일

셨다. (중략) 이후 도자기시험부에 들러
서는 특별히 시험소에서 고려자기를 구
워내어 일목요연하게 차례대로 진열하
여 전하의 어람에 바치고 그 옆에 여러
가지 갓 구워낸 고려자기 미성품과 유
약과 붓을 준비하여 놓고 豊永박사는
전하께 무엇이던지 기념으로 휘호하여
주시기를 청하였는데, 전하께서는 겸손
하시게 두세번 대답하시다가 전해모시
던 관리가 '모처럼 간청하는 일이니 무
엇이든지 하나만 쓰시지요'라고 한 즉,
전하께서는 유유히 붓대를 높이 잡으시
고 조그마한 병을 드시어 '光風'자를
휘호하시는데 그 필적은 사진에 보이는
바와 같으며 실로 경탄하게 할지라. (중
략)

▶ **1918년 1월29일**

朝鮮古墳의 變遷(二四) 入木奘三郎

(內) 遺物의 種類
(중략) 낙랑, 帶方시대의 고분을 발굴하
여 그 유물의 종류를 밝힌다. 그 종류를
열거하면 황해 黑矯의 고분에서는 역
검, 戟, 금구, 도기 등이 대동강고분에
서는 도기 등이 출토되었다. (중략)

▶ **1918년 1월30일**

兩陛下께 獻上品

李王, 同妃, 李太王 3폐하로부터 天皇,
皇后 兩陛下, 皇太子殿下께 헌상하신
토산품은 다음과 같다.
* 天皇 陛下께 - 조선고화병풍 1左, 비
원특제양각청자화병 1점, 백색 및 각색
紙 각 2권
* 皇后 陛下께 - 나전手箱류 2개,
* 皇太子殿下께 - 평북산 먹 1개, 필묵
2상자
(중략) 헌상하신 秘苑特製의 청자라 함
은 비원에서 高麗燒磁器를 제조하여 근
래에는 원래의 고려자기에 못지 않는
고가의 물품을 제조하기에 이르렀음으
로, 특히 이를 御覽에 바치고자 이왕 폐
하가 헌상품으로 출품하였다고 전한다.

▶ **1918년 3월10일**

海南陶器事業

南鮮製陶事業은 원래 유망하여 대규모
의 제도업을 개시하였는데 전남에는 도
토의 관계상 아직 조직적인 도기 제조
를 시험하는 자가 없고 다만 장성에 당
국보호 하에 시험적 도기 제조를 함에
불과하다. 海南郡 玉川面 白 里부근에
서 우량한 도토를 발견하여 해남 國玉
新吉氏 외 2명의 공동경영으로 자금 5
천원을 투자하여 全面 松山里에 도자
기제조업을 설립하고 바로 직공과 다수
의 인부를 고용하여 당초 하루 4만여개
의 제조를 시험하였더니 그 성적이 지
극히 양호하여 오늘 이후 다종의 제품
을 생산할 것인데, 근방에 원료, 연료가
부진히 풍부하고 移出入의 이익이 많
아 이 업의 장래는 이익이 있는 재료가
충만한 상태이라. 그런데 제품의 대부
분은 당분간 조선인을 위한 제품을 주
도하고 점차 내지인을 위한 제품에도
옮겨가려고, 목하 다수의 착공을 양성
중인데 제작품질은 목포 기타의 시장에
서 호평을 받고 있다. 그러나 사업의 성
질상 금후 경영에 있어 지방산업 장려
의 意味에 依하여 당국에서도 적당한
보조금 하사의 議가 있다고 하는데, 長
城陶器製造所와 같은 수년에 이르러야
즉, 제품이 시장에서 발견되지 못할 모
양의 미미한 지방 공업에도 연 약 300
원 내외의 보조를 하였던 즉, 해남도기
사업과 같이 착수한 계획을 진행하는
자에 대해서는 보호장려를 베풀것임은
물론이고 가까운 시일에 당업자의 희망
을 容許될 것이다.

▶ **1918년 3월28일**

工業專門學校 第一會 卒業式

경성공업전문학교에서는 27일 오전 10
시부터 동 학교 내에서 학제 변경 후 제
1회 졸업식을 거행하였는데, 금회 졸업
생은 일본과 조선인을 합하여 염직과 5
명, 응용화학과 9명, 요업과 4명, 부속

공업전습소 졸업생은 목공과 8명, 금공과 10명, 직물과 12명, 화학제품과 10명, 도기과 7명이다. (중략)

▶ 1918년 7월13일
平壤 / 平壤磁器會社重役會
대동군 마산자기주식회사는 12일 오후 1시부터 金南滿씨 댁에서 중역회를 개최하고 금회 결산보고에 관한 打合이 있을 것이다. 곧 주주총회를 개최할 시기도 멀지 않았다고 한다.

▶ 1918년 8월20일
民間工場狀況
대정 6년 말 현재 민간공장으로 원동력을 가진 것을 1년의 생산액 5천원과 職工徒弟를 합하여 제조시기에 평균 1일 5인 이상을 사역하는 것에 대해 조사한 즉, 공장 수는 1358개, 자본 총액은 3천9백3만8천9백66원, 종업자수는 41512, 기관수 619 마력은 26170마력이고 생산액은 9천8백9십7만2천1백89원에 달하는데 이를 과거 3년간 공장상황과 비교대조해 보면 진보를 보였다더라. 그 사업별에 대하여 대정 6년 중 성쇠의 상황을 설명하면, 소규모의 잡업에 7개소의 감소를 보인 외에 각 업이 다함께 증가하였고 증가한 사업 중 요업은 42개 증가를 보였다. (중략)

▶ 1918년 10월1일
陶器會社成立
조선 요업은 장래 유망함으로 추측하고 日本陶器會社長 大倉和親, 東洋陶器會社 專務取締 百木三郎 兩氏와 森村系 실업가 등에 의하여 조선에 연구기관 설치를 계획하더니, 경성에 帝國陶器株式會社 설립의 계획이 있으므로 이를 협동하여 이번에 발기하여 자본금 15만원을 투자하고 기술경영의 연구적 회사 京城陶器株式會社 설립의 허가신청을 하였다.- 日本陶器會社長 大倉和親, 東洋陶器會社 專務取締 百木三郎,

林平馬, 仁田大八郎, 師岡智, 久保田六三郎

▶ 1918년 10월23일
平磁資本變更
평안남도 대동군에 본점이 있는 평양자기제조주식회사는 종래 社名과 같이 도기의 제조판매를 경영하더니, 이번에 사업정리의 결과, 현재 자본금 6만원을 3만원으로 축소, 변경하기로 출원 중이더니 10월 19일 府로 부터 허가지령이 있었다고 한다.

▶ 1918년 12월20일
多望호 簡易工業(一)
(중략) 조선의 제조공업은 아직 유치한 것을 탈피하지 못하여 경성과 지방의 도시에도 특별히 수확을 거둔 공업지가 있지 못해, 제지, 주조, 금융품 등 농가부업이 소규모로 운영되는 것이 있음에 불과하고 내지인이 경영하는 업이라 하면 정미업, 철공, 연초, 연와, 제지, 양조업, 제혁, 요업 등 기타 數種으로 대혁명시대에 있고, 특히 조선에서 산출하는 원료를 이용한 제조공업이 없는 것을 실로 안타깝게 생각한다. 각종 제조공업에 착수한 사람은 있으나 성공한 사람보다 실패한 사람이 많으니 조선의 제조공업이 풍부한 원료와 공임의 저렴함에도 실패하는 이유는 이익을 봄에만 급급하여 연구조사에 소홀히 한데 있다. 사업실패는 경솔한 의사로 사업에 대한 연구조사의 부족함, 당사자 기술과 자본의 부족에 기인하니 조선제조공업이 무망하다는 것이 아니라 조선 제조공업의 전도는 다망하다. 농업, 임업, 수산업 등 산업발달에 반해 제조공업이 부진하여 산이나 바다에 산재한 원료가 그대로 수출되니 조선의 경제상태 부진은 구제하기 불능하다. (중략)

▶ 1918년 12월22일
多望호 簡易工業(二)

* 復興된 窯業 : 요업은 조선 각지에 우수한 도자토가 발견된 것은 많이 말할 것도 없거니와 제조방법을 개량하면 조선의 一大名作으로 하여 고려시대의 부흥을 볼 수 있는 일이라. 조선인 중에도 대규모의 改良窯法에 의한 공장을 설립하고자 하는 자가 있고 내지인으로 이미 착수한 자 이외에 각종 조사사업을 계획하는 자도 있다.

▶ **1919년 3월22일**
京城窯業 新設

京城 古市町 若米地 造酒彌氏 외 6명이 신청 중이던 煉瓦, 土管製造 판매업을 목적으로 하는 경성요업주식회사(자본금 30만원)를 경성부에 설립할 건은 3월 19일 허가가 났다.

▶ **1919년 4월3일**
賣買가 잘되는 美術製作所 / 다른 샹뎜이 다친 까닭

이왕가 경영의 미술품제작소에서는 요사이 경황은 어떠한가? 국장 시에 지방으로부터 많은 사람이 경성에 왔다 갔으니 제작한 물품도 많이 팔렸는지 공장의 계원에게 물어본 즉, '그다지 많이 팔린 것도 없습니다. 국장 전후에 일주일 동안은 평시보다 2,3할 가량의 흥정이 늘었으나 그것도 수 놓은 것이든지 필묵 등의 물건이 많았으며, 요사이에는 조선인 상점이 즐비한 까닭인지 뭔지, 비녀 등의 장신구를 주문하는 일이 매우 많은 것 같습니다. 제작소에서 만드는 물건은 이왕가에서 시키는 일인 고로 재료의 품질이 좋고 일을 정밀히 하는 한다는 일이 일반에 소문이 난 까닭으로 차차 주문이 늘어가는 것이겠지오 만은 한편으로는 조선인 상점이 많이 닫친 까닭인 즉, 제작소의 물품은 제작하는 것 보다 소용하는 편이 많아서 일도 매우 바쁘며 작년 8월부터 시작한 「비원자기」는 매우 평판이 좋아서 문인묵객이 비상한 환영을 한다는데 비

원자기라는 것은 이왕가에서 예전에 사기 굽는 법을 연구한 결과로 비원에서 굽는 것인 고로 시중에서 파는 것과는 없습니다'라고 한다.

▶ **1919년 4월29일**
平南의 工產品

본 도에서 산출한 공산품의 중요한 것은 직물, 편물, 요업제품, 금속제품, 기계류, 석회류, 목제품, 주류 기타 동,식물섬유 등이다.

* 요업제품 : 硝子와 같은 것은 대정 5년 5월 평양에서 西鮮硝子製造所가 창설해 연 1만5천4백30원의 생산을 보이고 황해도, 평안북도지방에도 반출하기에 이르렀고, 연와와 같은 것도 주식회사 중 村組가 연와제조소를 세워 연 18만7천원의 연와가 제조되며 그 외 2개소에 제출되는 것을 합하면 40만7천4백50원에 달하며 도자기는 내지인 경영자가 1개소를 설립하여 연 8천1백40원의 도기를 제작하며 또한 조선인 경영자는 101호로 7만7백78원을 생산하며, 素燒物, 土管, 瓦, 石灰등이 제조되나 본 도 이외에는 반출하지 않는 바, 이상의 요업제품은 대정 7년경에 이르면 75만5천원으로 상승할 것이다.

▶ **1919년 5월2일**
窯業創立總會

주식 모집을 끝낸 자본금 50만원의 영등포 조선요업주식회사는 제1회 拂込이 종료되었음으로 12,3일경 창립총회를 開會할 예정인데, 사장에는 賀出直治氏가 추대되는 중이나 이 사람은 東畜朝鮮皮革의 관계상 취임을 맞지 않는 듯하다.

▶ **1919년 5월28일**
京畿工場調査 / 投資額 千六百六十九圓

경기도에서 7년 12월말 현재의 각 공장 중 5人 이상이 있는 공장 중 연 500만원 이상의 생산이 있는 공장조사를 하

였다.

* 窯業 : 공장은 58개, 자본금은 26만
5,110원, 생산액은 46만2,613원

▸ **1919년 6월6일**

**京城工産三千萬圓 / 客年末 工業生産
額 調査**

* 窯業品 : 도자기, 素燒物, 硝子製品,
瓦, 煉瓦, 석회 등을 제조하는 조선인을
합해 13戶, 産額23만3천7백여원이며,
주요 제조자는 工業專門, 중앙시험소,
海東商會, 미술품제작소, 西村源太郎,
京城監獄, 山際福松, 長谷用和, 三郎
氏 등이며 그 외 조선인과 내지인이 있
다.

▸ **1919년 10월7일**

**西伯利의 工業原料 / 總督府殖産局
調査**

서백리의 大産物 공업원료상 유망한
것이 적지 않은 바 이제 그 중요한 것을
기술한다.

* 粘土 : 도기의 원료인 이 제품은 각지
에서 산출되나 後見加爾 일대 生海極
일구-도스크 방면이 최고 많다.

▸ **1919년 12월2일**

**工業專門學校! 平壤에 設置問題- 평
양의 유지가의 론ㅎ는 중 당국과 도
의견을 교환해서**

근래 평양은 각종 공업이 비상히 발전
되어 공업열이 높음으로써 공업전문학
교를 설립하자는 의론이 식자 계급간에
익히 문제가 되어 있으며 상업회의소에
서도 여러 번 이 문제에 대하여 당국과
의견을 교환하고 혹은 진정 청원까지
해야 할 수 있는대로 여러 가지 수단을
강구하였으나 첫째 多大한 경비가 들겠
고 또한 예산이 부족하여 급속히 실행
하기에는 어려운데, 이에 대하여 어떤
교육가의 말을 들은 즉, 총독부에서는
당초부터 평양에 공업학교를 설치하라
고 하였으나 예산의 관계와 또는 입학

할 학생 수효가 얼마나 될런지 문제 중
임으로 지금까지 실행을 못한 것이오.
금년 이내에 고등보통학교, 의학전문학
교, 공업전문학교 생도 중에 여기에 대
동할 자가 많아서 조선의 교육제도와
장래방침에 대하여 근본적으로 동요가
되었음으로 총독부에서도 크게 교육제
도의 개선에 고심하는 모양이라. 곧 조
선사람의 중학교 입학을 허가하고 교육
상의 도 내 조선인의 차별을 철폐함에
이른 것이오, 이와 같은 상태에 있음으
로 전문학교를 증설함은 당분간은 지극
히 어려운 일인 듯하나 평양으로 말하
면 일반 산업의 진흥이 더욱 실업교육
기관의 보급발달을 요구함으로써 이 문
제는 오랫동안 내버려둘 수 없고 만일
총독부에서 중등교육에 대하여 전혀 내
선인의 차병을 철폐하고 보통학교의 출
신으로 중학교에 입학하기를 희망하는
자에게는 모두 입학을 허가할진대, 현
재의 중학교 교사는 협착하여 곧 결정
을 하지 않으면 아니 되겠고 또 만일 그
렇게 되고 보면 종래의 고등보통학교
교사는 자연히 쓸데없이 될 것은 분명
한 즉, 이때를 당하여 미리 준비를 하고
고등보통학교 교사를 개방하고 공업전
문학교로 사용하면 교사, 건축비도 절
약되겠고 또 속히 실현하게 할 수 있을
것이오, 뿐만 아니라 중학교를 졸업한
내선인을 함께 수용하여 동일교육을 시
키면 이익이 적지 않으리라는 말도 있
는 즉, 이것을 실현함에는 여러 가지 충
분한 연구가치가 있고 평양공업전문학
교 설치문제를 해결함에 그다지 오래
걸리지는 않을 듯하다고 말한다.

▸ **1920년 3월16일**

**京城工業傳習所 / 入學年齡이 改正
되었다**

경성공업전문학교 부속공업전습소 입
학연령개정은 현행규정에는 보통학교,
소학교 졸업자로 연령 14세이던 것을
졸업 후 기관에 2년 공백이 생겨 연결
상 불편이 많음을 감안하여 이번에 개

정 규정에는 연령 12세 이상으로 소학
교를 졸업한자와 동등 이상의 학력소지
자로 정한다.

▶ 1920년 3월16일

**工事學制 變更問題 / 一兩年間은 現
狀維持**

경성공업전문학교에서는 鮮內공업의 발
달이 현저하고 조선인 학생의 희망에 의
해 학제변경을 하여 4월신학기부터 鮮
人측에 1년의 豫科를 설치할 예정이었
으나 본 문제는 다방면으로 연구를 요
하기에 1년간은 현상대로 변경을 가하
는 일이 없을 것이다.

▶ 1920년 5월5일

**高麗磁器와 我衣服을 본 外人藝術家
의 稱揚-됴선의 오지 모든 것이 미
덕으로 늣기엿디는 버나드 리치씨
의 말**

조선의 예술을 연구하고자 조선에 입성
한 柳宗悅씨와 그의 부인, 영국의 유명
한 예술가 버나드 리치씨가 조선호텔에
방문하여 그의 소감을 들었는데, 柳宗
悅씨가 말하되, '나는 한 10년 전에 한
번 이 곳에 왔던 일이 있었소만은, 이번
에 온 것도 조선의 옛날 예술을 좀 더
연구하기 위해 왔다하나, 조선의 청년
을 좀 많이 친해 보고자 왔소. 그런데
소감을 들으시나 아직 경성에 도착한
지가 불과 몇 시간이 되지 못하였던 고
로 아직 구경한데도 별로 없어 무엇이
라 말할 수 없음에 더 구경하고 자세한
것을 말하지요. 그때까지만 참으시오'
라고 말하며, 다시 버나드 리치씨가 말
하기를 '나는 일본에 온 뜻은 전혀 동양
의 예술을 연구하려고 왔소. 지금 일본
에 온지가 11년 되었소. 그런데 내가 주
장삼아서 연구하는 것으로 말하면 도자
기이요. 그런데 어제 이왕직박물관에서
고려자기를 구경하였는데 네가 전부터
생각했던 것 보다 몇 층 더 아름다웠소.
중국에 가서도 보았고 일본에서도 많이

연구하였지만 조선의 자기와 같이 『리
슴』이 좋고 얼른 보아도 아름다운 감
상을 일으키는 것은 없습다. 그리고
조선사람들의 의복이라든지 모든 것을
보니 어떤 나라이든지 그러합니다만 조
선사람의 의복은 옛날 희랍사람들의 옷
과 매우 흡사합니다. 더욱이 바지 같은
것은 똑같습니다. 어찌 하였건 이곳에
와서는 모든 것에 대하여 아름다운 감
상만 일어나오.'라고 말하더라.

▶ 1920년 8월29일

**朝鮮工業의 現勢 / 東洋畜産, 朝鮮皮
革社長 賀田直治氏**

二. 朝鮮工業의 現況

第一. 朝鮮人의 工業

조선의 공업은 고려조시대에 있어 일시
고도의 발달을 하였는데 당시 건축을
보거나 高麗燒 일반을 알 수 있으나 국
운과 공히 퇴보하여 요업, 제지, 금속품
업 등 소규모의 가내공업으로 그 명맥
을 이을 뿐 기술이 유치하고 기구가 불
완전하고 제품도 만족할 만한 것이 없
고 일상생활 필수품도 대부분 수입에
의존하고 있다. (중략)

▶ 1920년 8월30일

**朝鮮工業의 現勢 / 東洋畜産, 朝鮮皮
革社長 賀田直治氏**

二. 朝鮮工業의 現況

(나) 窯業 : 고려시대에 융성하던 요업
도 그 이후에 변천과 쇠퇴하여 극히 볼
만한 것이 없고 오직 각지에서도 精造
한 일용품의 제조품을 볼뿐이더니 근래
점차 요업부흥이 광명을 보는 것에 이
르러 현재 조선인으로 대규모로서 改良
式 窯法에 의해 공장을 설립하는 사람
이있어 평양자기주식회사와 같은 것이
그 일례라. 조선에 도자기의 원료가 풍
부하니, 경남의 하동, 산청, 고성의 각
군과 황해도 해주군에 고령토와 평남의
대동군, 강원의 양구, 경북의 청송, 경
산의 磁石과 함북의 회령, 경성, 명천,

성진의 각 군의 내화점토를 산출함과 같음으로 이 업계의 天輿로 하는 바이다. 이외 장석, 규석산지도 역시 많다.

▶ **1920년 9월1일**
朝鮮工業의 現勢 / 東洋畜産, 朝鮮皮革社長 賀田直治氏
第二. 日本人의 工業
일본인 경영의 공업은 아직 대성하지는 않으나 점차 견실한 상태로 정미, 철공, 煙草, 전기, 제혁, 요업, 제유 등이 그 주요한 것으로 근래 일본인의 투자를 촉진하고 제철, 제분, 펄프, 방직, 製絲, 시멘트, 무연탄, 製肥 등의 공업이 대규모의 조직으로 계획 실행되고 있다.
(四) 窯業 : 조선인은 식기, 郵器에 금속기를 사용하는 습관이 있었으나 점차 도자기로 대신하는 경향이 생겨 양호한 도토가 풍부함에 착안해 요업이 각지에서 부흥하며 高麗燒를 부흥하여 진남포에 富田儀作氏, 京城海市상회의 제출한 고려자기와 같다. 또한 전라남도와 황해도 해주 인근에는 규사가 풍부함으로써 이를 원료로 하여 초자제조에 종사하는 사람이 있으며 또한 부산 牧之島에 조선경질도기회사를 설립하고 자본금 100만원으로써 해외수출용 경질도기를 제조할 목적으로 착수하였다.

▶ **1920년 9월12일**
朝鮮獻品嘉納
올해 4월 福岡市에 개설한 공업박람회에 황태자전하 행차시에 조선 생산품 獻上事를 총독부에서 수합하는 중인데 그 영광스런 헌품자 명단은 다음과 같다.
* 筆登組, 墨一對 - 경성 이왕직 소관 미술품제작소

▶ **1920년 12월8일**
高麗窯業擴張
대구에 있는 고려요업주식회사는 설립 이래 사업이 부진하였는데 상식과 경험

이 풍부치 못한 회사 경영자의 무능뿐만 아니라 금융의 경색으로 인한 까닭도 있다. 동경제국대학 출신인 林學士 揚在河씨는 회사의 두뇌가 되어 자금, 增募를 통해 확장하는 동시에, 경성으로부터 朴泳孝侯를 비롯하여 閔丙奭子, 宋秉畯子 등 귀족의 贊成株를 다수 인수하게 한 후에 대응방안을 찾았다고 하는데, 이 회사 자본금은 20만원에 불과하나 동양에서 최고 좋다는 청송지방 백토원료와 경주, 금천 永利지방으로부터 산출되는 원료와 新機械를 사용하고 조선가정 일용식기를 제조하는 조선물산진흥의 第一步라 하겠고 목하 내지제품에 대한 1년 수입이 300만원이 되는데, 제품에 대한 원가와 운임료 외에 도중 파손품까지 算入하여 판매함으로 가령 1개의 가격이 4,50전되는 물건이면 1원으로 매출되는 바인데, 일전 右楊氏의 제품을 다수 持來하는 바를 시험적으로 본 즉, 현 제품의 판매가는 1상자에 45,6전에 불과하되 제품의 질과 제조법은 일본상품에 비해 손색이 없을 뿐 아니라 수준에 미친다 하여도 과언이 아니다. 더구나 분원자기회사로부터 사용하는 백토구매는 20원 내외에 달하나 본 회사사용백토는 무진장일 뿐 더러 산지는 인근에 있음으로 운반 상 편리하고 비용의 이득이 커 이로써 조선 요업계는 일대 광명을 찾은 것이다.

▶ **1921년 1월3일**
財界變動과 朝鮮産業(六) / 工業에 及호 影響(續)
歐州 大戰亂은 내지와 제외국의 급격한 공업부흥을 촉진하여 세계적으로 원료의 결핍을 가져온 까닭으로 조선에서도 사장되었던 원료이용을 한층 유리케 하여 공업의 발전을 보였다. (중략) 전시공업의 부흥덕택임을 인식할지요. 다음에 공업원료에 대해 말할 즉, 자연산물인 점토, 硅砂, 석회 등의 도자기와

시멘트, 硝子原料, 금, 은, 동, 흑연, 아연 등의 금속원료는 이미 알려진 것과 같이 다량으로 생산되었으며 자본을 투하하여 개발할 것이다. (중략)

▶ 1921년 2월10일

朝鮮民間工場- 工場數 一千九百箇所, 資本 一億二千餘萬圓

* 요업: 대정 7년에 비해 47개소 증가, 생산액 439만여원의 공장수는 247개소.

▶ 1921년 3월5일

府內工場의 消長(三)

三, 化學工場 : 제3부류에 속한 화학공장을 요업, 동식물유제조업, 염료제조업, 제혁업, 제약업, 石鑛業의 6종으로 나누었는데, 요업의 공장 수는 10개, 자본금은 13만8백원, 사역자는 637명, 생산액은 36만2천8백45원이다. (중략)

업별	공장수	자본금	사역자	생산액(圓)
요업	10	130,800	637	362,845
동식물	6	108,900	29	94,316
석광	4	104,000	44	169,120
염료	2	107,000	27	290,000
제혁	7	31,600	26	51,570
제약	9	265,500	86	423,700
합계	38	38,747,800	849	1,401,670

▶ 1921년 3월20일

京城生產品評會 / 出品陳列

경성상업회의소 주최로 동신축사무소 내에서 5월1일부터 한 달 동안 경성생산품평회를 개최하는 것은 보도한 것과 같거니와, 출품물은 그 종류에 의해 나누었다.

『第三類』 : 諸機械, 유기, 금속, 금은세공품, 陶器, 磁器, 硝子器, 煉瓦, 瓦

▶ 1921년 4월29일

朝鮮工產物現況(一) / 朝鮮總督府調查

조선인의 생산품 중 중요한 것은 주류, 직물, 포금제품, 조선마, 요업제품, 피혁제품, 동식물성지유 등인데 요업제품 산액은 4백60만원으로 이들 다수는 농가의 부업 또는 소규모의 공장생산이다. (중략)

▶ 1921년 5월1일

工藝學校新設

문부성에서는 이번에 일반 공업문화의 발달을 기하고자 고등공예학교를 동경에 창설하기로 하고 근래에 공사를 시작함과 동시에 관제는 올가을까지 공시하여 대정 11년도부터 개교할 것인데 목하 과목내용 등에 대하여 창립위원을 선정하고 협의 중이라 한다. (東京)

▶ 1921년 5월2일

朝鮮工產物現況(四) / 朝鮮總督府調查

* 窯業製品 : 조선은 각종 요업원료가 풍부하여 근년 각지에 요업 부흥을 보이고 종래 면목을 일신하고자 하나 기술이 아직 정교하지 못하여 기업자가 비교적 소수인 고로 일반의 수요에 충당하지 못하여 생산액이 7백4십8만원으로 전년에 비하면 3백5십7만원이 증가하였으나 수입 4백4십6만원을 계산한다.

(一) 陶磁器, 素燒物 : 조선인의 생산 3백7십4만원, 내지인 생산 8만원으로 합계 3백8십2만원을 계산하여 전년에 비해 증가하였으나 도자기의 정교를 득한 고려자기는 근세에 와서 단절되었는데 최근 연구결과 부흥의 단서를 열어 점차 산액을 증가하는 중이다.

(二) 硝子製品 : 초자제품의 주요한 것은 『호야』의 여러 제품 등으로 주로 屑硝子를 원료로 하여 제조하며 경성, 인천, 대구, 평양, 청진 등에 내지인 경영의 공장이 있어 그 산액이 19만원이며 전년에 비해 5만원이 증가하였는데, 전남, 황해, 함남 각 도에 규사가 풍부하여 특히 전남의 규사는 내지에 다수 이출하는 고로 초자제조업은 장래 유망한 사업임을 알지오. 대정 8년의 초자

輸移入額은 92만원에 달했다.

(三) 土管瓦, 煉瓦

내지인 생산 256만원, 조선인 생산 79만원, 외국인 생산 5만원으로 합계 340만원을 생산하여 전년에 비하면 169만원의 증가를 보았는데, 輸移入額 39만원은 점차 감소할 것이다.

(四) 石炭, 시멘트

총액 35만5천원으로 전년에 비하여 배이상 달했는데, 내지인이 경영하고 있는 34개의 공장 이외에는 소규모의 생산으로 산액은 내지인 27만1천500원이요 건축재료로 필요한 고로 수요는 잠차 증가하여 대정 8년에 輸移入額 160만원을 달성했다.

▶ **1921년 5월3일**

朝鮮工業의 將來(五)

(중략) 다음으로 유망한 공업은 요업이다. 요업이라 함은 주로 도자기를 지칭하는 것인데 도자기류는 조선에도 고래로 유망한 공업으로 1년의 산액이 4백50만원에 이르나, 이로도 조선내의 수요를 충당하지 못하고 내지로부터 3백50만원을 이입하니 양자를 합하면 8백만원에 달하나 조선에서 도자기를 수출하지 못함이 유감이다. 조선에는 각지 도처에 고령토라 하는 양질의 도토를 갖고 있고 원료가 풍부하여 근년은 내지에 이출한다. 양호한 원료를 갖고도 自手로 自己要하는 분량도 생산치 못하니 조선의 도자기업이 발달하지 못하는 이유는 간단하다. 그 주요원인은 원래 도자기업은 小窯로는 高價가 되어 大窯가 필요한데 조선에는 투자하는 사람이 小窯로 제출하여 그 倍가 높은 것이라 도자기의 窯가 크지 않으면 발전하지 못할 것이다. 중국의 경덕진이나 산동성의 『博山』이라 하는 도기의 대산지에서는 비상히 대요를 사용하나니, 대요를 사용하고 석탄을 사용하는 것이 火力利用의 점으로 비상히 유리하며 제품의 증산도 있는 것이라. 조선의 도자기를 景德鎭의 도자기에 비교하면, 그 값이 2-3배에 相當하니 이를 볼 때도 窯가 큰 것이 상당히 이익이 되는 동시에 도자기업은 크지 않고도 營利가 되지 못할 것을 안다. 요업 중에는 연와, 토관이 있는데 조선에는 영등포에 1개의 조선요업이 있으나 寒冷土地에 건축으로도 安價의 연와를 다수 공급하지 못할 것이라. 중국을 보면 날씨가 춥지만 小家일지라도 연와를 사용하여 조선과 같이 泥土로 조성한 가옥은 없으며 중국에는 농가가 모두 연와를 사용하여 村에 가더라도 불완전하나마 지극히 협소한 연와제조소가 있는 바이다. (중략)

▶ **1921년 5월29일**

東拓全道貸付 / 四千四百萬圓

동양척식회사 금융부에서 대정 9년 4월부터 10년 4월까지 전 조선에 대부한 종목과 금액 중에서 요업은 8만9천원이다.

▶ **1921년 6월6일**

平壤工事困難

평양에 공업전문학교를 설치하는 건에 대하여는 평양지방의 공업적 발전뿐 아니라 전 조선에 실업교육기관 완비를 위해 필요하다 하여 당국에 희망한 바 있었는데, 당국에서도 대단히 필요하다고 인식하여 시기의 문제가 된 듯하나 실현이 어려운 상황이어서 어제 평양상태를 시찰한 西村식산국장도 오늘 보통교육의 정비발달을 기할 시대라 하여 공업전문학교 설치가 필요한 바 건설비의 상당 금액이 요구하는 이 학교의 설립은 총독부 재정 현황으로 볼 때 실현에 어려움이 있고 부득이한 바이다. 그러나 교육조사회에 희망을 진술하는 등 여러 방법으로써 당국을 움직이게 하여 대책을 강구하여 그 실현을 촉진할 필요가 있다고 有志간에 唱道하는 중이라고 한다.

▶ **1921년 6월9일**

京城出入物品

경성세관출입장소의 조사에 관계된 5월 중 경성출입중요품은 수출품액 합계 16만6천7백13원이고, 수입품액은 합계 4백2십5만5천3백89원인데, 중요품목 중 도기류는 1만4천원이다.

▶ **1921년 6월15일**

化學工藝社擴張 / 됴선반도에 전도 유망호 공예사

武橋町 5번지에 임시사무소를 둔 조선 화학공예사는 이번에 유지 제씨의 발기로 합자하여 자본금 2만원으로 새로 확장하여 장래 우리 반도의 공업계를 대표할 목적으로 제반시설에 확장하여 6월30일 오후 6시부터 시내 석린동에서 창립총회를 열고 여러 가지 협의할 일이 많다고 하며 朴箕陽씨가 임시회장으로 선거되어 만장일치 원만한 협의를 마치고, 상해와 아메리카에 유학하고 돌아온 文昌都씨의 열렬한 설명이 있었다. (중략)

▶ **1921년 7월6일**

高麗窯業增資 / 宋伯이 大株主

李柄學씨를 사장으로 朴泳孝侯을 상담역으로 추진한 대구 고려요업주식회사는 대정 8년 6월 중, 자본금 參拾 만원으로 창립한 이래 오늘날에 이르도록 청송 기타 부근지에 工場 分所를 설치하고 도자기 등을 제조하여 인근 내선인동업자에게 도매하였던 바, 원래 同地에서 산출되는 원료는 그 품질이 우량하여 내지에서 제조한 물품과 비교해도 손색이 없는 고로, 주문이 쇄도하나 기계를 사용하지 않으니 제조능력이 부족하니 그 주문의 전부에 응하지 못함을 유감이라 생각하고 이에 회사의 자본금을 50만원으로 증가하여 기계로서 제조할 방침으로 同社 사장 李柄學씨는 경성 宋秉畯子, 尹德榮子 등을 방문하고 장래 이업의 有望을 설명하고

동사에 출자하기를 희망하였더니, 宋伯은 제조품과 원료 등에 대하여 여러 차례 조사·연구한 결과 이 업이 장래 더욱 유망할 것이 분명하였을 뿐 아니라 宋伯은 이미 작년 중 내지를 시찰하고 조선에서 요업을 경영할 결심이 있었던 고로 즉시 찬성의 뜻을 얻는 동시에 同社의 증가자본에 대하여 20만원은 宋伯과 白寅基 두 사람이 전부 인수하였다고 한다.

▶ **1921년 7월11일**

京城工産 五千萬圓(二)

* 요업제품은 도자기, 초자제품, 토관, 와, 연와, 석회 등으로 생산액은 4십2만9천3백80여만원에 달하는 바 그 중 조선인의 생산은 도자기산액(미술품제작소생산) 6천여원에 불과하며 기타는 전부 내지인의 생산품이며 주요 판로는 도자기에 한 해 내지까지 확장하였으나 그 외는 전부 府 내 혹은 조선 각도이며 도자기의 내지인 外分은 중앙시험소와 海市商會의 생산이고 연와는 경성감옥의 생산이 반수 이상이고 기타는 漢江通山際福松의 생산이다.

▶ **1921년 7월14일**

高麗窯業社復興

고려요업주식회사는 5일에 임시총회를 열고 사업 대확장을 위해 역원 전부를 개선한 바 신임역원은 取締역 7명, 감사역 2명이다.

▶ **1921년 7월20일**

家庭工産 展覽會, 금년가을에 평양에 개최

전 조선의 府縣에 대한 생산품의 소개와 일용 공산품(대공장의 대기계 제산품 보다는 소공장 또는 수예품)을 다수히 수집하여 공업의 개선발달을 기약하기 위해 조선공산전람회를 평안남도물산진열소 주최로 평양동 진열소 안에서 오늘부터 열흘간 개최하기로 되어 평안

남도청으로 부터 이에 대한 출품의 건
을 경성부청에 의뢰하였다.

▶ 1921년 7월27일
生産能率의 增進(六) / 亥角全南道知
事談
* 家庭工業의 獎勵 : 본도의 공업에 대
하여는 장래 각종 대규모 사업의 진흥
을 希望不已한 바이나 일반의 상황은
가정공업의 시대를 탈피하지 못했음으
로 현재에는 최고의 힘을 이 방면에 쏟
아 그 발전을 조성하며, 본도는 海陸의
물자가 풍부하고 가정수공업이 이루어
져 線布, 죽제품과 같은 것은 전 조선
에 이출되고 그 외 농기기, 도자기, 莞
筵 등 재래의 공예품이 있어 상당한 발
달의 소지가 있으니 공업의 장려는 지
방산업의 개발에 투자할 것이 많을 뿐
아니라 부업장려, 잉여인력의 이용 등
민가경제의 調製 상 영향이 크다.

▶ 1921년 9월21일
全南工業 / 道知事 元應常氏談
전라남도의 공산물은 명치 43년의 산액
이 106만원이었던 것이 대정 8년에는 7
천63만여원의 큰 액수에 달하여 66배
여에 증대하고 대정 8년에는 재계변동
에 의하여 3천9백39만여원이 감소하였
다 하나 합방년에 비하며 37배여에 증
가하였는데, 대정 9년 공산액 3천9백29
만여원 내 내지인의 製産에 의한 것은
1천2십여만원으로 주조품, 정미, 한천,
요업제품, 철기류, 죽세공, 선박, 비료
등 상당한 규모가 있는 공장조직이나
조선인 製産에 관계된 것은 2천9백27
만여원으로 직물류를 제일로 하고 죽제
품, 요업제품, 酒類, 紙類 등이 많음은
부업이나 소규모의 공장 제조이다. (중
략)

▶ 1921년 9월27일
開成陶器有望
개성군 林益相, 金圭鉉, 崔?鏞 세 사람

은 여름 중 同郡 내에서 도토를 발견하
여 靑郊面 德岩里 井洞 등지에 제조소
를 설립하고 高麗燒를 模一範하여 松
郡陶器라 명명하고 조선인을 가르칠
工匠을 초빙하여 다수 제조 중인데, 그
품질이 정교하고 비색, 古銅, 황금의 3
색채가 선명하며 가정용기를 제조하는
데 그 성적이 지극히 양호하다. (중략)

▶ 1921년 10월17일
工專成績品陳列會 / 오는 이십삼일 공
일에 츄계전람회개최
동대문 안 공업전문학교와 중앙시험소
에서는 전과 같이 오는 23일 일요일에
성적품 2만여 종류를 진열할 터이며 그
외에 실습장이며 시험실을 열어 입장객
을 관람하게 하고 즉석에서 각기 자기
소청에 의하여 질그릇 만드는데 꽃이라
든지 글씨 같은 것을 써주기도 하였으
며 휴게소 안에는 경편한 주식과 음식
판매점이 있을 터이요 특별히 오후에
관람하는 자를 위하여 오후 1시부터 다
시 새물품을 다수히 진열하기로 되었던
바, 당일 진열품을 매매하는데 대해서
는 일일이 매매권 1장에 대하여 한 가
지씩 팔 것이며 특정품이 있을 때에는
각 회망자로부터 제비를 뽑아서 사게
할 터이요. 더욱 당일의 혼잡함을 막기
위해 혼자는 입장을 사절한다고 한다.

▶ 1921년 10월24일
入場子萬餘의 工專展覽 / 관람자도 만
코 물건 팔닌 것도 매우 만혀
총독부 중앙시험소에서 추계 성적품전
람회를 개최한다 함은 이미 본지에 보
도된 바와 같이 23일 오전 10시부터 개
시되어 각 학교 학생과 일반가정의 남
녀노소를 불문하고 전람회로 입장하기
시작하는데 울긋불긋한 어린아이를 데
리고 오는 부인들이며 3,4인씩 짝을 이
뤄 들어가는 신사들이 구름같이 모여들
었다. (중략)

▶ 1921년 12월25일

朝鮮窯業社總會

조선요업사에서는 이미 보도한 바와 같
이 오늘 오후 2시 경성공회당에서 정시
주주총회를 개최하는데 오늘 배당은 6
주라 한다.

▶ 1922년 1월16일

最近朝鮮의 商工業(十一)

第一編. 工業(續)

第一章. 工業原料

(六) 窯業原料 土石 : 조선은 고령토,
규사, 석회 등의 우량한 요업원료 토석
이 다량으로 포함되었으며 도자기업은
오래전부터 시행하였으나 총독부 설치
이후 중앙시험소 기사로 전국 道를 답
사하게 하여 각지 원료 토석의 품질시
험과 포함량을 測算하게 하여 조선요업
의 발달을 촉진하며 원료토석이 내지
이출하기에 이르렀다.

▶ 1922년 1월20일

最近朝鮮의 商工業(十五)

第二編. 工業(續)

第五章. 各種工業

三. 窯業 : 조선은 到處에 우량한 원료
와 토석을 다량으로 포함하고 있어 유
망한 업종이며 고려소와 같이 그 명성
이 자자하였으나 도자기업이 폐하고 병
합 당시에는 각 지방에 小陶磁器場이
산재하여 부근 주민의 수요에 공급하나
그 공장설비가 불완전하고 제품은 유치
하였다. 총독부 설치이후는 원료의 탐
사를 시작하고 중앙시험소에 요업과를
설치하고 요업에 관한 각종 시험을 개
시하는 등, 시세의 진보와 相依하여 품
질이 최상에 이르고 산액도 점차 증가
하여 각종제품의 산출액이 명치 44년에
는 114만여원에 불과하던 것이 대정 8
년에는 778만여원에 이르렀도다. 특히
대정 8년에 이르러서는 小野田(시멘트)
주식회사 평양지사가 평안남도 勝湖里
에서 시멘트 제조업을 개시하였고 조선

경질도기주식회사가 경상남도 부산에
서 도기 제조를 개시하였음으로 조선의
요업은 점차 그 면목을 개선함에 이르
렀도다.

▶ 1922년 1월29일

平博京城出品

동경평화박람회에 대한 경성관내 출품
은 직물 외 24종 43명으로 이미 출품물
선정을 끝내고 목하 상품진열소에 관리
중이다.

* 도기, 고려소, 칠기류 出品人名 : 富
田儀作, 海井辨藏

▶ 1922년 3월12일

工業專門改稱

조선교육령이 개정된 결과 경성공예전
문학교는 내지의 고등공예학교와 정도
가 동일함으로 경성공업전문학교의 관
제를 개정하여 경성고등공업학교라고
개칭하게 되었다.

▶ 1922년 3월15일

博物館擴張- 黑板博士入城

(중략) 경성에 본관을 설치하고 평양과
경주에 직속의 분관을 설립함을 희망하
며 조선의 미술공예품은 광선이 통하는
양호한 조선식의 건축에 넣음과 동시에
洋館에는 될 수 있는 한 외국의 예술품
을 진열하여 비교대조하기 편하게 할
것이다.

▶ 1922년 5월4일

京畿職工狀況

최근 경기도의 각 공장 직공 184명에서
직공 233명으로 49명의 증가를 보였는
데 공장은 25개로 2배의 증가를 보이고
그 업은 염직, 피혁, 요업, 製材, 금공,
정미, 연초제조, 수산물제조, 精煉業 등
이다. (중략)

▶ 1922년 5월9일

平和博覽會 印象記(八) / 東京支局 記者

* 製作工業館 : 정문으로 들어가 좌측에 천여평의 백색 대건축이 제작공업관이다. 이 관에는 진보한 帝國近代 제작공업의 제품을 진열하였다. (중략) 주요한 물품은 금속제품, 紙제품과 피혁품 등이며 그 외 각 附縣의 출품 중 가장 많은 수를 점한 것은 칠기, 도자기이다. (중략)

▶ 1922년 5월10일

平和博覽會 印象記(九) / 東京支局 記者

* 美術館 : 미술관은 독특한 일본예술의 진수와 그 문화를 자랑할 뿐 아니라 건물도 총 1천평에 총공사비 20만4천원을 들여 건설하고 관내에 20여개의 소전시실이 있다. (중략) 관내에 진열한 것은 일본화, 유화, 수채화, 목판화, 조각을 위시하여 다기, 도기, 염색공예 등 사진과 미술공예품을 망라했다. (중략)

▶ 1922년 6월20일

京城工産(二) / 四千二百萬圓

* 窯業製品 : 陶磁器, 素燒物, 硝子製品, 土管, 瓦, 煉瓦, 石灰 등으로 그 산액이 47만6,734원에 달하는 바, 그 중 조선인의 생산은 도자기산액(미술품제작소생산) 7천원에 불과하고 기타는 전부 내지인의 생산품이며 주요판로는 도자기에 한해 내지까지 확장되었으나 그 외는 전부 府內 혹은 조선 내 각지에 불과하다 하여 도자기의 내지인 분량은 중앙시험소와 해시상회의 우등품이요. 연와는 漢江通山과 福松의 생산품이며 瓦는 특별히 시멘트회사의 생산인데 판로는 경성 부근에 限한다고 한다.

▶ 1922년 8월6일

平南道工業界 / 主로 小規模生産

평남도 관내에 있는 생산회사는 경제계 불황의 영향을 받아 대규모 공업은 침체상태이나 소규모공장은 점차 증가하는 경향이 있으며 요업이 증설되고 있다. 경영자는 주로 조선인, 중국인이 다수이고 공업종류는 광업, 시멘트업, 요업, 철공업, 제분업, 피혁, 흑연제련업, 초자업, 제당업 등이며 그 태반이 수공업이며 가장 최근의 조사에 의하면, 요업공장 수는 12개, 종사자 수는 322명이다. (중략)

▶ 1922년 9월4일

京畿各種工場 / 九百四十三 資本 三千萬圓

경기도 관내에 대한 최근 각종 공장을 조사하니 942개의 다수에 달하며 자본금도 2천7백9십4만4천여원이다. 그 중 요업은 72개이고 자본금은 84만9천원에 달하며 생산액은 1백29만1천원이다.

▶ 1922년 9월20일

平壤商工 計 / 大正十年末調

(중략) 평안남도에 있는 상공업 중 도자기제조업은 4개소이다.

▶ 1922년 10월6일

歷史的·技巧的 陳列훈 李朝陶器展覽會 / 됴션의 민족뎍ᄉ상 감화는 예술품이 첫재라고 말호다

오는 5일부터 7일까지 황금성 조선귀족회관에서 조선민족미술관 주최의 이조도자기전람회는 동관 최초의 주최로 세상의 주의를 끌고 있는데 진열에 忙殺하는 柳宗悅씨를 귀족회관으로 찾은 즉, 조선의 민족적인 사상 감동을 알려면 예술품을 보는 것이 가장 첩경이라 하고 말을 내세우며 그는 말하되 '이조시대에 그릇 구우는 것을 너무 몰라서 이번 기회에 주최하자는 것이요 이번은 장소가 협소하여 도자기만 하였으나 이후부터는 목공품의 진열도 하려고 합니다. 이 진열도 의의가 있도록 여러 가지 고려를 하였는데, 우선 "역사적으로 이 것이 어떤 곳에서 구워져 나왔는가?"라는 문제를 얻기 위해 구워진 자리에서 사기조각을 파내어 와서 한곳에 진열한 것은 천천백교가 담당했습니다.

1922년 10월6일

그 다음으로 "기교의 방면으로부터 변화"에 의하여 진열한 것은 다행히 내지에서 부본현길군이 와서 담당해주었고, 또 "조선인이 쓰는 도자기 명칭을 붙이는 것"인데 가령 내지에서 진사라 하는 것을 조선에서는 진유사기라고 하는 것이라 여기에는 쓰이는 한자도 있고, 여러 가지 가치있는 일이 많은데 천천군의 노력에 신뢰하여 예술적인 입장으로부터 빛의 조화와 형의 정도라는 것은 내가 많이 보았는데 색채는 연구적으로 보기에 보기 좋게 화려할 뿐만이 아니올시다'라고 말했다. 동씨 등은 각각 방면에 대하여오후 7시부터 명동 일본 그리스도교회당에서 강연회를 개최한다는 바, 유씨도 전람회 취지에 대하여 또 부본현길씨는 도자기에 대하여 또 천천백교씨는 이조도자기의 역사에 대하여 강연을 한다고 한다.

▸ 1922년 11월29일
朝鮮古代 美術品 / 진열쇼는 남문동 파밀호텔 안에다
시내 남대문동 삼정목 富田儀作씨가 경영하는 조선미술공예품진열관 이전은 남대문안 파밀리호텔 자리에 설치하였다 함은 이미 보도한 바, 어제 28일부터는 내부의 찬란한 광경을 일반에 퐁개하여 관람시키기 시작하였는데, 진열해 놓은 것은 조선 고대의 미술공예품과 최근의 미술공예품 등으로 그 수가 4천여점에 달하여 불화, 불상, 도자기, 패물, 세공품, 옥, 패물 그 외 고대의 일용품을 놓았고, 또 한 문안으로 들어서

면 순 조선 인형들이 더욱 가관이며 그 중에는 가격이 10환짜리도 있고 2,300환이나 되는 고가의 물품도 있는 바, 모두 실용에 극히 적당한 것인데 富田씨는 동경대학 교수 柳宗悅씨와 매우 사이가 친하며 공통되는 점이 다수하여, 이번 계획에 유씨도 많이 출품하였다 하며 또한 장차로는 오오사카 등지에도 진열소를 설치하고 조선 고대예술품을 소개할 계획이다.

▸ 1922년 12월13일
高麗美術工業 振興會規則
* 規定
第三條 : 도자기, 칠기, 목기, 靑見세공, 금은기, 고금서화, 인쇄조각 등 각지에서 산출하는 미술공예품의 위탁판매와 이상에 관련된 제반업무.

▸ 1923년 2월23일
客年中 朝鮮貿易(十) / 入超四千萬圓, 總督府調査
* 도기와 자기 : 주로 전년 旣約品의 입하에 의해 가격 19만원의 증가를 가져온 것으로 상반기 중은 상당히 성황했으나, 추계 이후 商況이 한산하여 상품의 적체현상을 보이는 지방도 있다.

▸ 1923년 3월29일
京畿工業界近況 / 財界不況에 因ㅎ 打擊과 關稅撤廢後에 及ㅎ 影響
원료와 동력의 문제가 제기되면서 곤란함을 겪고 있는 조선공업계는 아직 성공에 도달하지 못하고 전후 불황을 영향을 받아 올해에도 부진을 면하지 못할 상황이며 본도의 공업계에 있어서 공장조직이나 부업적인 것을 불문하고 불안한 동요를 보인다. 최근의 조사에 의하면 공장수는 946로 다수이며 전 조선의 약 60%를 점하며 그 중 요업은 72개소이며 내동력사용자는 5개소이다.

▸ 1923년 6월10일

有望한 工業의 槪況 - 品質向上 生産 增進(二), 西村殖産局長 談

(三) 窯業
(1922년 1월20일 最近朝鮮의 商工業 (十五) 第二編. 工業(續) 第五章. 各種 工業 三. 窯業과 동일기사)

▶ **1923년 10월21일**
朝鮮博物學會 / 創立總會開催

목하 조선에는 박물학의 응용인 농업, 임업, 수산업, 광업, 공업, 의학 등의 방면은 각 시험장과 조사소가 있어 전문적 지식을 가진 사람에 의해 조사·연구되며, 또 발전기관이 있어 널리 보급되는 방법도 상당히 있으나 박물학은 세계 각국에서는 연구조사가 왕성함에도 불구하고 조선에서는 조사기관도 없고 연구방법도 없어 이번에 조사연구를 목적으로 조선박물학회를 창립하기로 한다. (중략)

▶ **1923년 10월22일**
中央試驗所의 製品實費販賣 / 공진회장에서

중앙시험소는 22일 부업공진회 안에서 동소의 제조품인 질그릇, 직물, 기름 등을 실비로 판매한다.

▶ **1923년 11월29일**
平南商業陳列所에 土産品委託販賣

평안남도 상품진열소에서는 올 29일 거행할 본소 낙성식과 대동교의 渡橋式을 시행하여 11월 30일부터 12월 2일까지 3일간 동소 내에서 본도 내의 생산품인 상품을 진열하여 일반관람자에게 소개, 위탁 판매할 것이며 평양부의 생산물로 진열할 품명은 약 300점에 달하며 기물, 금속세공업, 莞草세공업, 毛物, 기타과실, 의류, 冠物, 도자기, 청주 등이다.

▶ **1923년 12월11일**
仁川貿易重要品

11월 중 인천항 이입 중요품 중 도기류는 2만323원이다.

▶ **1923년 12월14일**
第四日 授産費問答

경기도 평의회 제4일(13일)은 이미 정한 바와 같이 오후 1시부터 세출 및 정부 보조금에 대한 제1회의를 하였다. 시간이 1시 15분이 되어 21명의 회원의 출석하였는데 회장은 개회를 선언하고 그 다음 임원 보고가 끝난 다음 日程으로 들어갔다.
* 尹商工課長 : 連川郡 등에 대해 보조가 있었으나 여주의 자기공장에 대해서는 富田儀作씨가 경영하는 바라 아직 보조의 計上이 없다.

▶ **1924년 2월16일**
朝鮮窯業復活

조선에 도자기의 원료가 풍부해 경남 하동, 산청, 고성의 각 군, 황해도의 해주군에는 고령토, 평안도의 遂安郡, 강원도의 양구군, 경상북도의 청송, 경산 2군에는 磁石, 함경북도의 회령, 경성, 명천, 성진의 각 부에는 내화점토가 있고 장석, 규석의 산지도 많아 요업지로는 천혜의 요지다. 고려시대에는 유명한 高麗燒를 내어 천하의 명성을 얻었으나 시대의 변화에 따라 지금은 극히 精造한 일용품을 제조할 뿐인데 근대에 이르러 부흥을 꾀하고 부산 絶影島에 설치한 조선경질도기주식회사는 큰 규모로 해외수출품 제조를 목적으로 하며 그 외 고아한 高麗燒를 부활하여 내지인의 호응에 충당하고자 하는 사람은 진남포의 富田儀作씨 경영 하의 三和 高麗燒 도기를 제출하며 또한 전라남도, 황해도 해주이며 그 부근에는 규사가 많이 산출되나 아직 초자제조가 부흥되지 못했으며, 이들은 모두 내지에 이출되어 초자제조의 원료로 공급되고 있다.

▸ 1924년 3월20일

客月對內地貿易 / 移入 一千六百八十三萬圓 / 移出 一千四百六十三萬圓

* 이입 중요품목인 도자기는 올해 10만1천9백48원으로 작년 4만9천3백99원에 비해 많이 증가했다.

▸ 1924년 3월22일

柳宗悅씨가 京城에 美展을 計劃- 朝鮮美術品 約 一千點 / 됴선미술은 도자기가 뎨일

유종열씨는 오는 27일에 동경을 출발하여 경성에 와서 부내 서대문 구락부에 문씨가 취집한 조선미술품으로만 전람회를 개최한다 한다. 이에 대하여 柳씨가 말하되, "미술품은 대개 도자기로 신규회화, 조각품도 섞어서 총수가 약 1천점인데 그 대부분이 조선에서 취집하였으며 내지에서 취집한 조선미술품도 몇 가지 있습니다. 조선의 미술은 대개 도자기에 있음으로 역시 도자기가 많이 모였습니다. 고려도기의 특징은 기묘한 선과 배합으로 탄성할만한 가치있는 것이 많으며 모든 도기 모양은 시대가 새로워지는 것만큼 세밀히 되어가는 것인데, 조선의 도자기는 이와 반대로 이조시대에 이르러 그것이 거칠어 가는 것 등 여러 가지의 특징을 가지고 있습니다. 경성에서 형편에 따라 강연도 하려고 합니다" 라고 하더라.

▸ 1924년 4월5일

朝鮮工業界를 爲하야

(중략) 현재 조선공업의 가장 중요한 것을 말하면 요업, 제지, 금속품, 죽세공 등이 있다할 뿐이다. 그러나 이들 공업도 극히 소규모의 공업으로 住日의 片影을 나타냄에 불과하다 할 것이다. 당국에서는 공업의 장려에 노력하여 금일에 이르러 기계의 개선, 기술의 진보, 산액의 증가 등으로 인해 많은 발전은 했으나 세계에 보일만한 공업은 아니다. 조선에서 전민족적으로 빈궁한 원인은 산물의 부족에 있는 것이 아니다. 농산물은 다량으로 내지에서 이출하는 현상이나 수입품이 많아서는 빈궁을 탈피할 수 없는 것이다. 그런 즉 공업의 발전은 조선 민족에 있어 사활의 문제로 되지 않을 수 없다. (중략)

▸ 1924년 4월7일

朝鮮主要工産品

최근 총독부 상공과에서 조선 주요 공산품 산액을 조사한 바에 의하면 요업제품은 1,413만1천원이다.

▸ 1924년 5월10일

京城과 陶磁器

경성상업회의소 조사에 의한 경성부 내 도자기의 入荷는 1만7,700俵 34만3,000원出荷, 5,800俵 9만2,000消費量, 1만1,900俵 25만1,000원인데, 조선인은 유기를 점차 도기의 사용으로 옮겨 수요가 증가되는 추세인데, 부내의 내지인 수요품의 산출지는 나고야, 오오사카, 四日市 등의 집산지와 佐賀, 愛知, 교토 등의 生産諸縣이 많고 경성으로부터 仕向하는 사람은 강원, 함경남도, 황해일원이요. 출하기는 夏物은 3,4월, 冬物은 11,12월, 조선인용은 2월부터 6월까지 전성기요 7,8월에 들어야 감소하는데, 9,10월경은 농촌의 수요가 앞질러 대부분은 철도편에 의하고 배편은 표당 20전으로 저렴하더라.

▸ 1924년 5월28일

慶州古墳에서 古代珍品을 發掘 / 왕관과 금방울 한 쌍을 캐고 계속하야 발굴 중

얼마 전에 경주 남문 밖에서 세계적 대발견이라 하여 학계를 놀라게 한 발굴품 중에 순금으로 만든 왕관과 귀중품을 발굴, 적석총이라 하는 곳에 다시 신라시대의 분묘로 장구한 세월에 모진바람을 못이겨 破封된 분묘 2곳을 총독부에서 조사, 정리하게 되었다. (중략) 발굴하기 시작한지 19일에 이르러 서편에 있는 분묘를 약 15척 가량 팠을 때 碧玉으로 만든 管玉과 순금으로 만든 귀고리, 금가락지 등과 함께 여러 가지 토기들을 발견하였다. (중략)

▶ **1924년 7월25일**
江原道 主要物資生産 / 輸移出入現況(下)
* 도자기류 移出入 : 10만6,375개, 6만5,880원

▶ **1924년 8월1일**
淸州 本年度 産業槪況(九)
工業
* 요업제품 : 연 산액 34,005원. 도기와 素燒物은 조선인이 행하여 제조공장 23개가 있고 瓦와 土管은 주로 내지인에 의해 행해지며 제조공장 2개가 있으며 제조용 점토는 풍부하고 그 질이 양호하다.

▶ **1924년 8월10일**
七月中의 仁川貿易 / 合計 六百九十萬圓 / 入超 百六十六萬圓
7월중의 인천항 무역은 수이출 261만8,452원, 수이입 428만7,655원, 합계 690만6,107원이며 入超 166만9,203원이다.
* 도자기 이입 : 22,935개

▶ **1924년 8월11일**
全南工業의 將來 / 奬勵할 種類方法
전남도에서 현재 제조 생산한 공업품 중 원료판매 노력에 힘입어 장래 공장업 또는 가정공업으로 益益 발전할 소지가 있으며, 이는 각종 죽세공업, 莞布, 마포, 해태, 油, 청주 자기, 魚類, 비료 등이다.

▶ **1924년 9월6일**
三千年前의 樂浪의 古蹟 / 『도루멘』의 歷史的 價値

조선과 조선사람의 유일한 자랑거리가 되며 나아가 동양의 자랑이 될 만한 조선의 미술은 고대에 있어서 가장 발달하였다고 하나 임자를 만나지 못한 찬란한 미술품은 속절없이 분묘에 묻혀 그 값을 보이지 못하더이다. (중략) 총독부 고적조사회에서 조사할 계획과 목하 일반 미술품 옹호자간에 문제가 되는 '도루멘' 조선말로는 '고임돌'이라 부르는 것인데, 대개 거대한 돌에다가 여러 가지 물형을 조각한 것이라 한다. 이에 대해 총독부 고적조사과 加藤囑託은 말하되, "금년 중에 발굴하게 된 곳은 해주 부근에 있는 금관총과 기타 3개소이며, 그 중 금관총을 발굴하였는데 진기한 도기와 기마인물, 金玉으로 제조한 각종 장식품이 있었다" (중략)

▶ **1924년 11월8일**
十月中의 仁川貿易 / 出入計 八百八十九萬圓 / 入超 一百二萬圓
* 도자기 이입 : 29,526개

▶ **1924년 11월9일**
尙州의 窯跡發見
상주지방에서는 고려와 이조 그리고 上古時代들을 발견하였는데, 경성고등상업학교 천천백교씨가 내려가 고적조사에 노력한 결과, 加東面 佃橋里 부근, 內西面 北長里, 沙伐面, 德澤里 부근에서 고려 말 이조 초엽의 요적을 발견하였다고 한다.

▶ **1924년 11월16일**
釜山港의 客月內地貿易
10월 중 부산항의 내지무역은 이출 835만5,047원, 이입 801만8,040원으로 전년 同期에 비하면 수출에서 197만663원, 이출에서 140만9,708원경을 각각 증가하였다.
* 도자기 이출금 : 9만90,515원

▶ **1925년 1월17일**

商品陳列館과 中央試驗所 開放 / 民間 企業家의 一大福音, 方法은 目下 考慮中

매년 거액의 자금을 투자하여 공업에 대한 시험연구를 행하는 총독부 중앙시험소를 위시해 조선내의 산업을 소개하는 의미로 설치된 총독부고등진열관은 年來 기대한 바와 같이 何等顯署한 효과가 없지 않았을 것이다. 중앙시험소는 조선상공업 촉진에 대하여 공헌한 바가 적지 않다고 할지라도 이를 개방하기로 방침을 결정하였다는데, 그 일례를 살펴보면 중앙시험소에는 고가로 구입한 織物仕上機가 있음에도 불구하고 이를 그 기업의 발달에 이용하지 못함에 이르렀는데, 安達상공과장이 말하되, "어찌하든지 이를 개방할 방침은 촉진하였으나 能本공진회와 오오사카박람회의 참가경비 추가예산의 확정에 따라 이를 이용할 올 해 부터는 경비 약 3,4천원도 추가예산으로 제출하여 민간에 개방함을 시행하고자 하며 그 개방방법은 아직 고심 중인 고로 민간의 의견을 참고하여 상공업의 촉진에 일조가 되게 하고자 한다.

▶ 1925년 2월3일
朝窯會社敷地 / 賣却問題

조선요업회사가 敷地를 13만원에 대일본맥주에 매도할 것인데 神尾始興군수가 그 중 3만원을 당사로부터 교부하기로 하고 대일본맥주에는 10만원으로 中止하였다 함은 朝窯측 모 중역의 말이라 함은 전혀 처음 듣는 말로 소위 전무라 하는 나조차 初聞이니, 神尾군수에게서 당사 敷地를 第二候 補助하도록 의뢰하였음으로 무슨 이야기가 있을 것이다. 그리하여 만일 군수에게서 무슨 말이 있더라도 나를 위시하여 주주들은 출금을 하지 않을 것이며 또한 이 금액을 지출할 만한 금액이 당사에는 없다만, 기계라든지 제품은 가급적 당사에서 매매할 터이나 또한 주주의 승

인을 얻기 전에는 불가능한 일임으로 부당한 방법으로는 불가능하다. 조요회사가 10만원으로 敷地를 시행한다 함은 사실일지도 모르고 기계, 제품, 殘品, 건물 등을 매매하면 자금을 신속하고도 분배금의 배당을 위할 수 있을 것이라고 경기 富野전무는 말하였다.

▶ 1925년 3월5일
朝窯機械讓受

朝窯株式會社 敷地를 10만원으로 대일본맥주회사에 매매함에 대해 대주주총회를 열고 해산하고자 하는데 11만원의 부채에 대해 토지대 10만원의 잔액은 기계와 제품 등을 경성요업에 양도함으로써 다소의 殘益金을 얻어야 주주들에게 5원 내지 10원으로 분할할 예정인 바, 조요회사에서는 思勞金의 의미로 시가 이상의 대금을 요청했다. (중략)

▶ 1925년 3월6일
巴里博覽會에 出品할 朝鮮의 美術工藝品 / 朝鮮物産界도 漸次多事

올해 5월부터 10월까지 향후 6개월간 파리에서 개최되는 만국장식미술공예박람회에 조선에서도 출품하게 되어 식산국에서 선별중인 바, 경기도에서 조선을 대표하여 출품하기로 결정한 고로 도 상공청에서는 즉시 해당자와 교섭하였는데, 지정한 날짜에는 납품하기 곤란함으로 편히 농상무성에 대하여 제출기일을 1달간 연장하기로 교부한 결과 성립되어 3월3일에 전부 발송하기에 이르렀는데, 入選된 출품자는 다음과 같다.
삼화고려소 5점 경성 富田儀作씨 / 완초제품 3점 경성 全成圭씨 / 나전칠기 2점 경성 全泰龍씨

▶ 1925년 3월29일
朝窯解散은 豫想以上 遲延

朝窯會社의 토지를 대일본맥주에서 매

매하기로 하였으나 사실 해산 종료까지는 불능한 고로 우선 기계 등의 재산을 京窯회사에 매매하기로 하였는데 가격이 미정이고 27일 朝窯회사는 중역회를 열고 협의하였으나 상당한 시일을 요하고 京窯 측에서는 임시총회에 의논한 후 결정할 예정인 즉 본문제의 해결은 예상 이상으로 지연되겠더라.

▶ 1925년 3월31일
長崎陶器진출
長崎에 있는 도기는 상당한 역사가 있으며 조선과 거리가 가까우나 조선 내에 그리 수요되지 않았는데 이번에 長蓮 항로의 개통을 계기로 장기도기회사 등은 조선용품을 생산하게 하여 판로개척에 활동할 예정이라 한다.

▶ 1925년 4월11일
朝窯會社 / 結局解散乎
1925년 3월29일 기사와 동일

▶ 1925년 4월21일
曲折이 多한 朝窯敷地 / 賣却도 不遠 / 神尾郡守談
작년 11월 이래 곡절이 다한 조요회사 토지매수 문제도 신속히 결정됨에 이르렀고 경요회사와의 교섭도 대체로 초기의 요구대로 이루어져 전부 인수하게 되었다. (중략)

▶ 1925년 5월9일
日本麥酒의 朝窯敷地 / 買收問題 解決
조선요업회사의 敷地는 10만원에 일본맥주회사에 넘기기로 결정하였던 것은 이미 보도한 바와 같은데, 그 후 주주배당 관계로 2만원의 부족액을 편히 일본맥주회사에 청구하기로 神尾始興군수가 東上하여 교부를 시험한 바, 문제가 진전되지 못하여 이번에 神尾군수와 일본맥주회사가 편히 협의하여 1만원을 增額하기로 7일 동경에서 결정하였다는 神尾군수의 전보가 있었다고 한다.

▶ 1925년 6월23일
釜山의 工業前途와 電氣動力 使用別
* 도기제조업 : 116마력

▶ 1925년 8월18일
朝鮮出品 品目決定, 岐卓共進會에
9월15일부터 10월31일까지 岐卓縣주최로 개최되는 銀婚式奉祝國産共進會의 조선산품 출품에 대하여 상공과에서 수집중인 바, 출품목 23종류에 490만점이 결정되었는데 총독부로는 이번 공진회의 임시 건설한 특설관을 移築할듯 하니 이번 공진회에도 상당한 영향을 줄 것이다.

品種	도기	석기	칠기	금속기	죽제품
点數 (箇)	221	27	19	28	23

▶ 1925년 11월24일
古代陶磁器의 考古學上 價値 / 趣味 津津한 鑑賞的 硏究
小森忍씨 입성의 기회로 오늘 본사에서 강연회 개최
일본에서 陶磁界의 중진이라고 굴지하는 小森忍씨의 입성을 기회로 하여 조선요업협회 주최로 24일 본사 來靑閣과 吳服店 樓上에서 고대 도자에 관한 강연회를 열고 계속하여 27일부터 3일간 三越吳服店 樓上에서 同氏의 倣古支那陶瓷作品展覽會를 개최한다고 함은 지난번에 보도한 바와 같거니와 중국의 古代陶磁器는 세계미술공예 사상 유일한 사람이 가지고 있으며 그 품질이 고상해 자기 1개가 數千金을 아끼지 않는 모양으로 이에 대한 연구는 세계 각국의 학자가 열심히 하여 그 결과를 발표하는 중인데, 그것이 모두 고고역사적 혹은 감상적 연구에 그칠 뿐이고 그 품질의 연구에 이르러서는 『로-후아』 박사의 연구로 인하여 겨우 그 일단이 발표됨에 불과하다. 그런데 小森忍씨는 만철 중앙시험소장 中尾박사의 특별 원조 하에 대련에 窯所를 설치하고

1925년 11월24일

중국의 고대 도자기를 과학적으로 연구하여 남북 중국으로 陶窯를 심방하고 그에 대한 노력을 기우려 새로이 중국 고대도자기의 진미를 발휘하는 동시에 일본도자기에 공헌하려는 사람이다. 그의 작품이 지금까지 보통사람의 연구 작품보다 달라 중국 고도자기의 원료선정과 세공방법이며 굽는 법과 칠하는 방법 등이 특히 기묘 초월하다. 小森忍 씨가 新舊 作家와 현저히 다른 '釉'를 마음대로 한다는 것인데, 현재 일본에서 小森忍씨를 따라갈 사람이 없다 한다. 그리고 자고로 도자기 제조방법은 그 연구의 경험을 각각 비밀에 부치고 공개하지 않는 관습이 있으되, 小森忍 씨는 성격이 일체 비밀이라는 것을 가지고 있지 않은 사람임으로 24일 강연회에는 소위 전문가는 물론이고 흥미를 갖고 있는 製陶工藝에 새로운 해결을 줄 것으로 특히 조선은 제도원료가 풍부해 장래에 우량한 도자기를 만들 희망이 많으므로 조선사람으로는 이러한 강연이 가장 유익할 것으로 생각되는 바이다.

▶ **1925년 12월30일**
咸北의 工業狀態 / 各種 原料가 豊富 하야 / 將來의 隆盛을 期必
함북도의 각종의 공업원료가 풍부함에도 불구하고 소규모의 수공업과 농가의

부업적 공업에 의해 가정의 일반수요의 일부를 供給하고 그 외에는 일본제품에 의존하고 실태이다. 주요공업으로는 製材, 주조, 포목제조, 요업 등이다. (중략) 금후 품질의 통일 향상을 위한 노력으로 장래 상당한 성과를 거둘 것이다. 요업제품은 생산총액이 약 50만원으로 그 주가 되는 것은 瓦, 煉瓦, 土管, 陶器 등이고 생산지는 瓦, 煉瓦, 土管은 주로 靑津, 회령, 羅南 등 도외지 부근에서 생산되고 陶器는 회령군 雲頭鳳의 鏡城郡 宋南面, 明川郡 上古面, 鍾城郡 華方面에서 생산되며 함경북도는 陶器의 주원료인 점토가 풍부함으로 장래유망의 사업이다.

▶ **1926년 1월21일**
朝鮮工業의 趨勢와 鮮內産品의 使用 獎勵(三) / 安達商工課長談
鮮內商品의 使用獎勵

도자기	공장수	총생산액
	46개	2,963,482원

▶ **1926년 1월21일**
慶南의 會社工場, 年生産額 三千一百 三十餘萬圓
工場의 部

요업	공장수	자금
	35개	7,944,082원

▶ **1926년 2월2일**
府内의 窯業界 / 不振狀態
부내의 7개 요업공장이 2월1일 오후 1시부터 京窯事務所 내에서 올해 생산액과 불황대책에 관해 협의를 할 것인데, 대정 14년은 京城府廳 등의 대건축이 있어 각 공장의 매출고는 1천3백5십만원에 달했으나 대정 15년은 특별한 대건축이 없어 수요 감소를 예상하나 목조로부터 연와건축으로 바꿀 동향이 있어 작년과 대체로 비슷할 것으로 예측된다. 그러나 작년은 5할의 자원을

協約하였음에도 재고 품수가 2백52만개인데 그 내역은 京窯가 2백만개이고 森田이 30만개, 木村이 15만개, 加藤이 7만개로 되어 있는데 이것의 중요한 원인은 두 공장 중에 操短에 협약을 위반하지 않으면 採算이 합당하지 않아 증산하는 사람이 자가 있는 까닭인데, 이는 免囚事業에 적당하지 않은 마포형무소의 民業변경으로부터 생겨났다고도 말한다. 2월1일부터 협의회에서는 각 공장의 操短비율과 함께 문제가 될 듯하다. 또한 각 공장의 생산 제한비율은 전 수요예상고에 대한 각 공장의 생산능력의 按分비율로써 하기로 되어 있는 바, 각 공장의 생산비율은 다음과 같다.

공장명	京窯	木村	加藤	官營
생산액 (千圓)	10,000	2,000	1,000	3,000
공장명	森田	西吉	朝鮮人	計
생산액 (千圓)	2,500	1000	400	224,000

▶ 1926년 3월15일
慶南의 産業大觀 / 年産額 三千一百五十餘萬圓
* 陶器

공장수(箇)	15	
종업원(名)	내지인	16
	조선인	389

▶ 1926년 4월14일
「慶北家內 = 工業品展覽會」 / 出品申込이 豫定의 三倍로
경상북도 상품진열소 대구상업회의소 연합주최로 16일부터 22일까지 1주일간 개최할 家內工業展覽會는 예정 출품수 1500여점에 대하여 내선 각지로부터 殺到하는 申込 点數가 5000점을 넘어 예정보다 3배 이상 많은 것에 달하였음으로 진열소에 말해 목하 이의 진열과 장식에 고심하는 중이다. (중략)

▶ 1926년 6월2일
慶州에서 古器發掘 / 觀光人이 數千
신라의 도읍 경주지방의 관광개발을 위하여 순 조선풍의 고고적 설계에 꾀하여 목하 경주군을 개축 중인데, 동군 皇南面 부근의 지상공사에 다수의 인부를 사용하는 바, 土砂採堀로 인하여 매수한 田地에서 토기 기타의 파편 등이 출현함으로써 즉시 도청에 신고하였음으로 총독부로부터 고적조사원이 동지에 출장하여 실지를 고증조사 중이라는데 그 지방에서는 이를 관광하기 위해 매일 수천명이 군집한다고 한다.

▶ 1926년 10월10일
慶北의 獻上品 / 皇太子殿下께
9일 오전 11시 30분 특별열차로 來邱하여 즉시 자동차 신라 고도의 고적을 시찰하기 위하여 경주로 향한 황태자와 황태자비전하에 대하여 경북의 헌상품으로는 경주고적보존회로부터 신라토기 수개와 고전사진 1점, 고적안내 1부 등을 헌상하기로 결정했다.

▶ 1926년 11월7일
農閑期를 利用, 家庭工業獎勵 / 岡崎商工科長談
* 釜山陶器 : 부산도기는 종래 남양과 인도방면에 수출해서 재성공한 후 독일품을 능가하며 총 需要高의 8할까지를 점유하던 전성시대가 있던 주요 무역업으로 이후 부진하여 현재는 총 3할 내외에 있는데 근래에 호황을 얻어 독일품 보다도 고가로 취인되는 중이다. 다만 걱정되는 것은 경영시장의 변동이다. 이에 상당한 방안책이 필요로 하는데 본업은 조선 외국 무역상 매우 중요한 지위를 점함으로 상당한 증산책을 강구함이 요구된다. 그러므로 공급자가 지방일부에 불과한 것을 지방의 전 가정공업의 발전으로 하여 아무리 농업본위의 조선이라고 할지라도 농한기가 많은 조선에 있어서는 현재 농촌의 진흥

책은 이 한기를 생산화 함에는 결국 가
정공업진흥책 이외에는 없다고 하였다.

▶ 1926년 11월20일
**改修에 着手한 大田 懷仁間道路 / 測
量費난 民間寄附로 可決**
大田郡 東面을 經해 忠淸北道 보은군
懷仁을 통하는 도로는 중요 도로로서
지난해 개통하고자 보은군에서도 대전
이상의 도심으로써 이의 개수를 희망하
는 바, 근경에 이르러 관계 부처의 打
合이 수용됨에 따라 올해 3,4월경의 농
한기를 이용해 민간의 賦役으로써 도로
를 개통하기로 결정하고 공사에 착수하
였다. (중략) 각 도로의 改修에 따라 수
출입(大田仕向)되는 주요품목중 도자기
는 2천2백개이다.

▶ 1927년 1월17일
**大阪 三越樓上에 朝鮮物産展覽會 /
조선기생의 춤도 잇다**
조선의 물산을 널리 소개하기 위해 내
지방면에서도 점차 인정하게 되어 오오
사카에서 개최되는 조선 産品의 시세가
오르는 것을 시험 하여 조선물산협회에
서는 금년에도 3월11일부터 10일간을
오오사카 三越吳服에서 제2회 조선물
산전람회를 개최하게 되었음으로 총독
부에서도 이에 대한 수지를 찬성하여
후원하도록 편의를 더할 계획이며 여흥
으로는 경성 기생을 뽑아다가 오오사카
에서 무용을 할 터이며 출품은 조선 각
지방을 망라한 물건으로 할 것이다.
高麗燒- 京城刑務所 / 墨類- 美術品製
作所 / 莞草製品- 富田商會

▶ 1927년 4월30일
**各國學者가 參集하야 高句麗의 遺跡
發掘 / 남만주 벽류하반의 찬란하든
문화**
世界學界에 貢獻
(중략) 세계의 고고학자들은 너나없이
고구려시대의 유적을 찾아서 통반 구인

류의 가장 권위있는 문화의 자취를 엿
보고자 하였으나 오히려 그 실현을 엿
보지 못하였던 바, 이번 관동에서는 이
를 유감으로 여겨 동경제국대학과 경도
제국대학의 고고학자로 조직된 동아고
고학회를 초빙해서 이를 발굴하게 된
것이다. (중략) 고구려는 이미 중국의
주나라때 이전부터 문화발달이 이루어
졌음은 고증된 바이라 발굴된 유물은
비록 깨어진 질그릇 한 쪽이지만 萬金
의 가치가 있다고 한다.

▶ 1927년 6월28일
**各道가 爭先出品한 海陸의 豊富한 特
産 / 동도의 이백만 시민에게 소개하
고자 십삼도가 압흘 닷호아서 명산
을 출품 / 開期迫到한 朝鮮博의 자랑**
동경에서 개최되는 조선박람회는 조선
문화와 물산을 일반시민에게 소개하는
가장 알맞은 會임으로 각도와 각지에서
는 서로 앞을 다투어 명산과 특산물을
출품하였다.
*경기도 : 출품 중에 가장 흥미로운
것은 이조도자기로 종래 강화도에서
만든 것으로 아직 출품한 일이 한번도
없던 것으로 이번에 특히 출품한 것이
다.
*경상남도 : 부산 牧島에 있는 경질도
기가 출품되었다.
*황해도 : 황해도는 산간이 있는 만큼
출품이 많으니 고령토 외 잠건이 주장
이요. 금광, 규사, 대두 등 20여종에 달
한다.

▶ 1927년 7월30일
**原始形式을 未免한 朝鮮의 窯業界 /
高麗磁器의 華美를 顧하야, 新年부
터 保護策 樹立**
조선지방 농촌의 부업으로 비교적 고대
부터 일반에 보급한 것은 조선제업, 재
래 麻布紡織 등 지방적 수요품의 제
조에 종사하는 요업의 3종이 특색인데,
제지와 마포직은 일반 부업의 장려와

공업의 농촌화에 맞추어 점차 발전하였으나, 요업만은 의연 원시적 형식을 면하지 못하여 전 조선에 산재한 약 120-130의 窯는 단순히 지방적 수요인 도기제인 사발 기타 가정용품을 생산하는데 지나지 않아, 대량생산의 내지도기에 밀려나는 상황이다. 내지제품이 도기사발 1개에 30전이 평균인데, 앞서 말한 방법에 의하여 제작한 것은 보통 8,9전의 저가임으로 경영정도가 낮은 지방농촌에서는 상당한 고충이 있을 뿐 아니라 원시적한 경제가 저조할 뿐만 아니라 말한 바와 같이 원시적 窯築을 근절함은 지방농촌경제에 큰 영향을 끼칠 것으로 총독부 상공과 당국에서는 조선도기를 보존, 장려하고자 하는 의미를 가지고 있으나 소규모 요업의 窯元所有者, 使用者 간이 분리되어 있음으로 대책방안에 어려움이 있으나 비교적 합리적 경영을 하는 자에게는 장래의 발달을 조장하기 위하여 상당한 보존장려법을 구체화하게 하고 그 방안을 올해에 요청한다.

▶ 1927년 9월6일
安邊郡 鶴城面서 磁器와 鐵釜發見 / 고고학상 참고품
安邊郡 鶴城面 江門里 부근 산지에서 고려자기 4개와 鐵製釜가 1개 발견되었는데 연대는 분명하나 수백년이 지난 고물인 것은 사실로 본도 沿革史에 중대한 보물인 동시에 고고학상에 참고자료가 된다하여 목하 당국에서는 調査 考究하는 중이다.

▶ 1927년 11월7일
工業補習展覽會
6일 낮, 어의동 공업보습학교에서 열린 전람회를 이 학교는 경성에서 특수한 공업학교로 고등공업학교같이 고등지식을 가르치는 것이 아니다. 실제 적용될 만한 공업을 가르쳐 졸업하는 길로 자기 스스로가 공장을 내든지, 남의 공

1927년 11월7일

장에 가서 취직을 되게 하는 곳이다.

▶ 1928년 4월7일
工藝講習設置
전남 광주에서는 공예강습 설치에 대해 일찍부터 일반 有志는 遺憾으로 생각해 옳은 바, 지난 3월22일에 광주신간회 支會 내에서 총회를 개최하고 개최한 결과 작년에 발기된 光州敎育普와 공업예술강습소를 설치하게 되었다.

▶ 1928년 7월13일
建築工事 中 高麗器 發掘
11일 광주 樓門里 長씨의 집에서 건축공사 중 다수의 고려기가 발굴되었는데, 이것은 지하 4척 중에 있었다는 바, 小皿 16개, 中皿 1개, 평사발 6개와 비상하게 교묘한 향로 2개가 있었다는데, 지금으로부터 약 760년 전 고려기이다.

▶ 1928년 7월29일
李朝陶器와 展覽會 / 倉橋藤治郎
고려 초로부터 이조에 이르기까지의 도기를 감상하며 또한 비평하려 함이나, (倉橋)의 이번 경성행의 목적이었다. 柳宗悅, 淺川伯敎, 同 巧의 세 군을 중심으로 한 이조도기연구와 이조도기의 전람회와 강연회 등으로 연장할 듯 하면서도 매우 奔忙한 여행일 것은 최초부

터 예기치 못한 것도 아니었다. 그러나 경성에 도착하자 나의 來城이 올 가을에 개최되는 전람회와 관계있다 하여 주최자와 말썽거리가 되게까지 되니 괴로워해야 마지않는 바이다. 원래가 야인인 나로써는 어떠한 상황에 몸을 들지라도 그다지 고민될 바도 없지만은 전람회에는 아직 서투른 경험을 가졌을 뿐이다. 말하자면 동경박람회에 빠져나오고자 하여 이번에 경성으로 온 것인데, 전람회와 곤란을 부치는 것은 너무도 침통한 바이다. 그러나 진실을 행한다면 고민하지도 않겠다. 더구나 조선박람회의 주최자측은 친한 사람들이 많다. 식산국장은 의형제요 상공과장은 동경에 있을 때의 친부이며 그 뿐만이 아니라 나는 10년 동안 적어도 공업에 관하여서는 官民의 중간에 서서 實思의 政通과 諒鮮을 다하여 진력하였으며 우량한 공업정책이 시행되도록 부족한데로 助力하였다. 이러한 경력을 가진 나로써 갑자기 경성에 와서 박람회에 해방을 놓거나 또는 조력을 하거나 하여야만 될 만한 의리가 없을 것이다. 일본사람인 우리에게는 이러한 고약한 버릇이 많아서 사람을 해롭게 하며 또한 자기의 신상에도 이롭지 못하다 하겠다. 나는 벌거벗은 맨몸뚱이로 이곳을 떠나 동경에 올라가서 15년 동안 오늘날의 내가 되기까지 맞으며, 차이며, 헐뜯기면서 천성이 태연하고 분별이 적어 나로서도 다소의 손상이 온몸으로 미쳤으나 다행히 나 자신은 아직까지 남을 해롭게 하거나 헐뜯고자 하지 않는다. 현대의 일본인에게 가장 필요한 것은 一任한 일, 방해하지 말 일, 자진하여 타인을 援助할 일이다. 영국사교계에서는 친구가 대신노릇을 할 때에는 될 수 있는데로 친구를 방문하지 않는 것이 신사의 예절이라 한다. 이번 가을에나 개최되는 예상도 아직 결정되지 못한 박람회가 벌써부터 무슨 말썽이 되는지 알 수가 없다. 박람회라는 사업은 전쟁이다. 그러므로 協力一致가 필요하다. 박람회로 인하여 직접, 간접으로 예상됨은 경성에 거주하는 신사가 아는데, 주최자를 헐뜯는 것은 천정을 보고 침을 뱉는 것과 같다고 하겠다.

▶ **1928년 8월26일**
**生產에서 需要까지 企業上 不振하는
陶磁器와 土製品 / 우리 밥그릇도
남이 맨든 것**
대지는 우리에게 다양한 종류의 원료를 주어서 먹고 살 수 있게 하는 동시에 흙(土)은 우리에게 여러 가지로 이용되는데 도기와 자기 등의 기명을 비롯하여 토관, 와, 연와 등의 필요한 것을 제작할 수 있어서 인생의 일상생활에 없어서는 안 될 것이 되었다. 그러면 조선의 요업은 어떠한 현상에 있으며 그 산지는 어떠한가? 소화 2년 말의 조사에 의하면 도기와 자기를 합하여 1천478만 7,400개로도 부족하여 241만1,973만원의 도자기가 이입되고 토제품도 8,987원이고 素燒物이 이입되고 14만4천여원 어치가 수출되며 그 잔여인 595만6,849만원의 도자기와 素燒物이 조선 내에서 소비된다. 그러나 器皿類는 한 번 매입하면 비교적 오랫동안 사용하는 것이 다른 소모품과 마찬가지로 일시에 소멸되지 않은 것임으로 연도가 지날수록 소매량의 감소나 생산액이 동결되고 만다. 그 외에 硝子도 약 30만원의 생산이 있으나 1백만원이 이입되고 3,397원이 수입되어서 1년에 1백11만6,624원이 수입이 되어서 1년에 131만624원이 감소되며, 토관은 41만8,552원에 26만여원이고, 瓦도 2,276만919개로 1만여개이며, 연와는 71만여원, 석회가 25만여원, 시멘트가 450여원인데 와, 연와, 시멘트, 석회 등은 매년 그 생산이 증가되는 추세이다. 이제 다시 산지로 보면 평양, 대구, 부산 등지에 도자기의 공장이 새로 생겼으나 아직도 그 성적이 양호하지 못하니 내지의 우량한 도자기가 이입되는 까닭이고, 素燒物은 대개 질그릇, 장독, 화분이 중요한 것으로 조선에는 到處에서 이를 제조해 가장 많이 사용된다. 만약 조선에 고유한 器皿이 있다하면 그는 燒煥物이라 하겠고 도자기의 대부분인 우리 식기는 대개 오오사카의 공장에서 만든 것과 교토, 구다니 등지의 도자기라 하겠다. 고대에는 고려자기 같은 역사상의 광채를 들어내는 것도 있는 조선의 현재에는 언제 그런 것이 있느냐는 의심이 생긴다. 기명은 근래에 와서 그 수요가 부척 늘었는데 조선에서도 경성 부근을 비롯하여 지처에서 이를 번조하나 아직 그 품질이 우량하지 못해 오오사카 제품을 쓰며 외국 수입품이 아직도 유통되며 토관, 瓦, 煉瓦 등은 영등포와 대전을 비롯하여 西北鮮지방에서도 제조해야 조선에서 필요한 이상의 생산이 있으나 아직도 이출 또는 수출이 될 만큼 우수한 것은 못 만든다고 한다.

▶ 1928년 9월10일
朝鮮博의 出品種類 / 조선박람회의 출품종류
올 가을 京城에서 가장 성대히 개최될 朝鮮博覽會의 사무는 總督府에서 진행 중인 바, 이번 박람회 개최에 관한 제반 현상이 결정되었음으로 지난 8일 출품 종류, 요람 등을 발표하였는데, 출품물은 第一類로부터 第二百七十三類에 이르는 部類로써, 농업, 水利開墾, 간척, 임업, 광업, 수산, 식료, 염직, 工業, 布線加工, 교통, 토목, 건축, 교육, 製作 工業, 학예, 美術, 工藝, 사회사업, 보건, 위생, 사법 등 각 방면에 개최한 것이며 또한 출품구역은 제국은 물론 倭任統治地租借와 만주까지 그 구역을 정하였다.

▶ 1928년 10월29일
平南事情紹介
* 主要工業 : 본도의 主要工業은 生線 織物, 양잠제조, 피혁, 제재, 木工製造,

陶磁器, 시멘트, 연초 기타 공업 공장수 445개에 자본금 1억1천554만1천196원에 종사업자가 1만8백1십2명이고 연 생산액이 4억6천1백9십만 2백8십3원에 달한다.

▶ 1928년 11월9일
直徑六尺餘의 大火爐를 發掘 / 꽃병과 촛대도 있었다 / 考古學上 好參考資料
8일 시내 연지동 중앙시험소 앞 도로공사 중이던 인부가 땅을 파다가 화로 1개, 촛대 2개, 화병 1개를 발굴하여 방금 東大門署에 보관 중인데, 화로는 직경 6척이나 되는 근래에 볼 수 없는 매우 큰 것이오, 또 발과 밑에 용의 머리와 그 他를 교묘히 아로새겨 당시에는 고귀한 것임을 알 수 있으며 화병은 一見 高麗器와 흡사하고 촛대도 3척이나 되는 큰 것인데, 아직 전문가의 감정을 받지 아니하여 어느 시대의 것이오, 몇 백년이나 되었는지를 알 수 없으나 적어도 6,700년 전인 듯 하다는데 고고학자의 좋은 자료이라 한다.

1928년 11월9일

▶ 1928년 11월25일
總督의 獻上品 / 고려자기를 제작하야 / 富田氏의 譯作品
山梨總督의 봉학헌상품, 나전세공의 花床 2개는 23일 총독부동경출장소에 보내어 진상의 수속을 취하게 되었는데 본시 화상에는 고려자기의 화병을 받쳐

진상하기로 하였는데 고려자기는 천수 백도의 놓은 온도를 가하여 만든 것으로 완전히 제작하기가 극히 부족하여 화상을 송달할 때 고려자기 화병이 한꺼번에 되지 못하여 화상만을 먼저 송달하였는데 그 화병은 富田씨에게 의례해 23일 겨우 1개의 화병이 완전히 완성되어 가까운 시일 중으로 송달하게 되었다.

▶ **1928년 12월25일**
咸南 洪原에서 陶磁器原料 發見 / 불원간 회사가 된다고

함남공원 부근의 陶石은 대정 9년 총독부 시험장에서 시험하였을 뿐 자세한 성적을 알지 못하던 중 근간에 다시 시험한 결과 우수한 도자기 원료를 발견하였다. 그 시행자의 말에 의하면 함량이 多大해서 노출부분만 해도 가로 32척, 세로 38척으로 연방10町여가 되고 수일내로 총독부 중앙시험소로부터 發掘技手가 來道해서 조사에 착수하고 회사설립에 착안중인데 창립총회는 올해 1월 중에 개최될 것이다.

▶ **1929년 1월9일**
稀貴한 大花瓶 / 턴황폐하께 드릴 것- 高麗磁器의 高價品

山梨總督은 대황제폐하께 花床 1개와 고려자기 화병 1개를 헌상하는데 화상은 미술품제작소에서 나전세공으로 제작하여 送皇하였고 화병은 높이가 1尺 5寸1分이고 입구가 8寸4分이나 되는 초대형품을 富田씨가 제작 중이었는데 그 작품은 청색자기로 이 처럼 큰 것을 제작함에는 매우 힘들뿐 아니라 유래가 없는 작품으로 더구나 한 쌍을 똑같이 제작하기는 더욱 어려움이 있고 제작에 착수하기는 작년 11월부터 경성과 진남포 곳곳에서 제작하고 16개나 실패를 하고 일전에야 겨우 진남포공장에서 완성해 총독부로 송달하였다. 화병의 표면에는 봉황, 작약을 상부에는 학이 모

1929년 1월9일

양을 채색했다. 본보에서는 수일 내로 동경출장소로 송부하여 헌상할 계획이다.

▶ **1929년 4월11일**
寶相花 아로색인 新羅時代 古瓦 / 田耕中 農夫가 發見한 것을 博物館에서 買收備置

신라의 고도 경주에서 희대의 진품이라고 할 만한 보상화를 세긴 둥근 古瓦의 조각을 발견하여 고고학상 일대 흥미거리가 되었다. (중략)

1929년 4월11일

▶ **1929년 7월15일**
咸北 視察中의 山梨總督- 회령명산 회령도기공장을 시찰(사진보도)

▶ **1929년 8월2일**
高麗器 發掘 / 慶南 陜川에서

목하 지질공사 중의 경남 합천공립소학

1929년 7월15일

교 실습지의 지하 3尺지역에 있는 2척4방의 古冢 중에서 高麗燒의 식기 약 100개를 발굴해 도당국에 제출하였는데, 이곳은 구릉이 多한 지역으로서 이직도 발굴할 지역이 있는 듯 함으로 이는 고고학상의 好資料가 되리라 한다.

▶ 1929년 9월3일

朝鮮博覽會前記(三) / 生產品加工品은 南北産業館으로

社會施設과 經濟事情을 如實히 表示한 社會經濟館

産業北館은 그 면적이 763평이다. 南館이 생업품을 주로한데 대하여 北館은 가공품을 주로하였다. 진열품은 조선 내에서 생산하는 染織布帛工業, 제작공업, 요업화학공업, 식료공업제품, 광산품 등이다. 그리고 이에 관계있는 시설기반인 중앙시험소, 연료연구소, 지질조사소에서 시험·연구한 시제품이 진열되어있다. 특히 공업제품에 있어서 주목할 만 것은 油脂, 線布, 피혁, 도기, 洋紙, 비누, 칠기, 飯料水, 시멘트 등인데 가공이 歷然히 보인다. (중략)

▶ 1929년 9월17일

釜山의 工業狀態 / 總生產額 三千餘萬圓 / 그 中엔 精米業이 首位

공업의 부산, 산액의 부산- 부산의 공업은 실로 비약적인 발전에 도달하여, 대정 13년말 공장수 274개, 자본금 1천3백92만원, 생산고 2천7백91만8천원이 5년 후인 소화 3년도 말에는 공장수 388개, 자본금 2천2백30만4천원, 생산고 4천3백96만6천원에 달하여 모든 것이 증가하였다. 그리고 이 공장에 종사하는 직공은 조선인 남자 38,96명, 여자 2,401명, 내지인 남자 1,301명, 여자 50명, 중국인 남자 28명으로 합계 7,388명의 다수이오, 생산액이 주요한 도기는 1,300원(單位千圓)으로써 精米공업이 가장 많은 생산액을 점하고 나머지 공장 생산액은 아직 적은 상태이다.

▶ 1929년 10월2일

釜山工業品展覽會 / 開催를 計劃

부산공업연구에서는 내지공업을 연구한 결과를 기본으로 부내 현재의 공업제품을 수집하고 기술을 일반에 알려 생산품 사용 장래와 각 물자의 수출입 조사를 하여 공업 진흥을 목적으로 하는 전람회를 개최하기로 했다.

▶ 1929년 10월11일

中央試驗所及高工校展覽會 / 오는 십삼일에

오는 10월13일 오전 9시부터 오후 3시까지 중앙시험소, 경성고등고업학교, 경성공학교의 연중행사인 전람회가 개최하고 시험실과 兩 학교의 실습장을 공개하여 성적품을 진열하여 조선내 공업의 소개를 하리라는데 일반관람을 허가한다 한다.

▶ 1929년 10월17일

工業協會 創立總會

전국공업협회 창립총회는 16일 오전 10시 반 長谷川町 상업회의소에서 개

최하고 役員 선거를 거행하였다. (중략)

▶ 1929년 12월4일
中央試驗所 制度改革問題 / 불원간 실현

식산국 소속인 中央試驗, 龍山商工科 分室, 商工獎勵館 등의 제도개혁문제는 종래 관계당국에서 매우 유의해 오던 중, 특히 용산 상공과 분실이 항상 문제가 되는 일이 많아 世評도 매우 좋지 못하였거니와 당국에서는 오늘 이후 개혁할 필요를 느끼고 金貳遠 鄕土師 新科場을 다른 곳으로 보내기로 하였다.

▶ 1930년 4월10일
共同作業場 設置成績 / 豫想以上良好

가내공업의 장려로 소화 원년도 부터 공동작업장의 설치에 대하여 총독부가 국고보조로 설치에 노력한 결과 현재 絹布 공동작업장 11개소와 보조액 6만6천원, 麻布공동작업장 12개소와 보조액 4만8천원, 紙공동작업장 9개소와 보조액 3만9,800원, 도기 2개소와 보조액 16만1천6백만원으로 各地가 모두 좋은 성적을 보이고 있다. 소화 5년도는 도기공동작업장 보조액 4천원을 설치하게하고 국고보조는 올해로서 중지되었는지 이에 대하여 총독부 상공과의 牧山技師가 말하기를 소화 원년부터 소화 5년 말까지 5개년 계획을 예정계획과 같이 달성한 것임으로 올해부터는 더 이상 설치할 필요가 없다고 한다.

▶ 1930년 5월12일
朝鮮鄕土의 精華모흔 農人藝術展覽會 / 본사 이십오주년 기념주최
大六日로 開期漸迫

본사에서는 본사 25주년 기념사업으로 향토미가 흡족한 농인예술품전람회을 본사 경성일보, 서울프레스, 3사의 연합 주최로 오는 16일부터 10일간 본사에서 개최할 터인 바, 이것은 널리 권위자의 심판과 비평을 받아 향토생산의 현장을 소개, 선전뿐만이 아니라 농촌의 예술적 부업장려에도 끼치는 바 있고자 하는 것이다. 출품될 각 예술품은 13도 각 군의 염직공업품, 布線加工品, 금속과 석제품, 칠기와 목제품, 요업제품, 피혁과 紙제품, 완구, 조각에 이르기 까지 한곳에서 13도의 전부를 한 눈에 볼 수 있게 할 터이며, 농민들의 작품이라 세치한 맛은 없을지나 오히려 그만이 취한 흥미를 가진 것은 물론이다.

▶ 1930년 5월13일
二十五年間의 經濟界變遷激勘(8) / 內地資本家의 投資者續出로 工業界順調로 발달

(중략) 特記할 사항은 고려, 조선시대의 공업발달이니 이 시대들의 고도의 발달을 본 것은 당 시대의 건축과 공예품에 있는 것이 명백함에도 불구하고 이후 시간의 경과에 따라 점차 퇴보하여 근대에 이르러서 겨우 幼雉한 요업, 금속품에 일면을 보유하게 되었을 뿐으로 필요 수요조차 외국제품의 조달을 받게 된 것은 공업적 수지에 쟁점이 있는 것이 아니고 위정자가 이 법도를 침해하여 온 것이다. 그러나 합방이후 광산, 농산, 수산의 개발에 주력하는 동시에 거액의 자본을 투자해 이에 이용을 도모한 결과 저조한 조선공업계는 자연히 활기를 찾아 상당히 증대되어 결실을 보게 되었다. (중략) 조선공업계의 발달과 현황은 중심세력이 되고 있는 내지인 경영의 주로 사업회사임은 사실이다. 이 공업회사는 양호한 성적을 취하여 규모를 증대하는데 전념하고 있다.

▶ 1930년 5월16일
平凡素朴한 中에도 昔日香趣가 浮動 / 려조자기와 가티 고귀전려한 품격은 업다 해도 매력은 잇다 / 尊貴한 農人의 餘技

본사 주관의 농인예술전은 굉장한 인기

1930년 5월16일

1930년 5월22일

로 일반에 소개된다. 농인예술전은 조선에서는 처음으로 시도하는 것으로서 본사가 일찍이 이 경륜을 세우고 무한 고심을 다하여 각도 농인예술작품을 모아 오는 16일부터 일반에 공개하게 되었다. 농민의 작품은 예술가의 작품과 달라 본업의 여가를 이용한 餘技에 지나지 못한다. 구진 비 오는 날 음산한 방안에서, 눈보라 치는 밤, 쓸 만한 생애를 조금이라도 키우기 위해 심혈을 담아 부은 귀중한 물건이다. 더구나 향토의 향수에 祖先이 귀풍을 가득히 실은 생에 있어서 특히 광명이 있다 할 것이다. 처음으로 소개하는 것은 강원도의 楊口 사람 張仁基씨 등이 만든 磁器이다. 강원의 百砂에는 규사가 많다. 이것을 이용하여 만든 광주 분원은 유명한 자기의 명산지이다. 오늘날은 기형, 색채가 예전의 작품과 같은 단아한 맛은 없으나 오히려 평범 소박한 가운데 현대인의 눈을 끄는 무한한 힘이 있다. 이 또한 농한기를 이용한 農人餘技라는 점에서 존귀한 의의를 갖는다. 이번 전람회에는 모두 농인의 손으로 만든 것 뿐인데 목기, 죽기, 석기, 완초세공 등 수천점에 달한다. 그러나 그 중 먼저 눈에 띠는 것이 이 磁器이다.

▶ 1930년 5월22일

古雅味 豊富한 樂浪陶器 等 着荷 / 新着品整理에 係員은 大奔忙 / 大盛況의 農藝展

會期도 거의 其半을 지난 제 5일의 본사 농예전은 豫期以上의 대성황으로, 이날 새로이 소개된 진열품은 海州의 낙랑도기로서 관람자의 눈을 머물게 하였다. 이 외의 진열품은 대인기를 끌고 있는 낙랑도기이며 그 중에서도 赤打菊花鉢은 더욱이 인기의 중심이 되어 있고 화분은 수십종이 있다. (중략)

▶ 1930년 5월24일

年マ增加하는 平南道의 工場數 / 생산액 오천륙백사십여만원

평안남도 내의 각 공장수 518개소의 연생산액 5천648만4331원을 전년도에 비교하면 공장수는 19개소가 증가하고 생산액은 439만9207원이 증가했다. 그 중도기는 공장수 7개소와 생산액 44,884원이 증가하였다.

▶ 1930년 7월11일

李王殿下께 花瓶 一個 進上 / 이번 齊藤총독이

제승총독은 목하 歸城 중이신 이왕전하께 조선 중앙시험소에서 제조한 미려한 화병 1개를 진상할 것인데 늦어도 11일에는 전하께 헌상할 절차를 밟게 되리라 한다.

▶ 1930년 7월29일

江外普校의 窯業을 激讚 / 金一封을 特히 賦與해

視察 관계로 26일에 來淸한 學務局長

1930년 7월11일

은 江外普校를 참관하고 동교 요업부
의 장려를 위해 금일봉을 부여하고 淸
州館의 一室에서 다음과 같이 말했다.
"본도는 初見이외다. 당지로 향하는 도
중 강외보통학교에 들렀는데, 동교에는
실과교육으로 요업부를 설치하고 재학
생과 졸업생 등이 교사의 지도하에 동
교근방에 있는 점토로서 人形, 花瓶,
火鉢 등을 제작하고 있는 실황을 보았
는데 이 제품은 향토특산품으로써 성공
할 수 있는 것으로 더욱 장려발달을 시
키고 싶은 것이다. 더욱 동교 졸업생 5
명에 교장의 권유로 朝永土地會社의
호의로 올해부터 동사 소유지에서 공동
소작하였다는데 成育도 잘되었다. 如
斯히 이해력이 있는 地主의 기여한 바
는 歌喜할 바이다. 당지 중학교 설립
요망에 대하여 어제 저녁 조성회로부터
이야기가 있었는데 如斯한 희망이 있다
는 말은 自己로서는 初聞이다. 그러나
현재 사무로 보아 중학교 설립은 참고할
바이며 그 보다는 실업학교의 설립에 대
하여 추진함이 어떤가 한다."고 한다.

▶ 1930년8월2일

**朝鮮內工産物 總産額 三億萬圓 / 其
中 朝鮮人 生産이 一億六千萬圓**

大体로 順調發達
총독부 상공과가 소화 4년 중 조선내
공산물 생산 외 203종에 대해 조사했
다. (중략)

요업제품	生産額	輸移入額	輸移出額	朝鮮需要額(圓)
	13,088	9,875	2,544	20,419

▶ 1930년 8월26일

**內外商品의 比較展覽會 / 경성부내
서도 십여점 출품 / 來九月十二日부터**

오는 9월12일부터 25일까지 14일간 남
대문 상공장려관에서 개최하는 내외상
품비교전람회에 경성부 내로부터는 牛
脂, 잉크, 초자, 식기, 청주 등 12점을
출품하였다.

▶ 1930년 9월24일

基靑校工藝科 製造品展覽會

중앙기독교 청년회학교에서는 24일 오
전 9시부터 동교 공예과 생도 제조품전
람회를 종로 중앙기독교 청년회관에서
개최하고 일반의 관람에 이바지할 것이
라 하는데, 기술이 작년보다 진보하였
으며 관람자의 청구에 의해서는 實費로
판매도 할 것이라 한다.

▶ 1930년 9월26일

**全鮮家庭工藝品 大展覽會를 開催 / 十
月十一日부터 二十日間 商工獎勵館
에서**

상공장려관 주최로 조선에 있는 가정공
예품을 전시하여 그 기술을 向上品質
의 개량을 목적으로 전 조선의 가정공
예품 품평회를 개최하기로 하였다. (중
략)

＊ 出品種類
第5類 : 금속, 도자기, 토기, 석제품

▶ 1930년 10월19일

總督府主催 家庭工藝品評會 / 受賞者 氏名(一)

* 특선상 : 唐草文陽刻形花甁(京城, 富田商會).
* 2등상 : 花甁(釜山, 三島桂), 陶器(회령, 崔冕載), 靑磁花甁(京城, 海市商會), 花甁(高敵, 高敵産業組合).
* 3등상 : 陶磁器花甁(여주, 張珪煥).

▶ **1930년 10월28일**

商品見本市의 出品種類決定

총독부 주최 하에 당업자가 合會한 內地朝鮮商品 見本市 개최는 長崎, 能本, 鹿兒島 대부분 각 지방이 예정인데 오는 11월 상순부터 하순에 이르는 동안 각 지역에 있는 기간은 3일간이다.
* 출품종류 : 곡류, 비료, 과일, 식료품, 축산·해산품 기타 우피, 피혁제품, 도기, 죽세공품, 석세공품, 칠기류, 朝鮮紙 등이다.

▶ **1930년 11월5일**

朝鮮의 工業- 過去와 現在(四)

三. 窯業 : 조선은 각지의 우량한 요업 원료 토석을 다량으로 함유하고 있음으로 원료상으로 보아 요업이 가장 유망하겠고 기술상 소질로 보아도 古來 고려자기와 같은 것은 요즈음의 진보된 기술로도 容易히 모방하지 못할 만한 기술을 나타내었다. 그러나 이조 중엽 이후 도자기업도 역시 퇴보되어 거의 말소에 이르렀고 각 지방에 小陶器場이 존재해 부근 주민의 수용을 함으로써 명맥을 유지해왔다. 그러나 이것도 공장설비 불완전, 제품이 조잡하여 하나도 볼 것이 없었다. 명치 44년에 114만원이 든 것이 점차 발달하게 되어 소화 3년에는 1천152만여원에 이르렀다. 대정 8년 이애, 小野田(セヌ사)회사가 평남과 함남에 개업하게 됨을 시조로 조선경질도기회사가 부산에 창설되었다. 그러나 아직도 大會社의 발기를 기다리고 있다.

▶ **1930년 12월20일**

高靈郡에서 高麗陶器 發見

경북 산업과장이 고령군에 출장 중, 다른 곳에서 발견하지 못한 경북 고령도기를 발굴하였다. 이 고려자기는 조선의 미술공예를 연구하는데 가장 좋은 재료가 되리라 한다.

▶ **1931년 1월20일**

統營郡에 埋藏된 高嶺土는 二億噸 / 現時價는 噸當十四圓 / 年百萬噸 採掘은 可能

유래 통영군은 광물이 없든 바, 최근 도자기와 내화, 연와의 원료로 수용이 많은 고령토의 산지가 있어 현재 군내 光州面과 山陽面에서 채굴하는 중인데, 매년 본부 식산국으로부터 조사한 결과 그 매장구역은 자못 광범하여 적어도 1억톤 이상이라고 하는데, 噸當十圓(현재, 噸當十四圓에 매각)으로 10억 이상 어치로 1년간 만톤씩 채굴하여도 실로 100년간 이어질 것으로 부산항 1년간의 入貨物 150만톤에는 미치지 못하나 상당한 숫자에 달할 것이다. (중략)

▶ **1931년 1월20일**

對內地 主要貿易 / 品別種價格

연 중 조선 내 內地貿易 이출품 가운데 도자기는 224만8,169원이다.

▶ **1931년 1월24일**

三萬四千圓 豫算으로 開城에 博物館을 建設 / 麗朝時代에 燦爛튼 美術品을 永久히 保存하고저 圖書館도 倂設

개성은 조선 역사상 문화와 예술이 제일 찬란한 고려 500년 동안 王都이었으며 고려자기라 하면 세계에서 유명한 예술적 산품일 뿐만 아니라 과학이 극도로 발달한 오늘날에도 고려자기를 만들지 못하는 만큼 진귀한 유물임은 다시 말할 필요가 없다. 당지는 고적과 명승이 산재하여 역사상 연구할 재료가 풍부한 지방이며 산천이 아름답고 풍경이 절승하여 겨울만 빼어놓고 춘하추 삼절에는 각처 인사와 각 학교 여행과 단력사와 고적 연구가의 재료 취진이며 외국인으로 조선에 발을 들여놓으면 고려왕조인 개성을 보지 않고서는 섭섭하다고 말한다는 것도 일리가 없는 것은 아니다. 이조의 왕도인 경성은 물론이거니와 신라의 왕도인 경주와 고구려의 왕도인 평양에는 박물관이 있는데 문화가 제일 찬연하고 공업이 제일 발달된 고려의 왕도인 개성에 박물관이 없는 것은 실로 유감천만이며 주민들의 성의가 부족하였음을 변명할 도리가 없게 되었다. 개성에 와서 고려자기를 찾아보려면 대화정(大和町)이라는 일본인의 상점에서 몇 개의 변변치 못한 것을 볼 뿐이다. 그 외에는 찾아볼 길이 거의 없게 되었다. 이전 松都面 시대에도 박물관 건설 계획이 있었지만, 이후 初代府尹 金秉泰씨가 부임한 후로 각종 시설에 대하여 부민의 의사에 적합하도록 설계, 노력하는데 특히 어떠한 방면으로 보던지 개성을 발전시키는 데는 개성으로 하여금 유람도 시키고 세계인에게 소개하는 것이 가장 적당함으로 일차로 박물관을 설치하고 고려자기와 유물을 수집해 일반의 관람, 공개를 시키고 開城保勝會를 부활시켜 부내 각처에 있는 명승과 고적을 보존된 그대로 수호하여 麗朝때 풍경을 다시 눈앞에 그릴 수 있을 만큼 일반 관객의 추억을 절실히 느끼게 할 계획이라는데, 될 수 있는 데로 오는 해빙기를 기다려서 신설하고자 한다. 박물관 건설에 대하여는 개성 홍감이 전면 독점하여 매년 다대한 거리를 위하는 三井物産株式會社에서는 개성에 박물관을 건설하는데 이미 매입한 고려자기 약 3만원 가격의 물건을 무상으로 기부할 것이고 현금으로 7천원을 기부하겠다고 언명하였는데, 이번에 다시 교섭하고 노력한 결과 고려자기 외에 현금 1만원을 기부하기로 하였으며 경기도 지방비를 7천원을 보조할 것이며 개성부에서 5천원을 보

조할 것이며 개성 일반 유지들 12000원의 기부를 받아서 34000원의 예산으로 박물관에 도서관을 아울러 건축하기로 되었다. 이 박물관은 부윤 김병태씨의 지극한 열성에서 나온 복인데, 오는 봄부터 기공하여 오는 가을에는 개성에도 세상에 자랑할 만한 건설될 것을 고대하는 중이다.

▶ **1931년 2월18일**
美術品製作所는 減資를 難免
주식회사미술품제작소는 28일 오전 10시부터 동사 樓上에서 주주총회를 개최할 것인데, 동사는 불황으로 실적이 부진하여 상당한 손실이 있으니 이에 26만2500원으로 減資를 시행하고 17만5000원의 益金으로써 결손을 보조한다.

▶ **1931년 2월27일**
有害陶器嚴重取締, 今後 斷然히 處分
본정서에서 몬저 철퇴를 내려, 十一種六百個 押收
본정서 위생과에서는 시내 도기상점에서 유해도기를 판매하는 것을 금지하고 24, 25일에 관내에 있는 수개소의 상점을 점검해 11종류의 유해도기를 발견, 약 6백개를 압수했다. 제일 많이 발견된 상점은 府內 태평통 이정목 三浦商店이고 본정서에서는 계속 점검해 유해도기 판매를 근절시키고 유해도기를 만드는 곳은 岐阜縣 土岐郡 學治見町 방면의 도기 제조업자들이라고 한다.

▶ **1931년 3월1일**
美術品製作所의 減資決定
주식회사미술품제작소는 28일 오전 10시부터 동사 樓上에서 주주총회를 개최하였는데, 출자자 91명(內委任 84명), 이에 주주 1만6,539주(內委任 1만5350주), 사장결원으로 逃辰馬씨를 임시사장으로 하고 다음과 같은 안건을 내놓았다.

* 取締役 4명, 監査役 2명 결원에 대해 取締役 1명을 임명하고 그 외는 현재 법정 수에 달함으로 현재 차원대로 머물고 1명의 取締補缺은 前田昇씨로 임명하여 중역회의 결과 同氏를 사장으로 취임

* 자본감소의 건은 현재 자본 100여만원을 26만2,500원으로 총 주식 2만주를 5,250주로 감소

* 자본감소의 방법 결정건은 현재 주금 50원 전액 불입, 주식 5,000주에 대한 불입. 금 25원과 현재 주금 4분의 일인 12원50전 불입, 주식 1만5천주에 대한 불입금 18만7,500원과 합계 43만7,500원의 4할인 17만5,000원을 감소하여 1만5,000주에 대한 현재 불입금(주금 4분의 3) 56만2,500원 불입을 전부 면제하고 총자본을 26만2,500원으로 하였다.

* 減資差益金과 積立金 處分의 건은 차익금 17만5,000원, 법정 적립금 3,389원, 별도 적립금 4,900원, 합계 18만3,289원을 자산정리에 충당할 것

▶ **1931년 3월8일**
京城高等工業學校 / 化學時代요 쎄멘트時代인 朝鮮의 今日 업지 못할 學校
(중략) 대정 5년 4월에 총독부전문학교령에 의해 공업전습소를 신설하고 중앙시험소장으로 이 학교의 교장을 겸하게 하는 동시에 염직과, 응용화학과 토목건축과, 광산과, 방직과, 요업과를 두어 여러 방면의 지식을 닦을 수 있게 시설

1931년 3월8일

하였다. 현재 재학생이 183명 중에 졸업생이 각과 합하여 56명, 교수가 전임, 강사 합하여 25명이 校地 1만6천평에 곳곳이 늘려있는 각과를 나온 건축물들이 즐비하게 있다. (중략)

▶ **1931년 5월22일**
中央試驗所設置를 平南道에서 要望 / 平壤府議와 商工所의 決議로 商工都市化의 第一聲
다년간의 고안중인 중앙시험소 西朝鮮支所 설치방안에 관한 건은 1월23일 本道 平議員會와 동 3월26일에 평양협의회와 동 5월6일의 평양상공회의소 小總會에서 西鮮支所 설치 요망건을 滿場一致로 가결한 후 도당국에서는 금년 중 시험소를 확장함과 동시에 장래와 동 서선지소 설치에 관해 각종으로 계획 중이든 바, 금일 6일부로 4 항목을 결정하여 서선지소 설치가 필요하다는 안건을 작성한 후 신청하였는데, 본도 내 일반은 속히 실현되기를 기대 중이라 한다.
一. 고무, 칼슘 등의 화학공업에 대하여 시험연구가 필요하다는 건
二. 평남 도토 이용의 요업연구의 필요하다는 건
三. 西鮮織物의 지도 발전을 要함이 필요하다는 건
四. 無煙炭 利用更生을 要함이 필요하다는 건

▶ **1931년 5월24일**
千年가량된 古瓮을 발굴 / 밧갈다 발견 / 鍾城郡 對岸에서
지난번에 함북 鍾城郡 渾關鎭對岸의 間島地 내에 거주하는 조선인 한명은 菜田圃를 다스리다 마침 지금으로부터 약 천년 전의 독 2개를 발견하고 즉시 이것을 회령으로 운반하고 목하 大關博物館店頭에 진열하였다는데 큰 독 한개는 직경 1尺5村, 깊이 1尺가량인데, 그 년 수는 아직 분명하나 하여간

지금으로 천년 전의 고물이라 한다.

▶ **1931년 5월28일**
工業協會 二會 總會

조선공업협회 제2회 총회는 오늘 오후 2시부터 은행집회소에서 개최한다. (중략)

▶ **1931년 6월11일**
春川郡 泉田里 古墳에서 石器時代 遺物 數占發掘

춘천읍에서 북으로 15리 가량의 춘천군 신북면 천전리에서 2천년 전의 석기시대 귀중한 유물을 발굴하였다. 이곳에는 이전부터 고분이 있는 것을 안 鳥居龍藏박사가 수년전 무엇이 있을까 하여 와서 파보았으나 아무것도 발견하지 못한 것이라 하는 바, 춘천고등보통학교에서 역시 그곳에 고분이 있음을 확증하고 수차 조사를 거듭한 후, 지난 7,8일간 인부 수명을 시켜 발굴한 결과 과연 石劍의 破片, 陶器의 破片 2점, 石釜 2개, 筮玉 7개 등의 귀중한 유물을 발견하였다. 이것은 틀림없이 석기시대의 유물로서 고고학상 귀중한 자료라 한다. (중략)

▶ **1931년 6월17일**
指導獎勵의 工業을 選定 / 工業會 理事會

조선공업계에서는 17일 오후 2시부터 경성상공회의소에서 이사회를 개최하고 각 이사로부터 제출한 조선에서 지도·장려의 필요가 있는 공업에 대해 조사·연구할 것인데, 각 이사의 안건은 대공업과 가정공업의 工業生産費 등에 관한 것인 바, 이사회에서 그 안건 중 지도·장려가 필요가 있고 실행할 가능성이 있는 항목을 선출하여 공업협회에서 조사할 터인 바, 이사회의 결과에 큰 기대를 가지고 있다.

▶ **1931년 9월19일**

京都市工藝品 / 展覽會盛況

경도시 공예품전람회는 18일부터 20일까지 3일간 부내 長谷川町 社會館에서 개최하였는데,출품인은 88명으로 출품점수 약 1만점에 달하고 상품의 주된 것은 서양직물, 京染, 우산, 도자기, 칠기, 금공품, 목죽제품, 京人形, 병풍 등으로 일반인에 대하여는 견본품의 품질가격의 설명하고 즉매에도 응한다.

▶ **1931년 9월20일**
中央試驗所西鮮支所, 實現運動繼續猛烈, 新規事業不承認을 憂慮해야

중앙시험소 서선지소 설립문제는 평양이 요업과 광물의 함유가 있는 토지이고 시험 상 양호한 토지임으로 평안남도평의회, 평양부회, 평양상공회의소 총회에서 각각 본부에 지소설치 방안법을 신청하기로 결정한 후 그 서류가 벌써 본부에 송달되어 중앙시험소로서도 평양에 지소설치의 필요를 예정하고 올해에는 신규 건축하고 평안남도에서는 현재의 기업강습소를 突林里로 이전 확장하여 중앙시험소서선지소가 설치될 때까지 이를 시험소로 운영하여 기초를 잡고자 벌써 금년부터 계획하는 등 만전에 관심을 기울려 왔다. 그러나 본부는 細人이 부족하여 올해에는 총독의 특별한 방침이 아니면 불가능할 것으로 평양으로서는 만일 중앙시험소의 서선지소가 除外된다면 대단히 유감이라면서 업자 간에 최근 협의한 결과 18일의 금융조합지방대회에 오게 되는 林재무과장에게 동 중앙시험소의 설립을 승인하도록 부회의원 기타의 참석자에게 동정을 하였다.

▶ **1931년 10월5일**
開城博物館 館長에 李英淳氏

개성박물관은 지난 1일 府制實施 1주년 기념일에 개관하기로 청부업자가 인수하였던 것인데, 朝中人 충돌사건으로 인하여 중국인 석공이 본국으로 돌아간

고로 갑자기 석공을 구하기에 날짜가
걸려서 예정한 날짜에 준공을 못하고
10여일 늦은 오는 15일경에 낙성식과
개관식을 거행할 터이라 하며 이번에
박물관장으로 임명되어 지난 봄에 경도
제대를 마친 문학사 이영순씨인데 성격
은 활달하고 근면, 헌신적으로 봉사하
겠다고 한다. 개성박물관장에 조선인을
채용하는 것은 또한 의미 깊은 일이요
부당국의 당연한 조처라고 일반은 생각
한다.

▸ 1931년 10월9일
開城博物館 落成式은 延期 / 陳列品
準備關係로

개성박물관 건축공사는 올 10일에 준공
되어야 15일에 개관식을 거행함은 이미
보도한 바와 같거니와, 박물관 내부의
진열품은 고려시대의 유물은 총독부 본
관으로부터 다수를 가져올 것이요, 三
井物産株式會社의 기증품이 다수 출품
될 것이며, 개성부민의 가정에 秘藏한
고려자기 등이 다수 출품될 것이네, 그
진열이 오는 15일까지 이르기에 불가능
함으로 개관식을 오는 11월1일로 연기
하기로 하고 개관식에 초대된 내빈에게
기념품을 제공하기라 한다.

▸ 1931년 10월22일
공업의 사회화 위한 중앙시험소 작
품전- 當日製作品卽賣

중앙시험소, 경성고등공업학교, 경성공
업학교에서는 전람회를 개최하고 공업
의 사회화를 위해 시험소와 학교의 사
업성적을 소개, 학업상태와 설비를 민
중에게 개방, 관람하게 하고 공업에 관
한 특강을 실시하고 각종 성적품, 제작
품의 즉매를 실시한다.

▸ 1931년 10월31일
中央試驗所廢止反對, 總督面接코 陳
情 / 유력한 단체의 대표들이 工政
會支部의 活動

행정정리로 인하여 조선총독부 중앙시
험소는 폐지의 운명에 서게 되었음으로
공정회 조선지부에서는 반대의 결의를
하고 新田지부장은 28일 오후 경성상
공회의소와 조선공업협회에 응원을 구
하여 은행집회소에 회합해 협의한 후
宇垣총독을 방문했으나 만나지 못하고
29일 9시쯤에 陣內會頭, 釘本部會頭.
新田支部長 세 사람은 영등포까지 총
독을 따라가 진정한 바가 있는데 이에
대하여 총독은 중앙시험소는 형식만 변
할 것이지 내용은 아무관계가 없다고
답변했다.

▸ 1931년 10월31일
開城博物館 開館式 / 十一月一日에
거행

개성 府制實施를 기념하기 위해 개성
박물관을 건축한다 함은 이미 여러번
보도한 바이거니와 금년 3월부터 총 공
사비 2만2천원으로 당시 중앙에 있는
子男山 中腹에 고려시대의 건물제도를
방하여 건축하고 지난 10월15일에 공
사를 준공하였는데, 본관의 내부 修飾
과 진열장 기타에 대한 충설비와 사무
실과 관장 관사의 내부 수식에 대한 충
설비가 1만2천원으로 도합 3만4천원이
들었다고 한다. 이 건축비 난임이 여러
번 보도한 바와 같이 三井物産株式會
社의 1만원을 비롯하여 당지 유지들
의 기부금으로서 지금으로부터 몇백 몇
천년의 기념물이 되리라 한다. 이 기념
물이 당지에 건축된 것은 일반 부민이
한가지로 기뻐하는 일인 만큼 부민 각
가정에 몇백 년 몇천 년 유전하여 오며
비장하였던 고려 삼한시대의 진기한
보물을 자진해 박물관에 출품하기를 지
원하는 사람이 적지 않다고 한다. 총독
부박물관 관장 藤田씨는 小川기수와 野
守사무원을 데리고 수일전에 당지에 도
착하여 먼저 부민 중에서 출품을 지원
하는 사람 가운데 출품할만한 물품을
선택한 후, 지난 28일부터 부민으로부
터 출품한 고려자기 백여점과 총독부에

비장하였던 古器와 古物 300여점과 三井회사로부터 기부한 고려자기 수십 점을 신축 준공된 박물관에 진열하던 중인데 31일까지는 그 진열이 끝난다고 한다. 개경부에서는 오는 11월1일 오후 1시부터 부내 관민 수백명을 신축한 박물관에 초대하고 개관식을 거행한 후 일반의 관람을 공개하리라 하며 당일에 부의 주최로 성대한 축하연이 있겠고 기부금을 낸 인사들에게 기념품을 제공하리라 한다.

▶ 1931년 11월3일
中央試驗所廢止와 工業團體 一齊 反對 / 運動이 猛烈化한다
중앙시험소 관제 폐지와 이에 총독부는 요업, 염색의 일부를 평안남도에 이관하고 일부를 고등공업학교의 학습부에 이관하게 되어 조선의 공업 각 방면은 반대에 나섰다. 그 반대에 의해 31일 오후 2시 공업지부장은 工業部會를 소집하고 동소폐지를 절대 반대하고 회의소 총회에 附議하기로 요구함과 동시에 全鮮商工會議所를 개최하여 全鮮一致 폐지운동을 하도록 결정하였다. 경성상공조합연합회는 이해관계가 가장 많고, 조합회장을 중심으로 대책을 강구중인데 폐지운동을 개최할 계획이다. 공정회 조선지부는 오늘 4시 반부터 경성은행집회 소구락부에서 총회를 개최하고 반대운동을 추진하기로 결정하였다. 조선공업협회이사회는 2일 오후 구체적인 반대운동에 대해 논의하였다.

▶ 1931년 11월22일
京城帝大에 陳列된 朝鮮土俗參考品 / 고대예술연구 경향의 농후와 大學敎授들의 盛意
최근에 들어서 조선에는 조선 고유한 예술품을 연구하는 경향이 많다. 이러한 경향에 따라서 경성제대에서는 신축하는 대학본부가 낙성되어 이전하는 시기를 이용하여 구사무실 2층을 조선토

속참고품진열실로 보충하고 小田, 수西, 秋? 교수 등이 다년간 추진한 조선의 古瓦, 陶器 등 약 천점에 가까운 진품을 진열하기로 하였다.

▶ 1932년 2월19일
第三部를 廢址하고 工藝部 新設 方針 / 사군자는 제일부에 편입한다 / 鮮展의 새로운 面目
제11회 선전 순서는 가까운 시일 중에 발표할 모양인데, 5월 하순으로부터 6월 상순까지 경복궁에서 개최될 터이나, 금년에는 제3부를 개최해서 공예부로 고치고 종래의 사군자를 제1부 동양화에 편입하고 글씨는 선전 이외의 다른 방법으로 장려하기로 되었다 한다. 공예부는 도자기, 나전, 자수와 금공, 목공의 일부를 포함하고 심사원은 목하 正木美術學校 교장에게 의뢰하였다. 또한 종래의 입선자의 상은 특히 종래의 특선상 이외에 李王家賞, 總督賞을 줄려고 하고 이곳이 실현되면 조선미술계도 신면목을 발현할 모양이다.

▶ 1932년 2월27일
平安道 工業試驗所 窯業部 新設期 / 六月 中旬에는 竣工
평안도 공업시험소 요업부의 신설에 대해 도회에서는 22일 본부 중앙시험소 건축에 대한 협정을 행한 결과 요업부를 현재 箕林里 소재의 공업시험소 염직부 부근에 위치설정 후 4월 초순에 공사에 착수, 6월 중순까지 준공하기로 결정되었는데, 총 건평수는 410평으로 원료분쇄 16평, 배토제조 16평, 성형실 28평, 실험실 20평, 분석실 10평 등을 主로써 건축비 8만원과 기계 기타 1만2천원을 투자해 최신 완전의 요업시험소가 건설되게 되었다.

▶ 1932년 3월23일
어떠한 그릇이 가장 위생적인가 / 구리에 독성이 만허

그 다음에는 은제의 식기인데 은은 대체로 약품에도 강하고 보통 음식 조리에 사용하는 재료에도 녹는 일이 없습니다. 그렇지만 그릇은 얼마간 쓰면 시커멓게 됩니다. 식물과 공기중에는 유황분이 상당히 함유되어 있음으로 은이 유황을 만나면 硫化銀이라는 검은 물건으로 되기 때문에 은그릇이 검어집니다. 특히 계란에는 유황분이 많습니다. 류화은은 물에 풀리지 않음으로 아무리 은그릇이 검어졌다 하더라도 거기에 국이나 식물을 넣어도 푸러질 염려는 없습니다. 또 가령 검은 부분이 벗겨져서 입으로 들어간다 해도 류화은은 풀리지 않음으로 체내에는 흡수되지 않고 배출되는 고로 염려될 것은 없지만은 그러나 일상 닦아 두는데서 나은 일은 없을 것입니다. 그 다음은 쇠그릇인데, 냄비, 주전자 같은 그릇에 널리 사용되지 만은 은보다 여러가지 약품에 대한 저항력이 약합니다. 그렇지만 식물과 거기에 부속된 구국물에는 관계 없습니다. 철주전자는 처음에 다소간 몸에 철분이 녹지만은 그 분량이 극히 적고 또 철분이 있다 하더라도 신체에 주는 영향은 구리같이 해롭습니다. 비교적 약함으로 초친음식은 철기에 담지 않는 것이 좋습니다. 그 다음은 자기인데, 이것은 규사, 알루미늄과 그 밖의 화합물이지만 강한 산류에도 녹지 않음으로 극히 안전합니다. 물론 이것은 흰그릇만 그렇고 여러 가지 약품을 색칠을 한 것에 용해성 물질이 있기 쉬우니 주의하여야 합니다. 특히 질이 나쁜 도기에는 연분이 많이 들어 있음으로 이것은 몸에 독이 되는 것이 있음으로 주의해야 합니다. 값싼 그릇 중에 오색이 영롱한 것이 있는데 그러한 그릇에는 가끔 악성의 鉛이 포함된 물감을 사용한 것이 있어 위험합니다. 특히 물감을 위에 칠한 것은 위험한데, 이러한 것은 알콜로 문지르면 벗겨짐으로 곧 알 수 있습니다.

▶ 1932년 5월5일

朝鮮美術工藝品 / 種類範圍等決定

조선미술전람회는 오는 29일에 개최될 터인데, 금번에 처음으로 시작하는 공예부는 각 방면에서 의의를 가지는 이도 있는 모양임으로 이에 관해서는 평의원들이 참여하여 다음과 같이 결정하였다.

* 금속기, 도자기와 초자기, 칠기, 목죽기, 각종 공예와 도안 등

그리고 선전 규정에 의하면 자기가 제작한 것에 한하고 반드시 제작자의 명의와 해설을 첨부해서 출품하기 바란다 하며, 또 2명이 상의 합작인 경우에는 출품도 무관하고 제작한지 5년 이내의 것이면 출품할 수 있다 한다.

▶ 1932년 5월10일
中央試驗所의 利用이 一層增加 / 商議中心의 運動이 結局奏效 / 原料는 重油로 變更

행정관리에 의해 폐지하기로 결정된 중앙시험소의 존재는 회의소 중심으로 맹반대가 있었으니 민중의 운동도 합법적이면 상당 유력하다. 소화 7년도 중앙시험소는 종래의 연 총 예산 12,3만원이 7만원으로 감소된 것 같은데, 민간의 수수료를 인하함은 동소의 연료가 석탄이든 것을 이번에 重油로 바꾸면 결과적으로 실비절약으로 이에 보충하고, 시험소와 민간이 밀접하게 되었으니 시험소의 이용은 증가하겠다.

▶ 1932년 5월20일
美展搬入開始 工藝品은 不振 / 원서 접수 사십륙점에 불과 / 二十九日부터 公開

제11회 조선미술전람회는 오는 29일부터 3주간동안(6월18일까지) 연례에 따라 경복궁 의회장에서 개최하기로 되었다. 그리하여 19일 오전 9시부터 반입을 개시하였는데 첫날의 정오까지에는 동양화 20점, 서양화 100점, 공예품 2점이란 성적을 보이었다. 원서 접수로

보면, 제1부 동양화가 153점이오 제2부 서양화가 1,156점이오 제3부 (공예품)는 거우 4점밖에 않된다. 작년에 비하면 서양화가 225점이나 격증하였고 공예품은 아직도 일반에 알려지지 못한 까닭인지 성적이 별로 볼만 하지 못한다 한다.

▶ 1932년 7월21일

歷史的 壯擧 新興滿蒙博覽會 明日 開幕 / 各道 産業의 精華를 美術的으로 表現 / 十三道 産業館 內容

* 충청남도 : (중략) 출품 800점 중 볼만한 것은 同道의 연산액 150만원을 가진 모시이다 그리고 新高麗陶器와 선환차미이다.

1932년 7월21일

▶ 1932년 8월26일

京畿道 副業品展示會 개최 / 九月二十二日부터 京城附內에서

京畿道農會에서는 총독부와 경기도의 후원으로 각내부업생산품의 품질개량 발달과 권장을 목적으로 올 가을 9월22일부터 같은 달 27일까지 6일간 경성부 내에서 경기도 부업품전시회를 개최하고 동시에 염가판매도 할 예정으로 당업자에 출품물을 권장하는 중인데. 출품 예정품 수는 총 700점으로 즉매품의 주요한 것으로는 칠기, 콩나물, 가공품, 목탄, 개량모시, 와이셔츠, 넥타이, 인삼엑기스, 조선지, 도자기와 각종 화장수 등으로 주로 도내 농가가 제작한 귀여운 수공품 관계상 일반으로 호평을

널리 받게 될 모양이다.

▶ 1932년 9월9일

南洋船路定期船 釜山에 寄船 要求 / 陶器와 實果 등을 輸出코자 / 商工會議所의 決議

부산상공회의소의 무역부에서는 근간 지회를 개최하고 부산상권의 남양방면 개방에 관해 협의할 것인데 무역부의 계획에 의하면 대중대만의 무역은 물론 필요하지만 부산부의 생산인 경질도기, 기타 수산가공품과 부산을 經過하여 일본 기타 지방에 이출되는 실과 등을 오오사카 상선과 南洋航船의 定期船을 부산에 寄航하게 하여 부산에서 직접 이출할 계획이라 한다.

▶ 1932년 10월8일

大同郡의 樂浪古墳 / 副葬品도 豊富 / 斯界의 權成績ㄱ 來壝

본부 부임의 小場, ?本 兩씨로 부터 발굴중인 大同郡 大洞江面 貞板里의 고분에 부장품은 천정의 괴목이 부패하여 떨어지는 동시 부장품의 대부분이 파손되고 칠기와 토기류는 전부 원형도 찾을 수 없게 되었는데 부장품의 내용이 풍부해 상당한 귀중품이 금일간 발굴될 것이라고 비상히 기대한다. (중략)

▶ 1932년 10월12일

江華磁器製造 組合에 補助 / 國庫에서 三千圓을

江華郡 河點里 當近里에서 종래에 만들어 오던 조선 도자기 등의 연 생산액은 총1만원이었던 바, 이를 좀 더 확장과 아울러 對外品에 대응할 수 있는 손색없는 제품을 만들고자 작년 5월 중에 강화자기제조연합을 창설하고 고려자기 燒器物과 유사품으로 화병 등을 제작해 각처 품평회와 박람회에서 수상까지 받게 되었고, 그 후로 현재 조선 내에서 제일 많이 쓰이게 되는 煥酒甁을 연구해 외국에서 비싼 것을 사들이지

않도록 한 바, 도당국에서도 장래에 있어 제일 유리한 사업이라고 하여 국고로부터 3천원의 보조를 하기로 해 교통상 유리한 仙源面 神井里에 공장을 건축하기로 하였다는 바, 사업이 사업이라 장래에 있어서만은 기대를 갖고 있다.

▶ 1932년 10월16일
京城高等工業 記念工業展 / 경성공업과 중앙시험소도 / 二十三日曜開催
경성공업학교 창립25주년, 중앙시험소 창립 20주년, 경성고등공업학교 창립15주년 기념 공업전람회를 오는 23일(일요) 晴雨를 불구하고 오전 9시부터 오후 4시까지 개최할 것이라 하는데, 금년은 창립기념으로 예년의 전람회에 비하여 성대히 거행하게 되었다 한다. 그리고 경성공업학교는 명치 40년 당시 통감 伊藤博文公이 한국 정부로 하여금 관립공업전습소를 그 전신으로 하였으며 중앙시험소는 명치 45년에 창립하였고 고등공업학교는 대정 5년에 창립한 경성공업전문학교를 그 전신으로 하고 있는 터이다. 이번 전람회는 기계, 요업, 응용화학, 제지, 염색, 방직, 건축, 토목, 광산 등에 관한 공업지식을 실물에 의하여 가장 평이하게 이해하도록 노력하고 또 중앙시험소는 사업의 소개를 하며 고등공업과 공업학교에서는 생도 평소의 학습상태, 졸업생 발전상황을 전시하는 외에 참고로 시험소와 두 학교의 각종 성적품의 진열과 제작품의 판매를 할 터이며 여흥으로는 활동사진, 음악, 춤, 어린이씨름 등이다. 판매품으로는 가구류, 철기류, 포목류, 도자기, 비누, 화장 구리-무 등 수만점에 달할 터이오. 금년은 졸업생자영자 판매점을 구내에 설치하였고 일반 관람자에게 편의를 얻게 하기 위하여 간단한 음식판매점도 설비되었다 한다.

▶ 1932년 10월22일

1932년 10월22일

箕林里 工業試驗所 窯業部 落成式 擧行 / 商工都市化의 前奏曲
금년 4월부터 개소한 부내 箕林里 工業試驗所는 동 ?업부의 건축공사가 준공되는 동시 20일 오전 10시부터 식산국장, 중앙시험소장 등 수백여명이 낙성식을 거행하였는데, 동시험소는 공사비 6만원으로 건축되었다는 바, 건물건평은 ?업부가 104평, 염색부가 120평, 요업부가 150평이다. (중략)

▶ 1932년 11월3일
파리박물관에 진열될 경주의 古瓦 / 異彩를 發할 朝鮮의 자랑 / 제博士가 買去하얏다
파리박물관에서 특파되어 東洋 視察을 하는 주인 제博士는 경주 불국사를 시찰하고 29일 밤 내지로 향하였는데 부산에서는 釜山考古會 宮川씨 외의 안내로 부내,외를 시찰하였고 파리박물관에 진열하기 위하여 三島磁器와 石瓦 2점을 선별하였다. 그리하여 오늘 이후 반년 뒤에는 조선 고예술품이 파리박물관에 전시되어 歐洲人事의 이목을 끌게 될 것인데, 조선 考古物이 구주에 진출되기는 이번이 처음이다.

▶ 1932년 11월23일
新羅時代의 竹龍을 發掘 / 慶州邑 皇吾里에서
慶州邑 皇吾里에서 발굴 조사중인 고분도 벌써 2묘는 발굴 종료하고 어제 북측에 있는 1묘를 발굴중 18일에는 土

器와 錢釜, 馬具, 刀劍 등의 유물이 발
굴을 발굴한 바, 18일에는 錢釜의 한
면에서 竹龍이 나왔다. 신라의 고분으
로부터 죽룡이 발굴되기는 처음이라 한
다.

▸ 1932년 12월7일
全鮮工産總類 二億四千餘萬圓 食料
品工業이 第一位이다 / 工場數 四千
餘個所
조선 내에서 5인 이상의 직공을 사용할
수 있는 설비가 있으며 또 상시 5인 이
상의 직공을 사용하는 공장 수는 4,249
개로 이의 직공수는 8만1,790명에 달하
며 1년 생산액은 실로 2억4751만2315
원으로 계산되는데, 그 중에도 식료품
공업이 1억5,250만3,616원으로 最多를
점하고 이외 방직공업이 3,388만1,226
원이다.

요업	生産額	공장	직공	貨銀高	원료 사용액
	8,217, 501원	514개	5,466명	1,595, 949원	2,699, 308원

▸ 1932년 12월15일
有毒彩料 陶器押收 / 大邱署에서
대구경찰서에서는 대구부내에 있는 10
여 도기점 혹은 유독채료를 시문한 도
기류가 없나하고 9일 일제히 조사하였
든 바, 3,4개점에 一見 비상히 고상하
며 색칠한 것을 시험한 결과 은을 사용
한 것을 100여개를 압수하고 破業하였
다는 바, 일반은 이런 부정업자에 주의
하지 않으면 않될 것이라 한다.

▸ 1932년 12월23일
平元線 工事 中 樂浪珍寶發見 금속도
검과 도기 등 수십점을 / 考古學上
貴重資料
수일전 평남에서 고고학 재료인 낙랑시
대의 유물이 또 발현되었다. 19일 평원
선 마남역과 배삼점역 간에 철도공사
작업중 인부가 낙랑시대 금속제도검 기

타 수십여점과 도기제 고병, 철검, 철
창, 동탁, 3개와 동검 기타 수십점의 고
물들을 작업공사 현장의 약 1미터 지하
에서 발현하였는데 발굴품은 고고학상
귀중한 재료에 충분하리라고 한다.

▸ 1932년 12월27일
朝鮮內 中小工業과 그 金融改善策
(二) / 朝鮮銀行調査科 川合彰武
* 요업 : 도자기의 제조는 역사적으로
번영하고 있었으나 근래는 기업 생산에
의하여 단절되어 버렸다. 그래서 이것
의 제조회사는 부산의 일본경질도기회
사, 경성의 경성요업회사가 이 부분에
있어 독점하고 있다.

▸ 1933년 3월1일
甲山郡 雲興面에서 良質의 陶土採掘
/ 國庫와 地方費의 補助로 共同作業
場新設
갑상군 운흥면 대상리 부근에는 양질의
도토가 채취되어 漁北磁器組合에서는
수년 내에 이를 원료로 각종 도시류를
제조해야 본도 내 산지와 함북도는 물
론이고 만주국 방면까지 다수 수출해야
매년 2만원 이상의 수익에 도달하는데
장래에 있어서 유망한 사업임으로 도당
국에서는 작년 본보 중앙시험장으로부
터 기술원을 초빙해 실상을 조사한 결
과, 조선 내에서는 드물게 보는 양질의
도토인 것이 판명되었음으로 동 사업의
진전을 포함시켜 소화 8년도에 공동작
업장을 설치하게 되었다.

▸ 1933년 3월17일
將來 飛躍을 豫期하는 咸北磁器窯業
/ 道當局 積極的 獎勵方針
會寧燒, 明川燒를 비롯해서 함북도의
도토공업의 장래는 만주국의 출현에 의
해 必至的 증대로 도당국에서는 그 指
導助長에 대하여 기술자를 동원시켜
연구를 진행하고 있는데 얼마 전에 명
천방면의 도토조사의 결과 토질이 우량

으로, 장래 본도의 발전에 따라 고급품으로서 제조하리라 하며 鍾城, 歷源 일대에도 그 토질이 풍부하고 가장 우량해 장래 도기공업의 소질을 구가하고 있으나 현재의 상태로는 재계의 부진으로 연 이입액은 15만원에 달함으로 도당국에서는 오늘 이후 발전을 위해 적극적 노력을 하리라 하여 일반인의 기대는 적지 않다 하다.

▶ **1933년 3월25일**
新羅高麗磁器를 우리가 復興하자 / 磁土産出을 利用하야 磁器工場을 설치 / 瑞山普校卒業生就職指導 道에 補助請求決意

우리 조선의 자기는 2천여 간에 세계적으로 명물이 높아 신라, 고려이래의 고아한 도토의 배합과 유약으로 이끌어온 分院의 官磁와 靑松의 當磁까지도 그 자취를 감추는 이때 비교적 원료가 저렴한 서산공보교에서 우량한 자토를 이용해서 자기제조를 해 졸업생의 새로운 직장을 개최함은 특히 장려할 일로 기대도 크다고 할 것이다. 서산공립보통학교 부근은 磁土의 所産地인 바, 졸업생 지도에 희망을 가진 동교에서는 자토가 우량하여 자기제조에 宜土이며 이것이 실현되는 때에는 졸업새의 직업문제도 해결할 수 있다 하여 그동안 자토에다가 石炭岩, 白石, 硅土 등을 혼합하여 자기제조를 시험 중에 있더니 이에 중앙시험소의 大橋技師에게 위탁·감정한 결과 비상한 좋은 성적을 보게 되었음으로 금년도부터 도당국으로부터 보조금을 얻어가지고 졸업생을 會集하여 일대 자기공장을 설치하여 전문적으로 제조 수출하리라 하는데, 이것이 실현되면 서산은 자기의 명산지가 되는 동시에 외지 수입품에 큰 타격을 주게 되리라 한다.

▶ **1933년 4월13일**
京城窯業 / 合資로 組織變更

경성요업회사는 회사해산의 登記와 동시 합자회사의 신설을 위해 현 회사 중역 전부가 신합자회사의 사원으로 해 종래와 같이 연와제조판매사업을 예정하게 되었는데, 煉瓦界는 영등포의 山乃井煥瓦工場을 매입해 동 공장과 목하 진행 중의 龍頭里 부근에 있는 산지 2개소에서 제조할 터이다.

▶ **1933년 4월14일**
平南道窯業講習會

평안남도 주최 요업기술강습회는 제1회를 오는 15일부터 6월14일까지, 제2회는 6월15일부터 8월14일까지, 제3회는 8월15일부터 10월14일까지 공업시험소에서 개최하기로 되었는데 강사는 同所 직원이고 강습생은 보통학교 졸업의 5세 이상, 20세 미만 남자로 각 회 10명씩 수용할 것이며 강습료는 받지 않는다.

▶ **1933년 7월1일**
平壤附近의 陶土調査 / 平南道 依賴로 本府에서 着手

평안남도 산업과에서는 평남에 요업원료의 품종과 품질조사를 본부 식산국에 의뢰하였는데 본부에서는 경비 관계로 전체적 조사는 불가능하고 부분적 조사만은 올해 요구에 응한다는 회답이 있었는데 평남은 특히 평양지방의 도토가 철분도 풍부하고 지질이 우수해 본부 기술자가 전문적으로 분석하기로 했다.

▶ **1933년 7월22일**
腐敗한 食料와 有害한 그릇 / 종로서에서 일체 조사하야 今後엔 斷然 處分

종로서 위생계에서는 20일 일제히 관내에 있는 음식점과 요리점 200여호를 점검하여 사용하는 사기그릇을 조사하였다. 유해도기로 그 사용을 금지한 것임에도 불구하고 사용하는 음식점이 많아 22일 아침에는 200여종을 압수하였고 더욱이 음료수와 과실 등을 부패한 것도 다수 압수하였다. 도기는 보통인으로 유, 무해를 식별하기 어려우나 음료소나 과실 같은 것은 누구나 판단할 수 있는 것임으로 부패한 것을 사용하는 음식점에는 당연히 처분을 할 것이라 하는데 동서에서는 금후를 주의시키기 위하여 경고를 발송할 터이라고 한다.

▶ 1933년 7월25일
道立工業試驗所 窯業部를 擴張 / 來年度에 實現코자 補助申請 附近에 窯業村도 設置

평안남도에서는 지난번에 청사에 들렀던 井田정무총감의 시찰에 의해 도립공업시험소에 대한 본부의 이해가 비상히 깊어져 臨時費에 대하여 국고 보조를 행한 후, 요업부를 확장하기로 22일 도내 사무부장실에서 吉田요업부 주임 등이 회합하여 山地재무부장을 중심으로 동확장안에 대해 연구한 결과 동안은 1만여원을 투자해 窯를 1개 증설하고 다시 부근에 요업촌락을 설정한 후 동 촌락을 중심으로 요업지를 조성하기로 결정하였는데 비상히 기대 중이라 한다.

▶ 1933년 7월25일
二千餘年前 使用튼 土石器 多數發掘 / 古代文物 차저 北鮮行脚中인 橫山大豫교수의 收穫

경성대 예과 교수 橫山씨는 하기 휴가를 이용하여 북조선 인문, 지리 등을 연구하기 위하여 지난 19일에 내북하여 鏡城郡 龍城面 農浦洞 근방에서 2천년전의 인류의 생활한 흔적인 토기, 석기 기타의 다수 骨角을 발굴, 채취하고 다시 경성 元帥臺 근방의 발굴을 시작하였다.

▶ 1933년 8월2일
陶器需要狀況

奉天에 도자기의 최근 상거래에 대하여 본부 상공과의 정보에 의하면 수요는 매년 증가해서 총량 2백39만2천여만斤 가운데 중국으로 大連을 경유하여 봉천에서 직수출하는 것은 64만2천여斤의 큰 액수이다. 만주시장에서 一勢力을 가진 販引品의 반은 중국상품을 사용하는데, 최근에는 중국품은 점차 불리한 形勢이다.

▶ 1933년 8월16일
平南工業試騷所의 花盆製造擴張 / 內地, 中國製品보다 遜色이 업서 / 各地로 부터 注文 殺到

평남도 공업시험소 요업부에서는 松井治郎씨와 노력해 植木鉢의 제조를 하는 한편 연구에 연구를 더하여 점차 개량을 행한 결과, 현재에는 토질, 제법, 양식 등이 내지제품 또는 중국제품에 비교하여 손색이 없음으로 각 방면에서 주문이 殺到하는 동시 京城大野彩滋圓과 京城三井支店에서 이 제품을 특약판매에 응할 의향으로 공업시험소에 주문이 도달되어 목하 동소에서는 植木鉢의 제작을 대규모로 시행할 계획 중이라 한다.

▶ 1933년 9월12일
內地品보다는 優良한 瑞山地方의 陶土 / 中央試驗所 技術員이 出張하야 埋葬量과 品質調査

충남 서산군 운산군 부근에는 도토의 원료가 풍부하여 制陶業者가 내왕하는 산지인데 그 지방 소재의 공립보통학교에서는 이번 봄에 졸업생을 도자기제조업에 진출하게 할 목적으로 도토를 경성 중앙시험소로 보내어 원료로서의 품질을 감정한 결과 자기제조의 원료로서 지극히 합당하고 내지품에 비하여 조금도 손색이 없음을 발견하게 되었음으로 그 지방에서 방금 요업의 대공장을 설립할 보조조차 있는 모양인데, 이에 대하여 충청도 당국에서는 정밀한 지도를 하여 장래 지방산업 장려상 한층 원료의 매장상태와 품질을 알기 위하여 중

앙시험소에 기술원을 직파하기를 교부
하여 마침내 大橋技手가 12일부터 17
일까지 5일간 당지에 출장하리라 하며
각 방면으로 연구하리라 하는 바이며,
결과적으로 지방에 고려자기를 연상하
는 미술적 도기의 공업이 전개될지도
알 수 없다고 한다.

▶ 1933년도 9월17일

**上野美術校에 李王殿下行次 / 덕수
궁미술관에 진렬케 된 工藝品을 御
巡覽**

오는 10월1일부터 일반에게 공개 참관
하게 될 덕수궁 石造殿과 中和殿, 함령
전에는 근대미술과 미술공예품의 정예
작품을 진열하게 되리라 함은 본지에
기보한 바거니와, 동 계획은 이왕전하
께서 생각하옵신 바여서, 분부가 있으
시었고 분부를 받든 이왕직에서는 만 1
년을 두고 고궁전에 수리, 실내의 장식
등을 급히 진행하여 드디어 금번에 개
방 진열을 보게 된 것이다. 이곳에 진열
할 미술품은 근대미술품으로서 가히 모
범이 될 만하고 또 한반도 예술향상에
좋은 재료가 될 만한 것을 정선하기 위
해서 작년 말에 궁내성의 찬조를 받아
黑校東大교수, 和田동경미술교장, 杉
帝室박물관장, 正木미술연구소장, 工
藤궁내성어용계 諸氏 기타 의 양해를
구해 각처에 비장되어 구하기 어려운
회심작들을 고심 수집하게 된 것인데,
그 중에는 궁내성에서 하사하신 것을
비롯하여 일본화가 40점, 서양화가 40
점 등 예술의 최고 전당이라 할 만한 우
수한 작품을 수집하게 된 것이라 한다.

▶ 1933년 10월4일

專賣局 煙具展

전매국 주최로 오는 13일부터 18일 까
지 정자옥(홀)에서 개최하는 전람회의
출품점 수는 1천5백점으로, (중략) 그
가운데서 볼만한 것은 사진에 있는 연
구 등이다. 이는 100여년 전의 고품으

1933년 10월4일

로 공예가치가 많은 것들이라 한다.

▶ 1933년 10월23일

全局工藝博 / 출품을 依賴

岡山市에서는 전국공예박람회는 내년
3월25일부터 5월8일까지 45일간 동시
에서 개최한다.

▶ 1933년 10월26일

**德壽宮美術展 記念圖錄 作成 / 전무
한 이것을 기념키 위해, 實費四圓에
分讓**

덕수궁에 진렬해 논 미술품은 이것이
종래에 없던 귀중한 작품의 수집인 것
은 물론이요 또한 종합미술전람회로서
전부 한 것임을 기념하기 위해 도서목
록을 작성 중에 있는데, 이번에 목록이
완성되어 덕수궁 사무실에서는 실비 4
천원이라는 파격으로 일반 희망자에게
분배할 터이라 한다. 그런데 이 목록은
46판으로 만든 것이요, 일본화는 제1회
로부터 제3회까지 진열한 작품 43점을
전부 수집한 것이며, 서양화가 41점, 조
각이 15점, 공예가 42점을 망라한 현대
미술의 종합화첩이라 한다.

▶ 1933년 10월28일

**經賣二萬圓으로 窯業原料를 調査 /
將來의 朝鮮陶土는 日本陶土의 生命
線**

총독부에서는 조선의 요업원료 자원이
용에 대한 연구에 착수하고자 경매 2만
원으로 올 4월부터 중앙시험소에서 전

조선적으로 조사하게 되었는데, 조선의 도토는 현재 陶土는 平壤, 江西, 함북 생기령에서 우수한 것이 산출되어 이에 다소 개선하면 현재 이입을 仰하고 있는4백만원, 硝子 140만원도 불필요하게 되리라는 바, 내지에서는 이미 그 원료가 乏絕된 상황임으로 조선의 도토는 일본의 도토의 생명선이 될 것임으로 조선산 金에 버금가는 도기시대의 출현을 보게 될 날도 멀지 않았다고 한다.

▶ 1933년 10월 29일

現下朝鮮의 各 産業部門 展望 / 工業 發展과 商品生産額(八)- 劉泰動

六, 工業

* 공업발전사 : 조선은 古來로 조선 고유의 특이한 방법으로 문명을 지켜왔고 신라시대에는 미술공예의 발달이 세계에 알려졌고 고려자기와 신라조각은 지금도 전 세계의 공공가들은 극찬하고 전세계의 미술가들로 하여금 입을 벌리게 한다. (중략)

* 상품생산액 : 앞서 말한 바와 같이, 합병 후 내지인 자본가들이 조선 내에 공장을 세우기 시작하였음으로 조선 내의 공장 수는 갑자기 증가된 것을 비롯하여 대정 5년 이래 방적, 경질도기 등이 대기업의 조직을 완성하게 되었다. (중략)

▶ 1933년 11월 1일

李王家博物館, 陳列品 替換 / 1일부터 박구기로 되엿다 / 考古學上 好資料 等

이왕가박물관에 진열해 온 고려 도자기는 다른 곳에 비교할 수 없는 유명한 것과 고가의 것으로 대수집을 하여왔다. 한 번 진열을 한 후에는 바꿀 기회가 없고 혹 진열한다면 보충 진열한 것에 불과해 금년에 개최하는 "박물관주간"을 기회로 종래 진열품을 11월1일부터 변경할 계획이라 한다. 이번에 새로 진열될 도자기는 역사적, 고고학적 가치가

많은 것이요, 동 진열관도 면목이 일신하게 되리라 한다.

▶ 1933년 11월 18일

世界眼에 빗칠 朝鮮의 工藝品 / 巴里에서 開催되는 展覽會에 漆花盆 등 數點 出品

올 봄, 3월 파리에서 개최되는 일본미술공예품전람회에 평남도에서는 府立授産場 漆塗部에서 제조하는 낙랑고대 칠기를 본받은 낙랑화분 외 수점을 출품하기로 결정하였는데, 미술의 도시인 파리에서 조선민족의 고대예술의 귀품이 어느 정도까지 인정될지는 주목되는 바라 한다.

▶ 1933년 11월 18일

甲山特産陶磁器 共同作業所 新設 / 惠山鎭에 新築 中

甲山郡 雲興面 大上里에서 제조되어 함경남북도와 타지는 물론이고 만주 방면까지 수출되어 수요자로부터 호평을 받는 도자기류는 판매지의 진출이 불편하기 때문에 제품의 예술화, 판매의 확장을 목적으로 甲山郡 惠山鎭에 國庫로부터 2천원, 道費로부터 1천5백원의 보조를 지급하여 자기개량 조합공동작업소를 설치하고 원료 石粉을 종래와 같이 雲興面 大上里로부터 채집하여 공동작업에 종사하게 하고자 올 여름 이래, 작업소 등을 신축 중이든 바, 공정도 순조롭게 진척되어 다음 달 중순경까지는 준공 예정이라 한다.

▶ 1933년 11월 18일

工業協會 大活躍 / 職業學校 設立計劃

朝鮮工業協會에서는 16일 오후 2시 이사회를 개최하고 협의한 결과 다음과 같이 결정하였다.

* 자원조사소 설치는 국책상으로 보아 論談할 여지가 없음으로 곧 당국에 陳情하기로 결정하였다.

* 공업진흥책으로 優秀職工을 양성하기 위해 협회에서는 직업학교를 설립하기로 결정하고 그 조직과 경영방법에 대하여는 가까운 시일 안에 이사회를 개최하고 구체적인 방안을 작성할 것이다.
* 공업통제에 대해서는 전 조선공업 실정조사가 완료된 후 그 자료에 대해 다시 연구하기로 결정했다.
* 탈세인하에 대해서는 상공회의소와 무역협회가 실현에 노력하기로 결정했다.

▶ 1933년 11월23일
平南工業試驗所 窯業部補助無望 / 道當局에서 對策講究

본부로부터 명치 9년도경에 중앙시험소의 充實費로 새로히 3만여원을 計上하였음으로 평안남도에서는 도립공업시험소에 8천원을 투자해 요업부의 1개소를 증설한 후에 요업 평양건설의 연구, 목적으로 본부의 보조를 기대하였든 바, 본부는 다만 공동작업장 신설비의 일부에 2천원의 보조만을 計上할 뿐으로, 앞서 말한 요업부 증설에는 보조의 의사가 없다는 것을 이번에 올라온 石井技師의 정보로 판명되었는데 평안도에서는 이 정보에 대노하여 다시 청구액을 작성하여 신설보조를 신청하기로 결정하였다. 그리고 본부예산에 計上한 3만원은 중앙시험소의 充實費用에 충당하기로 하였다.

▶ 1933년 11월26일
內地로 進出하는 平南産 工業品 / 磁器, 漆器, 硯 등을 移入코저 三越에서 道와 協議 中

조선공업협회의 주최로 三越 樓上에서 개최되었던 조선생산진흥회에 평남도로부터 출품한 공업시험소 요업부제품, 平壤府立授産場 漆塗部 제품 등이 이번 회의에서 비상한 호평을 받았는데 최근 三越로부터 이 물품을 內地방면

에 소개하기 위해 오늘 이후 평남의 공업소 제품이 내지에 진출하게 됨에 대하여 기대되는 바가 많다고 한다.

▶ 1933년 11월28일
平南의 陶土 / 保有地帶設定 / 道當局에서 苦心中

평남도의 도토조사는 도당국에 의하여 본부로부터 기술원을 현지에 파견하여 후 수차의 조사 중이든 바, 최근 다시 조사에 착수하였다. 李, 本島 兩 技手는 24일 강서로 향하였는데 立岩지질조사소장이 오는 29일 강서, 대동 기타 도토지대를 조사한 후 당국과 중요한 협의를 거행할 예정이라는데, 도당국의 의향으로서는 도토의 내지진출을 가급적 조절하는 동시에 장래의 준비로 보유도토지대를 설정할 방침이라고 한다.

▶ 1933년 12월7일
工業試驗所 窯業部 / 講習生 收容

평남도에서는 요업 평남의 특징적 활성을 위해 총계 1만5천여원을 투자하여 공업시험소에 요업부를 두고 제조공장을 설치하고 제작품을 만들고 내년부터 요업강습생도 수용하기로 하였다.

▶ 1934년 2월4일
前途有望한 江華磁器製造 / 品質도 좇코 産額도 느러가 / 一年間 萬餘圓 産出

강화군에서 近來 이래 도기제조가 가속로로 진보되어 타지 이출이 왕성하여지는데, 佛恩面神井里 강화도기제조조합에서 5천원여원의 생산액을 필두로 河帖面 當近里, 吉祥面 溫水里 등지에 각 2천원여원의 생산액를 내어 놓았다. 그러면 전 군내 총 생산액이 연 1만여원의 거액을 보게 되는 것인데, 製造器는 각양각색으로 개량을 하여 순 古來式도 있지마는 高麗器風에 현대미를 가마라 아름답고 고아한 器皿이 많이 산출되는 터이다. 그 중 江華器製造組

合에서 제조되는 煥酒瓶은 토질로 보아 강화 특산물이 되어 전 조선 각 釀造場에 공급하는 것으로, 도당국에서도 장래를 주목하고 권장을 하는 터인데 본 조합은 소화 7년도에 3천원의 道費 보조를 받아 현 이사인 黃?周씨가 성립시킨 것으로 현재는 연 5,6백원의 道費 보조를 받을 것이라 한다.

▶ **1934년 2월14일**

工業과 生產額

京城府內의 소화 7년 중 부내에 있는 공업과 생산액은 다음과 같다.

요업	공장수	생산액(千圓)
	19개	6,100

▶ **1934년 2월15일**

一靑年의 刻苦硏究로 高麗靑瓷는 復活 / 만흔 學者 머리를 썩키는 것이 이제야 비로소 完成

고려자기는 지금으로부터 8,900년전 고려 초부터 이조 초까지 우리의 선조가 제조, 사용하던 것인데, 이조에서 공업을 너무 무시하고 궁색해 왔음으로 제조법까지 전하지 못하고 만건 각 가정에서 世傳之物로 전래한 것이 다소 있었으며, 4,500년 전의 고분속에서 채굴된 것이 많이 있었으나 이들 진귀한 자기는 대부분 외국박물관이나 내지인, 외국인 부호들의 가정에 진열되어 있을 뿐이오, 우리 조선인의 가정에서는 변변한 고려자기 한 개를 발견하기 어려운 처지에 있다. 지금으로부터 20여년 전 경성에 공업전습소(현, 고등공업학교)가 설립된 후로 이곳에서 고려자기를 부활시키려고 기술자와 학생을 당지에 직접 보내 여러 가지 土砂를 採取하여 고려자기를 제조, 시험하여 다년간 연구한 일이 있었고 그 이후 단체 혹은 개인으로 고려자기를 부활시키려고 적지 않은 금전과 심신을 소비하면서 노력한 자가 수백명으로 계산되나, 성공한 자는 한 명도 없고 전혀 낙망의 패배

1934년 2월15일

를 맛보고 체념하였을 뿐이요. 현재 진남포를 시작으로 경성 기타 도시에서 소위 고려자기 近似品을 제조하고 있으나 전혀 화학품을 사용하지 않는 고로 그 색과 질이 원고려자기에 비하면 아직 하등한 제품으로 고려자기 부활에 이르게 하기는 아직 힘든 상태에 있다고 보아도 된다. 開城府 北本町 451번지의 한수경군은 당지 보통학교를 마치고 경성과 동경에 왕래하여 3,4년간 고학으로 수학한 일이 있었으나 학비관계로 중도에 귀국하여 대학 또는 전문학교를 수료하지 못하고 가정이 가난한 편모슬하에 어린 동생이 있어 자기가 활동하지 않으면 가정의 생활을 보존하기 어려운 처지에 있었다. 그리하여 7,8년 전 부터 여러 가지 직업선상에서 활동하던 중, 소화 2년경부터 우연히 고려자기에 의의를 부여하게 되는 동시에 고심 연구하여 고려자기를 끝내 부활시켜 보겠다고 결심을 하게 되었다. 고려조의 宮趾인 만월대와 고분에 대건물이 있었다는 곳의 부근을 매일 반복 순회하여 고려자기의 파편을 수집하고 자신의 집에 진열하고 연구를 반복하였으며 당 시내는 물론 근처 읍,촌의 가정을 방문하도 다소의 고려자기를 매입하여 이역시 자신의 집에 진열하고 연구재료로 썼다. 좀 더 충분한 연구를 해 보려고 소화 7년 4월부터 개성부립박물관 사무관으로 근무하면서 열심히 연구를 하여 오던 중, 작년 11월경부터 이 연구가 거의 성공이 되어 중앙시험소에 가서 고

려자기 제조에 착수한 바, 1월 상순경 제3회 제조시험에 완전무결한 고려자기를 발견하게 되었다. 비교적 고려자기는 경성, 진남포 등지에서 제조하는 자기와 같이 화학품을 사용하거나 착색을 하지 않고 但變種의 토질로써 완성한 고려청자기를 제조하게 된다 하여 그 원료는 당지에서 土沙가 산출되는 것이 더욱 주목할 만하며 한군이 발명한 고려자기에 대해 淺川佰敎씨와 경성제대 安倍能成씨는 완전히 고려자기가 부활되었다고 지금까지 소위 고려자기가 多種이 있었으나 이와 같은 자기는 가히 완전한 아름다움과 청색이 출현한 것은 처음이라고 설명했다. 한군은 고려 고읍인 개성이 낳은 수재로서 개성의 토사로서 우리의 선조가 창조 사용한 고려자기를 발견하여 그 제조를 부활시키는데 대하여 당지 일반 부민은 그 성공을 축하하는 동시에 歌喜를 금치 못하고 있다 한다. 한군이 이와 같이 속히 성공한 것은 李府尹과 林漢渚씨의 지대한 후원으로 인한 것이라 하였다. 오늘 이후로는 부내 일반 유지의 후원에 의하여 세계적 특산물이 만들어 점차 대대한 후원을 할 터이라 하며, 될 것은 명백한 사실이나 李府尹은 당지 고려인삼의 다음이 되는 특산물을 만들겠다고 장차 후원을 할 것이라고 하며 林漢渚씨는 적지 않은 금전을 보조하고 공장을 건설하여 오는 3,4월부터는 제조에 착수하게 되리라고 한다.

▶ **1934년 2월15일**

工業試驗所設置를 釜山業者가 要望 / 本格的으로 運動을 開始코자 / 商工理事會를 召集

부산 공업부락부에서는 부내 공업장려 조장 기관으로서 공업시험장의 필요를 주창하고 도청과 부당국에 이의 설치를 구두로서 요망하여 왔는데, 날이 갈수록 시험장이 더욱 필요하여 감으로 필경 본격적 설치운동을 개시하기로 결정

하고 구체적 방안을 설정하고자 14일 오후 3시부터 상공회의소에서 이사회를 개최하기로 하였다.

▶ **1934년 3월13일**

工業展覽會 / 規模를 擴大

15일 오후 2시부터 공업협회 이사회를 개최하고 이번 가을 대대적으로 거행할 공업전람회의 장소 기타를 결정할 것인데, 작년 가을은 三越四階에서 약 4천원의 예산으로 행하였으나 올 해는 약 8천원으로 計上하고 대규모로 개최할 예정이다.

▶ **1934년 5월9일**

날로 躍進하는 咸北産業의 一瞥(五) / 함북지국 송덕룡

三. 고령토

고령토는 속칭 蛙目이라는 것과 유사한 점성자토인데 화강암은 동질편암, 동질 사암으로부터 분해되어 제 3계층의 최하위와 이 암인 화강석과의 사이에 생기며 제3층의 발달된 곳에 존재한 것인데 그 중 鏡城郡, 明川, 회령의 각 군에서 가장 발달되어 품질은 경성군, 생기령 소유 구역에서 산출되는 것이 양호한 바, 이를 내지에 최고 우량하다는 것과 비교하면 토질이 유리하다. (중략) 내지에서는 木節이라 속칭하는 것과 유사한 점토로 이 역시 완성 후에는 백색을 띠며 내화도가 강하고 外地의 同種 점토를 수용하여 木節과 같이 내화재료 또는 요업원료로서 사용됨과 동시에 부산, 대만 등지에도 이출되고 있다.

▶ **1934년 5월15일**

美術大講演 / 日時 15일 오후4시30분 / 會場 本社 來靑閣

講師·演題

妓生과 李朝壺 - 廣島晃 선생

鮮展洋畵部所感 - 白識幾선생

農民美術의 二種類 - 山本鼎선생

朝鮮과 工藝 - 田邊孝次선생

▶ 1934년 6월3일

**乙種工業校設立과 工業實業校擴張 /
平壤府에서 本府에 補助申請**

공업도시 平壤에는 현재 겨우 2년 수학
의 공업실습학교와 修業場이 있을 뿐
으로 이로서는 도저히 건전한 공업을
발전을 기할 수 없음에 부당국에서는
내지의 동경, 岡山 등의 공업학교를 모
방하여 올 해부터 3개년 수학 정도의
을종공예교를 설립하는 동시에 현재의
공예실습학교를 확장하고 내부의 설비
도 개선한 후, 經常費 4만원으로 推持
한다는데 국고보조를 요구하지 못해 일
본부에 보조신청을 하기로 되었다.

▶ 1934년 6월10일

鄕土副業工藝品展覽會

총독부 상공장려관 주최 하에 7월8일부
터 17일에 이르는 10일간 조선향토부
업공예품전람회를 개최하는 동시에 보
통 출품물에 대한 비평회와 향토부업공
예장려연구회도 개최하여 도시의 가정
공산과 농촌의 부업을 육성한다. (중략)

▶ 1934년 7월25일

**大窯業을 前提로 / 窯業村落 設置 /
豊富한 原料土를 가진 平南道 / 資料
調査 大略完成**

평양도청에서는 평양부근에서 각종 우
수 도토가 산출됨으로 이에 큰 기대를
갖고 요업진흥방책에 관하여 작년 말
경매 1천4백여원을 투자해 총독부 지질
조사소에 의거하여 도토지대에 대해 각
종 조사를 하여오는 중으로, 작년으로
써 道가 보유하여 있던 민간 소유 광산
의 조사를 완료하고 목하 지질조사소에
서 도토 수백종류에 대한 보고를 작성
하려고 준비하는 중이다. 또한 그 한편
도립공업시험소 요업부에서도 각 일반
의 조사를 시행하고 있는 중인데 평양
에는 이와 같이 각종의 도토가 산출됨
에도 불구하고 어찌하여 평양에 1개의
대규모 도기공장을 설치하지 않는가 하

고 생각하는 형편이다. 과거에 있어서
2,3명의 자본가가 요업에 착수하였다가
전부 실패한 것을 말하자면 도토 감정
의 근본적 조사기 충분하지 못하였던
것에 기인한 바임으로, 도당국에서는
요업과장의 취임 이후 도토지대의 기본
조사를 개시하고 경제기술방면의 조사
도 시행하여 충분한 계획을 세운 후에
자본자의 도움을 강구하기로 결정하였
다. 그와 동시에 대공업화의 전제로서
가내공업화의 필요도 충분함으로 도립
공업시험소 요업부에서는 작년과 올 해
의 2회에 걸쳐 15명의 지망자를 집합하
여 요업강습회를 개최하고 수료자를 중
심으로 요업촌락을 설립하여 요업의 진
흥을 꾀하기로 되었는데, 요업조합의
기초는 벌써 되었으나 공동작업장과 기
타 설비가 완성되지 못하여 작년의 강
습원이 지금까지 분해되어 있음으로 이
를 종합하여 올해부터 본격적으로 요업
촌락의 건설을 추진하기로 되었다.

▶ 1934년 7월27일

陶磁器輸入制限 / 蘭印政府突然發布

56種 제한령의 즉시 실시의 준비가 있
다고 일본측을 咸應하던 蘭印측은 25
일 오전 11시 도자기 수입 제한령을 蘭
印 정부령으로 발포하였다. 이 제한령
은 비상시 수입 제한령의 일부로 시행
한 것인데, 그 내용은 56종 중 도자기만
이며 수입수익은 1933년을 기준으로
한 것이다.

▶ 1934년 7월28일

**蘭印在住의 邦商 / 陶磁器不賣로 對
抗**

二十六日 夜來 緊急會議로 決定

당지 도자기 수출협회는 도자기 수출제
한령에 관한 대책을 강구하기 위해 26
일 밤부터 회의를 개최함에 대하여, 최
종결과 일본제의 도자기는 종래 일본상
인이 주로 취급한 관계로 상품 거래상
은 수제품이 극히 협소한 사정이 있으

니 이 會를 없애지 말고 費止를 단행하
여 실제적으로 이번의 발령을 불가능하
게 하는 것이 가장 시급한 방책이라고
한다. (중략)

▶ 1934년 7월30일

**蘭印糖業勞動者 / 八千名이 大暴動 /
勞賃의 低廉으로 不平이 爆發 / 軍隊
出動鎭壓中 / 陶磁器職工도 暴動,
遂戒嚴令을 布告**

당지의 "따스 로이테"用 도기제조회사
의 직공 1천명은 어제 공장을 점거하고
대반란을 일으켜 사망자 1명, 중상자
13명을 내는 불상사를 일으켰다. (중략)

▶ 1934년 8월3일

**陶磁器輸出停止 / 全組合員에 三日
부터 失行通告**

오늘 일본도기수출조합에서는 30일
이사회를 개최하고 도기 수출제한령
대책으로 도기 수출금지의 반대를 결
의하고 그 발동시기에 대하여는 동 조
합 이사장재단에 일임하였다. 이후 蘭
印令 발포를 임시 보류중인 바, 蘭印정
부가 판매, 소비의 모양이 좋지 않아 1
일 이사장은 전 조합원에 대해 8월3일
오후 5시를 기하여 蘭印間 도기 船積
정지령을 통보하게 되었다.

▶ 1934년 8월4일

**制限令의 發布는 現狀確認陶에 不外
/ 蘭印側의 回答來到 / 瓷器禁輸 今
日부터 實施**

대일본도기수출조합회는 3일 오후
蘭印의 도기 금지를 시행하였는데 2
일 오후 6시 이사장의 명의로써 금지시
행을 발표하였다. 蘭印정부의 수입제한
령에 대한 방책은 고심 중이나 자본의
상태에 유리한 것을 파악한 후에 인도
정부에서는 이 점 만큼은 정할 수 없는
現狀이다. (중략)

▶ 1934년 8월8일

**陶磁器問題를 先頭로 會議進行을 提
議 / 長岡代表 蘭印側과 意見하고 極
秘裡에 懇談文**

長岡대표는 6일 오후 6시 반부터 오후
8시까지 蘭印측과 협의하였다. 그 내용
은 비밀을 약속하여 발견하지 아니하
나, 도기문제에 대한 長岡代表의 입
장을 듣고 랏네트대표의 蘭印령의 입장
을 설명하였는데, 長岡대표는 이 상황
으로는 회의 진행이 불가능하니 도기
수입 제한령의 문제는 연기한 후 구체
적인 방책으로 도자기문제를 회의하여
거행하기를 요구하였다. (중략)

▶ 1934년 8월10일

**在留陶器邦商 /營業計可한 申請 / 輸
出許可는 不提出**

蘭印在 留邦人 도기업자는 8일 회합을
하고 라이센스 문제를 협의한 결과 작
년도 수출 수량을 기본으로 영업허가를
신청하기로 결정하였다. (중략)

▶ 1934년 8월23일

**日蘭會商逐次協妥에 / 陶磁器制限令 蘭
印撤廢에 同意 / 今日間 兩國代表 會
見豫定**

22일 오전 10시 중앙미술협의회에서 長
岡대표, 란넷트 위원장 등을 회견하고
사론에 대하여 협의하였다. 협의내용은
다음과 같다.
1. 蘭印정부는 도자기 수입제한령을 정
지할 것
2. 일본정부는 도자기 수입조합을 정지
하는 동시에 도자기 積止를 철폐할 것

▶ 1934년 8월30일

**日蘭會商漸次接近 / 陶磁器令은 撤
回 / 兩代表間에 意見一致 / 日本은
蘭印向禁輸中止를 約束**

大日 長岡, 란넷트 양대표 회견에서 도
자기 수입제한령 문제는 일본 수입조합
을 해소하고 蘭印측은 도자기령 중지하
기로 결정하여 해결을 보게 되었다. 蘭

印側은 도자기령 中止를 國民參事官의
설문 前에는 결정할 수 없는 문제임으
로 일본, 蘭印 兩 대표 간에 결정한 것
은 비밀에 부치고 또 일본측은 蘭印도
자기 積止를 중지할 것도 약속했다.

▶ **1934년 8월30일**

**陶磁器以外는 尙未意見接近 / 今日
에도 會見續行**

長岡대표와 란넷트 하트 蘭印대표는
28일 오전 11시부터 미술협회에서 회
담을 개최하고 도자기 문제를 先決로
협의하고 해결을 보았다. 그 후속방책
은 50개 품목제한령 등에 包合하고 제
한령이 없는 상품까지 각자의 견해를
발표하였는데 蘭印측은 오늘까지 회의
의 문제가 된 새로운 문제를 제한하였
다. 새로운 문제가 무엇인지 해결할 수
는 없으나 3시간여 회담에 도자기 문제
이외에는 의견의 일치를 보지 못하고
29일 續行을 종결하였다.

▶ **1934년 8월31일**

陶磁器制限令 / 九月一日 停止言明

도자기 수입제한령 문제는 18일 해소함
으로 蘭印측은 제한령을 중지하기로 결
정함에 따라 해결된 바, 29일 經濟省
장관은 도자기제한령을 9월1일에 정지
할 예정임을 표명하였다. 또한 일본인
이 계획한 수입조합에 대해 설립할 일
본인, 중국인 등 기타 조합결성에 대하
여 협의 중이다.

▶ **1934년 9월5일**

**德壽宮美術展 全部交代陳列 / 十五日
에 一般公開**

덕수궁의 미술품 진열은 작년 10월1일
에 공개한 이래, 근대 일본의 미술품의
정세한 것을 모아서 일본화, 양화, 조
각, 공예의 각 부분의 것을 출진하게 되
고 그 중에 일본화는 거의 매일에 한번
은 진열품을 바꾸어 온지 벌써 1년이
지났다. 그래서 반도미술계에 공헌한

바가 적지 않았다. 그 후에 이왕직에서
는 금번부터는 진열품 전부를 바꾸어
진열하기로 계획하고 동경에서 관계자
와 협의한 결과 일본화 20점, 양화 22
점, 조각 19점, 공예 23점을 모아 이달
15일경에 진열을 마치게 되리라고 한
다. 그리고 신품과 교체할때에는 4일을
폐관하였다가 15일 다시 문을 열터이라
한다.

* 공예(도자기부문)
青華實桃花甁磁器 : 宮川香山씨
繪刷手木花甁陶器 : 出庄司씨
天蓋瓷柘?文花甁磁器 : 伊東陶山씨

▶ **1934년 9월16일**

**陶磁器輸出 統制規定發布 / 十五日
官報로 告示**

日蘭會商對策으로 행해진 도자기 積止
를 정부가 수출통제강화의 필요로 하는
데 일본도자기수출조합회는 상공성에
대하여 수출조합의 통제를 발포케 하
고 수출조합에 가담하지 않는 업자에
대하여 조합측이 정한 취인방법에 관한
제한에 따르도록 15일 보고가 있었다.
일본도자기 수출조합령연합회는 작년
10월말 최대 시장에 대하여 통제를 실
시하고 이후 다른 시장들에 대하여서도
통제를 실시하게 되었다.

* 통제국 : 북미합중국, 캐나다 / 英印,
波斯(비루따, 세론, 西羅比亞, 이라크
를 포함) / 蘭印, 동인도제도 / 해외식민
지국(英領 볼네오, 英領 기니아를 포함)
/ 뉴질랜드

▶ **1934년 9월19일**

**『빌딩』공사장에서 古器, 葉錢發掘 /
리조시대의 미술적 도기를 / 鐘路署
에서 保管**

府內 종로 네거리에 목하 건축 중인 韓
靑빌딩의 지경공사를 하던 중 17일 오
후 1시경, 이조시대에 만든 사기항아리
1개, 대접3개, 병1개, 엽전 등이 나왔는
데, 그 사기는 자못 미술적으로 되어 있

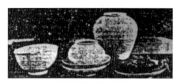

1934년 9월19일

다 한다.

▸ **1934년 10월21일**
平壤工業實習校 / 十九日 落成式 擧行
(중략) 평양공립공업실습학교에서는 19일 오전 10시부터 낙성식과 동교 제작품전람회를 개최하기로 하였다.

▸ **1934년 10월21일**
工業品展盛況 / 會期 二日間 延長
목하 개최중인 조선공업협회 주최의 공업품전람회는 매일신보사가 주관하여 대성황을 이루고 있는데, 동 협회에서는 단 한명이라도 많은 수를 관람하게 하기위해 전람회를 2일간 연장한다.

▸ **1934년 11월1일**
國民美術協會에 朝鮮工藝品展覽 / 二千五百點의 多數
국민미술협회에서는 11월3일부터 5일까지 招待日로 하고 11일부터는 上野공원 근처 일본미술협회에서 조선공예전람회를 개최하고 낙랑지방의 발굴품, 이조말기 유물 등 2천5백점에 달하는 다수의 조선 공예품을 전시, 공개하기로 하였다.

▸ **1934년 11월3일**
府內及近郊의 工業 / 年産額 八千萬圓 / 昭和 七年에 比해 9割의 躍進, 工場數도 相當增加
최근 조선내의 공업계는 정부정책에 의한 인플레 경기와 외부의 수출 현상에 대한 자본시장의 활성화로 각종 공업이 최고의 약진을 보이고 있다. 工場數와

生産數가 모두 상승한 증가를 보이는 상태이다. (중략)
* 京城府內 공장수와 산액

요업	조선인	내지인
공장	2개	16개
산액(圓)	9,700	11,111,427

* 府外 공장수와 산액

요업	조선인	내지인
공장	7개	2개
산액(圓)	58,630	436,020

▸ **1934년 11월15일**
躍進하는 朝鮮工業, 昨年産額 三億六千萬圓 / 全般에 亘하야 一律的으로 增進 / 比前年二割의 激增
조선의 공장생산고는 최근 증가하여 공업조선에의 진전을 보이고 있는데 총독부 상공과 조사에 의한 소화 8년 중의 공장생산액(가내공업 포함)은 3억6576만4천여원으로 전년인 소화 7년도에 비해 약 2할의 증가를 보였다.

요업	공장생산액(圓)	가내공업 생산액(圓)
	8,931,007	2,169,185

▸ **1934년 12월22일**
德壽宮美術館에 傑作品을 購入 서양화, 일본화, 조각, 공예 / 新春부터 陳列公開
이왕직에서는 금년에 帝展, 院展 기타 각 전람회에 출품한 회원과 심사원격의 현대 일류작가의 걸작을 선택, 구입하여 덕수궁에 진열용으로 영구히 두기로 하였는데 이것들은 경도의 전람회를 마치고 연내에 전부 도착하기로 되었으므로 신춘에는 석조전에 출전할 것이며 구입한 것은 다음 12점이다.
* 공예 : 吉田宗人씨의 ?目打花甁

▸ **1935년 1월3일**
우리 道의 特産과 將來 / 科學의 極致인 模造珍珠工業 茶人의 愛玩品인

鷄龍磁器-忠南篇 / 世界的 特産으로 普遍化

* 鷄龍磁器 : 본도에는 地處마다 도토가 풍부하여 각 지방에서 널리 도자기용 소지로 쓰이고 있으나, 그 중 대전에서 생산하는 계룡도기라는 것은 매년 5천개 이상, 1만여원에 달하고 있는데 그 품질은 아름답고 고상한 것으로 보아 고대 고려자기를 연상하게 하는 대전의 특산물로 조선미술전람회의 입선까지 되었으며 주로 조선과 내지로 이출되는 것이다.

* 高敞磁器 : 100여년 전부터 고창 水水面 瓦村里에서 제작되어 내려오는 것이나 고려자기에 유사하여 고상우아하고 저가인 관계로 식기와 기타 필수품으로 제작되는 것이 많다. 당국에서는 고창도기조합을 설립하여 운영하고 발달에 박차를 가해 연간 산액이 1만원 내외에 달한다. 이외에도 金堤郡 內古池에서 생산되는 것이 조선의 유일한 특산인데 이것은 내지인에게 애용품인 다완으로 年産이 불과 5,6천원 정도에 그친다. (중략)

▸ **1935년 1월8일**

分院磁器의 精神繼統, 優雅品만 産出, 釉藥도 純眞한 것만 使用, 高敞特産의 磁器

고창군의 著名한 産物중의 하나인 고창자기는 년 生産類 2만원을 超過하는 것으로 그 數値가 外部에 유명하게 됨은 高敞뿐만 아니라 一般商界에서도 이미 淸平이 나있다.

一. 고창자기 沿革의 槪要

지금으로부터 108년전 趙形認(?)이라는 군인이 현재의 고창자기공장에서 製陶를 시작하여 약 50년간을 두고 농촌용 사발류 만을 제조하다가, 그 이후 경기도 광주군 분원에서 기술적 제도법을 습득한 李致云과 李化圭 두 사람이 동지에 이주하여 기술적 제도법을 이용하여 상당히 양호한 품질의 도기를 생산

하게 되어 고창자기의 가치를 떨치게 되었고 그 후 그 제자로 池盆京, 장?扳 등의 기술은 더욱 향상됨에 따라 고창자기의 명성은 전국에 알리게 되었다고 한다. 그리하여 근래에 와서는 또다시 제도기술이 침체한 상태로, 農器沙鉢 本位이며 置物들을 4,5개씩 중첩하여 소성한 것이며 요의 불순물과 석탄의 재 등으로 상등품을 얻기 어려워서 이러한 방법으로는 곤란할 뿐 아니라 내외 각 시장에 판매하기는 불가능한 실태로, 본부와 전라도 당국에서는 이 사정에 지원하기 위해 소화 5년도에 지방비 4천원을 고창도기조합에 보조하고 동 도기장에 공동도기장을 설치하고 아리따(有田) 도기의 기술가로서 대를 잇는 井手哥次씨를 고창상업조합 기수로 초청하여 일반 製陶 지도에 해당하게 하며 조선식 제도법의 개량과 고창도기식 기타 상품의 질적 개선에 노력하는 바, 그 후 개인으로서 동지에서 제도업에 매진하게 됨에 현 기수가 초빙되어 또한 노력하여 일반 제도가의 지도 장려에 노력중이라 한다.

二. 고창자기의 素質

(1) 점토의 원료는 근방에 풍부하여서 소량의 철분을 함유하였음으로 소성시에 청자색을 나타내기에 용이함.

(2) 타지방산의 원료는 전혀 사용하지 않고 원료를 가공하지 않은 고창자기식의 제품을 제조함

三. 현재의 상황

조선사발(시기용)류의 개량을 主眼으로 하여 기술원 지도 하에 부근 요업촌락에게 제도방법을 촉진하고 종래의 보통 하층민과 농민만 사용하던 제조품은 점차 그 품질을 佳良하게 향상시키고 노력하는 바, 현재 개량된 제품은 내지품에 손색이 없을 정도로 진보되었음으로 장래에 더욱 진보될 것을 예상 외로 容易하게 되었다. 또 판매가격에 있어서도 현재 방식에 대하여 약 2배의 가격이 있을 것으로서 일반 당업자는 의심할 것 없이 개량에 전념하고 있으며 더

욱이 수용자의 호감이 든 것은 최근에 이르러 성적이 점차 좋아진다. 그런데 需用地 중 當用하는 지방은 주로 고창, 김제, 전남 장성 등이라 한다.

四. 장래의 희망

일개 촌락에 집단적으로 7개의 등요를 가지고 있는 곳은 아마 동 공장이 전 조선적으로 유일이라 하겠다. 그러므로 오늘 이후 製陶法의 개량에 주력하고 대량 생산을 계획하여 일반 중류 이상의 가정에 공급시키도록 목적을 정하고 일반 제도가의 자질을 촉진하는 중, 당 업자의 노력 여하에 의해서는 이 목표에 도달함은 거의 가능하다고 전하며, 특히 화병 菓子器類와 같은 것은 현재 내지인과 조선인 중 예술적 취미를 가진 이들에게 애호하게 되어 경성 기차 각지로부터 주문이 많은 상태인 바, 멀지않은 장래에 내, 외지에 이출, 입도 매우 많으리라 당국자는 말한다고 한다.

▶ 1935년 1월29일

鳳山陶器工業, 年産五千餘圓 / 十年度부터 國庫補助 얻도록 道當局이 周旋中

해주의 봉산군은 종래로부터 총 50호되는 부락민을 중심으로 製陶業에 종사하여 황해도 유일의 製陶會社로 연 産類의 일부를 담당함에도 불구하고 5천여원의 거액에 달하는 바, 도당국에서는 10년도부터 도와 국가에서 3천원을 보조하여 사업하여 황해도 유일의 도기의 제조공장 규모를 확장하고 품질로 그의 연산액이 1개 부락의 부업임을 개선하여, 도 특산도기로서 5천여원의 거액을 투자해 촉진을 계획 중이라 한다.

▶ 1935년 4월3일

三月末 現在의 平壤工業界 展望 / 總資金이 七千五百十五萬圓 / 生産額이 三千萬圓

3월29일 현재 평양부 권업계 조사에 의

한 공업계의 전망을 보면 공업자의 자본금은 7,515만2,527원이고 생산류는 2,978만6,416원으로 종업원은 조선인 8,070명, 내지인 402명, 외국인 161명으로 합계 8,633명이다.

도기	자본금(千圓)	종업원(名)	생산액(千圓)
제조	87	49	46

▶ 1935년 4월20일

天惠地利를 兼備한 工業朝鮮의 大躍進 / 家内工業, 副業的工業으로부터 現代式工業으로의 進展이 躍如 / 年産額 四億圓에 逼近

총독부 상공과의 조사에 의하면 조선공업계는 매년 발전하여 최근 통계(소화 8년)에 의하면 명치 43년의 3천여만원에 비해 12배의 증가를 보이고 있다. 이제 그 내용을 보면 올해는 가내공업 또는 부업의 所産이며 공장 수는 4천여개가 넘으나, 근년까지 그 過半은 정미, 인쇄, 도자기 등의 공장에 있어 소위 근대적 공장이라고 할 만한 것은 겨우 도기를 포함한 10여개의 공장에 불과한 상태인데 그것도 일반적으로 내지공장에 비하면 아직도 낙후하다. (중략) 소화 8년도 요업 산액은 1,140,788원이다.

▶ 1935년 5월12일

商工業概況

平壤府 조사에 의하여 통계숫자로 나타나 있는 평양의 공업과 상업의 현황

종별	瓦, 土管, 陶器, 硝子
戸數(個)	22
생산액(圓)	30
종별	陶磁器, 硝子類
戸數(個)	212,618
판매고(圓)	397,526

▶ 1935년 5월23일

鮮展의 印象 / 具本雄(一)

(중략) 제3부 공예는 조선을 取材한 자,

조선적 형식을 가진 자, 또는 조선 물건, 이와 같은 대부분이 조선의 鮮展다운 점을 갖고자 하였으나 작품은 조선 이외의 취미의 것이 되고 말았으니 고추장, 통김치를 먹는 이의 비위에 맞는 것이 적음은 때로 「納頭」를 먹게 되어감을 말함일지도 모르겠다.

▶ **1935년 5월26일**
鮮展의 印象 / 具本雄(四)
* 제3부 공예
高麗靑磁梅甁 : 杉光武右衛門씨의 作. 동양인으로서 누구나 가지고 있는 尙古趣味를 아니라는 못할 것이다. 이것이 동양의 정신성에서 나오는 것으로 또한 唯一長할 것이니라. 煥器工作에 있어 시대성 연보까지 갖게 할 것 까지는 없을 것이라 한다. 이러한 橫說은 그만두고 이 작품은 모방성을 가진다 하겠다. 高麗花甁 : 杉光武右衛門씨의 作. 피상적 습관은 각가지 貌不似에 흐르는 경우가 있다 한다.

▶ **1935년 6월7일**
陶器의 美(一)
조선도기의 최대의 연구자인 영국의 버나드 리치씨는 日前 경성에 들러 도기의 전람회를 열고 또한 그것에 대한 기술을 시험하였습니다. 예전의 것이라고 아낌없이 버리냐고 하는 것 중에 明日을 엿볼 수 있는 것이 있습니다. 도기는 현대에는 당연히 용납될 수 없는 것이지만은 다음의 시대, 지금 잊어버리고 있는 마음과 음이 다시 생각될 때에는 반드시 일반에게 그 事厚한 맛을 받을 것입니다. 도기의 미는 먼저 용도를 생각하고 그것에 맞는 무리없는 재료를 가장 무리없는 기술로 만들어 낼 때에만 가치 있는 것이 만들어 지는 것입니다. 이제 다음에 보이는 사진과 같이, 용도에 상이한 것은 동서의 도안을 달리하여도 거의 같은 감정의 상태를 갖고있고 각각 그 시대의 민족성을 명백

1935년 6월7일

히 표현하고 있는 것으로 보아 도기가 하나의 흙덩어리의 용도라는 지식 아래에서, 사람의 호흡으로 만들어진 증거입니다. 그리고 지금과 같이 사람의 손에 가공될 여지가 없도록 기계가 발달되면 자연히 작품의 생명이 없어지는 것은 부득이한 일입니다. 지금 어느 집치고 한, 두 개의 도기 없는 가정이 없을 것입니다. 이리하여 우리들의 생활이 도기와 너무나 연관 깊기 때문에 평범히 간과되지 마는, 세상이 좀 더 기계화하여 우리 생활에서 도기가 완전히 구축될 때가 되면 그때에 비로소 다시 새로운 눈으로 도기의 미를 재인식하게 될 것입니다.

▶ **1935년 6월7일**
琺瑯鐵器 印度로 進出 / 新市場 開拓에 成功
부산의 법랑철기는 해외수출에 주력하고 있는 바, 근저에는 인도방면에 신시장을 개척하여 3월부터 5월말까지의 수출고가 1만8천원에 달하고 있을 뿐 아니라 좋은 평가를 받아 앞으로 진출이 더욱 증가할 것으로 기대된다.

▶ **1935년 6월8일**
陶磁器와 琺瑯鐵器 / 世界 二十餘國에 輸出 / 輸出貿易의 太半을 이것이 占領 / 內地當業者도 凌駕
조선의 도자기와 법랑철기의 제조공업은 최근 급속한 발전을 하여 해외에서 내지 당업자와 맹렬한 경쟁을 하고 있는데, 우위를 점령하여 수출고는 매년

증가하여 갈 뿐으로 조선의 수출무역품 중 도자기와 법랑철기가 수출액의 대부분을 점령하고 있는 상황인 바, 금년 1월에서 5월까지의 수출량을 보면 법랑철기는 25만2천원, 도자기는 33만3천원으로 수출국은 만주를 비롯하여 英印, 蘭印 등의 식민지, 남양주 기타 20여개국에 달하여 조선 수출품 중에 가장 높은 수익고로 해외에 수출되고 있다.

국가	도자기(圓)	법랑칠기(圓)
만주	101,689	95,262
?東州	20,825	50,255
支那	8,884	·
蘭印	20,823	30,232
英印	57,550	50,544
英領 이라크	2,220	1,709
東亞弗利加	6,157	216
南亞弗利可	3,157	15,995
모산픽크	493	6,193
베네스에라	·	273
英領 마텐	·	384
에크와돌	·	968
게니와	·	8,887
마다카라칼	·	330

▶ **1935년 6월8일**
陶器의 美(二)

▶ **1935년 6월9일**
陶器의 美(三)

▶ **1935년 6월11일**
陶器의 美(四)

1935년 6월8일

1935년 6월9일

1935년 6월11일

▶ **1935년 6월16일**
平南의 陶土 內地에 移出 / 關係者間에 折衝中
平南의 陶土는 양과 질에 있어 이에 가치가 높은데, 내지방면에서도 조선물산협회를 통하여 거의 이입결정을 의뢰하여 왔음으로 목하 도청과 조선물산협회와 이출에 관해 여러 가지 절충 중인 바, 금년에는 대체로 시험이출에 그치고 내년부터는 본격적으로 이출하기로 하였다.

▶ **1935년 6월26일**
高級 陶磁器의 原料土 調査 / 海外輸出에 拍車를 加코저 / 明年度에 着手 計劃
최근 애용되고 있는 해외 수출품 중 중요한 위치를 가지고 있는 고급 도자기 제조업은 그 원료품인 점토, 장석, 규사 등 조선에서 산출되는 우량한 원료인 경남의 하동, 평남 고령토, 함북의 木節 粘土 등의 내지 이출이 중요한 수익을 보이고 있는데, 전국요업회의에서도 외지의 도업원료가 문제가 되었음으로 우량 원료를 가지고 있는 조선으로서는 원료 상태를 명백히 분석할 필요도 있어 총독부 중앙시험소에서는 올해 새로운 예산에 경비를 計上하여 도업원료의 조사를 시행하기로 되었다.

▶ 1935년 7월10일
蘭印政廳 突然 陶磁器輸入制限 / 實地 延期하얏든 것
蘭印 정부는 9일 도자기수입제한령을 공시하였다. 도자기수입제한령은 일본과 蘭印 협회 개최 당시 계약적으로 공시되어 이후에 근접한 결과를 蘭印 도자기수입조합에 보고한 사건으로 실지를 무기 연기한 것이었다.

▶ 1935년 7월12일
工業都市 平壤에는 工業學校가 必要 / 學務當局의 職業校設置說에 平壤一般이 希望
총독부관리국에서는 평양에 직업학교를 설치하려고 그 계획을 세운 후, 明年度(소화 12년) 예산을 計上할 모양이라는데, 평양 도당국에서는 평양부로부터 현재의 공업실습학교를 乙種工藝校로 전환시키고자 하는 희망을 가지고 있는 관계로, (중략) 공업학교 설치를 착수하게 되었고 도당국에서도 평남에다가 공업학교를 신설할 필요가 있다는 것을 확정하고 있지만 상당한 경비를 요구하는 것임으로 할 수 없이 진남포 상공학교를 공업학교로 하고 평양상업학교의 규모를 증가하려는 의향을 가지고 있어서, 여하튼 직업학교보다 공업학교의 설치를 요망하고 있는 사람이 많아 일반으로 하여금 크게 주목을 끌게 되었다 한다.

▶ 1935년 7월16일
黃州, 樂浪陶器 / 滿洲 具本市에 出品
올여름에 만주국에서 해주시가 개방됨을 기회로 황해도에서는 도내 産品을 촉진시켜려고 산물을 선정하여 보내었는데, 그 중에서도 本道 특산품인 「樂浪燒」가 비상한 인기를 얻을 것으로 기대된다.

▶ 1935년 7월18일
諾威政府에서 邦品防遏制 撤廢 / 磁器와 고무靴 等의
諾威國은 작년 2월 일본으로 부터의 자기와 고무에 대하여 수출할당제를 실시한 까닭으로 일본품은 상당히 제한되었음으로 내일 일본은 諾威 양국 정부 간에 상품에 관한 할당제에 대해 교섭중이든 바, 16일에는 外相에게로 통지하여 왔는데, 邦品防遏에 미치는데 諾威政府의 우호적 법도에 외무당국은 대단한 호의를 가지고 있다.

▶ 1935년 7월18일
地方工藝品 輸出의 商品化 / 大體로 成案
상공성에서는 지방의 一助로서 공업의 지방 분해와 지방 공예품의 수출 상품화를 企照하기로 되어 작년부터 연구를 하고 있는데, 대체의 成案을 얻었음으로 마침내 구체적으로 지방공업 내지는 공예의 진출하기로 되어 전국 주요 지방의 공업지도소 신설과 공예지도소의 확장 등에 대한 경비를 올 11년도 예산에 計上 요구하기로 되었다. (중략)

▶ 1935년 8월3일
移入有望한 平南의 陶土 / 不遠, 埋藏量 調査開始
평남도에는 강서군을 비롯하여 대동군 기타에서 도토가 풍부히 산출되고 있는데 수년전부터 그 질적 시험을 한 결과 내지의 주산지인 名古室 부근의 것에 비해 하등 손색이 없는 것이 판명되었으나 아직 적절한 조사를 하지 않았기 때문에 매장량이 얼마나 되는가가 확실하지 못한 이때에 내지방면에서부터 우량한 평남도토의 이출을 희망하고 있음으로 도당국에서는 속히 조사할 필요가 있어 총독부를 향하여 조사를 의뢰하였는데 총독부에서 그 필요를 결정하고 있음으로 금년 중에는 조사가 이루어질 것으로 기대한다.

▶ 1935년 8월29일
躍進 또 躍進하는 平北道의 工業 / 광업왕국에서 공업왕국에 / 昭和 九年末 現況

요업	내지인	조선인	외국인	합계
산액	23,709원	195,397원	無	219,106원

▶ 1935년 9월3일
農村工業으로 窯業을 積極獎勵 / 年一千萬圓의 輸入을 遏防코저 / 于先 陶土 自給企圖

조선의 요업은 그 원료자원에서 평남 고령토, 경북 하동, 함북 목절이 풍부한 것을 가지고 있으면서 현재 생산은 수요의 4할여를 自治하는데 불과하여 年額 1천만원을 수입하고 있음으로 본부 상공과에서는 이것의 자급자족은 물론이고 성공적으로 수이출의 실현을 개선하려고 재차 조사를 하고 있는 바, 근저에 조사를 완료한 요업통계에 의하면 조선 내의 도자용 窯의 수는 합계 1,891기로 이 중 석탄요는 94기에 불과하고 기타 1,777기는 탄요이고 또 다시 그 8배에 해당하는 1,329기는 재래식이다. 재래식은 품질에 파손이 많고 소규모 생산에 불과한 바, 상공과에서는 이러한 현상에 대해 농촌공업화의 전환하여 적극적으로 요업의 발전을 촉진할 방침이다.

▶ 1935년 9월4일
窯業發達의 基礎調査
1. 세계에 이름을 떨치고 있는 고려자기의 유물이 다수 발견되고 있으며 현재 伊萬里 등에 도공의 자손이 승계하

고 있는 점을 비추어 알 수 있다. (중략) 그래서 우리는 우리의 사업을 확장과 우수한 원료토를 다산할 필요가 있다.
2. 분원요가 일반대중을 위해서는 각지에 있는 소규모적 요업이 존재해야 족히 그 수요를 충족할 수 있었으나 요컨대 공업에 의한 수량이 도달되었다. 그러므로 선각자의 자주적 노력과 원료에 풍성함에 의하여 다시 부활의 기대를 해본다. 그러나 판매고의 대부분이 수입에 의존하게 되니 그 수요의 4할을 점한 것이 가내생산이라는 것은 대부분 下品이어서 수입품에 대항하기에는 아직 전무한 상태이다.
3. 전통적으로 요업에 관한 기술의 특징을 보유하고 발달시켜나가는 것에 가장 중점을 두어야 한다.

▶ 1935년 9월4일
造船産 琺瑯鐵器 海外로 進出躍如 / 今年中 百餘圓 突破?
조선산 법랑철기 진출은 약진하고 있어서 8월중의 수출고도 10만3천원으로 작년의 5만5천원에 비하여 배에 가깝게 증가하였으며 금년의 異計는 58만2천9백원으로 작년에 비하여 22만7천원이어서 수출고 100만원 돌파가 기대된다.

▶ 1935년 9월17일
琺瑯鐵器 海外로 進出躍如 百萬圓 突破를 豫想
1935년 9월4일자 기사 '造船産 琺瑯鐵器 海外로 進出躍如 今年中 百餘圓 突破?'와 동일

▶ 1935년 9월27일
釜山에 工業試驗場 / 設置運動 頗猛烈 / 三團體聯合으로 愼重協議後 道當局訪問코 眞情
대공업도시를 발전함에 있어서 부산부의 당면문제인 공업시험장을 설치하기 위하여 부산부 산업조사회에서는 회원 일동이 참석하여 건설안에 대하여 구체

적인 방안을 협의한 바 있는데, 이 방안을 促成시켜 실현하는 것으로 부 산업조사회에서는 부산상공회의소와 공업구락부 등과 접촉하여 25일 오후 3시부터 성공회의소 누상에서 대표자가 회합하고 신중히 협의하여 촉진운동의 구체적 회합을 시행한 결과 가까운 시일 내에 삼자 대표자 등이 도당국 관계자를 방문하고 진정서를 제출하리라 한다.

▶ **1935년 9월 29일**

大規模의 硝子工業 朝鮮內에서 計劃 / 工業坩製造가 問題

반도의 초자공업은 아직 유치한 감을 면하지 못하여 매년 2백3십만원 정도의 수이입을 보고 있는데, 초자의 원료인 규사는 현재 경남, 전남 海淳에 다량 산출되어 내지에 이출하고 있는데, 현장에 있는 내지업자는 최근 조선내에서 대대적으로 기업화할 계획을 세우고 第一步로서 工業坩製造 허가를 당국에 요구하고 있다. (중략)

▶ **1935년 9월 29일**

廣梁坩灣田瓦目標 / 大窯業會社創立 / 平南道産業과의 立案으로, 資本金 三十萬圓 程度

평남도 산업과에서는 평양 부근의 도토를 이용하여 광량염에 灣田瓦를 대규모로 제조할 목적으로 요업회사를 창립할 계획이 있는데 이 회사는 자본금 30만원에 15만원의 보조금이 있을 계획이라 한다. 그런데 제품전부는 광량염 만전에 納入할 것으로 생산품에는 하자가 없어 회사경영도 가능해 올해 안으로 出資子도 결정될 것이라고 한다.

▶ **1935년 10월 5일**

工業資源展覽會 / 工協主催로 中旬부터

조선공업협회 주최의 공업자원전람회는 오는 16일부터 29일까지 남대문통 상공노동관에서 개최될 예정인데 내용

을 증대하여 공업제품의 진열로부터 일대 진보하여 공업자원에 대한 일반지식을 공급하려는 목적 하에 농업, 임업, 축산업, 수산, 전력 등의 각종 자원을 소개하고 이외 이용상황을 사물 또는 형상에 따라 전시하기로 되었다. 그리고 이외에 중요 공업회사로부터 출품한 특별출품을 원료로부터 제품에 이르는 공정과정을 표현하여 공업발달의 진보에 그 중점을 두기로 결정하였다.

▶ **1935년 11월 15일**

昭和九年中 家内工産額激增 / 一割五分增인 一億七千萬圓

총독부 조사에 의하면 소화 9년의 조선 가내공업 공산고는 합계 1억7,212만 5,000원으로서 8년도에 비해 2,446만 3,000원(1할5분)의 증가를 보이고 있다. (중략)

요업	8년	9년
	2,169원	2,399원

▶ **1935년 11월 30일**

窯業原料를 朝鮮에 着眼 / 內地業者가 進出企圖

수출도기의 왕성한 생산증가에 따라 최근 내지업자로부터 조선 내 특히 경남, 평남지방에 풍부한 요업원료에 대한 관심이 커지고 있다. 京都窯業試驗所에서는 가까운 장래에 조선 내의 자원조사를 거행하기 위해 조선을 왕래할 예정이며 도업회사에서도 조선 진출을 엿보고 있어 조선의 요업원료는 더욱 중요시 되고 있다.

▶ **1935년 12월 11일**

平南의 高嶺土 / 內地移出增加 / 今後에도 漸次豫想

평남도에서는 금년도에 內地로 이출한 고령토는 1만4천513톤으로 작년의 1만 3192톤에 비하여 1321톤의 증가이다. 그리고 이것의 이출지는 주로 岡山係

로서 내화연와의 원료로 공급되는데, 이후 점차 증가할 조짐을 보이고 있다 한다.

▸ 1935년 12월14일

硬質磁器가 莫斯科로 進出 / 直取引商談이 進步

조선산 경질도기는 법랑철기와 같이 南洋, 印度, 歐洲방면으로 수출되고 있어 신흥무역품으로 그 장래가 매우 기대되고 있는데, 부산에 있는 일본경질도기 회사에서 西亞通商部를 통하여 가까운 시일 안에 직거래하게 되어 조만간 상품견본을 발송하기로 하였다.

▸ 1935년 12월20일

躍進의 朝鮮工業(三) / 其特性과 今後의 對策

* 요업

연도	소화 5년	소화 8년
공장수(個)	314	305
산액(千圓)	8,247	8,729

▸ 1935년 12월24일

멀리 東阿로 鮮産品進出 / 海外飛躍의 喜消息

東亞弗利加에 있는 「니케리아라고스」의 商會로부터 지난 17일에 부산상공회의소로 통상에 대한 책정을 의뢰하여 왔는데, 同商會는 동지의 최대무역업자로 취인할 물품은 경질도기, 법랑철기, 초자품 등으로 이에 부산상공회의소는 절호의 기회라 하여 즉시 조선 내 각 업자들에게 전달하였음으로 가까운 시일에 조선물품이 멀리 東亞弗利加로 진출을 보게 되었다.

▸ 1935년 12월24일

朝鮮의 硝子工業 硅砂豊富로 有望 / 海外輸出에 好評藉

조선의 초자공업은 매우 유치하여 고급품은 전부 내지로부터 이입하여 오는

상태로, 그만큼 조선의 초자공업은 앞으로 개선할 소자가 있는 바, 특히 조선내의 규사는 거의 무진장이라고도 할만큼 풍부하여 그 장래가 자못 유망시되는 터인데, 이에 조선 초자공업 촉진에 일대 혁신을 가하는 방법이 있다. 최근 처음으로 英領 「이라크」로부터 조선 초자컵의 주문이 있어서 시험적으로 약간 수출을 하였든 바, 그 결과가 예상이상의 호평을 받게 되었다. (중략)

▸ 1936년 1월10일

新貿易品으로 琺瑯鐵器가 一位 / 陶磁器도 四割激增인 躍進相 / 十年中의 輸出現況

중소공장의 급속적 진출에 의하여 신흥무역품이 생산되고 있는데, 10년도에 있어 새롭게 진보한 것은,

一. 법랑철기 : 작년 38만원의 수출하는데 불과하였는데 올해에는 공장수출로 수출액이 94만3800원에 달하여 주요무역품이 되었다.

四. 도자기 : 이것도 東區방면에 진출을 보게 되어 작년에 비해 4할 증가인 64만6천원이 되었다.

▸ 1936년 1월10일

隆々 發展의 忠州 / 一帶窯業 / 昨年中 産額 一大飛躍

최근 충주읍의 각 부락의 요업은 金俊里의 宋凡南씨, 速守洞의 長씨, 龍山里의 金君先씨 등이 중심이 되어 융성한 기세를 보이고 있는데 이제 충주군 당국에서 조사, 발표한 것에 의하면 소화 9년 중의 생산고만 식기용이 24680개, 위생용이 5260개, 가구용이 27080개로 사용층의 숫자는 1戶당 1300원 평균의 성적을 보이고 있음으로 오늘 이후는 읍면 당국에 의뢰하여 적극으로 정려할 방침이라고 한다.

▸ 1936년 1월21일

需要激增에 따라 窯業資源을 開發 /

本府에서 着手計劃

조선 요업원료가 풍부하여 재래로 요업국으로도 저명함에 불구하고 요업원료의 조사를 끝내지 않은 결과 최근 요업원료가 枯渴되어 내지로부터 요업원료의 공급에 제대로 응하지 못하는 상태에 있음을 유감으로 생각하는 바, 조선의 요업도 최근 南洋, 英領 식민지방면에 수출이 확대되었음에 制裁를 받아 총독부 식산국에서는 조선의 요업자원의 개발에 적극적으로 착수하기로 하고 우선 第一步로 요업자원에 관계가 깊은 원료연구소, 지질조사소, 본부광산과, 상공과, 각 방면의 전문가를 21일 오후 1시부터 식산국장실에서 요업자원협의회를 개최하고 그 결과에 따라 구체적 조사를 실시하여 요업자원 개발에 적극적으로 착수하기로 되었다.

▶ **1936년 1월24일**

忠北의 窯業 年産 十萬圓 / 道當局振興策講究

충북도의 요업은 종래까지 이를 발전할 수 있는 방도가 없음으로 지극히 유치한 것이라고 비난하였으나 현재 도당국에서 각지의 현황을 조사하여본 결과 의외로 상당한 성과를 보아 年産 10만원을 계산하고 있음으로, 전도가 유망함을 깨닫게 되어 도당국으로부터 조성책을 강구중이라 한다. 그리고 이의 향상을 더하기 위해 청주 江外普校에서 연구하여 각도 업자의 획일적 지도를 하여 나가도록 계획 중이라 한다.

▶ **1936년 1월25일**

窯業資源開發은 各 機關協力으로 / 關係, 關會議에서 決定

조선 요업의 발전과 요업자원개발에 적극적으로 진출하려는 총독부 식산국에서는 이미 보고한 바와 같이 지난 22일 본부 상공장려관에서 연료연구소, 지질조사소, 중앙시험소, 고등공업학교, 상공과장 각 임원을 초청하고 요업 자원 개발에 관한 협의회를 열고 각 기관이 각각 기탄없는 의견 교환을 시행한 결과 현재 요업조사는 중앙시험소에 기수 1명의 기술원이 있으나 올해에는 기사 1명을 더 지원한다고 하더라도 조사연구의 충당은 期할 수 없음으로 오늘 이후는 앞서 기술한 각 기관이 협력하여 종합적으로 조사하기로 의견이 일치되어 구체적 방법으로 금후에는 매월 1회씩 각 기관의 회합하여 협의를 시행하기로 결정했다.

▶ **1936년 5월11일**

專門技術員 設置코 窯業改善에 邁進 / 忠北道서 積極策樹立

조선 농가의 생활상 필수품인 각종 요업제품은 각지에 점거한 제조소가 있어 舊式을 면하지 못하고 있으나, 연간 생산액을 조사해 본 결과 1만여원의 거액에 달하고 있음으로 이를 괄시하지 못할 바이라는 점으로부터, 충북 도당국에서는 올해부터 적극적인 지도와 통제를 하기로 되었다 한다. 그 방법으로는 요업 전문기술원을 파견하고 각지에 소재한 당업자와 합류하여 조합을 설치하고 傳習學會도 개최하여 기술원을 육성하여 품질의 개선향상과 통제를 강구하며, 그런 다음 외래품을 종식시킬 만한 증산을 얻도록 지도할 적극책을 수립하였다 한다.

▶ **1936년 5월12일**

美展 入選者 發表 可驚할 新人의 進出 / 審査員選後感

* 第三部 : 工藝彫塑(田邊孝次 畵伯)
금년에는 搬入 수가 예민했다. 질과 양에 있어 5년 전 보다는 놀랄만한 진보를 하였다. 그리고 수준이 매우 높아졌다. 종래는 직물 또는 큰 작품이 많았는데, 會場關係 純然한 공예전람회를 만들고자 또는 앞서 말한 이유로 嚴選을 하였다. 그 중 5, 6점은 帝殿에도 손색이 없는 것이 있다. 그리고 力作이 많

았는데 特選이 많아질 것을 생각한다.
공예는 엄연히 궤도에 올랐다고 생각한
다. (중략)

▶ 1936년 5월15일
**開發期待되는 朝鮮窯業資源 / 內地
業者 大擧 來鮮**

총독부 상공노동관에서는 조선의 요업
원료를 널리 소개하기 위하여 앞서 내
지 요업의 중심지인 四日市에서 요업
자원좌담회를 열고 조선요업자원의 풍
부함을 알린 결과 원료난에 빠져있는
내지업자가 이에 주목하고 올 6월 상순
경, 내지 당업자 20명이 요업자원조사
회를 조직해서 내선하기로 되었다. 이
에 총독부에서는 즉시 조선의 요업자원
에 조예가 깊은 京都窯業試驗場의 小
川기사를 초청하여 주로 평양 부근의
도토의 타진을 위촉하기로 되었다.

▶ 1936년 5월16일
淸州江外窯業 / 대대적 증산계획

청주군 강외보통학교의 요업은 소화 2,
3년경부터 착수하여 동교 재학 아동과
졸업생, 지도생을 포함하여 각종 인형
과 각종 실용기 등이 제작되는 터인데,
그 기술이 功妙하고 작품이 우아하여
수년전부터 황실에 헌상까지 하였으며
고관대신들이 충북을 통과할 때에는 선
물로도 드리며 신라의 고도 경주의 토
산품을 주문 맡아 제조하는데, 이후에
는 청주에서는 이 학교 졸업생, 지도생
의 공예품을 대대적으로 진급시키기로
되어 강외보교 내에 요업조합을 설립하
도록 도당국으로부터 1천원, 學校費로
부터 1400원의 보조금을 교부하여 작
업장을 건립하고 기구를 완비하게 하여
충북의 특산품으로 명성을 날리게 하고
자 계획 중이라는데 不日내로 제반설비
에 착수하기로 되었다 한다.

▶ 1936년 5월17일
平壤博物館에 硏究室을 新築 / 陶器

**修理場과 寫眞暗室도 設置 / 전국에
最高設備**

평양부에서는 총 工費 3천5백원을 투
자해서 평양박물관에 고고학연구실을
신축할 예정으로 부당국으로 하여금 이
것의 설치를 목하 진행 중인데, 이것은
지금까지 일본, 영국에 최초의 설치한
것으로, 特重한 것은 도기 등을 수리할
수 있는 장치이다. 그리고 사진현상도
설치할 예정임으로 공사착수는 6월 중
순경, 완성되기까지는 9월경 예정이라
한다.

▶ 1936년 5월27일
工藝指導所設置 / 朝鮮 商議에서 要望

6월에 개최되는 제5회 조선상의총회에
보고한 京城商議와 大邱商議의 제출안
은 다음과 같다.
* 조선총독부에서 속히 공예지도소를
설치하기를 요망함(조선상공회의소, 대
구상공회의소) * 이유 : 조선은 각종 자
원이 풍부하고 노동력의 혜택을 받아
利用上 부업과 가정공업의 필요가 있
는 것은 물론이요 나아가 그 공예공업
화를 구하는 것은 조선의 산업에 융성
하여 속히 전도유망한 방책으로 내지에
서는 미술공예의 산업화의 多大한 관심
을 가져 국립의 공예지도소를 설립하고
당업자의 지도 장려에 노력하는 수출공
예의 진흥에 중점을 두고 이 업의 개발
조성에 노력하고 있다. 그런데 조선에서
는 이 업에 대한 지도 備設을 결하여 조
사연구가 아직 없고 의장도안도 이와 같
은 것도 의연한 실정에 있는 것은 가르
치는 것도 퇴보로 생각되는 바이다. 총
독부에서 속히 始政 25주년 경제의 신
기원을 구하여 일정방침 하에 상당한 규
모의 조직에서 전문가를 포용하고 다시
이에 조선의 특색을 가한 중앙공예지도
소를 설치하기를 요망하는 所以이다.

▶ 1936년 5월29일
大邱, 京城 兩 商議서 工藝指導所 要

望 / 朝鮮商工會議所 定時總會에서 / 共同提案으로 附議

6월15일, 16일 경성에서 개최되고 조성 상공회의소 정기총회에 대구에서는 관립공예지도소 설치요망의 제안을 하였는데, 동 안건은 경성에서도 제출되게 되었음으로 공동 제안으로 하여 조선공예지도소 설치 요망안이 제출되었다. (중략)

▶ 1936년 6월3일

樞要工業都市에 工業校設立要望 / 今月中旬의 朝鮮商議正總에, 釜山商議서 提案乎

부산상공회의소에서는 5월 29일 오후 1시부터 동 소 누상에서 임원회를 개최하고 6월 중순 경성에서 개최될 朝鮮商議 정시회의에 제출할 부산의 의견을 협의한 결과 다음과 같은 의견이 일치되었다. 조선 내 樞要地에 공업학교를 설치하도록 요망함. (중략)

▶ 1936년 6월15일

古今美術의 精翠모흔 德壽宮 內 博物館 / 3천만원의 工費를 들여 建築 / 半島美術의 金字塔

근대미술의 정취를 모은 덕수궁 석조전의 「현대일본승람미술전」과 병행하여 조선 고대의 미술을 모아서 참으로 內外에 자랑할 수 있는 미술전당을 건설하기 위해 이왕직에서 개최 중이며 이왕가미술관은 8월 초순 기공하기로 결정하고 특히 在京 중인 中村與知平씨가 설계 중인데 中村씨는 조선은행 건축 당시에는 직접 감독을 하여 조선과 연구가 깊은 설계가인 만큼 동 미술관은 조선색을 많이 넣어서 총 공비 30만원의 3층집으로 호화로운 건축으로 될 터이며 덕수궁 내에 석조전과 통하게 되었고 신미술관에는 현재 창경원박물관에 신라, 고려, 조선 각 시대의 미술공예품 기타 귀중한 고대미술품을 배치하여 일반에게 공개하게 되었음으로

올 10월까지는 준공될 터이다. 준공되는 날에는 덕수궁에는 실로 고대로부터 근대에 이르기까지의 고금의 미술이 한자리에 수집될 것으로 반도미술계의 금자탑으로서 내외의 주목을 끌게 되었다.

▶ 1936년 6월16일

窯業懇談會開催 / 內地關係招請코

최근 조선 내의 요업발흥과 원료의 내지 이출이 왕성하게 되고 있음에, 식산국에서는 상공성의 京都陶磁器試驗場 제 1부장 小川新一郎씨를 초빙하여 올 19일 오전 8시부터 총독부 제2 회의실에서 식산국과 각 도 관계자가 모여 간담회를 개최하고 조선 내 요업의 지도와 원료의 내지공급에 관해 구체적 발견을 세울 터인데, 앞서 말한 시험소의 長平씨도 조만간 내선하여 이에 관하여 총독부와 간담하기로 되었다.

▶ 1936년 6월17일

躍進途程에 잇는 朝鮮工業의 現勢 (一)

* 요업 : 12,471,176원(소화 9년 공산액 현황)

▶ 1936년 6월18일

家內工藝製品 積極助長計劃 / 京畿道에서 考慮中

조선 내의 공예제품이 최근 무역품으로 地步를 착수 개시하고 있음은 또한 사실로, 이러한 발달을 한층 조장하기 위하여 그 지도개선에 적극적인 방책을 세울 필요가 있다하여 경기도에서는 목하 구체 계획을 수립 중이다. 그 의견으로 공예의 지도와 동시에 제품의 판로를 발굴하는 것까지도 고려하고 있어 내년에는 거기까지는 가지 못한다 할지라도 어떠한 형식으로든지 구체화할 것으로 조사되고 있다. 이러한 방침은 慶山村에 대해서 가정공예품 외에 비교적 부업에 혜택을 받지 못하고 있는 도시

중산 이하에 달하는 진흥을 목표로 할 것으로 예상된다.

▶ **1936년 6월19일**

工藝局 新設코 美術行政 强化 / 文部省이 鎭意研究

문부성은 이번에 제국미술원의 분쟁에 대해 일본미술의 징려지도에 관한 행정 정비를 강화하기 위해 목하 연구, 조사를 진행하고 있는데, 미술행정에 관하여는 블란서에서는 美術省이란고 칭하는 것이 있어서 이의 지도, 장려, 감독 등을 하고 있고 타지의 각 국에서도 이태리에서는 내각직속의 美術局이 있고, 독일에서도 비슷한 모양의 美術局이 있다. 그 어떠한 나라도 자국의 미술을 보존, 감독함과 동시에 그 지도, 장려에 십분 독려하는데도 불구하고 일본에서는 石丸帝院 1명이 미술행정을 담당하고 있을 뿐 부관 하나 상태임으로 문부성에서는 이번에 그 모양을 일대 강화하여 미술의 지도, 장려, 보존의 방도를 강구할 방침이다. 그리고 이에 대한 구체적 방안은 아직 결정하지 않았는데 대체의 방침으로는 국립미술원의 설립을 목표로 하고 이에 관한 행정과 현재 宗敎局이 소유하는 국보 중요미술품 등을 통일하여 문부성 내의 공예국을 신설하고 목적 달성에 임할 의향같다.

▶ **1936년 6월25일**

躍進途程에 있는 朝鮮工業의 現勢 (五)

四. 窯業

一. 도자기업 : 조선에서 도자기원료가 산출하는데 일상품, 토목·건축용품 등의 도자기 제조품의 수요는 益益 증가함으로 이 업의 장래에 극히 유망하다. 소화 9년의 도자기류의 제조고는 564만원으로 그 중 생산고는 27만원, 수출입이 393만원이었다. 현재 조선 내 각지에는 다수한 공장이 있으나 모두 소규모로 설비가 불완전한 것이 적지 않

은데, 당국의 지침에 의하면 이것을 일차 향상, 개선시키고자 한다. 그리고 소화 4년 이후 보조금을 교부받아 주요 도자기산지에 설치한 공동작업장을 소화 10년까지 9개의 공장에 달하고 있다. 대규모 공장으로는 부산의 일본경질자기주식회사(자본금 375만원, 대정 9년 설립)의 공장이 있어서 주로 식기류를 제조하여 해외로 제품을 수출하고 있다. 이외에 최근(소화 9년) 회령, 생기령 등에 소규모의 공장이 설립되었다.

二. 硝子工業 : 조선에 있어서는 목하 경성, 평양, 경성 등에 千數個所의 초자공장이 있으나 모두 소규모로 제품은 단순한 식기류, 「땜푸」 등을 主로, 산액도 소화 9년에 38만2천원에 불과하여 수요의 대부분을 이입에 의존하고 있는 실정이다. 그러나 조선 내에는 전라남도, 황해도 등에 多質의 우량한 규사가 산출되며, 또 상술한 바와 같이 수요관계도 있음으로 금후 연구개발의 의지는 적지 않다. 최근 부산에서는 수출용 「램프」 등의 제조가 왕성하고 있다. 또 조치원 부근의 충북, 충남에 걸친 부근에는 수출용 硝子玉을 만들고 있는 바, 이것은 유망한 가내공업이다. 그리고 작년 이래 부산과 경성에 수출제조를 목적으로 하는 공장이 설립되어 장래의 발전이 기대된다.

三. 煉瓦工業 : 현재 도시 부근에 중소공장이 많으나 금후 건축·토목사업과 함께 연와의 수요는 더욱 증가할 터로 이것의 제조사업은 유망하다. 원료는 조선, 내지 등에 존재한다. 그리고 내화원료는 생기령(함북), 평양 등에 다량으로 존재하여 일부는 내지에 이출되고 있는 바, 최근 평양, 생기령, 회령 등에서 내화연와의 제조를 보게 되었으며 일본제조공장에서는 연와 기타 내화연와를 만들고 있다. 또 타일의 수요는 매년 증가하는 바, 목하 전술한 일본경질도기 부산공장에서 제조 계획을 가지고 있으며 평양에서는 수년전부터 小數의 산출을 보고 있다. 소화 9년의 儒流 연

와 생산고는 103만1천원, 이입 10만4천원, 내화연와의 생산고 10만7천원, 수입 1만6천원, 이입 13만7천원, 需要高計 139만7천원이다.

四. 시멘트工業 : 조선은 지처에 우량한 석회석, 점토, 석탄 등이 산출되어 시멘트공업이 종래 조선에는 小野田시멘트의 평양공장(대정 8년)과 川內里(소화 11년)의 공장 두 곳이 있을 뿐이었는데, 동 사는 최근 북선지방의 사업이 발흥하여 시멘트 수요가 증가함에 따라 천내리 공장의 확장을 시행하는 동시에 공장을 신설중이며 조선시멘트주식회사(소화 11년) 창립을 자본금 600만원을 투자하여 가까운 시일 내에 공장을 설립하기로 되었다. 소화 9년의 조선 내 시멘트 생산고는 22만6천원, 이입 21만9천만원, 수출 6만1천원 등 수요고 3천7만9천원, 동 10년에는 50만원 이상에 달했다. 조선제품은 일부가 수출되고 있다.

五. 琺瑯鐵器 : 법랑철기업은 종래 경성에 공장이 하나밖에 없었는데, 소화 7년 말에 부산에 공장 하나가 설립되면서부터 급속히 발달하여 목하 경성에 2곳, 부산에 4곳이 있고 제품은 각종기구, 식기, 着板 등으로 조선 내는 물론 만주, 南洋방면에 수출되고 있다. 그리고 최근 내선업자간에 수출품의 생산할당에 관한 협정의 성립을 보았는데, 조선의 직공의 임금이 敬하고 또 사업경영상 유리한 提點을 가지고 있어서 이 업의 전도는 크게 기대되고 있다. 산액은 소화 9년에는 66만여원이던 것이 최근에는 100만원을 돌파하려 하고 있다. 또 동 9년에는 2백여만원의 이입을 한 반면에 56만여원의 수출을 보았으며 동 10년에도 수출 100만원에 달하였다.

▶ **1936년 7월15일**
美術品製作所賣渡 / 其跡의 東拓支社 / 불원에 출현하게 될 / 太平通에 또 高建物

동척에서는 이미 조선지사 개축 계획을 세우고 적당한 부지를 물색 중이든 바, 부내 태평통 1정목 미술품제작소 1천3백평을 매수하고 가조인까지 보게 되었다. 미술품제작소는 이로 말미암아 3일 해산총회를 열고 해산하기로 결의하였다. 동 제작소의 해산 후는 지배인 平田實씨가 사업을 계승하여 가지고 개인경영으로 할 터임으로 영업소는 남대문통 1정목에 결정하였다. 그리고 미술품제작소는 자본금 26만2천5백원으로 대정 11년 8월에 창립한 것인데, 최근 결손을 보고 있었다고 한다. 이에 대하여 동척 당국은 다음과 같이 말한다. "매수한 것은 사실인데 지난 번 高山총재가 조선에 왔을 때에 결정된 것이다. 그러나 지사를 신축하는 것은 아직 확정하지 못하였으나 신축문제가 그다지 급할 것은 없으리라고 생각한다."

▶ **1936년 7월15일**
數千年前의 陶磁器發掘 / 釜山刑務所內 作業中 / 新羅時代 以前것인 듯

부산형무소에서는 작업을 하던 중, 지하 5척 가량 아래의 땅속에서 자기 1개와 도기로 만든 제기 1개가 발굴되었는데 이를 진귀하게 여긴 형무소장은 감정을 요구하든 바, 이로 자기는 수천년 이전 시대의 것으로 신라토기보다 오랜 역사를 가진 유물이라 한다. 의외의 소득을 보게 된 동 형무소에서는 다시 전문가에 의뢰하여 재감정을 하리라 한다.

▶ **1936년 8월7일**
光州市內에서 高麗磁器가? / 鑑定을 期待

5일 오전 9시 광주부내 大和町 밭에서 昭和町 金一南씨가 밭을 갈다가 고려자기와 같은 자기 10여개를 발견하고 광주서에 신고하였음으로 동서에서는 현품을 보관하고 금후 전문가의 감정을 받기로 하였는데, 광주부 내에서는 회유한 일임으로 감정여하에 대하여 일반인은 적지않은 흥미를 가지고 있다.

▸ 1936년 9월30일
德壽宮美術館 / 陳列品의 總交替

덕수궁미술관에서는 제4회 미술품 진열을 29일까지 완료하고 10월1일부터 공개하기로 하였는데, 일본화는 16점이고 양화는 38점, 조각은 18점, 공예가 35점으로 합계 107점인 바, 이번에는 실로 볼만한 작품이 더욱 많다고 한다.

▸ 1936년 10월2일
家內工業生産 十年中 二億圓 / 前年比 三千三百萬圓의 急增 / 食料品이 筆頭

골장공업의 약진적 발전에 따라 조선의 가내공업도 급격한 발전에 도달하여 상공과의 조사에 따르면, 소화 10년의 가내공업 생산액은 총 2억13만6천원에 달하여, 작년에 비교하면 3천3백만7천원의 약 74%의 증가가 있었다. 가내공업 중의 필두는 식료품공업이며, (중략) 요업은 0.5%의 감소이다.

요업	工産	前年比 增減率
	2,385원	0.58%

▸ 1936년 10월8일
高句麗時代의 遺物 瓦片類를 發掘 / 平壤 船橋里 水涵工事場서

평양부 토목과에서는 방금 선교리 방면의 水涵工事를 造行 중 4일 오후 2시경 공사장에서 고구려시대의 유물로 예측되는 와편류 등이 출토되었는데, 이는 고구려 특유의 문양선이 있는 것으로 보나 그 형상으로 판단할 때에 고구려시대의 것이 아닌가 사료되며, (중략) 또한 平川里의 공사 중에서도 길이 1尺5村, 1尺쯤 되는 平瓦 2개가 발굴되었는 바, 이것은 고려나 이조 초기의 유물이라 추정되어 동 근방에 사원이 존재하여 있던 유적인 것 같다고 한다.

▸ 1936년 11월20일
朝鮮窯業資源에 內地資本進出乎 / 最近調査隊의 來鮮이 頻繁

조선의 도자기 원료는 최근 내지 각 요업지의 이상한 주목을 끌고 있는 바, 특히 이번 여름에 京都府 도기연구소 小川기사가 내선하여 각지를 실지 조사한 이래 특히 순조로움이 농후하여 요업회 혹은 조사원의 내선 등으로 식산당국은 이의 응접을 준비하고 있다. 지난 13일에도 四日市 萬古陶器組合 이사 일행 7명이 내선하여 상공과를 방문하고 조선 내 원료생산지 현황 기타를 취재하고 다시 일행은 조선서 가장 우수한 원료 생산지인 평남, 황해, 전국지방을 시찰 중이다. 식산당국에서는 이것을 계기로 내지자본의 요업원료에 대한 투자가 활발하게 되리라고 관측하고 있다.

▸ 1936년 12월18일
虛川江水電中心 各工業 勃興氣勢 / 大液化工場과 陶器事業 等 / 城津發展이 最注目

개발전력 16만kw의 虛川江 수력전기는 장차 城津이 공업도시로서 발전됨에 가장 유력한 조건이다. 따라서 함북에서는 전력이 공급을 받는 지방으로서 성진이 가장 우위를 점하게 될 것이다. 그럼으로 목하 전력개발을 중심으로각종 기업이 계획되고 있는데 그 중 백두산 광물개발에 조건한 대액화공장의 건설, 城津, 吉州, 明州 각 군에 대량으로 생산되는 점토를 원료로 하는 도기사업, 城津産 흑연을 원료로 하는 증기카·봉 제작 등은 신속히 구체화할 모양이라고 한다.

▸ 1936년 12월23일
朝鮮陶器會社 驪州郡서 創立 / 資金 五千萬圓으로

지난 19일 오후 6시에 여주군 회의실에서 宋과장과 林部기사 입회하에 김군수 사회로 조선도기주식회사 창립총회를 개최하고 위원장을 선거한 결과, 長島朋白씨가 당선, 행사진행을 순서대로 마치고 數箇案의 정정이 있은 후 원칙대로 가결하고 임원선출에 들어갔는데, 선출된 임원은 아래와 같으며 자금은 50만원, 주금불입은 소화 12년 3월20일까지 한성은행 여주지점에 조선도기주식회사 설립위원장 長島朋白씨 명의로 불입하기로 1차 가결하고 오후 10시반에 폐회하였다.

* 任員氏名 : 取材役 社長에 崔基永, 專務取材役에 長島朋白, 商務取材役에 李奉九 등.

▶ 1936년 12월23일

優良陶磁器土 驪州郡서 産出

조선특산물의 일종으로 屈指하여 전국적으로 소비가 높은 廣州郡 東郡面 분원자기라 하면 누구나 아는 터인데, 오늘날 여주 도자기 토질로 보아서는 道기사 林部浩의 말을 들으면, 도리어 광주 분원자기 토질은 우량할 만한 무진장한 토질이 산출한다고 한다. 원래 본군 北內面 五今里(오금실)에서 자기를 제조하여 왔으나 불과 수개인의 경영으로 그 경영이 지극히 미세하여 유명무실의 상태이었고 누구나 여기에 착안하는 사람이 없었던 바, 금년 4월에 金郡守가 부임한 이래, 여기에 착안하고 도에 수차 打合하고 도지사를 수차 초빙하여 전 군을 조사한 결과, 전국 내 2개 면을 제외한 8개 면에 무진장한 良土가 산출되어 대규모의 요업공장이 필요하다는 것을 알게 되었다 한다.

▶ 1937년 1월11일

釜山工業試驗所 / 新設機運 漸濃厚 / 商議所關係者等道知事訪問 / 實現促進要望具陳

상공도시 부산의 당업자로부터 다년간 열망하여 마지않은 공업시험소의 지소설치에 관하여서는 부산상업회의소, 부산공업구락부 등에서 적극 실현운동을

촉진한 결과 요즈음에 이르러 겨우 도립으로서 신설할 상황에까지 진척되었다. (중략)

▶ 1937년 1월15일

煙都化한 永登浦는 萬餘職工의 生活線 / 工業朝鮮의 躍起相

(중략) 京城煉瓦에 300명 등 약 11500여명이라는 청소년 남녀직공이 영등포를 무대로 생활전선에서 활약하고 있다.

▶ 1937년 3월3일

朝鮮美術展覽會 作品 審査에 朝鮮側서도 參與 / 推薦組中에서 選任이 될 듯 / 當局 改革方針 決定

제16회 조선미술전람회는 오는 5월 16일부터 본부 구내의 선전회장에서 열리는데, 본부에서는 금년부터 선전심사기관의 개혁을 하게 되었다 함은 보도한 바와 같다. 그리하여 본부에서는 수일 전에 선전 推薦組 8명 중 7명을 초청하여 선전개혁에 관한 의견을 들었는데, 선전은 조선 우수의 출품에 많음에도 불구하고 재래에는 조선에서는 심사에 참가하지 못하여 여러 가지 선전의 결함이 있었음으로, 금후는 심사위원회에 참여하는 형식으로 이 심사에 참가하기로 의결이 일치하여 금년부터는 학무국에서는 선전 추천조 8명 또는 그 중심 일부를 참여로 임명하여 작품심사에 참가하게 할 터이라 한다. 그런데 금년 심사위원의 人選에 대해서는 지난 28일에 高尾본부학무과장이 동경에 갔는데, 위원이 결정되면 위원 기량에 불구하고 이것의 실현을 보게 할 터이라 한다.

▶ 1937년 3월16일

窯業株式會社 仁川서 創立

공업인천에 있어서 또한 기쁜 소식이 있으니 이는 仁川商組合이 중심이 되어 조선요업주식회사를 창립한 것인데, 방금 공장이 나날이 번성함에 두고 각

종 연와, 건축재료의 매매부동산 소개 등을 하기로 되었는데 자본금은 10만원이나 필요시에 대하여 2백만원까지 투자할 예정인데 사장은 代田??씨라 한다.

▶ **1937년 3월31일**
〈商品市況〉 砂器二割値上 / 一般物價高에 追隨

사기류는 점차 實需期에 들어가고 있는 바, 내지업자 조합회에서는 原料高와 일반 物價高에 追隨하여 4월1일부터 각 품 일제 2할 인상하기로 되었음으로, 市中도 역시 이와 같이 追隨하여 4월1일부터 각 품 일제 2할 인상이 될 모양이다.

▶ **1937년 4월7일**
彩色한 陶磁器 注意 / 鉛毒든 것이 만허 / 衛生課서 九百二十個를 押收 / 燦爛한 놈이 더 危險

「싼것이 비지떡」이라는 속담과 같이 겉이 반지르르하게 하여 싸게 파는 것이 도리어 해롭다고 하는 것의 좋은 실례가 들추어지고 있으니, 최근 경성을 위시하여 부근 각 시장에는 값싼 사기그릇이 범람해서 여기에 칠한 채색으로부터 많은 해독이 쓰여지고 있다는 것이다. 즉 경기도 위생과에서 부내 각 경찰서와 郡部의 사기그릇을 파는 데를 조사하여 울긋불긋한 접시라든지 혹은 탕개같은 것을 조사한 결과, 여기에 칠한 채색 속에는 상당히 많은 아연이 들어있어서 음식물에 끼치는 해독이 상당하다고 한다. 그리하여 접시, 대접, 탕개 같은 것 27종류에 920개를 압수하여 판매를 금지시켰는데 앞으로도 이러한 장사들은 발각 되는대로 처벌할 터이며 사는 이도 각별한 주의를 할 필요가 있다한다. 즉 대접이나 접시 같은 것을 살 때, 그것을 칠한 채색이 손으로 만져보아 두드러지게 만져지는 것은 대체로 재미없으며 또 휘황찬란하게 거친 색칠을 한 것은 유독한 것이라 이러한 것들은 사지 말기를 바란다고 한다.

▶ **1937년 4월9일**
長湍驛前에서 有毒陶器發見 / 警察은 嚴重團束

장단경찰서에서는 관내 각 상점에서 판매하고 있는 식기 등에 다소 재미스럽지 못한 점이 있어 혹은 위생상 해가 있지나 있는가 하여 유독도기 취체를 일제히 시행한 바, 장단역전 金某 상점에서 판매하고 있는 접시에 독이 있는 것을 발견하고 현품을 압수하는 동시에 사드려 온 곳을 조사한 즉, 지난 2월 경 성 모 백화점에서 120개를 사드려 왔다는 것으로 80개는 팔아버렸고 40개가 남은 것이라는데 長湍署에서는 즉시 鐘路署에 그 사실을 알리고 조사 중이라고 한다.

▶ **1937년 4월13일**
距今 一千二百年前의 百濟時代 敷瓦發見 / 忠南 扶餘郡 多木農場 附近서 / 歷史上 珍貴한 寶物

충남 부여군에 있는 多木 농장 부근으로부터 진귀한 조각이 있는 옛날 기와가 30장이 발견되었다. 부여군청에서는 이것을 곧 총독부박물관으로 보내어 감정을 의뢰하여 왔는데 본부 사회교육과에서 감정한 결과, 尺 사방의 30개 기와는 전부 거금 1천2백년전 즉 백제시대에 사하였던 부와로 판명되었다. 기와의 표면에는 불화를 비롯하여 산수, 화조 등이 조각되어 있는데 이 훌륭한 부와가 30장이나 원형대로 발견된 것은 처음이라는 바, 본부 학무국에서는 12일 오전 11시반에 金사회교육과장으로부터 南총독에게 현물을 사진을 중심으로 설명을 하였다. 이 고대 조선의 문화를 연구하는 자료가 될 국보적 부와는 본부 박물관에 보존하여 일반에게 보일 터이라 한다.

▶ 1937년 5월5일

〈季節利用의 犯罪相〉昌慶苑 夜櫻公開中에 博物館內 寶物盜難 / 保管中의 高麗磁器가 업서저 / 大騷動後 犯人 逮捕

부내 창경원 박물관에 보관하여 두었던 고려자기 2개가 지난 21일 밤 애앵 당시 어떤 자의 소행인지 없어지고 말았음으로 창덕궁에서는 사건을 중대시하고 극비밀리에 그 범인을 염탐중이든 바, 수 일전 청년 朴命植(가명)이가 박물관에서 또 범행을 하려하는 것을 서원이 발견하고 체포하였는데 그는 체포 당시 양잿물을 마시고 고민함으로 목하 城大病院에 입원치료 중이라는 바, 생명이 위독하다고 한다. 그리고 도난당한 고려자기는 다시 본처로 압수해 왔다.

▶ 1937년 6월15일

鑛業을 筆頭로 重要工業에 全力 / 不急資金과 株式融資는 廻避 / 興銀融資의 新方針

흥업은행은 林前 內閣下에서 貧村의 주력을 생산력 확충용 자금에 설치하고 본 지점을 통해 모두 이 방침으로 대출하여 왔는데, 편히 吉野三大原측 등에 포함된 생산력 확충 방침의 강화에 대하여 활동을 강행할 것으로 금융방면에서 그 보조를 더욱 적극적으로 개시하여 一般 생산력 확충을 위하여 발전을 요하는 사업을 1. 광업, 2. 금속중공업, 3. 기계공업, 4. 화학공업, 5.전력, 6. 요업(특히, 공장 건축재료로서의 시멘트), 7. 교통운수(특히 造船)에 한정하여 금전적 조성에 노력하기로 되었다. (중략)

▶ 1937년 6월25일

業的猜忌에서 職工시켜 作業 妨害 / 仁川窯業界 不祥事件

인천요업제조공장 직공들이 조선요업공장에 와서 취업 중에 있는 직공들의 일하는 것을 방해하기를 일삼아 피차간 직공 사이에 충돌이 일어나서 싸움한 사실이 있는 바, 그러나 어떠한 책동이 있지 아니한가 하고 경찰서에서까지 그 사실조사에 손을 대게 되었는데 들어본즉, 인천요업공장이 인천항에서는 독점을 하다시피 지내오던 중 조선요업공장이 최근에 대자본을 가지고 진출하게 되자 인천요업에서는 시기심으로써 직공들을 시켜서 그와 같이 작업 중에 가서 방해를 한 사실이 드러나게 되었다는데, 방금 인천경찰서에서는 관계자를 취조하는 중이라 하며 장차 사건이 확대될 것이라고 한다.

▶ 1937년 6월26일

京城經濟界의 大動脈 / 各種社會逐年 增加 / 昨年 末 現在 總數 九百會社로

公資十五億六千萬圓

인구가 팽창하고 각종 사업이 날마다 번잡하여 가는 대경성 안에는 각종 사업회사가 얼마나 되며 그 자금은 얼마나 되며, 이 방면의 動態는 어떠하냐를 경성부권업과에서 조사한 표에 의하여 보면, 소화 11년 말 현재의 부내의 각종 회사 수는 本社가 경성에 있는 것이 811사이고 支社로 경성부 내에 있는 것은 85사, 외국회사가 4사로 합쳐서 900사로 작년에 비해 229사나 증가되었는데, 요업은 本社 14사.

▶ 1937년 6월27일

李朝陶器展 / 平壤博物館서

평양박물관에서는 25일부터 28일까지 4일간에 걸쳐 이조도기전람회를 개최하였다. 출품된 도기는 평양부내는 물론 조선 각지에서 秘藏珍品 약 1백점에 달하여 이조 5백년간을 통한 陶器術 발전의 자취를 눈앞에 전개시켜 주는 바이어서, 대성황을 이루고 있으며 동 전람회의 개최시간은 오전 8시로부터 오후 4시까지라 한다.

▶ 1937년 7월4일

窯業會社間 暗鬪가 繼續

인천요업회사에서 조선요업회사의 진출을 시기하여 직공을 시켜서 조선요업 공장에 가서 작업을 방해하였다고 하여 경찰서에까지 손을 뻗치게 되어 문제가 확대되어 간다 함은 보도한 것과 같거니와 이제 그 전말을 조사하건대, 인천요업에서 과실이 있다 하여 그 회사사장이 경찰서에 출두하여 사죄하고 검속되어 있던 직공을 방면시키는 동시에 조선요업회사 사장을 정식으로 찾아보고자 기 회사에서 잘못되었다고 사과함에 대하여 조선요업회사 사장도 원만한 해결을 유지하였다고 하는데도 불구하고, 조선요업중역회에서 정식 고발하겠다 함으로 동 사장 代田番治씨는 말하기를, 중역회에서 원만히 해결을 하지 않고 고전하는 경우에는 단연코 사장의 직을 사면시키겠다고 하여 방금 조선요업회사에서는 사장과 중역회 사이에 파란이 생겼다는데 그 내막에 있어서 이상한 의욕이 잠재하여 있다 하여 장차 이 사건은 확대될 것이라고 한다.

▸ **1937년 8월12일**
淸州農校移轉으로 陶器原料土封鎖 / 百餘戶業者의 死活問題라고 / 道當局에 緩和陳情
淸州郡 四州面 栗陽里(현재, 청주군 내덕정)에는 백여년 전부터 도기가 생산되어 현재 백여호나 되는 당업자들이 재래식 소규모의 조제업으로 생업을 삼고 있는데, 금번 청주농업학교를 同地로 移轉, 신축하기로 되어 원료인 점토를 파내지 못하게 함으로 백여호의 당업자는 사활의 위협을 받게 되어 지난 9일 대표자들이 청주군 당국을 방문하고 동 사유를 말하고 원료를 파도록 해주기를 진정하였다는데, 그들의 주창은 同 부근에는 그 외의 원료가 없으며 또한 다른 곳에서 발견한다 하더라도 그 흙에 대한 성질을 알지 못함으로 도기를 제조하기가 곤란하다 하니 종래대로 동 원료를 파도록 하여주기를 바란다고

애원하였다는데 지난 10일도 관계 기술원이 현장에 출장하여 이에 대용할 원료 유무를 조사하였다 한다.

▸ **1937년 9월21일**
고분수십처 발굴, 고려자기를 竊取, 開城署員이 犯人逮捕

▸ **1937년 9월21일**
年產七百萬圓의 京城家內工業 / 二十二日부터 五日間 / 三越에서 展示會
경성부내의 가내공업은 축년 발전하여 지금은 연 생산액이 7백만원에 달하는 약진을 보이고 있는데, 이것의 조장발달을 촉진시키기 위하여 경성부 당국에서는 소화 8년 이래로 매년 가내공업품 전시회를 개최하고 부내 생산품을 전시하여 업자로 하여 자기물품과 다른 사람의 물품을 대조하여 개량, 발달할 수 있는 기회를 주고 제품의 판로개척에 資하는 동시에 副業觀念의 보급에 전력하여 왔는데, 올해는 제5회로 22일부터 26일까지 5일간 三越支店 4층 「홀」에서 개최하기로 되었는데, 출품될 주요상품은 포목제품, 편물가공품, 목제 및 松金제품, 공예제품, 죽제품, 요업제품, 제지품 등.

▸ **1938년 1월9일**
伸展되는 工業朝鮮 / 新販路는 開拓된다 / 化學工業, 窯業, 染織의 各 部門 等 / 中央試驗所 大擴充
만주와 北支 광대한 지역에서 새로운 고객을 맞이한 조선에서 약진하는 공업조선을 조종하는 총독부 중앙시험소에서는 皇軍의 聖戰으로 말미암아 고객의 범위는 다시 南支로 확대되어서 오래 지나지 않아 반도에 향하여 物資의 주문이 쇄도하려는 형세임에 소화 13년에는 일층 진력을 다하여 자원을 개발하고 산업 각 부문을 지도, 독려하여 그 대망의 수요에 용하라고 하여 화학공업

부, 요업부, 염직부를 비롯하여 각 부의 기구를 강화하여「반도의 물건은 절대로 안심하고 사도 좋다」는 실적을 드러내도록 하였다. (중략) 즉 요업부의 새 계획은 조선에서 나는 질이 나쁜 갈탄 4억kg톤과 무연탄 13억kg톤을 어떻게 하면 양질의 瀝青炭과 같이 활용할 수 있는가와 가마의 구조와 燃燒法에 의하여 해결하라고 연구를 시작하여 조선 특산으로서 유명한 카오링(白土), 陶石, 長石, 粘土, 硅石의 포장들과 품질 전반을 철저적으로 조사하여 조선산 도자기로서 세계에 그 유례가 없을 만한 물건으로 만들어 보려고 기세를 보이고 있다. (중략)

▶ **1938년 1월18일**
中央試驗所 釜山支所 / 今年新設 不可能 / 十四年度로 遂延期

총독부의 多年 熱望 중이던 중앙시험소 부산지소가 소화 13년도에 설립되기로 내정되어 올 해 지소설치실행위원회가 조성되었다 함은 보도한 바와 같거니와 신년 초부터 위원회에 결정된 기부금에 모집에 착수할 예정이던 바, 요구한 본부에서는 재차 협의한 결과 14년도로 연기하게 되었다. 그러나 1년 연기를 불복하고 실행위원회에서는 당초의 방침에 따름과 동시에 실현에 도달하고 있다.

▶ **1938년 3월2일**
사기, 양재기, 냄비 / 평균1割이나 올려

한걸음씩 가까워 오는 봄철을 따라 유기 밥그릇을 벽장 속에 집어넣고 새로운 사기 밥그릇과 사기대접을 쓰게 된다. 이 사기그릇도 물건시세에 따라 약 1할 가량이 올랐다고 하는데, 金 자박은 사발이 45錢, 대접이 20錢이라고 한다. 이것 역시 각각 3錢 내지 5錢 올랐으며 양재기 그릇도 1할을 나서 중간치기 보통 냄비 한 개에 50錢이면 된다고

한다. 그러나 순전한 양철은 2할이 올라서「빠게쓰」한 개를 사자면 3錢이면 되든 것을 최근엔 적어도 50錢을 주어야 한다.

▶ **1938년 3월15일**
江原道 東海地方 / 窯業開發을 促進 / 良質의 高嶺土 利用

강원도의 동해안 지방인 삼척, 통천, 고성 각 군에는 요업의 원료인 양질의 고령토가 다량으로 매장되었으나 교통이 불리한 관계로 현재는 死藏되어 있는 현황임으로 도당국에서는 속히 개발한 방도를 찾아 요업의 촉진을 기하고자 방침을 연구 중이라고 한다.

▶ **1938년 3월29일**
京畿서 鄕土色 豊富한 特産品 十九種 指定 / 積極的으로 生産 助長

특산품은 생산고도 상당하거니와 타 도로 혹은 만주로 진출하는 것이 많으며 여기에는 유서 깊은 역사성을 소유한 것도 있으며 경기 각 産으로서 그 이름을 널리 알리는 것도 있다. 그리하여 경기도에서는 이 특산품을 장려하고 또는 생산을 助長하고자 앞으로는 적극적으로 보조할 터이라는 바, 이제 지정된 19개의 경기도 특산품을 보면 다음과 같다. (중략)
三. 閑樂用 高麗磁器 : (연 생산, 1,000개, 25,000원) 조선 古美術을 대표하는 고려기의 도자기로 이를 복원시키고자 개성에서 특산을 한다.

▶ **1938년 4월10일**
〈一日一人〉李朝의 陶磁器- 咸錫泰

장구한 세월에 끊임없이 쌓아 온 우리 선조의 힘과 마음은 참으로 참으로 씨가 되고 날이 되어 짜아내인 것이 우리의 문화이다. 이 문화의 움추려 온 가운데서 한 가지 특이한 존재를 잘라내면 조선 도자기공예의 숨어있든 솜씨를 말하지 않을 없다. 불교미술이 전성하였

던 시대 즉 신라의 金石物이나 고려의 磁器나 건축조각 등 그 위대한 발달은 이미 세계적으로 주지한 바이라 새삼스러이 말할 필요도 없거니와 이조에 들어와서 최근 100년 내외까지의 사이에 산출된 도자기를 칭하여 세계에서 이조 도자기라 하나니, 이 작품의 예술적 가치로 말하여도 우리의 크나큰 자랑이라고 아니 말할 수 없다. 따라서 간단하나마 이 이조 도자기에 대하여 최소한도로 약간 말하여 보고자 한다. 이 시대의 작품은 흔히 정교한 편으로 보면 전문 도공의 力作인지 무명 도공의 手藝인지 그 수법을 가리기가 어려울 만큼 고급자기같이 우수하지 않은 대신에 이조 자기의 정교와 雅致의 양면적 最技倆을 서로 쓸어 담아 한데 조합하여 우리 고유의 민족적 특성을 맛있게 표현한 것이야말로 조선 도자기공예에서 찾아볼만 한 일대 제작이요 정신이라고 외치지 않을 수 없다. 첫째로 우리 도자기의 특성으로 말하면 쇠퇴가 없이 그대의 진면목인지라 아무리 작아보아도 寶客的 작품으로 商品이 아니요 個個가 古人의 혼이 넘치는 여기의 手藝임을 놓치고 볼 때에 우리는 스스로 당시의 명대가에 대하여 난것 같지 못한 그 양심에 패를 끼치나니 이것이 곧 이 작품이 千古에 매장되었다가 現今에 이르러 새로운 소리를 치고 현대의 優作 예술품을 歷頭하고 드러낸 힘인 것을 우리는 알아야 할 것이다. 둘째로 근대 분원을 중심으로 한 이조 도자기의 정밀한 질과 明明한 색을 자유자재로 取入하여 일점 무리가 없고 無邪한 수법으로 보면 예술미는 물론이고 모든 사람으로 하여금 도리어 人工으로 제조한 것이 아니라 차라리 제조의 한계를 조절하여 스스로 생겨나서 자연히 성장한 것이 아닌가 하고 要心하고 싶다고 하는 말을 붓는다. 셋째로, 이상과 같이 이조 도자기의 작품 수법을 예술적 가치로 보아 他가 追及할 수 없는 바, 모두 명품임에 불구하고 타국의 고대작품

같이 작가의 落款이나 記名, 年代, 地名 등 모든 점에 있어서 그 作者의 자체를 후세에 알리지 아니하고 자못 조선인의 手法인줄은 알 수 있어도 何等의 名作인 것은 알아낼 수 없으니 이것은 못내 후세에 이름을 알리는 것을 반겨하지 않는 처사이다. 연구하고 알려고 하는 사람에게는 애닯은 일이지만 고인의 고상한 그릇은 현대인의 깊이 느끼고 본 바이다. 끝으로 조선사람은 흔히 沃泊한 맛을 잘 아는 민족성을 가지고 있고 또 우리 예술도 여기서 발달되었음에 불구하고 근래 우리 가정이나 생활환경을 보면 식기 등 모든 용품이 俗化하여 가는 퇴행현상은 참으로 슬프다. 우리의 고유한 공예품, 도자기뿐 아니라 석공, 목공, 죽공, 織工, 紙工 등 모든 공예품이 다 같이 우리의 생활을 美化하고 우리의 감정을 고상하게 할 수 있으니 이 점에서 우리는 우리의 자질을 배양하고 우리의 생활을 향상하기를 끝내 動하고 싶다.

▶ **1938년 4월12일**
地方色을 드러내는 工藝品出品勸誘 / 조선미술전람회를 앞두고 / 斯業發展 위하야 總督府에서

조선미술전람회는 기보한 바와 같이 오는 6월5일부터 3주간을 두고 개최하기로 되어 총독부에서는 방금 관계 방면에 출품을 권유하고 있는 중인데, 조선은 고래로 공예의 기능이 발달되어서 그 생산품 중에는 우수 탁월한 것이 적지 않은 것이 인정하게 되었다. 그리하여 금후로는 이 방면을 더욱 장려하여 발전하도록 했음으로 이번 전람회에 특히 나전, 도기, 죽세공품, 石細工品, 馬尾細工品, 목공품 기타 지방의 색을 드러내는 작품을 많이 출품하도록 권유하고 있는 중이다.

▶ **1938년 4월13일**
工業機構의 變化

② 重工業의 發展急激
* 요업

생산액 (單位 百萬貝)	소화 6년	소화 7년	소화 8년	소화 9년	소화 10년	소화 11년
	146	161	220	251	263	319

생산액 (百分比)	소화 6년	소화 7년	소화 8년	소화 9년	소화 10년	소화 11년
	28	29	28	27	26	27

▶ **1938년 4월21일**

新羅時代의 土器發掘 / 朱安 壽風山에서

인천부 櫻町 洪南杓 소유 石山으로 옛날부터 가지가지 전설이 많이 내려오는 壽風山에서 돌을 깨고 있던 인부가 직경 약 1尺, 깊이 약 6村 가량의 토기를 발굴하였는데 감저아의 말을 들으면 약 1천2백여년 전 신라시대의 유물이라 한다.

1938년 4월21일

▶ **1938년 5월4일**

朝鮮產品 海外進出 狀況 躍進 또 躍進! / 貿易總額 十五億 / 人超是正이 今後의 一大目標 / 朝鮮貿易의 大勢

手工品으로부터 近代的 工產品에 / 年額 百萬圓 以上이 十四種 / 主要產品의 輸出商

* 도자기 : 본품은 소화 12년의 수출총액 110만7,211원으로 명년 168만7,326원에 비해 41만9,895원의 증가를 보이고 있다. 본품의 해외 販路는 제1위가 영국령 인도의 34만1,000여원 그리고 만주국의 26만여원, 蘭領 인도의 25만4,000여원이고 기타 각지에 수출된다.

생산지는 조선각지에 제조공장 5,327개, 생산고는 232만2,000여원을 보이고 있다.

▶ **1938년 5월6일**

鍮器그릇 안사는 것도 銃後報國의 하나 / 大聖面(開豊) 五百主婦 決議

開豊郡 大聖面에서는 리면장이 진두에 서서 지난 보국주간의 행사를 철저히 하며 시국에 대한 인식을 깊이 하고자 면 내 500여명의 주부를 5월1일에 모아놓고 시국에 대한 강의를 하였든 바, 주부들도 마음 깊이 깨달은 바 있어 군수품의 철재를 절약한다는 견지에서 유기그릇을 일체 사드리지 않고 사기그릇을 사용하기로 결정하였다 한다.

▶ **1938년 5월9일**

〈가정〉 마음대로 못 만들게 된 놋그릇 / 사기를 대신 쓰도록

(중략) 놋그릇은 음식이 식지 않은 장점이 있으나 잘 닦지 않으면 비위생적으로 조선 가정은 1년에 딱 한번 그릇을 닦아 항상 불결한 밥그릇을 사용한다. 이러한 비위생적이기 쉽고 값 비싼 유기놋그릇이 아니래도 그 대신 자기그릇이 얼마든지 있다. 예전에는 사기그릇은 더운 음식을 담으면 깨지기가 잘하곤 했으나 지금은 사기 굽는 법이 발달해 더운 음식을 담아도 절대로 깨지지 않는 사기가 많다. 그러니 이번 기회에 일상식기를 바꾸기로 합시다. (중략)

▶ **1938년 5월13일**

家內工業助長策 / 共同作業場을 設置하야서 / 特產品의 獎勵와 增產計劃

조선 농산, 어촌에서의 가내공업은 농가정제를 위한 큰 부업으로 되어 있어서 이에 대한 진흥은 농촌갱생의 견지로 보아 극히 필요한 것인데, 최근 크나큰 공장들이 여기저기에 출현하여 기계적 대량생산을 해냄으로 종래와 같은 원시적인 실비에 의한 생산으로는 이로 인해 받는 압박이 허다하여 총독부에서는 이에 대한 보호진흥책을 강구해 왔었다. 그리하여 우선 능률적인 기계기구품의 설비를 한 공동작업장을 설치해서 생산품의 품질향상과 증산계획을 도모하게 되었다. 즉 그 내용에 있어서는 금년도부터 공동장업장에서 국고보조금을 주는 것이 종래보다 배가 되어 4만7천원을 주기로 하고 여기에 비보조비 1만8천여원을 도합 6만5천여원을 가지고 소공업으로서 공동작업장을 설치를 완비해서 능률발휘에 큰 기대를 가진 조선 10도 27개단에 대해서 보조금을 주게 되었다. 이제 그 종별을 보면, 제1 수효가 많은 조선 재래의 직물짜는 공동작업장이 13처, 제지장이 6처, 도기가 3처 그 외에 양말, 목기 도자기류 합게는 27단체이다. 이와 같은 소공업을 적극적 장려하여 조선 고래의 특산품의 장려와 또는 증산을 계획하게 되어 앞으로의 그 생산에는 일단의 활기를 기대하게 되었다.

▶ **1938년 5월25일**
鮮展搬入開始 / 作品에도 時局色
조선미술계의 최고 등용문인 총독부 주최의 제17회 미술전람회는 드디어 오는 6월5일부터 25일까지 신록이 우거진 총독부 뒤 회장에서 개최될 터인데 24일부터는 3일간 반입을 하기로 되었다. 비상시국을 배경으로 개최된 이번 전람회인 만큼 군국조를 드러낸 것을 필두로 하여 특유의 조선반도의 여러 문화를 상징한 작품들이 들어 밀렸다. 그리하여 9시부터 정오까지에 제2부인 서양화는 200점을 돌파하였고 제1부인 동양화와 제3부인 조각, 공예에는 각 부 합게서 50점이 들어 온 기록을 지었다. (중략)

▶ **1938년 6월21일**
時局對策委員會設置 / 遲延될지도 未知 / 美術校는 工藝研究機關으로 /

記者團을 引見하고 大野總監時事談
大野학무총감은 20일 오후 1시 반 부터 본부 출입기자단을 인견하고 다음과 같이 말하였다. 시국대책위원회의 문제는 방금 위원을 人選 중인데 아직 결정은 못되었다. 人數도 미정이다. 7월경에 유치할 예정이나 좀 더 늦어질지 모르겠다. (중략) 미술학교설립문제는 일반미술에 관한 것보다 공예의 연구기관을 설치하려고 한다. 유래 반도인은 기공에 능함으로 이것을 구체화 시킬 필요가 있는데 너무 고급한 공예는 어떨까 생각한다. (중략)

▶ **1938년 6월25일**
〈科學日本의 大氣焰〉鐵, 銅器의 代 / 世界에 類例가 업는 珍寶
철, 동, 가솔린으로부터 피혁에 이르기까지 전시체제하에 상공업의 중요 물자 통제는 금후 더욱 강화될 것으로 보아 경성에서는 近似代用品을 중심으로 적극적 지도기관을 설치하고 제1착수로 23일부터 철도협회에 각 방면대표자를 모아 협의회를 개최하고 각종 대용품, 각종 기계류를 진열, 참고하였는데 그 중에서도 철, 동의 대용품으로 아직 세계에 유례가 없는 고력도기의 발명품이 발표되었다. 이 고력도기는 도기에 리그나이트와 카바이트를 원료로 한 합성수지로 최고의 열을 가하여 만든 것인데, 그 성질은 도기와 달라져 강도는 철과 조금도 손색이 없고 중량도 철에 비해 가벼우며 酸과 風化作用에 강하고 전기에 붙인 도체나 정밀한 기계에도 적합한 금속제품의 대용품으로도 적합하다. 이 고력도기를 발명한 사람은 오오사카시에서 리그나이트회사의 取材 易理學博士인 遠水英夫씨로 오오사카공대, 경성대 강사로서 물리학을 강의하다가 소화 11년 동사 고문으로 입사하여 리그나이트 제품을 연구하던 중 소화 12년 2월 도기시험장 松風工業陶器會社의 협력을 얻어 6개월간 고심하여 완성한 것이라 한다.

▶ **1938년 6월28일**

移動美展展覽會 百三十三點으로 決定 / 東洋畵二九, 洋畵七0, 工藝三四

조선미술전람회 개최이후 최초의 전시인 이동전람회는 기보한 바와 같이 부산, 대구, 대전에서 개최될 터인데, 그 출품 점수는 제1부 동양화에서 29점, 제2부 서양화에서 70점, 제3부 공예, 조각에서 34점 합계 133점으로 결정되었다. 그리고 금년도 제17회 미전의 총 관람자 수는 32,951명인으로 작년의 27,740인에 비해 5,811인이 증가했고 賣約 수는 67점으로 작년의 52점에 비하면15점의 증가이며 모든 점에 있어서 금년도 미전은 비약적 발전을 하였다고 할 것이다.

▶ **1938년 7월4일**

경성에 미술공예학교, 명년도에 설치결정- 동, 서양화, 조각, 공업의 4科, 종합미술의 최고전당

▶ **1938년 8월4일**

방짜鍮器를 砂器로 / 1年間 三十餘萬斤의 銅이 節約된다 / 時節맞난 百六十處 窯業工場

어린애들 몸 잽일 때의 밥주발을 비롯하여 어른들의 밥상을 호화롭게 하는 7첩 반상 그리고 방자대야와 청동화로 등 유기그릇을 좋아하며 유기그릇 사용에는 세계에 으뜸이라고 하는 조선에 이번 8월15일부터 銅의 사용제한을 실시하게 되었으니 그야말로 「놋그릇」 수난시대가 당도하고 말았다. 조선에서는 이 유기그릇 만드는 대규모의 공장이 63處이고 혹은 소규모의 생산장이 허다해 주로 北朝鮮을 필두로 경기 등에 쏠쏠히 많아서 주발, 대접 등을 만드는데 1년 30만餘斤의 銅을 사용하고 있다는 것이다. 그리하여 이번 銅 사용제한이 실시됨에 따라 전부 스톱이 될

것 인바, 앞으로 이 유기그릇은 전부 깨끗한 사기그릇으로 대표품을 사용하게 될 것이며 그 외에 제복을 입은 곳에 금단추 등이라든지 그 외에 모자표 등 번쩍이는 금속을 전부 합치면 50萬斤 이상이 된다고 한다. 그리하여 방금 총독부 중앙시험장에서 이 유기그릇 대용을 즉 사기그릇에 대해 종래의 것과 다른 것을 만들어 내도록 여러 가지 시험을 하는 중이며 전 조선 160여處의 사기그릇 만드는 요업공장에 대해 그곳에 사용하는 흙의 토질 등을 연구, 분석하도록 하였다. 그렇게 된다면 이 요업은 비상시국의 중요 의의가 들어, 머리를 들고 일어나 유기그릇 대신 사기그릇을 전문제조로 전환해 조선인 생활필수품의 하나로서 사기그릇의 대대적인 제공을 하게 되리라 한다.

▶ **1938년 8월25일**

陶器製焚口獎勵 / 金屬節約과 經費低廉의 兩得 / 坡州勸業課長考案

파주군 권업과장은 취임 이래 군민의 경제적 생활개선을 지키고자 여러 가지로 고심하던 중 금후 도기제 분구제조를 해서 실험한 결과 좋은 성적을 얻었음으로 금후부터 관내에 이것을 사용시킬 계획인데, 가격은 1개에 40錢으로 전년의 3분의1 가격에 해당한 바 유기의 절약과 가격의 저렴으로 일석이조의 이익이 있다.

▶ **1938년 8월26일**

〈대용품〉 (1) 사기석쇠

쇠가 귀해짐에 따라서 대용품 문제가 계속해서 일어나고 따라서 새로 나온 물건, 즉 新生品이 뒤를 따라 시장에 나타나게 되었습니다. 부엌에서 쓰는 물건만 하더라도 석쇠, 풍로 같은 쇠로 만든 것을 다시 나오지를 못하게 됨으로 말미암아 사기로 만든 석쇠가 나오게 되었습니다. 이것은 특별히 불길이 센 속에서 구어 낸 도기이기 때문에 화

1938년 8월26일

로 위에 놓고 쓰기에는 좋으나 아직 식기도 전에 물을 붓거나 하면 대번에 터질 것이며 또 잘못하여 떨어뜨려도 깨질 염려가 있으니 전보다 조심을 더하여야 할 각오를 가져야 하겠습니다.

▶ 1938년 9월3일
江原道서 高嶺土 利用 / 窯業開發을 促進 / 目下 具體案을 考究

강원도의 동해안 지방인 삼척, 고성 각군과 楊口 方山面에는 고래로 요업의 원료인 양질의 고령토가 다량으로 매장되어 있으나 교통이 불편한 조건으로 현재는 死藏되어있는 현황인 바, 현재시 當局案인 銅의 사용제한으로 인해 도자기가 유기품 대용으로 장려되고 있는 만큼 해당국에서는 속히 개발할 방침을 정하여 요업의 촉진을 기하고자 구체안을 考究 중이라고 한다.

▶ 1938년 9월16일
歷史와 由緖깊흔 楊口陶磁器 再興 / 道에서 資本誘致運動

楊口郡 方山面의 요업은 그의 기원이 오래서 거금 1천여년전 이조시대 고려기의 원료로서 도토를 북한강의 배(船)를 이용해 경성방면에 반출하였다고 전하는 만큼 상당히 오랜 역사와 유서를 가지고 있음으로 이의 개량 증진을 도와 소위 양구소도자기(楊口燒)의 성가를 발휘하고자 소화 7년 9월 양구군 도자기개량조합을 조직케 한 후 도비 보

조로 기술원을 설치해 본보 중앙시험소와 함께 지도감독을 기한 결과, 품질이 현저하게 향상되어 일반의 호평을 받게 되었는데 근시 생산비 기타 일반의 경영비가 팽창하여 매매상 채산이 곤란하게 되어 부득이 사업을 중지하게 되었는데 본업은 본도의 유일한 명산인 만큼 상당한 자본과 규모 설비를 요하는 것으로 도당국에서는 새로이 유력한 자본가를 유치하여 철저히 생산에 힘쓰게 할 계획으로 목하 계획을 세우고 있는 중이라 한다.

▶ 1938년 9월22일
工藝品의 發展促進 共同作業場擴充 / 金剛山의 土産品을 改良코자 / 江原道에서 硏究中

금강산은 연중 내외관광객의 왕래가 빈번해 기념품(토산품)의 수액고가 연 1만원에 달하고 있는데 상품의 대부분은 내지와 타 지방으로부터 移入取次되고 있어 손해되는 점이 적지 않다고 한다. 그리하여 도당국에서는 先年 殖産助成協으로부터 1천원의 보조금을 받아 木工에 강습회를 개최하였으며 소화 11년에 약 2천원을 보조받아 목공품공동작업장을 설치하여 지방민의 권업조성에 노력중인 바, 그 업적이 양호함으로 금후도 공예품공동작업장의 확충을 도모하여 이 업의 발전을 촉진시키리라 한다.

▶ 1938년 10월2일
明年度 平壤府內에 工業, 職業兩校 新設 / 本府에서 決定 準備中

총독부 당국의 중등교육 확충계획에 의지하여 평양에는 올해 중에 공업학교 1개소와 직업학교 1개소의 창설을 보게 되었다는 기쁜 소식이 경성서부터 알려진다. 즉 총독부에서는 이 계획에 의지하여 소화 14년도부터 4개년간에 조선 전역에 신설할 중등학교 54개 중에서 올해는 13개교를 신설 결정하고 재무당

국과 절충을 마치고 예산까지 마쳤는데 평양에는 특별히 시국 하 기술교육 기관의 필요를 느끼고 이렇게 2개교를 한 꺼번에 신설하기로 된 것이라 한다. 그런데 이것이 사실화 된다면 종래의 관계로 보아 공업학교는 현재의 도립공업강습소를 승격확충해서 기계과, 광산과를 두는 각종 공업학교가 될 것이고 직업학교는 경성직업학교와 내용을 같이하여 자동차, 시계, 가구, 건축, 제재, 토목, 도공, 제재 등 각 과를 두고 순전히 직업지도를 하게 되리라 한다.

▶ 1938년 10월22일

鐵材飢饉도 不足畏 陶器暖爐를 發明 / 비용은 철재 3분의1밖에 안들고 더욱 안전

中央試驗所 大橋技師에 凱歌

겨울이 다가옴에 따라 난로통에 사용하는 철재를 원료로 하는 기구가 폭등하는 한편 재고품이 없는 관계로 공급공장은 물론 수요대중들도 비명을 치는 가운데 총독부 중앙시험소 요업부 주임 大橋기사는 사용가치와 외관용으로 철재난로에 손색이 없는 대용품을 발명하였다. 이것은 도제 스토브로 그 원료는 조선에 무진장 많은 마그네사이트, 카오린, 활석, 규석, 장석 등을 원료로 제

1938년 10월22일

작한 純陶器品인데 2칸방에 방열 실험을 한 결과 철제난로 보다 나은 성적을 내었으며 또한 녹이 슬지 아니하고 급열과 급냉의 영향을 받지 않아 더욱 좋다 한다. 그리고 가격은 철제 스토브에 비해 3분의1밖에 안되는 염가임으로 대용품중의 획기적인 성공이라 하여 일반의 호평이라 한다.

▶ 1938년 11월3일

昨年中工産額에 表示된 工業朝鮮의 躍進相 / 總額九億五千九百萬圓

* 요업 : 2,507,194원

▶ 1938년 11월5일

農産物의 草莖에서 製紙用原料를 採取 / 大衆用『스파』의 耐久力 增加도 化學的으로 研究 / 中央試驗所 代用品 研究 範圍 廣大

戰時 資源의 대량생산과 또는 확보를 위해 일반생산자와 과학자들이 총동원되어 대용품을 만드는데 총독부 중앙시험소에서도 그 동안에도 여러 가지 대용품을 만들어 내어 철강의 사용제한을 완화시키고 있는데, 이번에 이 시험소에서는 화학공업, 요업, 염직의 각 부 기술자를 증원시키는 동시에 대대적으로 여러 연구를 하여 대용품의 전성시대를 구가하는 각종 물건을 만들어 내리라 한다. 그리고 우선 제1차로 실시하고 있는 철강과 금속물 대용의 사기그릇과 질그릇 혹은 토기스토브 등의 품질이 의외로 좋은 것에 비추어 전조선 각지에 흩어 있는 사기그릇 원료인 고령토 조사를 하기로 했다. (중략)

▶ 1938년 11월30일

躍進 江原道의 工産額(l) / 二千八百萬圓 突破 / 工場工業보다 家内工業이 優勢 / 大財閥續々進出中

	가내공업	공장공업
요업생산액	17,131원	4,380원

▸ **1938년 12월14일**

工藝品積極助成 / 各道 豫算에 計上
토록 通牒 / 貿易協會에도 補助

식산국에서는 조선무역협회의 대외무
역의 진흥을 위해 무역품으로 유망함이
보이는 공예품이 전국적으로 보아 품종
도 많고 산지도 많아 적극적으로 지원
하고 이에 각 지방에 대해 적극적 조성
을 하도록 최근 합의되었다. (중략) 공
예품은 전 조선적으로 보아 품종도 많
으나 각 지방의 사정에 응하는 철저한
조성을 필요로 함으로 올해는 특히 공
예품의 적극적 조성을 히도록 하였다.

▸ **1938년 12월15일**

工藝品 輸出目的의 和信貿易會社認
可/ 一月末頃에 創立總會

보도한 바와 같이 조선 공예품의 대외
수출 목적으로 화신백화점 사장이 설립
계획 중인 자본금 275만원의 화신무역
회사는 14일 재무국으로부터 認可 指
合이 났으므로 1월 말경 창립총회를 개
최하기로 했다.

▸ **1938년 12월20일**

工藝品協會 / 創立은 來一月

조선무역협회가 주최가 되어 창립하게
된 공예품수출협회는 年內에 창립총회
를 개최할 터인데, 돌아오는 1월 중순
경이 될 모양이다. 그리고 무역협회는
年內에 연구회를 개최하고 창립의 만전
을 기하고자 최선의 계획을 加할 터이
다.

▸ **1939년 1월1일**

〈우리집의 長期建設〉 鍮器 대신 砂
器로 / 十圓 쓸데는 五圓을 分配消費
組合도 設立해 볼까? - 李鍾萬氏 談

(중략) 새해에 새로운 설계는 어떠냐고
요? 내가 지금 새해를 맞이하여 생각나
는 것은 긴축과 절약을 하는 것은 물론
좋은 일이나 그것도 어느 한도까지의
이야기지 두끼 먹는 사람이 한끼 먹고

서 견딜 수는 있어도 영 굶어서야 살겠
습니까. 그러니 나의 환경만 가지고 이
야기하는 것 같습니다마는 조선 사람은
땅을 파고 바다를 뒤저서 생산을 늘려
야 할 것임으로 개인 살림에 있어서도
될 수 있는 데로 생산을 늘리고 소비를
절약하고 한 푼이라도 아껴 쓰며 물자
에 대해 아끼는 관념을 전 가족이 명심
해 나가도록 합시다. 예를 들면 놋그릇
을 쓰지 말고 사기그릇으로 대용하며
설빔같은 것도 10원 쓸데는 5원으로 종
래에 허례인줄 알면서 하던 일을 단연
중지하였습니다. (중략)

▸ **1939년 1월29일**

朝鮮工藝品再生 / 傳統잇는 技巧美
를 近代的 感覺에 調和시켜 / 完全한
現代商品化를 企圖

조선 공예를 세계에 소개하고자 그 지
도의 중대한 책임을 지고 작년 11월에
총독부 중앙시험소에 새로 설치된 공예
부는 農村공예부장이 和田, 金工, 井
上, 漆工 등 부서를 설정하고 목고예
주임도 대략 내정되었으며 農村부장 자
신이 意匠係 주임을 겸하여 금년 봄부
터는 본격적 활동을 시작하게 되었다.
그리하여 각종 기계의 정비가 끝나서
반도의 공예가 홀로 가지고 있다고 하
여도 과언이 아닌 전통적 기교를 근대
적 감각에 맞추어 살려서 실용품 또는
을 상품으로서 내놓기에 충분한 연구를
거듭하며, 나전세공이며 칠공예에도 시
대적 색채를 아로새겨 넣어서 내지의
공예품과 상품으로서 경쟁하도록 준비
가 되었다 하며, 이때까지 등한시하게
굴던 金工 부문의 장래도 기대가 크다
고 한다. 이리하여 조선수출공예회의
설립도 생각하게 될 터이어서 벌써 경
주, 평양과 기타 古典工藝에 대한 기초
조사도 완료되어서 꽃피는 이 봄에 오
천년 역사 깊은 조선의 공예가 새시대
의 화형으로 등장할 터이라 한다.

▶ 1939년 2월2일

主要品增減 / 對滿支輸出에는 米의 躍增이 首位

1. 수출

(나) 3국 수출 중요품 比率

요업	소화 14년 1월	작년 同月
	20	42(감소세)

▶ 1939년 2월19일

內地工藝品工場 朝鮮移植을 誘致 / 朝鮮移植을 誘致

공업조선 수출공예협회 이사는 수출에 유망한 상품과 공예품 생산현황을 위해 내지에 출장중이던 바, 16일에 이와 같이 말하였다. 시국 산업이 비상히 多忙한 까닭에 그 방면에 노동력을 빼앗기어 종래 중요한 수출공예품의 생산이 減退하여 현재에는 주문에 응할 수 없는 실정이다. 그리고 이전은 내지로부터 歐米방면에 布帛공예품이 연액 3천만원 가량을 수출하였으나 노임이 저렴한 支那방면은 支那에서 歐米에 향하여 6,7천만원의 수출을 보았다. 그러나 현재의 상태로는 支那로부터 수출은 당분간 불가능함으로 노동력이 저렴한 조선을 이용하고자 내지방면의 유력자에 협력을 얻어 分工場 설치를 하였던 바, 올 연말 내에 2,3인의 유력한 공장주가 시찰하러 오게 되었다. 공장은 발전하기 어려우나 유망한 공예품 공장으로기 기계의 手先 설치가 완성되면 조선 산업계가 변화되지 않을 리 없다.

▶ 1939년 3월3일

輸出은 九割 增加 出超二百卅九萬圓 / 二月中의 對外貿易

1. 수출

(나) 제 3국 수출 중요품 比率

도자기	소화 14년 2월	작년 同月
	10	48(감소세)

▶ 1939년 3월8일

樂浪古墳 또 發見 / 大洞江岸 梧野里 平野에서 / 新參考資料를 獲得?

대동강 제2철교 가설공사장에서는 공사에 소용되는 흙을 梧野里 평양방송국(J·B·B·K) 근처에서 채취하고 있던 바, 일에 이르러 이 채취장에서 목곽분과 도기파편 등 많은 출토품이 출현하였음으로 즉시 부근 주재소에 신고하며 小泉박물관장에게 통보하여 감정을 청하였더니 小泉박물관장이 武田視学官과 동행하여 상세한 감정한 결과 6일 정오에 이르러서 낙랑 중엽의 고분인 사실이 판명되었다. 분묘는 벌써 3분의 1이 파괴를 당하였는데 상세한 조사연구를 위해서는 상상하지 못한 참고자료가 나타날지도 알 수 없다 하여 각 방면에서 큰 기대를 가지고 있다.

▶ 1939년 3월15일

〈상품화된 대용품〉

상공성과 대용품연구소에서 수집한 사기제 흡입기와 사기제 수통과 밥통

1939년 3월15일

▶ 1939년 3월23일

〈상품화된 대용품〉

도기제의 가스곤로

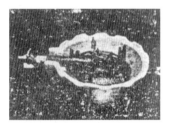

1939년 3월23일

▶ **1939년 4월7일**

古代의 陶器 40種 / 楊州郡下에서 發見

경기도 양주 경찰서로부터 고고학상 자료라고 조선접시 45개를 가져왔는데, 이것은 楊州郡 檜泉面 덕계리의 신규 현씨가 수일 전에 그 동네의 냇가에서 발견한 것으로, 1개의 둘레가 1척8촌, 깊이가 2촌 가량이고 다른 14개는 둘레가 1척, 깊이가 1촌5푼쯤 되는 푸른빛이 나는 오지그릇으로 상당히 햇수가 오랜 된 듯하다는 바, 보안과에서는 급히 총독부박물관에 부탁해서 감정을 받기로 되었다 한다.

▶ **1939년 4월22일**

<가정> 내월부터 四할 내지 十할이 올나 / 유리그릇도 머지안허 폭등할 기세

가정생활의 필수품인 유리그릇이나 또는 사기그릇도 값이 오르게 되었습니다. 그 중에도 사기그릇은 내달부터 최저 4할- 최고 10할의 폭등을 보게 될 것인데, 유리그릇 기타는 당분간은 지금 시세에 별 변동을 보이지 않을 것이나 7,8월경부터는 차츰 오르기 시작하여 연말까지에는 10할 정도의 인상을 보일 기세입니다.

* 도기 : 사기가 갑자기 오르게 된 이유는 제조하는 공장에서 직공의 부족과 석탄의 배급 통제, 물감의 수입 금지로 종래와 같이 제조를 하지 못하게 된데다가 주문이 밀리기 때문입니다. 특히 이번 시세가 오르는 것은 감상용에 속

1939년 4월22일

하는 고급품보다도 실용품인 접시, 대접, 주전자와 같은 종류가 오르는 것이니 지금 가지고 있는 것을 깨지 말도록 주의할 것은 물론입니다. 유리그릇은 금년 정월 원료인 「소다」가 통제된 것도 한 원인이지만 사기그릇과 기타 직공의 부족, 석탄배급의 통제에 의하여 시세가 오르는 것입니다.

* 칠기 : 칠그릇은 대용품인 「쩨크라이트」 제품이 상당히 이용되어 왔음으로 수요자측에서는 다소 불편이 완화되어 왔습니다.

▶ **1939년 5월27일**

總數 1170點 西洋畵와 彫刻, 工藝는 늘엇고 東洋畵만은 작년보다 減 / 鮮展搬入 昨日로 磨勘

전시 아래 열리는 제18회 조선미술전람회는 어제 25일까지 작품을 받아드렸고 오는 6월4일부터 20일간 신록이 한창 우거진 총독부 뒤 새로 지은 미술관에서 열게 되었다. 조선미술계의 최고봉이요 18년간의 역사를 쌓은 이번 전람회에 출품된 작품에는 상당히 우수한

작품이 많이 출품되었고 시국색이 농후한 것이 많이 있어서 미술을 통하여 진장을 보였는데, 이제까지 접수를 보면 전부 1,170점이며 작년보다 18점이 늘었다고 한다.

연도	작년	금년
조각	131명	205명
공예	135명	213명

▶ **1939년 5월30일**
彫刻과 工藝品에 初入選 二十三人 /
鮮展第三部의 入選者發表
(중략) 조각보다도 공예품 가운데는 조선시대의 미술적 가치가 있는 작품이 많아 장내의 이채를 띠우고 있다. <제3부-공예> 입선자 명단 생략

▶ **1939년 6월2일**
積極 方針 必要 / 美術工藝品의 輸出
奬勵極好- 鮮展審査員 高村氏談
이번 심사원 중 미술학교 설치에 대한 것을 제일 역설한 이는 제3부 공예, 조각부 심사원 高村農周씨인데, 다음과 같이 이야기 한다. 작년에도 이 문제를 끌어낸 일이 있으며 금년에도 이것을 말하였다. 특히 조선인들의 공예는 놀랄만한 것이 많아서 세계시장으로 이러한 공예품을 내어 놓아도 실로 훌륭한 것이 많다. 더욱이 전시 하에 외국으로 국내산품의 수출을 진흥시키는 것이 절대로 필요한 만큼, 조선 공예품을 수출시키는 것은 국책적으로도 뜻있는 일인 만큼 이것을 지도하는 성설기관으로서 미술학교를 두고 공예방면을 적극 지도하면 실로 유망할 것으로 안다. 더욱이 전시 하인 관계로 이러한 기관을 설치하여 적극 방침을 세우는데 독자성이 있을 줄 안다.

▶ **1939년 6월22일**
"죠홀"國에서 皇室用 食器를 注文
지난 4월18일부터 이 달까지 싱가포르에서 일본의 도기전람회를 열었던 바,

1939년 6월22일

죠홀의 황태자 마코다 황태자비 전하께서는 그 그릇이 마음에 들어 상공성을 통해 모 회사에 주문하였음으로 그 회사에서는 왕관의 무늬를 놓은 견본 8가지를 만들어 그 중에서 5백인분의 세트를 발송하였습니다.

▶ **1939년 10월29일**

1939년 10월29일

門外不出하던 高麗靑白磁器 / 一般에게 公開 / 來日一日부터 景福宮서

경복궁 안에 있는 총독부박물관에서는 오는 11월부터 일주일 동안 종래 일반에게는 보이지 않은 고려청자와 백자 120점을 진열하여 일반에게 공개하게 되었는데, 이 진열품 중에는 종래 고려 백자 요지에서는 발견되지 않았던 새로운 窯地를 최근 扶安에서 발견하였음으로 그곳에서 발견한 백자기의 조각 파편 중 연대가 판명된 것 두어점도 함께 진열하여 고려도기 연구자료로 참고가 되게 할 터이다.

▶ 1939년 12월8일
有害陶器를 亂賣 / 仁川署 衛生係서 押收

비상시 중대 시국에 국민의 보건, 위생 문제는 다른 문제에 못지 아니 한 중대문제이다. 최근 인천부내에 악질의 염색을 쓴 도자기가 성행하고 있음으로 인천서 위생계에서는 이에 대한 조사를 엄중히 시행한 결과 부내 모든 도자기점에 이상한 물질이 공공연하게 판매되고 있음을 발견하고 그 즉시 이를 압수한 후, 부내에 판매된 개수를 조사한 결과 약 300여개에 달하였다고 한다. 이는 사기그릇에 꽃무늬를 세긴 것으로 문질러 보면 누구나 이를 알 수 있는 것으로 일반은 많은 주의가 있기를 바란다.

▶ 1939년 12월20일
築窯 場所 選定과 用土의 注意肝要 (一)

江原白炭改良製造法

▶ 1939년 12월21일
耐火性石材를 선택 / 炭窯의 構造改良(二)

江原白炭改良製造法

▶ 1939년 12월23일

窯口, 排烟口와 天井의 構築乾燥(三)

江原白炭改良製造法

▶ 1939년 12월24일
炭夫의 技術如何로 炭質의 良否決定 (四)

江原白炭改良製造法

▶ 1939년 12월27일
乾燥를 急激히 하면 炭質 收炭에 影響(五)

江原白炭改良製造法

▶ 1939년 12월28일
通風口와 煙道口 精煉方法도 二種 (六)

江原白炭改良製造法

▶ 1939년 12월29일
木炭의 取引運搬上 選炭俵裝이 緊要 (完)

江原白炭改良製造法

▶ 1940년 1월20일
질그릇郵遞筒 / 砲丸型의 代用品到着

금과 쇠를 나라에 바치자고 하는 것은 비상시의 외침! 그리고 될 수 있는 대로 대용품을 쓰자는 것은 『장기건설』이

1940년 1월20일

요구하는 일인데, 이번 체신국에서는 우체통을 질그릇과 같이 흙으로 만들 방침을 세우고 있다. 현재 전 조선에는 33관 짜리 쇠로 만든 우체통이 2,465개가 있으며 15관 짜리가 4,662개가 있어 해마다 5,60개를 새로 만들게 되는 바, 도저히 쇠로 만들어 낼 수가 없어서 시멘트 혹은 도기 같은 것으로 만들려고 얼마 전 체신국으로 이것을 교섭한 결과 그 견본이 얼마 전에 도착되어 "砲丸型"이란 전시적 형상을 갖춘 질그릇(陶性)감으로 만든 것이 와서 방금 체신사업회관에 견본으로 보관하고 있다. 질그릇과 같은 성질이라 깨질 염려가 없지 않으나, 워낙 튼튼한 까닭에 좀처럼 깨지지 않는다 하니 과연 전시적대용품으론 제일이라 한다.

▶ 1940년 2월17일

時代의 龍兒代用品工業 ② / 戰時産業各部門에 代用品工業全盛 / 江原道에서 生産擴充

二. 窯業 : 고래 본도는 양구 등 각지에 양질의 고령토의 매장량이 풍부해서 도자기는 도처로 우송되고 있으며 재래식 소규모의 도자기제조업자는 상당 다수에 달하고 있으나 기술이 유치한 관계로 제품에 있어서 볼만한 것이 적음은 심히 유감이라 아니할 수 없다. 그래서 소화 7년 9월에 양구군에 업자 20명을 모아 도자기개량조합을 조직케 하여 지도보조 하에 기술원을 설치한 후, 본부 중앙시험소와 협력한 이래 품질이 향상되어 일반의 호평을 받게 되었으나 근래에 와서 생산고와 일반경제의 침체곤란에 처하게 되어 도시제품에 대항하기가 어렵게 된 관계로 목하 휴업상태에 빠지고 만 것이다. 그러나 양구 도자기는 상당히 오랜 역사를 가지고 있는 만큼 도당국에서는 금후에도 경영과 개선에 대하여 조정할 방침인데 소화 13년 중 도자기의 생산액을 보면 20만원에 달하는 바로 금후의 지도장려에 의하여

는 상당한 진보를 보게 될 것으로 크게 기대된다 하겠다.

▶ 1940년 2월22일

工藝品飛躍時代 忠南道에서 傳習所를 만들고 / 竹, 陶器와 編物을 海外로 輸出

충남도 산업과에서는 가정부업 장려와 해외수출의 조장을 도모하여 충남산업의 비약적 진전을 촉성하자는 목적으로 부내 柳町서 대전역 앞에 도립공예전습소를 설립하고 20일 개소식을 거행하였다는데 전습과목은 1. 죽기제작, 2. 수출용 편물, 3. 간이 요업 등으로서 우선 죽기제작 전습생 16명을 모집, 강습하고 저마로 편물과 요업강습을 하리라는데 강습기간은 총 1개월 내지 3개월 동안이라 하며 강사는 내지에서 권위자를 초빙하여 상품가치가 충분한 기량과 기술을 연습하리라 함으로 장래에는 가정부업을 위하여 기염을 토하게 되리라 한다.

▶ 1940년 3월23일

高麗磁器頌 (1)- 蔡萬植

(중략) 근래 경성을 물론이고 부쩍 왕성해진 고대미술의 열기로 광주선 한참 인기를 보았는데, 정읍의 상점에 들렀더니 거기서는 또 古磁器가 마침 득세를 하여 한 몫 재미를 부친 모양으로 이것저것 약 10여점이나 가지고 있었다. 그래 골동품 도굴꾼이면 의례히 하는 버릇으로 李君이 수집한 그것들을 죽 모두 꺼내다 놓고는 이건 李朝것인데 中品밖에 안되고 이건 李朝것이라도 상품이요, 이건 천하의 진짜 珍品이요, 이건 가짜지만 살짝 속이기가 쉽고, (중략) 이렇게 설명을 해가면서 구경을 시켜주는 것이었다. 그러나 나라는 사람이 설상 古磁器의 본 고장인 松都에 와서 4,5년을 살았으되 그 도자기란 도대체 어떻게 생겼으며 어디가 좋다고 하는 것인 줄조차 모르는 무지꾼이고 보

니 별안간 낯짝이 없는 것이어서 장님처럼 구경꾼수였다. (중략)

▸ **1940년 3월25일**

高麗磁器頌 (2)- 蔡萬植

▸ **1940년 5월24일**

자라나는 美術朝鮮 / 總出品 ——七一點 昨年보다 增加

제19회 조선미술전람회는 이제 22일까지로 작품 반입을 마쳤는데, 출품 점수가 작년보다 많을 것으로 보아 전시 하에 조선미술계는 힘차게 자라나는 것을 여실히 드러내고 있다. 즉 제1부 동양화와 제2부 서양화는 제작자와 작품 점수가 한가지로 늘은 것에 대하여 제3부의 공예와 조각은 역시 전시 하의 물가통제가 원인이 되었는지 약간 줄었지만 총 점수로 보아 작년의 1,155점에 대해서 금년은 1,171점으로 늘은 것은 예술조선을 위하여 자못 경하할 일이다. 반입된 작품은 오늘 중에 전부 정리를 마치고 오늘 오후부터 심사와 감사를 시작한 다음 27일에 입선 작품을 발표할 터인데, 총후의 『미술보국』과 2700년을 기념하는 의미에서 작품 전체가 모두 力作으로서의 여러 가지 조건을 갖추고 있는 만큼 입선작도 상당한 수효에 달하리라고 보여지고 있다.

* 공예 : 121人

▸ **1940년 5월28일**

鮮展入選作 今日發表 / 珠玉 三百八十八點 / 刮目할 新人의 飛躍과 工藝熱

신록이 한창인 총독부뒤 미술관에서 개최될 제19회 조선미술전람회는 새달 초이튿날의 개막을 앞두고 오늘 27일 입선작을 발표하였다. 반입 총 점수 1,198점 중 입선작은 그 3분의 1에 불과한 388점에 달하여 어디까지나 엄선주의를 채택한 것으로 보인다. 작년의 입선작 333점에 비하여 금년은 388점은 역

시 엄선의 결과로 어느 것이나 力作이고 또한 주옥깃든 작품이어서 총후 반도미술계에 질적향상을 여실히 말하고 있다. 그리고 한가지 주목되는 것은 신인의 입선작품이 많은 것이다. 즉 총 입선작품 388점 중에서 제1부에 19점, 제2부에 70점, 제3부에 38점, 도합 127명에 달하는데, 특히 공예품에 30명이나 초입선이라고 하는 것은 공예조선의 장래를 생각하여 크게 기대된다고 한다.

* 제3부 공예 입선작 : 64

▸ **1940년 5월31일**

美術工藝學校 / 設置機運濃厚 / 鹽原局長로 必要痛感

반도의 미술은 나날이 자라고 해마다 수준이 높아가고 있어서 그 약진상과 발전상은 활기 발랄한 바가 있으나 그래도 아직 반도미술의 근간이 되고 중추가 될 지도기관이 없어 미술에 뜻을 두고 그에 종사하는 화가는 물론 반도의 미술을 생각하는 측에서는 그 지도기관을 설립하여 적극적으로 미술을 조장하자는 여론이 이번 선전을 둘러싸고 농후해 지고 있으나 사실에 있어서는 이 사업을 생각한 당국에서도 일찍부터 계획을 가지고 예산까지 제출한 바이나 여러 가지 점을 종합하여 시기상조란 결론 이래 그 실현을 보지 못하고 이왕가미술관과 박물관을 미술기관에 하나로 설치한 외에는 특히 지도기관으로서 이렇다 할 것을 보지 못하였고 그 장려기관으로서 선전을 통해 반도미술을 조성하였을 뿐이었는데, 금번 선전에서 본 바의 조선미술 수준은 예년에 비해 월등한 바가 있어 당국에서는 이만 하면 지도기관을 설립함이 가하다 하여 방금 그 계획에 부심하고 있다. 그래서 鹽原학무국장의 의견을 들으면 지도기관의 설립은 이제 와서가 아니라 일찍부터 계획한 것이나 단순히 미술학교라는 것 보다는 우선 조선에다가 미술공예학교를 설치하는 것이 나을 것으로 보고 있다. 그런데 선전이란 큰 미술장

러기관을 가지고서도 아직 지도기관을 갖지 못하였다는 것은 모순 같으나 예산관계로 처음부터 실현을 보지 못하고 오늘까지 온 것이다. 내 자신이 학무국장이란 자리에 있을 동안은 반도미술을 위하여 지도기관을 설치할 생각이라는 것을 미루어 보아 반도미술계의 앞날은 실로 기대가 크다고 보여 진다.

▶ 1940년 9월13일
陶器協定小賣價(一) / 京畿道에서 許可實施 / 京城府 一圓에 限한 것
경성도기상 조합의 신고에 관한 도기협정 소매가격은 지난 8월20일 경기도로부터 허가되어 실시되었는데 가격은 京畿府 일원에 한한 것이다. 상품별 가격표 생략

▶ 1940년 9월14일
陶器協定小賣價(二) / 경기도에서 許可實施 / 京城府 一圓에 限한 것

▶ 1940년 9월15일
陶器協定小賣價(三) / 경기도에서 許可實施 / 京城府 一圓에 限한 것

▶ 1940년 10월1일
工業朝鮮躍進 / 電力資源豊富로 拍車
지금은 農工並進의 산업정책이 뚜렷하여 농업과 공업이 같은 보조로 나아가고 있지만 전에는 농업에만 치우쳐 있던 까닭에 공업 같은 것은 극히 미약하였다. 그래서 합병 당시의 공업은 벼 베는 것, 질그릇 고는 것, 제지업, 피혁업, 양조업, 금속공업에 지나지 않던 것이 시정 이래 모든 규모를 고쳐가지고 새 출발을 하기 시작한 것이다. 이 결과로 방직, 제사, 제혁, 펄프, 경질도기, 시멘트, 제분, 맥주, 제유, 硫安, 금속정연, 석탄액화, 석유정제 등 대륙발전에 따라 크나큰 공업이 착착 발전해 나가며 특히 조선에 수력전기자원이 풍부한 관계로 모든 중공업이 전 조선 각지에 우후죽순처럼 생겨서 약진 조선의 원동력으로 활발한 발전을 하고 있다.
* 소화 13년의 요업 산액 : 35,877,198원.

▶ 1940년 12월15일
鍊心15년의 結晶, 高麗磁器遂再生 / 秋田君, 金川에서 窯開式

1940년 12월15일

고려자기 재생에 성공한 개성의 秋田農成씨는 이것을 실현하고 말았다. 이미 보도된 바도 있거니와 秋田씨는 공장 설치에 힘써 오던 바, 만사가 뜻대로 되어 만 7년을 지낸 오늘에 와서 개성 유지인 金澤鍾吉씨 외 다수 인사의 십수만원 투자로 金川 읍내에 약 5만원을 들여 큰 공장을 설치하고 지난 10일 오후 3시 황해도 古海산업부장과 관민 다수가 참석 아래, 窯開式을 성대하게 거행하였다. 오늘 이후 그 공장에서 제조, 판매할 것은 여러 가지이며 고려자기도 멀지 않아 시장에 나타나게 될 것이다. 그리고 秋田씨는 아래와 같은 느낌을 말하였다.
* 秋田씨 談 : 제가 고려자기에 눈을 뜬지는 1지금으로부터 15년 전 개성부립박물관에 근무할 때 처음으로 시작하여 그간 장구한 시일을 연구하였으며 소화 5년에 제 1회의 시험을 하여 겨우 성공의 단서를 얻었습니다. 그 후 聖大 교수로 있는 安倍씨와 조선미술관의 淺川씨에게 감정을 받고 고려시대의 것과 조금도 틀림이 없다는 인정을 얻게 되었을 때, 실로 기뻤습니다. 그런데 조

합장 金澤씨를 만나 대규모의 큰 공장을 설치하게 되었으며, 오늘 窯開式을 하게 된 것은 무엇이라고 말하여야 좋을지 감개무량합니다. 오늘 이후는 전력을 다하며 대체로 고급품과 일반품 두 가지를 내리고 합니다. 제가 제조하는데 특색은 천혜의 재료만을 사용하고 화학약품을 일체 사용하지 않고 순전한 고려시대의 製法에 따릅니다. 공장을 金川에 정하게 된 것은 원료와 연료가 풍부하고 교통이 편리한 관계입니다.

▶ **1941년 1월13일**

工業試驗場 / 咸南서 豫算을 計上

공업함남에 대기염으로 하게 할 공업시험장을 세우기로 함남도에서 계획하고 있다. 이 공업시험장은 구 도청사를 이용하여 설치하되 내용을 화학, 요업, 제지, 염색의 4부로 하고서 화학부는 소위 함남의 자원으로 화학적 방법으로 공업화하는 것을 일제히 시험하여 자라가는 함남의 화학공업을 함남의 자원으로서 북돋우게 할 터이며, 요업부는 함남산의 장석, 규석으로서 제품을 만드는 시험을 해서 역시 자원을 살리려는 것이다. 제지는 주로 함남의 조선지를 개량 연구하며 염색부도 개척하기로 한다. 이 종합적 대 시험장은 예산 9만9천원으로서 방금 수노부에서 예산을 고려하고 있으나 공업함남의 현실에 비추어서 실현될 것이라고 한다.

▶ **1941년 2월8일**

咸南에 工業硏究所 新設

각종 지하자원이 가장 많으며 전력, 용수 등으로 보아서 병참기지로서의 가장 생산력 확충지대들이 두고 있는 함경도에서는 각종 공업, 광업의 발흥을 하루라도 속히 촉진시키지 않으면 안 될 현상에 있다. 도당국에서도 특히 이 점을 治定의 초점으로 하고서 우선 금년도에는 함남의 자원으로서 중공업을 일으키게 하기 위하여 공업시험소를 설치하고

자 사계의 권위자를 초빙하여 예의 연구를 시키기로 되었다. 처음 이 공업시험소 방안은 화학공업, 요업, 제지, 방적의 네 구분을 하려고 했으나 예산관계로 처음보다도 그 규모를 줄여가지고 단지 함남의 자원을 이용할 중공업에 대한 것만 연구시키기로 되었는데 이 연구소는 반드시 자원개발의 추진력이 되어서 오늘 이후 공업함남의 발전을 맞게 될 것이다.

▶ **1941년 4월29일**

七.七令 强化와 半島商工界 / 陶磁器는 問題업스나 漆器에는 打擊豫想

상공성에서는 7.7령을 개정, 강화하고자 연구 중인데 이에 대한 조선내의 상공업계의 영향에 대해 식산국에서는 이와 같은 조치를 내리고 있다.
(1) 금지물품에 새로 도자기, 칠기 기타도 추가해 일정가격 이상의 물건 판매금지
(2) 이미 금지, 발령된 물품도 판매허가 가격은 전반적으로 인하함 등인데, 가격이 하락되지 않은 것은 알 수 없으나 (1)의 도자기는 조선내의 물품이 거의 제3국의 수출품이고 이 외는 대중용품임으로 그다지 영향이 없다고 보임에 대하여 칠기는 상당한 타격이 예상된다. (중략)

▶ **1941년 4월29일**

廉價實用品化企圖 / 工藝協會도 對策考究

상공성에서 7.7령을 강화해 도자기, 칠기 등을 금지 품목에 추구함에 따라 수출공예협회에서는 이에 대한 대책강구에 나섰다. (중략) 도자기는 칠기에 비해서 내지보다 훨씬 생산력이 적고 따라서 그 영향도 적다고 하나 조선특산품으로 상당히 해외로 수출됨과 동시에 유명 특산물로 사용되고 있는데 금후 이러한 공예품의 생산을 상의 하에 분배해야 할 것이다. 즉 나전, 낙랑칠기

또는 도자기 등 고급품, 조선특산으로 해외로 수출되고 있는 물품을 따로 표사하여 염가로 실용화 시켜나가기로 했다. (중략)

▶ **1941년 6월7일**

낙랑유품 속속 출토 / 石岩里古墳에 學界期待多大 / 600여점을 발굴

고적보존연구회 발굴대 小泉평양박물관장 일행은 낙랑시대 가장 후기에 속하는 것으로 지금까지 발견하지 못한 고고학계의 수확을 거두었다. 문자를 밝은 종류도 약 16개이고 세계에 이름을 떨칠만한 칠기, 토기도 약20점에 달하고 있어 석암리고분에는 우수품이 다수 출토되어 기대가 크다.

▶ **1941년 7월15일**

工藝品保護의 烽火/ 禁令資材의 特配와 技術者養成

최근에 우리나라의 공예미술계는 작년 7월부터 실시된 7.7금령에 의하여 자재의 입수난으로 말미암아 차츰차츰 각 품목에 제 정월 최고 판매가격에 억제되어서 철저한 부진상태를 보이고 있는 현상이다. 만약 이대로 간다면 우리나라의 국민생활에 직접 관계가 있는 공예미술 전반에 걸쳐 매우 쇠약한 상태를 낼 수 있음으로 상공성 물가국에서는 문부성과 협의한 결과 작년 가을에 결성된 일본공예미술가협회의 요망을 받들어 미구의 次官 통첩의 형식으로 7.7령과 최고판매가격의 완화를 하여 우리나라의 독특한 공예미술의 유지발달을 하기로 하였다. 이 완화책의 방침은 우선 除外令을 인정할 만한 기술을 가진 미술공예가의 유자격자를 전형하고, 이를 각 사람별로 1년간의 제작 점수와 판매 총액과 격부 규정을 하자는 것으로 예를 들자면, 1년 제작 10점에 총액 51이라고 할 때 이 범위 안에서 최고가에 갈 수 있게 된다는 것이다. 이에 준하여 가능한 범위 내에서 금령자

재의 特配도 받고 공예계의 유지발전을 하는 동시에 단지 판매실적에 대한 자재배급으로부터 생기는 암취인도 방지하자는 것이다. 그러나 문제가 되는 것은 유자격자의 전형인데, 제작품의 다소에의 실적주의를 폐지하고 제국예술원회원, 문전심사원이며 문전의 무감사 출품자 등은 말할 것도 없고 그밖에 문전에 2회 이상 입선한 사람이나 또는 이와 수준이 같은 기술을 가진 사람이 만든 전국에 약 500명이나 된다. 그리고 각 지방에 숨어있는 무명작가에게는 각 府,縣 주최로 전람회를 열고 적당한 자격을 주자는 안건도 고려되고 있다. 일반 미술작품으로 우리나라의 독특한 전통의 技工을 자랑하는 공예품 등도 특히 장려하고자 금지된 자제의 특별배급 등 진흥책이 논의되는 터이다.

▶ **1941년 7월25일**

陶磁器製雜品 / 最高販賣指定

식산국에서는 도자기제 雜品의 공정가격 설정을 급히 하고 있었는데, 24일 최고 판매가격을(1100점) 지정하였다. 내지상품에 대해서는 小物은 1개 약 1전, 大物은 9전부터 12,13전으로 9, 18보다 약 2,3분이 하락으로 한다. (중략)

▶ **1941년 8월7일**

鍮器는 나라에 家庭엔 砂器 / 平壤의 孫女史 / 百餘點을 獻納

사변 이래, 총독부 공예적성을 이바지하는 신종의 헌납이 열매를 맺어 일반 국민의 애국열을 고취시키고 있는 유기

1941년 8월7일

그릇을 전부 나라에 헌납한 여인이 있다. 그는 부내의 종중여관을 경영하는 孫女史로, 이곳에서 사업을 경영하고자 유기를 많이 장만해 두고 사용해 왔는데, 지금 국가의 시국에 있어 제일 중요한 자로 된 유기를 그대로 사용할 수 없음으로 이것을 전부 나라에 헌납하고자 기금을 준비한 후, 5일 오전 10시에 세수대야, 식기 기타 백여개를 가지고 평양경찰서를 찾아와서 "적은 것이지만 이것으로 국가에 유익하게 쓰도록 헌납하여 주시오" 하고 기탁한 후 돌아갔다.

▶ **1941년 8월14일**
藝術品엔 除外例 / 7.7禁令品의 一部 製造許可

은제품, 도자기를 비롯해 병풍, 직물 같은 것의 값비싼 예술품은 작년 7월7일 발령되어 사치품 중 제조판매 제한규정인 소위 7.7금령에 의하여 제조판매가 금지되고 또는 공정가격의 정비에 따라서 값도 꼼짝하지 못하고 있었음으로 이대로 놓아둔다면 우리나라 예술도 쇠미해질 염려가 있는 고로, 상공성에서는 7.7금령과 공장가격제의 除外例를 활용하여 일부 제조판매를 허가해 이 종류에 출품의 유지, 발달에 도움이 되도록 12일 지방장관에게 공문을 보내었다. 이 공문에 의하면 예술품으로서 예외로 허가하는 물품의 종류에 대하여서는 지방장관의 신청에 의해 상공성에서 점정하는 것으로 제외 허가의 한도는 1년에 몇 만원씩 각 지방별로 금액을 결정하기로 되었는데, 이 범위 내에서 자유로이 판매할 수 있게 되었다. 이것을 허가하는 예술가의 자격에 대해서는 지방장관이 적당히 정하기로 되어 있는데 대체의 수준은 1. 제국예술원과 문전 제 4부의 심사원, 2. 문전 제 4부의에 2회 이상 입선한 자, 3. 그밖에 실력이 있다고 인정되는 자 등이다.

▶ **1941년 9월27일**

非衛生的인 鐵製品 / 製品禁止와 代用品에 대하여-安東赫氏 談

전시 이래 가장 중요한 자원의 하나인 鐵鋼을 될 수 있는 대로 많이 군수에 공급하기 위하여 상공성에서는 소화 13년 5월에 철주물 제조제한 규칙을 또 8월에는 강제품 제조제한 규칙을 공포, 실시하여 200여 종류의 철제품을 금지하였는데, 이번에 그 규칙을 통일하여 지난 21일부로 『철제품제한규칙』을 공포하고 25일부터 실시하였다. 이것은 지난번에 발표된 철제품특별회수의 지정품 중에는 아직 제조를 제한하지 않은 것이 이것으로 회수지정도 제품제한을 넘어 소비규정을 철저히 단행하기로 된 것이다. 이로써 작일부터 앞으로는 철제품 제조는 할 수 없고 철기제품도 앞으로 3개월 후인 12월 25일이후엔 금지케 되어 대용품을 사용하지 않으면 안 되게 되었는데, 강철제조제한의 대용품 사용에 대하여 중앙시험소 안동혁 씨는 다음과 같이 말한다. "헌 쇠를 회수한다든지 철강제조를 금지한다고 해서 철강을 모두 군수에 사용하여 소모해 버리는 것은 아니다. 지금 우리나라에서는 여러 가지 방면으로 생산 확충을 취하고 있음으로 그 작업에 쓰는 쇠가 우선 필요하게 된 것이다. 그러므로 쇠 걷어드러서 아주 없애는 것이 아니라 생산 확충 계획이 다시 완화되고 그 때는 물자도 원 없이 배급될 것임으로 잠시 동안 불편하지만 그럴 수밖에 없다. 필수품에 대하여는 대용품이 자연 제조될 것이나 소비층에 있는 국민은 대용품이라고 해서 업신여기고 함부로 써서는 안 된다. 왜 그러는가 하면 대용품을 만들려고 해도 철재는 원료가 들여야 하고 노력이 필요하다. 이왕 참는 일에 참을 수 있다면 대용품이라도 사지 말고 있는 것을 아껴 써 가며 지내가야만 하겠다. 그러나 살 것은 사야 될 것이므로 대용품을 어느 가정에서나 새게 될 줄 안다. 대용품이라면 누구나 덮어 놓고 나쁜 물건으로 치는 모양이나 대용품이라고 결코 나쁜 것은 아니다. 대용품의 좋고 나쁜 것은 쓰는 사람의 손에 달렸다. 왜 그런가 하면 가령 금속성의 대용품을 쓰는 사람에 따라서는 금속성이나 마찬가지로 취급을 하는 사람이 있는데, 이렇게 쓰기 때문에 결국 좋은 물건은 사용하지 못하고 나쁜 물건을 만든다. 그것은 금속성은 금속성으로서의 사용하기 좋은 점과 나쁜 점이 있고 대용품은 대용품으로서의 좋은 점과 나쁜 점이 있기 때문이다. 예를 들면, 금속제품은 산이나 약품에는 약하지만 금속대용품인「배-코라이트」제품 같은 것은 금속과 달라 산이나 약품에는 강하나 열에는 약하다. 즉 금속에다 산을 대면 상하듯이「배-코라이트」제품에다 뜨거운 것을 담아버리면 상하게 됨으로 결코 뜨거운 것을 담지 말고 물 같은 것은 오지그릇 같은 대다가 데이면 철기대용이 될 수 있는 것이다. 또 예를 들면, 유기그릇이 떨어뜨려도 깨지지 않고 오래감으로 좋지만 유기그릇은 장이나 초가 묻으면 사람에게 중독된다. 그의 반대로 이 대용으로 쓰는 사기그릇은 깨지기는 쉬우나 깨끗하고 위생적이고 값도 싸다. 깨지기 쉽다고 하지만 그것은 쓰는 사람의 주의할 탓이다. 이것을 만드는 원료로 보더라도 사기그릇은 흙과 석탄밖에 드는 것이 없다. 얼마든지 대량생산을 할 수가 있는 것이다. 비위생적인 유기그릇을 사기그릇이 발달된 오늘에 와서도 사용한다는 것은 비문화적이다. 사기그릇 같은 것은 대용품의 정도를 지나 문화적 식기로 총애를 받고 있다. 일반 금속 대용품도 제조해 낸 역사가 짧고 비상시국인 이제 제조를 해서 대용품이란 아름답지 못한 이름을 갖게 된 것이지 오늘에 와서는 벌써 대용품이 아니다. 철이나 강제품 시대가 지나고 신시대의 새로운 진보적 제품인 것이다. 우리는 구시대의 물건을 애용할 때는 지났다고 하겠다.”

▶ 1941년 10월2일

輸出工藝品展 / 昨日부터 四日間

조선수출공예협회에서는 지난 1일부터 4일까지 제3회 조선수출공예품전람회를 조선총독부상공장려관에서 개최하고 전 조선에서 모집한 공예품과 오오사카부립무역관 해외수집공예품을 진열시켜 일반에게 관람시키고 있는 바, 종래에 있어서 수출 공예품은 반도에 있어서 장려해온 터이나 시국 하 수출공예품의 발전을 원하여 동 전람회는 각 방면으로 기대되는 바 적지않다.

▶ 1942년 1월30일

일흠도 百濟陶器 / 扶餘에 特産 또 하나

성지 부여를 널리 세상에 소개하기 위한 특산품 제작이 가지각색으로 연구되고 있는 이때 이번에는 유래 깊은 고도의 정서를 듬뿍 실은 도기를 특산품으로 만들어 내기로 되어 이미 도기제조에 이름이 높은 대전 鷄龍燒 공장과 교섭이 성립되어 총 공비 1만5천원을 들여서 부여에 공장을 설치하고 이름도 유서 깊게 百濟燒를 구워낼 터인데, 그 자료인 흙도 중앙시험장에서 시험한 결과 극히 양호하다는 단언이 내려서 정식으로 도지사의 허가를 얻고자 공장건축 부지를 물색 중이다.

▶ 1942년 3월8일

工業朝鮮躍進 總生産額 十八億圓 / 15年 末比前年 二割五分增加

* 요업(총액에 대한 백분율비) : 33%

▶ 1942년 3월18일

금속류대신 질그릇 / 이런 사용법이 필요하다.

구리와 철에 대해 회수하기로 한지도 벌써 오래입니다. 일반 가정에 대해서는 아직까지 강제적인 회수는 아니지만은 대동아전쟁을 승리로 인도하기 위하여는 강제 회수령이 내리기 전에 자진해서 바칠 것이라고 생각합니다. 따라서 가장을 휘 돌아봐서 구리나 철로 된 물건이 있으며 헌납해 버리고 그 대신 질그릇(陶磁器)을 쓸 필요가 있는 것입니다. 그런데 질그릇은 아무래도 구리나 철로 만든 것 보다 火熱에 잘 견디지 못하는 만큼 이것을 꾀 있게 써야 합니다. 질그릇은 너무 불이 센데다가 드러놓으면 쪼개지기 쉽습니다. 따라서 될 수 있으면 질그릇 안에는 우선 데울 물건을 넣어가지고 불 위에 놓고 불은 서서히 때서 열을 올려야 합니다. 또 질그릇은 별안간 찬물 속 같은데 넣으면 쪼개지기 쉬운 만큼 불에 달구어 졌을 때 그대로 가만히 내려놓아 저절로 식게 해야 합니다. 또 물이나 국물 같은 것이 줄어들어 다시 더 부을 때도 급격히 찬 것을 많이 붓지 말고 조금씩 천천히 붓되 맨 가운데에다가 붓는 것이 좋습니다. 또 질그릇은 떨어뜨리면 깨짐으로 되도록 떨어뜨리지 않도록 해야 합니다. 또 질그릇으로 만든 「유담프」 같은 것에 물을 부을 때도 더운물로 우선 유담프 속을 흔들어 가지고 유담프가 완전히 더워진 것을 안 후, 서서히 뜨거운 물을 붓는 것이 좋습니다.

▶ 1942년 6월23일
陶磁器製造 / 諸問題懇談

半島人 생활의 內地化에 따라 내지산 도자기의 사용량은 더욱 늘어나고 있으나, 이에 대한 이입량은 반대로 감소하고 있음으로 조선수출공예협회에서는 도자기제조에 대해 간담회를 열고 제조지역 방법안을 찾기로 되었는데, 원래 조선에는 도토도 풍부하고 도자기제조자로서의 소질도 충분한 만큼 반도에 있어서의 도자기업은 금후 일보 향상되리라 기대된다.

▶ 1942년 7월9일
鍮器는 供出하고 陶磁器를 使用하라

유기 회수에 대하여 시오다 총독부 기획부장은 지지 협력해 달라고 다음과 같이 말했다. "유기는 우리 조선 가정에서는 비교적 많이 가지고 있는 것인데, 여름철에는 녹이 나서 위생상 해롭다. 그래서 여름에는 도자기의 식기를 쓰게 되어 결국 식기의 이중생활을 하는 것이다. 그러므로 당분간 불편하겠지만 이 기회에 위생적인 도자기를 사용하고 지금 쓰고 있는 것이라도 유기는 자진하여 공출해 주기 바란다. 여러분이 공출하는 유기는 장차 국가를 위하여 유용하게 사용될 것이다. 여기서 문제되는 것은 유기를 공출하면 그 대용품으로 써야 할 도자기는 마음대로 구할 수 있는가 하는 문제이다. 종래 도자기는 그 대부분을 내지로부터 가져 왔으나 최근 도자기의 자급자족 계획을 세워가지고 조선 내에서도 대량 생산하는 중임으로 유기대신 쓸 물건이 없어서 일상생활에 지장이 생김은 절대 없을 것이다. 공출물건을 값을 쳐주는 것도 그것이 생활필수품인 만큼 대용품을 살 수 있을 만큼 금액을 국가의 온정으로서 보상하게 되는 것이다. 일반의 협력을 간절히 바라는 바이다.

▶ 1942년 7월12일
窯業, 化學振興 / 窯協支部發會

전시 하에 요업, 화학의 발전을 기하여 大日本窯業協會 朝鮮支部의 성립에 대하여 총독부 중앙시험소장 小山씨를 중심으로 이미 계획 중이든 바, 드디어 8월15일 지부 발대식을 겸하여 조선요업대회를 개최하기로 되었다. 당일은 조선 내 약 200명의 요업자 외 내지로부터 대일본요업협회 이사장, 日本洋灰協會, 오오사카窯業洋灰協會 등이 참석하기로 되었다. (중략)

▶ 1942년 7월22일
놋그릇 代身 陶磁器 積極的으로 使用 獎勵 / 鍮器는 自進 供出하기를 期待

작년부터 실시해 온 금속류 특별회수운동은 애국의 자발적 공출에 따라 좋은 성적을 거두어 왔다. 그런데 종래에는 금속회수라는 것은 쇠부치만을 회수하는 것이라고 생각하고 여기에 중점을 두어 온 경향이 있다. 그런데 금후 성적을 완수하려면 쇠는 말할 것도 없고 구리와 놋그릇도 철저히 회수해야만 할 것이다. 그래서 국민총력 조선연맹에서는 애국반원들에게 각 가정에서 쓰고 있는 놋그릇은 자진하여 국가에 바치고 그 대신 도자기 제품의 식기를 쓰도록 시키기로 되었다. 그래서 지난 20일 각도 연맹에 통첩을 보내고 이 기회에 각 애국반에서는 자진하여 유기그릇 등을 공출할 것을 결의하고 이 운동에 적극적으로 협력하도록 지도하기로 되었다. 일반 가정에서는 여름철에는 유기그릇을 쓰지 않는 터이요 이것을 공출하면 대신 도자기 식기 살 값으로 일정한 금액도 지불하게 된 것임으로 총후에서는 자발적으로 이 운동에 참가하여야 유용하게 쓰일 유기금속을 국가에 공출해야 할 일이다. 그런데 이에 대하여 연맹 당국에서는 다음과 같이 말했다. 이 운동은 강제적으로 공출시킨다든지 또는 반강제적으로 헌납하라고 강요하는 것은 절대 아니다. 이 점에 대하여 지도자들은 충분히 유의해야 할 것이다. 어디까지든지 성전에 바치는 총후애국반원의 정성이 엉킨 자발적 헌납이어야 할 것이다. 대신 도자기 식기에 대해서는 당국에서 힘써 증산하는 중이다. 회수한 물품의 集荷 같은 것도 애국반원들이 근로봉사 등으로 협력해야 할 것이다.

▶ 1942년 8월16일
小磯總督 臨席下 / 窯協支部 發會式

대일본요업협회 조선지부 발회식은 요협지부 15일 오전 9시 반부터 小磯총독의 지휘 하에 단행된다. (중략) 小磯 총독으로부터 "오랜 역사와 전통에 빛나는 요업도 근래 굉장히 진보된 화학공업 때문에 閑却되는 듯 한 것은 사실

이다. 각종 공업의 선두가 되는 요업제품은 조선에 그 재료가 풍부할 뿐만 아니라 각 가정에서도 요업제품의 수요가 날로 증대하고 있다. 현장을 점검하고 연구해 이용적 가치에 성립조건의 충분한 조선공업계에 매진해 주기 바란다" 는 당부가 있었다. (중략)

▶ 1942년 8월20일
陶磁器自給 / 工協서 積極策 講究

도자기 제품에 있어서는 內地製品의 移入에 의존해 온 반도조선은 할 수 없이 자급자족의 방법을 연구하지 않을 수 없는 입장에 있게 되었다. 그러므로 조선수출공예협회에서는 일찍이 발족하여 조선상공협회를 개최하고 현존하는 190여개의 공장 중에 기대가 되는 곳에 대해 점진적으로 助成 방침 하에 회의를 진행 중이다. 그리고 동 협회에서는 경기도 여주읍의 도자기공장의 점토, 유약 기타 窯材料 등을 엄밀히 조사하고 회령, 평양, 전북 등 조선 각지를 순회시켜 조사를 시행하여 자급자족에 관한 원료를 선별해 이에 대한 방책을 총독부 당국에 건의 요망하기로 했다.

▶ 1942년 9월11일
陶磁器自給必要 / 內地遊休設備移駐를 考慮

도자기 생산에 있어 내지에 의존하고 있는 조선으로서는 자급자족의 필요를 느끼게 되어 공예협회가 중심이 되어 대책강구 중이다. 그런데 조선 내에서의 도자기공업은 입지조건이 불량한 까닭에 일부에서는 반대가 있다. 그런데 만주국의 경우 우량한 도토의 산출이 없음에도 불구하고 조선에서 도토를 구입하여 도자기의 자급자족을 진행시키고자 하얼빈, 吉林 등에 공장이 건설되어 이미 상당한 성적을 올리고 있음으로 반드시 조선 도자기공업의 입지조건이 불량하다고 단언할 수 없어서 내지

의 遊休設備移駐와 조선 내 공업협회의 도움으로 속히 도자기제조공장의 진흥을 기할 것이라는 여론이 강력하게 시행하여지고 있다. (중략)

▶ 1942년 10월26일

工藝 全北에 凱歌 / 輸出品 工藝展에 入賞

제4회 조선수출공예품전람회에 전북으로서도 기보한 바와 같이 전북만이 가지고 있는 독특하 공예품 20여점이 출품되었는데, 입선 2점 등이 뽑히어, (중략) 전통적 고유공예품의 상품화에 자신을 얻어 공예진흥회에서는 앞으로 국내시장은 물론이거니와 해외에까지 수출하고자 본격적인 상품화를 계획 중이다.

* 입선 : 靑磁山水文化花瓶- 高敞窯業株式會社

▶ 1942년 11월7일

〈家庭工作〉 유리 사기그릇 등 속 쪼개진 것 부치는 법

유리그릇이나 사기그릇 쪼개진 것을 부치는 법 - 이런데 소용되는 약이 시장에 돌아다니는 군. 하지만 실제로 해보면 좀처럼 잘 안 붓습니다. 즉 잘 붓는 것은 재료의 관계라든지 또는 부치는 자리가 깔끔하고 면적이 넓어야 잘 붓고 찻잔의 손잡기, 꼭지 같은 것은 붓는 자리가 적은데다가 제일 많이 가는 곳이라 단단히 부쳐지지가 않습니다. 그러므로 여기에서는 여러 가지로 실험을 해 본 결과를 보고해 드리는데 그치겠습니다. 오히려 이렇게 정직하게 말씀드리는 것이 여러분에게 지식이 되겠습니다. 흔히들 이용하는 교착제로는 계란 흰자위, 수초자, 「카세인」 칠 등입니다. (중략)

▶ 1943년 1월19일

工藝品 一元統制 / 大日本工藝會 設立

(중략) 공예 제품은 규격통일과 일정가격이 없어 기술보존과 생산보존의 생활방식의 개선화란 점에서 일원적 통제를 행할 필요가 있음으로 이번에 문공성에서는 대일본공예협회를 설립하기로 하고 18일 오전 10시부터 총회를 열기로 했다. (중략)

▶ 1943년 1월21일

名聲높은 興水陶磁器 / 金屬類 回收에 따라 需要增加

황해도의 명물인 홍수도자기는 대부분이 尿江, 丹只 등 재래품으로서 금속류 회수시대에 대용품 장려에 따라 이것들의 수요가 증가함으로 당국에서는 다년간 손색이 없는 개량 도기의 생산에 착안중인데 興水院 三山俊常씨는 먼저 도자기제조조업의 기업허가 신청 중, 1월 13일 부로 허가되어 금년 내로 대규모의 개량도기제조를 할 것이라 한다.

▶ 1943년 2월10일

〈戰時尉房〉 木器와 陶器

* 사기그릇 : 이것은 요즘 금속류의 대용으로 많이 등장하고 있습니다. 이것도 오래 쓸려면 너무 뜨겁게 하든지 혹은 물 같은 것을 담아서 그대로 놓아두어 얼리든지 하면 파손되지 않습니다. 이 그릇을 껄끄러운 것으로 닦게 되면 겉에 줄이 져서 얽으니까 더운 물로 헝겊으로 씻는 것이 가장 이상적입니다. 또한 사기그릇이란 두는 곳과 쓸 때 주의하지 않으면 떨어져서 깨지는 율이 많습니다.

▶ 1943년 4월4일

〈家庭〉 전장에 유기그릇 / 총후에 사기그릇 / 주발, 대접도 불타는 결전의지

우리가 소유해 온 유기, 이것이 오늘에 와서 저 미운 미영을 격멸하는데 소용된다는 것은 참으로 우연한 광영이 아닐 수 없다. 미영을 격멸하고 새로운 우

1943년 4월4일

리의 동아를 건설하기 위하여 우리는 한 개라도 더 많이 바치지 않으면 안되겠습니다. 여기에 한 가지라도 더 내어놓기 위해서는 이것을 내놓고도 생활이 부자유하지 않도록 준비하여야 되겠습니다. 이것은 일시적 대용으로 생각하지 말고 아주 이 기회에 즉 대동아 건설의 기념으로 우리의 식기생활에 신기원을 지어보는 것도 의미 깊은 일이라고 생각합니다. 지금 이것에 대하여 경성부 기사 와다나베씨는 다음과 같은 말씀을 하셨습니다. 유기가 조선의 식기로 발전된 일임은 아마도 기후관계에서 오는 것과 사용 시의 견고함에 의한 것이라고 봅니다. 그러니만큼 보온이라든지 견고한 것으로 보아서는 가장 우수하다고 볼 수 있지만 가격으로 보아서 대중적이지 못하고 위생상 견지로 보아서도 그리 좋지 못한 것입니다. 그렇고 저렇고 간에 무엇보다 긴급사인 미영격멸에 이것이 소용되는 이때이니 만큼 우리는 아무리 좋은 것이라 할지라도 전부 다 내놓아버려야 될 것입니다. 내놓는데 앞서서 우리는 합리화한 우리 식기 같은 것을 생각해야 할 것이고 구체적 방침에 있어서 적극적 운동을 일으키지 않으면 않될 줄 압니다. 말하자면 색깔이라든지 그릇의 크고 작은 것이라든지 또는 종류별에 의한 규격 등에 통용된 그것이 반드시 공급되어야 될 것이며 또 앞으로 되리라고 믿습니다. 지금 여기서 대용식기로 연상할 수

있는 것은 그전부터 어느 정도 우리의 손에 익고 널리 보급된 사기를 연상할 수 있을 줄 압니다. 이외에도 합성수지로 된 것, 칠기, 혹은 목제품 혹은 대그릇(竹製品) 등을 들 수 있는 것입니다. 그러나 현재 급하게 손에 들 수 있고 겸하여 많은 장점을 구비한 것은 아무래도 사기그릇 즉 도기겠습니다. 누구나 다 아시는 일이지만 사기의 장점을 들면 먼저 가격이 싸기 때문에 대단히 대중적이고 형체나 색깔을 자유로 선택할 수 있는 만큼 개성을 살릴 수 있는 취미생활을 할 수 있는 점으로 보아 대단히 현대적이라고 하겠습니다. 다음으로 비교적 때를 타지 않기 때문에 유기에 비해 항상 깨끗할 수 있는 것입니다. 끝으로 금속류는 산성에 약하지만 이것은 그런 염려는 전혀 없는 것입니다. 그보다 유기에 스는 녹청 같은 것을 모르고 먹었다가는 인체에 극히 해로운 것인데 사기에는 이런 염려가 없을 줄 압니다. 다만 한 가지 깨지기 쉽고 열에 약한 것이 약점인데 요즘 시장에 냄비, 주전자 등이 나오는 사실을 미루어 생각해 볼 때, 앞으로 耐熱性인 것이 나올 것입니다. 다만 하나 깨지기 쉬운 단점이 있는데 이것은 이것을 사용하는 본인들의 주의에 의한 것이라고 보겠습니다. 또 이 사기라면 수급에 있어서 금후라 할지라도 어느 정도 통제는 받을지 모르지만 부족하지는 않을 것이라 봅니다.

▶ 1943년 4월22일
陶器類 增産을 積極 獎勵 / 銅, 鍮器類의 代用品으로

銅製器 또는 유기의 대용품으로써 도자기의 증산을 적극적으로 장려하고자 황해도에서는 興水院 기타 도 내의 각지의 도기제조공장에 대하여 금년도에 있어서도 보조금을 교부하여 이에 증산에 노력하는 외에 또는 본부 주최로서 매년 만주 방면에서 物産見本市場을 개최함에 있어서 금년도 본도에서 이에 참가하여 도 産品 중 생산품, 특히 도

자기류의 대륙진출을 기대하리라 있다.

▶ **1943년 7월9일**
大窯業工場 / 咸北에 新設
전 조선의 비상 회수에 의한 대용품의 생산과 내지중소업자의 생산성을 도모하기위해 함경북도에서는 상공성 조선지부 등과 협의한 북조선에 일대 요업을 일으키고자 계획 중이드니, 7월5일 함북요업주식회사(자본금300만원) 설립안을 총독부에 제출하였다. 동 회사는 식산은행, 금융조합 등의 협조에 의한 주주회사로 공장은 朱乙에 설치하고 우선 올 해에는 石川縣 구다니(九谷)의 설치기술을 그대로 이입하여 전혀 금속류 회수에 의한 대용품을 목표로 장래에는 이 대용품 외에 전시물품에 대해 모든 제품에 대량생산을 계획 중이며 이 결과는 현재 전 조선의 회수 중인 철기식기 수천개의 공출을 촉진할 뿐만 아니라 내지의 설비기술을 가장 효과적으로 이입하여 일석이조의 효과가 있는 것이다. 그리고 朱乙工場 지정지를 시찰하여 보았는데 北鮮의 지하자원에 비추어 보나 재료로서도 무한한 용도가 있다고 강조하여 각 방면에서 기대하고 있다. 그리고 小野함북산업과장은 5일 이 문제를 위해 교토로 향했다.

▶ **1943년 7월11일**
陶磁器 等 代用食器 / 鍮器대신 大量으로 配給
190만 도민의 赤線으로 헌납한 동제품과 유기 등의 금속류를 황해도에서는 이에 도민의 활기 넘치는 금속류의 헌납에 대하여, 유기 등의 대용이 도자기 등을 입수하여 이를 분배하고자 각 방면에 대하여 折漸 중이든 바, 근래 대량의 입하를 보게 되리라 한다. 그래서 먼저 海州府 내에 20여만개의 도자기를 입하시켜 부민에게 분배하여 대용식기로 사용하게 되리라 하며, 그 다음으로 입하되는 것을 도 내 각 군에 분배하

리라 한다.

▶ **1943년 7월18일**
陶器組合의 結成 / 全北道內業者를 網羅
전라북도에서는 도기 대용을 목적으로 보는 전북 도기의 질적 향상을 도모하기 위해 지난 10일 오후 2시 全州府 내 完山町에서 전라북도를 일원으로 한 조합원 81명을 둔 전라북도 도기제조조합을 창설하였다. (중략)

▶ **1943년 8월10일**
高麗時代의 遺物 / 扶蘇山에서 또 發掘
부여 신궁의 어조영과 林苑 조성공사인 부여시대의 옛터, 당시의 집기류 그 외 중요한 유물이 발견되어 고대 조선 문화 연구에 많은 공헌을 이루고 있어 扶蘇山 일대의 공사현장은 이러한 의미에서 우리 고고학계의 주목을 이끌고 있는데, 이즈음 扶蘇山 送月臺의 동쪽 언덕 끝 급히 경사진 곳에서 이번에는 고려시대의 진기하고 드물게 보는 철, 동기, 도기 등의 유물이 발견되었다. 이들 유물은 거의 전부 옛 모양 그대로 남아 있는데 옛터의 상태로 미루어 보면 문득 매장한 의약조제기구인 듯하다. 합

1943년 8월10일

계 43점이나 되는 옛 영화를 자랑한 고려조의 우수한 공예품으로서 예술적으로도 높이 평가되는 것이며 고대 조선 문화를 탐구함에 있어서 매우 절호의 역사자료로 되어있다. (중략)

▶ **1943년 8월21일**
陶磁食器 大增產 / 朝鮮靑陶園, 海州에 工場建設

주식회사 조선청도원에서는 9월1일 전국적으로 전개되는 금속제품 회수에 의거하여 도자기를 대대적으로 제조 생산할 계획이며 황해도 海州府에 공장을 확장시키는 동시에 기술자를 초빙하여 도자식기 등 도자기의 대량생산을 할 계획이다.

▶ **1943년 9월17일**
窯의 基數를 大增加 / 松炭油 增產에 拍車

금, 동의 대용으로 등장하여 그 역할을 다하고 있는 송탄유의 생산에 관해 경기도에서는 소화 18년도에 특별 후원으로 200만원의 거액을 計上하고, (중략) 경성을 비롯한 23개 府의 202개소의 공장을 207개소로 증가하고 다시 양평군의 63개소를 80개소로 증가하는 것을 모두 합쳐 662개소에서 882개소로 증가시키기로 하였다. (중략)

▶ **1943년 10월8일**
生活必需品도 自給自足 / 滿洲國 工業

만주국의 제1차 산업 5개년 계획은 순순히 성공하였다. 광공업 및 식량자급의 기초가 되는 농업증산과 함께 대동아전쟁에 중요한 역할을 다하고 있는데 중요 산업의 근간이 될 생활필수품 생산부문도 최근 급격히 진흥되고 국내에서 지급할 태세로 정비되고 있으며 식료품, 의료, 잡화, 가구, 문구, 도자기, 운동구 등 25가지 종목이 지정되어 이들 중앙물자동원에 의하여 조성하는 동시에 지방산업의 진흥을 촉진하여 각

1943년 10월8일

업종이 모두 현저히 약진하고 있다.

▶ **1943년 10월10일**
사기그릇 속은 수세미로 닦아라

▶ **1944년 3월26일**
陶磁器를 積極 增產

식기의 대부분을 내지로부터 이입하거나 기타 국가로부터 수입하고 있음으로 총독부에서는 조선 내의 증산을 적극적으로 하는 방안을 전면적으로 실시하기로 되어 일찍부터 식산국에서 연구하고 있었다. (중략)

▶ **1944년 4월21일**
陶磁器 需給統制實施 / 旣存卸商을 整備減縮

(중략) 사기 기타 도자기 제조의 수급통제를 전국적으로 실시하기로 하였다.

▶ **1944년 4월26일**
黃海道產 陶磁器 / 最高 販賣價格 決定 發表

▶ **1944년 5월6일**

金屬食器 모다 回收 / 木製, 砂器 等을 積極 增産

말만을 믿고 밀려드는 적 미영을 철저히 침몰시키자면 우리도 항공기를 중심으로 각종 병기를 증산시키지 않으면 이니 될 것으로 금년에야말로 각가지 사업장에 금속류를 적극적으로 자진 공출해야 한다. 그러나 각 가정에서는 아직 더 남아있는 유기그릇이나 세수대야 등을 다 내바치고 대용그릇을 사용하기가 또한 어렵지 않느냐는 또한 사정도 충분히 고려하여야 할 것임으로 鑛工局에서는 금녀에는 사기그릇과 여러 가지 목제품을 대량으로 증산할 수 있도록 이 방면의 사업자에 대해서는 그에 필요한 연료와 동력과 또한 자제를 우선적으로 배급하여 주도록 특별 조치를 행하기로 되었다. 각 가정에서 쓰고 있는 금속류 제품을 공출한 뒤에는 사기그릇으로 쓰도록 작년에도 그 증산을 권장하여 왔으나 연료와 동력 등 관계로 채산이 맞지 않아 일반가정에서 필요로 하는 수량을 보급할 만큼 생산을 하지 못하였든 것인데, 실제 문제로서도 대용그릇이 없이는 여러 가지로 곤란함으로 금년에는 목제품, 사기그릇을 적극적으로 증산하며 사업장과 각 가정에서 그리 급하고 필요하지 않은 금속류는 전부 공출하여 필승전력을 증강하는 금속류를 바치도록 공출과 대용품 제공이 이루어지기에 만전을 기하기로 되었다.

▶ **1944년 5월10일**

陶磁器卸賣業 / 六月初에 實施

▶ **1944년 7월16일**

陶磁器業 自治整備

전국 도자기제조업의 기업정비에 관하여서는 일찍부터 조선물산협회에서 조사를 시행하고 있었는데, 업자 총수 250餘店을 41店으로 감소시키는 동시에 동업자의 자발적 참여를 할 방침을 결정하고 요즘 도자기제조연합회에 대하여 이 뜻을 보고하였다.

▶ **1944년 8월16일**

工藝統制協會에 三專門委員會 設置

조선공예통제협회에서는 수출공예품의 조성과 주요 생산필수품 증산에 공예 중소 업체를 참여시키기로 하여 국민 생활필수품, 공예기술보존, 군용도품의 3부문 위원회를 설치하기로 하였다.

▶ **1944년 8월16일**

工藝部門戰力化 / 軍需, 生必品 製造에 轉換

공예부문의 중소 상공업자가 모두 전력화에 동원되어 총독부의 지도 하에 조선공예통제협회에서 군수품을 비롯하여 생필품 제조로 전환하기로 했다. (중략)

▶ **1944년 9월19일**

<家庭文化> 사기, 유리그릇 등 깨진 것을 이렇게 해보자

황성신문 색인

27

상공협회(관련 論說) → 論日本人淸韓協會組織 1902. 4. 28

상업(관련 論說) → 商業戰爭의 準備를 注意홈이 最要홈 1910. 2. 5

상업회의소 → 日商設會 1903 10. 27 ; 日商民會議 1903. 12. 11 ; 商會請認 1905. 7. 15 ; <廣告> 1905. 7. 26 ; 商業所振興 1906. 6. 19 ; 說明書領給當局 1908. 12. 27 ; 商所警告 1909. 1. 9

상업회의소(관련 論說) → 漢城內 實業界 諸君에게 警告 1910. 1. 16

상품박람회 → 萊監報告 1906. 4. 16 ; 博覽委員 1906. 5. 18 ; 統函內相 1906. 5. 19 ; 賞金提議 1906. 5. 24

상품진열소(진열관) → 商品陳列所計劃 1905. 1. 15 ; 出品請願 1906. 9. 12 ; 商品陳列館開業 1907. 3. 30 ; 陳列館兩處 1908. 4. 25 ; 陳列品購入 1909. 1. 15 ; 陳列物品準備 1909. 1. 15 ; 全北商品陳列 1909. 1. 20 ; 大邱商品所位置 1909. 2. 12 ; 農部의 産業奬勵 1909. 3. 3 ; 物品陳列場 1909. 5. 16 ; 工藝品陳列所新築 1909. 10. 14 ; 陳列館視察과 參考 1909. 11. 10 ; 裝置工業畢役 1910. 1. 30 ; 慶北陳列館開期 1910. 8. 12 ; 江原道陳列館 1910. 8. 13

小手工組合所 → 小手工組合 1909. 5. 8

小手工組合所(관련 論說) → 小手工組合所 1909. 4. 1

수입 일반 → 製章物料 1899. 10. 18 ; 輸出入品 1902. 5. 10 ; 商會開申 輸入超過 1909. 4. 7

수입(관련 論說) → 制民之産 1899. 4. 25

수입(관련 別報) → 鬱陵島事況 1899. 9. 23

수출 → 遜辭英照 1901. 3. 7

手形組合 → 漢城手形組合支所의 設

置 1906. 7. 5

식산산업(관련 論說)→ 1902. 1. 29

실업(관련 論說) → 實業의 必宛 1907. 11. 24 ; 實業界의 新光線 1908. 9. 8 ; 實業의 成績이 在於忍耐 1908. 9. 18 ; 文質의 文明이 爲富强之基礎 1908. 9. 27 ; 我國手造品의 稍稍發達 1909. 5. 22 ; 實業界의 噫失 1910. 6. 3

실업전습소 → 實業校補助金額 1909. 9. 1

유물 및 유적 → 新羅古器 1909. 7. 15 ; 寺內統監近態 1910. 8. 26 ; 日本國寶에 編入된 者 1910. 9. 11

유물 및 유적(관련 論說) → 我國古代發達의 遺蹟 1909. 2. 6 ; 撫順等地에 高句麗器 發見 1909. 6. 22 ; 滿洲地方에 高麗古器의 發見흔 新史 1909. 9. 18

유학(관련 論說) → 馭士當如馭馬 1899. 12. 21

유학생 → 工徒歸國 1900. 10. 29 ; 照撥學資 1901. 6. 1 ; 工業卒業 1902. 8. 9 ; 官費留學生 1908. 8. 6

御用磁器 → 御用磁器 1903. 6. 18

연와공장 → <廣告> 1903. 10. 12

위생 → 衛生試驗事務 1909. 1. 20

外資 → 農部派員 1899. 5. 13

人才(관련 論說)→ 豈國無人才 1900. 5. 25 ; 學成之才何不貴成 1901. 9. 20 ;

일본 상인 → 海州에 日商住居 1900. 5. 18 ; 日人悖類 1906. 4. 25 ; 密貿商船檢擧 1910. 3. 10

임시박람회 → 博覽預備 1902. 7. 16 ; 博覽妥務 1902. 8. 23 ; <官報> 勅令 農商工部令 第三十九號 臨時博覽會事務所規則 1902. 9. 4 ; 勸奬博覽會 1903. 4. 3 ; 淸韓賓館 韓國部博覽會觀覽設明書大略 1903. 5. 2 ; 淸韓賓館韓國部博覽會觀覽設明書大略 1903. 5. 4 ; 博

대한매일신보 색인

매일신보 색인

가내공업(가정공업) → 生産能率의 增進(六) 亥角全南道知事談 1921. 7. 27 ; 農閑期를 利用, 家庭工業奬勵(岡崎商工科長談) 1926. 11. 2 ; 天惠地利를 兼備한 工業朝鮮의 大躍進 家內工業, 副業的工業으로부터 現代式工業으로의 進展이 躍如 1935. 4. 20 ; 昭和九年中 家內工産額激增 一割五分增인 一億七千萬圓 1935. 11. 15 ; 家內工藝製品 積極助長計劃 京畿道에서 考慮中 1936. 6. 18 ; 家內工業生産 十年中 二億圓 前年比 三千三百萬圓의 急增 食料品이 筆頭 1936. 10. 2 ; 工藝品飛躍時代 忠南道에서 傳習所를 만들고 竹, 陶器와 編物을 海外로 輸出 1940. 2. 22

가정공예품전람회 → 全鮮家庭工藝品 大展覽會를 開催 十月十一日부터 二十日間 商工奬勵館에서 1930. 9. 26

강연 → 柳宗悅씨가 京城에 美展을 計劃- 朝鮮美術品 約 一千點 됴선 미술은 도자기가 데일 1924. 3. 22 ; 古代陶磁器의 考古學上 價値 趣味津津한 鑑賞的 研究(寫) 1925. 11. 14 ; 美術大講演 日時 15일 오후4시30분 會場 本社 來靑閣 1934. 5. 15

경성고등공업학교 → 工業專門改稱 1922. 3. 12 ; 中央試驗所及高工校展覽會 오는 十三日에 1929. 10. 11 ; 京城高等工業學校 化學時代요 쎄멘트時代인 朝鮮의 今日 업지 못할 學校(寫) 1931. 3. 8 ; 공업의 사회화 위한 중앙시험소 작품전 當日製作品卽賣 1931. 10. 22 ; 京城高等工業 記念工業展 경성공업과 중앙시험소도 二十三日曜開催 1932. 10. 16

경성공업전문학교 → 製作品陳列會 1916. 5. 27 ; 學校歷訪 工業技術을 啓發흐는 唯一의 機關, 京城工業專門學校와 부속 工業傳習所 1917. 2. 13 ; 工業專門學校 第一會 卒業式 1918. 3. 28 ; 工業專門學校 ! 平壤에 設置問題 평양의 유지가의 론흐는 중 당국과 도 의견을 교환해서 1919. 12. 2 ; 京城工業傳習所 入學年齡이 改正되엿다 1920. 3. 16 ; 工專學制 變更問題 一兩年間은 現狀維持 1920. 3. 16 ; 工專成績品陳列會 오는 이십삼일 공일에 휴게전람회개최 1921. 10. 17

경성공업전문학교(관련 社說) → 京城工業專門學校 1916. 4. 13 ;

고려자기 도난 → <季節利用의 犯罪相> 昌慶苑 夜櫻公開中에 博物館內 寶物盜難 保管中의 高麗磁器가 업서저 大騷動後 犯人 逮捕 1937. 5. 5

공업작업장 → 共同作業場 設置成績 豫想以上良好 1930. 4. 10 ; 家內工業助長策 共同作業場을 設置하야서 特産品의 奬勵와 增産計劃 1938. 5. 13 ; 工藝品의 發展促進 共同作業場擴充 金剛山의 土産品을 改良코자 江原道에서 研究中 1938. 9. 22

공업 일반 → 京畿道의 工業 1912. 7. 28 ; 黃海道 勸業 10年 計劃方針 工業의 補助奬勵 1914. 1. 1 ; 朝鮮産業(石塚農商工部長官談) 1914. 1. 1 ; 工業界의 大發展 新設工場의 日增 1916. 11. 29 ; 發展界에 入한 十三道 1917. 1. 1 ; 工業生産增進 1917. 5. 18 ; 朝鮮工業의 現勢(東洋畜産, 朝鮮皮革社長 賀田直治氏) 二. 朝鮮工業의 現況 1920. 8. 29 ; 朝鮮工業의 現勢(東洋畜産, 朝鮮皮革社長 賀田直治氏) 二. 朝鮮工業의 現況

1920. 8. 30 ; 朝鮮工業의 現勢(東洋畜産, 朝鮮皮革社長 賀田直治氏) 第二. 日本人의 工業 1920. 9. 1 ; 財界變動과 朝鮮産業(六) 工業에 及흔 影響(續) 1921. 1. 3 ; 朝鮮工業의 將來(五) 1921. 5. 3 ; 平南道工業界 主로 小規模生産 1922. 8. 6 ; 京畿工業界近況 財界不況에 因흔 打擊과 關稅撤廢後에 及흔 影響 1923. 3. 29 ; 有望한 工業의 概況 品質向上 生産增進(二) 西村殖産局長 談 1923. 6. 10 ; 朝鮮工業界를 爲하야 1924. 4. 5 ; 全南工業의 將來 獎勵할 種類方法 1924. 8. 11 ; 釜山의 工業前途와 電氣動力 使用別 1925. 6. 23 ; 咸北의 工業狀態 各種 原料가 豊富하야 將來의 隆盛을 期必 1925. 12. 30 ; 平南事情紹介 主要工業 1928. 10. 29 ; 釜山의 工業狀態 總生産額 三千餘萬圓 그 中엔 精米業이 首位 1929. 9. 17 ; 二十五年間의 經濟界變遷激勘(8) 內地資本家의 投資者續出로 工業界順調로 발달 1930. 5. 13 ; 朝鮮의 工業 過去와 現在(四 1930. 11. 5) ; 朝鮮內 中小工業과 그 金融改善策(二) 朝鮮銀行調査科 川合彰武 1932. 12. 27 ; 現下朝鮮의 各 産業部門 展望 工業發展과 商品生産額(八)- 劉泰動 1933. 10. 29 ; 工業朝鮮躍進 電力資源豊富로 拍車 1940. 10. 1 ; 生活必需品도 自給自足 滿洲國 工業(寫) 1943. 10. 8

공업 교육 → 工業教育調査 時勢要求에 應하여 1916. 5. 25 ; 工業專門學校 ! 平壤에 設置問題 평양의 유지가의 론ㅎㄴ 중 당국과 도 의견을 교환해서 1919. 12. 2

공업시험소(장) → 平安道 工業試驗所 窯業部 新設期 六月 中旬에는 竣工 1932. 2. 27 ; 箕林里 工業試驗所 窯業部 落成式 擧行 商工都市化의 前奏曲(寫) 1932. 10. 22 ; 道立工業試驗所 窯業部를 擴張來年度에 實現코자 補助申請 附近에 窯業村도 設置 1933. 7. 25 ; 平南工業試驗所의 花盆製造擴張 內地 中國製品보다 遜色이 업서 各地로 부터 注文 殺到 1933. 8. 16 ; 平南工業試驗所 窯業部補助 無望 道當局에서 對策講究 1933. 11. 23 ; 工業試驗所 窯業部 講習生 收容 1933. 12. 7 ; 工業試驗所 設置를 釜山業者가 要望 本格的으로 運動을 開始코자 商工理事會를 召集 1934. 2. 15 ; 釜山에 工業試驗場 設置運動 頗猛烈 三團體聯合으로 愼重協議後 道當局訪問코 眞情 1935. 9. 27 ; 釜山工業試驗所 新設機運 漸濃厚 商議所關係者等道知事訪問 實現促進要望具陳 1937. 1. 11 ; 工業試驗場 咸南서 豫算을 計上 1941. 1. 13 ; 咸南에 工業研究所 新設 1941. 2. 8

공업자영단 → 工業生의 自衛團 1914. 5. 7 工傳自營團과 新羅織 1915. 4. 25

공업자영단(관련 社說) → 工業自營團 1915. 4. 27

공업전람회 → 家庭工産 展覽會 금년 가을에 평양에 개최 1921. 7. 20 ; 「慶北家內 = 工業品展覽會」 出品申込이 豫定의 三倍로 1926. 4. 14 ; 工業補習展覽會(寫) 1927. 11. 7 ; 釜山工業品展覽會 開催를 計劃 1929. 10. 2 ; 中央試驗所及 高工校展覽會 오는 十三日에 1929. 10. 11 ; 工業展覽會 規模를 擴大 1934. 3. 13 ; 工業品展盛況 會期 二日間 延長 1934. 10. 21 ; 工業資源展覽會 工協主催로 中旬부터 1935. 10. 5

공업전문학교 → 工業專門學校(豊永傳習所長談) 1916. 1. 1 ; 平壤工專困難 1921. 6. 6

1931. 5. 28 ; 指導獎勵의 工業을 選定 工業會 理事會 1931. 6. 17 ; 工業協會 大活躍 職業學校 設立 計劃 1933. 11. 18

공예 일반 → 朝鮮의 美風良俗(檜垣 京畿道局長 談) 1912. 1. 6 ; 高麗 美術工業 振興會規則 1922. 12. 13 ; 朝鮮工藝品再生 傳統잇는 技 巧美를 近代的 感覺에 調和시켜 完全한 現代商品化를 企圖 1939. 1. 29 ; 工藝品保護의 烽火 禁令 資材의 特配와 技術者養成 1941. 7. 15

공예강습소(전습소) → 工藝講習設置 1928. 4. 7 ; 工藝品飛躍時代 忠南 道에서 傳習所를 만들고 竹, 陶器 와 編物을 海外로 輸出 1940. 2. 22

공예 제조 → 化學工藝社擴張 됴선반 도에 전도유망흔 공예사 1921. 6. 15 ; 工藝品 一元統制 大日本工 藝會 設立 1943. 1. 19

공예지도소 → 工藝指導所設置 朝鮮 商議에서 要望 1936. 5. 27 ; 大邱, 京城 兩 商議서 工藝指導所 要望 朝鮮商工會議所 定時總會에서 共 同提案으로 附議 1936. 5. 29

공예품 수출 및 수입 → 地方工藝品 輸出의 商品化 大體로 成案 1935. 7. 18 ; 工藝品積極助成 各道 豫 算에 計上토록 通牒 貿易協會에 도 補助 1938. 12. 14 ; 工藝品 輸 出目的의 和信貿易會社認可 一月 末頃에 創立總會 1938. 12. 15 ; 工藝品協會 創立은 來一月 1938. 12. 20 ; 內地工藝品工場 朝鮮移 植을 誘致 朝鮮移植을 誘致 1939. 2. 19 ; 積極 方針 必要 美術工藝 品의 輸出獎勵極好(鮮展審査員 高村氏談) 1939. 6. 2 ; 輸出工藝 品展 昨日부터 四日間 1941. 10. 2 ; 工藝 全北에 凱歌 輸出品 工 藝展에 入賞 1942. 10. 26

공예품 전람회 → 京都市工藝品 展

覽會盛況 1931. 9. 19 ; 世界眼에 빗칠 朝鮮의 工藝品 巴里에서 開 催되는 展覽會에 漆花盆 등 數點 出品 1933. 11. 18 ; 鄕土副業工 藝品展覽會 1934. 6. 10 ; 國民美 術協會에 朝鮮工藝品展覽 二千五 百點의 多數 1934. 11. 1 ; 工藝 全北에 凱歌 輸出品 工藝展에 入 賞 1942. 10. 26

공예품 진열관 → 朝鮮古代 美術品 진열쇼는 남문동 파밀호텔 안에다 1922. 11. 29

공예학교 → 工藝學校新設 1921. 5. 1 ; 乙種工業校設立과 工業實業 校擴張 平壤府에서 本府에 補助 申請 1934. 6. 3 ; 時局對策委員會 設置 遲延될지도 未知 美術校는 工藝研究機關으로 記者團을 引見 하고(大野總監時事談) 1938. 6. 21 ; 積極 方針 必要 美術工藝品의 輸出獎勵極好(鮮展審査員 高村氏 談) 1939. 6. 2 ; 美術工藝學校 設 置機運濃厚 鹽原局長로 必要痛感 1940. 5. 31

공예협회 → 廉價實用品化企圖 工藝 協會도 對策考究 1941. 4. 29 ; 輸 出工藝品展 昨日부터 四日間 1941. 10. 2 ; 陶磁器製造 諸問題 懇談 1942. 6. 23 ; 陶磁器自給 工 協서 積極策 講究 1942. 8. 20 ; 工藝品 一元統制 大日本工藝會 設立 1943. 1. 19 ; 工藝部門戰力 化 軍需, 生必品 製造에 轉換 1944. 8. 16

공장 및 공산액 → 工業生産增進 1917. 5. 18 ; 民間工場狀況 1918. 8. 20 ; 京畿工場調査 投資額 千六百六 十九圓 1919. 5. 28 ; 京城工産三 千萬圓 客年末 工業生産額 調査 1919. 6. 6 ; 朝鮮民間工場 工場數 一千九百箇所 資本 一億二千餘萬 圓 1921. 2. 10 ; 府內工場의 消長 (三) 1921. 3. 5 ; 京畿職工狀況 1922. 5. 4 ; 京城工産(二) 四千二

을 본 外人藝術家의 稱揚 됴선의
오지 모든 것이 미 으로 늣기엿다
는 버나드 리치씨의 말 1920. 5. 5
; 陶器의 美(一), 寫 1935. 6. 7 ;
陶器의 美(二), 寫 1935. 6. 8 ; 陶
器의 美(三), 寫 1935. 6. 9 ; 陶器
의 美(四), 寫 1935. 6. 16 ; <一日
一人> 李朝의 陶磁器- 咸錫泰
1938. 4. 10 ; 高麗磁器頌 (1)- 蔡
萬植 1940. 3. 23 ; 高麗磁器頌
(2)- 蔡萬植 1940. 3. 25

도자기대용품 → <科學日本의 大氣
焰> 鐵, 銅器의 代用品으로 高力
陶器를 新發明 오히려 쇠보다 탁
월한 품질로서 世界에 類例가 업
는 珍寶 1938. 6. 25 ; 陶器製焚口
獎勵 金屬節約과 經費低廉의 兩
得 坡州勸業課長考案 1938. 8.
25 ; <대용품> (1) 사기석쇠(寫)
1938. 8. 26 ; 鐵材飢饉도 不足畏
陶器暖爐를 發明 비용은 철재 3
분의1밖에 안들고 더욱 안전 中央
試驗所 大橋技師에 凱歌(寫)
1938. 10. 22 ; 農産物의 草莖에서
製紙用原料를 採取 大衆用 『스
파』의 耐久力 增加도 化學的으
로 研究 中央試驗所 代用品 研究
範圍 廣大 1938. 11. 5 ; <상품화
된 대용품> 상공성과 대용품연구
소에서 수집한 사기제 흡입기와 사
기제 수통과 밥통(寫) 1939. 3. 15
; <상품화된 대용품> 도기제의 가
스곤로(寫) 1939. 3. 23 ; 질그릇郵
遞筒 砲丸型의 代用品到着(寫)
1940. 1. 20 ; 非衛生的인 鐵製品
製品禁止와 代用品에 대하여(安東
赫氏 談), 寫 1941. 9. 27 ; 금속류
대신 질그릇 이런 사용법이 필요
하다 1942. 3. 18 ; <戰時廚房>
木器와 陶器 1943. 2. 10 ; <家
庭> 전장에 유기그릇 총후에 사
기그릇 주발, 대접도 불타는 결전
의지(寫) 1943. 4. 4 ; 陶器類 增産
을 積極 獎勵 銅, 鍮器類의 代用

品으로 1943. 4. 22 ; 大窯業工場
咸北에 新設 1943. 7. 9 ; 陶磁器
等 代用食器 鍮器대신 大量으로
配給 1943. 7. 11 ; 窯의 基數를
大增加 松炭油 增産에 拍車
1943. 9. 17 ; 金屬食器 모다 回收
木製, 砂器 等을 積極 增産 1944.
5. 6

도자기 사용법 → <家庭工作> 유리
사기그릇 등 속 쪼개진 것 부치는
법 1942. 11. 7 ; <戰時廚房> 木
器와 陶器 1943. 2. 10 ; <家庭>
전장에 유기그릇 총후에 사기그릇
주발, 대접도 불타는 결전의지(寫)
1943. 4. 4 ; <家庭文化> 사기,
유리그릇 등 깨진 것을 이렇게 해
보자 1944. 9. 19

도자기 산업 → 陶磁業과 朝鮮 1912.
10. 10 ; 朝鮮陶業의 前途 1914.
2. 8 ; 陶磁器製造業 優秀흔 原
料豊富 1915. 11. 26 ; 朝鮮의 陶
器工業(一) 1916. 9. 5 ; 朝鮮의 陶
器工業(二) 實際的 經營方案 1916.
9. 6 ; 朝鮮의 陶器工業(三) 實際
的 經營의 一方案, 京城의 好適한
家庭의 經濟(續) 1916. 9. 7 ; 朝鮮
의 化學工業(二) 中央試驗所 技
師 令津明氏 講演 1916. 9. 12 ;
有望한 陶磁器業 1916. 12. 17 ;
陶器有望의 慶南(慶南 第一部長
談) 1917. 7. 22

도자기 산업(관련 社說) → 陶磁器의
事業 1913. 4. 25 ; 朝鮮의 陶器業
1913. 12. 13

도자기 산지 → 陶業復舊計劃 1912.
4. 24 ; 分院陶業保存獎勵 1913.
6. 6

도자기 수요 → 陶器需要狀況 1933.
8. 2

도자기 수입제한령(수출통제령) →
陶磁器輸入制限 蘭印政府突然發
布 1934. 7. 27 ; 蘭印在住의 邦商
陶磁器不賣로 對抗 二十六日 夜
來 緊急會議로 決定 1934. 7. 28 ;

蘭印糖業勞動者　八千名이 大暴
動 勞賃의 低廉으로 不平이 爆發
軍隊出動鎭壓中 1934. 7. 30 ; 陶
磁器輸出停止　全組合員에 三日
부터 失行通告 1934. 8. 3 ; 制限
令의 發布는 現狀確認陶에 不外
蘭印側의 回答來到　瓷器禁輸 今
日부터 實施 1934. 8. 4 ; 陶磁器
問題를 先頭로 會議進行을 提議
長岡代表 蘭印側과 會見하고 極
秘裡에 懇談文 1934. 8. 8 ; 在留
陶器邦商 營業計한 申請　輸出
許可는 不提出 1934. 8. 10 ; 日蘭
會商遂協安에　陶磁器制限令 蘭
印撤廢에 同意　今日間 兩國代表
會見豫定 1934. 8. 23 ; 日蘭會商
漸次接近 陶磁器令은 撤回 兩代
表間에 意見一致 日本은 蘭印向
禁輸中止를 約束 1934. 8. 30 ; 陶
磁器以外는 尙未意見接近　今日
에도 會見續行 1934. 8. 30 ; 陶磁
器制限令 九月一日 停止言明 1934.
8. 31 ; 陶磁器輸出 統制規定發布
十五日 官報로 告示 1934. 9. 16 ;
蘭印政廳 突然 陶磁器輸入制限
實地 延期하얏든 것 1935. 7. 10
도자기 수출 → 陶磁器와 琺瑯鐵器
世界 二十餘國에 輸出 輸出貿易
의 太牛을 이것이 占領 內地當業
者도 凌駕 1935. 6. 8 ; 멀리 東阿
로 鮮産品進出 海外飛躍의 喜消
息 1935. 12. 24 ; 新貿易品으로
琺瑯鐵器가 一位 陶磁器도 四割
激增인 躍進相 十年中의 輸出現
況 1936. 1. 10 ; 朝鮮産品 海外進
出 狀況 躍進 또 躍進! 貿易總額
十五億 人超是正이 今後의 一大
目標 1938. 5. 4
도자기 시가 → 陶器協定小賣價(一)
京畿道에서 許可實施　京城府 一
圓에 限한 것 1940. 9. 13 ; 陶器
協定小賣價(二) 京畿道에서 許可
實施　京城府 一圓에 限한 것
1940. 9. 14 ; 陶器協定小賣價(三)

京畿道에서 許可實施　京城府 一
圓에 限한 것 1940. 9. 15 ; 陶磁
器製雜品 最高販賣指定 1941 7
25 ; 黃海道産 陶磁器 最高 販賣
價格 決定 發表 1944. 4. 26
도요지 발굴 → 高麗磁器 竈跡發見
1913. 3. 7
도자기 자급자족 → 陶磁器自給 工
協서 積極策 講究 1942. 8. 20 ;
陶磁器自給必要 內地遊休設備移
駐를 考慮 1942. 9. 11
도자기 재현 → 一靑年의 刻苦研究로
高麗靑瓷는 復活(寫) 1934. 2. 15 ;
鏤心十五年의 結晶　高麗磁器遂
再生　秋田君, 金川에서 窯開式
(寫) 1940. 12. 15
도자기 전람회 → 淸風會組織 1911.
11. 8 ; 書畵古器展覽會 1913. 7.
13 ; 歷史的 · 技巧的 陳列흔 李
朝陶器展覽會 됴선의 민족　스
상 감화닌 예술품이 첫재라고 말
흔다(寫) 1922. 10. 6 ; 柳宗悅씨가
京城에 美展을 計劃- 朝鮮美術品
約 一千點 됴선미술은 도자기가
데일 1924. 3. 22 ; 李朝陶器와 展
覽會 倉橋藤治郞 1928. 7. 29 ;
李朝陶器展 平壤博物館서 1937.
6. 27 ; "죠흘"國에서 皇室用 食器
를 注文(寫) 1939. 6. 22 ; 門外不
出하던 高麗靑白磁器　一般에게
公開 來日一日부터 景福宮서(寫)
1939. 10. 29
도자기 제조 → 各地片信一括(連山郡)
1912. 1. 30 ; 도자기의 製造模範
내지인의 도자기제조, 조선사람의
모범될 일 1912. 3. 24 ; 靑松陶器
業의 擴張 1912. 12. 10 ; 陶器製
造所 進步 1913. 6. 12 ; 陶器上塗
原料 1916. 3. 15 ; 海南陶器事業
1918. 3. 10 ; 開成陶器有望 1921.
9. 27 ; 京城과 陶磁器 1924. 5. 10
; 將來 飛躍을 豫期하는 咸北磁器
窯業 道當局 積極的 獎勵方針
1933. 3. 17 ; 新羅高麗磁器를 우

術的으로 表現　十三道 産業館 內容(寫) 1932. 7. 21 ; 全局工藝博 출품을 依賴 1933. 10. 23

박람회(해외) → 拓植博과 出品 1912. 7. 28 ; 化學工業博覽會에 朝鮮出品 1917. 7. 28 ; 化工博 獻上品 總督府 中央試驗所 謹製 1917. 11. 8 ; 朝鮮獻品嘉納 1920. 9. 12 ; 平博京城出品 1922. 1. 29 ; 平和博覽會 印象記(八)　東京支局 記者 1922. 5. 9 ; 平和博覽會 印象記(九)　東京支局 記者 1922. 5. 10 ; 巴里博覽會에 出品한 朝鮮의 美術工藝品　朝鮮物産界도 漸次 多事 1925. 3. 6

박물관 → 博物館落成宴 1912. 3. 16 ; 박물관의 閉鎖 1912. 8. 4 ; 博物館擴張　黑板博士入城 1922. 3. 15 ; 三萬四千圓 豫算으로 開城에 博物館을 建設　麗朝時代에 燦爛튼 美術品을 永久히 保存하고져 圖書館도 併設 1931. 1. 24 ; 開城博物館 館長에 李英淳氏 1931. 10. 5 ; 開城博物館 落成式은 延期　陳列品 準備關係로 1931. 10. 9 ; 開城博物館 開館式 十一月一日에 擧行 1931. 10. 31 ; 파리박물관에 진열될 경주의 古瓦 異彩를 發할 朝鮮의 자랑 제博士가 買去하얏다 1932. 11. 3 ; 李王家博物館, 陳列品 替換 1일부터 박구기로 되엿다 考古學上 好資料 等 1933. 11. 1 ; 平壤博物館에 研究室을 新築　陶器修理場과 寫眞暗室도 設置　전국에 最高設備 1936. 5. 17 ; 古今美術의 精翠모흔 德壽宮 內 博物館 3천만원의 工費를 들여 建築 半島美術의 金字塔 1936. 6. 15 ; 李朝陶器展 平壤博物館서 1937. 6. 27 ; 門外不出하던 高麗青白磁器　一般에게 公開 來日一日부터 景福宮서 (寫) 1939. 10. 29

법랑철기 → 琺瑯鐵器 印度로 進出

新市場 開拓에 成功 1935. 6. 7 ; 陶磁器와 琺瑯鐵器 世界 二十餘國에 輸出 輸出貿易의 太半을 이 것이 占領　內地當業者도 凌駕 1935. 6. 8 ; 造船産 琺瑯鐵器 海外로 進出躍如 今年中 百餘圓 突破? 1935. 9. 4 ; 琺瑯鐵器 海外로 進出躍如 百萬圓 突破를 豫想 1935. 9. 17 ; 新貿易品으로 琺瑯鐵器가 一位 陶磁器도 四割激增인 躍進相 十年中의 輸出現況 1936. 1. 10

보조금 → 第四日 授産費問答 1923. 12. 14

부업품전람회 → 京畿道 副業品展示會 開催 九月二十二日부터 京城 附內에서 1932. 8. 26

상업회의소 → 「慶北家內 = 工業品展覽會」 出品申込이 豫定의 三倍로 1926. 4. 14 ; 南洋船路定期船 釜山에 寄船 要求 陶器와 實果 등을 輸出코자 商工會議所의 決議 1932. 9. 9

상품전람회 → 內外商品의 比較展覽會 경성부내서도 십여점 출품 來 九月十二日부터 1930. 8. 26 ; 商品見本市의 出品種類決定 1930. 10. 28

수입 및 수출 → 京城出入物品 1921. 6. 9 ; 改修에 着手한 大田 懷仁間 道路 測量費난 民間寄附로 可決 1926. 11. 20 ; 主要品增減 對滿支輸出에는 米의 躍增이 首位 1939. 2. 2 ; 輸出은 九割 增加 出超二百冊九萬圓 二月中의 對外貿易 1939. 3. 3

시정5주년조선물산공진회 → 共進會 出品計劃　總点數 三萬点 1915. 2. 19 ; 參考品出陳許可　總点數 六百五十五 1915. 6. 12 ; 共進會와 各道(趙黃海道官長談) 1915. 6. 17 ; 平安磁器 賣店(平壤) 1915. 8. 15 ; 共進會開期近迫 出品 陳列後의 各館槪況 1915. 8. 19 ; 施

잇다 1927. 1. 17 ; 基青校工藝科 製造品展覽會 1930. 9. 24 ; 專賣 局 煙具展(寫) 1933. 10. 4

제조공업 → 製造工業의 前途 1913. 2. 19 ; 多望흔 簡易工業(一) 1918. 12. 20 ; 多望흔 簡易工業(二) 1918. 12. 22

제조공업(관련 社說) → 朝鮮의 製造 工業 1914. 7. 19

조선공업협회 → 工業品展盛況 會 期 二日間 延長 1934. 10. 21

조선물산박람회 → 各道가 爭先出品 한 海陸의 豊富한 特産 동도의 이 백만 시민에게 소개하고자 십삼도 가 압흘 닷호아서 명산을 출품 開 期迫到한 朝鮮博의 자랑 1927. 6. 28 ; 朝鮮博의 出品種類 조선박 람회의 출품종류 1928. 9. 10

조선미술전람회 → 第三部를 廢址하 고 工藝部 新設 方針 사군자는 제일부에 편입한다 鮮展의 새로운 面目 1932. 2. 19 ; 朝鮮美術工藝 品 種類節圍等決定 1932. 5. 5 ; 美展搬入開始 工藝品은 不振 원 서접수 사십륙점에 불과 二十九 日부터 公開 1932. 5. 20 ; 鮮展의 印象 具本雄(一) 1935. 5. 23 ; 鮮 展의 印象 具本雄(四) 1935. 5. 26 ; 美展 入選者 發表 可驚할 新人의 進出 審査員選後感 1936. 5. 12 ; 朝鮮美術展覽會 作品 審 査에 朝鮮側서도 參與 推薦組中 에서 選任이 될 듯 當局 改革方 針 決定 1937. 3. 3 ; 地方色을 드 러내는 工藝品出品勸誘 조선미술 전람회를 앞두고 斯業發展 위하 야 總督府에서 1938. 4. 12 ; 鮮展 搬入開始 作品에도 時局色 1938. 5. 25 ; 移動美展覽會 百三十 三點으로 決定 東洋畵二九, 洋畵 七0 工藝三四 1938. 6. 28 ; 總數 1170點 西洋畵와 彫刻, 工藝는 늘엇고 東洋畵만은 작년보다 減 鮮展搬入 昨日로 磨勘 1939. 5.

27 ; 彫刻과 工藝品에 初入選 二 十三人 鮮展第三部의 入選者發 表 1939. 5. 30 ; 자라나는 美術朝 鮮 總出品 一一七一點 昨年보다 增加 1940. 5. 24 ; 鮮展入選作 今 日發表 珠玉 三百八十八點 刮 目할 新人의 飛躍과 工藝熱 1940. 5. 28

주식회사조선미술품제작소 → 稀貴 한 大花甁 턴황폐하께 드릴 것 高麗磁器의 高價品(寫) 1929. 1. 9 ; 美術品製作所는 減資를 難免 1931. 2. 18 ; 美術品製作所의 減 資決定 1931. 3. 1 ; 美術品製作所 賣渡 其跡의 東拓支社 불원에 출현하게 될 太平通에 또 高建物 1936. 7. 15

중앙시험소 일반 → 寺內總督의 演說 (二) 中央試驗所 目的 1913. 2. 14 ; 總督同夫人 中央試驗所觀覽 工業傳習所陳列會 1913. 5. 13 ; 中央試驗所 擴張 1913. 6. 7 ; 施 政五年記念朝鮮物産共進會 一. 第 一號館 第六部, 工業(中), 寫 1915. 9. 29 ; 將來多望한 朝鮮工業 中 央試驗所와 工業傳習所의 功績 1915. 10. 10 ; 中央試驗所 試製品 本社 代理部에 陳列縱覽 1916. 12. 16 ; 獻上한 新工藝品 백색, 청색고려자기 이외 일곱가지(寫) 1917. 11. 11 ; 化工博 獻上品 總 督府 中央試驗所 謹製 1917. 11. 8 ; 紀念의「光風」二子 비상ᄒ 신 감흥으로 중앙시험쇼에(寫) 1918. 1. 23 ; 工專成績品陳列會 오ᄂ 이십삼일 공일에 츄계전람회개최 1921. 10. 17 ; 入場子萬餘의 工專 展覽 관람자도 만코 물건 팔린 것 도 매우 만허 1921. 10. 24 ; 中央 試驗所의 製品實費販賣 共進會 場에서 1923. 10. 22 ; 商品陳列館 과 中央試驗所 開放 民間 企業家 의 一大福音, 方法은 目下 考慮中 1925. 1. 17 ; 中央試驗所及高工

엄승희(嚴升晞)

이화여대 미술대학 도예과와 같은 대학교 디자인대학원에서 도자디자인 전공으로
석사를 마치고, 이후 숙명여대 대학원 미술사학과에서 한국도자사를 전공하여
석사와 박사학위를 받았다. 현재 숙명여대, 이화여대 강사이자 이화여대 도예연
구소 객원연구원, 동양미술사학회 연구이사로 활동하며, 주요 논문으로는 ≪每
日申報≫에 나타난 한국 근대 陶磁의 일고찰, 일제시기 在韓日本人의 靑磁 제작,
1910년대 ≪매일신보≫에 나타난 중앙시험소의 요업정책, 일제강점기 관립 中央
試驗所의 도자정책 연구, 근대기 韓佛의 도자교류, 한국 근대도자의 개항단계 기
점 시론, 대한제국기 평양자기주식회사 설립의 성격과 의미 등 다수가 있으며 저
서로는 일제의 식민지 지배정책과 매일신보 1910년대(공저), 한국 도자사전(공저)
이 있다.

일제강점기 도자사 연구   값 47,000원

2014년 11월 15일 초판 1쇄
2015년 9월 23일 초판 2쇄
          저   자 : 엄 승 희
          발 행 인 : 한 정 회
          발 행 처 : 경인문화사
                    서울특별시 마포구 마포대로4다길 8 (마포동 324-3)
                    전화 : 718 - 4831~2, 팩스 : 703 - 9711
                    이메일 : kyunginp@chol.com
                    홈페이지 : http://kyungin.mkstudy.com
          등록번호 : 제10 - 18호(1973. 11. 8)

ISBN : 978-89-499-1045-1 93910